地球の歩き方 J06　2024～2025年版

# 神奈川
## Kanagawa

JN050368

●地球の歩き方編集室●

# KANAGAWA  CONTENTS

&lt;写真クレジット&gt;

取り外して持ち歩ける
# 神奈川 別冊マップ

# エリアガイドの見方

市町村のシンボルマークと人口と面積。各自治体発表の数値を採用（人口は2023年10月1日現在）。

そのエリアの拠点となる駅名と乗り入れ鉄道会社。

おもな見どころをつなぐモデルプラン。

話題の旅ネタ、グルメ、おみやげ、お役立ち情報をコラムで紹介しています。

※年号について：本書では原則的に和暦（西暦）年として年号を表記していますが、和暦か西暦のみを記載する場合もあります。

便利さと豊かな自然を併せもつ湘南エリア最大の町

# 藤沢市 ●ふじさわし

MAP 別冊P.10-A1

人口 44万3986人
面積 69.56km²
藤沢市のフジを図案化

## エリアの拠点駅
▼藤沢駅
JR線、小田急線、江ノ島電鉄

## モデルプラン
すばな通り
↓ 徒歩10分
新江ノ島水族館（▶P.233）
↓ 徒歩15分
江ノ島弁財天仲見世通り（▶P.234）
↓ 徒歩4分
江島神社（▶P.235）
↓ 徒歩5分
江島シーキャンドル（▶P.236）

**ちょっとロコ気分で湘南海岸をサイクリング**
シェアサイクルを利用して、ロコのように湘南海岸を楽しんでみよう。おすすめは湘南海岸サイクリングロード。自転車歩行者専用道路なので、初心者にも安心だ。スタートは片瀬江ノ島駅そばの湘南海岸公園で、辻堂海岸を抜け、茅ヶ崎の柳島キャンプ場入口までの8.4km。片瀬江ノ島駅周辺にはレンタサイクル・シェアサイクルのポートが多数ある。電動アシスト付き自転車を備えるHELLO CYCLINGやCOGICOGIといったシェアサイクルは、アプリで会員登録から予約まで完了できる。専用駐輪場に返却すればスタート地点に戻る必要がないのも便利。

江の島と対岸の片瀬海岸東浜、片瀬海岸西浜・鵠沼海岸、辻堂海岸

湘南地域の最東端に位置し、南は相模湾、北は緑濃い相模台地が続き、ほぼ平坦な地形を成している。横浜・横須賀三浦地域に接し、東京駅まで約50分、横浜までは約20分。便利で豊かな自然環境、温暖な気候や湘南人気の影響もあり、人口は湘南地域で最多となっている。町の歴史は時宗の総本山である遊行寺の門前町、東海道五十三次の宿場町として発展し、現在は首都圏近郊の観光、住宅、工業・商業都市、慶應義塾大学湘南藤沢キャンパスなど多数の大学キャンパスもあり、多種多様な機能をもつ都市として躍進している。片瀬西浜・鵠沼海水浴場は年間来客数130万人を超す日本随一の海水浴場として知られ、江の島は年間約1700万人が訪れる湘南最大級の観光地となっている。

## 歩き方

**駅周辺では藤沢の歴史や文化を訪ねてみよう**
駅から徒歩5分ほどにある藤沢市役所9階にはガラス張りの無料展望デッキがあり、藤沢の街を一望できる。晴れた日には富士山も見える。駅北口から遊行通りを徒歩5分で庚申堂。明治時代に小説家のラフカディオ・ハーンが立ち寄ったことでも知られている。そのまま遊行通りを北に徒歩11分で時宗総本山遊行寺で、宝物館も見どころで、境内にある創業130年余の和菓子屋も寄ってみたい。門前には旧東海道藤沢宿の資料を展示するふじさわ宿交流館。散歩途中に気軽に立ち寄って休憩することもできる。駅南口から徒歩20分、緑の谷間に広がる新林公園は自然散策路が整備され、野鳥観察や江戸時代の古民家・旧小池邸なども見学できる。

毎年9月開催の藤沢市民まつり

**info** 藤沢特産品のひとつである藤蘿（ふじみのり）は藤沢生まれのぶどう。大きいものはゴルフボールほどはあり、粒の大きさが最大の特徴、甘さと酸味のバランスがよい。スーパーにはほとんど出回らず、直売所や観光農園で販売されている。

232

こぼれネタや補足情報を紹介しています。

---

# データ欄の記号

MAP 別冊P.5-A1
別冊地図上の位置を表示
🏠 住所および物件の所在地
📞 電話番号
🕐 営業時間（L.O.はラストオーダー時間）または開館時間、催行期間など
📅 休館・定休日
💴 料金（基本的に税込みの大人料金を表示）

💴 飲食店の昼の予算目安
💴 飲食店の夜の予算目安
💳 使用可能なクレジットカード
　A ＝ アメリカン・エキスプレス
　D ＝ ダイナースクラブカード
　J ＝ JCBカード
　M ＝ マスターカード
　V ＝ VISA
🚃 鉄道やバスなど公共交通機関を使う場合の行き方や車での所要時間

## 地図の記号

### 本誌掲載物件

| | | | |
|---|---|---|---|
| 👁 見どころ | | ★ 体験 | |
| 🍴 グルメ | | ▼ ナイトライフ | |
| ☕ カフェ | | 🏨 ホテル | |
| 🛍 ショップ | | 🏠 道の駅 | |

**P.000** 掲載ページ

### コンビニエンスストア

- 7 セブン-イレブン
- ━ ファミリーマート
- 🥛 ローソン

### ファストフード・カフェ

- Ⓜ マクドナルド
- ⅱ ドトール

### 記号

| ◎ 神奈川県庁 | ₿ 銀行 |
|---|---|
| ◉ 市区役所・町村役場 | ✚ 病院 |
| Ⓗ 宿泊施設 | ▲ 山頂 |
| ⊗ 学校 | •━• 信号 |
| 卍 寺 | |
| 🜊 神社 | |
| ✈ 空港 | |
| 〒 郵便局 | |
| ⊗ 警察署／交番 | |
| 🔥 消防署 | |
| ⛽ ガソリンスタンド | |

### 道路

- 高速・有料道路
- **1** 国道
- **30** 県道・一般道

### 鉄道

- ━■━ 新幹線　　　━━━ JR線
- ━━━ 私鉄線　　　━━━ ロープウェイ

---

- 🅸🅽 宿泊施設のチェックイン時間
- 🅾🆄🆃 宿泊施設のチェックアウト時間
- 🈺 宿泊施設の客室数
  - 🚽 客室トイレあり
  - 🚿 客室シャワーあり
  - 🛁 客室バスタブあり
  - 🧊 客室冷蔵庫あり
  - 🛍 ショップあり
- 🆄🆁🅻 URL（https://は省略）

### ■本書の特徴

本書は、神奈川各地をじっくり旅したい方のための神奈川県の全市区町村を紹介しているガイドブックです。旅行者はもちろん、地元の皆さまにも新たな魅力を発見していただけるよう情報を充実させるとともに、使いやすさを考えて制作しました。

### ■掲載情報のご利用に当たって

編集部では、できるだけ最新で正確な情報を掲載するように努めていますが、現地の規則や手続きなどがしばしば変更されたり、またその解釈に見解の相違が生じたりすることもあります。このような理由に基づく場合、または弊社に重大な過失がない場合は、本書を利用して生じた損失や不都合などについて、弊社は責任を負いかねますのでご了承ください。また、本書をお使いいただく際は、掲載されている情報やアドバイスがご自身の状況や立場に適しているか、すべてご自身の責任で判断のうえご利用ください。

### ■取材および調査期間

本書は2022年7月〜2023年11月の取材をもとに編集されています。また、追跡調査を2024年1月まで行いました。記載の住所、料金などのデータは基本的にこの時点のものです。料金については税込みで表示、定休日については年末年始を省略している物件もあります。ホテルのチェックイン、チェックアウト時間については基本的なプランのものを記載しています。プランやお部屋のタイプによって異なる場合があります。また、時間の経過とともにデータの変更が生じることが予想されるとともに、予告なく営業時間等の変更や臨時休業などが実施される可能性があります。そのことをお含みおきのうえ、事前に最新の情報を入手されることをおすすめします。

### ■発行後の情報の更新と訂正、旅のサポート情報について

発行後に変更された掲載情報や訂正箇所は、『地球の歩き方』ホームページ「更新・訂正情報」で可能なかぎり案内しています（各種施設、レストラン、ショップの料金変更などは除く）。また、「サポート情報」もご旅行の前にお役立てください。

🆄🆁🅻 www.arukikata.co.jp/travel-support/

## 神奈川県の基本情報

### 神奈川県の主要メディア

**●神奈川新聞**

県内唯一の地方紙でローカルな情報が満載。特に、スポーツ欄は「かながわスポーツ」と題し、プロ野球・横浜DeNAベイスターズやサッカー・Jリーグ、高校野球の地区予選などを中心にスポーツ新聞並みの紙面構成。ウェブサイトやSNSでの発信も充実している。

**●tvk（テレビ神奈川）**

県内の気になる情報を調査する「猫のひたいほどワイド」や県内30市町村を1年かけて紹介する「あっぱれ！KANAGAWA大行進」のほか、野球、サッカー、ラグビー、高校スポーツなど地元を盛り上げるスポーツ番組も多数。

**●FMヨコハマ**

日本初の独立系FM局として独自の番組制作を続けてきたラジオ局。食とエンターテインメントをつなぐ「横浜グルメンタ」や横浜赤レンガ倉庫で行われる「FMヨコハマ　マラソン」などリアルイベントも開催。

### ❖ 神奈川県章

神奈川県の「神」を図案化したもの。一般公募で寄せられた案から選ばれ、昭和23（1948）年11月3日文化の日に制定。県を象徴するものとして、県旗や県の刊行物に使われている。

### ❖ 神奈川県旗

白地の中央に赤色の神奈川県章を配置したもの。旗の縦横比は2：3。昭和23（1948）年11月4日に制定された。

### ❖ 神奈川県歌

昭和23（1948）年11月3日に県章を定めたときに、県民が心から愛唱できる県民歌をつくることになり、その歌詞を公募。選ばれた村瀬輝光氏の作品に、詩人の勝承夫氏が手を加え、飯田信夫氏が作曲。昭和25（1950）年4月10日に完成した。

### ❖ 県の花…山ユリ

昭和26（1951）年1月に全国に先がけて「県の花」として制定。山地に生える日本特産のユリで、夏に咲く花は大型で白く、強い芳香を放つ。三浦半島や津久井地方、丹沢や箱根など県内各地で美しい花を咲かせる。

### ❖ 県の木…イチョウ

イチョウ、ヤマザクラ、ケヤキ、シラカシの4つの木のなかから昭和41（1966）年11月に県民の投票で制定。神奈川県の気候風土に適し、古くから県内各所の神社・寺院の境内に植えられてきた。また成長が早く寿命が長いことなどから、近年には、公園の木や街路樹としても多く見られる。

### ❖ 県民の鳥…かもめ

昭和40（1965）年5月に県民の投票により制定。全長45cmほどの冬鳥。国際的になじみがあり、日本の海の玄関「横浜港」を持つ神奈川県にふさわしく、一般に親しまれていることなどが選出理由。

### ❖ 県庁所在地

横浜市

### ❖ 神奈川県の面積

2416.32km²
※国土地理院
面積調べ2022年

### ❖ 神奈川県の人口

922万9713人
※神奈川県推計人口
（2023年10月現在）

### ❖ 日本の人口

1億2445万人
※総務省統計局人口推計
（2023年9月概算値）

### ❖ 神奈川県知事

黒岩祐治（第17〜20代）
※2023年9月現在

知事の任期は4年。神奈川県全域からひとりの知事を選出する選挙が行われ、神奈川県民の投票により決定する。

### ❖ 神奈川県の予算

神奈川県の予算には3つの会計があり、一般会計2兆2616億円、特別会計2兆2559億円、企業会計1638億円がある。税金をおもな財源とする一般会計の使い道は、義務的経費（任意に削減できない経費）の割合が7割を超えており、硬直的な財政構造となっている。
※2023年度、神奈川県のホームページより

本書では神奈川県を8エリアに分けて紹介しています

神奈川県の構成

東京都

山梨県

川崎市

相模原市

海老名市
座間市
綾瀬市
大和市

愛川町

清川村

厚木市

横浜市

山北町

松田町

秦野市

伊勢原市

藤沢市

開成町

平塚市

鎌倉市

静岡県

南足柄市

寒川町

茅ヶ崎市

逗子市

箱根町

小田原市

中井町

大磯町

二宮町

大井町

葉山町

横須賀市

湯河原町

真鶴町

三浦市

## ❖ 横浜 18 区

青葉区
都筑区
港北区
鶴見区
緑区
神奈川区
旭区
保土ケ谷区
西区
瀬谷区
南区
中区
泉区
戸塚区
港南区
磯子区
栄区
金沢区

　横浜は沿岸部が国際港横浜の後背地として、またおもに内陸部が首都東京のベッドタウンとして両面で発展してきた。そのため、南側の区と北側の区ではその様相を異にする。老齢人口比率が高い区は比較的南側に多く、年少人口比が高い区は北側に多い。北側は比較的世帯所得が高い世帯が多い。

## ❖ 神奈川なんでも日本一！

### ・人口
横浜市は全国の「市町村」の中で最も人口が多く、2023年10月現在で377万1766人。

### ・平均寿命
川崎市麻生区の平均寿命が男性84.0歳、女性89.2歳で男女ともに全国で最も長寿（厚生労働省、2020年）。

### ・政令指定都市の数
道府県と同等の行財政能力などを有している対象となる人口50万以上の市のうち、20の政令指定都市が全国にあるが、一県内に3都市の神奈川は日本最多で唯一！

### ・通勤・通学時間
東京の会社や学校に通う人が多く住むため、平均1時間40分で日本一（総務省統計局、2021年）。

### ・Jリーグのチーム数
J1に横浜F・マリノス、川崎フロンターレ、湘南ベルマーレ、J2に横浜FC、J3にY.S.C.C.横浜、SC相模原と合計6チーム（2024シーズン）。

### ・シュウマイの消費量（総務省統計局、2022年）
2020年の横浜市の平均年間支出金額は一世帯当たり2178円で全国平均の約2.04倍。「シウマイ弁当」で有名な崎陽軒や横浜中華街の影響が大きい。

## 祝日

© 神奈川県
かながわキンタロウ #53

**神奈川県PRキャラクター
かながわキンタロウ**

*プロフィール*

**生まれ**：水と緑でいっぱいの足柄山　**誕生日**：3月19日（神奈川県誕生の日）　**性別**：男の子　**年齢**：ひみつ♪　**性格**：ポジティブ、優しくて、力もち！努力家　**趣味**：相撲、川遊び、ドライブ　**好物**：お茶、カレーパン、あめ、らーめん（家系）　**特技**：くまに乗ること、ダンス、バーベル上げ　**悩み**：あたまがおっきくて、ときどき転んじゃうこと　**夢**：かながわの各地の海で泳いだり、潜ったりすること、神奈川県知事になること（なんてね）　夏も冬も、寝るときも……腹掛け1枚！（……毎日替えてるよ！）

### ❖ 国民の祝日

| 元日　1月1日 | 年の初めを祝う。 |
|---|---|
| 成人の日　1月の第2月曜日 | 大人になったことを自覚し、自ら生き抜こうとする青年を祝い励ます。 |
| 建国記念の日　2月11日 | 建国をしのび、国を愛する心を養う。 |
| 天皇誕生日　2月23日 | 天皇の誕生日を祝う。 |
| 春分の日　3月20日または21日 | 自然をたたえ、生物をいつくしむ。 |
| 昭和の日　4月29日 | 激動の日々を経て、復興を遂げた昭和の時代を顧み、国の将来に思いをいたす。 |
| 憲法記念日　5月3日 | 日本国憲法の施行を記念し、国の成長を期する。 |
| みどりの日　5月4日 | 自然に親しむとともにその恩恵に感謝し、豊かな心をはぐくむ。 |
| こどもの日　5月5日 | 子供の人格を重んじ、子供の幸福をはかるとともに、母に感謝する。 |
| 海の日　7月の第3月曜日 | 海の恩恵に感謝するとともに、海洋国日本の繁栄を願う。 |
| 山の日　8月11日 | 山に親しむ機会を得て、山の恩恵に感謝する。 |
| 敬老の日　9月の第3月曜日 | 多年にわたり社会につくしてきた老人を敬愛し、長寿を祝う。 |
| 秋分の日　9月22日または23日 | 祖先をうやまい、なくなった人々をしのぶ。 |
| スポーツの日　10月の第2月曜日 | スポーツを楽しみ、他者を尊重する精神を培うとともに、健康で活力ある社会の実現を願う。 |
| 文化の日　11月3日 | 自由と平和を愛し、文化をすすめる。 |
| 勤労感謝の日　11月23日 | 勤労をたっとび、生産を祝い、国民たがいに感謝しあう。 |

※内閣府ホームページより
・「国民の祝日」は、休日とする。
・「国民の祝日」が日曜日に当たるときは、その日後においてその日に最も近い「国民の祝日」でない日を休日とする。
・その前日及び翌日が「国民の祝日」である日（「国民の祝日」でない日に限る。）は、休日とする。

---

## 神奈川県の記念日

**3月19日　立庁記念日**
神奈川には県民の日がないが、現在の神奈川県庁に相当する行政機関として機能していた、横浜裁判所が設置された慶応4（1868）年3月19日を立庁記念日としている。

**6月2日　横浜開港記念日**
安政6（1859）年6月2日の横浜港開港を記念して制定。横浜市立の学校は休みになる。

**7月1日　川崎市制記念日**
大正13（1924）年7月に川崎町、大師町、御幸村の2町1村の合併により市制を施行したことから制定。川崎市立の学校は休みになる。

---

## おもな地方都市からの移動時間

▶ 神奈川への道
→P.436

### ❖ 飛行機（地方空港から羽田空港へ）
札幌（新千歳空港）1時間35分〜
大阪（伊丹空港）1時間〜
広島（広島空港）1時間15分〜
福岡（福岡空港）1時間30分〜
鹿児島（鹿児島空港）1時間30分〜
沖縄（那覇空港）2時間10分〜

### ❖ 新幹線（地方駅から新横浜駅へ）
新函館北斗駅（東京駅へ）3時間57分〜
仙台駅（東京駅へ）1時間33分〜
新潟駅（東京駅へ）1時間31分〜
名古屋駅　1時間17分〜
金沢駅（東京駅へ）2時間26分〜
新大阪駅　2時間9分〜
広島駅　3時間30分〜
博多駅（東京駅へ）4時間38分〜

### ❖ 長距離バス（地方駅から横浜市内）
仙台駅　7時間〜
名古屋駅　5時間10分〜
大阪駅　8時間45分〜
京都駅　6時間45分〜
広島駅　11時間45分〜

神奈川県は太平洋側気候に属し、夏季は多雨多湿、冬季は少雨乾燥という特徴をもつ。県東部の三浦半島は、東京湾と相模湾に面しているため、暖流の影響を受け温暖な海洋性の気候となる。これは県西部の丹沢や箱根の山々が大きな壁の役目をして冷たい北風を防ぐ一方、太平洋側からは温かい空気が流れ込むため。春は移動性高気圧に覆われて放射冷却が効いた場合に、西部の山沿いでは明け方の気温が下がり、霜が発生することがある。降水量は9〜10月が最多。県西部の山間部を除き、全体的に気候は穏やか。

### 横浜市と小田原市の気温／降水量
### （※1991〜2020年平均値）

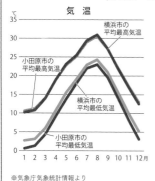

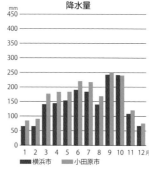

※気象庁気象統計情報より

### 神奈川県の方言

神奈川県内の方言は、旧相模国のものが相州弁と呼ばれるほか、地域ごとに横浜弁、秦野弁、湘南弁などさまざま。また多摩弁や郡内弁に近い地域もあるため、県全域でまとまった方言というものは存在しない。語尾に「〜じゃん」、「〜べ」、「〜だんべ」がつくのが有名。ただし極端なアクセントの違いのようなものはなく、移住者も多いためほぼ全域で標準語が使われている。

---

神奈川県の治安は一般的に良好だが、夜の繁華街やお祭りなど多くの人が集まるエリアや時期にはトラブルに巻き込まれないように気をつけよう。また、台風や豪雨などにより、公共交通機関の計画運休が実施されることがあるので気象情報をチェックしよう。地震が発生したときの行動も自治体の防災情報などで確認を。

●神奈川県警察
☎045-211-1212（代表）
www.police.pref.kanagawa.jp

▶旅の安全情報とトラブル対策→P.460

---

#### ❖ 海水浴のルール

海に面した神奈川では、各地域で海水浴におけるルールがある。江の島や湘南など、定番のビーチスポットを有する藤沢市は海水浴場の利用に関するルールブックを作成している。砂浜への車両の乗り入れ禁止、22:00〜翌朝6:00までは音の出る花火禁止など、安全や環境に配慮したルールがある。地域ごとに異なるルールがあり、改定される場合もあるので事前にウェブサイトで最新の情報をチェックしておこう。

#### ❖ 海での安全対策

海難事故や危険生物による被害にも要注意。遊泳中に溺れ死亡する事例が毎年のように発生している。安全なエリアだと油断せず天候の変化に気を配ったり、幼い子供から目を離さないなどの対策を徹底したい。また、危険な状況は泳いでいるとき以外にも、カツオノエボシ（クラゲ）など毒を持つ生物が海岸に打ち上げられていることがあるので、うっかり触ってしまわないように気をつけよう。

▶習慣とマナー
→P.462

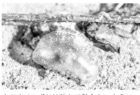

カツオノエボシは決して触らないように

# 神奈川 早わかりナビ

33市町村の概要をチェック

神奈川がどんなところなのか、どういう特徴があるか、まず基礎知識をしっかり頭に入れて、神奈川を歩くためのプランを考えよう。

## ◆ 県央（北相）エリア ▶ P.247

政令指定都市である相模原市をはじめ、多くの市町村が相模川とその支流域にある。古来より水運で栄え、江戸時代ににぎわった大山街道の宿場町も連なる交通の要衝だった。厚木市はその交通の便を利用した問屋の町として発展し、現在も老舗がたくさんある。都内と鉄道で直結する地域は東京のベッドタウンとなっているが、西北部には丹沢山系の緑に包まれた自然豊かな風景が広がる。

## ◆ 西湘エリア
### ▶ P.285

静岡、山梨両県に接する。8つの自治体のうち、海沿いの2町を除く6つが神奈川第2の河川である酒匂川流域と、その背後の丹沢山系域にあり自然豊か。温泉地の湯河原は東京の奥座敷として古くから文人墨客に愛され、隣の真鶴とともに山地が多いが海の幸にも恵まれる。箱根の陰にある感じがするが、魅力的な観光スポットが数多い。

## ◆ 箱根と
## 小田原エリア ▶ P.267

本来は西湘に区分される箱根町と小田原市だが、いずれも多くの観光スポットを擁するため、本書では独立したエリアとしている。箱根は日本を代表する温泉地。火山が造り出した多様な大自然の造形美が見られ、さまざまな交通手段が発達し気軽に巡れるため訪日外国人にも人気が高い。その拠点となる小田原は名城そびえる城下町として知られ、とりわけ戦国時代には日本有数の都市として繁栄した。

## ◆ 湘南エリア ▶ P.231

藤沢市の江の島付近から西へ、相模湾に面した二宮町までと、その内陸側の自治体を含むエリア。海沿いはおしゃれで暮らしやすいイメージが定着し、サーフィンをはじめとするマリンスポーツの中心地でもある。一方、海には面していない内陸の市町村は、豊富な湧水に恵まれることから古代より人が暮らした。由緒ある古刹が残る一方で、東京のベッドタウンとしての顔ももつ。

---

### 2023年4月14日オープン

ざわーふはうすやましたこうえん

## THE WHARF HOUSE YAMASHITA KOEN

東京湾を眺めながらつかれる足湯テラスをはじめ、潮風に吹かれながらのバーベキュー、レジャーシートやテントまで借りられるピクニックセットなど、ワクワクが盛りだくさんの複合施設。船が集まる場所を意味する「WHARF」という名前には、人々に集ってもらい、活動の起点にしてもらいたいという願いが込められている。

**MAP** 別冊P.28-A1

🏠 横浜市中区山下町279 📞 045-228-7737 🕐 店舗によって異なる 休 不定休 🅿 あり（有料） 🚃 みなとみらい線元町・中華街駅、日本大通り駅から徒歩7分

### 2023年4月28日オープン

じあうとれっとしょうなんひらつか

## THE OUTLETS SHONAN HIRATSUKA

全国初出店11店舗含む約150のショップが集結した新たな流行発信スポット。従来のアウトレットモールには見られなかった生鮮食品売り場「ひらつかマルシェ」や、大型LEDビジョンでライブビューイングが楽しめるイベントスペース、湘南をホームタウンとするサッカークラブ湘南ベルマーレと提携したフットサル場など見どころ多数。

**MAP** 別冊P.9-D1

🏠 平塚市大神8-1-1 📞 0463-51-2500 🕐 10:00〜20:00（レストラン・フードコート〜21:00） 休 無休 🅿 あり 🚃 JR平塚駅北口からバス本厚木駅南口・ツインシティ大神行きで30分、ツインシティ大神で下車など

## ◆ 川崎エリア ▶P.155

　横浜市の北側にあり、多摩川を境にして東京都の多くの市区と接する。都内に通勤通学する人の割合が非常に多く、同じ事情の横浜市民が「横浜都民」と呼ばれるのと同様「川崎都民」と呼ばれる。都道府県庁所在地以外の政令指定都市では全国で一番人口が多い。東京湾に面する工業地帯を除き、ほぼ全域が市街地になっているが、武蔵野の面影を残す生田緑地などの自然も残している。

## ◆ 横浜エリア ▶P.117

　東部に位置する県庁所在地で港湾都市の横浜市は、神奈川県最大の面積（18%）と人口（63%）をもつ自治体。政令指定都市としては、全国で一番人口が多い。県の政治、経済、文化すべての中心であり、幕末の開港後以来、歴史文化遺産から最先端のおしゃれスポットまでが揃う全国有数の観光都市でもある。ただし都会の様相を見せるのは東京湾に面したいくつかの区のみ。それ以外は東京のベッドタウンとして高度経済成長期以降に開発された住宅地で、市の人口の約3分の2が暮らす。

## ◆ 横須賀と三浦半島エリア ▶P.199

　横須賀市は東京湾の港湾都市のイメージが強いが、西側では相模湾にも面している。東京湾側は横浜から続く京浜工業地帯の一端をなし、在日アメリカ海軍と海上自衛隊の軍港がおかれている。ミックスカルチャー的な独特の雰囲気をもつ町だ。相模湾側は北で葉山町と逗子市、南で三浦半島先端部の三浦に隣接し、美しく変化に富んだ海岸線が市町を越えて連続する。漁港が多い一方で農業も盛んで三浦野菜は有名。観音崎や城ヶ島といった風光明媚な見どころや海水浴場も多い。

## ◆ 鎌倉エリア ▶P.173

　面積では神奈川県全体の1.6%に過ぎないが、その存在感（特に観光面）では、横浜に比肩する古都。東京から日帰りで楽しむことができるため訪日外国人に大変人気がある。源頼朝がここに幕府を開いたのは防衛に優れた地形だったからで、それゆえ平地は少なく、町を砦のように囲む山々に古社や古寺が点在する。東京への通勤圏ながらも緑豊かとあって住宅地としても人気が高い。

---

### なるほど！ 神奈川コラム

#### 神奈川の歴史は横浜だけが主役ではない

　神奈川の都市といえば「横浜」が真っ先に思いつくが、現在の多摩川に沿った東京都との境は明治45（1912）年に確定したもの。それまでは川崎市全域と横浜市の3分の2ほどは東京や埼玉と同じ「武蔵」だった。かつて関東平野は多くの河川が流れる巨大な湿地帯で、徳川家康が江戸を開くまでは荒れ地。京から東国へは三浦半島から房総半島へ海を渡るのが一般的で、最初に栄えたのは現在の県央一帯だった。その後、鎌倉が築かれ中心が移り、戦国時代には小田原が繁栄、武蔵の国外れの寒村だった横浜は幕末の開港後に大発展した。神奈川は全域が時代の主役を経験したことがある歴史豊かな県なのだ。

#### 東京に次ぐ関東の別格として君臨

　東京の次に人口が多い都道府県は大阪というイメージがあるが、実は神奈川が大阪より40万人ほど多く日本第2位。このほかにも最低賃金、年収1000万円世帯といった経済面（総務省）から、駅の乗降客数1位新宿、2位池袋、3位東京と東京勢に次ぎ横浜が4位（JR東日本）。また、日帰り客を含む年間観光客数（宿泊者数では10位）は2億人を超え東京より多く（国土交通省）、Jリーグのチーム数も6クラブでぶっちぎりの全国1位。県民は覇権を争う千葉と埼玉、北関東各県を尻目に関東の別格を信じて疑わない。

#### 古代から現在までインターナショナル

　神奈川は古代から海外との交流があったことがわかっており、渡来人と呼ばれる外国人が多く定住した。例えば現在も地名が残る県央の高座は高句麗系渡来人が切り拓いたといわれている。鎌倉幕府は貿易港の和賀江島を開き中国の宋と、戦国時代に京をしのぐ繁栄をした小田原の北条氏は同じく中国の明と物資のみならず人的交流も積極的に行った。徳川家康は外交顧問として外国人航海士の三浦按針（ウィリアム・アダムス）を重用し洋式帆船を建造して浦賀の貿易港化を試みた。そして開国の際に築かれた横浜は、現在まで日本を代表する国際都市のひとつとなっている。近年では外国人労働者とのピースフルな共存を図る愛川町や大和市などもあり、一貫して神奈川はインターナショナルな県だ。

---

> 2023年9月29日オープン

けーありーなよこはま
### Kアリーナ横浜

　横浜ゆかりのアーティスト「ゆず」の公演でこけら落としがなされた世界最大級の音楽特化型アリーナ。約2万人を収容することができ、ステージを起点に扇形に客席が配置されているためどの席からもライブを楽しめる構造になっている。街区名称はミュージックテラスと名づけられ、ライブの余韻に浸りながら散策できるスポットが集結。

**MAP** 別冊P.22-B1
🏠横浜市西区みなとみらい6-2-14 📞なし　問い合わせフォームのみ 🕐🈺公演により異なる 🅿️あり(有料) 🚃横浜駅東口から徒歩11分、みなとみらい線新高島駅4番口（臨港パーク口）から徒歩5分など

---

> 2023年11月18日オープン

うえいんずぱーくえびな
### WEINS PARK 海老名

　圏央道の「海老名IC」出入口横に誕生したトヨタの正規販売店がつくった体験型複合施設。キャンプフィールドがあり寝泊まりできるほか、ドッグカフェ&ドッグランでは無添加・グルテンフリーのメニューを提供しており愛犬にもうれしい。

トヨタの最新モデルを展示するスペースでは人気のU-Carや本格キャンピングカーをチェックしたい。

**MAP** 別冊P.6-A3
🏠海老名市中新田3289-40 📞046-235-6201 🈺施設により異なる 🕐12/31〜1/3 🅿️あり 🚃厚木駅から徒歩8分、車で圏央道海老名ICから1分

# 祭り・イベントカレンダー

各地に古い歴史をもつ伝統的な祭りやちょっとユニークな催しがある神奈川。
バラエティ豊かなイベントもぜひ訪れてみたい。

※毎年決まった日時に行われる行事もあるが、年によって変更されることもあるので現地に確認のこと。

## 1月

### 元旦初泳ぎ 　小田原市
1/1／新しい年の幕開けである初日の出とともに、小田原水泳協会の会員が寒中の海に入り、海の安全と健康を祈願する。

### 手斧始め 　鎌倉市
1/4／鶴岡八幡宮の建立や再建の際に源頼朝が行った大工職の伝統の儀式。由比ガ浜に運ばれた御神木を境内の祭場まで木遣音頭を勇ましく歌いながら運ぶ。

### チャッキラコ 　三浦市
1/15／三崎の仲崎・花暮地区や海南神社にて、豊漁・豊作や商売繁盛などを祈願して、女性のみで踊られる民俗芸能。

### 大磯の左義長 　大磯町
中旬／国の重要無形民俗文化財に指定されているセエノカミサン（道祖神）の火祭り。町内各所より集められたお飾りや縁起物で作られた9つの円錐形のサイトに、日没後火が入れられる。

### 寄（やどりき）ロウバイまつり 　松田町
中旬／日本最大級1万3000㎡超のロウバイの庭園で3000株、2万本のロウバイを楽しめる。

### 武山初不動 　横須賀市
1/28／武山不動で本尊の不動明王がご開帳となるこの日は1年の無病息災を願い多くの人々が参詣する。

## 2月

### 最乗寺節分祭 　南足柄市
2/3／大祈祷を終え裃を着用した年男年女（予約申込有料）が御真殿から登場。「福は内」と声を挙げ豆をまく。

### 小田原梅まつり 　小田原市
上旬／小田原城址公園や曽我梅林、辻村植物公園などで梅の花を観賞する。なかでも「曽我梅まつり」は、富士山や箱根の山々を背景に約3万5000本の梅が咲き誇り、小田原梅まつりのメイン会場としてにぎわう。

### 寒川神社の田打舞 　寒川町
2/17／五穀豊穣を祈念する祭り。一連の農作業を地謡と囃子を織り交ぜながら表現する「田打舞神事」が奉納される。

### 湯河原梅林・梅の宴 　湯河原町
中旬／約4000本の梅の花が紅白の美を競い合う。梅ソフトクリームや甘酒など、湯河原ならではのグルメ多数。

### 松田桜まつり 　松田町
中旬～3月上旬／松田山ハーブガーデンに広がる約360本の河津桜と菜の花を楽しめる。子供が喜ぶ「ふるさと鉄道（ミニトレイン）」も運行。

## 3月

### 寄（やどりき）神社の祭礼 　松田町
第1土曜／色とりどりの衣笠で飾られた山車が4台出揃う。厄年（42歳）を迎えた白装束姿の男衆が大人神輿を担ぎ練り歩く。

### 白岩神社の歩射 　大磯町
上旬／1年の安全や豊作、豊漁を祈念した厳粛な漂う祭りで流鏑馬も行われる。

### 湘南江の島春まつり 　藤沢市
上旬／流鏑馬・武者行列や貝供養神事・稚貝の放流など、2日間にわたってさまざまなイベントが行われる。

### 川崎大師の御影供 　川崎市
3/18～24／弘法大師・空海上人を追慕し、各種法要が奉修される。ぼんぼりやのぼり旗、吹き流しで飾り付けられた境内が華やか。

### 湯立獅子舞（仙石原） 　箱根町仙石原
下旬／獅子の放つ湯花を浴びると、その年は無病息災でいられるといわれる。

### 衣笠さくら祭り 　横須賀市
下旬／2000本の桜が咲く三浦半島随一の桜の名所衣笠山。鎌倉幕府の重鎮三浦一族の居城跡があり、期間中の日曜日に音楽隊パレードとともに行われる「三浦一族出陣武者行列」が見どころ。

## 4月

### 日向（ひなた）薬師の春まつり 　伊勢原市
中旬／日本三大薬師のひとつ。日向薬師で本尊の開扉のあと、修験者が神木のぼりを行う。

### 鎌倉まつり 　鎌倉市
中旬／源頼朝、義経、静御前など鎌倉ゆかりの人物をしのぶ祭り。弓道大会、花祭り、野点席などの春爛漫の催しが見どころ。

### 秦野丹沢まつり 　秦野市
中旬／日本一早い山開き式。渋沢駅前通りでは旧領主の子供大名行列も催される。

### 三之宮比々多神社の春祭り 　伊勢原市
下旬／奈良時代に国土豊饒を願い始まった祭り。からくり歌舞伎人形が飾られた山車に祭り囃子連中が乗り込み、太鼓を鳴らして市内を練り歩く。

### 五所八幡宮神社例大祭 　中井町
下旬／五穀豊穣、無病息災を祈念し、山車と神輿が町を練り歩く。船形舞台で行われる「鷺の舞」が見どころ。

## 5月

### 小田原北条五代祭り 　小田原市
5/3／5代約100年にわたり栄華を極めた戦国大名、北条氏をたたえしの祭り。約1700人の武者行列が市内を約2.7kmにわたって練り歩く。

### 横浜みなと国際仮装行列 　横浜市
5/3／山下公園前から蒔田公園までの仮装行列には華やかなマーチングバンドやダンスチームが多数参加。

### 鈴川鯉のぼりまつり 　平塚市
5/3～5／平塚市を流れる鈴川に架かる船橋から新大畑橋の間で、市内の各家庭で役目を終えた大小合わせて200匹の鯉のぼりが大空を泳ぐ。

### 座間の大凧 　座間市
上旬／座間の大凧揚げは江戸時代後期に端午の節句を祝う催しとして始まった。現在は、大きさ100畳分（縦横13m）約1トン、3ヵ月の製作期間を経て100名の引手によって空高く舞い上がる。

### 湯かけまつり 　湯河原町
下旬／効能が高いことから将軍家に献上された湯河原の湯。その献湯神輿の出発の際に道中の安全を祈願して湯をかけお祓いをしたのが祭りの由来。

## 6月

### 花とうつわのハーモニー 　横浜市
第1土曜～第2日曜／横浜山手西洋館の7つの館で開催。毎年異なるテーマに沿ってコーディネートされた花々と器が飾られる。

### 開成町あじさいまつり 　開成町
上旬／アジサイが町の花として制定されたのを機に造成された、東京ドーム3.7個分の水田地帯「あじさいの里」。5000株の見頃を迎えたアジサイを散策しながら鑑賞できる。

### 蛇も蚊も祭り 　横浜市
上旬／約300年の歴史をもつ疫病除けの行事。神社の境内に作られた2体の蛇の体を子供たちが担いで練り歩き、賽銭を出した家の前で放り投げて祓いをする。

### 九頭竜神社例祭 　箱根町
6/13／毎月13日に行われる月次祭の大祭。パワースポットとして知られる本殿の扉が年に1度開かれる。

## 7月

**江の島灯籠** 藤沢市

中旬〜8/31／江の島神社、江の島シーキャンドル、江の島サムエル・コッキング苑などで大小約1000基の灯籠が幻想的な夜を演出。期間終盤にはライブイベントなども開催される。

**上溝夏まつり** 相模原市

下旬／江戸時代の末期より相模原に伝わる五穀豊穣・家内安全を祈願する牛頭天王を祭神とした県北最大級の夏祭り。

**神奈川大和阿波おどり** 大和市

7月の2日間／大和の町中で約50連、2500人の老若男女が三味線や太鼓の鳴り物に合わせて舞い踊る。

**海南神社夏の例大祭** 三浦市

中旬／町内を練り歩く神輿の先駆として行道獅子が舞う。大型の獅子頭、豪放な木遣、行道獅子、神輿に続き山車が神社を出発。夜、仮屋に到着し翌日お宮入りする約1000年の歴史を誇る海南神社の壮大なお祭り。

**浜降祭（はまおりさい）** 茅ヶ崎市

中旬／寒川神社をはじめ茅ヶ崎市内に鎮座する神輿が早朝に宮立ち。朝日が海上に上る頃、南湖海岸に結集し砂浜を乱舞した後、海の中へ担ぎ出され、みそぎの行事が行われる。

**貴船まつり** 真鶴町

下旬／重要無形民俗文化財に指定された、日本3大船祭りのひとつ。350余年の歴史をもち、華やかな飾りや吹き流しで飾られた船が海上渡御する。

**芦ノ湖湖水祭** 箱根町

下旬／湖の主といわれる九頭竜神に赤飯と神酒を奉じる祭典。岸辺から多くの灯籠が流され花火が打ち上げられる。

**鎌倉花火大会** 鎌倉市

下旬／海岸沖に停留する台船から打ち上げる尺玉や海面いっぱいに広がる水中花火が見られる。

**高来神社の御船まつり** 大磯町

下旬／700年の歴史と伝統が受け継がれる祭り。観音様を海中から引き揚げたという照ヶ崎海岸の伝説にちなみ、偶数年には、2隻の山車船が町内を練り歩く。

## 8月

**ぼんぼりまつり** 鎌倉市

8/7・8・9／鶴岡八幡宮の段葛から境内いっぱいに鎌倉在住の著名人の書画によるぼんぼりが飾られる。

**湯河原やっさまつり** 湯河原町

8月／鎌倉時代の豪族、土肥次郎実平が年に1度放歌乱舞の機会を与えて民衆を楽しませた踊り「やっさ踊り」が発祥。「やっさもっさ」のかけ声とともに芸者衆や神輿、花車など華やかなパレードが見どころ。

**よこすか開国祭花火大会** 横須賀市

8月／「よこすか開国祭」のメインイベントのひとつ。6000発の多彩な花火が、真夏の夜空を華やかに彩る。

**さがみ湖湖上祭花火大会** 相模原市

8月／湖に関係して亡くなった方々の慰霊と湖の安全を願うために始められた歴史ある花火大会。打ち上げ数は5000発。

**厚木鮎まつり** 厚木市

8月／約1万発が打ち上げられる県内屈指の花火大会。前夜祭やパレード、神輿など見どころ満載。

**箱根大文字焼き** 箱根町

8月／京都東山を模して大正10年から始められた。避暑客の慰安と盆の送り火の意味が込められる。

**三浦夜市** 三浦市

8月中旬／三崎港近くの三崎下町商店街で開催される夜市。三崎ならではのおいしいマグロ料理などが楽しめる。

**多摩川花火大会** 川崎市

8月／昭和初期から多摩川の夏を告げる風物詩として大勢の見物客を集め親しまれている。

## 9月

**白幡八幡大神の禰宜舞** 川崎市

第3日曜／徳川家康が関ヶ原の戦いの勝利を祈願して神主に舞わせたのが起源。舞は一人舞で、市の重要習俗技芸となっている。（7/20も開催）

**お三の宮秋まつり** 横浜市

中旬／氏子は横浜の46町に及び、祭りの規模も市内屈指。横浜随一の大神輿が町内を練り歩く。

**平塚八幡宮ぼんぼり祭** 平塚市

中旬／かつての表参道であった大門通りに地域の子供たちが描いた絵で作られたぼんぼりが灯される。縁日やイベントも催されにぎやか。

**秦野たばこ祭** 秦野市

下旬／江戸時代からタバコ栽培の盛んな地であり秦野葉として有名。昭和59年に栽培は終了したが、祭りは続けられている。

## 10月

**川崎市政記念多摩川花火大会** 川崎市

10月／二子橋付近の多摩川河川敷で行われる花火大会。対岸東京都の世田谷たまがわ花火大会との合同開催。2会場の花火を楽しめる。

**逗子アートフェスティバル（ZAF）** 逗子市

中旬〜下旬／3年に1度開催される旧逗子高校、逗子医療センター、文化プラザなどの展示会場を中心に、逗子にゆかりのあるアートが集う。

**KAWASAKI Halloween** 川崎市

10月／「カワハロ」は国内最大級のハロウィンイベント。さまざまな仮想をした約3000人の参加者のパレードに10万人のギャラリーが集まる。

**光明寺のお十夜** 鎌倉市

中旬／お十夜は平貞国が京都の真如堂にこもり、10日間念仏を唱え続けたことを起源とする浄土宗の法要。夜を徹しての御詠歌や念仏が響き、荘厳な雰囲気が漂う。多くの参拝者で盛り上がる。

## 11月

**海のまち豊漁豊作祭** 真鶴町

11月／真鶴岸壁広場で開催される豊漁豊作と海の安全を祈願する「真鶴龍宮祭」を中心に、多数のイベントが開催される。

**箱根大名行列** 箱根町

11月／昭和10年に開催された温泉博覧会から始まった長い歴史のある祭り。小田原藩の参勤交代の様子を再現した一大絵巻が繰り広げられる。

## 12月

**飯泉観音だるま市 at 飯泉山勝福寺** 小田原市

12/17-18／関東地方でいちばん早く開かれるだるま市。商売繁盛・家内安全を願う家族連れでにぎわう。

**除夜の汽笛（横浜港）** 横浜市

12/31／横浜港に停泊している船が1/1の午前0時にいっせいに汽笛を鳴らす。港ではライトアップや花火の打ち上げなどのイベントがある。

## 3年ごと

**ヨコハマトリエンナーレ**
**（トリエンナーレ国際現代美術展）** 横浜市

開催年により異なる／3年に1度開催される日本有数の現代アートの祭典。国際的に活躍するアーティストから新進気鋭のアーティストの作品まで、現代アートのトレンドを幅広く紹介。

# 初めての横浜散歩
港町ヨコハマの魅力をギュッと凝縮

横浜は歩くのが楽しい町。横浜港に面したメインの観光名所は比較的コンパクトにまとまっていて徒歩だけでも十分巡れる。スケジュールにとらわれず気ままに楽しもう。

START

🕙10:00
横浜駅
　↓ JR 3分

🕙10:05
桜木町駅
　↓ 徒歩 4分

🕙10:10
横浜ランドマークタワー(→P.114, 133)の69階展望フロア「スカイガーデン」から横浜港を一望。

スカイガーデンからのパノラマ
　↓ 徒歩 3分

🕙11:00
YOKOHAMA AIR CABIN 桜木町駅
ロープウエイ YOKOHAMA AIR CABIN(→P.114)で、みなとみらいの空中をショートトリップ。

YOKOHAMA AIR CABIN(ヨコハマエアキャビン)は2021年の開通
　↓ ロープウエイ 5分

🕙11:05
YOKOHAMA AIR CABIN運河パーク駅
　↓ 徒歩 4分

🕙11:10
入場無料の遊園地よこはまコスモワールド(→P.120, 128)へ。世界最大の時計でもある観覧車「コスモクロック21」にはぜひ乗ってみたい。

コスモクロック21は今や横浜のシンボル的観覧車

🕙15:00
ハマトラなどのファッションブームをつくった横浜ブランドの聖地、元町ストリート(→P.54)から、山手地区(→P.123)へ。洋館を巡りながらおしゃれなカフェでお茶も。
　↑ 徒歩 10分

潮風の吹く晴れた日の山下公園は気持ちがいい

🕙14:30
横浜港大さん橋(→P.119)や象の鼻パーク(→P.121)などに立ち寄りながら山下公園(→P.121)へ。海を眺めながらしばしのんびり。
　↑ 徒歩 15分

横浜赤レンガ倉庫では年間を通してさまざまなイベントも行われる

🕙12:00
横浜赤レンガ倉庫(→P.369)、MARINE & WALK YOKOHAMA(→P.367)、横浜ハンマーヘッド(→P.367)、横浜ワールドポーターズ(→P.366)などみなとみらいのショッピング・スポット巡り。このあたりでランチも楽しもう。
　↑ 徒歩 8〜10分

洋館が点在する山手地区は異国情緒が味わえる
　↓ 徒歩 10分

🕙17:00
日本最大のチャイナタウン、横浜中華街(→P.34, 122)へ。ストリートフードやおみやげ探し、占いなどを楽しんで夕食は本格中華料理。

極彩色の門が中華街への入口
　↓ 徒歩 10〜12分

🕙19:00
港の見える丘公園(→P.123)や横浜マリンタワー(→P.122)などから横浜港の美しい夜景にうっとり。

横浜の夜景はロマンティック
　↓ 徒歩 2分

GOAL
みなとみらい線元町・中華街駅
余裕があれば横浜ジャズを聴いたり、老舗バーを訪ねたり横浜ナイト(→P.384)へ。

info　横浜市内の移動交通は近距離であればバスが便利。路線は鉄道よりも市内をくまなく網羅し便数も多い。みなとみらい地区にもバス停が多く、駅の階段を上ったり下りたりせずとも平面移動できるので利用価値は高い。

# 日帰りで鎌倉と湘南へ

人気の古都と海を気軽に満喫

神奈川屈指の人気スポット、鎌倉と湘南。どちらも時間をかけてじっくりと楽しめる場所だが、ここではメインスポットだけに絞って1日でも楽しめるコースを提案。

**START**

🕘**9:00**
**横浜駅**
↓ 🚃 JR 20分

🕘**9:20**
**北鎌倉駅**

小さな北鎌倉駅にはのんびりしたムードが漂う

↓ 🚶 徒歩 15分

🕘**9:40**
まずは鎌倉五山第一位の**建長寺**(→P.184)を参拝。

↓ 🚶 徒歩 10分

🕙**10:30**
古都鎌倉のシンボル、源頼朝ゆかりの神社である**鶴岡八幡宮**(→P.175)へ。

鶴岡八幡宮は四季折々の花が咲くことでも有名

↓ 🚶 徒歩 5分

🕚**11:00**
鎌倉随一のにぎわいを誇る**小町通り**(→P.176)でストリートフードやおみやげ探しを楽しむ。

小町通りは観光客のみならず地元の人にも愛される商店街

---

湘南らしいおしゃれな雰囲気の**七里ヶ浜**(→P.196)を散策。**江ノ電**(→P.88)が走る風景も楽しもう。

↑ 🚶 徒歩 2分

🕐**13:30**
**七里ヶ浜駅**
↑ 🚃 江ノ電 9分

🕐**13:15**
**長谷駅**
**長谷駅周辺**(→P.191)でしらす丼や鎌倉野菜のランチコースなどの昼食。

新鮮な生シラスが食べられるのも湘南ならでは

↑ 🚶 徒歩 6分

🕚**11:50**
**鎌倉大仏**(→P.188)が鎮座する高徳院へ

秋には周囲の山々の紅葉とのコラボも美しい

↑ 🚶 徒歩 6分

🕚**11:40**
**長谷駅**
↑ 🚃 江ノ電 5分

🕚**11:30**
**鎌倉駅**
↗ 🚶 徒歩 30分(散策時間含む)

---

江ノ電が走る風景は湘南の名物

↓ 🚶 徒歩 2分

**七里ヶ浜駅**
↓ 🚃 江ノ電 10分

🕑**14:00**
**江ノ島駅**
↓ 🚶 徒歩 13分

🕑**14:20**
**新江ノ島水族館**(→P.233)で相模湾の海中世界をのぞいてみよう。

相模湾大水槽は自然の環境に近づけ常に波を立たせている

↓ 🚶 徒歩 15分

空から見た江の島の全景

**GOAL**

🕓**16:00**
**江の島**(→P.234)を散歩。島内には見どころがいっぱい。もちろん**江島神社**(→P.235)の参拝も忘れずに。タイミングが合えば夕陽も眺めたい。帰路には江ノ電、小田急線、湘南モノレールが利用可能。

---

**info** 東京方面から鎌倉を行き来する際、東海道本線と横須賀線の乗り換えは戸塚駅が便利。分岐駅である大船駅では階段を上って別ホームへ移動が必要だが、戸塚駅では同一ホームで乗り換えできる。

# 箱根&小田原ゴールデンルート

## 世界的観光地の箱根と歴史に彩られた小田原へ

小田原を起終点に箱根を巡るルートは、箱根フリーパス（→P.103）を利用してさまざまな乗り物を乗り継ぐことができる。通過点になりがちな小田原にもぜひ立ち寄りたい。

START

🕐**9:00**
小田原駅
↓ 箱根登山鉄道（箱根湯本駅乗り換え）55分

🕐**10:00**
強羅駅
箱根登山ケーブルカー（→P.62）に乗り換え。終点の早雲山駅には箱根温泉の足湯が楽しめる施設もあるので時間が許せば立ち寄りたい。

急な斜面を登っていくケーブルカー乗車も旅の楽しみ

↓ 🚠ケーブルカー 11分

🕐**10:15**
早雲山駅
箱根ロープウェイ（→P.62）に乗り換え。箱根の美しい自然を空中から眺めよう。天気に恵まれれば富士山も望める。

1分間隔でゴンドラがやってくるので移動はスムーズ

↓ 🚠箱根ロープウェイ 15分

🕐**10:40**
大涌谷駅
↓ 徒歩 3分
自然研究路を歩いて火山活動を続ける大涌谷（→P.270）を見学。名物の黒たまごも味わいたい。

徒歩 8〜10分

→ 🚢観光船 25分

雄大な富士山と朱色の箱根神社の平和の鳥居。まさに絶景

🕐**13:15**
箱根海賊船 桃源台港
箱根海賊船（→P.63）で湖上から箱根の山々の絶景を楽しむ。

↑ 徒歩 2分

桃源台港の周辺には湖畔の散歩道がある

🕐**12:00**
桃源台駅
芦ノ湖（→P.270）の湖畔を散策。ランチはこのあたりで。

↑ 🚠箱根ロープウェイ 31分

名物の黒たまごは1個食べると7年寿命が延びるといわれている

今なお噴煙を上げる大涌谷。活動が盛んになると立ち入れなくなるので注意

🕐**13:40**
箱根海賊船 箱根町港
↓ 徒歩 12分

🕐**13:55**
箱根関所（→P.271）を見学。入り鉄砲に出女で知られる歴史を楽しみながら学ぶ。

復元された関所の建物では当時の様子を人形などで再現している

↓ 🚌バス 53分

🕐**15:40**
小田原駅
↓ 徒歩 5分

🕐**15:50**
小田原城址公園（→P.282）を散策。小田原城（→P.282）の天守閣からは相模湾や小田原の町、箱根の山々を一望できる。

天守は小田原市民の運動で昭和35（1960）年に復元された

↓ 徒歩 13分

🕐**17:30**
小田原おでん本店（→P.350）で名物おでんの夕食。人気店なので予約は必須。

↓ 徒歩・バス 10分

🕐**19:30**  GOAL
小田原駅

# 相模パワースポット巡り

観光のメインルートを外れても
神奈川はこんなにおもしろい！

横浜に鎌倉、湘南、箱根と全国的に有名な観光地がめじろ押しの神奈川だが、それ以外にも訪れてみたい見どころは数多い。例えばこんなふうにパワースポットだけでも1日楽しめる。階段や坂道も多いので歩きやすい靴で。

**START**

🕗**8:00**
**小田原駅**
↓🚃 伊豆箱根鉄道（大雄山線）21分
**大雄山駅**
↓🚌 バス 10分

天狗伝説が残る幽境の地、**大雄山最乗寺**へ。深い山林の中にある境内を散策し参拝。

大雄山最乗寺の結界門。ここから先は特別な空間だ

↓🚌 バス 10分

🕙**10:35**
**大雄山駅**
↓🚌 バス 22分

🕚**11:00**
**新松田駅**
↓🚃 小田急線 22分

🕚**11:25**
**伊勢原駅**
↓🚌 バス 27分

🕛**12:00**
**大山ケーブル（バス停）**
バス停からケーブルカーの駅までは階段が382段あるこま**参道**が続く。みやげ物店や名物の大山豆腐の店が並ぶ。ランチはぜひここで豆腐料理を。

今は住宅地の中に遺構だけが残る**史跡相模国分寺跡**（→P.256）。少しの時間、いにしえに思いをはせてみて。

↑🚶 徒歩 15分

🕒**15:00**
**海老名駅**
↑🚃 小田急線 11分

🕑**14:40**
**伊勢原駅**
↑🚌 バス 27分

🕑**14:10**
**大山ケーブル駅（バス停）**
↑🚋 ケーブルカー 6分

ケーブルカーで行けるのは下社まで。上社へは登山となる

2200年以上前に創建された**大山阿夫利神社**（→P.242）。関東総鎮護の霊山としてさまざまなご利益があるとされる。ミシュラン2つ星スポットでもある。

↑🚋 ケーブルカー 6分

🕐**13:20**
**大山ケーブル駅**
↑🚶 徒歩 15分

❶アーケードのように屋根付きの部分も多いこま参道。名は郷土玩具の大山こまを売る店が多いことから ❷大山の美しい湧き水で作られる大山とうふ

海老名駅からほど近い場所とは思えない広々とした空間

↓🚶 徒歩 15分

🕒**15:45**
**海老名駅**
↓🚃 JR相模線 19分

**宮山駅**
↓🚶 徒歩 8分

🕓**16:15**
**寒川神社**（→P.245）は八方除（はっぽうよけ）の霊験あらたかな相模国一之宮。県内では鶴岡八幡宮に次ぐ参拝客が訪れる。

立派な社殿に目を見張る寒川神社

境内にある、『君が代』にも歌われている成長すると伝わるさざれ石

↓🚶 徒歩 8分

🕔**17:20**
**宮山駅**
↓🚃 JR相模線 14分

🕔**17:40**  **GOAL**
**茅ヶ崎駅**

**info** 小田急ロマンスカーは便によって伊勢原駅、海老名駅にも停車するが、新松田駅には停車せず、JR御殿場線に乗り入れる「ふじさん号（旧あさぎり号）」がJR松田駅に停車する。両駅間は徒歩5分ほどが目安。

# 神奈川への招待状

関東地方の南西端に位置する神奈川県。おもに南を描く海岸線は三浦半島に隔てられて相模湾と東京湾に面し、北西には広大な関東山地へつながる丹沢の山々が広がる。東北部の東京都との境には多摩川が流れ、川崎から横浜と大都市が続く。静岡県や山梨県と接する西には天下の嶮と呼ばれる箱根山がそびえている。これらに囲まれた県央部には相模川、そのさらに西には酒匂川が流れ、古代から人の暮らしを支えてきた。

自然の豊かな恩恵をもたらす海も山も川もあり、温暖な気候に恵まれ、世界的にも巨大な首都圏の一部をなす大都市から、日本の原風景を残すのんびりした田舎まである。それでいて総面積は日本で5番目に小さい県。コンパクトな範囲に多彩な魅力が凝縮されているのだ。

四季折々、1年を通して楽しみが尽きることはない。首都東京に隣接し、日本のどこからもアクセスが容易で、県内の交通も発達している。全国的にも有名な横浜、鎌倉、三浦半島、湘南、箱根といった観光地のみならず、知られざる見どころも数多く、何度訪ねても新しい発見があるはずだ。

さあ、今日はどこへ行こう、と迷えるのはなんとも贅沢なこと。県民も県民以外も誰もが楽しめる神奈川の旅へ歩き出してみよう。

# 「かながわ」はどこから来たか

浮世絵に描かれた江戸時代の神奈川宿。東海道に沿って宿場町があり隣はすぐ海。海上には大小さまざまな船が浮かび、ここが湊であることがわかる

## ❀ 神奈川の名の由来

現在の神奈川という県名は、横浜港の開港にともない安政6(1859)年に武蔵国久良岐郡（現在の横浜市沿岸部一帯）に江戸幕府が設置した「神奈川奉行所」に由来する。国の内務の司法や行政事務、関税をはじめとする外務を行っていたほか、治安維持や対外防衛も担っていた役所だ。もともとここには東海道五十三次の日本橋から3番目の宿場町「神奈川宿」があり、奉行所の名はそこから取られたとされる。慶応4/明治元(1868)年には神奈川奉行所に代わって「横浜裁判所」が置かれ、同年のうちに「神奈川裁判所」→「神奈川府」→「神奈川県」と次々に改称、現在に至っている。

では神奈川宿の名はどこからかといえば、そのすぐそばにあった「神奈川湊」からだ。徳川家康が慶長6(1601)年に東海道を制定するずっと以前からこの湊は存在し、宿場の名もそこから取られた。その「かながわ」の名が残る最も古い文書は鶴岡八幡宮が所蔵する文永3(1266)年のもので、「武蔵国稲目、神奈河両郷」と記されている。だが、実際には湊は古代から存在していたと考えられていて、その名の由来には諸説あり正確には不明のままだ。

ひとつの説はロマンに満ちている。古事記や日本書紀に伝わる古代日本の皇族、日本武尊が東方へおもむく際、湊のあたりを流れていた小川で宝剣をかかげると、川面に金色に輝いて映ったことから「金川」と命名したというものだ。

県内各地には日本武尊にまつわる伝説が数多く残っている。

時代は下り、鎌倉時代には源頼朝が小川一帯の風景の美しさに感動し、これはおおいに神に示すべきと「神大示川」と名づけた。これが神奈川に転じたという説もある。

いずれにしても、現在の横浜市神奈川区を流れていた長さ300mほどの小川を指すと考えられている。この川は水源がわからないことから、「上無川」と呼ばれており、それがいつしか「神奈川」になったというのは有力説のひとつ。

朝鮮系住民が多かったことから「韓川」と呼ばれていたものが転じたという説は、かつて相模国の中心地だった高座（現在の海老名市や寒川町一帯）が渡来人の暮らす地で、高句麗を表す地名ではないかという説とも重なる。

地名は往々にして地形に由来するが、河川などによって弓なりに削られた地形を表す「かま」を流れる川からという説もある。

上無川は現在の横浜市立神奈川小学校の東を流れていたようで神奈川宿では東海道を横断しており、しばしば海水の逆流などによって川幅を広げ交通を遮断することもあったという。そんなこともあってか関東大震災後に埋め立てられてしまい、今は跡形もなくなってしまっている。代わって東京から連続する世界的にも巨大な首都圏の主要部分を形成する県名として、もはやその由来が重要性をもたないほど名が浸透している。

洋食の定番、「ナポリタン」はこのホテルで誕生。2代目総料理長、入江茂忠氏によるトマトの風味豊かなオリジナルソースは奥深い味わい。2277円

スパゲッティ ナポリタン

初代総料理長、サリー・ワイル氏考案。たっぷりの魚介にクリーミーなグラタンソースがかかったシーフードドリアは一度は食したい逸品。3162円

シーフード ドリア

## あの有名グルメも、意外なあの場所も
# み〜んな横浜生まれ！

"伝統の3品"はコーヒーハウス「ザ・カフェ」で

### 懐かしさが感じられる洗練された"伝統の3品"

こーひーはうす
# コーヒーハウス
## ザ・カフェ（ホテルニューグランド）
ほてるにゅーぐらんど

「シーフードドリア」「スパゲッティナポリタン」「プリン・ア・ラ・モード」はホテルニューグランドで誕生。シーフードドリアは体調不良の外国人客をもてなすために、ナポリタンはこのホテルがGHQ将校の宿舎だった頃に食べられていたスパゲッティ料理に改良を加えて、プリン・ア・ラ・モードはアメリカ人将校夫人のために作られたという。原点の味は今も本館1階のザ・カフェでいただける。

誰もが大好きなナポリタンやショートケーキのほか、実は食パンも横浜発祥って知ってた？　ここでは横浜生まれの名物や長い歴史をもつ老舗店をご紹介。

プリン・ア・ラ・モード

当時、アイスクリームやフルーツをいろいろのせるために、前菜に使用されていた細長い器で提供。今もその器が使われている。2024円

**MAP** 別冊P.28-B2
**住** 横浜市中区山下町10番地
**TEL** 045-681-1841　**営** 10:00〜21:30
(L.O.21:00)　**CC** ADJMV　**休** 無休
**交** みなとみらい線元町・中華街駅1番出口から徒歩1分

伝統は料理だけじゃない。本館は歴史的建造物として横浜の名所のひとつ（ホテルニューグランド→P.406）

　ホテルニューグランドの本館ロビーはイベントや貸し切りがない限り宿泊者以外も見学可能。本館玄関からロビーのある2階へ続く細かな意匠のある大階段は必見。天井が高く広々としたロビーでは伝統の横浜椅子に座って休むことも可能。

## 崎陽軒
きようけん

昭和3（1928）年、横浜名物として開発された豚肉と干帆立貝柱を使った風味豊かな「シウマイ」。その後シウマイの妹分として、「冷めてもおいしく食べられる」ことにこだわったシウマイ弁当を販売すると、瞬く間に大人気に。現在は駅弁としてだけでなく、食卓でも多くの人々に愛されている。　（→P.361）

神奈川エリアの
パッケージは
掛け紙に紐かけ

### シウマイ弁当

昔ながらのシウマイ
俵型ごはん（小梅・黒胡麻）
鮪の漬け焼
玉子焼き
蒲鉾
筍煮
切り昆布と千切り生姜
あんず

駅弁として神奈川県に100店舗以上
出店している

横浜といえば
このシウマイ

戦後、横浜駅の
ホームでシウ
マイを売り歩く
「シウマイ娘」

**MAP** 別冊P.22-A1
**崎陽軒本店**■横浜市西区高島2-13-12 崎陽軒本店1F
**☎**045-441-8827 **営**10:00〜20:00 **休**1/1 **CC**JMV **交**横浜駅
から徒歩1分

---

## 玉泉亭
ぎょくせんてい

伊勢佐木町の大通りから少し入ったところに店を構えるのが、アットホームな空間が魅力の玉泉亭。2代目が考案した「サンマーメン」は横浜のソウルフードだ。もともとはまかない料理で、醤油味のあんに野菜と麺がたっぷり絡んだ庶民味。「ニラレバ炒め」も常連客に人気がある。（玉泉亭→P.330）

### サンマーワンタンメン

元祖サンマーメンの店の一番人気「サンマーワンタンメン」950円

大正11（1922）年撮影。
下段右から2番目が初代店主

目立つ大きな看板が目印

**MAP** 別冊P.24-A3
**住**横浜市中区伊勢佐木町
5-127 **☎**045-251-5630
**営**11:00〜21:00 ※変動
の可能性あり **休**火曜
**料**昼夜1000〜2000円
**CC**不可
**交**横浜市営地下鉄伊勢佐
木長者町駅から徒歩6分

---

## 苺のショートケーキ

くちどけのいいシャンテリークリームにイチゴ、スポンジを合わせた定番ショートケーキ ホールMサイズ4850円

目的やシーン、好みに合わせて選べる種類豊富なケーキ

不二家のペコちゃんは国民的キャラクター

### 日本人にとって洋菓子といえば
# 不二家
ふじや

©FUJIYA

全国の不二家の店舗で販売中
問い合わせ先
(不二家 お客様サービス室 ☎0120-047228)

誰もが知るお菓子の不二家は明治43（1910）年に横浜・元町で誕生した。不二家では大正11（1922）年にショートケーキを発売。これが日本のショートケーキの先駆けといわれる。令和4（2022）年にはショートケーキ発売100周年を迎え、ますます人気に。

ペコちゃんは昭和25（1950）年に店頭人形としてデビュー

---

### 創業130年以上の伝統をもつ
# ウチキパン
うちきぱん

"大型イギリス風山型・角型食パン"の元祖で、横浜開港当時にイギリス人が営んでいた「ヨコハマベーカリー」で修業をした打木氏が明治21（1888）年に創業。"食パン発祥の地"のイギリス食パンを求め、今も多くの人が訪れる。

**MAP** 別冊P.28-B3
🏠横浜市中区元町1-50
☎045-641-1161 🕘9:00～19:00 休月(祝日の場合は翌日) 💳不可 🚃みなとみらい線元町・中華街駅から徒歩1分

アールヌーヴォー的なデザインの袋が目印

創業130年の伝統伎が光る自慢のイギリス食パン「イングランド」410円

店舗は元町仲通りにある

ライ麦30%の生地にクルミとパイナップル入り「パン・オ・クルミ」400円

人気の揚げパン「カレードーナツ」200円

長年愛され続ける「アップルパイ」220円

info 不二家といえばケーキだが、一部店舗で限定販売のドーナツは知る人ぞ知る人気商品。とくに伊勢佐木町の横浜センター店（→P.361）では、販売日の8の付く日には横浜市民が行列を作る。

本格的なドイツ風ラガービールを売り出した

# キリンホールディングス
きりんほーるでぃんぐす

　明治40（1907）年、前身会社からの事業継承を経て、横浜・山手の地で麒麟麦酒株式会社が創立された。商品ラベルには想像上の動物"麒麟"を採用。キリンビールをはじめキリンレモンなど数々のヒット商品を開発。

左から、キリン一番搾り生ビール、スプリングバレー豊潤〈496〉、本麒麟

※現在のキリンの本社は都内に。
問い合わせ先
☎ 03-6837-7000（代表）

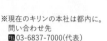
創立当時の横浜山手工場

発売時ラベル（左）と終戦後ラベル（右）

---

日本初のトマトケチャップ

# 横濱清水屋
よこはましみずや

　明治29（1896）年に横浜で誕生した、日本初のトマトケチャップ「清水屋ケチャップ」。開港資料館所蔵の当時の資料などをもとに、その味を再現した復刻版が販売されている。フルーティな香りとトマト本来のうま味が口の中で広がる、昔ながらの正統派の味が特徴。

有機食材100％！
添加物は不使用で
安全・安心の商品

瓶やセミハードボトルタイプがある（丸山和俊所蔵）

横浜を中心に全国のデパートやみやげ物店などで販売中、横濱屋本舗ブランドサイト（清水屋ケチャップ公式サイト） URL www.simizuya-andcraft.store/からも購入できる

過去のラベルから、長い歴史を感じられる（横浜開港資料館所蔵「東京新聞2000年8月2日の記事に掲載」）

---

龍馬の妻おりょうも働いていた老舗。龍馬亡きあと、住み込みの仲居として勤めていた

横浜最古の料亭

# 田中家
たなかや

　文久3（1863）年創業。店のある地域が宿場町"神奈川宿"としてにぎわっていた頃からの唯一現存する老舗料亭。前身の「さくらや」は歌川広重の『東海道五十三次・台之景』にも描かれ、歴史の長さがうかがえる。

MAP 別冊P.13-C2
住 横浜市神奈川区台町11-1
☎ 045-311-2621　営 11:30～14:00、17:00～22:30　休 不定休　料 昼～1万5000円、夜～3万円　CC ADJMV　交 横浜駅から徒歩7分

❶旬の味を贅沢に楽しめる会席料理を提供　❷店前には提灯が。歴史を感じられるたたずまい　❸テーブル席もある

---

## ほかにも 日本ではじめて！が横浜にはいっぱい

神奈川のなかでも横浜生まれのものは実に多い。ここでは横浜発祥のものをご紹介。横浜生まれのあんなもの、こんなものを訪ねてみるのもおもしろい。

### 日本初の水道は横浜！
### 近代水道発祥の地 老松町
（きんだいすいどうはっしょうのち おいまつちょう）

日本初の近代水道

近代水道の父H・S・パーマー氏胸像

明治20（1887）年に神奈川県からの要請を受けたイギリス人技師のヘンリー・スペンサー・パーマー氏の指揮の下、日本で最初の近代水道が敷設された。結果、水不足は解消され、上下水道の発祥の地といわれる。

**MAP** 別冊P.13-C2
住 横浜市西区老松町63-10 野毛山公園内　TEL 045-231-1307（野毛山公園）　営 見学自由　交 京急線日ノ出町駅から徒歩10分

日本初の鉄道駅

開業は明治5（1872）年

### 旧横濱駅跡
（きゅうよこはまえきあと）

旧横濱駅（現桜木町駅）は日本最初の鉄道駅。CIAL桜木町ANNEX1階に設けられた旧横ギャラリーでは、実際に使用した110型蒸気機関車や中等客車のレプリカなどの展示をとおして鉄道の歴史を知ることができる。

❶創業当時の蒸気機関車 ❷中等客車のレプリカ ❸改札の先にある鉄道創業の地記念碑

**MAP** 別冊P.24-A1
住 横浜市中区桜木町1-1-93 1F　TEL 045-227-8500（CIAL桜木町）　営 7:00〜23:00　休 無休　料 無料　交 桜木町駅から徒歩1分

日本初のガス灯

旧富士銀行横浜支店建物からの眺め

### 今なお守られる ガスの灯り
### ガス灯
（がすとう）

明治5（1872）年に日本で最初のガス灯が設置された。現在は馬車道通りから山下公園通りの総距離約4kmにわたって、149基のガス灯が並ぶが、そのうちの4基は実際にイギリスからやってきたもの。

神奈川県立歴史博物館そばに並ぶ

**MAP** 別冊P.24-B2
住 横浜市中区常盤町4-42　TEL 045-641-4068（馬車道商店街協同組合）　営 見学自由　交 関内駅またはみなとみらい線馬車道駅から徒歩2分

日本初の石鹸工場

洗濯石鹸、化粧石鹸の順に開発がされた

### 石鹸工場発祥の地
（せっけんこうじょうはっしょうのち）

平成5（1993）年に設置された記念銘板

明治6（1873）年に堤磯右衛門が洗濯石鹸の製造に成功し、日本初の石鹸工場を創業。翌年には化粧石鹸の製造にも成功し、一般市民の石鹸の使用が普及した。これらの技術は現在の日本の石鹸作りの基盤となっている。

**MAP** 別冊P.13-C3
住 横浜市南区万世町2-32　営 見学自由　交 横浜市営地下鉄阪東橋駅から徒歩10分

**info** 現在の桜木町駅にあった初代横浜駅から現在の横浜駅の場所に移るまでに2代目の駅が存在していた。地下鉄の高島町駅近くのマンション敷地に遺構が残っていて誰でも見学可能なように公開されている（横浜市西区高島2-1-1）。

日本初の競馬場

3基の塔が特徴的

### 公園内にそびえ立つ
### 根岸競馬場跡
ねぎしけいばじょうあと

慶応2（1866）年に日本初の本格洋式競馬場として誕生。近代競馬の発展の基礎となった。現在も残る旧一等馬見所は、近代化産業遺産に指定された。再整備により、現在周囲は公園になっている。

**MAP** 別冊P.26-A2

建築家J・H・モーガン氏によるもの

🏠横浜市中区根岸台　根岸森林公園内　📞045-641-9185（根岸森林公園）　🕐見学自由　🚃JR根岸駅または山手駅から徒歩15分

---

### 吹奏楽ファンの聖地
### 本牧山妙香寺
ほんもくさんみょうこうじ

日本吹奏楽発祥の地記念碑

明治2（1869）年、薩摩藩士たちがこの地でイギリス陸軍軍楽隊長ジョン・ウィリアム・フェントンより吹奏楽の指導を受け、日本の軍楽隊へと発展。吹奏楽の発祥となった。また国歌『君が代』の発祥の地でもある。

**MAP** 別冊P.26-B1

🏠横浜市中区妙香寺台8　📞045-623-8726　🕐9:00〜17:30　休無休　💴無料　🚃JR山手駅から徒歩15分

君が代発祥の地

弘法大師の創立とされ、のちに日蓮宗に改宗

---

### 当時最先端の消防活動
### 消防救急発祥の地
しょうぼうきゅうきゅうはっしょうのち

外国人居留地であったこの地には、明治4（1871）年から居留地消防隊が設置されていた。その後も日本で初めて消防車・救急車が配備され、消防署を構えるなど、"日本の消防近代化ゆかりの地"となっている。

**MAP** 別冊P.28-A1

🏠横浜市中区日本大通18　🕐見学自由　🚃みなとみらい線日本大通り駅から徒歩1分

日本ではじめて！
消防車・救急車を配備

旧居留地消防隊地下貯水槽の遺構

日本初の多目的スタジアム

### ハマスタの愛称で知られる球場
### 横浜スタジアム
よこはますたじあむ

横浜DeNAベイスターズの本拠地

昭和53（1978）年に横浜公園平和野球場跡地に、日本初の多目的スタジアムとして誕生。「ハマスタ」の通称で知られる。現在では野球のみならず、アメリカンフットボールや音楽イベントなどでも使用される（→P.126）。

**MAP** 別冊P.24-B2

🏠横浜市中区横浜公園　📞045-661-1251　🕐💴イベントにより異なる　休12/29〜1/4　🚃関内駅から徒歩2分

日本初の街路樹

横浜を代表する
景観のひとつ

## 馬車道
ばしゃみち

❶現在の馬車道の様子 ❷近代街路樹発祥之地記念碑

慶応3（1867）年に馬車道にあった各商店が、柳と松の街路樹を植えたことから日本の近代都市における街路樹の発祥の地とされる。現在見られるものは、昭和52（1977）年以降に植えられたアキニレという木である。

**MAP** 別冊P.24-B2

🏠横浜市中区 🚌散策自由 🚉関内駅からすぐ

横浜の老舗
洋菓子店

❶蔦が絡まる趣ある建物 ❷レーズンサンド8個 入1425円。ブランデーに漬け込んだレーズンと口当たりなめらかなクリームをサンド ❸マロングラッセ5個入2019円。イタリア産の栗を使い軟らかさと香りにこだわる

西洋文化の発信の地

## 横浜かをり 山下町本店
よこはまかをりほんてん

昭和44（1969）年にフレンチレストランとして山下町70番地に開業。ホテル・洋食・洋菓子などさまざまな西洋文化発祥の地とされる。1階のショップでは、歴史と伝統が引き継がれる洋菓子の購入ができる。

**MAP** 別冊P.28-A1

🏠横浜市中区山下町70 📞045-681-4401 🚌電話で要確認 🚫無休 🚉みなとみらい線日本大通り駅から徒歩3分

西洋家具発祥の地

❶（写真左から）ブーツラブシート、ワイドアームチェア、スツール ❷店頭の赤いチェアは写真スポット ❸メーカーを問わず家具の修理も対応

今もなお受け継がれる
伝統の技

## ダニエル
だにえる

文久3（1863）年頃から外国人向けに西洋家具を製作。その後元町には多数の西洋家具店が並び、日本の西洋家具発祥の地となった。時代を越えて受け継がれる職人の技術により、100年先まで安心して使える家具作りを続けている。

**MAP** 別冊P.28-A3

🏠横浜市中区元町3丁目126 📞045-661-1171 🚌10:30〜19:00 🚫祝日を除く月 🚉JR石川町駅、みなとみらい線元町・中華街駅から徒歩7分

日本のテニス発祥の地

テニスコート利用も可能

## 山手公園
やまてこうえん

明治3（1870）年に居留外国人によって造られた日本初の洋式公園。日本のテニス発祥の地でもあり、ここから全国へと普及した。園内にある「横浜山手庭球発祥記念館」では、テニスの歴史を知ることができる。

旧山手68番館は外国人向けの貸家だった

**MAP** 別冊P.26-B1

🏠横浜市中区山手230 📞045-641-1171 🚌見学自由 🚫第3月、年末年始 🚉JR石川町駅から徒歩12分

**info** 明治から大正時代にかけ横浜の交通の主力だった牛馬のために、市内のあちこちに牛馬用の水飲み場が設けられていた。馬車道沿いには移設されたものとレプリカの2ヵ所があるので、ぜひ探してみて。

**横浜で人気の
おでかけスポット**
やましたこうえん
# 山下公園

アメリカ・サンディエゴ市から贈られた「水の守護神」

日本郵船氷川丸が係留されている

昭和5（1930）年に開園した日本初の臨海公園。関東大震災の復興事業として瓦礫が埋め立てられ、公園が造成された。海への眺望がよく、園内にある「未来のバラ園」は横浜屈指のバラの名所として知られる。

**MAP** 別冊P.28-B1
住 横浜市中区山下町279　TEL 045-671-3648（横浜市都心部公園担当）営 散策自由　交 みなとみらい線元町・中華街駅から徒歩3分

---

日本初のフットボールクラブ

明治6（1873）年に横浜公園（現横浜スタジアム）で行われた試合

日本ラグビー発祥の地記念碑

**MAP** 別冊P.28-A2
住 横浜市中区山下町135-1　営 見学自由　休 無休
料 無料　交 みなとみらい線元町・中華街駅より徒歩3分

**横浜中華街の中に
ある憩いの場**
やましたちょうこうえん
# 山下町公園

慶応2（1866）年に日本初のフットボールクラブが横浜で誕生し、ここから日本ラグビーが発展。公園内の記念碑は、ラグビーワールドカップ2019の日本開催を記念して設置された。

---

## 歴史の足跡

**日本映画の発展に寄与した**
たいしょうかつえいさつえいじょあと
# 大正活映撮影所跡

大正9（1920）年に設立された無声映画の配給映画会社。約3年という短い期間だったが、ハリウッド映画のノウハウを取り入れ、脚本家に谷崎潤一郎を迎えるなど近代の日本映画製作に大きな影響を与えた。

❶元町公園に向かう途中に位置する　❷大正活映撮影所跡の碑

**MAP** 別冊P.28-B3
住 横浜市中区元町
営 見学自由
交 みなとみらい線元町・中華街駅から徒歩5分

**フランス人実業家が手がけた給水事業**
じぇらーるみずやしきちかちょすいそう
# ジェラール水屋敷地下貯水槽

横浜港の開港後、フランス人アルフレッド・ジェラール氏がこの地の湧水を利用し、横浜港に出入りする船舶などに飲料水の供給を始めた。人々からは「水屋敷」と呼ばれて親しまれており、今も湧水を溜めていた貯水槽が残されている。

**MAP** 別冊P.28-B3
住 横浜市中区元町1-77
TEL 045-211-1101（横浜市緑の協会）
営 見学自由
交 みなとみらい線元町・中華街駅から徒歩8分

工場の遺構として残る貯水槽

---

info 山下公園内、大さん橋寄りの端にあるレストハウスの「ザ・ワーフハウス山下公園」には足湯があり、11時〜17時までは無料（17時以降300円）で利用可能。横浜港の景色を見ながらのんびりできる。

# いざ鎌倉！
# 幻の道 鎌倉古道を歩く

治承4（1180）年に鎌倉入りした源頼朝。まずはじめに鶴岡八幡宮を中心とした都市造りに着手。次いで鎌倉と東国を中心に各地を結ぶ鎌倉往還という道を整備した。「いざ鎌倉」という言葉があるように、当初は政治的、軍事的意味の強い計画道路だったが、やがて重要な物流ルートとしても発展し、結果、鎌倉の町は繁栄しおおいににぎわったという。

このとき造られた鎌倉往還のことを一般的に鎌倉古道と呼ぶ。現在は当時とまったく同じようにたどる道はほとんど残っておらず「幻の道」とも呼ばれるが、その面影をしのべるスポットは各地に点在して残っている。

衣張山から見渡す鎌倉の町。南に相模湾、三方を山に囲まれている

## 「いざ鎌倉」の由来

「一大事が起こったら、ただちに全力で行動をする」という意味の慣用句として広く使われる「いざ鎌倉」。もともとは能の脚本にあたる謡曲の「鉢木」から広まった言葉だ。

鎌倉幕府の第5代執権だった北条時頼は、職を義兄の北条長時に譲った後、僧となって諸国を巡ったという物語が、南北朝時代から室町時代にかけて記された複数の書物で描かれている。これをもとに「いざ鎌倉」のくだりなどが足されて脚色され、人形浄瑠璃や義太夫で演じられた。作者は観阿弥・世阿弥との説もあるが不明。江戸時代には歌舞伎でも演じられ、これにより全国に物語が広まった。

「いざ鎌倉」は鎌倉時代に生まれた言葉ではないものの、武士道精神の原点を端的に表すとされ、日本人の「もてなしの心」にも通じている。

鎌倉の明月院（→P.185）にある北条時頼の墓所

### 謡曲「鉢木」「いざ鎌倉」のくだり

主人公は鎌倉時代中期の武士、佐野源左衛門常世（さのげんざえもんつねよ）。大雪の夕暮れに旅の僧が一夜の宿を求めてやってくる。源左衛門は貧しいにもかかわらず大切にしていた3鉢の盆栽をくべてまでもてなし、「領地を奪われ今は落ちぶれてこそいるが、いざ鎌倉というときには鎌倉に一番に駆けつけ命をかけて戦う覚悟だ」と僧に語る。

その後に幕府から招集命令が下った際、源左衛門が鎌倉に駆けつけると時頼が現れ、あのときの僧であったことを知る。そして恩賞として小田原城と3つの荘を与えられたのだった。

### 鎌倉七口

卍円覚寺
卍明月院
浄智寺 卍
卍建長寺
亀ヶ谷坂切通
巨福呂坂切通
朝夷奈切
化粧坂切通
卍鶴岡八幡宮
三の鳥居
寿福寺
卍浄妙寺
二の鳥居
滑川
大仏切通
鎌倉大仏 卍
釈迦堂口切通
一の鳥居
滑川
極楽寺坂切通
由比ガ浜
名越切通
極楽寺
稲村ケ崎
相模湾
和賀江島

凡例：
切通
上道
中道
下道
六道道
京鎌倉往還
その他の鎌倉往還

0　500m

# まずは鎌倉七口から

## 「いざ鎌倉」の気分で切通を抜けて鎌倉入り

鎌倉は南で相模湾に面し、ほかの三方は山々に囲まれている。各街道から中心部に入るには、最終的にこの山を切り開いた「切通（きりどおし）」を抜けていかなくてはならない。山は敵の侵攻から鎌倉を守る自然の要害で、切通は外界と町を遮断しないための出入口なのだ。

鎌倉古道が整備された当初は、山越えをして行き来していたようだが、あまりに不便ゆえ、鎌倉幕府3代目執権の北条泰時が切り開いたと伝えられる。

その7つの切通は「鎌倉七口（かまくらななくち）」あるいは「鎌倉七切通（くらななきりどおし）」と呼ばれ今も残っている。鎌倉散歩をまずどこかの切通を抜けて始めれば、よりいっそう古都鎌倉の全体像をつかみやすくなる。

### 大仏切通

手前に見えるのが敵から防御する置き石

藤沢方面へと抜ける道に通じ、深沢切通とも呼ばれていたこともある。鎌倉に住んだ作家の国木田独歩が著書『鎌倉の裏山』でこの切通を描いている。古道と呼ぶのにふさわしく、狭い道の両側はそそり立つ岩壁で、ところどころ苔むし、神秘的な雰囲気をもっている。鎌倉幕府の重臣が住む常盤亭があった防御の重要拠点で、現在でも敵が攻め難いようにした置き石が点在する。（→P.189）

### 極楽寺切通

極楽寺切通の入口にある行基の霊跡、虚空蔵堂

江ノ島付近の片瀬を抜けて東海道に通じ、鎌倉と京都をつなぐ重要な切通。義経が平家との戦いに勝利して鎌倉へ下った際に通り、新田義貞が鎌倉攻めの際に侵入しようとした切通のひとつだが失敗した。現在は車も通れる舗装道路で往時の面影はないが、今も鎌倉の暮らしを支える道路として生かされている。

### 釈迦堂切通　番外

岩のアーチが神秘的

街道造りのためではなく、鎌倉の町の内部で生活のために開かれた切通のひとつ。鎌倉幕府2代執権の北条義時を弔う釈迦堂があったことから名づけられたが、釈迦堂の場所は不明。岩のアーチが美しく、趣ある古道の雰囲気があるが、残念ながら現在は崖崩れのため通行止め中。崩落対策工事が進行中で2026年に再開通予定。📍鎌倉市大町付近　※再開通するまでは決して立ち入らないようにしよう。

### 亀ヶ谷坂切通（かめがやつざか）

梅雨時にはアジサイを愛でながら歩くのが楽しい

仮粧坂と同じく武蔵方面へ通じる。あまりに急な坂で、カメが上ろうとするとひっくり返るほどだったことからこの名がついたとされる。現在は舗装されており、坂の大変さは変わらないものの比較的歩きやすく、緑豊かで静かなので散策にぴったり。最も高いあたりの岩壁には六地蔵が見られ、梅雨時には沿道にアジサイも咲く。（→P.180）

### 巨福呂坂切通（こぶくろざか）

巨福坂切通沿いの道祖神。この先は行き止まり

鶴岡八幡宮から建長寺のある北鎌倉方面へ抜ける。新田義貞が突破できなかった切通のひとつ。街道というより重要な生活道路で、江戸時代末期には改修もされたが、その後いつしか廃れていった。現在は途中に私有地となっているため唯一通り抜けできない切通となっている。東側を走る県道21号が巨福呂坂の新道で、シェードがかかっていて鎌倉坂洞門と呼ばれている。（→P.180）

### 仮粧坂切通（けわいざか）

この急さが仮粧坂の特徴

現在の府中市などの武蔵を通る、上野（群馬）への街道の出入口。ここも新田義貞が突破できなかった切通とされる。印象的な名の由来には平家の武将の首を化粧して首実検した場所など諸説ある。七口では最も急な坂といわれ、岩を削った階段が続いている。ただし、距離は短く、坂の上には源氏山公園が広がっているので、散策が楽しい。（→P.180）

### 朝夷奈切通（あさいな）

切通を行き交う人を見守る石地蔵

現在の横浜市金沢区にあたる六浦へ抜ける。六浦の港は房総半島の安房や上総などからの物資の集散地であり、鎌倉にとって重要な場所だった。頼朝政権の初代侍別当だった和田義盛の子、朝比奈義秀がひと晩で開いた伝説がある。鎌倉七口で最も往時の雰囲気を残し、削られた岩肌にはやぐらもいくつか見られ、高低差もあまりないので歩きやすい。（→P.144）

### 名越切通（なごえ）

名のとおりなかなか険しい切通だ

現在の逗子市へ抜け三浦半島へと通じる。日本武尊が東夷制圧で通った古東海道という説もあり、武尊伝説が残る走水神社などへつながっている。現在は鎌倉市と逗子市の市境。高低差があり足場が悪い部分もある道だが、開かれた当時はもっと険しく、名越の名は「難越（なごし）」から変化したものと伝わる。沿道では「まんだら堂やぐら群」も見られる。（→P.219）

info　鎌倉七口という呼び名は鎌倉時代にはなく、後の江戸時代に各地から京都につながる街道の出入口だった「七口」から対照されてつけられたとされる。

# 鎌倉古道とは

鎌倉幕府は源頼朝が東国（関東）の武士たちとともにつくった日本初の「武家政権」。それまで中央の貴族や京都の平家一門に虐げられてきた相模、武蔵、伊豆、上総、下総、上野、下野といった東国の武士たちの気持ちを頼朝は受け止め、挙兵以来、ともに戦うことで鎌倉幕府初代征夷大将軍（鎌倉殿）となったのだ。そして、それは東国が初めて日本の歴史の主役となるできごとにもなった。

しかし、京都を中心とする朝廷の力は依然強く、常に戦いに備えておく必要があった。そこで「いざ」というとき、東国各地の御家人たちが少しでも早く鎌倉に集結できるよう道路を整備する。これがのちに鎌倉街道と呼ばれるようになる鎌倉往還だ。東国と鎌倉を関東縦断して結ぶ上道（かみつみち、かみのみち）、中道（なかつみち、なかのみち）、下道（しもつみち、しものみち）の3道を中心に、京とを結ぶ京鎌倉往還、上道から分かれ甲斐とを結ぶ御坂路、三浦半島の六浦から東京湾を横断して上総や下総にいたる六浦道などを整備した。さらにそれらからの側道や支道もあった。

やがてこの道は商品や人を運ぶ街道になっていき、鎌倉の力が衰えるとルートも少しずつ変わっていった。現在、鎌倉街道と呼ばれている道は江戸時代以降のものがほとんどで、鎌倉時代の道は鎌倉古道と呼んで区別することが多い。ただし、鎌倉古道は往時のままつながっておらず断片的に残るのみ。神奈川県内にはそれを示す道標や石碑が各地に点在している。日常的に使っている道路にひっそりとあることが多く、在住者は家の近くで探してみるのもおもしろい。

## 鎌倉往還の規格

鎌倉往還は規格が決まっていた

計画軍事道路
- ◆ 短時間で鎌倉へたどり着けるよう極力直線的に造られた。
- ◆ 幅は馬で早駆けしやすいよう約6m。
- ◆ 道の両側には約2mの盛土がされた。山間部では掘割りが行われ両側を壁のようにした。これは馬に乗った武士が見えないようにするためといわれる。

---

# 鎌倉古道がしのべるスポット

## 宮前の鎌倉古道（上道）
みやまえのかまくらどう

宮前御霊神社という古社の裏参道の先にあり、ほんの100mほどだが古道の雰囲気を残している。前九年の役出陣の際に源頼義が軍旗の白旗を立てたと伝わる旗立山が隣接している。

雑木林の中に案内板が立っている

🏠藤沢市宮前560　🕐見学自由　🚃湘南モノレール湘南深沢駅から徒歩18分

## 餅井坂（下道）
もちいざか

住宅地のなかにある急坂で、「鎌倉街道の餅井坂碑」と書かれた道標や古い石碑が残る。江戸時代に旅の僧が「ようやくもち坂に行きついたが、もち屋はなく、わらじが足に食い込んだだけ」と書いたことで知られるが、もともとは鎌倉から源実朝を暗殺した公暁を祀る弘明寺への途中にあり、北条政子も通ったといわれている。

横浜市の登録地域史跡になっている

🏠横浜市南区別所3-5-5　🕐見学自由　🚃横浜市営地下鉄上大岡駅から徒歩13分

ℹ️ info　鎌倉古道を示す道標や石碑は紹介している以外にも県内各地で見つけられる。たとえば横浜市戸塚区なら上倉田町の県道203号沿い、戸塚町の国道1号沿いなど。普段気づかなくてもすぐ近くにあるかも。

## 早駆けの道（中道）
はやがけのみち

　家々が建ち並ぶ高台にひっそりとあるうっそうとした緑のなかの道。いざ鎌倉の際、馬をとばして向かうために造られたとされる。残るのはほんの短い区間だが、タイムスリップしたような気分になる。

日中は住民の生活道路にもなっている

🏠横浜市港南区下永谷4-9-14近辺　🕐見学自由
🚇横浜市営地下鉄下永谷駅から徒歩6分

## 弘明寺駅前の鎌倉街道の碑（中道）
ぐみょうじまえのかまくらかいどうのひ

　駅を降りてすぐ、横浜国立大学附属横浜中学校前にある。神奈川県内にはこのような碑が各地にあるものの、古道と江戸時代以降

繁華街のすぐそばだが立ち止まる人も少ない

の道の碑が混在。この石碑はどちらにも面しており、少し南で古道とあとの道が分かれている。

🏠横浜市南区大岡2-31　🕐見学自由　🚇横浜市営地下鉄弘明寺駅からすぐ

## 飯田の鎌倉道（上道）
いいだのかまくらみち

　開発が進む駅前からほどなく、横浜市内とは思えないのどかな風景のなかに残る道。時代は

右手は美濃口春鴻邸の塀

下るが江戸中期に活躍した松尾芭蕉の門下生の俳人で、地元の名主でもあった美濃口春鴻の館（非公開）なども残り、どこかノスタルジックな風景が見られる。

🏠横浜市泉区下飯田町1744　🕐見学自由
🚇相鉄線ゆめが丘駅から徒歩10分

## 源頼朝落馬の地（京鎌倉往還）
みなもとのよりともらくばのち

　JR辻堂駅からすぐのかながわ信用金庫辻堂支店駐車場前に「源頼朝公　落馬地」の案内板だけがひっそりと置かれている。

看板以外は面影を残すものはない

🏠藤沢市辻堂2-17-1　🕐見学自由　🚇JR辻堂駅から徒歩3分

## 旧相模川橋脚（京鎌倉往還）
きゅうさがみがわきょうきゃく

現在展示されているのはレプリカ

　大正12（1923）年の関東大震災と翌年の余震によって水田が液状化し、地中から突如現れた木杭。建久9（1198）年に源頼朝の家臣、稲毛重成が亡き妻（頼朝の妻、政子の妹）の供養のために架けた橋の橋脚と判明した。頼朝はこの橋の供養に訪れた帰りに落馬し、それが原因で翌年亡くなったと伝わる。日本最古の杭基礎であり、これ以降、明治時代まで相模川に橋は架けられなかった（落橋の時期は不明）。

🏠茅ヶ崎市下町屋1丁目　🕐見学自由　🚇JR茅ケ崎駅から平塚駅行きバスで今宿下車、徒歩5分

## 湯坂道（京鎌倉往還）
ゆさかみち

秋には紅葉の美しいハイキングコース

　鎌倉時代の箱根越えルートで、現在はハイキングコースとして整備されている。全長約8km、所要約2時間30分。湯坂路入口バス停から歩き始め、箱根の自然を満喫しながら箱根湯本駅へ抜けるコースがおすすめ。

🏠足柄下郡箱根町　🕐散策自由　🚇箱根登山電車箱根湯本駅から箱根町港行きバスで湯坂路入口下車すぐ

---

### 横浜瀬谷区（上道）
横浜市のウェブサイトでは、瀬谷区に残る鎌倉古道を、沿道の見どころを巡りながら歩く北と南の2コースを提案している。

鎌倉古道 北コース ◆ 🔗 www.city.yokohama.lg.jp/seya/shokai/bunkazai/sanpo/kita/corse04.html
鎌倉古道 南コース ◆ 🔗 www.city.yokohama.lg.jp/seya/shokai/bunkazai/sanpo/minami/corse01.html

**info** もともと湯坂道は源頼朝が箱根権現へ参詣するために整備された。それまで旅人は箱根を迂回する足柄道を使っていたが、小田原から三島に抜けるにはこちらの方が近道だったので街道としてにぎわっていった。

異国スポット探し

# 横浜中華街の歩き方

横浜中華街は160年の歴史をもつ、さまざまな異文化体験ができるユニークな町。テイクアウトグルメやエスニック雑貨の買い物など、お楽しみはいろいろだ。

## 中華街の4つの楽しみ方

1. 人気の店先テイクアウトグルメと中国茶が楽しめる。
2. 中国や台湾のご当地食材やエスニック雑貨探しができる。
3. 中国各地のご当地料理をランチやディナーで味わえる。
4. 手相や相性鑑定、タロットなどの占いの町としても有名。

## 日本最大級のチャイナタウン 横浜中華街とは

横浜中華街は安政6（1859）年の横浜開港後、西洋人と一緒に来日した中国南方や上海出身の人たちが外国人居留地の隣接した地域で商売を始め、形成されていったものだ。昭和30（1955）年には中華街大通りの入口に牌楼が建てられ、中華街と呼ばれるようになった。現在では、500m四方の範囲に600軒以上の飲食店や中華食材などの店がひしめく一大観光地となっている。最近では中国各地の本場の味である「ガチ中華」が楽しめる店も増えている。

**MAP** 別冊P.28-A2

住横浜市中区山下町　営休店舗による　交みなとみらい線元町・中華街駅から徒歩すぐ

### 風水思想に基づいた牌楼

❶朝陽門（チョウヨウモン）
❷朱雀門（スザクモン）
❸延平門（エンペイモン）
❹玄武門（ゲンブモン）
❺善隣門（ゼンリンモン）
❻西陽門（セイヨウモン）
❼天長門（テンチョウモン）
❽地久門（チキュウモン）
❾市場通り門（北）（イチバドオリモンキタ）
❿市場通り門（南）（イチバドオリモンミナミ）

随所で目にする個性的な門は牌楼（パイロウ）と呼ばれ、10基ある。その名称は上記のとおり。

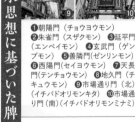 info 横浜中華街には不夜城のようなイメージがあるが、閉店が早い店が多く、21時くらいには続々と閉まりはじめ人通りも減る。店の選択が限られるので夕食には早めに行くのがおすすめ。

# 横浜中華街 路地裏散歩

2大メイン通りは中華街大通りと関帝廟通りだが、無数の路地を巡ることで、思いがけない魅力的な店が見つかるだろう。

**源豊江本店**（げんほうこうほんてん）　食材　A
中華料理には欠かせない各種中華食材、中華点心（冷凍食品）、中国酒、中国茶など選りすぐりの品々が揃う。
P.36

**江戸清 本店**（えどせい）　肉まん　B
「ブタまん」の名を広めた店。中華まんじゅうを食べながら街を散策するというテイクアウトブームの火付け役。
P.322

**新合隆商店**（しんごうりゅうしょうてん）　食材　C
創業75年以上の老舗。厳選された中華食材や中華菓子、水餃子などの冷凍食品に加え、中国の線香なども扱っている。

**悟空茶荘**（ごくうちゃそう）　お茶　D
昭和56（1981）年に開業した中国茶専門店。散策に疲れたら、2階の茶館でのんびり中国茶を味わいながらくつろごう。
P.129

**中華菜館 同發 本館**（ちゅうかさいかん どうはつほんかん）（焼物売店）　H
1階では、秘伝の叉焼やローストダックなどの焼き物の持ち帰りができる。

中華焼物　E
P.325

**台南小路**（たいなんこうじ）　食堂街　F
市場通りの脇の路地裏の小道にあるのが台南小路。台湾の古都、台南の料理を出す「福楼」はディープスポット。

**横浜関帝廟**（よこはまかんていびょう）
創建1871年。三国志でおなじみの関羽を祀っている。関羽は商売の神で、朝早くから参拝客が訪れる。
P.320

**横濱媽祖廟**（よこはまままそびょう）　I
創建2006年。漁業と航海の安全を守る道教の女神「媽祖」を祀っている。参拝だけでなく、おみくじもどうぞ。
P.320

中華菓子　G
**紅棉**（こうめん）
昭和27（1952）年創業。人気のエッグタルトやゴマ団子、マンゴープリンなど美味なる中華菓子をテイクアウトできる。
P.323

横浜中華街

玄武門
源豊江本店 A
朝陽門
China Town 80
横浜中華街インフォメーションセンター（→P.321）
ホテルニューグランド（→P.406）
山下公園
ロイヤルホールヨコハマ
洗水亭（→P.321）
横浜公園
ローズホテル
同發本館 E
照宝（→P.36）
中華街大通り
老維新（→P.37）
新合隆商店 C
B 江戸清 本店
市場通り門（北）
チャイハネ本店（→P.37）
天宝堂（→P.37）
東横INN横浜スタジアム前
善隣門
台南小路 F
泰和商事（→P.36）
G 紅棉
横浜関帝廟 H
関帝廟通り
市場通り門（南）
元町・中華街駅 M
天長門
山下町公園
浜スタジアム
地久門
横濱媽祖廟 I
D 悟空茶荘
朱雀門
延平門
西陽門
首都高速神奈川3号狩場線
京浜東北線
JR石川町駅
0　100m

035

## 好奇心の扉を開けて訪ねたい
# 中国＆エスニック ショッピング

横浜中華街には、本場中国の食材や調味料、お茶、調理器具から風水＆エスニックグッズまで、ありとあらゆる非日常を感じさせるディープな品々が集まっている。

サイズ10cmから60cmまで、深さは3cmから10cm、大釜用から小鍋用まで揃う照宝の杉せいろ（670円〜）

**照宝**

プロの料理人の手に合わせたさまざまなサイズや重さの打ち出し北京鍋（4300円〜）

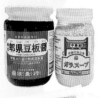

**源豊江本店**

左上/本場四川省ピー県の豆板醤（650円）とガラ・スープ（540円）右上/台湾産極み食べる麻辣海鮮醤（1680円）と台湾版タバスコのBBホットチリソース（630円）下/味メンマ（500円）、宮廷ザーサイ（500円）、フレッシュザーサイ（500円）

**泰和商事**

上/美緑色で山霧の香りを思わせる深い香りと甘みを楽しめる台湾の極上凍頂烏龍茶（2500円）右/クリーミーでやわらかな香りの阿里山金萱茶（1800円〜）左/便通がスムーズになり、肌荒れ改善にもなる雅姿健美茶（3000円）

---

食材

**源豊江本店**
げんぽうこうほんてん

昭和24年創業。「ご家庭で手軽に中華料理を作ってほしい」との思いで、中華調味料や食材、点心、中国茶などを豊富に取り揃えている。

**MAP** P.35

住 横浜市中区山下町95-2 TEL 045-681-5172 営 10:30〜18:00、日・祝10:30〜19:00 休 水・第2木 交 みなとみらい線元町・中華街駅山下公園口から徒歩3分 CC MV

---

中国茶

**泰和商事**
たいわしょうじ

清らかな味と香りにあふれる100種類以上の台湾産と中国産高山茶を扱う専門店。人気は凍頂烏龍茶や金萱茶。プーアル茶、ジャスミン茶など多数扱っている。

**MAP** P.35

住 横浜市中区山下町137 TEL 045-641-8147 営 10:00〜19:00 休 無休 交 みなとみらい線元町・中華街駅中華街口から徒歩5分 CC MV

---

中華食器

**照宝**
しょうほう

あらゆる中華の調理器具や食器を製造販売している専門店。照宝ブランドのせいろや中華鍋、中華包丁は地元中華街の料理店では厚い信頼がある。

**MAP** P.35

住 横浜市中区山下町150 TEL 045-681-0234 営 10:30〜19:00 休 無休 交 みなとみらい線元町・中華街駅中華街口から徒歩6分 CC ADJMV

info 台南小路（→P.35）にある台湾料理の福楼は、木村拓哉と中山美穂主演で1998年に放映された大ヒットドラマ『眠れぬ森』のロケ地となった。現在もどこか謎めいたレトロな雰囲気が健在。

**老維新**

左/ふわふわモコモコなパンダのお座りぬいぐるみ（1012円）　右/全長6cmのかわいらしい顔のミニミニキッズパンダ・キーホルダー（792円）

**天宝堂**

左/風水による開運アイテムの八卦乾坤宝照図、中国結び付き（2750円）右/太極拳で使う陰陽カンフー扇子（1320円）　中/仏教の伝説に出てくる盤長をかたどった開運盤長飾りは長寿のシンボル（2200円）

**チャイハネ**

上/ポリネシアントライバル柄が描かれたパレオ（1650円）左中/4つのビーズの色が変化するオーラブレス（1760円）　左下/魔除けのドリームキャッチャーカラビナのキーホルダー（1100円）　右中/ネイティブアメリカン「ナバホ族」をモチーフにしたオルテガトートバッグ（2750円）　右下/インド直輸入、ザリ刺繍の平ポーチ（2420円）　下/カラーの羽根付きトライブソウルスティック香（220円）

**中華雑貨**

**ろうぃしん**
**老維新**

昭和5年創業の老舗中国雑貨店で、風水や太極拳グッズ、中国衣料も揃う。最近はチョコレート味のパンダまんで有名。パンダグッズも豊富。
**MAP** P.35
🏠横浜市中区山下町145　☎045-681-6811　🕐10:30～20:45　休無休　🚉みなとみらい線元町・中華街駅山下公園口から徒歩6分　CC ADJMV

**風水グッズ**

**てんぼうどう**
**天宝堂**

中国骨董や古美術品、風水グッズをはじめ、雑貨やパワーストーン、チャイナドレス、太極拳関連商品などさまざまな商品を扱う専門店。
**MAP** P.35
🏠横浜市中区山下町80　☎045-641-6340　🕐11:30～21:00　休無休　🚉みなとみらい線元町・中華街駅山下公園口から徒歩3分　CC ADJMV

**エスニックグッズ**

**ちゃいはねほんてん**
**チャイハネ本店**

昭和53年創業。エスニック衣料や雑貨、インテリアを取り扱う。1階（雑貨やアクセサリー）から2階・3階（衣料）まで迷路のように買い物を楽しめる。
**MAP** P.35
🏠横浜市中区山下町185　☎045-662-8787　🕐10:30～20:30、土・日・祝～21:00　休無休　🚉みなとみらい線・中華街駅山下公園口から徒歩3分　CC ADJMV

**info** チャイハネには同じ通りに面して1軒を挟んで並ぶPart1とPart2のほか、道の反対側にPart3がある。こちらにはカフェがあって本格的なチャイやスパイスカレーを味わえる。

神奈川随一のピースフルな
グローバルタウン

# 愛川町で
# 海外旅行 さんぽ

あい かわ まち

4万人にはわずかに届かない人口（2023年4月1日現在）のうち、外国籍住民は3200人を超え、およそ12人にひとりは外国人という愛川町（→P.264）。神奈川県の市町村では外国籍住民の比率が最も高く、国際都市の横浜市すらもはるかに超える。しかも国籍は約50ヵ国を数えており、小さな町にもかかわらず超グローバル。町内には彼らの暮らしを支える商店や飲食店、宗教施設が点在し、ちょっとお邪魔させていただけば、国際線に乗らずとも海外旅行気分が味わえてしまう。人々は大らかに訪れる者をあたたかく迎えてくれる。実にハートフル＆ピースフルな町だ。

愛川町にはなぜ外国人が多い？

戦時中、広大な桑畑が接収され相模陸軍飛行場が作られる。戦後その土地が制限解除され、1960年代に関東最大規模の「神奈川県内陸工業団地」が稼働開始。高度経済成長期の勢いのなか、拡大を続ける。同時に労働力として外国人が入るようになり、それが定着していくうちエスニックグループのネットワークによってさらに移住者が増えていった。現在は愛川町で生まれて育った若者や子供も多く、母国語とともにネイティブな日本語も話し、両親や祖父母を助け国際交流の懸け橋となっている。

# 南米
（ペルー・ブラジル・アルゼンチン）

愛川町に暮らす外国人のうちペルーとブラジルからの人々が最も多く、2ヵ国だけで外国籍住民の約7割を占める。このほかアルゼンチンなどからも。同じ南米とはいえ言語や習慣には違いがあるものの、共通点も多いため、町内の食材店やレストランには南米各国の人々が集まる。

❶ロモサルタード・コン・アロスにはチチャモラーダが合う ❷町の中心部より厚木寄りの工業団地近くにある

在住ペルー人にも人気の名店
### ペルーレストラン ティキ
### POLLERIA RESTAURANT TIKI

愛川町でも最も本格的なペルー料理レストラン。日替わり定食などもあるが、おすすめはロモサルタード・コン・アロスという牛肉、トマト、玉ねぎとフライドポテト（!）の炒め物。目からウロコのおいしさだ。

**MAP** 別冊 P.5-D2
住 愛川町中津7389-1　TEL 090-7332-7887　営 火～金10:00～15:00、17:00～21:30、土・日 10:00～21:00　休 月　CC ADJMV　交 桜台バス停から徒歩2分

スイーツと軽食が楽しめる
### Deli's ケーキ＆コーヒー

ペルー風のスイーツが自慢のコーヒーショップ。現地で人気のルクマというフルーツをフレーバーに使ったケーキは、キャラメルやメープルに似た甘さが特徴。ハンバーガーなどの軽食も食べられる。

**MAP** 別冊 P.5-D2
住 愛川町中津963-1　TEL 046-280-6725　営 月・水～16:00～21:00、土12:00～21:30、日12:00～21:00　休 火　CC ADJMV（要カード手数料）　交 春日台入口バス停下車すぐ

❶平日は開店時間が遅いので注意 ❷チョコスポンジケーキのトルタ・セルバ・ネグラ（360円）❸ルクマを使ったミルフィーユ（360円）

オシャレな内装が楽しい
### ナイス・レストバー
### Nays RestoBar

ポップな雰囲気は明るい南米のイメージそのもの。名物は炭焼きローストチキンだが、土日祝の限定メニュー。平日ならこちらでもロモサルタード・コン・アロスは人気なので食べ比べてみるのも楽しい。

**MAP** 別冊 P.5-D2
住 愛川町中津4839-1　TEL 046-28-44311　営 水～金14:00～20:00、土12:00～20:30、日12:00～19:00　休 月・火　CC ADJMV　交 坂本入口バス停から徒歩2分

店内はポップでかわいい

週末はとくに南米系の人たちでにぎわう

観光放流は
迫力満点

ダムカードは
ダム上の宮ヶ
瀬ダム水とエ
ネルギー館
でゲット

### 宮ヶ瀬ダムも
### 愛川町の名所!

平成13年に完成した首都
圏最大級の宮ヶ瀬ダム（→
P.264）。4〜11月の毎週水曜、
第2、4金曜、第2日曜（イベン
ト放流もあり）、11:00と14:00
から分間行われる観光放流
は必見。

まさにきれいな
スープという表
現がぴったり

# ベトナム

**絶品フォーとバインミーが大人気!**

ふぉーえむきゅーえすばいんみーえむきゅーえすべとなむ
## フォーMQSバインミーMQSベトナム

シェフであるベトナム人の主人
と、日本人の奥さまが切り盛りする
小さな店。ベトナムの麺料理「フォ
ー」と、植民地時代の宗主国フラン
スのパンを使ったベトナム風サン
ドイッチ「バインミー」を中心に提
供している。フォーのスープは、あ
っさりしながらもコクがあり、つる
っとした米の麺ととても相性がい
い。スープが終わったら閉店なので、
開店後早めに行くのがおすすめ。

**MAP** 別冊 P.5-D2

**住** 愛川町中津7299-1 **TEL** 090-
7332-7887 **営** 水〜金11:00〜
17:00、土・日7:00〜17:00 **休** 月・火
**CC** ADJMV **交** 桜台バス停から徒歩
3分

小さくてアットホームな店

**清流のせせらぎが聴こえる静かな寺**

べとなむでら
## ベトナム寺

愛川町の北部にある半原はかつ
て撚糸で栄えた地区。そこを流れ
る中津川の清流のほとりに立つ寺
院。山の緑と川の水が織りなす風
景がどこかベトナムに似ているこ
とからこの地を選んだという。毎週
日曜日にはベトナム人の仏教徒が
集まるが、その日を含め、それ以
外の日でも、国籍、信仰問わず誰
でも見学歓迎。住職の時間が許せ
ば参拝の作法や瞑想の仕方なども
教えてもらえる。

**MAP** 別冊 P.5-D2

**住** 愛川町半原4889-1
**TEL** 046-281-4226 **営**
9:00〜18:00 **休** 無休
**料** なし（志納） **交** 半原
バス停から徒歩7分

❶かなり立派な建物が川辺に立つ
❷住職の手の空いているときは寺院
内を案内してもらえることも

❶店前には駐車
場もある❷砂肝
とポテトの盛り合
わせモジェヒータ
（550円）❸テー
ブルの並ぶフロア
の奥にカウンター
がある

**デリやスイーツ、食材も豊富**

らみえる・で・あいかわ
## ラミエル・デ・アイカワ
## La Miel de Aikawa

入って正面のカウンターのショー
ケースには、手作りのデリやスイー
ツがたくさん並び、見て選べるの
が魅力。店内で食べることもでき、
アラカルトメニューからペルー風サ
ンドイッチなども注文できる。

**MAP** 別冊 P.5-D2

**住** 愛川町中津347-1 **TEL** 046-286-
2663 **営** 日・月・水・木13:30〜
21:00、金・土13:30〜22:00 **休** 火
**CC** ADJMV **交** 局前バス停下車すぐ

南米系の人た
ちにとっては
大事なスーパ
ーマーケット

多言語表示の
棚の商品のな
かにはお買い
得品も

南米料理に
欠かせない
肉類も扱う

**イートインもある南米食材店**

さぼーるらてぃーのあいかわ
## サボールラティーノ愛川
## Sabor Latino Aikawa

アルゼンチン出身のオーナーによ
る南米食材の店。愛川町の多様性
に合わせ商品表示は6言語で対応。
もちろん日本語もあり、これは何か
な?と見ているだけでも楽しい。軽
食のイートインも可能。

**MAP** 別冊 P.5-D2

**住** 愛川町中津68-12 **TEL** 046-285-
8489 **営** 火〜日13:30〜20:00
**休** 月 **CC** ADJMV **交** 東中学校前バ
ス停から徒歩2分

### 覚えておきたい
### ペルー名物3点

**チチャモラーダ**

紫トウモロコシを煮出し柑橘類や
スパイスで香り付けしたジュース。
甘いスイーツワイン
に似た味は日本
人の舌にも合う。

**インカコーラ**

もともとは健康飲料と
して販売され、今や
ペルーを代表する飲
み物に。炭酸の入っ
たすっきりした味はペ
ルー料理にぴったり。

**アルファホレス**

ペルーのみならず南
米各国で愛される甘
いお菓子。かつての
宗主国スペインやポル
トガルでも有名。ふっ
くらしたクッキーにコ
ンデンスミルクのソー
スが挟まれている。

**info** 愛川町には相模川ふれあい科学館アクアリウムさがみはら（→P.250）や水郷田名（→P.303）を経由して入ることも可能。相模原市中央区の田名バスターミナルをハブとして愛川町の半原、橋本駅、JR淵野辺駅などがつながる。

住職が日本語でいろいろ説明してくれる

①初夏から夏にかけては水田が美しい ②住宅にタイ式寺院の玄関が設けられている

## 水田の風景の中にぽつんと立つ

### ワット・ラカン
### WATRAKANG JAPAN

美しい水田のほとりにあるタイ式の仏教寺院。バンコクでは黄金の鐘が敷地内で見つかったことから「鐘の寺」として知られる有名な仏教寺院の日本分院だ。ソンクラーン（タイの旧正月）の祭りをはじめ、さまざまな行事も行われる。住職は日本語が堪能で、在院しているときはいろいろな話を聞くことも可能。いつでも誰でも迎え入れるのがモットーだというが、訪問は常識的な時間にしたい。

**MAP** 別冊 P.5-D2
**住** 愛川町中津4987 **TEL** 046-280-4187 **営** 要問合せ **休** 不定休 **料** なし（志納）**交** 坂本バス停から徒歩3分

タイの庶民の味ガパオライス（1000円）

タイの気軽な食堂の雰囲気

## 本格的な味の小さなタイ料理店

### セーン ドゥアーン

愛川町の中心部にある小さなタイ料理店。お客さんはおもに在住のタイ人で、どことなくのんびりと店を開いている雰囲気だが味は本格的。しかも比較的リーズナブルなのもうれしい。夜はお酒で盛り上がるタイ人でにぎわうこともあるので、ゆっくり食事を楽しむならランチタイムがおすすめ。

**MAP** 別冊 P.5-D2
**住** 愛川町中津752-1 **TEL** 046-281-7906 **営** 10:00～22:00 **休** 無休 **CC** 不可 **交** 一本松バス停から徒歩3分

# タイ

## 心のより所にもなっているラオスとカンボジアの寺院

愛川町にはラオスとカンボジアの仏教寺院もある。「ラオス文化センター」と「カンボジア文化センタークメールサマキ協会」が代表的。これらは寺院としてはもちろんのこと、在住者たちの交流の場所となっている。ラオス文化センターには夜間に仕事を終えた在日ラオス人たちが、カンボジア文化センターには週末の土曜日に在日カンボジア人たちが集まって母国語でのひとときを過ごしている。日中でも住職などがいるときは、ひと声かければ誰でも参拝させてもらえる。交流する気持ちとお邪魔させていただく気持ちを忘れずに訪ねるようにしたい。

①ラオス文化センターは町外れの緩いカーブに面している ②ラオス文化センターの内部 ③カンボジア文化センタークメールサマキ協会は有志によって建てられた ④現在も信者の手で拡張工事が続く

### ラオス文化センター
**MAP** 別冊 P.5-D2 **住** 愛川町三増133-11 **交** 梅沢バス停から徒歩1分

### カンボジア文化センター
### クメールサマキ協会
**MAP** 別冊 P.5-D2 **住** 愛川町半原1953-1 **交** 原下バス停から徒歩1分

# スリランカ

## スリランカと日本が融合したパン屋

### セイロンベーカーズ

さまざまなスリランカの料理を日本風パンにアレンジ。おすすめは本格的なスリランカのフィッシュカレーが入ったカレーパン。一般的な食パンなども扱っており、スリランカ・カレーのイートインもできる日本とスリランカがボーダーレスになったアバンギャルドなベーカリー。メルヘンチックな外観とのギャップもおもしろい。

①スリランカのフィッシュカレーがパンの中に（170円）②建物が洋風なのもおもしろい ③ケースの中にはさまざまなパンが並ぶ

**MAP** 別冊 P.5-D2
**住** 愛川町中津7488-1 **TEL** 080-690-36030 **営** 木・土～火 8:30～22:00、金 8:30～11:00、13:30～22:00 **休** 水 **CC** 不可 **交** 桜台バス停徒歩3分

## ありふれた団地だけどインターナショナルな「いちょう団地」

一見はごく普通の団地

団地1階のアーケードには多様な店が並ぶ

**交** 小田急線高座渋谷駅から徒歩15分

大和市と横浜市泉区にまたがって広がる神奈川県最大の公営住宅いちょう団地。1970年代から建てられた48棟3600戸からなる。昭和の雰囲気のごくありふれた団地なのだが、入居者の約20％が10ヵ国近くにおよぶ外国籍で、とりわけ80年代からはインドシナ難民が多く移り住んだ。日本で最初に国際化した地区といわれることも。自治会では共存のため多国語のチラシを用意するなど努力を惜しまない。

団地の一部の建物1階のアーケードや周辺の通り沿いには各国の食材店や料理店が点在し、公園では多言語が飛び交う。生活の邪魔にならないようにのぞいて歩くのも楽しい。

横浜の中の
アメリカへ

# 本牧
## HONMOKU

昭和45（1970）年頃の本牧の町

本牧 MEMO

横浜山手地区の南に位置する本牧は、戦後アメリカに接収され米軍住宅地が広がっていた場所。日本なのに日本ではない「フェンスの向こうのアメリカ」と呼ばれていて、日本人がアメリカ文化に出合う場所でもあった。1960年代後半のグループサウンズブームは、本牧のクラブ「ゴールンデンカップ」の専属バンド、ザ・ゴールデン・カップスが牽引したもの。昭和57（1982）年に返還されたが、今なおその流れを汲む店が点在。ゴールデンカップも健在で本牧をアメリカンテイストな町にしている。

伝説のライブハウスとも呼ばれるゴールデンカップは、現在も健在。ザ・ゴールデン・カップスのみならず矢沢永吉など、そうそうたるミュージシャンを輩出してきた。ライブのない日も昭和レトロなレストラン＆バーとして誰でも気軽に利用できる。

**MAP** 別冊 P.27-C1

**住**横浜市中区本牧町1-46 **TEL**045-623-9353 **営**火～木18:00～翌1:00、金・土18:00～翌2:00、日18:00～23:00 **休**月 **cc**不可 **交**本牧二丁目バス停から徒歩1分

### 本牧への行き方 ACCESS

横浜駅東口から桜木町、関内、元町などを経由するバスが比較的頻発している。JR根岸駅やJR保土ケ谷駅などからもバスの本数は多い。

隣接の磯子地区にはまだ返還の終わらないエリアが残り、米軍の消防署もある

---

### ランドマーク的存在のオートパーツ店とカフェ
### MOONEYES Area-1&MOON Cafe
（むーんあいず えりあわんあんどむーんかふぇ）

本牧地区のメインストリート「本牧通り」沿いでもとりわけアメリカンな外観で目立っている。店頭に並ぶアメ車は圧巻。カーパーツやアクセサリーの店だが、アメ車好きに大人気のねずみのキャラクターRAT FINKやオリジナルのグッズも豊富。アメカジ好き必涎のファッションアイテムも充実だ。併設のMOON Cafeは南国ムードのカフェレストランで、ハンバーガーやタコス、ロコモコなど、メニューもアメリカン&トロピカル。

**DATA ▶ P.378**

❶カッコいいアメ車がずらりと並ぶ ❷店内はおもに2階でカーパーツ類、1階でグッズやアパレルを販売 ❸ムーンアイズのオリジナルマグカップ（1320円）❹おしゃれな雰囲気のカフェ ❺パフェは大きいのでシェアがおすすめ

### 昔の本牧を感じる居心地のいいアメリカンダイナー
### BOOGIE CAFE
（ぶぎーかふぇ）

本牧通りに面した店構えはアメリカン、一歩中に入ればさらにアメリカンな内装で心地よいBGMが流れる本牧をそのまま具現化したような老舗ダイナー。横山剣はじめクレイジーケンバンドのメンバー行きつけ店としてファンには有名。

**MAP** 別冊 P.27-C2

**住**横浜市中区本牧間門20-1 **TEL**045-621-0990 **営**11:30～23:00 **休**木 **cc**AJMV **交**二の谷バス停から徒歩1分

❶ハンバーガーはポテチ付きなのがなんともうれしい ❷本牧通りでもぱっと目を引く店だ ❸Theアメリカな雰囲気の店内 ❹名物「本牧チャウメン」

### アメカジの聖地とも呼ばれる輸入衣料雑貨店
### 本牧OZ
（ほんもくおず）

アメリカ直輸入の衣料雑貨は1点物が多く、ハワイ直輸入のアロハシャツやオリジナルのスカジャンなど限定品も豊富。ザ・ゴールデン・カップスのベース担当ルイズルイス加部が愛した店としてファンには聖地になっている。

**DATA ▶ P.378**

❶本牧通りを行けば店頭から服がびっしりですぐにわかる ❷店内は探して歩くのが楽しいごちゃ混ぜ感

---

### 神奈川のコリアンタウン

#### 福富町（横浜市）

このあたりはカオスな町として知られる

伊勢佐木町の北側国際通り商店街に1980年代からコリア系の店が増え、現在は20店を超える料理店や食材店が軒を連ね横浜コリアタウンと呼ばれる。本格的な味が楽しめる知る人ぞ知るエリアだ。

**交**関内駅、京急線日ノ出町駅からともに徒歩6～7分

#### セメント通り（川崎市）

ちょっと駅からは遠いが本場の味の店が点在

川崎駅から南東へ3kmほどの所にある。戦前から在日コリアンが経営する飲食店が点在。労働者に安くてうまいホルモン料理を出してにぎわった。現在も数軒が残り往時をしのばせる。

**交**JR川崎駅からバスで四ツ角下車、徒歩8分

# 日本を変えた 神奈川の すごい町 ① 歩き

**横浜の ココがすごい**

◎日米修好通商条約によって外国に門戸を開いた最初の港のひとつ
◎ひなびた漁村が数年で日本の貿易の中心に
◎世界中に輸出された日本の生糸（絹糸）の取引拠点
◎外国人居留地が造られ、海外からさまざまな文化がもち込まれた
◎関東大震災で東洋一の港湾施設が壊滅。すぐに復旧工事が始まった
◎太平洋戦争でも町は破壊されたが力強く復興

# 横浜

安政6（1859）年、開港とともに西洋文化が伝えられた横浜。その後、世界と日本を結ぶ玄関口としてたゆまぬ発展を続けてきたが、困難も多かった。開港から7年目の慶応2（1866）年には末吉町（現在の太田町）の豚肉料理屋鉄五郎宅から広がった火災により、現在の関内地区にあった日本人街の3分の2、外国人居留地の4分の1が焼失。この火事を契機に木造家屋の多い日本人街と外国人居留地との間に広い道路が造られた。それが現在の「日本大通り」だ。

さらに大正12（1923）年に起きた関東大震災が横浜の町を大きく変える。区画整理が行われ、狭く曲がりくねった道路は整備され、河川には橋が架けられた。山下公園、元町公園、野毛山公園、神奈川公園など災害時の避難地となる公園も新たに設置。しかし、第2次世界大戦の末期には空襲で横浜の中心部はほとんど焼け落ちてしまう。終戦からの約10年間、占領軍によって長期接収を受けた横浜は「関内牧場」と呼ばれるほど荒れ果てた状態に。その後、昭和27（1952）年に日本政府が施行した「耐火建築促進法」に基づく「ハマの防火帯建築」と呼ばれる防火帯建築物が個別に造られてきた。そのいくつかは現在も残り、近年、横浜固有の戦後建築遺産として注目を集めている。

こうした幾度とない困難と再建の歴史背景を知って、レトロ建築を訪ね歩くのもまた横浜散歩の楽しみだ。

---

**KQJ の愛称をもつ横浜のシンボル**

## 横浜三塔物語

●外国船の船乗りたちの入港の目印

開発によって誕生したランドマークや観覧車など新しい見どころがある反面、昔ながらの建物も多く残る横浜。そんな異国情緒あふれる洋風建築物のなかでも

「大さん橋」のビューポイント。いちばんよくみることができる

日本大通り沿いにある「横浜三塔」は特別な存在だ。昭和初期、外国船員が入港時にトランプのカードにたとえて呼んだことが由来の建物で、「キング」は神奈川県庁本庁舎。「クイーン」は横浜税関。「ジャック」は横浜市開港記念会館。戦争で倒壊することがなかったこれらの建

## 重厚感あふれる重要文化財

### 神奈川県庁本庁舎
かながわけんちょうほんちょうしゃ

昭和3（1928）年10月竣工。地上5階地下1階で、関東大震災で倒壊した旧県庁舎を再建したもの。左右対称のシンメトリー、水平を意識した、直線で構成されたファサードなど、近代建築の巨匠フランク・ロイド・ライトのデザインの影響を強く感じる。細部を見ると、屋根の意匠に日本的な要素を取り入れており、和洋折衷の「帝冠様式」の代表的な建物として知られる。2019年重要文化財登録。

屋上の展望台からは、クイーン、ジャックだけでなく、赤レンガ倉庫やランドマークタワーなどのスポットが一望できる

洋風建築に五重塔を思わせる和風の屋根

**MAP** 別冊P.25-C2
🏠横浜市中区日本大通1 ☎045-210-1111 ⏰8:30～17:15 休日・祝 🚇みなとみらい線日本大通り駅 県庁口出口からすぐ

玄関ホールにある中央階段の球型照明は極楽浄土に咲く幻の花・宝相華がモチーフ

---

### 華やかな赤レンガの時計塔 Jack ジャック

### 横浜市開港記念会館
よこはましかいこうきねんかいかん

横浜港開港50周年を記念して大正6（1917）年に完成。関東大震災で全焼してしまったが、昭和2（1927）に再建され、さらに平成元（1989）年に昭和2年に再建されなかったオリジナルのドーム屋根を復元し、同年に重要文化財に登録された。

**MAP** 別冊P.25-C2
※2024年春頃まで休館
🏠横浜市中区本町1-6-6 ☎045-201-0708 🚇みなとみらい線日本大通り駅1番出口から徒歩1分

赤と白のコントラストの美しい会館はハマっ子の誇り

---

### Queen クイーン

エキゾチックなドーム屋根が目印

建物の内部は見学できないが1階に税関資料室がある

### 横浜税関
よこはまぜいかん

コンテナ取扱量全国2位（1位は東京港）の横浜港で輸出入されるさまざまなものをチェックする税関がおかれている。現在のビルは初代（明治6年竣工）から数えて3代目で、昭和9（1934）年に建設された。

**MAP** 別冊P.25-C2
🏠横浜市中区海岸通1-1 ☎045-212-6300 ⏰10:00～16:00 休無休 🚇みなとみらい線日本大通り駅から徒歩3分

---

物を目印に、船員たちは航海の安全を祈りながら入港したという。

●横浜三塔を一度に見られるスポットを1日で巡ると願いがかなう?!

この三塔を一度に見られる場所は市内にほんの数ヵ所だけ。「赤レンガパーク」「日本大通り」「大さん橋」にあるスポットには目印があり、ハマっ子のあいだでは、1日のあいだにこの3つのビューポイントから三塔を眺めれば「カップルは結ばれる」とか「願いがかなう」とうわさされ、「横浜三塔物語」と呼ばれ、親しまれている。

「赤レンガパーク」のビューポイント

1 「日本大通り」のビューポイント。キングがメイン。あとのふたつをカメラに収めるのは難しいかも　2 「象の鼻パーク」のビュースポット。三塔が見えるとされるがジャックは頭が少しだけ

## 赤レンガ倉庫

港・横浜を代表する
れんが造りの観光スポット

あかれんがそうこ

古い建物を再生して活用するスポットの先駆的的な存在。明治から大正にかけて建てられたれんが造りの倉庫を、外観はそのままに中を改修。60以上のおしゃれなショップやレストランがある。

**MAP** 別冊P.23-D3
住 横浜市中区新港1-1
電 045-211-1555(1号館)、045-227-2002(2号館) 営 1号館10:00〜19:00、2号館11:00〜20:00(店舗により異なる) 休 無休 CC 店舗により異なる 交 みなとみらい線馬車道駅、日本大通り駅から各徒歩6分

大正初期に国の模範倉庫として建設された

---

## 旧横浜正金銀行本店本館

「横浜四塔」に名乗りを上げた?

きゅうよこはましょうきんぎんこうほんてんほんかん

現在の神奈川県立歴史博物館で、明治37(1904)年に横浜正金銀行本店として建設された旧館部分。重要文化財・史跡に指定される横浜を代表するネオ・バロック建築で、巨大ドームが特徴。昨今、横浜三塔にあやかり、トランプのカードから「エースのドーム」という愛称が浸透しつつある。

八角形のドームが目印

**MAP** 別冊P.24-B1
住 横浜市中区南仲通5-60 電 045-201-0926 交 みなとみらい線馬車道駅3・5番出口から各徒歩1分

---

### 旧第一銀行横浜支店

再建された渋沢栄一
創設銀行の支店

きゅうだいいちぎんこうよこはましてん

もとの建物は昭和4(1929)年に建設。その後現在の場所に移築された。周囲を高層ビルに囲まれ、優雅な石柱とアーチを描くギリシア神殿のようなファサードはここだけ別世界のような趣がある。

目を引く正面2階の半円型バルコニー

**MAP** 別冊P.24-B1
住 横浜市中区本町6-50-1 交 みなとみらい線馬車道駅1b出口直結

---

### 旧川崎銀行横浜支店

ネオ・ルネッサンス様式
の銀行建築

きゅうかわさきぎんこうよこはましてん

大正11(1922)年に建てられた横浜市認定歴史的建造物で、現在は損保ジャパンのオフィスビル。馬車道隣には旧横浜正金銀行本店本館がある。

設計は横浜生まれの建築家・矢部又吉

**MAP** 別冊P.24-B2
住 横浜市中区弁天通5-70 損保ジャパン 横浜馬車道ビル 交 みなとみらい線馬車道駅3・5番出口から各徒歩1分

---

### 旧富士銀行横浜支店

円柱と半円窓が
特徴的な建物

きゅうふじぎんこうよこはましてん

昭和4(1929)年に竣工。四半世紀後に建物の南側が増築された。現在は東京藝術大学大学院映像研究科の馬車道校舎として使用されている。

イタリア・ルネッサンス建築を思わせる外観

**MAP** 別冊P.24-B1
住 横浜市中区本町4-44 交 みなとみらい線馬車道駅から徒歩1分

---

## ちょっとひと休み

散歩の途中で大さん橋手前の2軒の老舗レストランを堪能しよう。

❶スモーガスボードの前菜が入ったコース ❷タイムトリップしたようなレトロな外観

### アクアオリビン

本格フレンチの老舗

あくあおりびん

古きよきフランスを思わせるレトロモダンな空間で旬の素材を使ったクラシックな料理を提供する。窓から見える横浜港の海景もごちそう。

**MAP** 別冊P.28-A1
住 横浜市中区海岸通1-1 昭和ビル2F 電 045-681-9009 交 みなとみらい線日本大通り駅から徒歩2分

### スカンディヤ

ハマっ子なら誰もが知る老舗

すかんでぃや

どこか外国の街角にいるような歴史的建造物・横浜貿易協会ビルの北欧料理店。1階はカジュアルに、2階では高級感のある空間で北欧料理がいただける。

**MAP** 別冊P.28-A1
住 横浜市中区海岸通り1-1 電 045-201-2262 交 みなとみらい線日本大通り駅から徒歩3分

❶厳選素材をそのままシンプルに味わえる。❷アール・デコの外観

# 横浜洋館巡り
（石川町駅〜元町・中華街駅）

かつて外国人が暮らしていた山手にはさまざまな洋館が残っている。いずれの洋館も入館料は無料。予約も必要ない。1日かけてゆっくり洋館巡りをしながら古きよき横浜に触れてみよう。

※各施設とも🈡が祝日の場合、休みは翌日に。

---

## オレンジの屋根瓦が印象的

### ブラフ18番館（旧カトリック山手教会司祭館）
ぶらふじゅうはちばんかん（きゅうかとりっくやまてきょうかいしさいかん）

大正末期に建設された貿易商の住宅。その後山手教会の手に渡り平成5（1993）年から一般公開。

**MAP** 別冊P.28-A3

🏠横浜市中区山手町16 ☎045-662-6318
🈡第2水

---

## 移築された明治の邸宅

### 外交官の家（旧内田家邸宅）
がいこうかんのいえ（きゅううちだけていたく）

明治期の外交官内田定槌氏の邸宅として明治43（1910）年に東京渋谷に建設された建物を移築。

**MAP** 別冊P.28-A3

🏠横浜市中区山手町16 ☎045-662-8819
🈡第4水

---

## 日本のテニスの歴史を知る

### 横浜山手庭球発祥記念館
よこはまやまていきゅうはっしょうきねんかん

庭球とはテニスのこと。明治9（1876）年にイギリスから伝えられたテニスの、日本発祥の地がここ。

**MAP** 別冊P.26-B1

🏠横浜市中区山手町230 ☎045-681-8646
🈡第3月

---

## 外国人向けに建てられた賃貸住宅

### 旧山手68番館（山手公園管理事務所）
きゅうやまてろくじゅうはちばんかん（やまてこうえんかんりじむしょ）

建設は昭和9（1934）年。国際都市横浜に建てられた住宅を昭和61（1986）年にこの場所に移築。

**MAP** 別冊P.26-B1

🏠横浜市中区山手町230 ☎045-641-1971
🈡無休

---

START

● 石川町駅

🚶4分

● ブラフ18番館

🚶2分

● 外交官の家

🚶10分

● 横浜山手庭球発祥記念館

🚶1分

● 旧山手68番館

🚶15分

● ベーリック・ホール

🚶1分

● エリスマン邸

🚶3分

● 山手234番館

🚶6分

● 横浜市イギリス館

🚶2分

● 山手111番館

🚶8分

● 元町・中華街駅

GOAL

---

## 戦前に建築された山手エリア最大の建物

### ベーリック・ホール
べーりっく・ほーる

貿易商ベーリック氏の邸宅として昭和5（1930）年に建設された。

**MAP** 別冊P.28-B3

🏠横浜市中区山手町72 ☎045-663-5685
🈡第2水

---

## 白い壁に緑の鎧戸が美しい木造家屋

### エリスマン邸
えりすまんてい

大正15（1926）年建設の貿易商エリスマン氏の邸宅を再現。

**MAP** 別冊P.28-B3

🏠横浜市中区元町1-77-4 ☎045-211-1101 🈡第2水

---

## 当地に建てられた外国人向けアパート

### 山手234番館
やまてにひゃくさんじゅうよんばんかん

関東大震災の復興事業のひとつ。昭和2（1927）年建設。

**MAP** 別冊P.28-B3

🏠横浜市中区山手町234-1 ☎045-625-9393 🈡第4水

---

## 2階から港の眺望が楽しめる

### 横浜市イギリス館
よこはましいぎりすかん

英国総領事館として昭和12（1937）年に建設された。

**MAP** 別冊P.25-D3

🏠横浜市中区山手町115-3 ☎045-623-7812 🈡第4水

---

## J.H.モーガンの建築

### 山手111番館
やまてひゃくじゅういちばんかん

アメリカ人建築家の作品のひとつ。大正15（1926）年の建設。

**MAP** 別冊P.25-D3

🏠横浜市中区山手町111 ☎045-623-2957
🈡第2水

---

info　山手の洋館では12月にクリスマスのイベントが開催される。館内には美しいツリーや花々が飾られ、イルミネーションで彩られる建物も。

日本を変えた **神奈川のすごい町歩き❷**

# 小田原

## 小田原の ココがすごい

◎ 相模湾に面し箱根山や酒匂川を控えた天然の大要塞

◎ 大阪城を上回る規模の難攻不落と呼ばれた巨大な城があった

◎ 中央の力を排除した実質的に日本で初めての独立国だった

◎ 室町時代には大繁栄し明との貿易も行う国際都市だった

◎ 小田原の存在は徳川家康が江戸を築く後押しとなった

小田原といえば町のシンボル小田原城（→P.282）。小田原駅からほど近く、町と箱根の山々、相模湾を望む石垣の上にそびえる天守は、昭和35（1960）年に市民の寄付によって復興されたもので人々の愛着も深い。一帯は小田原城址公園として整備され、四季折々の花の名所としても知られている。

江戸時代には城下町としてだけではなく、箱根の温泉地を控えた東海道五十三次9番目の宿場町として栄えた。江戸を出て最初の「城下町にある宿場町」だったため、当時の旅の人々にとっても、城がそびえる町のにぎわいの光景は特別なものであったはず。幕末に小田原を訪れたドイツ人医師のケンペルも『江戸参府紀行』という旅行記で、白壁の三重の天守閣が人目を引き、町がよく整備され清潔で道幅が広いことを記している。

だが、江戸時代以前には、現在の城址公園の範囲をはるかに超える巨大な城郭が存在していた。そしてそれこそが、戦国時代に相模国を統一した北条早雲に始まり、徳川家康が江戸の町を築くきっかけとなった豊臣秀吉の小田原征伐に至る「難攻不落」として知られた城そのもの。この城があった時代、荒廃していた京をしのぎ「東の小田原、西の山口」と称されるほどの大繁栄で全国に名をとどろかせ、日本史の舞台に幾度となく登場しては大きな影響を残していったのだ。

八幡山古郭と一夜城

足柄道

小田原駅

箱根板橋駅

風祭駅

箱根登山鉄道

東海道

早川駅

石垣山

石垣山一夜城

相模湾

| | |
|---|---|
| ■ | 現在の小田原城址公園 |
| ■ | 江戸時代の城郭 |
| ■ | 戦国時代の城郭 |
| ■ | 総構 |

0 500m

※鉄道路線と駅は参考

**info** 東京方面から小田原へは埼玉や都内東部からはJR在来線、都内西部からは新宿発の小田急線が頻発していて便利。新幹線は早朝以外こだま号が1時間2本、ひかり号が2時間に1本と本数が少ない。

## 難攻不落と呼ばれた
## 中世の小田原城の遺構
# 八幡山古郭
（はちまんやまこかく）

JRと箱根登山鉄道の線路の左手、小田原城址公園に立つ天守。右手が八幡山で、線路のある場所も古郭が使われている

　江戸時代以前の小田原城は、現在の小田原城址公園からすぐ北側の八幡山一帯を中心に築かれた平山城（平野の中にある山や丘陵に築かれる城）だった。当初は本丸も八幡山にあったが、北条氏3代目氏康の時代までには、現在の小田原城址公園の位置に移ったと考えられている。城下町全体を土塁と堀で囲む総構（そうがまえ）という城郭構造になっており、豊臣秀吉の小田原攻めに備えて設けられたという総構は東西約3km、南北約2km、外郭の延長が約9kmという大阪城の約2kmをはるかにしのぐ巨大さで、江戸城（総構約16km）が建設されるまで日本で最大の城だった。現在の小田原城址公園とは区別するため、古跡名の「八幡山古郭」と呼ぶのが一般的。

　さらにすごいのはその地理的優位性。西に険しい箱根外輪山、北に丹沢山地、南には山が海岸線ぎりぎりまで迫る相模湾、東には幅4kmほどの足柄平野を経て酒匂川が流れる。ま

さに天然の大要塞であり、京のある西から東国へ向かうには通らざるを得ない要所「東国の喉仏」でもあった。難攻不落と呼ばれる城を築いたのも、戦国武将たちが小田原にこだわったのも理由はここにある。

　小田原駅の西側に広がる城山地区一帯には、宅地化は進んでいるものの八幡山古郭の遺構がそこかしこに残っている。小田原城址公園のように観光客でにぎわう場所ではなく、訪ね歩くには傾斜地を歩き回ることにもなるが、しばしのタイムスリップ散歩が楽しめる。

### 小田原古城の本丸跡付近から三方を見る

西▶箱根外輪山が連なる。遠くに駒ヶ岳や二子山が見える
南▶相模湾。ぼんやりと伊豆大島の島影が浮かぶ
東▶最奥に大磯丘陵が連なり、その手前を酒匂川が流れる。手前左が小田原駅

戦没者慰霊搭の立つ城山公園の周囲には遺構がたくさん残る

中世の遺構にもかかわらず当時の姿をよく残し迫力がある

### 小峯御鐘ノ台大堀切
（こみねおかねのだいおおほりきり）

　八幡山古郭の中にある城山公園一帯に残り、本丸へ続く尾根を切って構築された堀切。最も深い東堀は、幅約20〜30m、高さ12m、横移動を制御する斜面約50度という空堀としては日本最大規模のもの。

🏠小田原市十字4丁目
🕐見学自由
🚉小田原駅から徒歩23分

ここからは石垣山（一夜城）を一望することもできる

小田原城天守から見た八幡山古郭東曲輪。平らな部分が史跡公園

### 八幡山古郭東曲輪
（はちまんやまこかくひがしくるわ）

　八幡山古郭の東端部分にあたる曲輪（くるわ／城の中に堀や土塁で造られた区画）。マンションの建築計画があったが市民運動により史跡公園として整備され平成22（2010）年に開放された。町を一望できる絶景の高台で、鉄道線路を挟んで現在の小田原城天守も見える。

🏠小田原市城山3-23　🕐見学自由　🚉小田原駅から徒歩10分

### 三の丸外郭新堀土塁
（さんのまるがいかくしんぼりどるい）

　秀吉の小田原攻めに備えて総構が造られる以前から、その内側には新堀という外郭があり、その新堀と土塁の名残を残す八幡山古郭の西端。平成24（2012）年に歴史公園として公開された。

🏠小田原市城山4-14-12　🕐10:00〜15:00　🚫年末年始　🚉箱根登山鉄道箱根板橋駅から徒歩18分

---

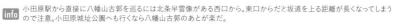

# 小田原の大繁栄
## 北条氏5代がもたらした

小田原駅西口広場にある北条早雲の像

## 繁栄の基礎を築いたのは
## 初代北条氏の早雲

北条早雲は戦国時代の武将。応仁の乱以降の身分の低い者が高い者を実力で倒す下剋上の社会風潮に乗り、素浪人から大名にのし上がった武将として語られてきたが、近年の研究では室町幕府の政所執事だった名門の伊勢氏の出身と考えられている。駿河から伊豆へと入っていき、明応4(1495)年には小田原城を攻略し、関東制覇の基礎を築いた。

永正3(1506)年には朝廷が行っていた検地を武士として初めて実施。民は領主の北条早雲に直接年貢を納めるようになり、相模は室町幕府の支配から一線を画された、いわば日本で初めて中央政府から実質的に独立した国が生まれたのと同じことになる。

ちなみに北条早雲の名は死後に広まったもので、生前は伊勢新九郎と呼ばれ、自らは伊勢宗瑞などと名乗っていたとされる。

早雲寺の総門。早雲の遺言により氏綱が創建し北条氏の菩提寺になった。後に早雲をしのび人々が訪れるようになり箱根湯本が温泉街として発展した(→P.272)

## 北条氏5代の栄華とともに
## 文化都市化し海外との貿易も

永正15(1518)年ごろ、早雲の子の氏綱が跡を継ぐと本格的に小田原を本拠とし伊勢から北条に改姓(鎌倉執権の北条氏と区別するため後北条氏、小田原北条氏とも呼ばれる)。以降、支配権を広げながら南関東一帯を制圧、5代にわたり大いに栄えていった。

同時に小田原の町も大発展をする。この頃、勘合貿易の独占で莫大な富を得て山口の町を築いた大内氏と並び、東の小田原、西の山口と称されたほど。そのきっかけになったのが、氏綱が天文9(1540)年に行った鶴岡八幡宮の再建だった。大永6(1526)年に焼失していたが、東国武士が尊崇する社を再び造営することで名声を得た。このとき京や奈良、さらに全国各地からさまざまな職人たちを招き、9年に及ぶ大工事のあとも住まわせることによって小田原文化が生まれ、刀剣や武具、石材、染色、木工品などが盛んに作られた。小田原は名実ともに関東の政治、経済、産業、文化の中心となったのであった。

また、3代目の氏康の代には、本格的に明との貿易が行われ、城下には唐人町もでき国際都市としても発展。税がかからない楽市を設け、ここでは食料や生活用品のほか唐物(からもの)と呼ばれる明から輸入された高級工芸品も並んだという。また明の技術を取り入れた鉄器工場を造って鉄砲や大砲などを製作し、兵備を強化していた。氏康は日本で初めての水道、小田原早川上水も建造したとされる。

❶唐人町の名は市内のバス停に残る ❷小田原早川上水。早川の水を小田原城下に引いた。現在、市内のほとんどでは暗きょだが、取水部分では流れも見られる

---

### 国際都市だったことを証明する万能薬とお菓子

## ういろう

❶薬のういろう「透頂香」
❷お菓子のういろう

北条氏は領国の繁栄のため、各地から有力な商家を取り立てた。そのひとつが朝廷にも仕えた医薬師の家系、外郎(ういろう)。1504年に早雲に招かれて小田原に定住し、家名に由来する薬と菓子の「ういろう」を作り続けている。透頂香 (とうちんこう)は、幅広い効能から多くの逸話を残しており歌舞伎の「外郎売」もその一つ。室町時代に考案した米粉の蒸し菓子ういろうは、もっちりした食感とほのかな甘さが現代人にも好まれ「かながわの名産100選」にも選ばれている。

🏠小田原市本町1-13-17 ☎0465-24-0560 🕐10:00〜17:00 🈳水、第3木 🚶小田原駅から徒歩15分

info 小田原駅西口広場の北条早雲像は、明応4(1495)年に「火牛の計」で小田原を手中に収めたときの姿とされる。火牛の計は牛の角に松明を付けて走らせ、少ない軍勢を多く見せかける古代中国から伝わった戦法。

享保3（1718）年に2代目市川団十郎が歌舞伎の舞台で「外郎売」の姿となり、ういろうの由来と効能を早口言葉で述べ立てたのが大人気となり、江戸時代にういろうの名をはせた。『東海道中膝栗毛』でも弥次さん喜多さんが名物のお菓子のういろうを食べようとして、間違って薬のういろうを食べて苦笑いする話が登場する。現在も俳優やアナウンサーの発声訓練によく使われている。

（現代語訳）
私の主人と言いますと、お集りの皆さまにはご存じの方もいらっしゃるでしょうが、京都を発って20里（約80㎞）ほど江戸方面に向かった、相模の国の小田原の一色町を通り過ぎると、青物町をさらに進まれると、そこにございます欄干橋の虎屋の藤右衛門と申す者でして、現在は髪を剃って円斉と名乗っております…

外郎売の科白の冒頭

独参湯と申すは御立会の中にご存じのお方もござりましょうが、お江戸を発って二十里上方、相州小田原一色町をお過ぎなされて青物町を登りへお出でなさるれば、欄干橋虎屋藤右衛門、只今は剃髪致して円斉と名乗りまする。

浮世絵に描かれた外郎売

---

北条氏の終焉と秀吉の天下統一、そして家康の江戸の町造りへ

# 小田原征伐

天正10（1582）年の本能寺の変で織田信長が討たれ、天正12（1584）年の小牧・長久手の戦いで徳川家康を臣従させた豊臣秀吉。天下統一までに残る敵は小田原の北条と仙台の伊達のみ。

北条家と親戚関係にあった家康が、時の当主だった北条氏直に上洛の働きかけをするが、氏直はそれを引き延ばし続ける。天正17（1589）年11月に起きた名胡桃城事件でついに大義名分を見つけた秀吉は、天正18（1590）年3月、約22万の大軍を率いて小田原攻めを開始。対する北条方は約6万の兵を小田原城内に置き籠城するが、4月には完全に包囲されてしまっていた。

それでも持久戦が続いたのは、北条が戦いに備えて築いた総構（→P.47八幡山古郭）の難攻不落さと、当時、東日本最大だった城下をすっぽりとその中に囲んでいたこと。食料を生産する農民から兵器や武具を作る職人までがいて籠城を可能にしていた。

6月になったある朝、北条方は小田原城の西南に位置する石垣山の上に巨大な城が突然姿を現したのを見つけおおいに慌てふためく。これが石垣山一夜城（→P.283）。実際には80日間をかけ、総石垣を組み天守を築いていたものを、周辺の木をひと晩で伐採したことで、ひと晩で造ったかのように見せたもの。すでに完成していた豪華絢爛な天守では、秀吉が側室の淀君を呼び、千利休を招いて茶会を開いたりしていたという。

だが、これを力の差と感じてしまった北条方。重臣たちを評定衆として籠城か降伏か時間をかけて話し合っていた「小田原評定」が一向にまとまらず、同じ頃同盟関係にあった伊達が秀吉についたこともあり、7月5日、北条氏直

❶堅固な石垣が今も残る一夜城の跡　❷一夜城から見下ろす小田原城

が降伏を勧告し無血開城。小田原征伐は終結し秀吉は天下統一を果たした。

## 家康は小田原が怖かった？

北条方の敗北に終わったとはいえ、小田原城そのものが落ちたわけではない。一説には城を拡張し過ぎて防衛線が長くなったことで守り難くなったともいわれるが、結局は秀吉も家康も攻め落とすことはできていない。そんな小田原城を破壊したのは、天下統一を果たした後の徳川家康だった。

小田原征伐の陣中、豊臣秀吉は家康に江戸転封を告げ、家康が望んでいたと思われる小田原には家臣の大久保忠世を指名。秀吉としては力を付けてきている家康に「東国の喉仏」である小田原にいられては困るとでも思ったのかもしれない。150万石から240万石になるとはいえ、当時の江戸はほとんどが湿地帯。しかし家康はその土地改造に果敢に挑み、やがて世界最大の都市となる江戸の町を築く。そしてそれは今日の東京につながっている。

だが、天下を取った家康にとっても小田原は「東国の喉仏」。引退して息子の秀忠に将軍職を譲りつつも幕府の実権を握り大御所政治を行っていた最中、小田原城の破壊を行った。徳川家安泰のため、堅固な小田原城を恐れたのだろうといわれている。

小田原城址公園の二の丸隅櫓は昭和9（1934）年に外観が復元された

# 浦賀 走水 久里浜

西日に染まる浦賀の港。湾口の東西を結ぶ浦賀の渡し（→P.210）の通称ポンポン船は浦賀の名物

## 浦賀の ココがすごい

- 古代より東国へ向かう海の道の港として使われていた
- 徳川家康が国際貿易港を造ろうとしていた
- 鎖国令以降は江戸を守る海防の要所だった
- ペリーの黒船に最初に折衝へ乗り込んだのは浦賀奉行所の与力
- 開国とともにいち早く外国の技術や文化を取り入れる窓口になった

三浦半島と房総半島を隔て、太平洋から東京湾への出入口である浦賀水道。古くは京と東国を結ぶ街道の重要な海上路部分として、また江戸時代以降は日本の中心を守り、繁栄をもたらす要衝として重要な役目を果たし続けてきた。

水道は最も狭い所では幅が約6.5kmしかないが、現在は、1日に500隻以上、多いときは700隻もの船が通過する。その数

横須賀美術館（→P.215）の屋上広場から望む浦賀水道。行き交う船の向こうに房総半島が見える。対岸の建築群は千葉県富津市の火力発電所

の多さや潮流の速さから日本の有数の海の難所とも呼ばれる。

浦賀の町は常に浦賀水道とともにあった。浦賀港は、時には開かれ国の窓口となり、時には閉じられ国を守り、その時代ごとの役目を果たしてきた。今はしばし眠るように静かな浦賀の町だが、実は歴史の舞台になくてはならない名バイプレイヤーだったのだ。

### 古代 古事記と日本書紀に描かれた日本武尊と弟橘媛命の物語

東京湾に面した走水（はしりみず）という地区がある。記録に残る三浦半島で最も古い地名で、地下水が豊富に湧き出るのが名の由来ともされるが、ほかに『古事記』と『日本書紀』に見える説もある。

古代日本の皇族で伝説の英雄、日本武尊（やまとたけるのみこと。古事記では同じ読みで倭建命と表記）が東征（東国征討）を行った際、上総国へ渡るべくこの地から船出をするが、突然海が荒れ先に進めなくなる。これを后の弟橘媛命（おとたちばなひめのみこと）は海の神の怒りによるものだとして、鎮めるべく自らの身を海に投じた。みるみるうちに海は静かになり、日本武尊の船は水の上を走るように渡ったという。

この故事があながち間違っていない可能性は当時の海岸線を見るとわかる。東京湾は現

海に身を投じる弟橘媛命を描いた絵
菊池容斎（武保）著『前賢故実』より
（国立国会図書館デジタルコレクション蔵）

浦賀水道を見下ろす高台にある走水神社

在の埼玉県まで深く入り込んでいた。西から総の国（現在の千葉県）やその先の東国へ向かうには陸路では大回りになる。このためこの時代は狭い浦賀水道を渡るのが最も近道で得策であったのだ。

船出を助け慕ってくれた走水の村人たちに日本武尊は冠を授ける。それを石櫃に納め社殿を建てたと伝わる走水神社（→P.215）は今もこの地にある。また、海岸に流れ着いた弟橘媛命の櫛を納めた橘神社も建立されたが、社があった御所ヶ崎が明治時代に軍用地となったため走水神社に移された後に合祀されている。長い長い時を経て夫妻の故事はひとつになり、走水神社の二柱となっている。

info 観音崎から浦賀を巡るなら、観音崎通りを走る浦賀駅行きバスに乗って終点手前の新町バス停で降り、東叶神社を訪ねてからポンポン船で対岸に渡り、西叶神社や浦賀駅方面を目指すと効率的。

## 中世 鎌倉幕府が築いた海の道と 戦国時代に活躍した水軍

鎌倉幕府が成立すると、御家人のいる東国各地とを結ぶ鎌倉往還（鎌倉古道→P.30）が整備される。この際に御家人である三浦氏の本拠地である三浦半島南部と鎌倉を結ぶ三浦道（後に浦賀道）も通された。

この時代、後に江戸となる一帯は広大な湿地帯で、上総方面へは浦賀水道を渡るほうが便利だった。このため三浦半島と房総半島との間に海の道がつながっていた。

その後、小田原（→P.46）を大繁栄させた後北条氏が現在の東叶神社（→P.211）裏手にある明神山に浦賀城址（→P.210）を築く。これは房総を攻略すべく安房里見氏と戦う水軍の拠点だった。

浦賀湾の対岸から見た浦賀城のあった明神山。麓に東叶神社も見える

**浦賀とは** 地名の語源は入り江を意味する「浦」と川の「河」で「浦賀（浦川）」から。かつて現在の久里浜地区を流れる平作川の河口は数km上流の衣笠あたりにあり、そこから外海までは川とも入江ともつかない深い湾になっていた。浦賀の最初の港は、今は内陸地になっている久比里地区あたりにあったとされ、それがやがて湾の湿地化などの理由で現在の浦賀港へと移っていった。

❶浦賀港の西に復元された江戸時代の灯台の燈明堂。あまりの船の増加により建てられ、維持費は浦賀商人に負担させた ❷2019年に有志の浄財により東叶神社（→P.211）境内に建てられた日西墨貿易港之碑。日本とスペイン、メキシコ、フィリピンがつながっていたことを示す ❸浦賀奉行所跡（→P.211）。現在は更地だが復元を求める運動もある

## 近世 鎖国令以前は海外との窓口 鎖国令以降は江戸防衛の要衝に

江戸幕府が成立すると三浦半島は直轄地となる。徳川家康は江戸湾内まで船が入らずとも江戸から近い良港である浦賀に目を付け外国貿易を行おうと考えた。日本に漂着していたイングランド人航海士ウィリアム・アダムス（後の三浦按針）を外交顧問に置き、彼が乗っていた「リーフデ号」を浦賀で修理している。これは後北条氏の水軍の時代から続く浦賀の船大工の優れた技術を使ったものだった。浦賀には当時スペイン植民地だったフィリピンのマニラからのガレオン船が入港し、西の長崎に対し東国では唯一の国際貿易港だったが、元和2（1616）年には鎖国令により役目を終える。

## 近代 守る港から出入りの港へ 塩の町から造船の町へ

嘉永6（1853）年ペリーが率いる艦船4隻が浦賀沖に停泊。浦賀奉行所与力の中島三郎助が黒船に乗り込んだところ将軍にアメリカ大統領からの親書を渡すのが目的と判明。幕府は長崎への移動を求めたがペリーは強硬で、仕方なく久里浜海岸（→P.212）に上陸を認めそこで親書を受け取った。これが幕末の始まり。翌年には日米和親条約が締結された。安政6（1859）年には日本初のドライドックが完成し、勝海舟を艦長としてアメリカに渡った咸臨丸の修理も行われた。

明治維新が始まり慶応4（1868）年に浦賀奉行所は廃止。浦賀は再び役目を変え、いち早く西洋文明を受け入れる地となる。明治2（1869）年には観音崎に日本初の西洋式灯台が点灯（→P.214）、明治9（1876）年には走水の湧水を横須賀製鉄所（後に造船所）の水源とすべ

❶ヴェルニーの造った走水水源地煉瓦造貯水池 ❷たくさん造られた東京湾要塞砲台のひとつ西浦賀の千代ヶ崎砲台跡（土・日・祝公開。無料。3〜9月は9:00〜16:30、10〜2月は9:30〜15:30、入場は30分前まで。京急線浦賀駅からバス燈明堂入口下車、徒歩15分）

くフランス人技師ヴェルニーによって約7kmの西洋式水道が敷かれた。同時に海防の近代化も進められ、浦賀水道一帯には多くの砲台が築かれた。

浦賀の町は幕末から干鰯を西へ送り、西から塩を入手する商売で繁栄していた。しかし日露戦争時に塩の専売制が始まると、浦賀商人の代表だった大黒屋も倒産。町を救ったのは、いったんは廃止されていた浦賀造船所の復活で、やがて駆逐艦の建造で名をはせ、造船の町としてにぎわいを取り戻した。

info 浦賀を造船の町として知らしめた浦賀ドックは、平成15(2003)年に閉鎖されるまで1世紀以上にわたって現役だった。令和3(2021)年に横須賀市に寄付され、イベントなどでの一般開放日のみ見学できる。

春には桜が咲き誇る
市役所さくら通り

# 相模原

日本を変えた神奈川のすごい町歩き❹

　相模原市の中心部は「相模原台地（→P.300）」と呼ばれる階段状になった相模川の河岸段丘の上に位置する。特にJRと京王線の橋本駅周辺から小田急線の相模大野駅にかけての繁華街や住宅地がある地域は、相模原台地でもいちばん標高が高く面積の広い上段とも呼ばれる相模原面群にある。表面を流れる河川がなく地下水も深く水に恵まれなかったため、かつては養蚕や畜産などで一部利用されている以外は原野が広がっていた。

　時代は日本が戦争へと突き進み始めていた昭和12（1937）年、東京市ヶ谷の陸軍士官学校と練兵場が移転してくる。これをきっかけに相模原台地には25もの軍事施設が移転。東京から近いが地価が安く、平坦で広大な用地が確保できたことが理由だった。相模原面群の土地としての利用価値の低さが利点となって大逆転したわけだ。

　とりわけ現在のJR相模原駅一帯では、陸軍造兵廠（りくぐんぞうへいしょう）の進出とともに大規模な都市計画に基づく区画整理事業が行われ、軍関連施設のみならず、道路や学校、住宅地、公園、水道、病院といった生活インフラも整えた「軍都」計画が進められた。

　敗戦によって軍都建設自体は中断されたが、区画整理事業は継続され昭和25（1950）年に完了。現在の美しい町並みを残しての都市化は、区画整理事業で整備された道路網とインフラがあってこそのことだった。戦後、全国の大都市近郊でニュータウン建設が行われたが、相模原はその先駆けとして、すでに東京郊外の一大生活都市となる基盤をもっていたのだ。

## 軍都の面影を残すスポット

塀の向こうはまだアメリカだ

### 相模陸軍造兵廠跡
（現・米軍相模総合補給廠）

現在は米軍施設となっていて内部には入れないが、矢部駅付近では塀越しに相模陸軍造兵廠の工場などに使われていた建物を見ることができる。

**矢部駅**
昭和19（1944）年に兵器学校の学生の通学のため「相模仮乗降場」として開設。相模原駅はそれ以前の昭和16（1941）年に設置されている。

引き込み線の線路
かつて相模総合補給廠へ敷かれていた引き込み線が、草に埋もれるように残る。

**相模陸軍造兵廠の碑**
矢部駅北口前の上矢部公園内に立っている。
🏠 相模原市中央区矢部新町3-27

info 　市役所さくら通りの米軍相模総合補給廠西門寄りに、道の両側に赤と青の大きな手の形をした巨大な対のオブジェがある。岡本太郎の作品『呼ぶ赤い手、青い手』で1982年に設置された。

相模原の軍都計画（相模原市建設区画整理）

**現・国道16号**

都市計画による道路網の現・市役所さくら通りの縦の軸に対し、横の軸として設けられた。両道の交差点近辺では、緊急時には飛行機が発着できるよう、また非常時に相模総合補給廠からの避難路となるよう幅40mもの広さで拡幅建設された。

真っすぐに延びる道はまさに滑走路のよう

**陸軍工科兵器学校跡の碑**

淵野辺駅北口からカシオペア通り（並木通り）を北上し、麻布大学の敷地が始まる三差路を入ってすぐの所に立っている。
🏠相模原市中央区淵野辺1-17　🚃JR淵野辺駅から徒歩9分

**陸軍境界石**

矢部駅近くの防衛省宿舎前にひっそりと残っている。

**兵器学校時代の「旧弾薬庫」**

相模陸軍造兵廠の東北端にあたる。企業の敷地内のため外観のみで無断立ち入りは厳禁。

**比丘口公園（びくぐちこうえん）**

軍都計画のなかで造られた公園のひとつ。ほぼ正方形をしていて、四方から延びる道路が各辺にぶつかる広場のような形態。
🏠相模原市中央区中央1-7　🚃JR相模原駅から徒歩15分

## 新幹線の先祖？ JR横浜線の大直線区間

JR横浜線の橋本駅から町田駅の間には約13kmもの直線区間がある。これは建設の際、相模野台地が平坦で河川もなく、大きな町もなかったことで生まれた偶然の産物。

大正6（1917）年、国家鉄道院がこれを利用して広軌改築試験を行った。これが後に在来線より広い標準軌で走る東海道新幹線の技術開発につながったとされる。

①直線区間を走る横浜線の電車　②どこまでも真っすぐな橋本〜町田間

## 広々とした一戸建住宅に暮らせた 美しい住宅地「星が丘」

軍都計画により相模陸軍造兵廠などの軍関連施設や工場で働く人とその家族のために整備された「相模原集団住宅」。おもに陸軍高官の一家が暮らした。地名となった「星が丘」の名は陸軍き章の星に由来する。昭和16（1941）年から建設され、600戸を超える大規模な開発だった。

ゆったりとした造りは防空を意識し、戦時ゆえに庭で菜園ができるようにしたものという。
🏠相模原市中央区星が丘1〜4
🚃JR相模原駅からバスで星が丘住宅前下車

印象的な美しい地名だ

### 番外　戦車類運行試験道路

工場で造られた戦車などの試験走行と操縦訓練を行うため、相模陸軍造兵廠の北東側に設けられた。整備運用されたのは8kmにとどまったが、計画では全長約30kmと大規模だった。現在は町田市内で小山内裏公園の「尾根緑道（戦車道路）」として整備されている。

**尾根緑道（戦車道路）**
一帯　🏠東京都町田市小山ヶ丘　🚃京王線多摩境駅から徒歩10分

**現・市役所さくら通りと中央公園跡**

桜の名所としても名高い現在の市役所さくら通りは、都市計画の要で現在、相模原警察署のある一帯は中央公園だった

### 橋本駅付近で工事が進む リニア中央新幹線の新駅

最速で東京〜名古屋間を40分、東京〜大阪間を67分で結ぶ予定のリニア中央新幹線。静岡県を除く沿線各県にひと駅設置されるが、「神奈川県駅」はJRと京王線の橋本駅に隣接した場所に決まり建設工事が着々と進められている。相模野台地の上段にあたるため駅は地下約30mに設置、ホームは地下3階となる。品川駅へは10分の予定。

①リニア駅工事が進む橋本駅周辺　②商業施設が充実する橋本駅

ℹ️ 陸軍工科兵器学校の碑のすぐそばにあるカフェテリア「さくら」は麻布大学の学食だが、学外者でも利用可能。中央に暖炉がある暖かな雰囲気で、リーズナブルに食事ができる（11:00〜15:00、土日祝休）

# ローカルブランド

## 神奈川発

神奈川には限定された地域のなかで認知されるローカルブランド（ご当地ブランド）がいっぱい。特に横浜元町や湘南の小さな1店舗から全国に広まったものが多く、人気も高い。

MOTOMACHI

## 横浜 元町ブランド

### ハマトラって知ってる？

ハマトラは「横浜トラディショナル」の略。横浜元町が発祥のトレンドで、1970年代後半〜80年代に流行した清楚なお嬢様ファッション。女子大生の間で絶大な人気を博し、全国に広まり一世を風靡した。「キタムラ」「フクゾー」「ミハマ」はハマトラの3種の神器。今も根強いファンをもつ。

髪型はフェミニンな巻き髪

---

### トレードマークはKマーク
#### キタムラ 元町本店
きたむら もとまちほんてん

明治15（1882）年創業のオリジナルバッグブランド。やさしさ、かわいらしさ、上品さをキーワードに、バッグや小物から洋服までトータルコーディネートを提案している。

**MAP** 別冊P.28-A3
🏠 横浜市中区元町4-178
☎ 045-664-1189
🕐 10:00〜19:00
🈳 無休
💳 ADJMV
🚃 JR石川町駅から徒歩5分

❶本店にはすべての商品が揃う ❷創業当時は和装小物を扱った

ハマトラブームから現在も販売中のバッグ

---

### 自分にぴったりの一足が見つかる
#### ミハマ 元町本店
みはまもとまちほんてん

大正12（1923）年創業、流行にとらわれない「履きやすく、健康的、ノーブル（高貴）」な靴を揃える老舗靴専門店。150種類以上もの木型からその人に合う形、素材や足の変化も考慮した最適な靴を提案。

本店2階にはミハマの歴史が詰まったギャラリーが

創業時は注文靴専門店だった

**MAP** 別冊P.28-B3
🏠 横浜市中区元町2-83
☎ 045-641-1221 🕐 10:00〜19:00 🈳 不定休（詳細はHP要確認）💳 ADJMV 🚃 みなとみらい線元町・中華街駅から徒歩5分

ローファーはハマトラのシンボル

ひざ丈、チェックの巻きスカート

info ハマトラは神戸発のトラッドと海外ブランドを合わせるコーディネート「ニュートラ」から分岐したスタイル。当時、人気アイドルだった松田聖子やヒット曲『タッチ』で知られる岩崎良美などが愛用し流行した。

## MADE IN JAPANの製品が揃う
### フクゾー洋品店
### 横浜元町本店
<small>ふくぞーようひんてん　よこはまもとまちほんてん</small>

　昭和21（1946）年、初代・森本福蔵が横浜元町に洋品店を出し、屋号を「FUKUZŌ」とする。以来一貫して、MADE IN JAPANにこだわった、良質で長く着られるオリジナル商品を作り続ける老舗。

**MAP** 別冊P.28-B3
住 横浜市中区元町3-127
TEL 045-651-2801　営 10:30〜19:00　休 臨時休業あり
CC ADJMV　交 みなとみらい線元町・中華街駅から徒歩5分

ブランドのすべてを凝縮したフラッグシップストア

## 個性輝くジュエリーが見つかる
### スタージュエリー
<small>すたーじゅえりー</small>

　昭和21（1946）年創業のジュエリー専門店。創業当初より自社工房を店舗とともに構え、デザイナーやクラフトマンら作り手から身に付ける人へ、上質でオリジナリティあふれるデザインのジュエリーを届ける。

**MAP** 別冊P.28-B3
住 横浜市中区元町1-24　TEL 045-641-0650　営 11:00〜19:30　休 無休　CC ADJMV　交 みなとみらい線元町・中華街駅から徒歩2分

① タツノオトシゴがトレードマーク
② 本店2階にはアトリエがある
③ 創業時は綿ローンのハンカチを染め、刺繍をしたものを販売

半円が連なるソリッドなゴールドジュエリー
HALF MOON
7万9200円

## 創業120年以上の歴史を誇る老舗
### 近沢レース店
<small>ちかざわれーすてん</small>

　明治34（1901）年創業のレース専門店。ハンカチなどの小物からバッグ、ショールまで、繊細なレースを取り入れたオリジナル商品を手がける。季節・店舗限定商品もあり、唯一無二のアイテムが揃う。

**MAP** 別冊P.28-A3
住 横浜市中区元町3-119　TEL 045-641-3222
営 10:30〜18:00　休 不定休　CC ADJMV
交 みなとみらい線元町・中華街駅から徒歩6分

本店2階にはコレクションサロンがある

タオルハンカチ
1430円〜

月に囲まれたひと粒ダイヤモンドが輝く名品
MOON SETTING
5万600円

笑う門には福来たる

学生の雰囲気を残したハイソックス

シーズンタオルハンカチは数量限定。どんな柄に出合えるかは一期一会
1650円〜

カモミール

将棋第弐局

永久保証を約束するブライダルリングも

まだまだある横浜元町のローカルブランド。
ていねいな手仕事が長く愛される理由。

## 一生物の革製品に出合える

えいちれざーしょっぷ
### H.Leather Shop

昭和27（1952）年創業の老舗革製品セレクトショップ。上質な天然素材を使用した衣類やバッグ、財布などの小物が種類豊富に並び、さまざまなスタイルに対応できる。修理やオーダー注文も受け付けている。

**MAP** 別冊P.28-B3
住 横浜市中区元町2-82
TEL 045-681-4741 営 11:00〜
19:00 休 月 CC ADJMV
交 みなとみらい線元町・中華街
駅から徒歩5分

店先のコーラの自販機がトレードマーク

❶ありとあらゆる革製品が揃う ❷自分用にはもちろん贈り物にも喜ばれそう

神士服を専門に取り扱う

ブレザー6万6000円
B/Dシャツ1万1000円
カジュアルシャツ1万6500円
ネクタイ1万1000円

## 神士の着こなしを支え続けた

ぽぴー
### ポピー

ヨーロッパの建物を思わせる外観

明治14（1881）年創業の老舗洋品店。「個性は流行から生まれない」をテーマに、流行にとらわれない伝統的でクラシカルなスタイルを提案。多くのスターや文化人に愛された紳士の店。

**MAP** 別冊P.28-B3
住 横浜市中区元町2-86 TEL 045-641-0373
営 10:30〜18:30 休 月（月曜日営業の場合翌日定休） CC ADJMV 交 みなとみらい線元町・中華街駅から徒歩5分

❶モーニングマグ（黄バラ、ピンクバラ）各6050円、エレガンスマグ（赤バラ）5060円、フリフリマグ（ブルーフローラル）4620円 ❷横浜Before&Now 27cmプレート4400円 ❸本店ではアドバイザースタッフに相談できる

## 一人ひとりの足に合わせた靴選び

もりぶらざー
### 森ブラザー

大正12（1923）年創業の老舗靴専門店。創業当時は日本ではまだ珍しい革靴などの完全オーダーメイドを手がけ、現在はインポート商品も含め500〜600点を扱う。履き心地にこだわった靴を揃え、修理も行う。Put's（プッツ）金具付きモカシン1万4850円

**MAP** 別冊P.28-B3
住 横浜市中区元町3-116 1階
TEL 045-641-5228
営 10:00〜19:00
休 不定休 CC ADJMV
交 みなとみらい線
元町・中華街駅
から徒歩3分

## 暮らしに華やぎを

たからだ
### タカラダ

明治15（1882）年創業の老舗テーブルウェア専門店。"優雅に生活を楽しむ"をコンセプトに、オリジナル商品や国内外洋食器、インテリア雑貨を揃える。記念品やオリジナルデザインのグッズなどの受注も行う。

**MAP** 別冊P.28-A・B3
住 横浜市中区元町3-118 TEL 045-641-0057 営
10:30〜19:00 休 月（祝日の場合翌火） CC ADJMV
交 みなとみらい線元町・中華街駅から徒歩5分

ペットを連れて買い物もOK

横浜の観光地をあしらった製品も

**色鮮やかなシルクスカーフ**

でんとうよこはますかーふまるかあかれんがそうこてん

# 伝統横濱スカーフMarca 赤レンガ倉庫店

スカーフらしさ、横浜らしさを大切に、時を経ても色褪せない普遍的なスカーフを作り続ける横浜発のスカーフ専門店。シルク特有の光沢や滑らかな肌触り、ファッションに彩りを添えてくれる洗練された絵柄が魅力。

**MAP** 別冊P.23-D3
住 横浜市中区新港1-1-1赤レンガ倉庫1号館 TEL 045-226-1513 営 10:00〜19:00 休 無休 CC ADJMV 交 みなとみらい線馬車道駅または日本大通り駅から徒歩6分

デザイン性の高い M18B1 1万2100円

横濱帆布鞄のファーストモデルバッグ M11A1 1万1000円

工房併設で見える工房ショップ

**横浜ならではの帆布鞄**

よこはまはんぷかばん　えいいちばんがいほんてん

# 横濱帆布鞄 英一番街本店

横浜ならではの素材「帆布」を用いたオリジナルかばんの店。使用する生地・革・金具部材のすべてを日本製にこだわったかばんは自社工房で製作される。横浜、倉敷の老舗が織り上げる上質な帆布を使用しており、耐久性も抜群だ。

**MAP** 別冊P.28-A1
住 横浜市中区山下町1番地　シルクセンター内英一番街 TEL 045-323-9655 営 10:30〜18:30 休 不定休 CC ADJMV 交 みなとみらい線日本大通り駅から徒歩3分

---

YOKOHAMA

## まだある！── 横浜ブランド

ほかにも港町横浜ならではの店や、開港されて以来の伝統的な技術を守る老舗も。

---

**世界にひとつだけのガラス**

透明感あふれるオリジナルアクセサリー。同じものはひとつとして存在しない

よこはまがらす

## 横濱硝子

横浜に新たな伝統文化をという思いから、平成元（1989）年に横浜初の吹きガラス工房として誕生。横浜らしさを大切にした商品づくりを心がけており、横浜の空と海を彷彿とさせる青色を使った「横濱カラー」シリーズも人気。

**MAP** 別冊P.23-D3
住 横浜市中区新港1-1-1赤レンガ倉庫1号館1階 TEL 045-226-1522 営 10:00〜19:00 休 無休 CC ADJMV 交 みなとみらい線馬車道駅または日本大通り駅から徒歩6分

バースデーグラス各4400円

**アイデアに富んだ商品が揃う**

「おやすみシルク手袋」1780円

みかさ

## 三笠

昭和37（1962）年創業の老舗靴下専門店。トレンドやニーズを積極的に取り入れ、素材やデザインにもこだわった「あったらいいな！」と思う商品をオンラインで販売中。企画・製造・販売を一貫して自社で行う。

❶着けたままスマホ操作ができるシルク手袋 ❷つぼ押しソックスTSUBOレシピ

オンラインショップのみ
楽天 URL www.rakuten.ne.jp/gold/mikasa/
Yahooショッピング
URL shopping.geocities.jp/kk-mikasa/
Amazon
URL www.amazon.co.jp/s?me=AO57ZRBPM1RFT&marketplaceID=A1VC38T7YXB528
絹のおもてなし URL kinu-omotenashi.jp

---

info 横浜帆布のバッグには「045」の数字が描かれているか、タグなどで縫い付けられている。この数字は横浜の電話の市外局番。

## 鎌倉ブランド

KAMAKURA

上質な素材を使った鎌倉メイドの人気店。
着やすさとシンプルさが魅力の2店をご紹介。

おしゃれな生活雑貨も揃う

JAMES & CO.
STANDARD SHIRT
[ PUJOL ]
1万7600円

STUDIO ORIBE
[ RIB PANTS ]
1万8700円

### スタンダードでベーシックな装い

じぇーむすあんどこー

# JAMES & CO.

「STANDARD LIFE」をコンセプトに、メンズからウィメンズまで、おしゃれなファッションアイテムを取り扱う。自社にて企画・生産・卸を行っており、カジュアルに着こなせるアイテムが多い。

**MAP** 別冊P.17-C3
住 鎌倉市由比ガ浜1-10-9 2階 **TEL** 0467-81-4947 営 11:00〜17:00 休 不定休 **CC** ADJMV
交 江ノ電和田塚駅から徒歩3分

旧店舗から徒歩2分の所に移転したばかり

スタッフ自らリフォームを行い完成した店舗

K-23 Soutien collar coat
1万5400円

ファッション小物も取り揃える

Sweat cardigan
8250円

### シンプルさがおしゃれな鎌倉スタイル

きーめもりー

# KEY MEMORY

"鎌倉の特別な時間"がコンセプトの鎌倉発のユニセックスブランド。ルームウエアやユニフォームから着想を得たという。日々の生活をリラックスして過ごせるようなアイテムが揃い、商品はすべて自社オリジナル。

**MAP** 別冊P.33-C2
住 鎌倉市長谷2-15-7 **TEL** 0467-81-7682 営 10:00〜17:00
休 無休 **CC** ADJMV 交 江ノ電長谷駅から徒歩2分

info JAMES & CO.のある由比ガ浜大通りは、鎌倉駅からの御成通りから合流して長谷寺まで続く。沿道にはスタイリッシュなショップやカフェ、レストランが多い。駅から長谷寺まで直行で徒歩25分ほど。

ARCHI ORGANIC
COTTON BANDANA
2750円

T-shirt. ORRS×ARCHI
SOUVENIR TEE
9900円

**ナチュラルで心地よい服**
### ARCHI GIBBOUS
あーきぎぼうず

"変化しつづける今ここ"をコンセプトとし、自然との調和、素材と心地よさを追求したオリジナルブランドARCHI。大量消費とは異なる価値観によって作られたものをセレクトしている。

白が印象的な明るい癒しの店内

**MAP** 別冊P.14-B3
住 三浦郡葉山町長柄 326-23
TEL 046-884-9608 営 11:00〜18:00 休 不定休 CC ADJMV 交 JR逗子駅から長井行きバスで長柄橋下車、徒歩2分

自然と調和する空間

---

**SHONAN**
## 湘南ブランド

ナチュラルで緩やかなテイストのなかに個性が感じられる注目の湘南ブランド。

**機能性とデザインを兼ね備えた軽量バッグ**
### jollies
じょりーず

**MAP** 別冊P.16-A2
住 藤沢市鵠沼松が岡3-3-13 TEL 0466-21-7379
営 10:00〜17:00
休 無休 CC ADJMV
交 江ノ電鵠沼駅から徒歩7分

楽しくてワクワクするブランドを目指し、オールマイティで軽くて丈夫なバッグを販売。カラフルなPPバンドを使った、職人技が光る芸術的・個性的なデザインのバッグがたくさん。

湘南随一の品揃えを誇る

サーフィンアカデミーも開講

バンブー（竹材）でできたサーフボード21万7800円。デッキとボトムはバンブー、レールはカーボン製。丈夫で軽量

**日本サーフィン文化の発信地**
### GODDESS 茅ヶ崎本店
ごっです ちがさきほんてん

1960年代にカリフォルニアで学んだサーフボードのシェイプ技術を日本に持ち帰り、日本にサーフィンを広めた鈴木正氏が手がける国内初＆老舗のサーフショップ。サーフグッズやアパレル商品を取り扱う。

**MAP** 別冊P.10-A1
住 茅ヶ崎市中海岸3-9-20 TEL 0467-86-1173
営 8:00〜日没 休 無休 CC ADJMV
交 JR茅ヶ崎駅から徒歩21分

---

**info** GODDESSは松任谷由実が荒井由実時代に発表したアルバム『14番目の月』に収録された『天気雨』という曲に登場する。相模線に乗ってサーフボード直しに行く彼氏についてくるという設定。

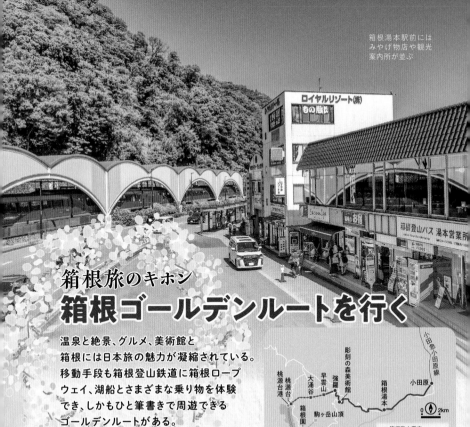

箱根湯本駅前にはみやげ物店や観光案内所が並ぶ

# 箱根旅のキホン
# 箱根ゴールデンルートを行く

温泉と絶景、グルメ、美術館と
箱根には日本旅の魅力が凝縮されている。
移動手段も箱根登山鉄道に箱根ロープ
ウェイ、湖船とさまざまな乗り物を体験
でき、しかもひと筆書きで周遊できる
ゴールデンルートがある。

## 箱根フリーパスでお得に便利に箱根を周遊

箱根フリーパス

　東京からアクセスのいい箱根は「箱根フリーパス」を利用すると、さらに便利でお得になる。乗り物は、箱根登山鉄道、箱根登山ケーブルカー、箱根海賊船や箱根登山バス（指定区間）など8つが乗り降り自由で、小田急線（出発駅〜小田原駅）往復割引切符付き。さらに温泉や美術館など約70のスポットが割引優待となる。

箱根フリーパス **URL** www.odakyu-freepass.jp/hakone/

---

## 小田急ロマンスカー

　流線形が印象的なロマンスカー・SE3000形（1957〜1992）は、新幹線初代0系の開発を前進させたとされ「新幹線のルーツ」といわれている。現在走る車両は2018年就役のGSE、2008年に就役し始めて地下鉄を走るMSEのほかEXE、EXEαの4種類だ。

　箱根湯本駅への乗り入れは小田急と箱根登山鉄

レールが3本ある三線軌条は全国的にも珍しい

道の軌道幅が異なっていたため、もう1本レールを敷く三線軌条で解決し直通運転が開始された。その後、小田急の車両が箱根湯本駅まで走ることで三線軌条は解消。ただし、入生田駅に箱根登山鉄道の車庫があるため、現在も箱根湯本駅〜入生田駅間に三線軌条が残っている。

最も新しいロマンスカーGSE。GSEは「Graceful（優雅な）Super Express」を意味する

## 周遊旅の始まりは箱根湯本

小田原駅から箱根湯本駅（→P.271）までは20分弱。山々に取り囲まれた箱根湯本は駅周辺を中心にみやげ物店が軒を連ね、早川の流れに沿って温泉宿が集まる。温泉街は箱根観光の拠点であり、この先の旅への期待をふくらませる。駅前には観光案内所があるので、最新の旅行情報を収集できる。これから帰る人は買い物を楽しんだり、帰宅前にもう一度温泉でのんびりしたりするという選択肢もある。

## スイッチバックで急勾配を克服、箱根登山鉄道

ルーツは明治21（1888）年開業の小田原馬車鉄道。登山鉄道としての開設は大正8（1919）年。箱根湯本から強羅までの8.9kmを約40分かけて走る。歯車のレールを使わない登山鉄道としては日本一の急勾配を上る。沿線には見どころが点在するが、最も有名なのは昭和44（1969）年開館の国内初の野外美術館、彫刻の森美術館（→P.273）だろう。3ヵ所あるスイ

箱根登山鉄道に乗ると「いよいよ箱根にやってきた」という旅気分が高まる

ッチバックは絶好の撮影ポイントとしても知られている。

## 四季折々の景色を楽しめる

箱根登山鉄道（→P.100）は景色の美しさで知られる。最も有名なのは「あじさい電車」だ。線路沿いに咲くあじさいの花々と電車の情景は箱根登山電車の代名詞となっているが、実は春の桜、初夏の新緑、秋の紅葉、そして冬の雪景色など四季折々の風景もすばらしい。電車が走っている場所によっても印象が変わるので、何度乗車しても飽きることがない。

レトロなデザインの旧型車両も走っている

大平台駅ではスイッチバックの様子を下車して見ることができる

起伏に富んだ地形が四季の風景を大胆に演出してくれる

箱根登山鉄道の初夏の風物詩となっている「あじさい電車」

箱根では次から次へと絶景が現れる

## 強羅の急勾配を上る、箱根登山ケーブルカー

　大正10（1921）年開業。強羅駅から早雲山駅間の1.2km、標高差209mを約10分で結ぶ。進行方向には雄大な山並み、後方眼下には早川がつくり出す谷間とその向こうにそびえる山々が眺められる。公園下駅からすぐの沿線には、大正3（1914）年、日本初のフランス式整型庭園として開園した箱根強羅公園

❶途中で1度すれ違うケーブルカー　❷車両は2両編成　❸山小屋風の強羅駅

（→P.272）がある。平坦な土地に左右対称の幾何学的なデザインで造られたのが整型庭園だが、強羅公園は傾斜面に造られている。そのすぐ先の箱根美術館も見逃せない。昭和27（1952）年開館の箱根で最も古い美術館には日本の古陶磁器が中心に展示されている。

## 箱根周遊旅のハイライト、箱根ロープウェイ

　早雲山駅から大涌谷駅、姥子駅、桃源台駅の約4kmを18人乗りのゴンドラが結ぶ。開業は昭和34（1959）年。山が連なる雄大な風景が眺められ、天候がよければ富士山も間近に見えるのが、箱根ロープウェイ、そして箱根観光を代表するのは標高1044mの大涌谷駅周辺の景色だ。白い噴煙が立ちのぼり、硫黄温泉の匂いが漂う大涌谷では、大涌谷自然研究路（要予約）を歩くことで火山風景に近づくことができる。

箱根の旅の醍醐味ともいえる大涌谷の風景

❶大涌谷駅到着寸前の景色は大迫力　❷特製カレーが人気の食堂も入る大涌谷駅

自家用車やレンタカーで箱根を訪れると、道が限られるため渋滞に巻き込まれることがしばしば。とくに大涌谷周辺は混雑しがちなので、姥子駅や早雲山駅の無料駐車場に停めてロープウェイの利用がおすすめ。

箱根ロープウェイの桃源台駅とつながった海賊船の桃源台港

❶見ているだけでも楽しい派手なデザインの海賊船　❷海賊船(左)と遊覧船が行き交う芦ノ湖の風景

## 個性的な船で遊覧を楽しむ、箱根海賊船

芦ノ湖の桃源台港と箱根町港、元箱根港間をそれぞれ約25分、箱根町港〜元箱根港間を約10分で行き来する。現在の海賊船は就航年順にビクトリー（2007年）、ロワイヤルⅡ（2013年）、クイーン芦ノ湖（2019年）の3隻。風景はもちろん、3Dアートなどがある船内も楽しむことができる。

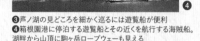

❸芦ノ湖の見どころを細かく巡るには遊覧船が便利
❹箱根園港に停泊する遊覧船とその近くを航行する海賊船。湖畔から山頂に駒ヶ岳ロープウェーも見える

芦ノ湖をバックに駒ヶ岳山頂へ向かうロープウェー

## 観光ポイントを巡るなら、箱根芦ノ湖遊覧船

LAKE ASHI

昭和36（1961）年に日本で初めて就航した双胴遊覧船。ふたつの胴体で支えているため、安定性が優れていて船体2隻分の広さがあるのが双胴船の特徴だ。現在は、あしのこ丸、はこね丸、十国丸（各定員700名）の3隻が運航している。箱根関所がすぐ近くの箱根関所港、元箱根港、そして駒ヶ岳ロープウェー乗り場に直結する箱根園港の3つの港を結んでいて、定期航路と周遊コースが用意されている。

## 絶景展望とお参りができる、箱根 駒ヶ岳ロープウェー

芦ノ湖畔の箱根園から箱根駒ヶ岳山頂まで全長1800mを片道7分で結ぶ、駒ヶ岳山頂へ行く唯一の交通手段。芦ノ湖を中心とした箱根の全景や富士山、伊豆半島や伊豆七島、湘南海岸や房総半島まで見渡すことができる。山頂には昭和39（1964）年に再建された箱根神社の奥宮である箱根元宮が鎮座する。注連縄が張られた馬降石は、白馬に乗った神様が降臨した岩と伝えられている。

駒ヶ岳山頂に色鮮やかな姿を見せる箱根元宮

芦ノ湖畔の駒ヶ岳ロープウェー駅

info 元箱根からは静岡県の三島へもバスで抜けられる。新幹線に乗り継げるほか、途中、日本一長い歩行者専用吊橋の三島スカイウォークにも立ち寄れる。本数は日中毎時1本程度で所要約53分。

# 神奈川を愛した文豪の足跡をたどる

風光明媚で歴史ある名湯を擁する神奈川の地は、多くの文豪をひきつけた。文豪の足跡をたどり、文学に触れる町歩きを楽しもう。

川端康成

「桐参」の部屋。純和風の風情を楽しめる

## 多くの文人墨客が滞在した
### 箱根・塔ノ沢　福住楼
（ふくずみろう）

川端康成、島崎藤村、吉川英治ら文豪や阪東妻三郎など多くの文化人に愛された宿。間取りや部屋の造りがすべて異なる17室があり、各人の好みの部屋についての逸話も残されている。アルカリ性単純泉の湯は、約60度の源泉をそのまま湯舟に流し込み、湧き水で湯加減を調節。大正時代から利用している「大丸風呂」は大きな松の幹をくり抜いて造ったものだ。有形登録文化財に指定されている純日本旅館の風情を楽しめる。

**MAP** 別冊P.43-C2
🏠箱根町塔74　📞0460-85-5301
**IN** 15:00 **OUT** 10:00 💰1泊2食1名あたり2万9850円～ 💳MV 🛏17室
🚃箱根登山鉄道塔ノ沢駅から徒歩5分

島崎藤村

❶「桐参」の縁側は中庭に面している　❷「松弍」の部屋は「店弍階」と呼ばれる最上級の仕様であった　❸「松弍」の縁側

### 文豪が好んだ部屋

福住楼に滞在中、昼間は休み夜中に執筆をした川端康成は、川の音が聞こえない「桐参」の部屋を好んだ。朝になれば、新聞社などの担当者が入口の戸に挟まれた原稿を取っていったそうだ。「松弍」の部屋は島崎藤村の『春』に書かれた部屋のモデルになっている。福住楼でいちばん古い明治期の部屋で、当時の最上級の様式だそう。

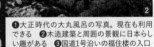

❶大正時代の大丸風呂の写真。現在も利用できる　❷木造建築と周囲の景観に日本らしい趣がある　❸国道1号沿いの福住楼の入口　❹近海の海の幸を中心とした会席料理

**info** 福住楼は日本古来の伝統工法を生かした温泉旅館建築と景観が評価され、「箱根の大規模木造宿泊施設群」のひとつとして「日本の20世紀遺産20選」に選ばれている。

小林多喜二

## 厚木・七沢温泉

小林多喜二が逗留した宿

# 福元館
ふくもとかん

安政3（1856）年創業の歴史ある温泉宿。小林多喜二は昭和6（1931）年に約1ヵ月間逗留して小説『オルグ』を執筆した。七沢温泉は強アルカリ性の美肌の湯。名物のいのしし鍋や岩魚の塩焼きなど、里山の恵みを味わえる。

**MAP** 別冊P.5-D3
住 厚木市七沢2758　TEL 046-248-0335
IN 15:00　OUT 10:00　料 1泊2食1名あたり1万4500円〜　CC AJMV　室 8室
交 小田急線本厚木駅から広沢寺温泉行きバスで高旗観音下車すぐ

❶多喜二が滞在した離れの外観　❷離れでは当時の写真や資料、丹前などを展示　❸部屋からは丹沢の緑が見える

### 生身の多喜二を感じられるエピソード

多喜二は保釈出獄中の身ながら外を警戒しつつ『オルグ』を書きあげた。丹前をふところ手にして下駄の音をさせながら風呂に向かい『折ればよかった』を唄う多喜二の様子が伝わっている。

❶日本の名湯100選にも選ばれている七沢の湯　❷丹沢の山の幸を堪能できる食事

---

## 湯河原

万葉集に詠われた名湯の地の公園

# 万葉公園
まんようこうえん

湯河原温泉は『万葉集』に詠われた東日本唯一の湯。その歴史ある温泉場の中心地に位置する公園で、敷地内には千歳川が流れ、水辺を散策できる。公園入口には足湯やカフェがある「玄関テラス」がある。

**MAP** 別冊P.48-A2
住 湯河原町宮上704　TEL 0465-63-2111（湯河原町役場）　料 無料　交 JR湯河原駅から奥湯河原行きバスで落合橋下車すぐ

### 名湯、湯河原と国木田独歩

明治期から夏目漱石や芥川龍之介など多くの文人に愛された湯河原。なかでも、国木田独歩は『湯河原より』などの作品を残した。その一節を彫った「国木田独歩文学碑」が園内にある。

万葉集　国木田独歩

❶千歳川沿いを散策できる　❷歩き始めてすぐにある滝　❸公園の入口にある「玄関テラス」　❹散策のあとには玄関テラスのカフェで緑を眺めながらひと休み

info 万葉公園の中ほどにある日帰り温泉施設「惣湯テラス」は食事の有無で金額と滞在時間は2プランで温泉、ライブラリー、フリードリンクを楽しめる。木々に囲まれゆっくりと本の世界に浸るのにいい。※利用は中学生以上

北原白秋

同じ敷地内にある白秋童謡館の外観

白秋童謡館の館内

❶1階展示室には小田原出身の北村透谷、尾崎一雄などの資料を展示 ❷小田原文学館の外観 ❸市内にあった旧宅の一部を移築した「尾崎一雄邸書斎」

尾崎一雄

小田原

小田原の文学者についての展示

おだわらぶんがくかん
## 小田原文学館

　文人が集い居住していた西海子小路に立つ文学館。小田原出身の北村透谷や、文学館のすぐ近くに居住していた谷崎潤一郎などゆかりの文人の資料を展示している。敷地内にある「白秋童謡館」「尾崎一雄邸書斎」も見学できる。

**MAP** 別冊P.47-C2

住 小田原市南町2-3-4　TEL 0465-22-9881
営 3〜10月10:00〜17:00、11〜2月10:00〜16:30(入館は閉館30分前まで)　※特別展開催時等変更あり　休 月(祝日の場合は翌平日)、年末年始　料 250円(白秋童謡館)
交 小田原駅から徒歩20分または箱根方面行きバスで箱根口下車、徒歩5分

### 小田原で生まれた数々の童謡

　白秋は大正7(1918)年に小田原に移り住んでいる。同年に児童雑誌『赤い鳥』が創刊され童謡欄を担当。小田原を歩きながらその情景を歌詞にし、『からたちの花』や『あめふり』など今も歌い継がれる作品を多く発表した。

大磯

簡素な美にあふれた終のすみか

きゅうしまざきとうそんてい
## 旧島崎藤村邸

　島崎藤村が晩年の2年半を静子夫人とともに過ごした住居。質素ながら欄間など住まいの各所に日本家屋の美を感じられる。藤村は遺作『東方の門』を連載中、「涼しい風だね」の言葉を残しこの居で71歳の生涯を閉じた。

**MAP** 別冊P.9-D1

住 大磯町東小磯88-9　TEL 0463-61-4100(大磯町役場)　営 9:00〜16:00　休 月(祝日の場合は開館)、年末年始　料 無料　交 JR大磯駅から徒歩5分

❶縁側に文机を置いた書斎 ❷周辺は当時貸別荘街だった ❸床の間には藤村自筆のかけ軸(レプリカ)が掛かる

島崎藤村

藤村邸からも近いので寄ってみて

大磯を代表する老舗菓子店の「新杵」は、藤村邸の大家であった

大磯名物「西行饅頭(左)」と「虎子饅頭(右)」

**MAP** 別冊P.9-D1

### 藤村と大磯

　藤村は大磯の火祭り「左義長」に魅せられ、大磯に転居したというエピソードが残る。また、毎年命日の8月22日に藤村が眠る大磯の地福寺に墓参と献花を行う「藤村忌」が開かれている。

## 納言志るこ店
なごんしるこてん

大佛次郎や川端康成など多くの文人が通った老舗の甘味どころ。自慢のあずきは、毎朝2時間かけて、大鍋いっぱいに煮る。そのあずきがたっぷりと入った「田舎しるこ（つぶ餡）」が名物。夏にはかき氷も人気だ。

鎌倉文士

❶「田舎しるこ（つぶ餡）」には大粒のあずきがたっぷり ❷落ち着きのある店内 ❸店は小町通りから路地に入った所にある

MAP 別冊P.31-C3
住 鎌倉市小町1-5-10
TEL 0467-22-3105
営 11:00〜17:30（L.O.17:15）休 月・水、第3木（祝日の場合は翌日）CC 不可
交 鎌倉駅から徒歩2分

### 鎌倉文学館

明治22（1889）年の横須賀線開通により鎌倉は東京からの利便性が高まった。多くの文学者が鎌倉に居を構え、のちに「鎌倉文士」と呼ばれるようになる。鎌倉文学館では文士にまつわる資料が展示されている。

鎌倉文学館 ※大規模改修のため令和9（2027）年3月末まで休館

## 大佛次郎記念館
おさらぎじろうきねんかん

人気時代小説『鞍馬天狗』などで知られる大佛次郎の、直筆原稿や初版本など約7万点にものぼる資料が展示されている。記念館の建物はフランス文学や歴史への関心が高かった次郎にちなみ、フランス国旗の3色をイメージした造りになっている。

大佛次郎

### 横浜で生まれ、作品の題材に取り上げた

大佛次郎は横浜市英町（現・中区）で誕生した。鎌倉に居を構えた後も10年間ホテル・ニューグランドに仕事場をおき、『霧笛』や『幻燈』など横浜の幕末開花期を題材にした作品を残している。

MAP 別冊P.25-D3
住 横浜市中区山手町113 TEL 045-622-5002 営 4〜9月10:00〜17:30、10〜3月10:00〜17:00（入館は閉館30分前まで）休 月（祝日の場合は翌平日）、年末年始、展示替え期間等 料 200円、小・中学生以下無料 交 みなとみらい線元町・中華街駅から徒歩8分

❶猫の置物や美術品などが飾られた書斎（復元）❷展示室にはさまざまな分野の資料を展示 ❸建物は浦辺鎮太郎氏の建築 ❹ポストカードや缶バッジなどオリジナルグッズも猫モチーフがいっぱい

写真：石昭彰

info 生涯に500匹以上の猫と暮らしたという、愛猫家であった大佛次郎。大佛次郎記念館の館内には、収集した猫の置物や創作した童話「スイッチョねこ」の原画などが飾られ、館内各所の猫コレクションは猫好きも楽しめること請け合いだ。

067

神奈川県は、港町横浜や湘南など海の印象が強いが、実は県全体の40%が山岳地帯。都心からのアクセスがよく、標高200mから1500以上の山まで、日帰りで楽しめる山がたくさんある。

神奈川の知られざる美しい山岳地

# 初心者でも歩ける 山歩きスポットガイド

塔ノ岳に登る登山道は整備されているが上りが延々と続く

## 開運ハイキング、大山を登ろう!

神奈川県北西部にある丹沢大山国定公園の大山は古くから信仰の山で知られ、別名「雨降山」とも呼ばれる。中腹には大山阿夫利神社下社、山頂には本社がある。ケーブルカーの駅から山頂まで1時間30分で到着できることもあり家族連れや初心者にも人気の山だ。

### 📍 ルート

小田急線伊勢原駅〜大山ケーブルバス停〜大山ケーブル駅〜阿夫利神社下社〜大山山頂

## 01 気軽に開運登山! 大山阿夫利神社下社で参拝

大山登山の起点となるのは大山ケーブルバス停。江戸の情緒あふれる旧参道と362段の階段が続くこま参道の両脇にはみやげ物屋や食事処が並ぶ。バス停から徒歩約15分で大山

最寄り鉄道駅の伊勢原駅前には鳥居が立っている

名産の大山こまを扱うみやげ物店、豆腐料理の店などが軒を連ねる

大山阿夫利神社下社まではケーブルカーでも上れる

下社からも一服しながら絶景を楽しむことができる

ケーブル駅に到着し、その先で女坂と男坂に分かれる。

尾根上を真っすぐ上る急な階段の男坂に対し、女坂は大山寺（→P.243）経由で七不思議を探しながら緩やかな階段を上ることができる。中腹の大山阿夫利神社下社（→P.242）からの眺めはよく、江の島や三浦半島、房総半島も見える。下社には絶景カフェもある。

🚌 大山ケーブルバス停までは小田急線伊勢原駅北口から神奈川中央交通バスで所要約30分。

大山 大山阿夫利神社本社
大山阿夫利神社下社
阿夫利神社駅
大山ケーブルカー
大山寺
大山寺駅
大山ケーブル駅
男坂
女坂
大山ケーブルバス停
0 ── 500m

## フリーパスとケーブルカーで楽々アクセス

小田急が発売する「丹沢・大山フリーパス」がこのルートをカバーしており、小田急線と神奈川中央交通バスの一部区間が利用できる。大山ケーブル駅からは一気に大山阿夫利神社駅下社（約6分）や大山寺（約2分）へアクセスでき、ケーブルカーを含むフリーパスも発売されている。

大山頂上からは関東平野と相模湾も見渡すことができる

下社奥の登拝門から登った最初の見どころが夫婦杉

頂上の二十八丁目の鳥居が見えたら本社はもうすぐだ

## 02 さらなる開運を求めて！大山山頂へ

　大山阿夫利神社下社に向かって左奥の登拝門が、大山山頂へ続く登山口。登拝門の一丁目から山頂の二十八丁目までに点在する石票が自分の現在地を知る道標になる。登拝門をくぐった先にある急な石の階段を登ると本格的な登山が始まる。登山道は比較的歩きやすく、樹齢五、六百年の巨大な夫婦杉、球体が牡丹の花のように見える牡丹岩などを楽しみながら樹林帯を登ることができる。

　下社から約1時間30分で大山の頂上に到着する。山頂からの景色は「かながわの景勝50選」にも選定されるほど眺めがすばらしい。本社の隣には茶屋が1軒、奥には奥の院とトイレもある。

本社へ続く登山口の登拝門は一丁目で標高696m

石柱は二十八丁目まで並んでいる

大山が霧に覆われ幻想的な景色に出合えることもある

## 03 大山登山とあわせて日向薬師へ

　日向薬師（→P.243）はかつて日向山霊山寺といわれ、霊亀2（716）年に僧の行基によって開山されたと伝えられる。参道には力強い金剛力士像が迎える宝城坊山門があり巨木と苔むした神秘的な世界につながる。その先には日本三大薬師の茅葺き屋根の本堂があり、宝殿に収蔵されている薬師如来像、境内には虚空蔵菩薩や樹齢推定800年の幡かけの杉と銅鐘などの重要文化財がある。日向薬師からは見晴台経由で大山山頂や大山阿夫利神社（下社）へ登山することもできる。

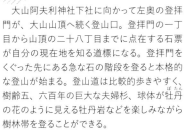

日向薬師の薬師堂（本堂）は平成28（2016）年に落慶した

日向薬師バス停から登る表参道

虚空蔵菩薩は霊樹の中に祀られている

山頂ではゆったりと景色を楽しめるよう余裕ある行動を

# 日帰り登山が楽しめる 登ってみたい丹沢の山々

神奈川県北西部に位置する丹沢には県最高峰の蛭ヶ岳(1673m)をはじめ、標高1500m以上の山が9座ある。丹沢の山々は変化に富んだ登山道や展望のよさ、豊富な登山ルート、都心からのアクセスがよいことが魅力で、初級者から上級者まで多くの登山者が訪れている。

大倉尾根ルートは上りが続くが上部は視界が広い

## 01 丹沢一番人気の山　MAP 別冊P.5-C3
### とうのだけ 塔ノ岳 (標高1491m)

**ルート**
大倉バス停〜大倉尾根経由で塔ノ岳往復
歩行時間 ▶ 6時間　歩行距離 ▶ 13.6km

丹沢の山のなかで最も人気があるのが1491mの塔ノ岳。頂上からは山深い丹沢の山々や雄大な富士、相模湾から関東平野まで望むことができる。頂上は開けておりたくさんのベンチがあるのでいつも多くの登山客でにぎわっている。また、大きな山小屋もあるので安心(平日やオフシーズンは山小屋が営業していないこともあるので注意)。

体力と経験が必要だが歩く楽しみいっぱいの表尾根

塔ノ岳とともに鍋割山を訪れることもできる

塔ノ岳へのルートは大きくふたつ、大倉バス停起点の大倉尾根とヤビツ峠からいくつものピークを縦走する表尾根がある。大倉尾根はバカ尾根と呼ばれる約7.5kmの樹林帯をひたすら登るルート。登山道はよく整備されており定期的に山小屋があるので安心だが体力は必要だ。ほとんどの登山者が大倉尾根を歩くのですれ違いにも注意しよう。

登山に少し慣れてきた人や体力に自信のある人が挑戦したいのは表尾根のルート。いくつものピークを越えて塔ノ岳を目指す本格登山を味わえる登山道。痩せ尾根や簡単な鎖場、ガレ場もあるので注意。

🚌 大倉バス停へは小田急線渋沢駅北口から大倉行きバスで所要約17分。

塔ノ岳山頂には富士山を望みながら休めるベンチがある

左／頂上の山荘前の広場から富士山を展望できる　右／尾根歩きを楽しめるコース

MAP 別冊P.5-C3

## 02 塔ノ岳に並ぶ人気の山
### 鍋割山（標高1272.5m）

📍 ルート

大倉バス停〜鍋割山の往復
歩行時間 ▶ 7時間15分　歩行距離 ▶ 16.75km

鍋割山山頂の名物は鍋焼きうどん。売り切れのこともあるので、食料は忘れずに

　鍋割山は丹沢山塊でも大山や塔ノ岳に次いで人気の山。大倉バス停からの登山が一般的で、林道や沢沿いの道、尾根歩きと変化があって楽しい。山頂で富士山や相模湾を眺めながら鍋割山荘の鍋焼きうどんを食べる人でにぎわう。体力があれば後沢乗越（うしろざわのっこし）の手前に水揚げ用のボトルがあるので歩荷体験や塔ノ岳とセットで登りたい。静かな山歩きを楽しみたい経験者には寄（やどりき）から登るのもおすすめ。

🚌 大倉バス停へは小田急線渋沢駅北口から大倉行きバスで所要約17分。

---

## 03 雄大な富士山の眺めと牧歌的な雰囲気が魅力
MAP 別冊P.8-B1
### 大野山（標高723m）

📍 ルート

JR谷峨駅〜大野山〜JR山北駅
歩行時間 ▶ 約4時間　歩行距離 ▶ 約12km

　大野山は「関東の富士見百景」に選定されており、広々とした山頂や登山道や裾野から立ち上がる雄大な富士山や丹沢山塊を一望できる。谷峨駅からの歩行距離はやや長いが登山道は整備されており標識も多いので初心者でも安心して登ることができる。道中には木彫りのヤマドリやウサギなどの動物たちもいるので探してみよう。体力に自信がなければ車でも頂上付近までアクセスできる。

ルート最高地点の権現山から見る富士山と秦野市

弘法山には鐘楼のほか釈迦堂（大師堂）もある

権現山山頂にはしっかりした造りの展望台がある

## 04 お手軽縦走ハイキングができる
MAP 別冊P.9-D1
### 弘法山（標高235m）

📍 ルート

小田急線秦野駅〜弘法山〜小田急線鶴巻温泉
歩行時間 ▶ 約2時間30分　歩行距離 ▶ 約7.4km

　弘法大師（空海）が修行したとされる信仰の山であり、桜の名所。権現山、浅間山とともに弘法山公園として整備され気軽に縦走することができる。「関東富士見百景」に選定されている権現山の山頂には展望台があり秦野市街や江の島をはじめ南西方向には箱根外輪山や富士山も見渡せる。標高差が少なく整備された歩きやすい登山道で足の負担も少なく家族連れや初心者にもおすすめ。車でも頂上付近までアクセスできる。

車でもアクセスでき、美しい富士山も見られる

丹沢山塊と丹沢湖まで見渡すことができる

## まだまだあるぞ！
# 初心者でも歩ける神奈川の山々

標高がそれほ高くない山でも、眺望とルート上の景色の変化を存分に楽しむことができるルートがある。初心者にも楽しむことができる、歩行距離4〜5km、所要時間2時間30分以内のルートをご紹介！

## 01 金太郎伝説で名高い天下の秀峰
### 金時山（標高1212m）
きんときやま
**MAP** 別冊P.8-A2

### ルート
金時神社入口〜金時山〜金時登山口
歩行時間 ▶ 約2時間30分　歩行距離 ▶ 約4km

左／金時宿り石から先は金時神社分岐に向かう急な登山道になる
右／山頂にはテーブル付きのベンチがあり富士山を堪能できる

温泉地として有名な箱根、その外輪山で一番標高の高い山であり「日本三百名山」に数えられる。金太郎伝説に由来する山で登山道には巨大な割れた岩「金時宿り石」があり、山頂ではまさかりを担いで大きな山頂標識と富士山を背景に記念撮影が楽しめる。

山頂からの展望もよく大涌谷の噴煙地、芦ノ湖、仙石原を望むことができる。山頂の茶屋ではなめこ汁がおいしい。箱根の人気観光スポットの仙石原が拠点となり歩行距離、コースタイムが短く、初心者や家族連れにもおすすめできる。登山上級者や体力に自信があれば明神ヶ岳へも縦走ができる。

🚌 出発点の金時神社入口バス停までは箱根登山鉄道強羅駅から箱根登山バスで約15分

左／標高は高くないが眺望がすばらしい　右／パノラマを楽しむなら展望塔に上ろう

## 02 三浦半島最高峰
**MAP** 別冊P.35-C2
### 大楠山（標高241.3m）
おおぐすやま

### ルート
池上住宅入口バス停（大楠登山口）〜大楠山山頂〜前田橋バス停
歩行時間 ▶ 2時間10分　歩行距離 ▶ 5km

大楠山周辺は風致地区として保護されている。山頂の標高は高くないが周囲に高い山がなく、展望台からは三浦半島をはじめ、伊豆半島、富士山、房総半島と都心までのパノラマ風景はまさに絶景。その風景は小説家の司馬遼太郎の紀行文集『三浦半島記』でも触れられている。山頂休憩所、展望塔は不定休なので事前にチェックしよう。登山道はよく整備されており休日には多くの人でにぎわう山だ。

🚌 池上住宅入口バス停まではJR衣笠駅から京急バス逗子行きで約6分

## 03 奇峰と巨大な磨崖仏が特徴的
### 鷹取山（標高139m）
たかとりやま
**MAP** 別冊P.15-C2

### ルート
JR神武寺駅（JR東逗子駅）〜神武寺〜鷹取山（15分）〜神武寺〜JR東逗子駅（JR神武寺駅）
歩行時間 ▶ 2時間10分　歩行距離 ▶ 4.4km

横須賀市と逗子市の境にある鷹取山はかつて採石場だった。岩を切り出すためにできた垂直に切り立った岩石が特徴で、群馬県の妙義山に似ていることから別名は湘南妙義とも呼ばれる。神武寺で参拝したあとはゴツゴツとした岩や簡単な鎖場もある登山道を歩いて山頂へたどり着く。展望台からの景色はすばらしく、高さ約8mの磨崖仏も含めて散策すると、自然や歴史など見応えがある。京急線追浜駅からも一般道を歩いて頂上へアクセスできる。

左／ロッククライミングの練習場所としても人気　右／展望台からの眺望

展望台から磨崖仏までは所要約15分

## 04 ハイキングデビューは鎌倉で！
# 天園ハイキングコース
てんえんはいきんぐこーす

**MAP** 別冊P.17-D2

通称鎌倉アルプスと呼ばれる天園ハイキングコースは、鎌倉市内最高峰の大平山（標高159.2m）に登るルート。太平山は鎌倉の町とその奥に広がる相模湾を望む展望スポットで、コース上には鎌倉の歴史を感じるやぐらや石仏が点在する。体力に余裕があればハイキングコースからも各観光スポットへアクセス可能なので、町歩きも行いつつ鎌倉観光を満喫できる。高低差が少なく登山道も歩きやすいので、これから山歩きを始めたい人におすすめだ。

📍 **ルート** 🌲🌲🌲

JR北鎌倉駅〜今泉台4丁目入口〜大平山〜瑞泉寺〜鎌倉宮〜JR鎌倉駅　歩行時間▶2時間30分　歩行距離▶5km

**1 北鎌倉駅から歩いてスタート地点へ**

最寄り駅はJR北鎌倉駅。最も近い登山口まで徒歩30分

勝上献（しょうじょうけん）展望台から建長寺や相模湾を一望する

**2 樹林帯のコースを歩く**

大きなやぐらや十王岩、弘法大師像などの見どころがある

**3 鎌倉市最高峰の大平山でひと休み**

展望もよいので、ここでひと休みするのもいい。近くにはトイレもある

標高159.2m鎌倉市最高峰の大平山山頂には広場があり青空が広がる

コース一番の難所は高さ約2mの急な天然階段でロープが垂らされている鎖場

少し先には横浜市内の最高地点天園（標高159.4m）もある

**4 瑞泉寺入口へ下山**

天園からは力強い巨木がたくましく生き続けている樹林帯を歩く

歴史を感じる貝吹地蔵や遺跡のようなやぐら群を通って瑞泉寺入口へ下山

---

## ハイキングの注意点

初心者から中級者まで楽しむことができるコースを紹介したが、最近は低い山でも遭難事故が起きている。体力不足からコース途中で動けなくなる例も報告されているので、無理せずかつ自分の体力を過信せずに、山登りを楽しみたい。

まずは日帰りの山行であっても、登山計画書を作成・提出し、家族や友人にも共有。もしものときのために山岳保険にも入ろう。登山には装備も揃える必要がある。ヘッドライト、エマージェンシーシート、雨具、防寒具、行動食、十分な水分、非常食、スマートフォン、地図（オフラインマップ）は必須だ。

丹沢の山にはヤマビルが生息しており、5月〜10月で雨上がりの日に活発になる。ヒル除けにはズボンの裾を靴下に入れることや、塩や食塩水を靴や靴下にすり込むことで対策ができる。ヒル除けスプレーもある。

**073**

# 聖地巡礼&ロケ地巡り

景勝地やランドマークが多く、独特の文化が花開いた神奈川は、昔から数多くのアーティストにインスピレーションを与えてきた。ここでは心に残る名曲・名画ゆかりの地を紹介しよう。

♪ 音楽編

## 横浜

### 港の見える丘公園
### 『ブルー・ライト・ヨコハマ』
### いしだあゆみ（1968年）

横浜の歌といえば必ず名が挙がる名曲。いしだあゆみの代表曲であり、累計150万枚を売り上げた。作曲は筒美京平、作詞は橋本淳。歌詞は港の見える丘公園から見える横浜と、川崎の工業地帯の夜景をイメージして作られたのだという。

**MAP** 別冊P.25-D3
🚃 みなとみらい線元町・中華街駅から徒歩5分

港の見える丘公園から見たベイブリッジ

## カフェ&レストランドルフィン ◀ 横浜
### 『海を見ていた午後』
### 荒井由実（1974年）

「山手のドルフィンは静かなレストラン」と歌詞の中でその名が直接的に出てくるため、ファンの間では聖地として知られるレストラン。「ソーダ水の中を貨物船が通る」という歌詞にちなんだ「ドルフィンソーダ」は定番メニューだ。

**MAP** 別冊P.26-A2
🚃 JR根岸駅から徒歩14分

今でも人気は衰えない

## 伊勢佐木町 ◀ 横浜
### 『伊勢佐木町ブルース』
### 青江三奈（1968年）

イントロのセクシーな吐息と「伊勢佐木あたりに灯がともる」の歌詞でおなじみ。伊勢佐木町は明治時代から日本有数の歓楽街として栄え、夜ともなれば雑多であやしげな雰囲気を醸し出した。

歌碑 **MAP** 別冊P.24-A3
🚃 歌碑までは京急本線日の出駅から徒歩8分

歌碑の下にあるボタンを押すと『伊勢佐木町ブルース』が1分間流れる

伊勢佐木町の夜の風景。今も歓楽街としてにぎわう

## 横浜 カトレヤプラザ伊勢佐木
### （旧横浜松坂屋）
### 『桜木町』ゆず（2004年）

建物の前でゆずがよくストリートライブを行っていたことから、ゆずファンの聖地として知られる。2003年には紅白初出場が決まり、この場所で生中継ライブが行われた。

**MAP** 別冊P.24-A2
🚃 関内駅から徒歩6分

❶入口の脇に貼られたゆずの記念パネル
❷かつての松坂屋の面影を残す

❶美空ひばりの等身大写真の後ろにはかつての日本コロムビア本社の写真 ❷下りのホームに描かれた曲の譜面

（→P.271）

『箱根八里の半次郎』氷川きよし（2000年）

　箱根八里とは、徳川幕府が整備した旧東海道の、小田原宿から箱根峠を経て三島宿までの8里（約32km）のこと。氷川きよしの名を一気に知らしめたデビューシングルとして有名。旧東海道沿いにはさまざまな史跡が残されている。

MAP 別冊P.21-C3

🚌 箱根登山バス箱根町行きで箱根支所前下車すぐ

元箱根から恩賜箱根公園まで約500m続く杉並木

### けいきゅうだいしせんみなとまちえき
# 京急大師線港町駅 ◀川崎

『港町十三番地』美空ひばり（1957年）

　美空ひばりが所属したレコード会社、日本コロムビアの本社があった川崎市港町。京急電鉄大師線港町駅のホームの壁には歌の譜面、南口の改札前には歌詞と美空ひばりの等身大写真が飾られている。ボタンを押せば歌が流れるようになっている。

MAP 別冊P.38-B1

🚃 京急線京急川崎駅から大師線で2分

### よこすかこう
# 横須賀港 ◀横須賀

『横須賀ストーリー』山口百恵（1976年）

　アイドルから大人の女性へとイメージを一新させるきっかけとなった13枚目のシングル。横須賀は山口百恵が小学2年から中学までの多感な時期を過ごした土地で、作詞を手がけた阿木燿子の両親も横須賀在住だった。作曲は阿木の夫である宇崎竜童。百恵本人が依頼したという。

MAP 別冊P.35-D1

🚃 JR横須賀駅からすぐ

サザンオールスターズの楽曲によく出てくるえぼし岩

# サザンビーチちがさき（→P.238）◀茅ヶ崎

『勝手にシンドバッド』サザンオールスターズ（1978年）

　フロントマンである桑田佳祐の故郷があることから、バンドゆかりの地としておなじみの茅ヶ崎。デビューシングルであるこの曲には「茅ヶ崎」「湘南」「江の島」などの地名が出てくる。茅ヶ崎エリアにはサザン通りやサザンビーチなど、バンドにちなんだ名前がついたスポットも多い。

MAP 別冊P.10-A1

🚃 JR茅ヶ崎駅から徒歩20分

軍艦の停泊する横須賀港

**映画編**

## 極楽寺駅『海街diary』(2015年)
**鎌倉** ▶ 極楽寺駅（ごくらくじえき）

「関東の駅百選」にも選ばれている風情のある駅

鎌倉で暮らす3姉妹のもとへ異母妹が一緒に暮らし始めるという物語。4姉妹が暮らすのは江ノ島電鉄極楽寺駅のそばの古民家（という設定。実際は北鎌倉の古民家で撮影）。ほかにも稲村ヶ崎や由比ガ浜など、撮影はほとんどが鎌倉市内で行われた。

**MAP** 別冊P.17-C3
**交** 鎌倉駅から江ノ島電鉄で7分

**撮影されたシーン：**序盤で佳乃（長澤まさみ）とすず（広瀬すず）が一緒に走って駅に向かうシーンなどたびたび登場。近くの桜橋、導地蔵堂でも撮影が行われた。

## 稲村ヶ崎公園
いなむらがさきこうえん
『稲村ジェーン』(1990年) ◀ **鎌倉**

サザンオールスターズの桑田佳祐が監督を務め、公開当時、一世を風靡した映画。2021年に初めてBlu-ray&DVD化され話題となったのも記憶に新しい。海のシーンの撮影はおもに伊豆で行われたが、舞台は稲村ガ崎で、稲村ヶ崎公園や極楽寺駅周辺でも撮影された。

**MAP** 別冊P.17-C3
**交** 江ノ島電鉄稲村ヶ崎駅から徒歩5分

**撮影されたシーン：**終盤、江の島を望む高台でヒロシ（加勢大周）、マサシ（金山一彦）、波子（清水美砂）がチェリオを飲みながら談笑し、あとからカッチャン（的場浩司）も現れるシーン。

稲村ヶ崎公園から

## ホテルニューグランド(→P.406)
『有頂天ホテル』(2006年) ◀ **横浜**

大晦日のホテルを舞台にさまざまな人間模様を描いた三谷幸喜によるコミカル群像劇。撮影はスタジオのほか、さまざまなホテルで撮影されたが、ホテルニューグランドは作中のホテルのイメージにもなったと言われている。開業は昭和2（1927）年。

**MAP** 別冊P.28-B2
**交** みなとみらい線元町・中華街駅1番出口から徒歩1分

**撮影されたシーン：**ベルボーイの只野憲二（香取慎吾）の送別会、客室係の竹本ハナ（松たか子）が化粧直しを行うシーンなどで本館ロビーやスカイチャペルなどが登場。

歴史を感じさせる重厚な本館2階ザ・ロビー

## 披露山公園(→P.217)
ひろやまこうえん
『彼女が水着にきがえたら』(1989年) ◀ **逗子**

バブル絶頂期、スキーと並んで盛り上がっていたマリンリゾートを舞台に、OLダイバーと週末ヨット乗りの恋と冒険を描いた映画。マリーナのシーンは千葉県の浦安マリーナ、ダイビングのシーンはおもに慶良間諸島で撮影されている。

**MAP** 別冊P.17-D3
**交** JR逗子駅からバス小坪経由鎌倉行きで披露山入口下車、徒歩15分

**撮影されたシーン：**後半部分、吉岡文男（織田裕二）と田中真理子（原田知世）が展望台のすぐ脇までセリカで乗り付けるシーン。

撮影が行われた展望台

展望台からの景色は最高！

海外のガイドブックにも紹介されるほどの人気を誇る

# 芦ノ湖（→P.270）◀箱根
## 『新世紀エヴァンゲリオン』(1995~1996年)

第3次アニメブームのきっかけとなり、社会現象を巻き起こした人気アニメ。大災害「セカンドインパクト」後の、芦ノ湖北岸付近にある第3新東京市という架空の都市が舞台となっている。ゆかりの地である箱根には、ほかにも二子山や公時神社などさまざまな聖地が点在する。

**MAP** 別冊P.41-C2
🚇 早雲山駅から箱根ロープウェイで、芦ノ湖ほとりの桃源台駅まで45分、下車すぐ

登場シーン：芦ノ湖北岸の第3新東京市が舞台であり、その地下に主人公が所属する特務機関NERV（ネルフ）の本部があるので、主要な舞台としてたびたび登場する。

芦ノ湖の北側にはススキが生い茂る

# 鎌倉高校前駅の踏切 ◀鎌倉
## 『スラムダンク』(1993~1996年)

不良男子高校生がひとめ惚れした同級生の女の子に振り向いてもらおうと始めたバスケットボールに夢中になっていく様子を描いた物語。神奈川県の湘南エリアが舞台で、実在するさまざまな場所が作中に出てくる場所のモデルとして存在する。

**MAP** 別冊P.16-B3
🚇 江ノ島電鉄鎌倉高校前駅から徒歩すぐ

登場シーン：アニメのオープニング曲で主人公の桜木花道が光を反射する七里ヶ浜の海を背景に、江ノ電の踏切が上がるのを待っているシーン。

# 横浜市電保存館(→P.140)
## 『コクリコ坂から』(2011年)

東京オリンピック前年の1963年の横浜が舞台のジブリ映画。山下公園や横浜マリンタワー、港の見える丘公園など、今でも残る横浜の主要な景色が登場。横浜では明治から昭和40年代にかけて路面電車が走っており、保存館には実際に使われていた7つの車両が保存される。

**MAP** 別冊P.13-C3
🚇 JR根岸駅から上大岡駅前行き、磯子駅前行きバスで市電保存館前下車すぐ

登場シーン：1963年当時の横浜の風景として、路面電車が各所に登場する。なかでも路面電車の駅でメルが俊に告白するシーンが印象的。

**横浜**

車内を見学することもできる

# みなとみらい ◀横浜
## 『プリキュアオールスターズ NewStage みらいのともだち』(2012年)

女の子に大人気のアニメ『プリキュア』の劇場版。横浜みなとみらいで敵が暴走し、プリキュアたちが立ち上がる。

登場シーン：みなとみらいがそのまま映画の舞台になっており、全編を通して観覧車やよこはまコスモワールド、日本丸、横浜ワールドポーターズなどさまざまな場所が登場。

① 観覧車とヨコハマ グランド インターコンチネンタル ホテル
② みなとみらいのシンボル、日本丸

**MAP** 別冊P.23-C2
🚇 みなとみらい線みなとみらい駅周辺

春夏秋の県大会が行われる神奈川県高校野球の聖地

**MAP** 別冊P.12-B2
🚇 JR保土ケ谷駅から横浜駅西口行きバスで保土ケ谷野球場前下車すぐ

# 保土ケ谷球場 ◀横浜
## 『ドカベン』(1976~1979年)

水島新司の代表漫画をアニメ化。神奈川県の高校で野球部に所属する「ドカベン」こと山田太郎を主人公に、高校球児の活躍を描いた作品。

登場シーン：ドカベンや里中、岩鬼などが活躍したのが保土ケ谷球場。明訓高校の神奈川大会の試合のほとんどがこの球場で行われた。

# 3大 恋愛の聖地となっているロケ地

数々の映像作品のロケが行われる神奈川だが、ロマンティックなスポットも多く、
恋愛ドラマも数えきれないほど撮影されている。
恋愛の聖地として知られる3大人気スポットを紹介！

## つるみがわとやがみがわのごうりゅうてんのき
## 鶴見川と矢上川の合流点の木

支流の矢上川が鶴見川に合流する地点。開けた河川敷に芝生の広場があり、そこに立つ巨大なオニグルミの木がとても印象的。周りには何もなく、アクセスも悪いため、知る人ぞ知る恋愛ドラマの聖地として知られている。

**MAP** 別冊P.13-D1

🚌 東急東横線日吉駅からバスで日大グランド前下車、徒歩3分 **横浜**

### 撮影されたドラマ
● プロミス・シンデレラ（2021年）
● 恋です！ ～ヤンキー君と白杖ガール～（2021年）

合流点から鶴見川下流を望む

## **横浜** ▶ みなとみらいの万国橋
### ばんこくきょう

馬車道から続く万国橋通りと新港地区を結ぶコンクリート製のアーチ橋。現在のものは2代目として1940年に完成。「かながわの橋100選」に選ばれ、味のあるアーチ状のたたずまいと、橋からのみなとみらいの景色がすばらしく、数々の映像作品のロケ地となっている。

**MAP** 別冊P.24-B1

🚇 みなとみらい線馬車道駅から徒歩5分

### 撮影されたドラマ
● 私結婚できないんじゃなくて、しないんです（2016年）
● これは経費で落ちません！（2019年）
● #リモラブ～普通の恋は邪道～（2020年）
● 私の家政夫ナギサさん（2020年）
● プロミス・シンデレラ（2021年）
● レッドアイズ 監視捜査班（2021年）　ほか

万国橋からはみなとみらいが一望できる

## よこはま・はっけいじま
## 横浜・八景島シーパラダイス（→P.144） ◀ **横浜**

恋愛ドラマの定番デートスポットといえば水族館。なかでも横浜・八景島シーパラダイスはアクアチューブや大水槽など映像映えするスポットが多く、ドラマのロケ地としては最高の場所。これまで数々の名ドラマが撮影されてきた。

**MAP** 別冊P.15-C2

🚃 シーサイドライン八景島駅からすぐ

### 撮影されたドラマ
● 恋です！ ～ヤンキー君と白杖ガール～（2021年）
● オー！マイ・ボス！恋は別冊で（2021年）
● 東京タラレバ娘（2017年）　● 野ブタ。をプロデュース（2005年）
● 1リットルの涙（2005年）　● ラブジェネレーション（1997年）　ほか

横浜・八景島シーパラダイスのアクアチューブ

# 社会現象になったドラマの数々

## 横浜 ▶ 逃げるは恥だが役に立つ (2016年)

みくりが妄想の中で結婚式を挙げた横浜港大さん橋国際客船ターミナル

海野つなみによる漫画を原作としたドラマ。みなとみらいのカフェや、北仲橋、日本丸メモリアルパークなどのロケが横浜で行われた。

## 横浜 ▶ あぶない刑事 (1986〜1987年)

舘ひろしと柴田恭兵が刑事のコンビを演じた刑事ものの名作。舞台が横浜で、中華街や港の見える丘公園、日本郵船氷川丸、赤レンガ倉庫など、数々の定番スポットで撮影が行われた。

エンディング曲で主人公のふたりが走るシーンでおなじみの赤レンガ倉庫

## 男女7人秋物語 (1987年)

前年に大ヒットした『男女7人夏物語』の続編。明石家さんまと大竹しのぶらが出演し、前作と同様30%を超える視聴率をたたき出した。撮影は鶴見線とその界隈で行われた。

川崎
今でも昭和の面影を残すJR鶴見線国道駅

ヒロインが働く店は元町公園を登った丘の上にあるという設定

## まれ (2015年) ▶ 横浜

能登生まれの主人公がパティシエを目指して成長していく姿を描くNHK連続テレビ小説。物語の中盤で修業のためにヒロインの津村希（土屋太鳳）が横浜に出てくる。

## 金曜日の妻たちへ
### (1983〜1985年) 横浜

東京の郊外で暮らす既婚男女の不倫を題材としたドラマ。放送日である金曜22:00には主婦が電話に出ないといわれるほどに大ヒットした。

第1作で村越家が暮らす舞台となった、たまプラーザ

## 俺たちの朝 (1976〜1977年) ◀ 鎌倉

『俺たちの旅』に続く「俺たちシリーズ」2作目で、鎌倉を舞台に5人の若者たちの青春模様を描いた。このドラマの影響で、日本中から若者が集まる社会現象となり、江ノ電は一躍観光名所となった。

数々の映画のロケ地となった極楽寺駅

## 昼顔 ◀ 三浦
### 〜平日午後3時の恋人たち〜
### (2014年)

平凡な主婦と高校教師の不倫模様を描いたもので、平日昼間に不倫をする主婦を指す「昼顔」は2014年の流行語大賞にもなった。横須賀や横浜など多くが神奈川県で撮影された。

### 番外編
## 京急線の旅で聴いてみたい隠れた名曲

引退から40年の2020年、サブスク解禁が話題となり、Z世代にも人気の伝説のディーヴァ、山口百恵。彼女のアルバム曲『I CAME FROM 横須賀』には横須賀から品川までの京急線の主要駅名がちりばめられ、快速特急、赤い電車、白い線というワードまで入っている。演歌かCMソングのようかと思いきや、作詞は横浜出身の阿木燿子、作曲は宇崎竜童の『横須賀ストーリー』や『港のヨーコ・ヨコハマ・ヨコスカ』を作った夫婦コンビ。さすがにクールな曲で、京急のスピード感にもぴったりだ。

ロケ地のひとつとなった三戸浜海岸

体験もできる！

# 博物館＆工場見学

体験をしながら楽しく遊べる博物館、製造工程の見学や製品作り体験、製品の試飲や試食を楽しめる工場見学をご紹介。

❶「チキンラーメン」を手作りできる工房も ❷世界各国のさまざまな「麺」料理を楽しめるフードコート ❸世界でひとつだけのオリジナル「カップヌードル」を作れる

シンプルでおしゃれな外観

**楽しみながら発明・発見のヒントを学び取ろう！**

かっぷぬーどるみゅーじあむ よこはま

## カップヌードル ミュージアム 横浜

インスタントラーメンに関するさまざまな展示や体験を通じ、発明・発見の大切さを楽しく学べる体験型ミュージアム。予約や整理券が必要なアトラクションもあるのでウェブサイトで確認を。

**MAP** 別冊P.23-D3

住 横浜市中区新港2-3-4 TEL 045-345-0918 営 10:00〜18:00（入館は17:00まで） 休 火（祝日の場合は翌日休）、年末年始 料 大人（大学生以上）500円、高校生以下は無料、チキンラーメンファクトリー小学生600円、中学生以上1000円、マイカップヌードルファクトリー1食500円 交 みなとみらい線みなとみらい駅、馬車道駅から徒歩8分。首都高速神奈川1号横羽線みなとみらいICから車で5分

---

大きなS字階段が特徴的、開放的な吹き抜けのロビー

**美のひらめきと出合える**

しせいどう

## 資生堂グローバル イノベーションセンター(S/PARK)

えすぱーく

資生堂最先端の研究施設内にある、美の複合体験施設。研究員が肌を解析し、マイコスメを作ってくれるビューティーバー（有料、要予約）や、展示や体験を通じて「美」を考えることができるミュージアムなどがある。

**MAP** 別冊P.22-B2

住 横浜市西区高島1-2-11 TEL 045-222-1604 営 ミュージアム11:00〜18:00、ほか施設により異なる 休 日 料 無料 交 みなとみらい線新高島駅すぐ、横浜駅東口から徒歩10分

ミュージアムは4つのゾーンで構成されている

---

**本物の電車に触れられる**

けいきゅうみゅーじあむ

## 京急ミュージアム

京急グループ本社1階にあるミュージアム。「本物」を見て、触れて、楽しむをテーマに、歴史的名車「京急デハ236形」や鉄道模型が走るジオラマなどの展示、運転シミュレーターなどの体験を楽しめる。

**MAP** 別冊P.22-B2

住 横浜市西区高島1-2-8 京急グループ本社1階 TEL 03-5789-8686,045-225-9696 営 10:00〜11:00、12:30〜13:30、15:00〜16:00の1日3回入れ替え制（要事前予約）最新情報はHPを参照 休 火（祝日の場合は翌日休） 料 無料（一部体験コンテンツは有料） 交 横浜駅から徒歩約7分

❶本物の800形電車運転台での操作体験、オリジナルデザイン車両の工作体験ができるコーナーなどもある ❷昭和初期から活躍した京急車両「デハ236号」

❶アンパンマンたちのステージが毎日開催される
❷約4mの「おおきなアンパンマン」がお出迎え!

**アンパンマンの世界を体感しよう**

よこはまあんぱんまんこどもみゅーじあむ
# 横浜アンパンマンこどもミュージアム

　アンパンマンの世界を再現した体験型ミュージアム。2・3階（有料フロア）では、アンパンマンたちが登場するステージや工作教室などイベントがめじろ押し。1階（無料フロア）では、限定グッズやフードのショップが並ぶ。

**MAP** 別冊P.22-B2
住 横浜市西区みなとみらい6-2-9　TEL 045-227-8855
営 10:00～17:00（最終入館16:00）、ショップ＆フード・レストラン10:00～18:00　休 元日（ほかに館内改装・保守点検等による臨時休業あり）　料 2200～2600円（公式HPの価格カレンダーを要確認）　交 みなとみらい線新高島駅から徒歩3分、横浜駅から徒歩10分
©やなせたかし/フレーベル館・TMS・NTV

---

❶新国内販売車を中心にさまざまな車が展示されているほかカフェも併設　❷ブティックでは、日産グッズが購入できる

**日産車好きにはたまらない**

にっさんぐろーばるほんしゃぎゃらりー
# 日産グローバル本社ギャラリー

　日産グローバル本社の1階にあるギャラリー。国内外の市販車やヘリテージカー、レースカーなどの展示を見学することができ、日産車の試乗会も毎日開催。日産のミニカーやオリジナルの小物を取り揃えたブティックもある。

**MAP** 別冊P.22-B2
住 横浜市西区高島1-1-1　TEL 0120-315-232（お客さま相談室）　営 10:00～20:00　休 不定休　料 無料
交 横浜駅から徒歩7分、みなとみらい線新高島駅から徒歩5分

---

**未来の技術者が生まれるかもしれない**

カフェとライブラリーを併設したシンクゾーン

むらぼ
# Mulabo!

　株式会社村田製作所が運営する、子供向け科学体験施設。コンセプトは“エンジニアの卵が生まれるきっかけの場”。エレクトロニクスの技術を使った体験展示の数々を通じ、電気の基本を楽しく学ぶことができる。

**MAP** 別冊P.22-B2
住 横浜市西区みなとみらい4-3-8　TEL 045-227-3011
営 10:00～17:00　休 日・月、村田製作所の休業日
料 無料（サイエンス体験展示の参加は要予約）
交 みなとみらい線新高島駅から徒歩5分

ディスカバーゾーンでは、Mulabo!ガイドを使ったクイズと連携した体験展示を楽しめる（予約制）

---

**圧巻の鉄道模型コレクション**

はらてつどうもけいはくぶつかん
# 原鉄道模型博物館

　世界的に有名な鉄道模型製作・収集家の原信太郎氏の鉄道模型と鉄道関係のコレクションを展示する博物館。一番ゲージの鉄道模型が走行するジオラマ「いちばんテツモパーク」は、世界最大級の面積を誇る。

**MAP** 別冊P.22-B2
住 横浜市西区高島1-1-2　横浜三井ビルディング2階
TEL 045-640-6699（10:00～17:00）　営 10:00～17:00（チケット販売終了16:00、最終入館16:30）　休 火・水（祝日の場合は営業し、翌営業日に振替休館）、年末年始、2月上旬（館内保守点検期間）　料 大人1200円～、中学・高校生900円～、子供（4歳以上）600円～（チケット販売サービス「イープラス」か、ファミリーマート店内「マルチコピー機」より日時指定の入館券を購入）　交 みなとみらい線新高島駅から徒歩3分、横浜駅から徒歩5分

“本物”の忠実な再現にこだわったジオラマ。本物さながらの走行音で臨場感たっぷり!

パリのリヨン駅をイメージしたという駅舎

## 熟練の職人と一緒にかまぼこ作り

すずひろかまぼこのさとかまぼこはくぶつかん

# 鈴廣かまぼこの里
# かまぼこ博物館

　かまぼこにまつわる施設が揃う「鈴廣かまぼこの里」内にある、かまぼこの歴史や栄養などを学べる博物館。職人のかまぼこ作りを見学できるほか、かまぼこ・ちくわ作りや、あげかま作りを体験できる。

**MAP** 別冊P.46-A2

🏠 小田原市風祭245
☎ 0120-07-4547(9:00～18:00) 🕐 9:00～17:00、鈴廣蒲鉾本店・鈴なり市場は～18:00 休 1/1(臨時休館日あり) 料 無料(体験は有料) 交 箱根登山鉄道風祭駅下車すぐ。JR小田原駅からタクシーで約10分、西湘バイパス箱根口ICから国道1号経由で約1分

❶長年の修業を積んだ職人と一緒にかまぼことちくわを手作り。体験料1760円 ❷みやげどころや食事どころなどの施設もある ❸展示が並ぶかまぼこ百科コーナー ❹職人伝統の技をガラス越しに見学

❶❷牧場で生産した特別牛乳「サングリーン」を使ったソフトクリームが名物！
❸土・日・祝に開催される乳搾り体験は、1日2回（11:00～、14:00～）開催

## 動物との触れ合い・体験ができる

ゆきじるしこどものくにぼくじょう

# 雪印こどもの国牧場

　広大な敷地に遊具や牧場、ミニ動物園、ミニSL、バーベキュー場などの施設が点在する「こどもの国」園内にある牧場。牛や羊などの動物と触れ合うことができ、乳搾り体験やポニーの乗馬体験などもできる。

**MAP** 別冊P.6-B2

🏠 横浜市青葉区奈良町700 ☎ 045-962-0511 🕐 牧場10:00～15:30(土・日・祝は9:30～)、こどもどうぶつえん10:00～16:00、レストラン さんかくぼうし11:00～15:30など 休 水(祝日の場合開園)、年末年始 料 高校生以上600円、小・中学生200円、幼児(3歳以上)100円、こどもどうぶつえんは大人(高校生以上)300円、子供(3歳～中学生)200円 交 小田急線鶴川駅から小田急バス奈良北団地行きで15分、こどもの国下車、徒歩3分

# 工場見学

## できたてのシウマイがたまらない

### 崎陽軒 横浜工場
（きようけん よこはまこうじょう）

要予約の工場見学では、映像や展示を通じ、駅弁の歴史やシウマイ弁当の秘密を学べるほか、ガラス越しに製造ラインの見学ができる。工場見学の一端を予約なしで体験できるプチミュージアムショップもある。

MAP 別冊P.13-C1

住 横浜市都筑区川向町675-1
TEL 045-472-5890（9:00〜12:00、13:00〜17:00）営 9:00〜10:30、10:30〜12:00、12:30〜14:00、14:00〜15:30（ウェブサイトから予約）休 月・木・日、毎月末日、年末年始 料 無料 交 JR小机駅から徒歩17分。新横浜駅から市営バス川向耕地行きで港北インター下車、徒歩5分

シウマイの製造工程の見学。工場見学の所要時間は約90分

店舗内では崎陽軒のオリジナルグッズなども販売

見学後はできたてのシウマイ、シウマイ弁当のおかず、お菓子の試食も

---

## 工場のおいしいビールが楽しめる

### キリンビール 横浜工場
（きりんびーる よこはまこうじょう）

「キリン一番搾り生ビール」の製法やおいしさの秘密を学べる有料ツアーを開催中。ツアー内ではミニセミナー形式で3種の「一番搾り」の飲み比べも楽しめる。ビールと食事を満喫できる「キリン横浜ビアホール」もある。

MAP 別冊P.13-D2

住 横浜市鶴見区生麦1-17-1 TEL 045-503-8250（9:45〜16:30）営 館内施設により異なる 休 月（祝日の場合は営業、翌平日が休館）、設備点検日、年末年始 料 入場無料、工場見学は1人500円（19歳以下は無料）交 京急線生麦駅から徒歩10分、JR鶴見駅からタクシーで約10分

❶ビールの素材に実際に触れるコーナーも ❷所要時間は、工場見学65分、テイスティング25分の約90分となっている ❸館内では工場見学限定グッズも購入可

---

## 定番お菓子の歴史を知ることができる

### 森永エンゼルミュージアム MORIUM
（もりながえんぜるみゅーじあむ もりうむ）

森永製菓の歴史や技術、商品に込めた作り手の思いを、映像や展示を通して学べる。公式ウェブサイトからの完全予約制の見学ツアーでは、徒歩圏内の鶴見工場で、菓子の製造・包装ラインの一部も窓越しに見学できる。

MAP 別冊P.13-D1

住 横浜市鶴見区下末吉2-1-1
TEL 080-8744-3102 営 見学開始時間10:00、12:30、13:45（ウェブサイトから要予約）休 土・日・祝、年末年始、工場指定定休日 料 無料 交 JR鶴見駅、京急線鶴見駅からバスで10分、森永工場前下車、徒歩すぐ

❶館内には、商品の巨大模型や過去の広告資料など、ここでしか見られない貴重な展示も ❷巨大スクリーンを使った映像コーナー ❸1階にあるアイスクリーム商品の展示

# 工場見学

❶迫力あるロボットと作業員が働く生産ラインを間近に！ ❷日産自動車の最新技術についても学ぶことができる ❸日産設立時の旧本社ビルを再利用したゲストホール

### 日産のエンジンを目近で見られる
## 日産 横浜工場
にっさん よこはまこうじょう

　エンジンや電気自動車のモーターなどを製造する工場。工場見学では、エンジンが完成する様子を見ることができる。自由に入館できるゲストホールでは日産自動車の歴史や歴代エンジンなどの展示を見られる。

**MAP** 別冊P.13-D2
🏠横浜市神奈川区宝町2 ☎045-461-7090(9:00～17:00) 🏛ゲストホール10:00～16:00、工場見学は要予約。詳しくはウェブサイトを参照。 休土・日、GW、夏季休暇、年末年始休暇 料無料 交JR新子安駅、京急線京急新子安駅から神奈川産業道路を通って徒歩17分。東京方面から守屋町ランプより、横浜方面から子安ランプより、それぞれ車で約2分

---

### 迫力のクルマづくりを体感
## 日産 追浜工場
にっさん おっぱまこうじょう

　日産のマザー工場として日産のクルマづくりをリードする工場。動力源が違うクルマをひとつのラインで生産する工程を見学できる。ゲストホールには、プレスした本物の鉄板や追浜工場にしかない特別なボディの展示も。

**MAP** 別冊P.15-C2
🏠横須賀市夏島町1 ☎046-867-5013 🏛工場見学は要予約。詳しくはウェブサイトを参照。 休土・日 料無料 交京急線追浜駅から徒歩約20分。首都高速湾岸線幸浦IC、横浜横須賀道路朝比奈IC、横浜横須賀道路逗子ICから車で約15分

100%電気で走る日産リーフやe-Power搭載のノートなどを生産

追浜工場の敷地面積は、なんと東京ドーム36個分！

迫力ある生産ラインのすぐ横を歩いて見学できる

---

### 「食用油ができるまで」を楽しく学べる
## 日清オイリオグループ横浜磯子事業場
にっしんおいりおぐるーぷよこはまいそごじぎょうじょう

　食用油や植物性たん白食品、化粧品原料などを製造する日本最大級の製油工場。展示施設や工場内各所のバス見学で、原料受け入れから最終製品ができるまでを学べる。8名以上の団体のみだが夏休みの特定日のみ少人数の見学会を開催。

**MAP** 別冊P.13-C3
🏠横浜市磯子区新森町1 ☎045-757-5038(9:00～12:00、13:00～16:30) 🏛見学時間は1日2回10:00～、13:30～、電話予約必須 休土・日・祝、年末年始、夏季休業などの工場休日 料無料 交JR磯子駅から徒歩2分

❶敷地は横浜スタジアム9個分の広さを誇る ❷オンライン工場見学は公式サイトよりいつでもアクセス可能 ❸360度動画なども取り入れた資料で、食用油の製造工程を学べる

## オリジナルの品を作って手作りのよさに触れる

# 愛川繊維会館 レインボープラザ
あいかわせんいかいかん れいんぼーぷらざ

　手織り、藍染め、紙漉き、組紐などの体験ができる施設。藍染めのハンカチ1150円やストール2500円、手織りのコースター1250円、ランチョンマット3300円など、自分だけの品が作れる。

**MAP** 別冊P.5-D2

住 愛甲郡愛川町半原4410 **TEL** 046-281-0356 営 9:00～17:00、体験・作品作りは9:30～15:30（体験はウェブサイトから要予約）休 土・日・祝、お盆、年末年始 料 体験や内容によって異なる 交 小田急線本厚木駅から神奈川中央バス半原行きで終点下車(所要約50分)、徒歩すぐ

藍染めの日傘作りは
1万5000円で体験可

コウゾとパルプでハガキを作る　スタッフが手伝うため初心者でも安心

手織り教室には織機が65台も揃う

---

① 「おいしい雪印メグミルク牛乳」が次々とパックに詰められていく　② 相模川を挟み丹沢連峰、富士山を望める立地

## おなじみの飲料の製造工程が見られる

# 雪印メグミルク 海老名工場
ゆきじるしめぐみるく えびなこうじょう

　雪印メグミルクの首都圏の基幹工場で、市乳工場として国内最大級の規模を誇る。牛乳や果汁飲料、ドリンクタイプのヨーグルトなど、紙パックやプラボトル入りの製品の製造工程を見学することができる。

**MAP** 別冊P.6-A3

住 海老名市中新田5-26-1 **TEL** 046-240-6300(9:00～12:00、13:00～16:00) 営 見学時間は1日2回10:00～、13:30～(完全予約制) 休 土・日・祝、年末年始、その他臨時休館日 料 無料 交 小田急線厚木駅・JR厚木駅から徒歩15分。圏央道海老名ICから車ですぐ

## 水とエネルギーを実際に感じて学べる

# 宮ヶ瀬ダム水とエネルギー館
みやがせだむ みずとえねるぎーかん

　ダムや水資源、エネルギーについて学べる施設。模型を動かし取水の仕組みを学ぶ「取水ゲート操作体験」など、見て・触って・楽しめる展示が多数。毎週日曜にはダムの概要などを紹介するレクチャーを開催。

**MAP** 別冊P.5-D2

住 愛甲郡愛川町半原字大沢5157 **TEL** 046-281-5171 営 9:00～17:00(最終入館16:30)、12月～3月は10:00～16:00(最終入館15:30) 休 月(祝日の場合は翌日休)、年末年始 料 無料 交 小田急線本厚木駅から神奈川中央交通バスで本厚木センター経由半原行きで愛川大橋下車(所要60分)、徒歩31分

館内には
宮ヶ瀬ダム
放流カレーが名
物のレストランも

水道ゾーン、電気ゾーン、宮ヶ瀬ダムギャラリーなどがある

# 神奈川の ユニークな鉄道の旅

ダイナミックな景色に恵まれた神奈川の鉄道には、車両そのものや沿線風景がユニークな鉄道もいくつかある。以前から有名なものから、最近注目されている鉄道まで、その魅力は実にバラエティ豊かだ。

## 都会を走る異色のローカル線

じぇいあーるつるみせん

## JR鶴見線

鶴見駅から横浜・川崎市内の京浜工業地帯へ向かうJR鶴見線は、鶴見駅から扇町駅まで約7kmの本線、鶴見駅から4駅目の浅野駅から海芝浦駅まで約1.7kmの海芝浦支線、そして鶴見駅から6駅目の武蔵白石駅から約1kmの大川支線からなる。沿線はほぼ工場だけであるにもかかわらず、その工場風景や短い路線、ユニークな駅などから最近は観光目的の乗客も増えている。鶴見線は駅名に人名が多い異例の路線。浅野駅は線路を敷いた浅野総一郎から、安善、武蔵白石、大川の各駅も関係する会社社長や財閥の創始者が駅名の由来だ。

左／浅野駅近辺を走る電車

下／大都会の川崎とは思えないのどかな雰囲気の扇町駅

鶴見線の歴史

埋め立てにより造成されていた臨海工業地帯に、輸送のための鶴見臨港鉄道が開業したのは、大正15(1926)年3月。浜川崎駅から弁天橋駅間が開通し、昭和5(1930)年には鶴見駅まで延伸した（海芝浦支線は昭和15年の開業）。戦時中になると、工業地帯を支える重要な路線のため、通勤ラッシュは関東一といわれたという。昭和18(1943)年には、戦時輸送体制のもとで国有化され、国鉄鶴見線となった。

武蔵白石駅の改札

鶴見線は全駅無人化されていて、鶴見駅を除く各駅には簡易Suica改札機が設置されている。ICカードは入場、出場の際にはタッチしなければならないので忘れないように。

## 海芝浦駅
うみしばうらえき

平成12（2000）年、「関東の駅百選」に選定された海芝浦駅。選定理由は、横浜ベイブリッジなどを望み、海にいちばん近い景観抜群の駅であるため。絶景目的の観光客も増えているが、改札の一歩先から東芝関連の工場の私有地のため、一般客は出られない。

**MAP** 別冊P.7-D3

海芝浦駅のホームは海の上

海芝公園から眺めた鶴見つばさ橋

## 海芝公園
うみしばこうえん

東芝が待合客に憩いの場を提供したいとして、平成7（1995）年に開園。入園は無料。改札を出られない観光客はここで帰りの電車を待つ。

**MAP** 別冊P.7-D3

## 国道駅
こくどうえき

鶴見駅の次の駅。京浜国道と交わる場所にあることから命名。高架駅下のアーチはかつての商店街の跡で昭和レトロな雰囲気。

**MAP** 別冊P.13-D1

## 大川支線
おおかわしせん

安善駅からひと駅で終点の大川駅に到着する。鶴見から大川間を、休日1日3往復、平日でも9往復しか走らないレアな路線。沿線は工場のみで民家や商店はない。

**MAP** 別冊P.7-D2

たったひと駅4分の小さな旅

時が止まったかのような国道駅

工場群のなかにたたずむ大川駅

**info** 鶴見線の弁天橋駅から北へ1kmほど行った仲通り商店街一帯は、沖縄出身者と南米からの移住者が多く暮らす。本格的な沖縄そばの店や沖縄名産品店、南米料理店などが点在し、ちょっとした旅行気分が味わえる。

湘南の代名詞となった電車の魅力

# 江ノ島電鉄
(えのしまでんてつ)

民家の間を抜け、湘南海岸沿いをのんびりと走る江ノ島電鉄、通称「江ノ電」は湘南を代表する風景として全国的に知られている。レトロな車両が走っていたり、沿線に個性的な見どころが点在したりしていて魅力は尽きない。

生活と電車が近い距離にある

## 江ノ電とは

鎌倉と藤沢間の10km、15駅を走る電車。今や日本だけではなく世界的にも有名な江ノ電だが、かつて車社会が始まった頃には利用者が激減し廃止の危機が訪れたこともあったという。

江ノ電の歴史

明治終わり頃の明治35（1902）年に藤沢から片瀬（現・江ノ島）間が開業、その8年後に鎌倉の小町（移転廃止）まで全通。横須賀線鎌倉駅に終着駅を移転し、現在の路線となったのは昭和24（1949）年のことだった。大正時代には40駅があったとされる。

## お花見電車
(おはなみでんしゃ)

江ノ電風景の代名詞といえば、アジサイ。特に極楽寺と長谷の間、御霊神社付近などは、梅雨の季節、咲き誇るアジサイの花々のなかを江ノ電が走り抜ける風景で有名。

アジサイの見どころは数多い

info 江ノ電の藤沢駅はJR線と小田急線の藤沢駅と同じ敷地内にない。南口を出て駅前ロータリーに架かる歩道橋で正面のODAKYU湘南GATEというショッピングセンターへ向かうと右手に乗り場がある。

## 江ノ電名物四景

### 鎌倉高校前駅

1997年、ホームの前に海が広がることから「関東の駅百選」に選ばれる。誰もがイメージする「湘南の海」の象徴的な風景が眺められる。
**MAP** 別冊P.16-B3

### 腰越商店街通り

腰越商店街では、約1kmにわたり江ノ電の線路が道路の中央に続く。それほど広くはない通りを走る電車からの眺めは印象的だ。
**MAP** 別冊P.16-A3

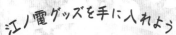

### 神社の鳥居脇を走る江ノ電

120年以上地元の人に愛され、何気ない暮らしの風景に溶け込んで走る姿を見つけるのも楽しい

### 極楽寺駅

極楽寺駅は1976年からテレビ放送された青春ドラマ『俺たちの朝』のロケ地となり一大観光名所に。
**MAP** 別冊P.17-C3

## 江ノ電グッズを手に入れよう

数あるグッズのなかから3つを厳選。購入は、江ノ電グッズショップ江の島、江ノ電グッズショップ藤沢ほかで。

江ノ電オルゴール～鎌倉物語～（2200円）

江ノ電パンタでGO（880円）

江ノ電フリーケース（990円）

### 江ノ電が見えるカフェ ☕ おすすめ

❶店の目の前を江ノ電が通る ❷卵かけご飯も個性的

### ヨリドコロ

江ノ電沿いのカフェとしてだけではなく、絶品干物や厳選卵の定食でも有名。休日などは必ず行列ができるほどの人気店だ。

**MAP** 別冊P.17-C3
🏠 鎌倉市稲村ガ崎1-12-16 ☎0467-40-5737
🕐7:00～18:00 休 火
💳ADJMV 🚃江ノ電稲村ヶ崎駅から徒歩2分

## アトラクションのようなおもしろさ
### しょうなんものれーる
# 湘南モノレール

大船駅を出発すると、しばらくは町なかを抜けていく。眼下に車が行き交う道路を見ながらの乗車は新鮮な体験。やがて起伏の激しい鎌倉山へとモノレールは進んでいき、変化に富んだ車窓風景が楽しめる。

（主要駅のみ）

## 湘南モノレールとその歴史

鎌倉山周辺の緑の中を走り抜けるモノレール

大船から湘南江の島まで、約6.6km、8駅を14分で走り抜ける湘南モノレール。最高速度は時速75km、昭和46（1971）年に全線開業した。激しいアップダウンが続く沿線にはぶら下がる形式のモノレールが最適、との理由で建設された。現在は沿線の宅地開発が進み、通勤通学路線となっている。

## 湘南モノレールグッズ

人気のプラレールをはじめ、かわいいグッズが勢揃い。購入は湘南モノレール大船駅ほかで。

湘南モノレール5000系プラレール（6600円）

湘南モノレールエコバッグ（980円） OJICO®

しょもたん抱き枕（2200円）
「しょもたん」とは湘南モノレール開業40周年に生まれたゆるキャラ

## 西鎌倉カフェ散歩

西鎌倉駅の外観

西鎌倉駅周辺は、ハイキングコースなどが整備された広大な鎌倉広町緑地があるほか、散策が楽しめる一帯。アップダウンがあるものの眺望がすばらしい。

## 散策中にひと休み
### る・みりゅうかまくらやま
# ル・ミリュウ鎌倉山

鎌倉山にある絶景カフェ。豊かな自然を満喫できるテラスで、有名パティシエのスイーツやアフタヌーンティーを楽しめる。サンドイッチやグラタンなどの食事も可能。西鎌倉駅からは徒歩25分ほど。鎌倉駅からはバスもある。

アフタヌーンティースタンドセットふたり分4968円

**MAP** 別冊P.16-B2
住 鎌倉市鎌倉山3-2-31 TEL 0467-50-0226 営 9:00〜18:00 休 無休
CC ADJMV 交 鎌倉駅から鎌倉山行きで見晴下車すぐ

テラスはとにかく気持ちがいい

info 湘南モノレールには空気の澄んだ晴れた日に美しい富士山を眺められるスポットがいくつもある。湘南江の島駅改札に隣接したテラスや、湘南町屋駅近辺を走行中のモノレールの中からなど。

こどもの国駅

## 皇太子ご夫妻もご乗車

**とうきゅうこどものくにせん**
# 東急こどもの国線

「こどもの国」への交通機関として昭和42(1967)年に開業。長津田駅からこどもの国駅まで約3.4kmを結ぶ。昭和60(1985)年には、こどもの国開園20周年記念式典出席のため、皇太子ご夫妻(現・天皇皇后両陛下)が利用された。

沿線は今やニュータウン化している

緑豊かで子供たちがのびのび遊べる園内

**沿線見どころ**

### こどもの国(→P.149)

昭和34(1959)年の皇太子(現・上皇陛下)のご成婚を記念して、全国から寄せられたお祝い金を基金に昭和40(1965)年のこどもの日に開園。広さ約100ヘクタール。牧場や多彩なアトラクションがあり、土・日を中心にさまざまなイベントが開催されている。

---

## 古刹への参詣列車

**いずはこねてつどうだいゆうざんせん**
# 伊豆箱根鉄道大雄山線

**沿線見どころ**

### 大雄山最乗寺(→P.286)

応永元(1394)年、了庵慧明禅師により創建。鎌倉の建長寺や石川の總持寺などで修行を重ね、故郷近くに帰った了庵慧明禅師は、袈裟をつかみ飛び立った鷲がその袈裟を落とした地に寺の建立を決意したと伝えられる。天狗伝説でも有名。

のんびりとした風景のなかを走る

境内には天狗の下駄が並ぶ

金太郎の像がある大雄山駅

大正14(1925)年に仮小田原駅から大雄山駅間が開通した大雄山線は、それまで現在のJR御殿場線松田駅から9km近く歩いていた大雄山最乗寺への新たな経路として建設された。そのあと、西武系列傘下に入り、昭和28(1953)年には東海道線小田原駅に接続した。

**info** 大雄山線では小さな私鉄では珍しく、大晦日から元旦にかけ深夜から早朝まで大雄山最乗寺への初詣客のための終夜運転が行われている。

# 気になるあのポイント探訪
# 箱根駅伝ルート 完全ガイド

2024年に第100回大会を迎えた箱根駅伝。大正9(1920)年以来、東京～箱根間の往復217.1kmのコース上では、数え切れないほどのドラマが繰り広げられてきた。大手町のオフィス街から住宅地、湘南の海沿い、そして箱根の山を登る（下る）多彩なコースの沿道を見ていこう。

### 箱根駅伝ミュージアム
はこねえきでんみゅーじあむ

芦ノ湖のすぐ近く、往路フィニッシュ・復路スタート地点に位置するミュージアム。箱根駅伝の歴史をテーマで区切って展示している。

**MAP** 別冊P.41-D3

住 足柄下郡箱根町箱根167 TEL 0460-83-7511 営 月～金10:00～16:30、土・日・祝9:30～17:00(最終入館30分前) 料 650円(小・中学生450円) P あり 交 小田原駅から箱根町港行きバスで箱根ホテル前下車、徒歩3分

### 箱根登山鉄道・小涌谷踏切
はこねとざんてつどう　こわくだにふみきり

5区13km、6区7.8km地点

大正8(1919)年に開業した国内唯一の本格的山岳鉄道。翌年2月に始まった箱根駅伝と歩みを同じくしてきた。コース上で唯一の踏切だが、レース当日は電車よりランナーが優先される。

**MAP** 別冊P.45-D3

### 函嶺洞門
かんれいどうもん

5区3.6km、6区17.2km地点 ※2014年まで

昭和6(1931)年に造られた長さ100.9m、幅6.3mの落石防護施設。中国王宮をイメージしたデザインで国の重要文化財に指定された。安全上の理由から2014年に通行禁止に。第91回大会から遺構の真横を通るコースに変更された。

**MAP** 別冊P.43-C2

**平塚中継所**

**7区** 21.3km

**4区** 20.9km

**小田原中継所**

**6区** 20.8km

往路フィニッシュの芦ノ湖周辺にはいくつもの記念碑があるんだ

**5区** 20.8km

# 往路フィニッシュ&復路スタート
### 箱根・芦ノ湖駐車場入口

### 大平台ヘアピンカーブ
おおひらだいへあぴんかーぶ

5区7km、6区14km地点

大平台駅から徒歩3分の場所にある。きつい斜度の坂道の急カーブを曲がらないといけないため、多くの選手たちの体力を奪い取ってきた難所。U字カーブを演出する花壇にはHAKONEの文字がある。歩道はかなり狭いので見学の際は車両に注意。

**MAP** 別冊P.42-A1

東海道8番目の宿場町大磯。かつての街道のイメージが残る大磯松並木。道の両側に残っているのは珍しい

相模湾

info 箱根駅伝の日に宮ノ下で応援をする人に無料で配られる「温泉シチューパン」。渡邊ベーカリーが好意で行っているもので、丸いフランスパンをくりぬき中にビーフシチューを入れたもの。普段は宮ノ下の店舗で購入可能。

**スタート＆フィニッシュ**
大手町・読売新聞社前

読売新聞東京本社横にある絆の像でフィニッシュ！

**10区**
23km

**鶴見中継所**

**1区**
21.3km

往路は花の2区、復路は繰り上げスタートなど数々のドラマを見守ってきたよ

東京湾

## 遊行寺の坂

8区15km地点

　標高差約30m、約700m続く遊行寺の上り坂は全コース中でも屈指の急坂。江戸時代の東海道はさらに急で馬の背がみえる坂といわれていた。道の両側が崖になっており、かつての道の高さがしのばれる。
**MAP** 別冊P.16-A1

**9区**
23.1km

**2区**
23.1km

**8区**
21.4km

**戸塚中継所**

**3区**
21.4km

## 六郷橋

1区17.6km、10区3.3km地点

　多摩川に架かる長さ443.7m、幅34.4mの国道15号の橋。1区では橋の下りを利用して勝負に出る選手も多い。東京都側の交通規制・先導等は警視庁、神奈川県側の交通規制・先導等は神奈川県警察が担当している。
**MAP** 別冊P.38-B1

サザンビーチちがさきでは烏帽子岩を見ることができる

## トラスコ湘南大橋

3区17km、8区3.8km地点

　平塚市の相模川に架かる長さ698mの橋。相模川に架かる橋のなかで最も河口側に存在している。全国で初めて橋に命名権を導入し、トラスコ中山株式会社が獲得（2023年現在更新中）。富士山と海を一望できるこの場所は「かながわの橋100選」にも選出された。
**MAP** 別冊P.10-A1

## 権太坂

2区13km、9区10km地点

　坂名を聞かれた老人が、自分の名前を聞かれたと思い「権太」と答えたことからその名がついたという説がある。本来の「権太坂」は、駅伝コースのやや北側の狭い坂のことで、石柱と権太坂改修記念の石碑を見ることができる。
**MAP** 別冊P.12-B3

0　　　　　　　10km

**info** 箱根駅伝の最高地点は標高874m。国道1号の最高地点でもあり、往路はここから3Km一気に下り坂となり、復路は少し下って上った後は延々の下り坂となるため、ギアチェンジが勝敗のカギにもなる。

# ⚽ 神奈川の Jリーグクラブ❻

Jリーグは2月下旬に開幕し、12月初旬に閉幕するプロサッカーリーグ。神奈川には全国最多の6つのJリーグクラブが存在している。それぞれの個性あふれるスタジアムに足を運んで応援するのも楽しい。

※クラブのカテゴリーは2024シーズンのものです

### 世界で活躍する選手を多数輩出する名門
### 川崎フロンターレ J1

©KAWASAKI FRONTALE

1955年に創部した富士通サッカー部を前身としており、世界で活躍する選手や日本代表メンバーを数多く輩出する名門クラブ。'17年のJ1リーグ初優勝以来、'23年までの7年間で7つの主要タイトルを獲得している。公式マスコットのふろん太とカブレラのSNSが人気。

🔗 www.frontale.co.jp

MAP 別冊P.7-C2

本拠地 **等々力陸上競技場**

🏠 川崎市中原区等々力1-1 📞 044-722-0303 🚃 JR武蔵中原駅から徒歩15分。東急東横線武蔵小杉駅・JR武蔵小杉駅から溝の口駅行きバスで等々力グランド入口下車、徒歩5分ほか

サポーターの熱い応援で湧くスタジアム
©KAWASAKI FRONTALE

### サポーターの熱い思いとともに戦う
### 横浜FC J2

©1999 Y.SPORTS C.

1998年に横浜フリューゲルスが横浜マリノス（現・横浜F・マリノス）に吸収合併されることが決定。これを受けてフリューゲルスのサポーター有志によって設立されたのが横浜FCだ。エンブレムの不死鳥は永遠のシンボルであり、クラブ立ち上げに関わった人々の思いが込められている。 🔗 www.yokohamafc.com

### 地域住民と深くつながるクラブを目指して
### Y.S.C.C. 横浜 J3

©Y.S.C.C.

Y.S.C.Cとは横浜スポーツ&カルチャークラブ（Yokohama Sports & Culture Club）の頭文字を取ったもので、その名のとおりスポーツクラブを通じて地域文化の発展を目指している。2023年にJリーグ参画10年目を迎えた。 🔗 yscc1986.net

MAP 別冊P.13-C2

本拠地 **ニッパツ三ツ沢球技場**

©YOKOHAMA FC

🏠 横浜市神奈川区三ツ沢西町3-1 📞 045-548-5147 🚃 市営地下鉄三ツ沢上町駅から徒歩15分。横浜駅西口から市営または相鉄バスで三ツ沢総合グランド入口、もしくは市民病院下車で徒歩2分ほか

1964年の東京五輪でも使用された

---

### Jリーグ創設当初からのチーム
### 横浜F・マリノス J1

©1992 Y.MARINOS

マリノス（MARINOS）とは、スペイン語で「船乗り」のこと。海を渡り世界を目指す姿と、ホームタウンである国際的な港町・横浜のイメージを重ね合わせている。日本サッカーの3大タイトルを制覇、2023年にはFUJIFILM SUPER CUPで勝利を収めるなど、歴史と実力の両翼で羽ばたくクラブだ。

🔗 www.f-marinos.com

MAP 別冊P.29-C1

本拠地 **日産スタジアム**

©1992 Y.MARINOS

🏠 横浜市港北区小机町3300 📞 045-477-5000 🚃 新横浜駅から徒歩14分。JR小机駅から徒歩7分

日本最大規模の7万2327席を収容

### 地元に根ざした活動で愛される
### 湘南ベルマーレ J1

©1993 SHONAN.BM

勝ちにこだわる湘南スタイルで2018年にルヴァンカップ優勝を果たした湘南ベルマーレ。「小学校体育巡回授業」など年間1000回を超えるホームタウン活動を行う地域に根ざしたクラブだ。ホームゲーム開催日はJR平塚駅からシャトルバスが運行しアクセスしやすい。

🔗 www.bellmare.co.jp MAP 別冊P.9-D1

本拠地 **レモンガススタジアム平塚**

©SHONAN BELLMARE

🏠 平塚市大原1-1 📞 0463-33-4455 🚃 JR平塚駅から徒歩20分。JR平塚駅から田村車庫行バスで7分、総合公園下車、徒歩3分

ゴール裏はとくに盛り上がるエリア

### 相模原から世界へ!
### SC相模原 J3

2008年に元Jリーガーの望月重良氏が神奈川県社会人リーグ3部のクラブとして創設し、同年に優勝。毎年所属カテゴリーでの優勝を続け、創設からわずか6年後の2014年にJリーグ参入を果たした。

🔗 www.scsagamihara.com

MAP 別冊P.6-A2

本拠地 **相模原ギオンスタジアム**

🏠 相模原市南区下溝4169 📞 042-777-6088 🚃 JR原当麻駅から徒歩15分

公式マスコット「ガミティ」と応援しよう

# 第一章 交通ガイド

# 神奈川の交通
## 完全攻略ガイド

神奈川県は鉄道や路線バスの交通網が整備されており、移動に不便を感じることは少ない。ただし、都市部や人気観光地では混雑することが多いので、曜日や時間帯などを考慮して賢く利用しよう。

## 鉄道

鉄道は丹沢山地周辺を除き、おおむね県全体を網羅。鉄道網の中心は横浜駅で、6社の路線が乗り入れている。路線の傾向としては、東京都へ向かう通勤用途、三浦半島や湘南、小田原、箱根などの観光エリアに向かう用途、地域住民が県内を移動する生活用途などに大別できる。

### 神奈川の交通を支える大動脈
## JR東日本

| 運賃 | 乗車券 | 150円〜 |
|---|---|---|
| | ICカード | 146円〜 |

神奈川県を通るJR東日本の在来線は計8路線。そのなかには、東京駅を起点として中部地方に向かう東海道本線や中央本線、県東部から東京都多摩地域に向かう横浜線や南武線のほか、県内のみを走る地域路線もある。そのうち横須賀線と根岸線はほかの路線に乗り入れており、東京都心へのアクセスがよい。

### ◆東海道本線

東京駅から横浜駅、熱海駅、名古屋駅、京都駅、大阪駅を経て神戸駅にいたる、日本最古の歴史をもつ鉄道路線。JR東日本が運行するのは東京駅〜熱海駅で、そのうち神奈川県にあるのは川崎駅〜湯河原駅。そのほか、品川駅から新川崎駅を経て鶴見駅にいたる支線（通称・品鶴線）があり、武蔵小杉駅以南が神奈川県。

### ◆相模線

茅ケ崎から相模川沿いを北上し、厚木駅、海老名駅を経て相模原市の橋本駅にいたり、全線県内を走行。茅ケ崎駅で東海道本線、橋本駅で横浜線などに接続。

### ◆横須賀線

鎌倉市の大船駅から逗子駅を経て横須賀市の久里浜駅にいたる。大船駅で東海道本線に接続し、横須賀・総武快速線や湘南新宿ラインが直通運転を行う。

### ◆横浜線

東神奈川駅から新横浜駅を経て八王子駅にいたる。県内にあるのは東神奈川から長津田（ながつた）の9駅と、古淵から橋本の5駅。東神奈川駅から横浜駅、桜木町駅まで直通運転を行っている。

### ◆鶴見線

横浜市の鶴見駅と川崎市の扇町駅を結ぶ本線と、浅野駅から分岐して海芝浦駅にいたる海芝浦支線、安善駅から分岐して大川駅にいたる大川支線がある。

### ◆根岸線

横浜駅から横浜市の中心部や臨海部、新興住宅街を通り、大船駅にいたる。横浜駅で京浜東北線（路線としては東海道本線）に接続し、直通運転を行う。

### ◆南武線

川崎駅から北西に延び立川駅にいたる本線と、尻手（しって）駅から浜川崎駅にいたる支線からなる。神奈川県にあるのは本線の稲田堤駅以東と支線の全駅で、ほとんど川崎市内を走る。

### ◆中央本線

東京駅を起点に中部地方を横断し、高尾駅、甲府駅、長野県の塩尻駅を経て名古屋駅にいたる。県内は相模湖、藤野の2駅のみで、どちらも相模原市にある。

 info 電車が走る経路を「運行系統」と呼び、線路の路線名とは必ずしも一致しない。上野東京ラインや湘南新宿ラインなど、複数の路線をまたぐ運行系統もある。ここでは路線別に紹介している。

## JR東海
新幹線と在来線が1路線ずつ走る

| 運賃 | 乗車券 | 150 円〜 |
| | IC カード | 150 円〜 |

※御殿場線の場合

東京圏、名古屋圏、大阪圏という3大都市圏を結び、日本の大動脈といえる東海道新幹線に加え、東海地方を中心とした10県にまたがる在来線12路線を運行する。在来線のうち、御殿場線のみが神奈川県を走行。

### ◆東海道新幹線
東京駅と新大阪駅を結ぶ新幹線で、神奈川県には新横浜と小田原の2駅がある。新横浜駅には全列車が停まり、小田原駅には「こだま」と一部の「ひかり」が停車。

### ◆御殿場線
箱根外輪山の北側を走り、小田原市の国府津駅から静岡県の御殿場駅を経て沼津にいたる。県内は谷峨（やが）以東の8駅。松田駅で小田急小田原線に接続。

## 小田急電鉄
特急で新宿と県中西部を結ぶ

| 運賃 | 乗車券 | 140 円〜 |
| | IC カード | 136 円〜 |

関東の大手私鉄のひとつで、新宿駅を起点として、箱根の玄関口である小田原駅までを結ぶ「小田原線」、湘南エリアにいたる「江ノ島線」、多摩ニュータウンにいたる「多摩線」の3路線、計120.5kmを運行。特急ロマンスカーを中心に、箱根や江の島などの観光輸送と、東京都心への通勤輸送の両方を担う。

### ◆小田原線
新宿駅と小田原駅を結ぶ主要路線で、川崎市にある登戸から柿生（かきお）の7駅と、相模大野以西の20駅が神奈川県。小田原駅から箱根登山鉄道に直通運転を行う。

### ◆江ノ島線
相模原市の相模大野駅と藤沢市の片瀬江ノ島駅を結び、全線県内を走行。小田原線との直通運転で、新宿方面への通勤と江の島方面への行楽を担う。

### ◆多摩線
川崎市の新百合ヶ丘駅から多摩市の唐木田駅にいたる路線で、はるひ野以東の5駅が神奈川県内。新百合ヶ丘駅で小田原線と接続し、多摩ニュータウンと東京都心を結ぶ。

## 京浜急行電鉄
品川と横浜、三浦半島を結ぶ

| 運賃 | 乗車券 | 150 円〜 |
| | IC カード | 150 円〜 |

「京急」こと京浜急行電鉄は、関東で初、全国で3番目に電気鉄道を運行した歴史ある私鉄。品川駅を起点として神奈川県の沿岸部を南下し、東京都心と羽田空港、川崎市や横浜市の都市部、三浦半島の住宅地やリゾート地などをつなぐ。全5路線のうち、羽田空港に向かう空港線以外の4路線が県内を走る。

### ◆本線
泉岳寺駅から品川駅、京急川崎駅、横浜駅を経て浦賀駅にいたるが、起点はあくまで品川駅。京急川崎駅以南が神奈川県となる。都営浅草線と直通運転しており、三浦半島の観光に便利。

### ◆久里浜線
横須賀市の堀ノ内駅と三浦市の三崎口駅を結ぶ路線。堀ノ内駅で本線と接続し、泉岳寺駅から快特や特急が直通運転しており、実質的な本線になっている。

### ◆逗子線
横浜市の金沢八景駅と逗子市の逗子・葉山駅を結ぶ4駅の路線で、金沢八景駅で本線に接続する。急行や特急が直通運転を行っており、羽田空港からのアクセスがよい。

### ◆大師線
川崎大師への参詣路線として京急で最初に開業した。京急川崎駅から川崎大師駅を経て小島新田駅にいたる7駅で、全駅が川崎市川崎区に位置する。

---

info 小田急電鉄では小児用ICカード利用時、子供（小学校入学後の6歳以上12歳未満）運賃が全区間で一律50円となる。例えば新宿〜小田原間は乗車券では460円だが、小児用ICカードがあれば50円となりお得だ。

# 東急電鉄

| 運賃 | 乗車券 | 140（160）円〜 |
|---|---|---|
| | IC カード | 140（157）円〜 |

※（ ）内はこどもの国線

渋谷駅を拠点に、東京都南西部や神奈川県東部に路線を延ばす私鉄。総延長110.7km、9路線を運行し、そのうち神奈川県を走るのは6路線。地下鉄や私鉄他社と直通運転を行い、東京都心と郊外をつなぐ鉄道網を築いている。かつては「東京急行電鉄」といったが、令和元（2019）年に社名を「東急」に変更し、鉄道事業に特化した子会社「東急電鉄」を分社化して発足した。

## ◆東横線

渋谷駅から自由が丘駅、田園調布駅、武蔵小杉駅、日吉駅を経て横浜駅にいたる東急の主要路線で、神奈川県にあるのは新丸子以南の12駅。渋谷駅から東京メトロ副都心線に、横浜駅から横浜高速鉄道みなとみらい線に直通している。自由が丘駅で大井町線に乗り換えが可能。田園調布駅から日吉駅までの区間は目黒線と並走する。

## ◆田園都市線

渋谷駅と大和市の中央林間駅を結ぶ。県内は二子新地から長津田の15駅と、つきみ野から中央林間の2駅。東京メトロ半蔵門線と直通運転を行う。

## ◆目黒線

目黒駅と日吉駅を結び、県内は新丸子以南の4駅。目黒駅から東京メトロ南北線と都営三田線に、日吉駅から東急新横浜線に乗り入れている。

## ◆こどもの国線

遊園地「こどもの国」へのアクセス路線で、長津田、恩田、こどもの国の3駅からなる。令和5（2023）年10月現在、牛と羊のラッピング電車を運行している。

## ◆大井町線

大井町駅から西に延び、溝の口駅にいたる路線で、県内は川崎市にある二子新地から溝の口の3駅。二子玉川駅以西は田園都市線と線路を共用している。

## ◆東急新横浜線

令和5（2023）年3月に開業した路線で、新横浜、新綱島、日吉の3駅からなる。新横浜駅から相鉄新横浜線に、日吉駅から目黒線に乗り入れている。

---

# 横浜高速鉄道

| 運賃 | 乗車券 | 200 円〜 |
|---|---|---|
| | IC カード | 193 円〜 |

## ◆みなとみらい線

正式名称は「みなとみらい21線」で、横浜駅と元町・中華街駅を結ぶ6駅の路線。全区間で地下を走行し、沿線には中華街や山下公園、赤レンガ倉庫、ランドマークタワーなど観光スポットが多い。横浜駅から東急東横線に直通運転し、渋谷駅にアクセスできる。

---

# 京王電鉄

| 運賃 | 乗車券 | 140 円〜 |
|---|---|---|
| | IC カード | 140 円〜 |

## ◆相模原線

東京都の調布駅から相模原市の橋本駅にいたる12駅の路線。京王電鉄の6路線のうち、唯一神奈川県を通る。おおむね東京都の多摩地域を走るが、途中で5度県境をまたぎ、川崎市の京王稲田堤駅と若葉台駅、終点の橋本駅の3駅のみが県内に位置する。

info 豆相（ずそう）人車鉄道は、レール上の車両を人が手で押して移動した珍しい鉄道で、小田原〜熱海間の25.6kmを結んでいた。明治の末に軽便鉄道となり、大正時代の関東大震災により廃線となった。

## 横浜と県中央部を東西に結ぶ
# 相模鉄道

| 運賃 | 乗車券 | 160 円〜 |
|---|---|---|
| | IC カード | 157 円〜 |

横浜市に本社がある大手私鉄で、「相鉄」の略称で親しまれ、神奈川県中央部に3路線、総延長 42.2km の旅客線をもつ。東急新横浜線や相鉄・JR 直通線を経由して、東京都や埼玉県への直通運転を行っている。車両の外装は横浜の海をイメージしたシックな「ヨコハマネイビーブルー」のものがほとんど。

### ◆本線

相鉄で最も歴史のある路線で、横浜駅から西谷（にしや）駅、二俣川駅、大和駅を経て海老名駅にいたる 18 駅。特急で横浜駅と海老名駅を約 30 分で結ぶ。

### ◆いずみ野線

横浜市の二俣川駅と藤沢市の湘南台駅を結ぶ 8 駅の路線。二俣川駅から本線に直通運転するほか、湘南台駅で地下鉄ブルーラインや小田急江ノ島線に接続。

### ◆相鉄新横浜線

横浜市にある西谷、羽沢横浜国大、新横浜の3駅からなり、令和5（2023）年3月に全線が開業。西谷駅から本線に、新横浜駅から東急新横浜線に乗り入れている。

### 相鉄線沿線での行楽やプチ観光を気軽に楽しめる便利なアプリ

スマホ用アプリ「相鉄おでかけマップ Powered by Beatmap」は、株式会社ミックウェアが提供するアプリ「Beatmap」のAI言語解析技術により、SNS上で多くの人がシェアして話題になった店舗や施設を位置情報として配信する実装を予定。地球の歩き方おすすめのスポットも掲載。エリアやキーワードから条件を絞り込み、相鉄線沿線の「見る」「食べる」「遊ぶ」「暮らし」に関するスポットを探せるほか、ルート検索も可能。

### 「相鉄・JR 直通線」について

令和元（2019）年に開業した運行系統で、海老名駅から西谷駅、羽沢横浜国大駅、武蔵小杉駅、大崎駅を経て新宿駅にいたる。羽沢横浜国大駅を境に西は相鉄、東は JR の路線を走行し、相互直通運転を行っている。相鉄線と東京都心部が直結し沿線の利便性が向上した。

## 横浜の中心部と郊外を結ぶ
# 横浜市営地下鉄

| 運賃 | 乗車券 | 210 円〜 |
|---|---|---|
| | IC カード | 210 円〜 |

横浜市交通局が運営する地下鉄で、正式名称は「横浜市高速鉄道」。横浜駅や桜木町駅、関内駅といった横浜観光の中心部や、東海道新幹線の停車駅である新横浜駅に乗り入れている。さらに、JR や東急、京急、相鉄、みなとみらい線など他社 11 路線に接続し、横浜の郊外や東京都心へのアクセスも担っている。

### ◆ブルーライン

藤沢市の湘南台駅から戸塚駅、関内駅、横浜駅、新横浜駅を経て青葉区のあざみ野駅にいたる 32 駅の路線で、湘南台以外の全駅が横浜市に位置する。

### ◆グリーンライン

横浜市の北部を東西に走り、緑区の中山駅と港北区の日吉駅を結ぶ 10 駅の路線。センター南駅とセンター北駅でブルーラインに乗り換えが可能。

## 横浜南東部の海沿いを走る
# 横浜シーサイドライン

| 運賃 | 乗車券 | 240 円〜 |
|---|---|---|
| | IC カード | 234 円〜 |

### ◆金沢シーサイドライン

第3セクターが運営する新交通システムで、JR 根岸線の新杉田駅と京急の金沢八景駅を結ぶ 14 駅、10.8km の路線。沿線には横浜ベイサイドマリーナや横浜・八景島シーパラダイスなどの観光地がある。無人運転を行う。

info　相鉄線の星川駅〜天王町駅間の全長1.4kmの高架下を活用した複合施設「星天qlay（ホシテンクレイ）」が2023年2月にオープン。感度の高いショップ、レストランなどが集まる。

## レトロな雰囲気のローカル線
# 江ノ島電鉄

| 運賃 | 乗車券 | 200 円〜 |
|---|---|---|
| | IC カード | 200 円〜 |

### ◆江ノ島電鉄線

藤沢駅から江ノ島駅を経て鎌倉駅にいたる 15 駅、10km の路線で、「江ノ電」の略称で親しまれる。レトロな車両や駅舎が人気で、映画やドラマ、アニメの舞台にもなっており、多くのファンが訪れる。湘南海岸沿いを走る区間や、市街地を車と並走する区間がある。

## スリル満点の空の旅を楽しむ
# 湘南モノレール

| 運賃 | 乗車券 | 180 円〜 |
|---|---|---|
| | IC カード | 180 円〜 |

### ◆江の島線

大船駅から湘南江の島駅までの 8 駅、6.6km を 14 分で結ぶ。日本にふたつしかない懸垂式モノレールのひとつで、閑静な住宅地や豊かな緑を見下ろしながら走行。アップダウンが激しく、カーブやトンネルもあるので、ジェットコースターのようなスリルを味わえる。

## 天狗伝説の寺への参詣路線
# 伊豆箱根鉄道

| 運賃 | 乗車券 | 140 円〜 |
|---|---|---|
| | IC カード | 140 円〜 |

### ◆大雄山線

小田原駅から南足柄市の大雄山駅までの 12 駅、9.6km を 21 分で結ぶ単線。終点の大雄山駅から伊豆箱根バスに乗り換えて約 10 分で、天狗伝説で知られる大雄山最乗寺に行ける。伊豆箱根鉄道にはほかに、静岡県の伊豆半島を走る駿豆（すんず）線がある。

## 日本有数の本格的な山岳鉄道
# 箱根登山鉄道

| 運賃 | 乗車券 | 160 円〜 |
|---|---|---|
| | IC カード | 160 円〜 |

### ◆鉄道線（箱根登山電車）

小田原駅と箱根町の強羅（ごうら）駅を結ぶ 11 駅の路線。箱根湯本駅から強羅駅の 8.9km の区間は高低差が 445m もあり、急勾配のため 3 度のスイッチバックを行う。小田原駅で小田急小田原線と接続し、特急ロマンスカーが箱根湯本駅まで直通運転を行っている。

---

## 全国で相互利用できる交通系 IC カード

事前に料金をチャージする交通系 IC カードは、神奈川を旅するのに便利。駅の改札機に近づけるだけで通れるので、切符を買う手間を省くことができる。近年相互利用が進んでおり、JR や地下鉄だけでなく、県内のほとんどの私鉄やバスでも利用可能。電子マネーとして、キオスクやコンビニ、自動販売機などで買い物にも利用できる。ここで紹介する Suica と PASMO だけでなく、ICOCA や TOICA など全国の交通系 IC カードも使用可能だ。

### ◆ Suica
JR 東日本が発行する IC カード。Suica エリア内の JR 東日本の駅で販売している。スマホで使える「モバイル Suica」もある。

### ◆ PASMO
関東を中心とした JR 以外の全国の鉄道・バス会社が導入している IC カード。小田急や京急、東急などの駅で購入できる。スマホで使える「モバイル PASMO」もある。

---

info JR上野東京ラインは、前橋駅または宇都宮駅などから、上野駅と東京駅を経由して熱海方面に向かう運行系統。北関東から横浜駅や小田原駅まで1本で行くことができる。快速列車は「アーバン」「ラビット」と呼ばれる。

## うまく乗りこなそう！
# 東京都心と神奈川を結ぶおもな特急・快速

神奈川県を通る特急・快速はおもに通勤用と観光用に大別される。通勤用はJR、小田急、京急の各社で、県内と東京都心を結ぶ特急が設定されており、朝の通勤と夕方から夜にかけての帰宅に対応している。観光用には江の島や箱根、静岡県の伊豆半島などと東京都心を結ぶ列車が運行している。

### JR東日本 湘南

平日に運行される通勤用の特急列車で、東京都心と小田原や湘南エリアを結ぶ。朝は上り方面で、始発の小田原駅または平塚駅から茅ケ崎駅、藤沢駅を経て東京駅または新宿駅にいたる。夕方以降は下り方面となり、東京駅または新宿駅から平塚駅または小田原駅にいたる。車両は「踊り子」と同じE257系を使用。

| 運賃 | 特急料金 | 大人 760 円〜 |
| | | 子供 380 円〜 |

### JR東日本 踊り子

東京都心と伊豆半島を結ぶ特急。東京駅（または池袋駅、新宿駅）から横浜駅、熱海駅を経て、伊東線で伊豆急行に接続し、伊豆急下田駅にいたる。別ルートで熱海駅から分岐し、三島駅で伊豆箱根鉄道に接続し、修善寺駅にいたる列車もある。前者のルートでは全席グリーン車の「サフィール踊り子」も運行。

| 運賃 | 特急料金 | 大人 760 円〜 |
| | | 子供 380 円〜 |

### JR東日本 横須賀・総武快速線

横須賀市の久里浜駅から鎌倉市の大船駅、東京駅を経て千葉駅にいたる運行系統。久里浜駅から大船駅までは横須賀線、東京駅までは東海道本線、千葉駅までは総武本線を運行する。千葉県や東京都から横浜、鎌倉、横須賀へ行くのに便利で、一部の列車は成田空港駅から直通運転を行う。

| 運賃 | 特急・座席指定料金 |
| | 不要 |

### みなとみらい／東急 Ｆライナー

「Ｆライナー」は、みなとみらい線、東急東横線、東京メトロ副都心線の３線と、西武池袋線または東武東上線を直通運転する列車の愛称。元町・中華街駅から横浜駅、渋谷駅を経て副都心線を走り、小竹向原駅から西武線で飯能駅にいたる系統と、和光市駅から東武線で小川町駅にいたる系統に分かれる。埼玉県西部から横浜方面に行くのに便利。

| 運賃 | 特急・座席指定料金 |
| | 不要 |

### 小田急 ロマンスカー

「ロマンスカー」は小田急が運行する特急列車の愛称。全席指定でロマンスシートと呼ばれるふたり掛けの座席をもち、運転席の上部に設置された展望席が人気だ。新宿駅を起点として、小田原から箱根登山鉄道直通で箱根湯本駅にいたる「はこね」「スーパーはこね」、小田原駅にいたる「さがみ」、江ノ島線の片瀬江ノ島駅にいたる「えのしま」、JR御殿場線直通で御殿場駅にいたる「ふじさん」が運行。そのほか、東京メトロ千代田線の北千住駅を起点として、新宿駅を通らず小田急線に直通する「メトロはこね」「メトロえのしま」もある。

| 運賃 | 特急料金 | 大人 450 円〜 |
| | | 子供 230 円〜 |

### 小田急 モーニングウェイ／ホームウェイ

「モーニングウェイ」は朝の通勤時間帯に新宿駅に向かう上りのロマンスカーの愛称。始発は小田原線の小田原駅、秦野駅や江ノ島線の藤沢駅など。逆に、夕方以降は下りのロマンスカーが「ホームウェイ」として運行。東京メトロ千代田線直通の「メトロモーニングウェイ」「メトロホームウェイ」もある。

| 運賃 | 特急料金 | 大人 450 円〜 |
| | | 子供 230 円〜 |

### 京急 モーニング・ウィング号 イブニング・ウィング号

「モーニング・ウィング号」は平日の朝に運行される上りの快特。始発は三浦海岸駅または横須賀中央駅で、上大岡駅から品川駅までノンストップ。平日の夕方以降に運行される下りの「イブニング・ウィング号」は、始発の品川駅から上大岡駅までノンストップで、三崎口方面に向かう。

| 運賃 | 座席指定料金 | 大人 300 円 |
| | | 子供 300 円 |

info JR湘南新宿ラインは、前橋駅または宇都宮駅などから、新宿駅を経由して逗子駅または小田原駅に向かう運行系統。普通と快速、特別快速がある。上野東京ラインと同様に北関東から1本で神奈川県に行けて便利。

# 神奈川で使える　お得なきっぷを解説

各鉄道会社が1日乗り放題のフリー乗車券や周遊券を発売しているので、うまく使って神奈川をお得に旅しよう。なかには観光施設で使える割引クーポンが付いているものもあるので、旅行前に手間を惜しまず調べてみたい。

## 横浜エリア

### ヨコハマ・みなとみらいパス
（JR東日本）

横浜エリアの観光やショッピングに便利なパス。JR根岸線（横浜駅〜新杉田駅）普通列車の普通車自由席と、横浜高速鉄道みなとみらい線（全線）が乗り降り自由となる。モバイルSuicaアプリのほか、根岸線の横浜〜新杉田間の各駅にある指定席券売機と、一部駅の自動券売機にて購入可能。

料金：大人530円／子供260円
有効期間：1日

### 横浜1DAYきっぷ
（京急）

京急線の往復割引きっぷと、電車・バスが乗り降り自由となるフリー区間1日乗車券のセット。フリー区間は京急本線（横浜駅〜上大岡駅）、横浜高速鉄道みなとみらい線（全線）、横浜市営地下鉄（横浜駅〜伊勢佐木長者町駅、上大岡駅）、横浜市営バス（BAYSIDE BLUE、あかいくつなど）。また、提携施設からさまざまな特典が受けられる。料金は出発駅によって変わる。購入は京急線の各駅にて。

料金：大人1150円／子供460円（品川駅発の場合）
有効期間：1日

### 東急線 みなとみらいパス
（東急）

東京から横浜を訪れる際に便利なパス。東急線の各駅（横浜駅、世田谷線、こどもの国線を除く）から横浜までの往復乗車券と、横浜高速鉄道みなとみらい線（全線）の1日フリー乗車券がセットになっている。始発から22:30まで東急線各駅の券売機にて購入でき、料金は出発駅によって変わる。

料金：大人920円／子供470円（渋谷駅発の場合）
有効期間：1日

### 横濱中華街 旅グルメきっぷ
（東急）

東急線と横浜高速鉄道みなとみらい線の全駅が1日乗り降り自由となり、さらに対象店舗から1店舗を選んで食事やお茶、入浴などができる「お食事券」が付くお得なきっぷ。食事は各店で専用のスペシャルメニューが提供される。きっぷは東急線各駅の窓口のほか、公式サイトにあるリンク先で購入できる。

料金：大人3300円／子供2200円
有効期間：1日

### みなとぶらりチケットワイド
（横浜市交通局）

新幹線で新横浜駅に着き、ベイエリアで遊ぶ際に便利。横浜市営地下鉄のブルーライン（横浜駅〜伊勢佐木長者町駅、新横浜駅）と横浜市営バス（横浜〜元町・港の見える丘公園、三溪園）、観光スポット周遊バスの「あかいくつ」などが乗り放題となるほか、提携施設からさまざまなサービスを受けられる。地下鉄ブルーラインの特定の駅や、沿線のホテル、スマホアプリ「my route」などで購入できる。

料金：大人550円／子供280円
有効期間：1日

### シーサイドライン1日乗車券
（横浜シーサイドライン）

金沢シーサイドラインに乗り降り自由となる1日乗車券。同じ日に3回以上乗車するなら購入する価値がある。全駅にある白い券売機で購入できる。

料金：大人680円／子供340円
有効期間：1日

## 鎌倉・藤沢エリア

### 江の島・鎌倉フリーパス
（小田急）

江の島と鎌倉に行く際に便利でお得なパス。小田急線の出発駅から藤沢駅までの往復乗車券と、小田急江ノ島線（藤沢駅〜片瀬江ノ島駅）、江ノ島電鉄線（全線）の乗り降り自由パスのセット。さらに江の島・鎌倉の見どころや飲食店で割引を受けられたり、記念品をもらえたりする。購入は小田急線各駅の券売機や窓口、スマホアプリ「EMot」などで。料金は出発駅によって変わる。

料金：大人1640円／子供430円（新宿駅発の場合）
有効期間：1日

### 江ノ電1日乗車券「のりおりくん」
（江ノ島電鉄）

江ノ島電鉄線が1日乗り降り自由となる乗車券。飲食店や観光施設など、沿線の50以上の施設で優待・割引特典を受けられる。江ノ島電鉄線に1日に4回以上乗車するならこちらのほうがお得になる可能性が高い。購入は各駅にある券売機のほか、スマホ専用サイト、スマホアプリ「EMot」などから。

料金：大人800円／子供400円
有効期間：1日

### 湘南モノレール1日フリーきっぷ
（湘南モノレール）

江の島や鎌倉山周辺を訪れる際に利用価値がある、湘南モノレールが乗り降り自由になるきっぷ。大船、深沢、西鎌倉、江の島を中心に、約80の店や施設で優待・割引を受けられる。大船駅と湘南江の島駅を往復するなら、こちらを購入するほうがお得だ。湘南モノレール各駅の券売機のほか、大船駅の定期券販売窓口で購入可能。

料金：大人 610円／子供 310円
有効期間：1日

### よこすか満喫きっぷ
（京急）

フリー区間（追浜駅〜浦賀駅、堀ノ内駅〜津久井浜駅）までの京急線往復乗車券と、京浜急行バスフリー乗車券（指定区間内）、加盟店で食事ができる「食べる券」、レジャー施設が利用できたりおみやげをもらえたりする「遊ぶ券」がセットに。スマートフォンで画面を提示するデジタルきっぷと紙製の磁気乗車券があり、デジタルきっぷは三浦COCOONサイトで、磁気乗車券は京急線の各駅で購入できる。料金は出発駅によって変わる。年末年始および京急電鉄の指定する特定日には利用できない。

料金：デジタルきっぷ 大人 3450円／子供 2500円、
　　　磁気乗車券 大人 3650円／子供 2500円
　　　（品川駅発の場合）
有効期間：1日

### みさきまぐろきっぷ
（京急）

三崎口駅までの京急線往復乗車券（途中下車可、逆戻り不可）と、京浜急行バスフリー乗車券（指定区間内）、食事券の「まぐろまんぷく券」、施設利用・おみやげ券の「三浦・三崎おもひで券」がセットになったフリーパス。デジタルきっぷと磁気乗車券があり、デジタルきっぷは三浦COCOONサイトで、磁気乗車券は京急線の各駅で購入できる。料金は出発駅によって変わる。年末年始、三浦国際市民マラソン開催日、京急電鉄の指定する特定日には利用できない。

料金：デジタルきっぷ 大人 3750〜4250円※
　　　／子供 2860円、磁気乗車券 大人 4250円
　　　／子供 2860円（品川駅発の場合）
　　　※デジタルきっぷは利用日によって発売額が異なる
有効期間：1日

### 葉山女子旅きっぷ
（京急）

逗子・葉山駅までの京急線往復乗車券（途中下車可、逆戻り不可）と、京浜急行バスフリー乗車券（指定区間内）、加盟店から選んで食事ができる「ごはん券」、施設利用・おみやげ券の「ごほうび券」がセットになっている。デジタルきっぷと磁気乗車券があり、デジタルきっぷは三浦COCOONサイトで、磁気乗車券は京急線の各駅で購入できる。料金は出発駅によって変わる。年末年始および京急電鉄の指定する特定日には利用できない。また、女性以外も利用可能。

料金：デジタルきっぷ 大人 3630〜4030円※
　　　／子供 2780円、磁気乗車券 大人 4030円
　　　／子供 2780円（品川駅発の場合）
　　　※デジタルきっぷは利用日によって発売額が異なる
有効期間：1日

### 箱根フリーパス
（小田急）

箱根周遊に使える便利でお得なパス。小田原駅までの小田急線往復乗車券に加え、箱根登山電車、箱根登山バス（指定区間）、箱根登山ケーブルカー、箱根ロープウェイ、箱根海賊船、小田急ハイウェイバス（指定区間）、東海バス（指定区間）、観光施設めぐりバス（箱根登山バス）に乗り降り自由となる。さらに約70の観光施設で割引を受けられる。購入は小田急線と箱根登山電車のほとんどの駅のほか、旅行代理店やセブン - イレブンなどで。料金は出発駅によって変わる。特急ロマンスカーは別途料金が必要。

料金：2日間 大人 6100円／子供 1100円、
　　　3日間 大人 6500円／子供 1350円
　　　（新宿駅発の場合）
有効期間：2日間または3日間

### 丹沢・大山フリーパス
（小田急）

ハイキングや登山が人気の丹沢・大山エリアで利用できるパスで、小田急線のフリー区間（本厚木駅〜渋沢駅）までの往復乗車券に加え、小田急線のフリー区間、神奈川中央交通バス（指定区間）、大山ケーブルカーが乗り降り自由（「Aキップ」の場合）。大山ケーブルカーを含まない「Bキップ」もあり、訪問目的などに適したほうを選べる。小田急線各駅のほか、旅行代理店、スマホアプリ「EMot」、セブン - イレブンなどで購入可能。料金は出発駅によって変わる。

料金：Aキップ 大人 2520円／子供 920円、
　　　Bキップ 大人 1560円／子供 400円
　　　（新宿駅発の場合）
有効期間：2日間

# 道路

公共交通網が発達していない地域を旅するのに、特に便利な手段が車。時間を気にせず、荷物を載せて移動でき、人数によってはコストも抑えられる。気になる場所があったら気ままに立ち寄れるのも魅力だ。通行を予定している道路の特徴や、パーキングエリアの有無について頭に入れておこう。

## 主要高速道路・有料道路

※ IC…インターチェンジ JCT…ジャンクション SA…サービスエリア PA…パーキングエリア

神奈川県の高速道路は、おもに東京から放射状に延びる道路と、首都圏を環状に囲む道路の2種類。そのほか、国道やバイパス、県内の主要部分を結ぶ道路、海や山の景色がよい観光用道路などがある。平野が広がる神奈川県東部では道路が発達しているが、山がちな西部の道は限られている。

### 高度経済成長を支えた日本の大動脈
### 東名高速道路 E1
（東京都世田谷区〜愛知県小牧市）

東京都と愛知県を結び、旧東海道とほぼ平行して走る全長346.6kmの道路。神奈川県内では内陸部を進み、海老名JCTで圏央道に、厚木ICで小田原厚木道路に、伊勢原JCTで新東名高速道路に接続。山北町から静岡県の小山町に入る。県内には港北PA、海老名SA、中井PA、鮎沢PAがあり、なかでも海老名SAは日本最大のSAといわれる。

### 東名高速道路の北側を並走する
### 新東名高速道路 E1A
（海老名市〜愛知県豊田市）

東名高速道路の混雑緩和などを目的に着工し、平成24（2012）年に静岡県内の区間が開通した。神奈川県内では、圏央道が通る海老名南JCTを起点とし、伊勢原JCTで東名高速道路に接続している。ただしその西の新秦野ICから静岡県の新御殿場IC間の約25kmは、工事が難航し未開通となっている。2027年度にこの区間が開通すると、総延長253.2kmになる予定。

### 1都4県にまたがる建設途中の大幹線道路
### 首都圏中央連絡自動車道 C4
（横浜市金沢区〜千葉県木更津市）

東京都心から40〜60kmの場所を環状に結び、圏央道の名で知られる。東京都八王子市から神奈川県に入り、相模原市や厚木市を通り、海老名JCTで東名高速道路に、海老名南JCTで新東名高速道路に接続する。茅ヶ崎JCTより先、藤沢IC〜の末端区間は工事中。関東近県から東京23区を経ずに神奈川方面へ行くのに便利だが、SA・PAは少なく県内は厚木PAのみ。

### 東京や千葉から川崎・横浜方面へ行くなら
### 首都高速道路 K1〜3、K5〜7、B

東京23区とその周辺に広がる総延長327.2kmの道路で、首都高とも呼ばれる。神奈川県内を通るのは計8路線。湾岸線（B）は千葉県市川市から東京都の有明や羽田空港を経て横浜市金沢区にいたる長さ約62kmの路線で、東京湾の埋立地を走り眺めがよい。川崎浮島JCTから東京湾アクアラインを経て木更津方面に行ける。また、神奈川7号横浜北西線（K7）の横浜青葉JCTは東名高速道路に接続。神奈川1号横羽線（K1）に大師PAが、神奈川5号大黒線（K5）に大黒PAがある。

### 相模湖周辺の観光に便利
### 中央自動車道 E20
（東京都杉並区〜愛知県小牧市／山梨県大月市〜富士吉田市）

中央道とも呼ばれる。東京から山梨県、長野県を通って愛知県にいたる本線（西宮線）と、大月JCTで分岐する富士吉田線からなる。神奈川県内には相模湖東IC（下り出口のみ）と相模湖ICがある。県境を挟んで東の八王子JCTで圏央道に接続。藤野PAが県内唯一のPA。

### 横浜から三浦半島の先端を目指すなら
### 横浜横須賀道路 E16
（横須賀市〜横浜市保土ケ谷区）

横須賀市を起点とする総延長36.9kmの有料道路。馬堀海岸ICから横須賀市中心部を経て北上し、狩場ICで首都高速神奈川3号狩場線（K3）に接続する。ほかに釜利谷JCTから並木ICまで延びる金沢支線がある。狩場IC〜新保土ヶ谷IC間の正式名称は横浜新道。PAは横須賀PAのみ。

### 全区間が一般国道271号に指定された
### 小田原厚木道路 E85
（小田原市〜厚木市）

小田原西ICと厚木ICを結ぶ全長31.7kmの有料道路。厚木ICで東名高速道路に、小田原西ICで西湘バイパスに接続しており、東京や埼玉方面から東名や圏央道で小田原・箱根方面に行く際に利用価値が高い。下り線に平塚PAと小田原PAが、上り線に大磯PAが整備されている。

info 横須賀市久里浜から野比にかけての国道134号に、「尻こすり坂」というユニークな名の場所がある。下るとき荷車の後部が擦れるほどの急坂だったことから名がついた。明治時代に山を切り崩したため、現在は通りやすい道となっている。

### 道幅が広く走りやすい
# 第三京浜道路 E83
（東京都世田谷区～横浜市神奈川区）

東京の玉川ICを起点とし、川崎市に入って横浜の保土ヶ谷ICまでを結ぶ全長16.6kmの有料道路。途中の港北ICや東名高速道路などをつなぐ首都高速道路7号横浜北西線に接続しており、終点の保土ヶ谷JCTからは有料道路の横浜新道に行くことができる。上り線に都筑PAが、下り線に保土ヶ谷PAが整備されている。

### 保土ケ谷区の主要道路
# 横浜新道 E83
（横浜市神奈川区～横浜市戸塚区）

横浜市内にある国道1号のバイパス。起点の神奈川区から保土ヶ谷ICまでの4.4kmは無料区間で、そこから戸塚終点までの10.1kmは有料区間。新保土ヶ谷ICで横浜横須賀道路神奈川3号狩場線に入ることもできる。唯一のPAとして戸塚PAがある。

### 海を眺めながら爽快ドライブ
# 真鶴道路 R135
（湯河原町～真鶴町）

国道135号のバイパスとなっている4.5kmの有料道路で、「真鶴ブルーライン」の愛称をもつ。岩大橋や湯河原橋から海を見渡せるほか、真鶴トンネルなどの長いトンネルを通り、真鶴から湯河原方面へのショートカットとして利用できる。ETC非対応で、通行料は普通車200円。

### 湯河原温泉と箱根の行き来に便利
# 湯河原パークウェイ D17
（湯河原町）

奥湯河原温泉と湯河原峠を結ぶ全長5.7kmの有料道路。豪雨災害により全面通行止めとなっていたが、令和5（2023）年11月に再開した。営業時間は6:00～22:00。ETC非対応で、通行料は普通車600円。湯河原峠近くの県道20号から箱根ターンパイクに入ることができる。

### 相模湾の絶景を眺められる
# 西湘バイパス E84
（大磯町～小田原市）

国道1号のバイパス。大磯東IC～箱根口ICの20.8kmの本線と、早川JCTで分かれて石橋ICに向かう19.6kmの石橋支線からなる。大部分が海辺を通り眺めがいい。早川IC近くで箱根ターンパイクに連絡するほか、小田原西ICで小田原厚木道路に接続。西湘PAが唯一のPAとなっている。

### 箱根外輪山の尾根を縦断する
# 芦ノ湖スカイライン D11
（箱根町、静岡県御殿場市、裾野市、三島市）

神奈川県と静岡県の境を、箱根峠と湖尻峠を結んで走る全長10.7kmの有料道路。芦ノ湖や富士山のすばらしい眺望を楽しめると人気が高い。普通車は一般区間（箱根峠～湖尻峠）が800円、特別区間（湖尻峠～湖尻水門）が100円。営業時間は一般区間が7:00～19:00だが、特別区間のみこの時間帯以外は無料開放している。ETC非対応。

### ビューポイントが多くドライブが楽しい
# 箱根ターンパイク D18a、D18b
（小田原市～湯河原町）

正式名を「アネスト岩田 ターンパイク箱根」という、計15.8kmの有料道路。小田原料金所～箱根大観山口の箱根小田原本線と、箱根芦ノ湖口～湯河原峠料金所の箱根伊豆連絡線があり、西湘バイパスや小田原厚木道路、湯河原パークウェイから行ける。営業時間は5:30～22:30（最終入場は22:00）で、普通車の通行料は箱根小田原本線が730円、箱根伊豆連絡線が150円。ETC非対応だが、ETCXの決済サービスを導入している。

## 渋滞が多い道路

東京に次ぐ人口を擁し、高速のICが多数あり、交通量の多い神奈川県の道路はよく渋滞する。東名高速道路は、新東名の開通によって大部分の渋滞が緩和されたものの、神奈川県内は未開通区間があるなどの理由から、目立った緩和にはいたっていない。東名の大和トンネル周辺や秦野中井IC付近、圏央道の海老名JCTへのランプ（傾斜路）、中央自動車道の小仏トンネル付近などで渋滞が頻発する。

一般道では、横浜市西区を起点とし、首都圏を環状に結ぶ国道16号や、そのバイパスである保土ヶ谷バイパス、そして東京と大阪を結ぶ国道1号も渋滞が多い道路として知られている。

そのほかにも週末や祝日、夏休みや大型連休といった行楽時期には、箱根や鎌倉、江の島などの観光エリアの道が混雑する。目的地によって、渋滞が起こりやすい道路や区間をある程度把握しておき、カーナビやアプリ、ラジオなどのリアルタイムの情報と合わせて、うまく渋滞を回避したい。

info 芦ノ湖スカイラインには「メロディーペーブ」という音響道路がある。時速40km前後で走行すると路面に刻まれた溝に反響して音楽が流れる仕組みで、杓子峠付近では『ふじの山』が、箱根料金所手前では『残酷な天使のテーゼ』が聞こえる。

## バス

鉄道交通網が発達している神奈川県だが、郊外だけでなく都市部でも見どころが駅から徒歩数十分と離れている場合がある。そんなときは体力と相談して賢く路線バスを利用しよう。ほかにも、観光周遊バスや定期観光バスが運行されているエリアもあるので、事前にチェックしておくといいだろう。

## 路線バス

神奈川県の路線バスは、横浜市や川崎市では均一運賃が多く、その他のエリアでは走行距離に応じて区間ごとに運賃が変動する「距離制運賃」が多い。距離制運賃の場合、乗車時に現金利用の人は整理券を取り（始発は整理券不要）、ICカード利用の人は端末機にタッチして乗車地を記録。降車時は整理券とともに運賃を運転席隣の運賃箱に入れ、ICカード利用の人は運賃箱の端末にタッチする。また、距離制運賃でも前払いの場合がたまにあるので、その際は乗車時に行き先を申告しよう。

### 横浜市の広範囲をカバー
### 横浜市営バス

| 運賃 | 現金 | 220円 |
|---|---|---|
| | ICカード | 220円 |

※一部の路線を除く

乗り方：前乗り、後降り、均一運賃で前払い

URL www.city.yokohama.lg.jp/kotsu/bus

地下鉄と同じ横浜市交通局が運営。横浜市の全18区のうち15区で路線をもち、横浜港シンボルタワーやスカイウォークなどの観光スポットに行くのに便利。ほかにも「ぶらり三溪園BUS」（系統はS）、「ぶらり野毛山動物園BUS」（系統はN）というラッピングバスを運行している。

クリーム色に青い横線が入った車体が目印

| おもな運行系統 | | |
|---|---|---|
| 26 | 横浜駅前⇔山下公園前⇔横浜港シンボルタワー | |
| 109 | 横浜駅前⇒スカイウォーク前⇒横浜駅前 | |
| 136 | 中山駅前⇔長坂⇔よこはま動物園 | |
| S | 横浜駅前⇔中華街入口⇔三溪園 | |
| N | 横浜駅前⇔野毛山動物園前⇔一本松小学校前 | |

### 県東部の観光に便利
### 京浜急行バス

| 運賃 | 現金 | 200円〜 |
|---|---|---|
| | ICカード | 200円〜 |

※一部の路線を除く

乗り方：横浜市、川崎市では前乗り、後降り、均一運賃で前払いが多い。その他のエリアでは後乗り、前降り、距離制運賃で後払いが多い

URL www.keikyu-bus.co.jp

京急グループのバスで、東京都南東部と川崎駅周辺、横浜市、鎌倉市周辺、三浦半島に路線をもつ。鎌倉観光で駅から少し離れた場所まで行ったり、江の島観光で島の入口まで行ったりできる便利な路線がある。そのほか、三浦市の城ヶ島、横須賀市の三笠公園などに行くのにも便利だ。

青色の車体に赤と銀のラインが入っている

| おもな運行系統 | | |
|---|---|---|
| 鎌6 | JR鎌倉駅東口⇔長谷観音⇔鎌倉山⇔江ノ島 | |
| 鎌24 | JR鎌倉駅東口⇔八幡宮⇔浄明寺⇔金沢八景駅 | |
| 船50 | JR大船駅⇔源氏山入口⇔桔梗山 | |
| 三9 | 三崎口駅⇔油壺入口⇔三崎港⇔城ヶ島 | |
| 中央1 | JR横須賀駅⇒三笠公園⇒JR横須賀駅 | |

info 京王グループ傘下の京王バスは、東京都の23区西部と多摩地域がおもな運行エリアだが、一部の路線は川崎市の若葉台駅、相模原市の橋本駅などに乗り入れている。URL www.keio-bus.com

## 臨海部や新横浜にもアクセス
# 川崎鶴見臨港バス

| 運賃 | 現金 | 220円 |
|---|---|---|
| | ICカード | 220円 |

※一部の路線を除く

**乗り方** 前乗り、後降り、均一運賃で前払い

www.rinkobus.co.jp

京急グループで略称は「臨港バス」。川崎駅や鶴見駅などを起点に、川崎市南部と横浜市北東部に路線をもつ。鶴見駅から新横浜駅に1本で行けるほか、川崎駅から浮島町の工場夜景を見に行くのに便利。そのほか、平日の朝と夕方の通勤用に、川崎駅〜水江町間で連節バスを運行している。

白地に青と赤の横線が入ったカラーリング

| おもな運行系統 | 川03 | 川崎駅前⇔台町⇔浮島バスターミナル |
|---|---|---|
| | 川21 | 川崎駅前⇔池上町⇔水江町 |
| | 川23 | 川崎駅前⇔四ツ角⇔大師 |
| | 鶴02 | 鶴見駅西口⇔横浜アリーナ前⇔新横浜駅前 |
| | 綱23 | 新綱島駅⇔横浜アリーナ前⇔新横浜駅前 |

## 川崎市のほぼ全域をカバー
# 川崎市バス

| 運賃 | 現金 | 220円 |
|---|---|---|
| | ICカード | 220円 |

※一部の路線を除く

**乗り方** 前乗り、後降り、均一運賃で前払い

www.city.kawasaki.jp/820

川崎市交通局が運営し、川崎市の全7区すべてに路線をもつ。川崎マリエンや日本民家園に行くのに便利なほか、等々力グランド（Jリーグ開催時）や藤子・F・不二雄ミュージアムへの直行便も運行。乗車時に乗務員に申し出るとICカード専用の「IC1日乗車券」（大人550円、子供280円）を購入できる。

上半分がスカイブルー、下半分が白の車体

| おもな運行系統 | 溝19 | 向丘遊園駅南口⇔生田緑地入口⇔溝口駅南口 |
|---|---|---|
| | 川05 | 川崎駅⇔台町⇔川崎マリエン前⇔東扇島東公園前 |
| | 川07 | 川崎駅⇔台町⇔東扇島西公園前 |
| | 川13 | 川崎駅⇔東大島郵便局前⇔扇町 |
| | 川40 | 川崎駅⇔渡田新町⇔水江町 |

## 川崎と横浜北部の観光に便利
# 東急バス

| 運賃 | 現金 | 220円 |
|---|---|---|
| | ICカード | 220円 |

※一部の路線を除く

**乗り方** 前乗り、後降り、均一運賃で前払い

www.tokyubus.co.jp

東急グループのバスで、東急電鉄の沿線を中心に、東京都南東部から川崎市、横浜市北部までをおもな運行エリアとする。日本民家園や夢見ヶ崎動物公園、藤子・F・不二雄ミュージアムに行くのに便利なほか、溝の口駅〜新横浜駅間の直行バス（現金500円、ICカード450円）も運行している。

銀色に赤色の横線が入ったデザイン

| おもな運行系統 | た83 | たまプラーザ駅⇔生田緑地入口⇔向ヶ丘遊園駅南口 |
|---|---|---|
| | 溝02 | 小杉駅前⇔市営等々力グランド入口⇔溝の口駅 |
| | 日95 | 日吉駅東口⇔夢見ヶ崎動物公園前⇔新川崎交通広場 |
| | 向01 | 梶が谷駅⇔藤子・F・不二雄ミュージアム ⇔向ヶ丘遊園駅南口 |

**info** 川崎市バスが運行する登戸駅から藤子・F・不二雄ミュージアムへの直行バスには、藤子作品に登場するキャラクターたちが描かれている。ドラえもん、エスパー魔美、キテレツ大百科、パーマンの4台があるので探してみよう。

## 川崎北部と横浜北部を走る
# 小田急バス

| 運賃 | 現金 | 220 円 |
|---|---|---|
| | IC カード | 220 円 |

※一部の路線を除く

**乗り方** 前乗り、後降り、前払い。東京都区、横浜市、川崎市は均一運賃で、それ以外は距離制運賃

www.odakyubus.co.jp

小田急グループのバスで、新百合ヶ丘駅や向ヶ丘遊園駅などを起点として、東京都南部や川崎市北部、横浜市北部をおもに運行。小田急小田原線をはじめ、JR 中央線、京王線、東急田園都市線の各駅をつないでいる。よみうりランド、こどもの国、王禅寺、寺家ふるさと村などに行くのに便利。

赤と白のラインが特徴的な車体

| おもな運行系統 | | |
|---|---|---|
| 新 07 | 新百合ヶ丘駅⇔千代ヶ丘⇔よみうりランド | |
| 新 25 | たまプラーザ駅⇔覚永寺⇔新百合ヶ丘駅 | |
| 読 01 | 寺尾台団地⇔読売ランド前駅⇔よみうりランド | |
| | ⇔京王よみうりランド駅⇔矢野口駅 | |
| 柿 21 | こどもの国⇔麻生新町⇔柿生駅南口 | |
| 柿 23 | 柿生駅北口⇔麻生新町⇔市が尾駅 | |

## 神奈川を代表するバス会社
# 神奈川中央交通

| 運賃 | 現金 | 210 円～ |
|---|---|---|
| | IC カード | 210 円～ |

※一部の路線を除く

**乗り方** 後乗り、前降り、距離制運賃で後払い。ただし一部地域では前乗り、後降り、均一または距離制運賃で前払い

www.kanachu.co.jp

「かなちゅう」の略称で知られるバス会社で、日本最大級の車両保有数を誇り、小田急グループに属している。横浜市や県央・湘南エリアを中心とした神奈川県の大部分と、東京都の多摩地域南部という広い運行エリアをもつ。津久井湖、飯山観音、七沢温泉、大山寺、寒川神社などに行くのに便利。

黄色にオレンジと赤のラインが入った車体

| おもな運行系統 | | |
|---|---|---|
| 橋 01 | 橋本駅北口⇔津久井湖観光センター前⇔三ヶ木 | |
| 厚 20 | 本厚木駅⇔飯山観音前⇔上煤ヶ谷⇔宮ヶ瀬 | |
| 厚 38 | 厚木バスセンター⇔七沢温泉⇔広沢寺温泉 | |
| 伊 10 | 伊勢原駅北口⇔社務局入口⇔大山ケーブル | |
| 秦 12 | 渋沢駅北口⇔古墳公園前⇔秦野駅 | |
| 海 73 | 寒川駅⇔寒川神社⇔海老名駅東口 | |

## 湘南と横浜南部をめぐるなら
# 江ノ電バス

| 運賃 | 現金 | 200 円～ |
|---|---|---|
| | IC カード | 200 円～ |

**乗り方** 横浜エリアでは前乗り、後降り、距離制運賃で前払いが多い。湘南エリアでは後乗り、前降り、距離制運賃で後払いが多い

www.enoden.co.jp/bus

小田急グループ傘下の江ノ島電鉄の子会社・江ノ電バスが運営。横浜市南部と鎌倉市、藤沢市南部をおもな運行エリアとする。藤沢駅または大船駅から1本で江の島に行けるほか、明月院や建長寺、鎌倉大仏、銭洗弁財天などの最寄りのバス停があり、鎌倉観光にも便利だ。

オレンジ色とクリーム色の車体が目印

| おもな運行系統 | | |
|---|---|---|
| A21 | 上大岡駅⇔大船駅東口交通広場⇔明月院 | |
| | ⇔鎌倉八幡宮前⇔鎌倉駅東口 | |
| F11 | 鎌倉駅東口⇔長谷観音⇔大仏前⇔藤沢駅南口 | |
| F12 | 藤沢駅南口⇔梶原口⇔桔梗山 | |
| F3 | 藤沢駅南口⇔江ノ島駅前⇔江ノ島 | |
| N5 | 大船駅東口交通広場⇔常楽寺⇔白山神社前⇔鎌倉湖畔 | |

info 相鉄グループ傘下の相鉄バスは、神奈川県内を運行するバス会社。横浜駅や二俣川駅、海老名駅などを起点として、横浜市および県央エリア(大和市、綾瀬市、座間市、海老名市)、寒川町に路線をもつ。 www.sotetsu.co.jp/bus

## 西湘エリアに路線を延ばす
# 富士急湘南バス

| 運賃 | 現金 | 180 円〜 |
|---|---|---|
| | ICカード | 180 円〜 |

※一部の路線を除く

乗り方　後乗り、前降り、距離制運賃で後払い

🔗 www.syonan-bus.co.jp

富士急グループのバスで、小田急の新松田駅を起点に松田町や大井町、小田原市、山北町など神奈川県西部に路線をもつ。松田町の寄ロウバイ園、小田原市の曽我梅林、山北町の丹沢湖や西丹沢ビジターセンターなどに行くのに便利で、丹沢山地をトレッキングする際にも利用できる。

新松田駅に停車する富士急湘南バス

| おもな運行系統 | | |
|---|---|---|
| 松51 | 新松田駅⇔休養村ます釣場⇔寄 | |
| 松62 | 新松田駅⇔山北駅⇔谷峨駅⇔玄倉⇔丹沢湖⇔中川温泉入口⇔西丹沢ビジターセンター | |
| 国02 | 下曽我駅⇔別所梅林⇔国府津駅 | |
| 小14 | 新松田駅⇔西大友⇔小田原駅 | |

## 箱根観光の頼れる足
# 箱根登山バス

| 運賃 | 現金 | 200 円〜 |
|---|---|---|
| | ICカード | 200 円〜 |

乗り方　後乗り、前降り、距離制運賃で後払い

🔗 www.hakonenavi.jp/hakone-tozanbus

小田急グループで、小田原市や箱根町を中心とした神奈川県西部のほか、静岡県の御殿場市、熱海市に路線をもつ。小田原駅や箱根湯本駅などを起点として、芦ノ湖周辺の観光スポットに行けるほか、小涌園やポーラ美術館、箱根湿生花園などをつなぐ観光施設めぐりバス（系統はM、S）を運行。

クリーム色にオレンジ色のラインが入った車体

| おもな運行系統 | | |
|---|---|---|
| H | 小田原駅⇔箱根湯本駅⇔元箱根港⇔箱根町港 | |
| K | 箱根湯本駅⇔畑宿⇔元箱根港 | |
| M | 天悠⇔強羅駅⇔御殿場プレミアム・アウトレット | |
| S | 天悠⇔強羅駅⇔ポーラ美術館⇔湿生花園前 | |
| T | 小田原駅⇔箱根湯本駅⇔桃源台 | |

## 箱根も湯河原も大雄山も
# 伊豆箱根バス

| 運賃 | 現金 | 200 円〜 |
|---|---|---|
| | ICカード | 200 円〜 |

乗り方　前乗り、前降り、距離制運賃で後払い

🔗 www.izuhakone.co.jp/bus

西武グループ傘下の伊豆箱根鉄道の子会社・伊豆箱根バスが運営。小田原市や箱根町、湯河原町、真鶴町、南足柄市、静岡県の伊豆半島北部をおもな運行エリアとする。芦ノ湖周辺や大涌谷、芦之湯、小涌園などの箱根の観光地をはじめ、湯河原温泉、大雄山最乗寺などに行くのにも便利。

白地に青、赤、緑のライオンズカラーの帯が入った車体

| おもな運行系統 | | |
|---|---|---|
| J03 | 小田原駅東口⇔小涌園⇔大涌谷⇔湖尻⇔箱根園 | |
| Z03 | 小田原駅東口⇔小涌園⇔元箱根⇔箱根関所跡 | |
| 小51 | 小田原駅東口⇔小田原フラワーガーデン⇔県立諏訪の原公園 | |
| 湯03 | 湯河原駅⇔奥湯河原（箱根登山バスと共同運行） | |
| 道02 | 大雄山駅⇔仁王門⇔道了尊 | |

info　小田急グループ傘下の東海バスは、静岡県伊東市に本社をおくバス会社。おもに静岡県の伊豆半島で運行するが、三島駅から芦ノ湖岸の箱根町港、元箱根港にいたる路線などが神奈川県を通る。🔗 www.tokaibus.jp

# 観光周遊バス

神奈川県内の主要駅を起点として観光スポットを巡り、また起点に戻るバス。1回のみ利用できるほか、1日乗車券を購入すれば好きな場所で乗降車でき、効率よく観光地を巡ることができる。例えば「あかいくつ」は桜木町駅を、「BAYSIDE BLUE」は横浜駅を起点として、山下公園、中華街、赤レンガ倉庫など横浜の人気観光スポットにアクセスできる。また、小田原宿観光回遊バス「うめまる号」は歴史、グルメ、自然の魅力あふれる小田原の城下町巡りを楽しめる。

中華街の朝陽門に向かう「あかいくつ」

青い車体の連接バス「BAYSIDE BLUE」

## おもな観光周遊バス

| 名　称 | バス会社 | 主要停留所 |
|---|---|---|
| あかいくつ | 横浜市交通局 | 桜木町駅前⇒中華街⇒赤レンガ倉庫前⇒桜木町駅前 |
| BAYSIDE BLUE | 横浜市交通局 | 横浜駅前⇒山下公園前⇒山下ふ頭<br>山下ふ頭⇒中華街入口⇒赤レンガ倉庫前⇒横浜駅改札口前 |
| うめまる号 | 箱根登山バス | 小田原駅⇒一夜城歴史公園⇒幸町⇒小田原駅 |

# 定期観光バス

神奈川県内もしくは県外の主要駅を起終点として、決められたルートを巡るバス。バスガイドが添乗し、案内してくれるので、路線バスとは異なる楽しみ方ができる。例えば「KEIKYU OPEN TOP BUS」は三崎口駅を起点として、屋根のない2階建てバスで三浦半島の景色を楽しみながら城ヶ島へ向かう。また、はとバスが催行する「鎌倉・江の島遊覧」は東京駅を起点として、鶴岡八幡宮や鎌倉大仏、小町通りなどの鎌倉の人気スポットや江の島を散策できるほか、鎌倉の老舗和食屋の昼食が付いている。

黄色い車体でおなじみの「はとバス」

## おもな定期観光バス

| 名　称 | バス会社 | 起終点 | 料　金 |
|---|---|---|---|
| KEIKYU OPEN TOP BUS | 京浜急行バス | 三崎口駅 | 大人1000円、子供500円 |
| 鎌倉・江の島遊覧 | はとバス | 東京駅 | 大人8900円、子供8400円 |

# コミュニティバス

一定の地域内を運行するバス。小型バスで住宅地の内部まで入ったり、公共施設を結んだり、路線バスではカバーしにくいルートに対応して、地域住民の足となっている。神奈川県でも多くの市町村で運行されており、観光地へのアクセスに使えることもある。ただし、1日の運行本数はおおむね少ないので、利用する際には時刻表の確認が必要だ。

地元の人には欠かせない存在のコミュニティバス

info 横浜市交通局の「BAYSIDE BLUE」は、行きは横浜駅前から山下ふ頭まで、帰りは山下ふ頭から横浜駅改札口前まで運行し、行きと帰りで横浜駅のバス停が異なる。また、行きと帰りの大半で運行ルートが異なるので、途中下車する際には注意が必要。

# 水上交通

海上や湖上を行く船は、移動手段であると同時に楽しいアトラクションでもある。船の大小にかかわらず、旅の予定に取り入れてみると、変化が出てひときわいい思い出になるはず。夜景や軍艦を見るクルーズツアーもあり、特別な体験が気軽にできるだけでなく、時間も節約できるので参加を検討してみよう。

## 観光船・遊覧船

名前の由来は魚のスズキ
### SEA BASS

| 運賃 | 大人 | 500円〜 |
|---|---|---|
| | 子供 | 200円〜 |

※クルーズは大人3000円、子供2000円

URL www.yokohama-cruising.jp

横浜駅東口近くの川を出発し、海に出て赤レンガ倉庫との間を片道10〜15分で行き来する。日中12時台を除き1時間に1〜3便運航しており、土・日曜、祝日のみハンマーヘッドに寄港する。港町・横浜を海上から眺めてクルーズ気分を味わえるのでおすすめ。ほかにも毎週金・土曜には所要約60分のガイド付きイルミネーションクルーズも催行している。

| 航路 | 横浜駅東口⇔ハンマーヘッド⇔ピア赤レンガ<br>※山下公園はリニューアル工事のため寄港しない |
|---|---|

### そのほかのおもな観光船・遊覧船

| サービス名 | 運航ルート |
|---|---|
| 横浜港内クルーズ | ピア象の鼻⇒横浜ベイブリッジ⇒パシフィコ横浜⇒ピア象の鼻 |
| YOKOSUKA軍港めぐり | 汐入桟橋⇒アメリカ海軍横須賀基地施設⇒吾妻島⇒船越地区⇒横須賀地方総監部⇒汐入桟橋 |
| 箱根海賊船(箱根観光船) | 桃源台港⇒箱根町港⇒元箱根港⇒桃源台港 |
| 箱根芦ノ湖遊覧船 | 箱根園港⇒箱根関所跡港⇒元箱根港⇒箱根園港 |
| 相模湖遊覧船<br>「ニュースワン丸」「くじら丸」 | 相模湖一周 |
| 宮ヶ瀬湖遊覧船「ミーヤ丸」 | 宮ヶ瀬⇒ダムサイト／ダムサイト⇒鳥居原⇒宮ヶ瀬／鳥居原⇒宮ヶ瀬 |
| 江ノ島・裕次郎灯台<br>周遊クルージング | 葉山マリーナ⇒裕次郎灯台⇒江の島⇒稲村ヶ崎⇒葉山マリーナ |

## フェリー

東京湾を横断するものと、離島を訪れるものの2種類がある。船が大きいので、人だけでなく車やバイク、自転車を積めるものもあり、うまく利用すれば旅の移動手段が増える。神奈川県内のおもな港は、横浜港（大さん橋国際客船ターミナル）と、横須賀市の横須賀港、久里浜港。これらの港を豪華客船や自衛隊の艦船が利用することもあり、行き交う船を眺めるのも楽しい。

### おもなフェリー

| 運航会社 | 運航ルート |
|---|---|
| 東京湾フェリー | 久里浜港⇔金谷港 |
| 猿島渡船 | 三笠ターミナル⇔猿島 |
| 東海汽船(大型客船) | 竹芝客船ターミナル⇔横浜・大さん橋⇔伊豆大島⇔利島⇔新島⇔式根島⇔神津島 |
| 東海汽船(ジェット船) | 竹芝客船ターミナル⇔久里浜港⇔伊豆大島 |
| 東京九州フェリー | 横須賀港⇔新門司港 |

info 上記以外の水上交通のひとつに、小型の船で川や海を渡る渡し船がある。「ポンポン船」の愛称で親しまれる浦賀の渡しや、城ヶ島への渡船「さんしろ」が代表的。

# 自転車

暑さ寒さが厳しくない時期なら、移動に自転車を使うのもおすすめ。吹き抜ける風が気持ちよく、辺りの景色がゆっくりと流れるスピード感もちょうどいい。そして何よりもエコだ。神奈川県の主要観光地はレンタサイクルやシェアサイクルのサービスが充実しているので、目的に合わせて上手に利用しよう。

## シェアサイクル

おもに都市部に広がっている自転車共有サービス。24時間乗りたいときにポート（サイクルポート）と呼ばれる駐輪場で自転車を借り、好きな時間に返却できるシステムで、借りたのと同じポートに返さなくてもOK。利用にあたって専用アプリで会員登録を行う必要がある。料金は時間や日などで決まっており、エリアによって異なることがあるので注意。

### おもなシェアサイクル

| サービス名 | エリア | 料　金 |
|---|---|---|
| HELLO CYCLING（ハローサイクリング） | 神奈川県の主要20市町1173ヵ所 | 30分130円〜 |
| baybike（ベイバイク） | 横浜市（中心部＆広域）219ヵ所以上 | 30分165円 |
| 川崎バイクシェア | 川崎市22ヵ所 | 30分165円 |
| ecobike（エコバイク） | 大和市16ヵ所、横浜市1ヵ所 | 15分77円 |
| LUUP（ループ） | 横浜市中心部155ヵ所 | 30分200円 |
| COGICOGI（コギコギ） | 鎌倉市1ヵ所、藤沢市2ヵ所 | 12時間2310円 |

## レンタサイクル

従来からある自転車のレンタルサービスで、自治体や自転車店などが行うこともある。一般的な自転車のほかに、ロードバイクなどのスポーツ自転車を貸してくれる店もあり、こだわるなら希望の自転車がある店をチェックしよう。ポートが複数あるサービスなら乗り捨てできることもある。また、個人営業の店では休業日に注意したい。

### おもなレンタサイクル

| サービス名 | エリア | 料　金 |
|---|---|---|
| みうらレンタサイクル | 三浦市5ヵ所、横須賀市1ヵ所 | 3時間900円〜 |
| うみかぜサイクル | 三浦市 | 3時間1800円〜 |
| レンタサイクル湘南・江ノ島 | 藤沢市 | 30分300円 |
| 鎌倉レンタサイクル駅前店 | 鎌倉市 | 1時間600円〜 |
| レンタサイクルぐるりん小田原 | 小田原市3ヵ所 | 1回500円〜 |

### キックボードで横浜観光

令和5（2023）年7月に法改正が行われ、16歳以上なら免許不要となったキックボード。横浜市内155ヵ所にポートがあるシェアサイクルのLUUP（ループ）では、自転車のほかにキックボードも借りられるので、ぜひ横浜観光を楽しんでみたい。レンタル料は30分ごとに200円と手頃で、交通ルールは自転車と共通するものが多い。車道の左側を走行し、原則として歩道を走ることはできない。右折・左折の際はウィンカーを点灯させ、信号のある交差点では2段階右折を行う。自転車同様ヘルメットの着用が努力義務となっており、2人乗りや飲酒運転、運転中の携帯電話の使用は禁止だ。ほかにも細かいルールがあり、LUUPでは安全講習会を行っている。不安なら参加して、疑問を解消しておこう。

**info** 神奈川中央交通では、自転車を載せられる路線バス「自転車ラックバス」を、本厚木駅から出る一部の路線で運行している。バス1台につき載せられるのは2台までで、積載基準は公式サイトで確認を。宮ヶ瀬湖周辺でサイクリングする際に便利だ。

第二章 エリアガイド

# みなとヨコハマビュースポット

日本屈指の港湾都市横浜は、風光明媚な観光都市としても人気を集めている。
街のいたるところがビュースポットになるが、やはり海の景色は見逃せない。
新しい観光スポットも登場、話題を呼んでいる。

横浜のみなとみらいに、また新しい"未来"が現れた。日本で初めてとなるその交通機関、都市型ロープウエイは、これまでにない"風景"を見せてくれる。

❶スタイリッシュな外観のキャビン ❷すでにみなとみらいの風景として定着している

## 5分間の空中散策
### YOKOHAMA AIR CABIN
よこはまえあきゃびん

2021年4月、JR桜木町東口のすぐ先の「桜木町駅」と横浜ハンマーヘッドや赤レンガ倉庫に近い「運河パーク駅」を結ぶ日本初の常設都市型ロープウエイ・ヨコハマエアキャビンが開業した。かつて桜木町駅前と新港地区との間に走っていた鉄道の廃線跡である汽車道上空を進むロープウエイに乗車すると、片道630mの空中散策を約5分楽しむことができる。

最大8人乗りのキャビンは、四方の窓を大きくとっているので景色が広く見渡せる。ロープウエイは最も高いところで約40m、高層ビルから見下ろすのとは違った風景が広がる。それは鳥が目にしているような眺めなのかもしれない。眼下には行き交う車や人の姿が間近に見える。目線を横に向ければ、みなとみらいの風景がさえぎられるものなく眺められる。新しい景色を見せてくれるのも、ヨコハマエアキャビンの醍醐味のひとつだ。

**MAP** 別冊P.23-C3
🏠横浜市中区新港2-1-2 ☎045-319-4931 🕐施設HP参照 休不定休 CC MV 交桜木町駅から徒歩1分、運河パーク駅みなとみらい線馬車道駅4番出口から徒歩7分

### 関東平野を一望
### 横浜ランドマークタワー69階展望フロア「スカイガーデン」
よこはまらんどまーく（たわーろく）じゅうきゅうかいてんぼうふろあ「すかいがーでん」

高さ296mの横浜ランドマークタワーの69階（高さ273m）に位置する展望フロア。360度視界が開け、横浜だけではなく関東一円の大パノラマを眺望することができる。2階ロビーから日本最高速度（分速750m）のエレベーターに乗り約40秒で到着する。

**MAP** 別冊P.23-C3
🏠横浜市西区みなとみらい2-2-1 ☎045-222-5015 🕐10:00～21:00(最終入場20:30) 毎週土曜および特別期間は10:00～22:00(最終入場21:30) 休不定休 CC DMV 交みなとみらい線みなとみらい駅から徒歩3分

❶展望フロアから眺めた赤レンガ倉庫と大さん橋 ❷横浜ランドマークタワーにはオフィスやホテル、ショッピングモールが入る

大型客船が停泊する大さん橋(左)

### 130年以上の歴史
### 大さん橋
おおさんばし

横浜開港以来の歴史を誇る日本の海の玄関口。現在のターミナルは2002年に完成した7代目で「くじらのせなか」の愛称で知られるウッドデッキ仕上げの屋上広場もあり、世界各国のクルーズ船の寄港時はもちろん、普段でも市民や観光客の憩いの場にもなっている。

居心地のいい屋上（くじらのせなか）

**MAP** 別冊P.25-C1
🏠横浜市中区海岸通1-1-4 ☎045-211-2304 🕐1Fおよび屋上は見学自由、2F 9:00～21:30 休不定休 CC不可 交みなとみらい線日本大通り駅から徒歩7分

❶光に彩られた夜のコスモクロック21
❷大観覧車の人気は今も変わらない

MAP 別冊P.23-C3
住横浜市中区新港2-8-1 TEL 045-641-6591 営11:00～21:00(営業カレンダー参照) 休木(営業カレンダー参照) CC 不可 交桜木町駅から徒歩10分

みなとみらい地区の象徴

こすもくろっくにじゅういち

## コスモクロック21

今も、みなとみらいだけではなく、横浜の象徴的な存在であり、ビュースポットとして人気が高いのはコスモクロック21だ。平成元(1989)年、横浜博覧会のシンボル施設として登場した大観覧車は博覧会後も存続、みなとみらい地区の著しい発展にともない、平成11(1999)年に当初の高さ105mから112.5mへスケールアップして現在のエリアに移設された。1回転の所要時間は約15分で、雄大な風景を楽しむことができる。

地上から見上げても、コスモクロック21の堂々とした姿は印象的だが、中央に時刻が表示されていることは市民にとって当たり前の景色となっている。そして何よりも、夜のイルミネーションの美しさは、みなとみらいを代表する眺めとして、すっかりおなじみとなっている。光によって60の秒数と分数を刻む構造は「世界最大の観覧車」であり「世界最大の時計」としてギネスに掲載されたこともある。四季によって変化するなど、フルカラーLEDによるさまざまな演出がされるコスモロック21のイルミネーションは、みなとみらいを訪ねる人々をこれからも楽しませてくれる。

---

開港の歴史を感じつつ

ぞうのはなぱーく

### 象の鼻パーク

幕末に建設された横浜の港の始まりの地で、その形状から「象の鼻」と呼ばれた。開港150周年を記念して公園としてオープンした。

MAP 別冊P.25-C1
住横浜市中区海岸通1 TEL 045-671-2888(横浜市役所港湾局) 交みなとみらい線日本大通り駅から徒歩3分

レストハウスやカフェもある

---

赤レンガを眺めながら

じゃいかぽーとてらすかふぇ

### JICA Port Terrace Cafe

JICA(国際協力機構)の3階にあるレストランからは赤レンガやベイブリッジが眺められる。国際色豊かなメニューをのんびりと味わいたい。

MAP 別冊P.23-D3
住横浜市中区新港2-3-1 TEL 045-663-3251 営11:30～17:00 休不定休 CC 不可 交桜木町駅から徒歩15分

❶フェアトレード商品のコーナー ❷グリーンカレーなどのエスニックも ❸港周辺の景色を楽しみながら

❷

---

山手の定番スポット

みなとのみえるおかこうえん

### 港の見える丘公園

横浜開港当時の外国人居留地。昭和37(1962)年に公園として開園した。西洋館の建物が並ぶ風景はエキゾチックで見事な庭園も楽しめる。

MAP 別冊P.25-D3
住横浜市中区山手町114 TEL 045-671-3648(横浜市都心部公園担当) 営見学自由(フランス山は夜間閉鎖) 交みなとみらい線元町・中華街駅6番出口から徒歩5分

展望台からは横浜港が一望できる

# 女子のためのプチぼうけん応援ガイド

# 地球の歩き方 **aruco** 東京シリーズ

## 東京で海外気分を楽しむ！

東京で楽しむフランス

東京で楽しむ韓国

東京で楽しむ台湾

東京で楽しむ北欧

東京で楽しむハワイ

東京で楽しむイタリア＆スペイン

東京で楽しむアジアの国々

東京で楽しむ英国

## テーマで東京を深堀り！

東京

東京の手みやげ

東京おやつさんぽ

東京のパン屋さん

東京のカフェめぐり

nyaruco東京ねこさんぽ

東京ひとりさんぽ

東京パワースポットさんぽ

# 横浜エリア

かつて小さな漁村だった横浜は開港によって日本の表玄関に。多くの貿易商や技術者が集まり、西洋文化が入ってきたことで異国情緒あふれる独自の文化が育まれる。今も町並みにその名残が感じられ、多くの観光客を集める。

横浜市

大正6 (1917) 年、開港50周年に建てられた「横浜市開港記念会館」。国指定重要文化財

## 横浜市

日本有数の港湾都市でもある神奈川県の県庁所在地　MAP 別冊P.12〜14

●よこはまし

**人口** 377万1766人　**面積** 438.01 km²

港を出ていく大型クルーズ船。行政機関も集まる横浜港周辺は名実ともに横浜市の中心

港北ニュータウンの町並み。郊外はほとんどが東京のベッドタウン。正面は横浜市歴史博物館

市章

「ハマ」の2文字を図案化したもので、横浜港開港50周年を記念し明治42（1909）年に市民からの公募で制定された。

 **エリアの拠点駅**

▼横浜駅
JR線、東急線、みなとみらい線、京急線、相鉄線、横浜市営地下鉄

### 横浜市への行き方

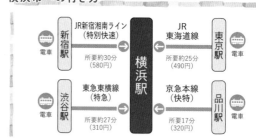

| 電車 | 新宿駅 | JR新宿湘南ライン（特別快速）所要約30分（580円） | 横浜駅 | JR東海道線 所要約25分（490円） | 東京駅 | 電車 |
| 電車 | 渋谷駅 | 東急東横線（特急）所要約27分（310円） | | 京急本線（快特）所要17分（320円） | 品川駅 | 電車 |

　面積は県内市町村で最も広く県全体の約18％を占める。人口も東京23区を除けば全国の市区町村で最多だ。東京湾に面し、一般的には「港」のイメージが強いが、実は約7割が丘陵地。その多くが東京のベッドタウンとして開発されている。令和2（2020）年の国勢調査で昼夜間人口比率は91.1で、昼間の東京方面への通勤通学者の多さがわかる。鉄道網は東京各地を起点に放射状に広がり横浜駅を経由しない動線のほうが多い。このため「横浜都民」という言葉もあるほど。

　観光地として知られる横浜のスポットは海沿いに集中。埋め立て地が多く自然のままの海岸線はほぼ残っていない。開港当時の面影を残す歴史的建造物が多い一方で、みなとみらい21地区に代表されるモダンさも併せもつ。

info 横浜市は面積が広く、東京方面からは目的地によっては横浜駅を経由しないほうが早い。例えば新横浜なら新宿や渋谷から、青葉区や緑区へは渋谷から直接行ったほうが便利で早い。

開港の歴史と現代モダンが同居する

# 中 区 ●なかく

北部の臨海エリアはすべて埋立地

横浜中心部の一角をなし、北部は横浜港の中心を担う、開国の舞台となったエリア。外国人の居留地として栄えた関内・桜木町エリアにおもな観光スポットが集まり、文明開化の面影を残す町並みや数々の歴史的遺構が残されている。国際色豊かで異国情緒にあふれた横浜を象徴する景観をつくり出している。南部は、外国人居留地として開かれ、ヨーロッパ的な風景が広がる。閑静な高級住宅地の山手エリア、戦後、在日アメリカ海軍の住宅地として長く接収され、当時の雰囲気を今に残す本牧エリアなど、独特の文化圏をもった居住地区が点在。沿岸部は高度経済成長とともに発展してきた重化学工業地帯が広がり、横浜の発展を物語っている。

## おもな見どころ

### レトロでハイカラな異国情緒あふれる日本初の西洋式街路

にほんおおどおり
**日本大通り** MAP 別冊P.25-C2

横浜公園から海へ向かって真っすぐに延びる、開港以来のメインストリート。神奈川県庁本庁舎、情報文化センター横浜をはじめとしたレトロモダンな歴史的建造物が建ち並び、道路沿いのイチョウ並木も美しい。

神奈川の景勝50にも選ばれた県庁前のイチョウ並木

### 国内外の大型客船が寄港する横浜の海の玄関口

よこはまこうおおさんばしこくさいきゃくせんたーみなる
**横浜港大さん橋国際客船ターミナル** MAP 別冊P.25-C1

開港以来130年以上の歴史を誇る国内最大級の客船ターミナル。天然芝とウッドデッキ仕上げの屋上広場は全日開放され、目の前に広がる横浜の町並みや夜景を360度のパノラマビューで楽しめる。

上空から見た大さん橋国際客船ターミナル

### 横浜スタジアムを敷地内に有する公園

よこはまこうえん
**横浜公園** MAP 別冊P.24-B2

県内で最も古い公園のひとつ。日本初の野球の国際試合が行われた場所であり、春先は約74種およそ10万本のチューリップの咲く公園としても有名。秋には園内の日本庭園「彼我庭園」で美しい紅葉が楽しめる。

彼我公園（奥）には蹲踞や水琴窟が設置されている

---

人口 15万1931人
面積 21.74km²

**エリアの拠点駅**

▼桜木町駅
JR線、横浜市営地下鉄線

▼関内駅
JR線、横浜市営地下鉄線

**歩き方** 沿岸部を観光するなら区内北部中央を縦断するJR根岸線とみなとみらい線で移動しよう。効率よく観光するなら、桜木町駅を起点に観光スポットを巡る周遊バスの「あかいくつ」がおすすめ。路面電車をイメージしたレトロ調のバスで古きよきヨコハマを巡るのも楽しい。夜は海沿いの絶景スポットで、ライトアップされたみなとみらいの夜景を満喫してもいい。南部の山手や本牧エリアは、徒歩およびバスが交通の中心となる。

**横浜市 ◆ 中区**

▶ **日本大通り**
住 横浜市中区日本大通
電 045-227-7449(一般社団法人日本大通りエリアマネジメント協議会)
営休 店舗により異なる 料 無料
交 JR・横浜市営地下鉄関内駅から徒歩7分、みなとみらい線日本大通り駅から徒歩すぐ

▶ **横浜港大さん橋 国際客船ターミナル**
住 横浜市中区海岸通1-1-4
電 045-211-2304(総合案内)
営 9:00〜21:30(ターミナル内)屋上広場は見学自由
休 無休 料 無料 交 JR・横浜市営地下鉄関内駅から徒歩15分、みなとみらい線日本大通り駅3番出口から徒歩7分

▶ **横浜公園**
住 横浜市中区横浜公園
電 045-671-3648(横浜市都心部公園担当)
営 見学自由
交 JR・横浜市営地下鉄関内駅から徒歩2分、みなとみらい線日本大通り駅から徒歩3分

---

info 日本大通りでは、定期的に年間を通してさまざまなイベントが開催される。また、大さん橋国際客船ターミナルの屋上広場「くじらのせなか」から横浜三塔を一度に見ると願いがかなうというジンクスも。

## ▶馬車道

**住** 横浜市中区常盤町4-42
**TEL** 045-641-4068（馬車道商店街協同組合）　**営休** 店舗により異なる
**料** 無料　**交** JR・横浜市営地下鉄関内駅から徒歩3分、みなとみらい線馬車道駅から徒歩すぐ

## ▶よこはまコスモワールド

**住** 横浜市中区新港2-8-1
**TEL** 045-641-6591　**営** 11:00〜21:00、土・日・祝〜22:00（季節により変動）　**休** 木（祝日、繁忙期を除く）　**料** アトラクションは有料
**交** JR・横浜市営地下鉄桜木町駅から徒歩10分、みなとみらい駅から徒歩2分

## ▶横浜港ハンマーヘッドクレーン

**住** 横浜市中区新港2-5-1
**営** 見学自由
**交** みなとみらい線馬車道駅から徒歩10分、みなとみらい駅から徒歩12分

## ▶海岸通り

**住** 横浜市中区海岸通
**営** 見学自由
**交** みなとみらい線元町・中華街駅から徒歩5分、日本大通り駅から徒歩7分、馬車道駅から徒歩6分

## ▶イセザキ・モール

**住** 横浜市中区伊勢佐木
**営休** 店舗により異なる
**料** 無料
**交** JR関内駅から徒歩1分、横浜市営地下鉄阪東橋駅または京急線黄金町駅から徒歩3分

## ▶野毛

**住** 横浜市中区野毛町
**営休** 店舗により異なる
**料** 無料
**交** JR・横浜市営地下鉄桜木町駅または京急線日ノ出町駅から徒歩3分

---

### 文明開化の浪漫あふれるハイカラロード
ばしゃみち
## 馬車道

**MAP** 別冊P.24-B2

　幕末の開港以来、乗合馬車が行き交う外国文化の玄関口として栄えた文明開化始まりの地。異国情緒あふれる歴史的建造物やれんが舗道の街路にはガス灯がともり、当時の息吹を残すたたずまいのなかにモダンな店が軒を連ねる。

馬車道まつりで当時を再現

---

### 気軽に立ち寄れる入園無料の都市型立体遊園地
よこはまこすもわーるど
## よこはまコスモワールド

**MAP** 別冊P.23-C3

　絶叫マシンからキッズ向けまで約30種類のアトラクションごとにチケットを購入して楽しむ遊園地。日暮れにはフルカラーLED搭載の大観覧車「コスモクロック21」をはじめ園内がライトアップされる人気の夜景スポットとして親しまれている。

世界最大級の時計型観覧車が目印

---

### 横浜の海を静かに見つめる新港ふ頭の歴史的シンボル
よこはまこうはんまーへっどくれーん
## 横浜港ハンマーヘッドクレーン

**MAP** 別冊P.23-D3

　1914年に新港ふ頭に整備された国内初の港湾荷役専用クレーン。2001年までの88年間、貨物の積み降ろしに使われ、横浜港の近代化の礎を築いた。そばにハンマーヘッドパークと複合商業施設の横浜ハンマーヘッドを併設。

海の駅の横浜ハンマーヘッド

---

### 船の汽笛が聞こえる港町
かいがんどおり
## 海岸通り

**MAP** 別冊P.25-C1

　古くは外国人居留地の海岸沿いが海岸通り（バンド）と呼ばれたが、関東大震災後、元浜町の地先を埋立て新設された町海岸通を貫く通りを指すようになった。古くからの港湾施設や、個性豊かな歴史的建造物が建ち並ぶ。

正面に横浜ランドマークタワーが見える

---

### 伝説のディープカルチャーストリート
いせざき・もーる
## イセザキ・モール

**MAP** 別冊P.24-A2

　明治初期から150年の伝統をもつ国内屈指の繁華街。歩行者天国のイセザキ・モールを含む伊勢佐木町1丁目から6丁目までの全長1.5km間に新旧・多国籍の店舗が軒を連ね、古きよき横浜のにぎわいを今に伝えている。

1 St.のウェルカムゲート

---

### ノスタルジー漂う横浜随一の大衆酒場街
のげ
## 野毛

**MAP** 別冊P.24-A2

　戦後闇市から栄えた歴史のある横浜屈指の繁華街。昭和の下町風情あふれる野毛一帯に、老舗の料理店をはじめ安くて雰囲気のある飲食店が約500店ひしめく。春開催の野毛大道芸と秋開催の「ジャズde盆踊り」は多くの人でにぎわう。

野毛たべもの横丁ではしご酒を楽しめる

---

馬車道商店街では、毎年10/30（ガスの日）〜11/3（文化の日）に馬車道まつりを開催。11/3には通りを馬車や人力車が行き交い、まるで古きよき鹿鳴館時代の横浜を思わせるような光景が見られる。

### 潮風と横浜港の歴史を感じる散策スポット

#### 山下公園
やましたこうえん

**MAP** 別冊P.28-B1

横浜港に面した海沿い約700mにわたって続く通路と広い芝生スペースで、関東大震災で崩壊した市内の瓦礫を埋め立てて造られた臨海公園。横浜を代表する最も有名な公園のひとつで、公

山下公園の未来のバラ園

園から眺める横浜港の眺望、姉妹都市であるサンディエゴ市から寄贈された「水の守護神」「赤い靴はいてた女の子」像、「横浜水神」の噴水、在日インド人協会が寄贈の「インド水塔」をはじめ、国際都市横浜ならではの豊かな海外交流を小著する記念碑や歌碑などが見どころになっている。春と秋には、「未来のバラ園」に美しいバラが咲き誇り、バラの名所としても知られる。

▶ **山下公園**
🏠 横浜市中区山下町279
📞 045-671-3648（横浜市環境創造局南部公園緑地事務所都心部公園担当）
🕐 見学自由
🚉 JR・横浜市営地下鉄関内駅から徒歩20分、みなとみらい線日本大通り駅から徒歩3分、元町・中華街駅から徒歩4分

海の眺望を楽しむ散歩道

### 横浜港のシンボル、戦前の貨客船の雄姿と古きよき船旅を伝える

#### 日本郵船氷川丸
にっぽんゆうせんひかわまる

**MAP** 別冊P.28-B1

戦前に造られ、今も残る唯一の貨客船。海上で保存される初の重要文化財であり、博物館船として客船エリアや乗組員エリアが公開されている。屋外デッキからは横浜港の景色を一望できる。

「北太平洋の女王」といわれた海に浮かぶ文化遺産、氷川丸

▶ **日本郵船氷川丸**
🏠 横浜市中区山下町 山下公園地先
📞 045-641-4362
🕐 10:00～17:00（最終入館16:30）
休 月（祝日の場合は翌平日）
料 300円（シニア200円、小・中・高校生100円）
🚉 JR石川町駅から徒歩15分、みなとみらい線元町・中華街駅から徒歩3分

### 世界のVIPを魅了する国際都市横浜の老舗ホテル

#### ホテルニューグランド
ほてるにゅーぐらんど

**MAP** 別冊P.28-B2

海外の要人向け迎賓館として誕生、国内外の著名人に愛されてきた。開業約100年の歴史を誇る重厚なたたずまいの本館は、横浜市認定歴史的建造物で、経済産業省の近代化産業遺産。

風格ある本館（手前）と絶景のタワー館（後方）

▶ **ホテルニューグランド**
🏠 横浜市中区山下町10
📞 045-681-1841
🕐休 店舗により異なる
料 客室タイプにより異なる
🚉 JR石川町駅から徒歩15分、みなとみらい線元町・中華街駅から徒歩1分

### 人が出会い文化を生み出す観光交流拠点

#### 象の鼻パーク
ぞうのはなぱーく

**MAP** 別冊P.25-C1

ペリー提督が2度目の来日時に上陸した場所の象の鼻地区を開港150周年を記念して整備し開園。カフェやアートスペース併設の無料休憩所「象の鼻テラス」ではイベントなどを定期的に開催している。

ここから横浜の港は始まった。夜景スポットとしても有名

▶ **象の鼻パーク**
🏠 横浜市中区海岸通1-1
📞 045-671-2888（港湾局みなと賑わい振興部賑わい振興課）
🕐 見学自由（象の鼻テラス 10:00～18:00）
休 無休　料 無料
🚉 JR・横浜市営地下鉄関内駅から徒歩20分、みなとみらい線日本大通り駅から徒歩3分

**info** 氷川丸の名前は大宮氷川神社に由来する。船内の神棚には氷川神社を祀り、装飾に氷川神社の神紋である八雲があしらわれている。

## ▶横浜中華街

**住** 横浜市中区山下町
**TEL 休 料** 店舗により異なる
**交** みなとみらい線元町・中華街駅から徒歩すぐ、JR石川町駅から徒歩5分、JR・横浜市営地下鉄関内駅から徒歩7分

夜の横浜中華街

## ▶横浜マリンタワー

**住** 横浜市中区山下町14-1
**TEL** 045-664-1100 **営** 10:00～22:00(展望フロア) **休** 無休
**料** 1000円～(小・中学生500円～、時期により変動あり、HPで要確認) **交** JR石川町駅から徒歩15分、みなとみらい線元町・中華街駅から徒歩1分

## ▶横浜開港資料館

**住** 横浜市中区日本大通3
**TEL** 045-201-2100
**営** 9:30～17:00(最終入館16:30)
**休** 月(祝日の場合は翌日)
**料** 200円(小・中学生100円) 特別展、企画展開催時は別料金
**交** みなとみらい線日本大通り駅4番出口から徒歩2分

## ▶横浜人形の家

**住** 横浜市中区山下町18
**TEL** 045-671-9361
**営** 9:30～17:00(最終入館16:30)
11:00～19:00(カフェ)
**休** 月(祝日の場合は翌日)
**料** 400円(小・中学生200円)
**交** みなとみらい線元町・中華街駅4番出口から徒歩3分

## ▶シルク博物館

**住** 横浜市中区山下町1 シルクセンター2階 **TEL** 045-641-0841
**営** 9:30～17:00(最終入館16:30)
**休** 月(祝日の場合は翌日) **料** 500円(大学生・シニア300円、小・中・高校生100円),特別展、企画展開催時は別料金 **交** みなとみらい線日本大通り駅4番出口から徒歩3分

---

本場の中華料理や文化を堪能できる日本最大級のチャイナタウン

### よこはまちゅうかがい
## 横浜中華街

**MAP** 別冊P.28-A2

牌楼(門)で囲まれた約500平方メートルのエリア内に、中華料理店をはじめ中華雑貨店やおみやげ屋がひしめく。商売繁盛の神を祀る関帝廟、航海安全の女神を祀る媽祖廟など中華の伝統的な建築様式で建てられた豪華絢爛なパワースポットも見どころ。年間を通して中華の生活習慣や文化に基づくお祭りなども行われている。

善隣門扁額

横浜港を一望！ 絶景×癒やし×未来を感じる場所

### よこはままりんたわー
## 横浜マリンタワー

**MAP** 別冊P.28-B2

開港100周年事業の一環として建てられた横浜のシンボルタワー。パノラマで横浜の町を一望できる回廊式の展望フロアは、夜には横浜の夜景を背景に映像を投影するメディアアートギャラリーになる。

歴史を見守り、未来を照らす塔

横浜の歴史を資料を通じて次世代に伝える近代横浜の記憶装置

### よこはまかいこうしりょうかん
## 横浜開港資料館

**MAP** 別冊P.28-A1

日米和親条約締結の地にある、開港から昭和初期までの横浜の歴史に関する資料を収集し一般公開する。元英国総領事館の旧館(横浜市指定文化財)と新館に囲まれた中庭にあるたまくすの木は横浜開港のシンボル。

元英国総領事館であった旧館

世界各国の人形に出会える人形専門の博物館

### よこはまにんぎょうのいえ
## 横浜人形の家

**MAP** 別冊P.28-B2

人間国宝の作品を含め世界100カ国・1万点を超える人形を収蔵展示。人形を通して世界の歴史や風俗文化に親しむことができる。フィギュアやアニメなど新しい人形文化も取り入れた企画展や、人形劇・各種イベントなども開催している。

劇場、ショップ、カフェを併設

絹のすべてがわかる博物館

### しるくはくぶつかん
## シルク博物館

**MAP** 別冊P.28-A1

絹の貿易によって栄えた横浜港の英一番館跡地に開館。横浜と絹の歴史的な関わりを資料でたどり、絹の製造過程や主要なシルク製品を展示するほか、常設展や特別展、さまざまな体験会を開催し、絹の普及を図っている。

博物館はシルクセンターの2階

### 横浜港を眼下に望む丘の上の、緑豊かな散策路

# 港の見える丘公園

みなとのみえるおかこうえん

**MAP** 別冊P.25-D3

展望台から眼下に広がる港や横浜ベイブリッジを一望できる絶景のビュースポットであり、世界中のバラの品種を見ることができる横浜を代表するバラの名所。この一帯は、開港時イギリス軍やフランス軍の駐屯地があった場所で、丘の上は「イギリス館（旧イギリス総領事公邸）」や「山手111番館（旧ラフィン邸）」などの洋風歴史建造物を背景に、バラをはじめ季節の花が咲き誇る「イングリッシュガーデンの庭」やジンチョウゲ花壇「香りの庭」のあるイギリス山地区。下は旧フランス領事館の建物跡と庭園広場があるフランス山地区。そして、半円アーチの羽のような屋根が目印の展望広場地区と、近代文学館地区の4つのエリアに分かれている。

港の見える丘公園のバラと横浜市イギリス館

### 外国人居留地の面影が残り、異国情緒あふれる町並み

# 横浜山手西洋館

よこはまやまてせいようかん

**MAP** 別冊P.28-B3

横浜山手地区には1867年頃から外国人が住みはじめ、現在もその面影が感じられる場所として人気のエリア。横浜市所有の西洋館が無料公開されており、洋館を巡りながら歴史や文化が楽しめる。

明治期の外交官内田氏の邸宅（重要文化財）

### 深い緑に囲まれ横浜の歴史を穏やかに見つめる魂のやすらぎの地

# 横浜外国人墓地

よこはまがいこくじんぼち

**MAP** 別冊P.28-B3

開港にともない設置された墓地。19世紀末〜20世紀初頭にかけて横浜に居住し、開港当時横浜の発展に貢献した40数ヵ国の外国人約5000人が眠っている。埋葬者の業績を紹介する資料館を併設。

異国情緒漂う外国人墓地の墓石群

### 穴場グルメスポットもある横浜港の中核

# 本牧埠頭

ほんもくふとう

**MAP** 別冊P.27-D1

横浜港で最大規模の埠頭。A〜Dのターミナルのうち観光施設のあるDの一部以外は基本的に立ち入りができないが、埠頭入口にある働く人々のための安くてうまい食堂が並ぶマリンハイツという建物が人気。

ラーメンやナポリタンなどの食堂が並ぶマリンハイツ

▶ **港の見える丘公園**

🏠 横浜市中区山手町114
📞 045-671-3648（横浜市環境創造局南部公園緑地事務所都心部公園担当）
🕐休 施設により異なる
💴 無料
🚉 みなとみらい線元町・中華街駅から徒歩5分

横浜港を一望できる展望台

▶ **横浜山手西洋館**

🏠 横浜市中区山手町、元町
📞 施設により異なる
🕐 9:30〜17:00
休 施設により異なる
💴 無料
🚉 みなとみらい線元町・中華街駅、JR石川町駅が各施設の最寄駅

▶ **横浜外国人墓地**

🏠 横浜市中区山手町96
📞 045-622-1311
🕐 12:00〜16:00（墓地）、9:00〜17:00（資料館）
休 1月、8月、月〜除く平日
💴 500円（維持管理のための募金）
🚉 みなとみらい線元町・中華街駅から徒歩3分

▶ **本牧埠頭**

🏠 横浜市中区本牧埠頭一帯
＜マリンハイツ＞
🏠 横浜市中区錦町16-1
＜マリンハイツ2＞
🏠 横浜市中区錦町17-2
🕐 店舗による
🚉 横浜駅や桜木町駅からバス、本牧埠頭入口下車すぐ

▶ 神奈川近代文学館

住 横浜市中区山手町110
TEL 045-622-6666　営 9:30〜17:00(展示館の最終入館は〜16:30、閲覧室は平日〜18:30)
休 月(祝日は開館)※展示替え等の休館あり　料 展覧会ごとに異なる　交 みなとみらい線元町・中華街駅から徒歩10分

夏目漱石晩年の書斎を再現

▶ ブリキのおもちゃ博物館

住 横浜市中区山手町239-2
TEL 045-621-8710
営 9:30〜17:00(土・日・祝含む)
休 無休
料 大人200円
交 みなとみらい線元町・中華街駅から徒歩8分

▶ 横浜港シンボルタワー

住 横浜市中区本牧ふ頭1-16
TEL 045-622-9600　営 9:30〜17:30(7/21〜8/31は〜20:00、11〜2月は〜16:00)　休 2・6・11月の第2火(祝日の場合は翌日)、施設点検日　料 無料
交 横浜駅から市営バス26系統(横浜港シンボルタワー行き)で終点下車、徒歩すぐ

▶ 本牧通り

住 横浜市中区本牧通り
営 見学自由
交 JR山手駅、みなとみらい線元町・中華街駅から徒歩30分

▶ 三溪園

住 横浜市中区本牧三之谷58-1
TEL 045-621-0634
営 9:00〜17:00(最終入園 16:30)
休 12/26〜12/31　料 大人900円
交 JR根岸駅から市営バス58・101系統(元町中華街・桜木町駅行き)本牧下車後、徒歩10分

**神奈川県にゆかりある作家の展覧会を定期的に開催**

かながわきんだいぶんがくかん
## 神奈川近代文学館

MAP 別冊P.13-D3

　港の見える丘公園内にある日本近代文学専門の博物館・専門図書館。所蔵資料は130万点を越え、展示室では、神奈川ゆかりの作家の直筆原稿や品といった貴重な展示物で紹介する展覧会を開催。国内屈指の夏目漱石コレクションは一部を常設展示。また、作家の講演会や朗読会などによる普及活動を展開している。

横浜ベイブリッジを見下ろす高台の緑豊かな環境

**映画『トイ・ストーリー』のモデルとなった博物館**

ぶりきのおもちゃはくぶつかん
## ブリキのおもちゃ博物館

MAP 別冊P.25-D3

　ブリキのおもちゃコレクターとして世界的に知られる北原照久館長が1973年頃から収集したコレクションのうち、1890年代から1960年代にかけておもに日本で製造された玩具約3000点を常設展示する博物館。

古い洋館を改装したおもちゃの館

**360度の大パノラマで横浜港を一望できる絶好のビュースポット**

よこはまこうしんぼるたわー
## 横浜港シンボルタワー

MAP 別冊P.13-D3

　本牧埠頭D突堤に位置する高さ58.5mの信号塔。横浜港を一望できる展望室と宇宙ステーションを思わせる展望ラウンジは、絶好のビュースポット。タワーの麓に広がる広大な芝生広場は、市民の憩いの場として開放されている。

広大な緑地にたたずむ白亜の塔

**アメリカンカルチャーが息づく、ジャズやダンス発祥の地**

ほんもくどおり
## 本牧通り

MAP 別冊P.27-C1

　山手トンネルから根岸町までの通り。戦後アメリカ軍の居留地として長く米軍住宅がおかれたことからアメリカの文化や生活スタイルを色濃く残す本牧エリアにあり、桜並木の美しい通り沿いにはアメリカンなカフェや雑貨店が建ち並ぶ。

本牧エリアのメインストリート

**自然と建造物の美を楽しめる日本庭園**

さんけいえん
## 三溪園

MAP 別冊P.27-C2

　実業家で茶人の原三溪が、明治39年に開園した敷地面積18万平方メートルの広大な日本庭園。京都や鎌倉などから移築された歴史的建造物17棟のうち10棟が重要文化財に指定されている。四季折々の花や紅葉が楽しめる国指定名勝。

古建築と自然が調和した庭園

info 神奈川近代文学館第一展示室には、夏目漱石が多くの名作を生み出した東京・早稲田南町の書斎(漱石山房)の雰囲気を再現しながら、当館収蔵の漱石コレクションの一部を紹介する「漱石山房書斎」コーナーがある。

# YOKOHAMA STADIUM

## 横浜スタジアムに行こう

スタジアムは横浜公園内にある

横浜スタジアム、
通称「ハマスタ」は
1978年に竣工した野球場で、
セ・リーグに所属するプロ野球団、
横浜DeNAベイスターズの
本拠地。
グルメもショップも充実の
スタジアムを遊び尽くそう。
（→P.27）

©YDB

## 横浜スタジアムと日本野球のあゆみ

**1874**
（明治7年）

完成したクリケット・グラウンド

居留外国人のためのクリケット・グラウンド着工
クリケット・グラウンドの写真 ©横浜開港資料館

**1929**
（昭和4年）

関東大震災復興事業の一環として
「横浜公園球場」が竣工
こけら落としの早慶新人戦にスタンド満員の1万5000人観衆が来場

**1934**
（昭和9年）

ベーブ・ルース、ルー・ゲーリックを擁するアメリカ大リーグオールスターが来日

©YDB

メモリアルレリーフを探してみて

**1947**
（昭和22年）

日本で最初の女子野球「オール横浜第1回女子野球」開催

**1948**
（昭和23年）

日本プロ野球初のナイトゲームが開催
（巨人 対 中日）

**1998**
（平成10年）

横浜ベイスターズ（現・横浜DeNAベイスターズ）が、38年ぶりの日本一に輝く

©YDB

**2021**
（令和3年）

第32回オリンピック競技大会（2020／東京）のソフトボール・野球競技の会場として、日本代表の金メダル獲得の舞台に

普段使いできるグッズも多数

ベイスターズグッズを手に入れよう!

### BAYSTORE HOME
べいすとあほーむ

球団オフィシャル・ショップのなかで最大の売り場面積を誇り、約3000点のグッズが販売されている。バックネット裏に位置しており、試合開催日は観戦チケットを持っていないと入場できないので注意。

📞11:00～18:30、デーゲーム開催日/Yデッキ開門時間～18:30、ナイトゲーム開催日/11:00～試合終了後、最長1時間程度(22:30まで) 休不定休

選手着用モデルの'47オーセンティックキャップ

まずはこれ!
定番のマフラータオル

推し選手のユニホームで応援しよう

©YDB

## ベイスターズが勝つとお得がいっぱい!?

「CLUB BAYSTARS」とは、横浜市内の飲食店や小売店を中心とした横浜DeNAベイスターズの応援組織で、観戦チケットを持参などにより加盟店で割引やドリンクサービスなどの特典が受けられる。店舗によって「勝利時のチケット提示」などの条件があるので、利用前に詳細を確認しておくとよい。

「CLUB BAYSTARS」参加店、特典条件などの詳細:
URL www.baystars.co.jp/community/club_baystars/

---

### 🍴 ハマスタグルメ

球場内に40軒あるフードショップのなかから横浜らしさあふれるおすすめのスタグルをピックアップ!(※価格は改定される場合があります)

**崎陽軒**
きようけん

横浜名物「シウマイ」で有名な崎陽軒。球場内には外野ライト店、外野レフト店など4店舗ある。「シウマイ」以外にもシウマイチャーハン、シウマイカレーなど球場オリジナルメニューも充実。

スタジアム限定メニューも楽しみ!

2023年版ハマスタ★応援弁当

**BLUE STAR HOTEL**
ぶるーすたーほてる

横浜DeNAベイスターズの選手寮「青星寮」で食べられるカレーを再現した青星寮カレー(レギュラー)は900円。2021年より登場した青星寮グリーンカレー(1150円)も選手寮で大人気だとか。

ごろっと野菜がうれしい

BLUE STAR HOTELは2ゲート横にある

©YDB

しっかりと焼き目を入れたこだわりの麺を使用

横浜中華街監修の本格中華を提供している ©YDB

**濱星樓**
はますたろう

レフト側スタンド3階にあるグルメブースで、横浜中華街の発展のために活動する横浜中華街発展会協同組合の監修による本格中華を提供している。麻婆豆腐丼(1000円)、海鮮あんかけ焼きそば(950円)などが人気。

スタジアム周辺おすすめスポット

### CRAFT BEER DINING &9
くらふとびあだいにんぐあんどないん

横浜公園の北に位置する横浜DeNAベイスターズが運営するビアバー。球団オリジナル醸造のビールとそれに合う料理を提供している。店舗が入るTHE BAYSの1階には、野球をテーマにした日用品を取り扱うLifestyle Shopもある。

クラフトビールを飲み比べ ©YDB

MAP 別冊P.25-C2
住横浜市中区日本大通り34 THE BAYS 1階 📞火～土11:30～22:00、日～21:00※デーゲーム開催日は11:00から 休月

# 横浜エンタメスポット

中区・西区は横浜の中心であり、開港以来外国との交流を伝える歴史的町並みから流行の最先端までさまざまなものが融合するエリア。大人から子供まで楽しめるエンタメスポットもたくさんあるのでじっくり町歩きを楽しめる。

ダイビングコースター「バニッシュ」（ワンダーアミューズ・ゾーン）。あたかも車両が水中に突入し、水飛沫を上げたかのように見えるジェットコースター。900円（身長120cm以上、64歳以下）

横浜の象徴的大観覧車で景観を楽しもう！

## よこはまコスモワールド

ワンダーアミューズ・ゾーン、ブラーノストリート・ゾーン、キッズカーニバル・ゾーンの3エリアに32のアトラクションを配置した「都市型立体遊園地」。なかでもワンダーアミューズ・ゾーンにある大観覧車「コスモクロック21」は横浜エンタメのランドマークともいえる存在。

全高112.5mの世界最大の時計型大観覧車「コスモクロック21」。約15分の回転中、日中は360度のパノラマ、夜は夜景を堪能できる。1人900円（3歳以上）

**MAP** 別冊P.23-C3

住横浜市中区新港2-8-1 電045-641-6591 営11:00〜21:00（土・日・祝日は22:00まで） 休木（祝・繁忙期は除く） 料入園無料 ※アトラクションごとに料金発生 交JR京浜東北線・根岸線、市営地下鉄桜木町駅から徒歩10分。みなとみらい線みなとみらい駅から徒歩2分

横浜大世界の外観。瑠璃瓦風の屋根が特徴的

横浜中華街最大級の総合エンタメ施設

## 横浜大世界

全天候型複合エンターテインメント施設。名前は1920年代に上海で一世を風靡した娯楽ビル・大世界（ダスカ）から命名。1階はショッピングと食事、2階は中華街散策の小休止におすすめなカフェや占い、3階は足裏マッサージなど癒やしのスペース、4〜8階は目の錯覚を利用したアートの世界を楽しめる。

**MAP** 別冊P.28-B2

住横浜市中区山下町97番地 電045-681-5588 営店舗・フロアによって異なる（公式ウェブサイトで確認可能） 料入園無料（4〜8階アートリックミュージアムは別途入場料が必要） 交JR京浜東北線・根岸線石川町駅中華街口から徒歩10分。みなとみらい線元町・中華街駅出口3から徒歩2分

チャイナドレスだけでもこれだけ揃っている

コスプレ写真を楽しもう！

## 笑顔変身写真館

気に入った中華衣装を選んでプロカメラマンに撮影してもらおう

横浜大世界3階に入る中華衣装に特化した衣装レンタル&撮影館。レンタル衣装はチャイナドレスやカンフー服など約400着から選べ、プロカメラマンに撮影もしてもらえる。料金はいろいろあるが、撮影プラン・ベーシックプランが1人5000円〜。館内衣装レンタルプランが1着1時間 2000円〜など。

**MAP** 別冊P.28-B2

住横浜大世界3階 電045-664-1707 営10:30〜18:00 休水

悟空八宝茶（720円）。八宝茶は中国の伝統的なお茶で見た目も美しく大人気

悟空茶荘2階の茶館。中国の家具を使ったレトロな雰囲気

定番人気スイーツ「敦煌デザート」（750円）。白タピオカ、仙草ゼリー、あずき、ライチ、牛乳、生クリームなどを使っており、甘さ控えめ

## 中国茶の世界を体験できる
ごくうちゃそう
# 悟空茶荘

　横浜中華街の関帝廟そばに位置する中国茶や茶器を販売するお店。2階は茶館になっており、40種類以上の中国茶と中華スイーツなどを楽しめる。中国式のお茶の入れ方をお店の人が説明してくれるので、初心者でも安心して利用できる。公式ウェブサイトから予約も可能（平日は11:00と13:00、それ以外は11:00のみ）。

**MAP** 別冊P.28-A2

🏠横浜市中区山下町130 **TEL** 045-681-7776
🕐10:30〜19:30 🈑第3火 🚉JR京浜東北線・根岸線石川町駅北口から徒歩7分。みなとみらい線元町・中華街駅中華街口から徒歩7分

❶バニラビーンズ フォンダンショコラはカフェの人気No.1商品。ドリンクセットで1375円（イートインのみ）❷1日10食限定のバニラビーンズ パルフェ。1980円（イートインのみ）❸店内はおしゃれな雰囲気。手前がショップ、奥がカフェ（22席）

## できたてのチョコレートを楽しむ
ばにらびーんず みなとみらいほんてん
# VANILLABEANS みなとみらい本店

　横浜で誕生したチョコレート専門店がオープンしたショップ＆カフェ。店舗でカカオ豆を焙煎・粉砕してチョコレートを作り上げる「Bean to Bar」製法を採用しており、できたてのチョコレートを使ったデザートやドリンクが大人気。

**MAP** 別冊P.24-B1

🏠横浜市西区海岸通5-25-2シャレール海岸通1階
**TEL** 045-319-4861 🕐11:00〜19:00(L.O18:00) 🈑水
🚉みなとみらい線馬車道駅4出口から徒歩5分

## 子供に大人気のテーマパーク
よこはまあんぱんまんこどもみゅーじあむ
# 横浜アンパンマンこどもミュージアム

　『それいけ！アンパンマン』のテーマパーク。2、3階のミュージアムフロア（入場有料。日時指定WEBチケットの購入が必須）と1階のショップ＆フード・レストランフロア（入場無料）に分かれている。ミュージアムフロアでは、毎日イベントや工作教室が開催され、子供たちが体を使って楽しめるようになっている。

**MAP** 別冊P.22-B2

🏠横浜市西区みなとみらい6-2-9
**TEL** 045-227-8855 🕐1階10:00〜18:00、2・3階10:00〜17:00（最終入館16:00）
🈑元日（改装・保守点検による臨時休館あり）
💴1歳以上2200〜2600円
🚉みなとみらい線新高島駅3番出口から徒歩3分

入口では「おおきなアンパンマン」がお出迎え

©やなせ・F・T・N

ミュージアムフロアの「ひろば」ではアンパンマンたちのステージが開催される

## 世界にひとつのおみやげを作ろう！
ありあけ はーばーすたじおよこはまはんまーへっどてん
# ありあけ ハーバースタジオ 横浜ハンマーヘッド店

　横浜定番おみやげ「横濱ハーバー」の直営店。店内に設置された機械で自分の画像を入れたパッケージに自分でチョイスした「ハーバー」の詰め合わせを作ることができる。これができるのはこの店舗のみ。また、オープンに合わせて誕生した「焼きたてハーバー」も販売している。

**MAP** 別冊P.23-D3

🏠横浜市中区新港2-14-1 新港ふ頭客船ターミナル 横浜ハンマーヘッド2階
**TEL** 045-228-8234
🕐11:00〜20:00、金〜19:00 🈑なし
🚉みなとみらい線馬車道駅から徒歩10分

自分の画像を入れたパッケージを作成する「myハーバーマシン」

店内の厨房で焼き上げた「焼きたてハーバー」。表面は特製シロップでコーティング

# 日本のサグラダ・ファミリア!?
# 横浜駅大解剖

横浜駅は昭和3（1928）年の開業以来、地下自由通路の設置、拡幅・拡張工事を絶えず行ってきた。いつ工事が終わるともわからない混沌とした横浜駅を、140年建築事業が続くスペイン・バルセロナの未完の世界文化遺産、「サグラダ・ファミリア」になぞらえて、「日本のサグラダ・ファミリア」と呼ぶ人もいる。

　明治5（1872）年、日本初の鉄道として新橋-横浜間が開業した。当時、現・桜木町にあった横浜駅は、高島町駅付近に移ったあと関東大震災を経て今の場所に。それ以降次々と鉄道が開通すると1日の利用者数は180万人を超え、横浜駅は現在、東京駅や新宿駅を抜いて日本でいちばん乗り入れ路線が多くなっている。

　平成24（2011）年になると横浜駅周辺の再開発事業「エキサイトよこはま22」がスタート。令和2（2020）年には中核となる駅ビル「JR横浜タワー」が完成した。アクセスのしにくい西口エリアと東口エリアの接続改善など整備も順調。バス乗り場には西口、東口ともに地下道から行くのがおすすめだ。東口のバス乗り場は横浜そごうと直結。方面ごとに乗り場への階段が異なるので注意。

## 横浜駅から観光地へGo!

### シーバス
### Sea Bass

横浜駅からみなとみらいまで渋滞知らず

　横浜駅東口乗り場「横浜ベイクォーター」から「ハンマーヘッド（新港ふ頭さん橋）」、「ピア赤レンガ」、「山下公園・横浜観光船乗り場」を結ぶ水上バス。名称は乗り物のバス（Bus）ではなく、魚のスズキ（Sea Bass）から。
URL www.yokohama-cruising.jp/contents/seabass.html

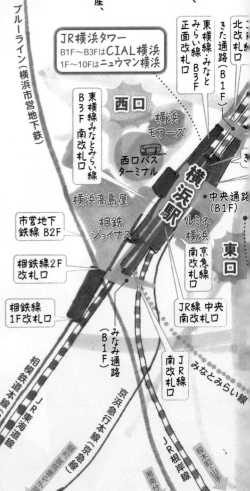

あざみ野

ブルーライン（横浜市営地下鉄）

JR横浜タワー
B1F〜B3FはCIAL横浜
1F〜10Fはニュウマン横浜

東横線・みなとみらい線 B3F 正面改札口

きた通路（B1F）

こ口口口口口 北改札口

西口

横浜モアーズ

東横線みなとみらい線 B3F 南改札口

西口バスターミナル

横浜高島屋

相鉄ジョイナス

市営地下鉄線 B2F

相鉄線2F 改札口

相鉄線 1F改札口

横浜駅

ルミネ横浜

中央通路（B1F）

京急線 南改札口

東口

JR線 中央南改札口

みなみ通路（B1F）

JR線 南改札口

京浜急行本線（京急）

（根岸線・横須賀線）東海道本線

東海道新幹線

（逗子や横須賀）万両

湘南台

みなとみらい線

桜木町・山手

JR根岸線

海老名

熱海

戸塚

130

# 魅力的な店舗がめじろ押し
# 横浜駅で人気の商業施設

ここでは、「エキサイトよこはま22」でセンターゾーンと命名されたエリアの主要商業施設を紹介。どの施設もファッションだけでなく、和洋中問わずレストラン街が充実している。

## 横浜駅西口エリア

昔から横浜駅の顔として地元感が強く、若者の集まる店も多い。横浜の老舗デパート横浜高島屋はこちら側。

西口の新しい顔となる施設も続々登場

### JR横浜タワー

じぇいあーるよこはまたわー

令和2（2020）年に開業したJR横浜駅西口に直結する高さ約132mの複合施設。商業フロア、オフィスフロア、会員制ワークスペース、シネマコンプレックスに分かれ、4層吹き抜けのアトリウム、横浜港やベイブリッジを見渡せる屋上広場など、オープンスペースも楽しめる。

●1〜10階　ニュウマン横浜（株）ルミネが展開するファッションビル・ブランド。眺めのいいレストランやカフェも人気。URL www.newoman.jp/yokohama

●地下1〜地下3階　CIAL横浜　食料品と飲食店をメインとする商業施設。URL www.cial.co.jp/yokohama
住 横浜市西区南幸1-1-1

### 横浜高島屋

よこはまたかしまや　ハマっ子御用達デパート

昭和34（1959）年に開業した横浜駅西口エリアの老舗百貨店。日本最大級のデパ地下には、国内外の人気ブランドのスイーツが集まるゾーンや、およそ500種類のパンが揃うベーカリースクエアがある。ベビーカーの貸し出しや広いトイレなど子連れへの配慮も十分。
住 横浜市西区南幸1-6-31
URL www.takashimaya.co.jp/yokohama

渋谷

きた東口A

JR線 中央北改札口

京急線中央改札口

横浜ベイクォーター

そごう

東口バスターミナル

ルイシティ

横浜ポルタ
中央通路からそごうへ抜ける地下街

## 横浜駅東口エリア

比較的新しいエリア。そごう2階の海側デッキの歩道橋から横浜ベイクォーターへ渡ることができる。みなとみらいに近く、観光客も多い。

### シーバス

横浜駅北東口Aからベイクォーターウォークを通り、徒歩4分

※「ベイクォーターウォーク」は北東口からベイクォーターへ行く歩道橋のこと

### ルミネ横浜

るみねよこはま

横浜駅東口に連結した20〜30代の働く女性のライフスタイルを提案するカジュアルな商業施設。ふらりと立ち寄れる気安さがいい。
住 横浜市西区高島2-16-1
URL www.lumine.ne.jp/yokohama

横浜三塔を模したオブジェ

### 横浜ポルタ

よこはまぽるた

横浜駅東口直結の地下街にあるショッピングモール。大階段エントランスには横浜三塔（神奈川県庁、横浜税関、横浜市開港記念館）をイメージしたガラスのオブジェがある。
住 横浜市西区高島2-16-B1
URL www.yokohamaporta.jp

新高島駅　　元町・中華街

### 横浜ベイクォーター

よこはま・べいくぉーたー

ポートサイド地区に位置する商業施設で、帷子川側にある広場や船の甲板を思わせるテラスなどが特徴的。水上バス「シーバス」の横浜駅東口乗り場は2階にある。
住 横浜市神奈川区金港町1-10
URL www.yokohama-bayquarter.com

夜景も美しい横浜ベイクォーター

**人口** 10万6417人
**面積** 7.03km²

### 🚉 エリアの拠点駅

▼**横浜駅**
JR線、横浜市営地下鉄、東急線、
京急線、みなとみらい線、相鉄線

## 歩き方

外部からのアクセスがいいのは横浜駅。JRおよび私鉄が複数乗り入れており、新幹線のターミナル駅や羽田空港からも一本。ランドマークタワーや複数の観光施設が立ち並ぶみなとみらいエリアは、JR桜木町駅やみなとみらい線のみなとみらい駅や馬車道駅などの複数の駅が起点となり、周辺にホテルも多い。電車以外にもレトロ調の赤い色が目立つ「あかいくつ」などのバスや、桜木町駅前から運河パークをつなぐ都市型ロープウェイYOKOHAMA AIR CABINなどさまざまな交通手段が活用できる。

▶ **日本丸メモリアルパーク**
**住** 横浜市西区みなとみらい2-1-1
**電** 045-221-0280
**営** 見学自由
**休** 日本丸・博物館は月曜
**料** 無料(日本丸・博物館は有料)
**交** 桜木町から徒歩5分、みなとみらい線みなとみらい駅または馬車道駅から徒歩5分

▶ **横浜美術館**
**住** 横浜市西区みなとみらい3-4-1
**電** 045-221-0300
**営** 休館(24年3/14まで)
**休** 休館(24年3/14まで、以降木曜)
**料** 展覧会によって異なる
**交** みなとみらい線みなとみらい駅3番出口から徒歩3分

▶ **臨港パーク**
**住** 横浜市西区みなとみらい1丁目
**電** 045-221-2155
**営** 散策自由
**交** 桜木町から徒歩15分、みなとみらい線みなとみらい駅から徒歩5分

市民が「横浜」と呼ぶ駅周辺と新開発地区

# 西区 ●にしく

横浜18区のなかでも中心部の海側に位置し、1年を通して観光客でにぎわう。中区の関内地区とともに横浜市における中心である「横浜都心」に指定されている地区。大きくふたつの地域に分かれ、「既成市街地地域」では、下町情緒を残した町で観光や飲食を楽しむだけではなく、横浜港開港以来の歴史を学ぶことができる。横浜駅周辺やみなとみらい地区などの「都心部」では、モダンな繁華街の中でショッピングやレジャーを楽しむことができるだけでなく、海辺の公園や桟橋沿いのレストランでゆったりとした時間を味わえる。また、日本屈指のターミナル駅である横浜駅が所在しており、ほかの都府県へのアクセスも非常によい。

横浜ベイエリアの象徴的な建物

## おもな見どころ

**帆船日本丸と横浜みなと博物館があるパーク**
にっぽんまるめもりあるぱーく
### 日本丸メモリアルパーク
**MAP** 別冊P.23-C3

国の重要文化財に指定される帆船・日本丸の見学が可能。舵輪やエンジンなどの船の設備だけでなく、当時の船乗りの生活を知ることができる。横浜港の歴史を学べる博物館も併設。

すべての帆を広げる総帆展帆は年間約12回実施している

**1万点以上を所蔵する横浜を代表する美術館**
よこはまびじゅつかん
### 横浜美術館
**MAP** 別冊P.22-B3

横山大観やダリ、ピカソなどの所蔵品やさまざまな企画展が楽しめる。丹下健三の設計した石造りのシンメトリーの建築も魅力。現代アートの国際展、横浜トリエンナーレの会場のひとつでもある。

趣のあるたたずまいで、平成元(1989)年の文化の日に開館
撮影：笠木靖之

**みなとみらい地区最大の緑地**
りんこうぱーく
### 臨港パーク
**MAP** 別冊P.23-C2

小高い丘から港を行き交う船やみなとみらい地区のビル群、ベイブリッジなどを一望できる。広々とした芝生広場や潮入りの池などの緑と水があふれた空間は憩いの場となっている。

海の向こうにレインボーブリッジが一望できる

**info** 横浜美術館では、定期的にワークショップを実施。制作を体験したり、アーティストと交流をしたりすることができる。子供向けのプログラムも行われている。

横浜市 ◆ 西区

日本屈指の高層ビル

よこはまらんどまーくたわー
## 横浜ランドマークタワー

MAP 別冊P.23-C3

タワー棟を中心とするオフィス、ホテル、ショッピングモールを核に、さまざまな食や買い物が楽しめる総合商業施設。「ランドマークプラザ」は全長200mで5層吹抜けの巨大なショッピングモール。69階の展望フロアスカイガーデンからは、横浜港だけでなく東京タワーや富士山などの景色が望め、夜景はカップルに人気。特徴的なデザインから、多くの映画やドラマの舞台にもなっている。

高層ビルとして神奈川県で1番目の296mの高さを誇る

▶ 横浜ランドマークタワー

住 横浜市西区みなとみらい2-2-1
TEL 045-222-5015（ランドマークプラザ）
営 11:00〜20:00（店舗により異なる）
休 法定点検日（施設により異なる）
料 展望フロア1000円
交 桜木町駅から徒歩5分、みなとみらい線みなとみらい駅から徒歩3分

展望台からは鮮やかな夜景を望む

首都高の歴史や取り組みを知る

しゅとこうえむえむぱーく
## 首都高MMパーク

MAP 別冊P.22-B3

首都高の歴史や事業の紹介、防災や環境への取り組みについて紹介しているミュージアム。パトロールカーなどの乗り物や実物大の道路標識などが展示されている。標識を利用した「標識ベンチ」などを通じて、誰もが楽しみながら学ぶことができる。「標識」の再利用に加え、レゴ®認定プロビルダーが手がけたレゴアートも楽しめる。

実際に使われる車体を間近に眺めることも

▶ 首都高MMパーク

住 横浜市西区みなとみらい3-2-9 1・2階
TEL 045-307-0515
営 10:00〜16:30
休 月（祝日の場合は翌平日）、年末年始
料 無料
交 みなとみらい線みなとみらい駅から徒歩6分

レゴの横浜ベイブリッジは必見

日本最大級の複合MICE施設

ぱしふぃこよこはま
## パシフィコ横浜

MAP 別冊P.23-C2

国際会議などが行われる大型の複合MICE施設。さまざまな展示会やコンサートが行われ、にぎわいが絶えない。国立大ホールは「貝」、会議センターは「光」など各建物のデザインにイメージがあり、美しくユニークな外観が印象的。

ガラス越しには横浜港の海が広がる

▶ パシフィコ横浜

住 横浜市西区みなとみらい1-1-1
TEL 045-221-2155
営 イベントにより異なる
料 イベントにより異なる
交 みなとみらい線みなとみらい駅から徒歩5分

明治時代の桟橋の礎

おおさんばしのらせんぐい
## 大さん橋のらせん杭

MAP 別冊P.23-C3

1894年に竣工した大さん橋の前身である鉄桟橋を支えていた鉄のらせん杭の展示。平成6年に海中から引き抜かれるまで約100年間、実際に使われていた歴史の生き証人。日本丸メモリアルパークのタワー棟C、D前ほか複数保存展示されている。

日本丸メモリアルパークにあるらせん杭

▶ 大さん橋のらせん杭

住 横浜市西区みなとみらい2-1-1
営 見学自由
交 桜木町駅から徒歩5分

info 横浜ランドマークタワーの69階にある展望フロア「スカイガーデン」。2階からスカイガーデンへと向かうエレベーターは、最高分速750mと日本最高速。ギネス世界記録に登録されていたこともある。

## 野毛山動物園

**住** 横浜市西区老松町63-10
**電** 045-231-1307
**営** 9:30～16:30
**休** 月
**料** 無料
**交** 桜木町駅から徒歩15分

## 野毛山公園

**住** 横浜市西区老松町63-10
**電** 045-231-1307
**営** 入園自由
**交** 桜木町駅から徒歩15分

## 伊勢山皇大神宮

**住** 横浜市西区宮崎町64
**電** 045-241-1122
**営** 9:00～17:00
**休** 無休
**料** 無料
**交** 桜木町駅から徒歩10分

## 横浜イングリッシュガーデン

**住** 横浜市西区西平沼町6-1
**電** 045-326-3670
**営** 10:00～18:00(12～2月は～
17:00) **休** 無休 **料** 700～1500
円(時期により変動)
**交** 相鉄線平沼橋駅から徒歩10
分、横浜駅から無料送迎バスあり

## スカイダック横浜

**住** 横浜市西区みなとみらい2-1-1
**電** 03-3215-0008
**休** 水
**料** 3600円
**交** 桜木町駅から徒歩5分

---

入園無料の「身近な動物園」
### 野毛山動物園
のげやまどうぶつえん
MAP 別冊P.13-C2

キリン、レッサーパンダ、カメやワ
ニなどの爬虫類まで約75種類もの
幅広い生き物に出会える動物園。
季節のイベントや花々の風景も楽しむ
ことができるので野毛山公園とともに
訪れたい。入園無料なのもうれしい。

花壇の前は人気の写真スポット
になっている

長い歴史をもつ総合公園
### 野毛山公園
のげやまこうえん
MAP 別冊P.13-C2

子供向けの遊具やバスケットボー
ルコートをもつ総合公園。1926年
開園と歴史は古く、さまざまな記念
碑を眺めながら散策を楽しむことも
できる。春には約250本の桜を楽し
める花見の名所としてにぎわう。

日本初の近代的水道を完成させ
たヘンリー・S・パーマーの胸像

横浜総鎮守として有名
### 伊勢山皇大神宮
いせやまこうたいじんぐう
MAP 別冊P.13-C2

三重県の伊勢神宮と同じ天照大
御神を祭神として祀ることから「横
浜総鎮守」と親しまれる神社。小
高い丘の上にある境内は厳かな雰
囲気で、パワースポットとして訪れる
人も多い。

明治3(1870)年に創建された
横浜の総鎮守

本格的な英国庭園の雰囲気を満喫
### 横浜イングリッシュガーデン
よこはまいんぐりっしゅがーでん
MAP 別冊P.13-C2

2200種類を超える色とりどりのバ
ラが魅力の庭園。国際的な受賞歴
もある。春と秋のバラ以外にも、梅
雨のアジサイや冬のクリスマスロー
ズなどにより、四季を通じて花の彩
りと香りを楽しめる。

約50mのローズトンネルは人気。
見頃の時期は5月頃

横浜を陸と海から眺められる横浜周遊ツアー
### スカイダック横浜
すかいだっくよこはま
MAP 別冊P.23-C3

水陸両用バスを用いてみなとみら
いを周遊する観光ツアー。バスが海
にダイブするスプラッシュタイムは観
客から歓声が上がる。乗車場所は
日本丸メモリアルパーク内のチケット
カウンター。

バスが海に突入する瞬間は老若
男女問わず大興奮!

横浜市 ◆ 西区

**「アンパンマンに会いたい」という子供たちの夢をかなえる場所**

### 横浜アンパンマンこどもミュージアム
よこはまあんぱんまんこどもみゅーじあむ

MAP 別冊P.22-B2

『それいけ！ アンパンマン』のテーマパーク。2・3階ミュージアムでは毎日ショーを開催。遊びながらアンパンマンの世界を体験できる。1階には限定グッズやフードのお店が並ぶ。なかでも「ジャムおじさんのパン工場」のキャラクターパンは子供だけでなく大人にも人気。

正面エントランスでは「おおきなアンパンマン」がお出迎え。記念撮影にもぴったり。©やなせ・F・T・N

▶ **横浜アンパンマンこどもミュージアム**
- 住 横浜市西区みなとみらい6-2-9
- TEL 045-227-8855
- 営 10:00～17:00（最終入館16:00）
- 休 無休
- 料 2・3階ミュージアム入場料2200～2600円 ※1階ショップ、フード・レストランは入場無料
- 交 横浜駅東口から徒歩10分、みなとみらい線新高島駅3番出口から徒歩3分

**横浜駅東口すぐ、入場無料で楽しめる日産自動車の展示・体験施設**

### 日産グローバル本社ギャラリー
にっさんぐろーばるほんしゃぎゃらりー

MAP 別冊P.22-B2

日産グローバル本社1階にある洗練されたショールーム。新型モデルを含め、日産が国内外で販売する車や歴代の車種、最新技術に関する展示を行う。ギフトショップやギャラリーカフェも併設。週末を中心に各種ファミリーイベントなども開催している。

レーシングカーなど日産自動車のさまざまな車種を自由に見学できる

▶ **日産グローバル本社ギャラリー**
- 住 横浜市西区高島1-1-1
- TEL 045-523-5555
- 営 10:00～20:00
- 休 不定休
- 料 無料
- 交 横浜駅東口から徒歩7分、みなとみらい線新高島駅3番出口から徒歩5分

**本物を見て、触れて、楽しむ京急電鉄の体験型鉄道ミュージアム**

### 京急ミュージアム
けいきゅうみゅーじあむ

MAP 別冊P.22-B2

歴史的名車「デハ230形」をはじめ京急グループの歴史、沿線のジオラマ、鉄道シミュレーション、バスネットワーク、工作体験、屋外には京急電車をモチーフにしたキューブ型の椅子の展示など、本物を見て、触れて、楽しむをコンセプトにした各種体験が揃っている。

約2年がかりで修繕された歴史的車両「デハ236号」

▶ **京急ミュージアム**
- 住 横浜市西区高島1-2-8
- 営 10:00～16:30（最終入館16:00）
- 休 火（祝日の場合は翌日）、年末年始、臨時休館日
- 料 事前予約制（HPで要確認）
- 交 横浜駅東口から徒歩7分

鉄道シミュレーションで運転体験

**世界最大級の鉄道ジオラマが圧巻の鉄道博物館**

### 原鉄道模型博物館
はらてつどうもけいはくぶつかん

MAP 別冊P.22-B2

世界的に著名な鉄道模型制作者・収集家である原信太郎氏の膨大なコレクションを公開する博物館。世界最大級のジオラマのなかを、細部までリアルに再現されたさまざまな国・時代の鉄道模型が走行する姿は壮観。

1番ゲージの鉄道模型が走行するリアルなジオラマ

▶ **原鉄道模型博物館**
- 住 横浜市西区高島1-1-2 横浜三井ビルディング2階
- TEL 045-640-6699
- 営 10:00～17:00（チケット販売は～16:00、最終入館16:30）
- 休 火・水（祝日の場合は翌日）
- 料 大人1200円～（中・高生900円～、4歳以上600円～）
- 交 横浜駅東口から徒歩5分、みなとみらい線新高島駅2番出口から徒歩3分

---

info 京急ミュージアムでは、東京・神奈川間の沿線風景をリアルに再現した巨大ジオラマ内を走る京急電車の鉄道模型の先頭車両に搭載したカメラ映像を見ながら、本物の800形電車運転台で操作体験ができる（1回100円・3分程度）。

## 資生堂グローバルイノベーションセンター（S/PARK）

- 🏠 横浜市西区高島1-2-11
- ☎ 045-222-1600（総合インフォメーションセンター）
- 🕐 施設により異なる
- 🚫 日
- 💴 無料（café、Stuidoプログラムは有料）
- 🚉 横浜駅東口から徒歩10分、みなとみらい線新高島駅1・2番出口から徒歩すぐ

## ▶ Mulabo!

- 🏠 横浜市西区みなとみらい4-3-8
- ☎ 045-227-3011
- 🕐 10:00〜17:00（カフェL.O.16:30）
- 🚫 日・月、村田製作所の休業日（臨時休館あり）
- 💴 無料（サイエンス体験展示は要予約）
- 🚉 横浜駅または桜木町駅から徒歩15分、みなとみらい線新高島駅から徒歩5分

## ▶ シーバス（水上バス）

- 🏠 乗船場所により異なる
- ☎ 050-1790-7606（株式会社ポートサービス）
- 🕐 10:00〜19:00（運航ダイヤは定期的に変更あり）
- 🚫 天候・メンテナンスなどで運休の場合あり
- 💴 大人700円〜※乗船区間により異なる
- 🚉 ターミナルにより異なる

## ▶ 月見橋

- 🏠 横浜市西区高島2
- ☎ 045-320-8328（西区総務部区政推進課まちづくり調整担当）
- 🕐 見学自由
- 🚉 横浜駅から徒歩1分

---

### 美のひらめきと出合う場所

## 資生堂グローバルイノベーションセンター（S/PARK）
しせいどうぐろーばるいのべーしょんせんたー（えす/ぱーく）　MAP 別冊P.22-B2

資生堂の研究施設内にある美の複合体験施設。インタラクティブな化粧体験を提供する体験型ミュージアムやビューティバーのほか、体の内から美をつくるエクササイズスタジオ、野菜中心のメニューを提供するカフェにて、美のひらめきを探してみよう。

化粧品や技術・アートの展示は無料で観覧可能

### 村田製作所が運営する、楽しく学べる子供向け科学体験施設

## Mulabo!
ムラーボ！　MAP 別冊P.22-B2

専用の端末を使い電気科学のクイズに答えて3つの体験展示に挑戦。ムラタ製品や技術を使った展示にも触れてみよう。カフェに併設のライブラリーでは、電気科学に関する本をゆっくり楽しめる。

エンジニアの卵が生まれるきっかけの場をコンセプトに運営

### 横浜のベイエリアを巡る船上エンターテインメント

## シーバス（水上バス）
しーばす（すいじょうばす）　MAP 別冊P.22-B1

横浜駅東口・ハンマーヘッド・赤レンガ倉庫と横浜ベイエリアの主要観光地を結んで運航する水上バス。渋滞を気にせず、移動をアトラクションのように楽しめ、ミニクルーズ気分が味わえる。週末限定プランのナイトクルーズでは横浜港の夜景を満喫できる。

港町ヨコハマを象徴する海上交通船は横浜観光の楽しみのひとつ

### 洋画家・松本竣介が昭和初期に描いた名画のモデルとなった橋

## 月見橋
つきみはし　MAP 別冊P.22-A1

1929年竣工、現在の月見橋は1996年に架け替えられたもの。洋画家・松本竣介が何作も描き続けた代表作「Y市の橋」のモデルとなった橋で、平行して架かる金港橋から眺めると、作品に描かれている当時の面影を見ることができる。

横浜駅のきた東口を出てすぐ、京急線の線路の横に架かる橋

info　S/PARKは、無料で資生堂のコスメを自由に試したり、肌分析や専門のビューティコンサルタントによるメイクアドバイスを受けられるコスメ天国。自分の肌状態や好みに合わせて調合したコスメアイテムを手に入れよう。

横浜市 ◆ 西区・鶴見区

歴史と自然と海のあるエスニックタウン

# 鶴見区 ●つるみく

区内を南に蛇行して流れ、東京湾に注ぐ鶴見川の恩恵を受けて大きく発展してきた鶴見区。「鶴見」の名はこの「鶴見川」が語源または、鎌倉時代に源頼朝がここで鶴を放ったという伝説

末広橋からの旭運河とJR鶴見線

にも由来するともいわれている。江戸時代は神奈川宿と川崎宿の間に置かれた宿場としてにぎわった漁村で、川沿いや旧街道沿いには現在も古きよき町並みが残されている。明治時代以降は臨海部の埋め立てが進み、京浜工業地帯の中核として日本の重化学工業を支えてきた。高度経済成長期からは国内外から仕事を求める労働者が集まり、人口も増加。商店街や繁華街、花街が発展してコミュニティが形成されたことで、多文化共存の町となった。

| | |
|---|---|
| 人口 | 29万5863人 |
| 面積 | 33.22km² |

## エリアの拠点駅

▼鶴見駅
JR線

**歩き方** 臨海部には鶴見つばさ橋や大黒ふ頭を間近で見られる末広水際線プロムナード、横浜ベイブリッジとスカイウォーク、大黒海釣り施設など、海の絶景スポットが満載。鶴見駅から各方面へバスが運行している。

## おもな見どころ

福井県の永平寺と並ぶ日本曹洞宗の大本山
### 曹洞宗 大本山總持寺
そうとうしゅうだいほんざんそうじじ

MAP 別冊P.13-D1

約15万坪の境内に仏殿をはじめ16件の国登録文化財を有し、宝蔵館「嫡々庵」に仏像や重要文化財の古文書などを収蔵。修行僧の案内で参拝できる諸堂拝観や自由参加の坐禅会を開催している。

誰もが座禅を組める「禅の根本道場」として知られる

▶ 曹洞宗大本山總持寺
🏠 横浜市鶴見区鶴見2-1-1
☎ 045-581-6021
🕐 参拝自由（嫡々庵10:00～16:30、最終入館16:00）
休 無休（嫡々庵は木・金曜、祝日を除く）料 無料（嫡々庵300円）交 JR鶴見駅から徒歩5分、京急鶴見駅から徒歩7分

横浜港初の本格的な島式ふ頭
### 大黒ふ頭
だいこくふとう

MAP 別冊P.13-D2

横浜港および首都圏と全国各地を結ぶ国内最大級の物流拠点。鶴見つばさ橋で扇島と、横浜ベイブリッジで本牧埠頭とつながる。首都高速道路が合流したり超大型客船が着岸したりする交通の要所にもなっている。

大黒大橋や横浜ベイブリッジなど巨大な橋も架けられている

▶ 大黒ふ頭
🏠 横浜市鶴見区大黒ふ頭
☎ 045-671-7241（一般社団法人横浜港振興協会）
🕐 見学自由
交 JR鶴見駅から市営バス17系統（鶴見駅前行き）で大黒ふ頭下車、徒歩5分

横浜ベイブリッジに併設された歩行者専用道路で横浜港を空中散歩
### 横浜ベイブリッジスカイウォーク
よこはまべいぶりっじすかいうぉーく

MAP 別冊P.13-D2

新本牧ふ頭整備事業のPR施設として2022年にリニューアルオープン。高さ約60mの「スカイタワー」片道320mの遊歩道「スカイプロムナード」横浜港を360度一望できる「スカイラウンジ」からなる施設。

海の上を歩ける遊歩道で海上からの大パノラマを満喫

▶ 横浜ベイブリッジスカイウォーク
🏠 横浜市鶴見区大黒ふ頭1
☎ 045-671-7390
🕐 11:00～18:00 休 月～金（詳細は公式HPを要確認）
料 無料 交 JR鶴見駅から市営バス17系統（鶴見駅前行き）でスカイウォーク入口下車、徒歩7分（日曜は大黒ふ頭下車、徒歩6分）、無料駐車場あり

info 曹洞宗大本山總持寺にある16件の国登録文化財の内のひとつ三松閣内にある「禅カフェ茶房おかげや」では、ガラス張りの開放感のある空間で境内を眺めながらモーニングセットが楽しめる。🕐 7:30～17:00（L.O.16:30）休 月

137

**人口** 24万9773人
**面積** 23.73km²

### 🚉 エリアの拠点駅

▼東神奈川駅
JR線、京急線

## 歩き方

京急線神奈川新町駅の神奈川通東公園を起点に、神奈川宿歴史の道を横浜駅方面へ歩き、歴史散策をしてみよう。横浜ベイクォーターにたどり着いたら帷子川沿いのプロムナードを、潮風を受けながらポートサイド公園へ歩いてみよう。ベイクォーター2階に接する歩行者デッキ「スカイウェイ」からもポートサイド地区の各方面につながっている。また、横浜ベイクォーター前の乗り場からシーバスに乗って横浜の主要観光地を回るのも楽しい。

---

### ▶ 神奈川宿歴史の道

🏠 横浜市神奈川区台町(上台橋)〜新町(神奈川通東公園)
☎ 045-411-7028(神奈川区総務部区政推進課)
🕐 見学自由
🚃 横浜駅から徒歩9分(上台橋)、京急線神奈川新町駅から徒歩1分(神奈川通東公園)

### ▶ 三ツ沢公園

🏠 横浜市神奈川区三ツ沢西町3-1
☎ 045-548-5147(三ツ沢公園管理センター)
🕐💴 施設により異なる
休 無休
🚃 横浜市営地下鉄三ツ沢上町駅から徒歩15分

### ▶ ポートサイド公園

🏠 横浜市神奈川区大野町1-4
☎ 045-353-1166(環境創造局北部公園緑地事務所)
🕐 見学自由
🚃 横浜駅東口から徒歩15分

---

都会と下町が共存する横浜オリジンの地

# 神奈川区 ●かながわく

古くから交通の要所として発展、鎌倉時代には「神奈川湊」、江戸時代には東海道の宿場町「神奈川宿」として栄え、開国の舞台ともなった。東部の臨海部は埋め立てられ京浜工業地帯が

ポートサイド地区の高層ビル群

広がり、オフィスビルや高層マンションが建ち並ぶエリアや大型商業施設など、都会らしい横浜の一面を見せてくれる。一方、西部は丘や平地が広がる起伏のある地形。丘陵地帯には、キャベツやジャガイモなどの栽培が盛んに行われている農地や緑地が多く残る。平地部には古くからの住宅街が広がり、六角橋商店街、おおぐち通商店街など、歴史ある商店街を中心に下町の趣も見られる。

## おもな見どころ

### 🏛 神奈川区のルーツを探る歴史の散歩道
### 神奈川宿歴史の道

**MAP** 別冊P.13-C2

旧東海道の神奈川宿周辺の歴史や伝説が残る史跡やスポットに設置されたガイドパネルを頼りに、江戸時代の街道を旅した人や歴史に思いをはせながら散策できる、全長約4.3kmの歴史探訪コース。

幕府の法度や掟を庶民に徹底させるための「高札場」を復元

### 🏛 1964年東京オリンピックの会場にもなった歴史ある運動公園
### 三ツ沢公園

**MAP** 別冊P.13-C2

広大で自然豊かな総合運動場。Jリーグやラグビーで使われる球技場、陸上競技場、テニスコート、馬術練習場などスポーツ施設が充実している。市内有数の花見の名所にもなっている。

満開の桜と富士山を望む景色が美しい

### 🏛 「アート&デザイン」をテーマとする水際公園
### ポートサイド公園

**MAP** 別冊P.22-B1

「アート&デザインの街」をコンセプトに、ポートサイド地区に造られた都市公園。水際沿いに約400m続くエノキ並木のプロムナードには石畳が敷かれ運河に面した水際には木製デッキが置かれている。

帷子川に突き出すように木製デッキが設置されている

---

**info** 神奈川県最大のターミナル駅である横浜駅は隣の西区に属するが、神奈川区からも徒歩圏内にあり、横浜駅の東口に直結する大型商業施設、横浜ベイクォーターは神奈川区内の施設である。

大岡川が流れる下町情緒あふれる地区

# 南区 ●みなみく

横浜市のほぼ中央にあり、市のなかで最も人口密度が高く、弘明寺商店街や横浜橋通商店街など、昔ながらの活気ある商店が残る、下町の情緒たっぷりのエリア。区の中心部を流れる大

大岡川沿いの桜並木

岡川の周辺は平地部で、それを挟むように7つの丘が形成されている。区の北部には「首都高速道路 高速神奈川3号狩場線、西部には「横浜横須賀道路」が通り、幹線道路周辺にはビルやマンションが建ち並ぶが、大部分は道路や公園が整備された住宅が広がっている。南区のシンボルでもある大岡川沿いは横浜市内でも有数の桜の名所として知られており、開花時期には毎年「桜まつり」が催され、多くの人でにぎわいを見せている。

## おもな見どころ

### 約700本の桜が咲き誇る横浜最大級の桜の名所

おおおかがわぷろむなーど
**大岡川プロムナード**　MAP 別冊P.13-C3

大岡川の沿道に続く全長約5kmの桜並木の遊歩道。桜が咲く季節に開催されるみなみ桜まつりは、ぼんぼりや桜のライトアップで幻想的になり、たくさんの花見客でにぎわう。南区だけで約500本の桜がある。

大岡川の両岸を覆うように続く圧巻の桜並木

### 昭和の雰囲気で活気あふれる粋な下町商店街

よこはまばしどおりしょうてんがい
**横浜橋商店街**　MAP 別冊P.24-A3

戦前から発展した、地元民が愛してやまない食の台所。350mほど直線のアーケードに食料品や飲食店など、約121店舗の店が連なる。落語家永久名誉顧問の故桂歌丸師匠の地元としても知られている。

横浜三大商店街のひとつに数えられる庶民の台所

### 1300年にわたる歴史をもつ横浜最古の寺

ぐみょうじ
**弘明寺**　MAP 別冊P.13-C3

奈良時代に渡来したインドの高僧善無畏三蔵法師により開創されたといわれる高野山真言宗の寺院。本堂には木造の「十一面観世音菩薩立像」（国指定重要文化財）が本尊として祀られている。

建立当時の古材が床材として使われている本堂

---

人口 19万8934人
面積 12.65km²

### 🚉 エリアの拠点駅

▼弘明寺駅
JR線、京急線

**歩き方**　横浜最古の弘明寺を参拝したら弘明寺坂を下って元門前町の弘明寺かんのん通り商店街へ。坂を下りきったあたりからアーケードが始まる。商店街の中央あたりを横切って大岡川に架かる「観音橋」「さくら橋」を起点に、大岡川プロムナードを散策しよう。アーケードの終着地は横浜市営地下鉄の弘明寺駅。ここから3駅先の阪東橋駅にある横浜橋通商店街へ。商店街を回って南区の下町情緒を楽しもう。

▶ **大岡川プロムナード**
🏠 横浜市南区弘明寺町ほか
☎ 045-341-1232（横浜市南区役所区政推進課）
🕐 見学自由
🚃 京急線弘明寺駅から徒歩5分

▶ **横浜橋通商店街**
🏠 横浜市南区高根町1-4
☎ 045-231-0286
🕐 店舗により異なる
🚃 横浜市営地下鉄阪東橋駅から徒歩2分、京急線黄金町駅から徒歩7分

▶ **弘明寺**
🏠 横浜市南区弘明寺町267
☎ 045-711-1231
🕐 境内見学自由
　拝観時間8:00〜17:00
休 無休
料 無料
🚃 横浜市営地下鉄弘明寺駅から徒歩5分、京急線弘明寺駅から徒歩2分

---

info 横浜最古の弘明寺の門前町「弘明寺かんのん通り商店街」が現在のような商店街として発展したのは戦後の闇市が起源。全長270mのアーケードは、架けられた昭和31（1956）年当時東洋一とたたえられたほど。

**人口** 16万5196人
**面積** 19.05km²

## エリアの拠点駅

**新杉田駅**
JR線、横浜シーサイドライン

## 歩き方

海を楽しむなら根岸湾臨海部へ。磯子・海の見える公園から磯子海づり施設まで根岸湾沿いを約35歩き、工場とヨットの並ぶ磯子らしい海を見にいこう。首都高速道路や根岸駅ホームから見える風景、根岸駅から新杉田駅までの海側に連なる工場夜景も見逃せない。歴史好きなら、磯子駅徒歩5分の横浜市電保存館や三殿台遺跡へ。大自然を満喫するなら、大岡川源流域の氷取沢市民の森もおすすめだ。

### ▶はまぎん こども宇宙科学館

**住** 横浜市磯子区洋光台5-2-1
**TEL** 045-832-1166
**営** 9:30〜17:00(最終入館16:00)
**休** 第1・3火
**料** 400円(プラネタリウム600円)
**交** JR洋光台駅から徒歩3分

### ▶横浜市電保存館

**住** 横浜市磯子区滝頭3-1-53
**TEL** 045-754-8505
**営** 9:30〜17:00(最終入館16:30)
**休** 水・木(2024年4月1日より変更)
**料** 300円
**交** JR根岸駅から市電保存館行きバスで終点下車、徒歩すぐ

### ▶三殿台遺跡

**住** 横浜市磯子区岡村4-11-22
**TEL** 045-761-4571
**営** 9:00〜17:00(10〜3月は〜16:00)
**休** 月(祝日の場合は翌日)
**料** 無料 **交** 横浜市営地下鉄蒔田駅南口から徒歩25分

---

根岸湾に面して広がる水と緑の町

# 磯子区 ●いそごく

根岸湾に面した海が身近なエリア。南部は大岡川の水源になっており、そこで生まれた川が町を抜けて海に流れ込んでいる。源流域は円海山、氷取沢市民の森、峯市民の森などの広大な緑地で、そこを囲むように広がる丘陵地の高台には町並みや海の眺望が楽しめるスポットが点在している。縄文時代から人が住み始めたといわれ、江戸時代には農業や漁業の町として繁栄。昭和期に入ると工業化が急速に進み、根岸湾臨海工業地帯が誕生すると労働人口も増加し、商業も発展した。JR根岸線や京浜急行線沿線には商業エリアが広がり、古くから続く商店街も多い。工業地帯と、海、丘、川、森などの自然が共存しているのが魅力だ。

火力発電所とヨットハーバー

## おもな見どころ

### 館全体が巨大な宇宙船をイメージ
### はまぎん こども宇宙科学館

**MAP** 別冊P.14-B1

フロアごとにテーマで分けられた5つの展示室があり、見て触れて体感することで宇宙や科学の不思議を学ぶ。ギネス世界記録認定の高性能プラネタリウムが映し出す臨場感あふれる迫力の宇宙を体験しよう。

光学式プラネタリウム「MEGASTAR-IIA」

### 横浜が市電とともにあった時代の郷愁に浸る
### 横浜市電保存館

**MAP** 別冊P.13-C3

明治37年から約70年間、市民の足として親しまれた市電「ちんちん電車」を当時のままの姿で展示。市営地下鉄やバスが走る模型ジオラマや歴史コーナーでは、横浜の都市交通のあゆみを紹介している。

運転台やレトロな車内の座席に座ってタイムトリップしてみよう

### 横浜出身のフォークデュオ・ゆずゆかりの地にある遺跡
### 三殿台遺跡

**MAP** 別冊P.13-C3

標高約55mの小高い丘の上にある縄文・弥生・古墳時代の集落跡で、約270軒もの竪穴住居跡が発掘された国の指定史跡。竪穴住居が復元され、併設の三殿台考古館では出土品が展示されている。

約1万平方メートルの広さを誇る平坦な場所にある

---

**info** はまぎん こども宇宙科学館のプラネタリウム投影機(MEGASTAR-IIA:有限会社大平技研が開発)は、少なくとも7億個の恒星を投影できるとして、2023年2月ギネス世界記録®に認定された。

横浜と鎌倉をつなぐ緑豊かな町

# 栄区 ●さかえく

区内を流れるいたち川流域に位置する。鎌倉幕府にとって交通・軍事戦略上の要所だったことから、数多くの史跡が残る。

区のシンボル、いたち川

## おもな見どころ

開園前に遺跡の発掘が行われた公園

### 笠間中央公園
かさまちゅうおうこうえん

MAP 別冊P.17-C1

草地の広場や複合遊具があり、多目的広場は球技やその他のスポーツに利用されている。公園整備前の発掘調査で、弥生時代から中世にかけての集落跡の遺跡が発掘されたことから、笠間中央公園遺跡としても知られている。

高台から笠間地区を一望できる公園

定泉寺の境内の美しい浮彫が彫られた地下伽藍を参拝

### 田谷の洞窟・定泉寺（田谷山瑜伽洞）
たやのどうくつ・じょうせんじ　たやさんゆがどう

MAP 別冊P.17-C1

鎌倉時代より開かれた元鶴ヶ岡二十五坊の修禅道場。洞窟の壁面や天井には、本尊一願弘法大師をはじめ四国・西国・坂東・秩父各礼所の本尊、両界曼茶羅諸尊、十八羅漢など、数百体の御仏が行者の手により彫られている。

行者により刻まれた龍と御仏

宿場町だった横浜最大の区

# 戸塚区 ●とつかく

江戸時代に「戸塚宿」として栄えた歴史をもつ。現在は戸塚駅・東戸塚駅周辺に商業施設が集積し、豊かな緑も共存する魅力的な町。

東戸塚駅東口の風景

## おもな見どころ

『東海道中膝栗毛』で弥次さん喜多さんが最初に泊まった宿

### 旧東海道戸塚宿
きゅうとうかいどうとつかしゅく

MAP 別冊P.12-A3

日本橋から数えて5番目の宿場町、10里半（約42km）の距離にあり、朝江戸を発った旅人にとっての最初の宿泊地として、また当時人気があった鎌倉や江の島見物、大山参りへの分岐点としてにぎわったエリア。

江戸側の出入口「江戸方見付」跡

130年ほど前に造られた日本最古の現役トンネル

### 清水谷戸トンネル
しみずやととんねる

MAP 別冊P.12-B3

JR東海道本線横浜駅と戸塚駅の間にあり、上り線のトンネルは、明治20年（1887）に完成。現役としては最古の鉄道トンネルであり、明治時代の鉄道技術を今に伝える貴重な造造物として土木遺産に認定されている。

側壁が垂直な逆U字形なのが特徴

---

人口 12万821人
面積 18.52km²

## 🚃 エリアの拠点駅

▼本郷台駅
JR線

### 歩き方
いたち川水源の「横浜自然観察の森」をはじめとした市民の森で自然散策を。横浜市内の最高地点のある「鎌倉天園」は絶景のハイキングコース。

▶ 笠間中央公園
🏠 横浜市栄区笠間2-26
☎ 045-895-1411（栄土木事務所）
🕐 見学自由（多目的広場は予約制）🚉 大船駅から徒歩15分

▶ 田谷の洞窟・定泉寺
🏠 横浜市栄区田谷町1501
☎ 045-851-2392（受付）🕐 9:00～16:30（最終受付16:00）休 無休 料 400円 🚉 大船駅西口から戸塚バスセンター行きで洞窟前下車、徒歩すぐ

---

人口 28万3190人
面積 35.79km²

## 🚃 エリアの拠点駅

▼戸塚駅
JR線、横浜市営地下鉄

### 歩き方
「旧東海道しるべ」を頼りに、「江戸方見付」から「上方見附」まで約2.3kmの戸塚を歴史散策してみよう。

▶ 旧東海道戸塚宿
🏠 横浜市戸塚区吉田町879（江戸方見付）☎ 045-866-8326
🕐 見学自由 🚉 戸塚駅東口から徒歩15分

▶ 清水谷戸トンネル
🏠 横浜市保土ヶ谷区、戸塚区

---

info 「清水谷戸トンネル」は周辺道路等から現地に近づくことができない。横浜駅と戸塚駅の間を走行するJR東海道本線に乗車してくぐり抜けることで、車内からのトンネルのもつ100年以上の歴史を体感しよう。

**人口** 20万5790人
**面積** 21.93㎢

## 🚉 エリアの拠点駅
▼保土ケ谷駅
JR線

## 歩き方
かつて宿場町
保土ケ谷駅西口
商店街や横浜のアメ横洪福寺松原商店街で、人情あふれる歴史散策を楽しもう。

### ▶ 保土ケ谷宿本陣跡
🏠 横浜市保土ケ谷区保土ケ谷町1-68　👁 外観のみ見学自由
🚃 JR保土ケ谷駅から徒歩9分

### ▶ 保土ケ谷公園
🏠 横浜市保土ケ谷区花見台・明神台・仏向町地内　☎ 045-333-5515　🕐 8:30〜17:00　休 無休　🎫 無料(一部有料)　🚃 JR保土ケ谷駅西口から保土ケ谷駅行き循環バスほかで保土ケ谷野球場前下車、徒歩すぐ

---

道路交通が便利な歴史ある町
# 保土ケ谷区 ●ほどがや

江戸時代に東海道五十三次の「保土ケ谷宿」が置かれ、諸大名が宿泊する本陣を筆頭に、旅籠や商家などが建ち並ぶ宿場町として繁栄した。

相鉄線星川駅北口

## おもな見どころ

### 東海道を往来する幕府の役人や参勤交代の大名が宿泊した幕府公認の宿
#### 保土ケ谷宿本陣跡
MAP 別冊P.13-C2

東海道五十三次の4番目の宿場町「保土ケ谷宿」の本陣は、小田原北条氏の家臣豊前守康則の子孫で、保土ケ谷における最も有力な名家「苅部家(現軽部家)」が代々務めた。当時をしのばせる門が今も残されている。

個人所有のため敷地内への立入不可

### 戦後まもなく造られた神奈川県で一番古い運動公園
#### 保土ケ谷公園
MAP 別冊P.12-B2

高校野球の試合にも使用される硬式野球場、天然芝のサッカー場やラグビー場のほか、体育館、テニスコートなど各種スポーツが楽しめる運動公園。南側にはプールや遊具広場のほか、梅園や池など自然豊かな散策コースもある。

市内を代表する観梅スポット

---

**人口** 21万3805人
**面積** 19.90㎢

## 🚉 エリアの拠点駅
▼上大岡駅
横浜市営地下鉄、京急線
▼港南台駅
JR線

## 歩き方
上大岡駅から港南中央駅は、鎌倉街道に沿って開けた歴史とにぎわいを今に伝える区内いちばんの繁華街。

### ▶ 永谷天満宮
🏠 横浜市港南区上永谷5-1-5　☎ 045-844-7244(社務所)　👁 見学自由　🚃 横浜市営地下鉄上永谷駅から徒歩5分

### ▶ 久良岐公園
🏠 港南区上大岡東3-12-1　☎ 045-831-8484　👁 見学自由
🚃 京急線屏風ケ浦駅から徒歩20分

---

区内を縦断する武相国境と鎌倉古道
# 港南区 ●こうなんく

区の中央を南北に走る武蔵と相模の国境周辺の村々がルーツ。都市開発により、住宅都市・生活文化都市として発展した。

上大岡駅駅前

## おもな見どころ

### 合格祈願と学業成就のパワースポット
#### 永谷天満宮
MAP 別冊P.12-B3

学問の神様である菅原道真公が自ら彫ったといわれる道真像三体のうちの一体を御神体としている、由緒ある天満宮。四季折々の自然豊かな社叢「天神山」を有し、地域の信仰を集めている。

500年以上の歴史を誇る神社

### 伝統芸能の能舞台や日本庭園のある公園
#### 久良岐公園
MAP 別冊P.13-C3

港南区と磯子区にまたがる総合公園。面積23万平方メートルの園内に、大池や能舞台のある日本庭園、多目的に使える広場や遊具を設置。梅や桜の名所で、1年を通して森林浴や散策、四季折々の自然を楽しめる。

久良岐能舞台と紅葉

---

info 市内唯一の渓谷があり、大自然のなかをハイキング気分で楽しめる陣ケ下渓谷公園は、保土ケ谷区にある。横浜駅から公園の最寄り駅まで電車でわずか15分で行ける横浜の秘境。

## 海と緑が調和した歴史豊かな町
# 金沢区 ●かなざわく

鎌倉幕府の影響を受け、鎌倉文化とともに発展してきた町。幕府の交通上、経済上および文教上、重要な拠点をなす外港「六浦津（むつらのつ）」として栄え、金沢文庫、称名寺（しょうみょうじ）、朝夷奈切通（あさいななきりどおし）など、金沢北条氏が築いた歴史的・文化的遺産や名所・旧跡が数多く残る。江戸時代には、歌川広重の浮世絵にも描かれた、風光明媚な景勝地「金沢八景」として、多くの観光客が訪れた。平潟湾の埋め立てや宅地開発が進むと景観は変化したが、横浜市内で唯一の自然海岸である野島海岸や、市内最高峰の大丸山など、今でも往時をしのばせる美しい風景を残している。

金沢八景と横浜シーサイドライン

**人口** 19万5201人
**面積** 30.96km²

### エリアの拠点駅
▼金沢八景駅
京急線、横浜シーサイドライン

**歩き方**　新杉田駅と金沢八景駅を結ぶ横浜シーサイドラインの臨海部沿線には、野島海岸、人工浜の海の公園、アミューズメント水族館の「横浜・八景島シーパラダイス」、マリンレジャー施設やショッピングモールなどが充実。一方で、称名寺、金沢文庫、瀬戸神社、朝夷奈切通など、鎌倉文化を今に伝える歴史的・文化的遺産や名所・旧跡も見られる。

## おもな見どころ

### 世界の希少草食動物と身近な生き物に出会える動物園
#### 横浜市立金沢動物園（よこはましりつかなざわどうぶつえん）
**MAP** 別冊P.15-C1

コアラやゾウなどの希少草食動物を中心に飼育展示。家畜のいる「ほのぼの広場」や身近な生き物の保全に力を入れている「身近ないきもの館」など、1日を通して動物や自然を満喫できる。

緑豊かな金沢自然公園内の、眺望のよい丘陵地帯にある動物園

### 鎌倉・南北朝時代の文化を今に伝える中世歴史博物館
#### 神奈川県立金沢文庫（かながわけんりつかなざわぶんこ）
**MAP** 別冊P.15-C1

鎌倉時代中期に北条実時が創建した現存最古の武家文庫に起源をもつ歴史博物館。金沢北条氏の菩提寺・称名寺ゆかりの2万点を超える国宝や重要文化財を中心に保管・研究し、展示公開している。

古文書、古典籍、仏像、絵画、工芸品などの文化財の宝庫

### 浄土式庭園が美しい金沢北条氏の菩提寺
#### 称名寺（しょうみょうじ）
**MAP** 別冊P.15-C1

鎌倉時代の武将・北条実時が、六浦荘金沢の屋敷内に建てた持仏堂が起源の寺院。境内は国指定史跡になっていて、本堂前の阿字ヶ池を中心に朱塗りの反橋と平橋が架かる美しい浄土式庭園が広がっている。

浄土曼荼羅に基づいて配置された浄土式庭園

▶ **横浜市立金沢動物園**
🏠 横浜市金沢区釜利谷東5-15-1
☎ 045-783-9100
🕐 9:30〜16:30（最終入園16:00）
休 月（祝日の場合は翌日、5・10月は無休）、12/29〜1/1
料 500円（中人・高校生300円、小・中学生200円、小学生未満無料）
🚃 京急線金沢文庫駅から野村住宅センター行きバスで、夏山坂上下車、徒歩6分（土・日曜・祝日は直行バスあり）

▶ **神奈川県立金沢文庫**
🏠 横浜市金沢区金沢町142
☎ 045-701-9069
🕐 9:00〜16:30（最終入館16:00）
休 月（祝日の場合は翌日）、年末年始、臨時休館日
料 250円（20歳未満・学生150円、60歳以上・高校生100円）※特別展は別途
🚃 京急線金沢文庫駅東口から徒歩12分

▶ **称名寺**
🏠 横浜市金沢区金沢町212-1
☎ 045-701-9573
🕐 9:00〜16:30
休 無休
料 無料
🚃 京急線金沢文庫駅から徒歩12分

住 横浜市金沢区八景島
℡ 045-788-8888
営 10:00～17:00(土・日曜・祝日は
～19:00、季節・施設により異なる)
休 無休　料 チケットにより異なる
交 横浜シーサイドライン八景島駅
から徒歩すぐ

イルカたちによる夢と幻想的な世界

住 横浜市金沢区朝比奈町字峠坂1
営 見学自由
交 京急線金沢八景駅からバスで
朝比奈下車、徒歩3分

住 横浜市金沢区瀬戸18-14
℡ 045-701-9992
営 参拝自由
交 京急線・横浜シーサイドライン
金沢八景駅から徒歩2分

住 横浜市金沢区長浜114-4　長
浜野口記念公園内
℡ 045-782-7371
営 9:00～22:00(最終受付21:00)
旧細菌検査室9:00～17:00
休 第3月曜　料 無料
交 京急線能見台駅、横浜シーサイ
ドライン幸浦から徒歩15分

---

テーマが異なる4つの水族館が併設する複合型レジャー施設

よこはま・はっけいじましーぱらだいす
## 横浜・八景島シーパラダイス　MAP 別冊P.15-C2

　4つの水族館にアトラクション、レストラン、ショッピングエリア、ホテルが揃った「海・島・生きもの」のテーマパーク。日本最大級、総称「アクアリゾーツ」と呼ばれる4つの水族館があり、海上を走行するジェットコースターや巨大立体迷路などのアトラクション、手ぶらで体験できるBBQなど1日中楽しめるスポットが充実している。

自然の海を再現。5万尾のイワシが泳ぐ大水槽

鎌倉へ塩などの物資を運ぶための重要な交通路

あさいなきりどおし
## 朝夷奈切通　MAP 別冊P.14-B2

　鎌倉時代に造られた鎌倉七口と呼ばれる里道のひとつで、鎌倉と六浦を結ぶ重要な交通路。峠の頂上付近のあたりが「大切通し」、そこより金沢寄りが「小切通し」で、昭和44(1969)年に「朝夷奈切通」として国の史跡に指定された。

朝夷奈切通(小切通)

源頼朝を勝利に導いたとされる六浦港の守り神

せとじんじゃ
## 瀬戸神社　MAP 別冊P.15-C2

　海上交通の難所であり、古代より海神を祀る霊地に、源頼朝が挙兵する際に戦勝を祈願して伊豆三島明神を勧請したのが起源。御祭神は大山祇命で、交通安全・旅行安全・商売繁盛にご利益があるとされるパワースポットだ。

拝殿と市指定文化財の社叢林

日本に現存する唯一の野口博士ゆかりの研究施設のある文化ホール

よこはましながはまほーる
## 横浜市長浜ホール　MAP 別冊P.15-C1

　旧横浜検疫所の事務所棟を外観復元して作られた、コンサートなど音楽活動を中心とした文化ホール。同敷地内に細菌学者として有名な野口英世博士ゆかりの旧細菌検査室があり、当時の検疫検査の様子も復元されている。

長浜野口記念公園内に位置する施設

---

かなトーク

### 金沢八景の名を付けたのは
### 中国からやってきた旅の僧だった

　金沢は中世から風光明媚な地で有名だったが、「金沢八景」の名の由来を作ったのは、江戸時代初期に当時は清だった中国から圧政を逃れ、日本に亡命した禅僧の東皐心越(とうこうしんえつ)だったといわれている。幕府の目を逃れ日本各地を旅し、金沢の風景を目にして、故国の湖南省にある名勝の瀟湘八景(しょうしょうはっけい)に似ていると感銘を受けた。後に歌川広重も浮世絵にしたが、埋め立てなどで景色は変わり地名が残った。

---

info 朝夷奈切通は、鎌倉七口のなかでも最も長く険しい古道だが、和田義盛の二男であり、豪傑で知られた朝比奈三郎義秀が一夜にして切り開いたという伝説がある。これが朝比奈切通の名前の由来となった。

## 進化する駅と買い物スポット

# 新横浜駅
しんよこはまえき

新幹線と在来線や地下鉄が交わる新横浜駅は、交通の便のよさで注目されていたが、2023年の相鉄・東急直通線の開業により、その便利さは格段に進歩している。

都心がぐっと近くなった新横浜駅

1964年10月1日、東海道新幹線の開業にともない、新横浜駅は誕生した。JR横浜線と交差する地に新設された同駅には、1985年に横浜市営地下鉄が横浜駅から延伸され、横浜市街地との利便性が一気に高まった。新横浜駅周辺地区はオフィスビルやホテルが建ち並び、横浜アリーナや横浜国際総合競技場（日産スタジアム）などへのアクセスの拠点ともなっている。

さらに2023年3月18日には、相鉄線と東急線の相互乗り入れが開始した。相鉄本線から東急目黒線方面への乗り入れや相鉄いずみ野線から東急東横線方面への乗り入れなどが実現し、途中駅での乗り換え回数は減少。相鉄線は直通線開業で快適に都心へ行くことができるようになった。

新横浜駅にはすべての新幹線が停車する

新横浜駅をさらに便利にする相鉄・東急直通線

新横浜駅の駅ビル、キュービックプラザ新横浜の外観

早朝から開いているのもうれしい

新横浜プリンスペペの外観。奥の建物は新横浜プリンスホテル

### 便利に楽しめるショッピング
## キュービックプラザ新横浜
きゅーびっくぷらざしんよこはま

　2階で新横浜駅に直結している商業施設。ビックカメラのほかにユニクロ、GU、ロフトなどが入っていて、9、10階はレストラン街となっている。

**MAP** 別冊P.29-D1
住 横浜市港北区新横浜2-100-45
TEL 045-478-2722（受付時間9:00〜17:30）営 店舗により異なる
交 JR新横浜駅から直結

### ギフトも普段使いも
## グランドキヨスク新横浜
ぐらんどきよすくしんよこはま

　キュービックプラザ新横浜の2階、新幹線東改札口前に位置する。横浜を代表するおみやげのほか、ドリンクやおにぎりなどのデイリー商品も幅広く扱っている。

**MAP** 別冊P.29-D1
住 横浜市港北区新横浜2-100-45 TEL 045-642-7141 営 5:40〜22:00 交 JR新横浜駅から直結

### 個性あふれるショップが充実
## 新横浜プリンスペペ
しんよこはまぷりんすぺぺ

　ファッションフロアをはじめ、コスメや雑貨、カフェ、コンビニなどさまざまなショップが入る。地下1階の食料品フロアなどもあるショッピングセンター。

**MAP** 別冊P.29-D1
住 横浜市港北区新横浜3-4
TEL 045-474-7777 営 10:00〜21:00（店舗により異なる）交 JR新横浜駅から徒歩2分

info キュービックプラザ新横浜の2階は新幹線やJR横浜線、バス乗り場、1階はタクシー乗り場、地下2階は横浜市営地下鉄、相鉄・東急新横浜線乗り場となっている。

**人口** 36万3097人
**面積** 31.40km²

## 🚉 エリアの拠点駅

**▼新横浜駅**
東海道新幹線、JR線、横浜市営地下鉄線、相鉄線、東急線

**▼日吉駅**
横浜市営地下鉄線、東急線

## 歩き方

新幹線を含む複数路線が乗り入れる新横浜駅周辺に観光施設が集まる。特に横浜アリーナや日産スタジアム（横浜国際総合競技場）には、イベント開催時は数多くの人が訪れる。小机駅の周辺は自然豊かで新横浜公園や小机城址跡もあるので、散策にはおすすめだ。東急線沿線は慶應義塾大学のキャンパスが広がる日吉や温泉街としてにぎわった綱島などのエリアがあり、都会的でありながら、歴史や自然の魅力もあふれている。

### ▶日産スタジアム
**住** 横浜市港北区小机町3300
**電** 045-477-5000
**営料** イベントにより異なる
**休** 火
**交** 新横浜駅から徒歩12〜14分、JR小机駅から徒歩7分

### ▶横浜アリーナ
**住** 横浜市港北区新横浜3-10
**電** 045-474-4000
**営休料** イベントにより異なる
**交** 新横浜駅から徒歩5分

### ▶新横浜ラーメン博物館
**住** 横浜市港北区新横浜2-14-21
**電** 045-471-0503
**営** 11:00〜21:00、土・日・祝日10:30〜 **休** 無休 **料** 450円（小・中・高校生・シニア100円）
**交** 新横浜駅から徒歩5分

---

大規模な開発で生まれた第2の都心

# 港北区 ●こうほくく

横浜18区で人口、世帯数ともに最多を誇る。明治時代以降の鉄道整備をきっかけに近代化が進み、大型商業施設、高層マンションが並ぶニュータウンが開発されるようになった。昭和39

新横浜駅北口の風景

（1964）年の東海道新幹線の新横浜駅の開業をきっかけに、駅周辺はオフィス街への発展し、現在は関内地区、みなとみらい21地区、横浜駅周辺地区などの都心部に次ぐ「横浜市第2の都心」として位置づけられている。そのため都会的なイメージが先行するが、江戸時代を過ぎるまでは農村地帯として発展していた。区内の各所で豊かな自然を残した田園風景が見られ、大熊川の右岸にある新羽・大熊農業専用地区では、東京に向けて出荷するための近郊農協が行われている。

## おもな見どころ

### 3大スポーツイベントの決勝戦が行われたスタジアム
#### にっさんすたじあむ
#### 日産スタジアム
**MAP** 別冊P.29-C1

日本最大規模の多目的競技場。舞台裏をガイド付きで見学するスタジアムツアー（有料・予約制）では、内部見学のほか、トラックに上がることもでき、世界最高峰の選手になったリアルな気分を体験できる。

敷地内の新横浜公園では散策やさまざまなスポーツを楽しめる

### 県内最大規模の多目的屋内アリーナ
#### よこはまありーな
#### 横浜アリーナ
**MAP** 別冊P.29-D1

横浜を代表するイベント会場。市政100周年、開港130周年の記念事業の一環で建てられた。コンサートやスポーツなどさまざまなイベントが行われるメインアリーナは最大収容人数1万7000人という規模を誇る。

「横アリ」の略称で親しまれている県内最大級の屋内施設

### 世界初・ラーメンのフードアミューズメントパーク
#### しんよこはまらーめんはくぶつかん
#### 新横浜ラーメン博物館
**MAP** 別冊P.29-D1

まるで映画の撮影スタジオのような昭和ノスタルジー漂うフォトジェニックな館内に、ラーメンの名店がひしめく。全店で用意されているミニサイズで気軽に食べ歩きを楽しもう。

日清チキンラーメンが発売された昭和33年の町並みを再現

---

**info** 14基の御神輿が渡御され、1000人の担ぎ手が集まるという「綱島諏訪神社例大祭」。毎年8月の最終週末に行われる横浜で最大級の祭りで綱島一帯は熱気とかけ声でにぎわう。この時期、綱島はお祭り一色になる。

## 映画やテレビのロケ地にも利用される歴史的建造物

### 横浜市大倉山記念館
よこはましおおくらやまきねんかん

MAP 別冊P.13-C1

プレ・ヘレニック様式の外観に、昭和初期の雰囲気を残す集会室、東洋の意匠を取り入れたホール、壮大なエントランスなど、東西文化が溶け合った独特の様式美をもつ市の文化施設。

横浜市指定有形文化財に指定されている

▶ 横浜市大倉山記念館
🏠 横浜市港北区大倉山2-10-1
☎ 045-544-1881
🕐 9:00〜22:00(受付は〜21:00)
🈳 第2月(祝日の場合は翌月曜)
💴 無料(集会室利用は要予約・有料。イベントは有料の場合あり)
🚉 東急線大倉山駅から徒歩7分

## 戦前戦後に「東京の奥座敷」としてにぎわいをみせた温泉街

### 綱島温泉
つなしまおんせん

MAP 別冊P.13-D1

大正3(1914)年にラジウム温泉が発見され、最盛期には綱島駅(旧綱島温泉駅)周辺に温泉旅館が80軒建ち並ぶ温泉街だった。現在は、数軒の日帰り入浴施設や温泉銭湯が点在し、往時の面影を残している。

「温泉利用型健康増進施設」認定の「綱島源泉湯けむりの庄」

▶ 綱島温泉
※データは綱島源泉湯けむりの庄のもの
🏠 横浜市港北区樽町3-7-61
☎ 045-545-4126 🕐 天然温泉9:00〜24:00(最終受付23:00)
🈳 無休 💴 1430円(小人1070円、休日料金は各別途)
🚉 東急線綱島駅から徒歩18分

## 中世の山城小机城跡

### 小机城址市民の森
こづくえじょうししみんのもり

MAP 別冊P.13-C1

美しい竹林に覆われた本丸・二の丸・空堀・土塁など小机城の遺構が、良好な状態で残っている。毎年行われる竹灯籠まつりでは約3800本の竹灯籠の灯りが幻想的に竹林を照らす。

続日本100名城にも選ばれた中世城郭

▶ 小机城址市民の森
🏠 横浜市港北区小机町
☎ 045-353-1166(横浜市北部公園緑地事務所)
🕐 見学自由(日の出から日没まで)
🚉 JR小机駅から徒歩10分(駐車場なし)

竹灯籠まつり

## 綱島公園内に保存・整備されている円墳

### 綱島古墳
つなしまこふん

MAP 別冊P.13-C1

鶴見川北岸の丘陵の頂上部にある直径約20m、高さ約3mの円墳。木棺直葬と考えられる埋葬施設や副葬品、須恵器や円筒埴輪等が出土し、5世紀後半に造られ、このあたりの首長の墓とされている。

周辺は綱島公園として整備されている

▶ 綱島古墳
🏠 横浜市港北区綱島台1 綱島公園敷地内
☎ 045-671-3284
🕐 見学自由
🚉 東急線綱島駅から徒歩7分

## 緑豊かな境内に四季折々の花が咲き誇る「花の寺」

### 補陀洛山　西方寺
ふだらくさん　さいほうじ

MAP 別冊P.13 C1

約800年前、源頼朝卿の時代に鎌倉に創建され、約500年前にこの地に移転した真言宗の寺院。国・県・市の重要文化財を保有。毎月、写経会や御詠歌教室、瞑想の会などを開催している。

平成の大修理により創建当初の姿に復元された茅葺きの本堂

▶ 補陀洛山　西方寺
🏠 横浜市港北区新羽町2586
☎ 045 531-2370
🕐 参拝6:00〜17:00
🈳 無休 💴 無料
🚉 横浜市営地下鉄新羽駅から徒歩5分

参道と山門

info 小机駅周辺で5月に開催される小机城の歴史を伝えるイベント「小机城址まつり」では、武者姿の一行が町なかを練り歩き、合戦に繰り出す前の出陣式を再現。武者撮影会も行われる。

人口 30万9399人
面積 35.22km²

## エリアの拠点駅

▼たまプラーザ駅
東急線

▼あざみ野駅
横浜市営地下鉄線、東急線

### 歩き方

たまプラーザ駅を拠点とする美しが丘やあざみ野エリアは、洗練された町並みが美しい高級住宅街。個性的かつ成熟したライフスタイルをもち、趣味や教養にいそしむ人たちが多く、生活を豊かにする文化施設や商業施設が集積している。優雅な町歩きを楽しんだ後は、少し足を延ばして、自然と遊び場が共存するこどもの国や、里山の自然を体験できる寺家ふるさと村四季の家へ。多摩丘陵の豊かな自然を満喫しに行こう。

▶ 寺家ふるさと村四季の家
🏠 横浜市青葉区寺家町414
📞 045-962-7414
🕐 9:00〜17:00
🚫 火(祝日の場合は翌日)
💴 施設により異なる
🚃 東急線青葉台駅から鴨志田団地行きバスで終点下車、徒歩3分

▶ 稲荷前古墳群
🏠 横浜市青葉区大場町156-10ほか
📞 045-671-3284(横浜市教育委員会事務局生涯学習文化財課)
🕐 見学自由
🚃 東急線市が尾駅から桐蔭学園方面行き他バスで水道局青葉事務所前下車、徒歩3分

▶ もえぎ野公園
🏠 横浜市青葉区もえぎ野7-1
📞 045-971-2300(横浜市青葉区青葉土木事務所)
🕐 見学自由
🚃 東急線藤が丘から徒歩8分、青葉台駅から徒歩13分

豊かな緑のなかに洗練された町並みが広がる

# 青葉区 ●あおばく

区の中央を南北に流れる鶴見川に沿うように広大な農業用地が広がり、他は大部分を丘陵地帯が占めるため「丘の横浜」とも呼ばれている。弥生時代の「朝光寺原遺跡」や古墳時代の「市ケ尾横穴古墳群」などの遺跡が点在し、土地の歴史を物語っている。江戸時代には東海道の脇街道だった大山街道の通った荏田周辺はにぎわいを見せるが、それ以外の周辺地域は昭和30年代後半の高度成長期を迎えるまでは静かな農村地帯だった。現在は、東京・渋谷まで電車で30分圏内というアクセスの利便性から、北西部を除くほぼ全域が東京都心部への通勤・通学者のベッドタウンとして開発されている。

あざみ野駅方面など町並み

## おもな見どころ

都会のなかに残された、昔ながらの横浜の田園風景
### 寺家ふるさと村四季の家
じけらふるさとむらしきのいえ

MAP 別冊P.6-B2

雑木林の丘に囲まれた水田を中心に、緑豊かな里山の風景を残した寺家ふるさと村。総合案内所「四季の家」はレストランを併設するほか、自然や農業についての展示や講座、各種イベントを開催。

青葉台駅からバスでわずか10分の場所に広がる里地里山の風景

多種多様な古墳が見つかり「古墳の博物館」ともいわれる
### 稲荷前古墳群
いなりまえこふんぐん

MAP 別冊P.6-B2

住宅地造成中に発見された古墳時代の古墳群。この地域の首長とその一族の墓とされる10基の古墳と3つの横穴墓群からなり、そのうち3基を保存、神奈川県の指定史跡として公開している。

16号墳は4世紀後半築造の市域でも最も古い古墳のひとつ

区内で一番大きな池のある公園
### もえぎ野公園
もえぎのこうえん

MAP 別冊P.6-B2

閑静な住宅街にある自然あふれる公園。かつて農業用ため池として使われていた大きな池の上に観察デッキがあり、池にわたってくる野鳥の観察や水辺環境に親しんだり、指定エリアでは釣りを楽しむこともできる。

春は散策路の満開の桜、夏は水面に広がるハスの花を楽しめる

info 美しい町並みがドラマや映画の舞台になることも多い青葉区には、「風雲!たけし城」や「SASUKE」などの撮影で有名な日本最大規模のテレビスタジオ「緑山スタジオ・シティ」がある。

### 自然や動物と触れ合える充実のこどもの遊び場

## こどもの国
こどものくに

MAP 別冊P.6-B2

　約100ヘクタールの緑豊かな敷地内に、広場や園内バス、せせらぎ、つり橋、サイクリングコース、ボート乗り場、ドラムかんいかだ、バーベキュー場などさまざまな遊び場や遊具が点在。動物と触れ合い、乗馬体験のできる「雪印こどもの国牧場」やこども動物園も併設。夏には屋外プール、冬は屋外アイススケート場がオープンする。

こどもの国を周回する園内バス「あかポッポ号」

▶ こどもの国
🏠 横浜市青葉区奈良町700
☎ 045-961-2111
🕘 9:30～16:30(7・8月は～17:00、最終入園は各閉園1時間前)
🚫 水(祝日の場合開園)、12/31、1/1
💴 600円(小・中学生200円、3歳以上100円)
🚇 東急線こどもの国駅から徒歩3分

春には桜が楽しめる中央広場

### 古墳時代終末期のこの地の有力者の墓

## 荏子田横穴
えこだおうけつ

MAP 別冊P.6-B2

　早渕川上流の台地の斜面を利用し造られた2基並びの横穴墓。これらのうちの1基は内部が切妻造りの家形を模している。荏子田朝日公園内にあり整備・保存されているが、天井の崩落危険があるため柵で囲われ、中に入ることはできない。

別名「荏子田かんかん穴」と呼ばれる

▶ 荏子田横穴
🏠 横浜市青葉区荏子田1-7-1
☎ 045-671-3284(横浜市教育委員会事務局生涯学習文化財課)
🕘 見学自由
🚇 東急線たまプラーザ駅から徒歩23分

### 貴重な横穴墓群を近くで見られる歴史公園

## 市ケ尾遺跡公園
いちがおいせきこうえん

MAP 別冊P.6-B2

　鶴見川左岸の丘陵地で発見された横穴古墳群のひとつ。6世紀後半から7世紀後半の古墳時代末期に造られた有力農民たちの墓ではないかと考えられている。墓群に沿って歩ける散策路が整備されている。

12基のA群横穴墓

▶ 市ケ尾遺跡公園
🏠 横浜市青葉区市ケ尾町1639-2
☎ 遺跡・施設のこと
045-671-3284(横浜市教育委員会事務局生涯学習文化財課)
そのほかのこと
045-971-2300(横浜市青葉区青葉土木事務所)
🕘 見学自由 🚇 東急線市が尾駅から徒歩10分

### 人が水辺に触れ合える場所として水路を活用

## 谷本せせらぎふれあいの道
やもとせせらぎふれあいのみち

MAP 別冊P.6-B2

　下水道が整備されることで水量が減少し、悪臭や不法投棄などの問題が生じた水路を生き返らせてできた緑道。小学生とのワークショップを行った結果、花壇、ベンチなどが設置され、人々が集い、憩い、やすらげる親水空間となっている。

植木と花が植えられた遊歩道

▶ 谷本せせらぎふれあいの道
🏠 横浜市青葉区下谷本町
☎ 045-971-2300(横浜市青葉区青葉土木事務所)
🕘 見学自由
🚇 東急線藤が丘駅から徒歩10分

### 秘密基地のような展望台のある公園

## 奈良山公園
ならやまこうえん

MAP 別冊P.6-B2

　雑木林と芝生の丘陵地からなる自然あふれる公園で、中央の奈良山には散策路が設けられ、手軽な山歩きが楽しめる。広場の一角にあるキノコのような形のオブジェの一部は展望台になっており、広場や付近の町並みを見渡すことができる。

奈良山の斜面を利用した

▶ 奈良山公園
🏠 横浜市青葉区奈良1-4-1
☎ 045-971-2300(横浜市青葉区青葉土木事務所)
🕘 見学自由
🚇 東急線こどもの国駅から徒歩3分

info　東急こどもの国線では、内装は牧場風景で装飾し、「雪印こどもの国牧場」の牛や羊に見立ててラッピングした「うしでんしゃ」「ひつじでんしゃ」に乗車できる。電車に乗りながら牧場にいる気分を楽しめる。

人口 21万5267人
面積 27.87km²

## エリアの拠点駅

▼センター南駅
横浜市営地下鉄線

▼センター北駅
横浜市営地下鉄線

## 歩き方

センター北駅、センター南駅を中心に、いくつものショッピングセンターや百貨店が立つ港北ニュータウンには、食事や買い物の帰りに気軽に立ち寄れる歴史スポットがいっぱい。センター北駅から徒歩5分の横浜市歴史博物館で区の歴史を予習してから、遺跡や城址を巡る。区内南部の川和エリアに残る、歴史史跡や古刹を訪ねる古都歩きもおすすめ。

---

### ▶ 大塚・歳勝土遺跡

🏠 横浜市都筑区大棚西1
☎ 045-912-7777(横浜市歴史博物館)
🕘 9:00～17:00(公園は見学自由)
休 月(祝日の場合は翌日) 料 無料
🚃 横浜市営地下鉄センター北駅から徒歩5分

---

### ▶ 都筑民家園

🏠 横浜市都筑区大棚西2
☎ 045-594-1723(NPO法人都筑民家園管理運営委員会)
🕘 9:00～17:00
休 第2・4月(祝日の場合は翌日)
料 無料(有料イベントあり)
🚃 横浜市営地下鉄センター北駅から徒歩8分

---

### ▶ 崎陽軒横浜工場

🏠 横浜市都筑区川向町675-1
☎ 045-472-5890
🕘 見学約90分(試食含む、要予約)
休 月・木・日、毎月の月末 料 無料
🚃 新横浜駅から横浜市営バス川向耕地行、港北インター下車徒歩5分。JR小机駅から徒歩17分

---

豊かな自然とモダンな現代都市が同居する

# 都 筑 区 ●つづきく

横浜市営地下鉄のセンター北駅、センター南駅を中心に、大規模な商業施設・文化施設等が集まった「港北ニュータウン」が区の半分を占める。横浜市の副都心的な存在として位置づけ

センター北駅とセンター南駅周辺

られており、多くは住宅や商業施設に利用されているが、公園や緑道、保存緑地なども整備されている。

かつては農村地域だったが、昭和30年代から鶴見川沿いに工場が進出してくるようになり、横浜市内でも有数の工業地帯に。一方で、川沿いには農地や樹林地も残され、都市と農業が調和した新しい町づくりが進められている。区名は横浜市北西部が戦前まで「都筑郡」と呼ばれていたことに由来。

## おもな見どころ

### 弥生時代の住居跡や墓が残された遺跡公園

#### 大塚・歳勝土遺跡
おおつか・さいかちどいせき
**MAP** 別冊P.29-D2

大塚遺跡は約100人が暮らしていたとされる弥生時代の環濠集落(外敵を防ぐための壕で囲まれた村)跡で、竪穴式住居7軒と高床式倉庫1軒が復元されている。歳勝土遺跡は大塚遺跡に住んでいた人の墓地の跡。

復元された竪穴式住居は内部を自由に見学できる

### 移築された古民家のある公園
#### 都筑民家園
つづきみんかえん
**MAP** 別冊P.29-D2

都筑郡牛久保村から移築した文化財指定の古民家「旧長沢家住宅(主屋および馬屋)」を中心に、管理棟、庭などで構成する文化体験施設。日本の伝統文化に親しむさまざまなイベントを開催している。

大塚・歳勝土遺跡公園内にある文化体験施設

### 横浜名物のシウマイで有名な崎陽軒の工場
#### 崎陽軒横浜工場
きようけんよこはまこうじょう
**MAP** 別冊P.13-C1

1日に約80万個ものシウマイが作られる工場で、製造工程やシウマイ弁当の箱詰めラインの見学ができる(無料・予約制)。昔の車内販売風景を再現したコーナーで、できたて製品の試食も可能だ。

予約をすれば無料で工場見学ができる

---

info 大塚・歳勝土遺跡へは、センター北駅から歩行者専用道路で行けるほか、横浜市歴史博物館の屋上から直結の歩道があり、開館時間中は歴史博物館経由でのアクセスも可能。

横浜市 ◆ 都筑区

## 子育て世代に人気の便利で安全な住みやすい町

### 港北ニュータウン
こうほくにゅーたうん
**MAP** 別冊P.29-D2

横浜市北部の都筑区内に広がる、都市計画に基づき建設された総面積2530ヘクタールの大規模な市街地。横浜市中心部にも都内への通勤にも便利な立地にあり、横浜市北部の主要な生活拠点に位置づけられる。大型商業施設が周辺にあるため利便性が高く、緑道や公園などが整備され、自然豊かで整理された町並みが人気のエリア。

センター北駅前の商業施設「モザイクモール港北」

センター南駅

## 横浜が歩んできた歴史を展示する博物館

### 横浜市歴史博物館
よこはまししれきしはくぶつかん
**MAP** 別冊P.29-D2

おもに原始から開港期までの「横浜に生きた人々の生活の歴史」を中心に、約3万年の横浜市域の歴史や文化の変遷を伝える博物館。常設展示室は原始I・原始II・古代・中世・近世・近現代の6つのコーナーに分けられ、テーマに沿って時代順に歴史をたどることができる。そのときどきのテーマに合わせた企画展や特別展も開催。

横浜市歴史博物館の正面玄関

## 中世城郭史の傑作、茅ヶ崎城跡にある緑豊かな歴史公園

### 茅ヶ崎城址公園
ちがさきじょうしこうえん
**MAP** 別冊P.29-D2

自然の丘を利用して作られた中世の丘城「茅ヶ崎城址」を整備した歴史公園。中世城郭の特徴である「空堀」「郭」「土塁」の構造がよく保存され、早渕川を挟んだ歴史公園、大塚・歳勝土遺跡公園と合わせて歴史散策を楽しめる。

こんもりとした丘の上にある公園

## 川和町のシンボル「川和富士」のある公園

### 川和富士公園
かわわふじこうえん
**MAP** 別冊P.12-B1

江戸時代中期にこの辺りに築かれた7つの富士塚のひとつ「川和富士」のある公園。晴れた日には頂上の展望台からはほぼ全方位の視界が開け、遠くに本物の富士山を見ることができる。麓には広々とした草原広場がある。

標高74mの山頂は絶景スポット

### ▶港北ニュータウン
**住** 横浜市都筑区茅ケ崎
**営** 見学自由
**交** 横浜市営地下鉄センター北駅またはセンター南駅から徒歩すぐ

### ▶横浜市歴史博物館
**住** 横浜市都筑区中川中央1-18-1
**TEL** 045-912-7777
**営** 9:00〜17:00(券売は〜16:30)
**休** 月(祝日の場合は翌日)
**料** 400円(高校・大学生200円、市内65歳以上・小中学生100円)、企画展は別途
**交** 横浜市営地下鉄センター北駅から徒歩5分、センター南駅から徒歩9分

劇場のような常設展示室

### ▶茅ヶ崎城址公園
**住** 横浜市都筑区茅ヶ崎東2−25
**TEL** 045-353-1166(環境創造局北部公園緑地事務所)
**営** 見学自由
**交** 横浜市営地下鉄センター南駅から徒歩8分

### ▶川和富士公園
**住** 横浜市都筑区富士見が丘20
**TEL** 045-942-0606(都筑土木事務所)
**営** 見学自由
**交** 横浜市営地下鉄都筑ふれあいの丘駅から徒歩8分

ひと巡りで
動物世界一周！

よこはまどうぶつえんずーらしあ

# よこはま動物園
# ズーラシア

「アフリカのサバンナ」ゾーンを闊歩するグラントシマウマとキリン

人気のオカピはアフリカのコンゴ民主共和国に生息するキリン科の動物。シマウマのような縞紋様が特徴的（「アフリカの熱帯雨林」ゾーン）

園内では食事も楽しめる（サバンナテラスの「ムアンバライス」）

提供：よこはま動物園ズーラシア

「生命の共生・自然との調和」をメインテーマに掲げる動物園。総面積約45ヘクタールと日本最大級の敷地を、世界の気候帯・地域別に、アジアの熱帯林、亜寒帯の森、オセアニアの草原、中央アジアの高地、日本の山里、アマゾンの密林、アフリカの熱帯雨林、アメリカのリバンナの8つのゾーンに分け、日本ではここでしか飼育していないドール、絶滅危惧種のゴールデンターキンなど希少動物を含む約100種の動物を飼育している。

動物の展示以外にも、乗馬体験やモルモットとの触れ合いなどのアクティビティ、フォトサービスも用意しており、動物グッズを販売するショップ、レストラン、カフェなどの施設も充実している。

人気の園内バス「ズッピ」。正門（ゾウさんのりば）と北門（北門のりば）を結ぶ

**MAP** 別冊P.12-A1

🏠横浜市旭区上白根1175-1 ☎045-959-1000 🕘9:30〜16:30（入園は〜16:00）　🈺火（祝日の場合は翌日）、12/29〜1/1／※臨時開園あり 💴800円（中人・高校生300円、小・中生200円、小学生未満無料）※土曜は高校生以下無料（要学生証等）／※よこはま動物園・金沢動物園共通年間パスポート2000円（18歳以上）／園内バス（1回乗車券）中学生以上200円、小学生以下100円、小学生未満無料 🚃相鉄線鶴ヶ峰駅・三ツ境駅からよこはま動物園行きバスで約15分、JR横浜線中山駅・横浜市営地下鉄中山駅からよこはま動物園行きバスで約18分、JR横浜駅からよこはま動物園行きバスで約1時間

ズーラシア正門

園内バスの運行時間は平日が20〜30分間隔、土・日・祝が10〜15分間隔。開園直後と閉園間際は非常に混雑するので注意。

横浜エリア

横浜市 ◆ 旭区・緑区

帷子川の水源を抱く水と緑の町

# 旭 区 ●あさひく

かたびらがわ
帷子川の清流が流れる自然豊かなエリア。1950年代から宅地化が進み、市の中心部や臨海部工業地帯への通勤者のベッドタウンとなっている。

鶴ヶ峰付近の帷子川

## おもな見どころ

アスレチックやアウトドアレジャーを楽しみつくそう

こどもしぜんこうえん
### こども自然公園　**MAP** 別冊P.12-B2

広い敷地内で自然体験が楽しめる市内最大級の都市公園。大池とその周りの丘陵地に、ちびっこ動物園や迷路のような大型冒険遊具、バーベキュー広場などの施設が充実。たくさんの桜が植えられている「桜山」は人気のお花見スポット。

水辺環境が豊かな大池

智・仁・勇を兼ね備えた鎌倉時代の武将、畠山重忠公終焉の地

はたけやましげただこせんじょうしせきぐん
### 畠山重忠古戦場史跡群　**MAP** 別冊P.12-B2

源頼朝の忠臣だったが幕府の実権争いに巻き込まれ、鎌倉に向かう途中の鶴ヶ峰付近で騙し討ちに遭い討ち死にした、畠山重忠の最期にまつわる史跡群。その人柄をしのび、地元では800年以上たった今も語り継がれている。

鶴ヶ峰・二俣川合戦の地

横浜市のなかで最も緑が豊かな区

# 緑 区 ●みどりく

市内最大級の市民の森や、横浜線沿いの田園風景など豊かな自然に恵まれた、区名どおりの緑の豊かな町。農業が盛んで直売所も多い。

長津田駅前の高層マンション

## おもな見どころ

四季折々の里山風情に浸れる場所

しきのもりこうえん
### 四季の森公園　**MAP** 別冊P.12-B1

市街地にありながら日本の原風景である里山が残され、一年をとおして緑豊かな自然と四季の草花を楽しめる。丘陵の起伏を生かしたジャンボすべり台や噴水、遊具広場など子供が思い切り遊べる施設が多く、家族連れでにぎわう。

花菖蒲の咲き誇るしょうぶ園

冒険心をくすぐるアスレチックの森

ふぃーるどあすれちっくよこはまつくしのこーす
### フィールドアスレチック横浜つくし野コース　**MAP** 別冊P.12-A1

自然の野山に造られた木の遊具に、自らの体力と判断力で挑む自然体験型運動施設。起伏に富む地形や池を生かした4ステージ全50種類のフィールドアスレチックや、リニューアル予定の小幼児向け複合遊具エリア「トムソーヤ冒険の森」のほかバーベキュー施設も完備。

2ndステージの池のコース

---

**人口** 24万1767人
**面積** 32.73km²

### 🚉 エリアの拠点駅

▼二俣川駅
相鉄線

**歩き方**　都市公園や市民の森で自然散策や森林浴を。よこはま動物園ズーラシアは人気の観光スポット。

▶ こども自然公園
**住** 横浜市旭区大池町65-1
**TEL** 045-353-1166(環境創造局北部公園緑地事務所)
**営** 24時間開放　**休** なし　**料** 無料
**交** 相鉄線二俣川駅から徒歩15分

▶ 畠山重忠古戦場史跡群
**住** 横浜市旭区鶴ヶ峰本町1-1
**TEL** 045-954-6095　**営** 見学自由
**交** 相鉄線鶴ヶ峰駅から徒歩8分

---

**人口** 18万2981人
**面積** 25.51km²

### 🚉 エリアの拠点駅

▼長津田駅
JR線

**歩き方**　区南部に多い数々の公園を訪れたり、鶴見川や恩田川の川沿いの里山散策も楽しい。

▶ 四季の森公園
**住** 横浜市緑区寺山町291
**TEL** 045-931-7910　**営** 8:30〜17:30(管理事務所)　**料** 無料(土・日・祝は駐車場有料)　**交** JR・横浜市営地下鉄中山駅から徒歩15分

▶ ノイールドアスレチック横浜つくし野コース
**住** 横浜市緑区長津田町4191
**TEL** 045-983-9254　**営** 9:00〜17:00(冬季は〜16:30)　**休** 無休
**料** 900円(中・高校生800円、3歳〜小学生600 円)　**交** 東急線すずかけ台駅から徒歩12分

**人口** 15万814人
**面積** 23.58㎢

**エリアの拠点駅**

▼いずみ中央駅
相鉄線

**歩き方** 樹林地や農地、公園、せせらぎ、水辺などの自然が身近な区内を散策しよう。

▶ **天王森泉公園と天王森泉館**
**住** 横浜市泉区和泉町300
**TEL** 045-804-5133 **営** 9:00～17:00
**休** 第2・4火(祝日の場合は翌日)
**料** 無料 **交** 横浜市営地下鉄下飯田駅から徒歩25分

▶ **境川遊水地公園**
**住** 横浜市泉区下飯田町5-5
**TEL** 045-805-0223 **営** 8:30～18:00
(閉園時間は場所・時期で変更)
**休** 12/29～1/3 **料** 無料 **交** 湘南台駅から徒歩15分(今田遊水池)、徒歩30分(俣野・下飯田)

**人口** 12万1520人
**面積** 17.17㎢

**エリアの拠点駅**

▼三ツ境駅
相鉄線

**歩き方** 野菜や果物の直売所や、農畜産物を買う・食べる・体験することができるスポットが点在。

▶ **長屋門公園**
**住** 横浜市瀬谷区阿久和東1-17
**TEL** 045-364-7072 **営** 9:00～17:00 **休** 第2・4水曜(祝日の場合は翌日) **料** 無料 **交** 横浜市営地下鉄センター北駅から徒歩8分

▶ **Augusta Milk Farm**
**(相澤良牧場)**
**住** 横浜市瀬谷区阿久和南3-11-11 **TEL** 045-489-6211 **営** 10:30～16:00 **休** 1～3月中旬の月
**料** 無料 **交** 相鉄線三ツ境駅からいずみ野行きバスで山王塚下車、徒歩5分

豊かな自然環境の田園文化都市
# 泉 区 ●いずみく

農家数・農家人口が市内最多の農業が盛ん。区内には和泉川、阿久和川、宇田川が流れ、川沿いに縄文時代や弥生時代の遺跡がある。

緑園都市駅東口の風景

## おもな見どころ

**雑木林や里山の原風景を残した自然公園**
### 天王森泉公園と天王森泉館
てんのうもりいずみこうえんとてんのうもりいずみやかた **MAP** 別冊P.10-B1

明治時代の製糸場を再現した「天王森泉館」、こんこんと水が湧き出る「湧水の森」、樹木と草原の広場「見晴らしの丘」、広大な雑木林「くわくわの森」からなり、古民家、ワサビ田、竹林のある里山環境で自然観察や散策が楽しめる。

天王森泉館(旧清水製糸場本館)

**水害から暮らしを守る遊水地を利用した都市公園**
### 境川遊水地公園
さかいがわゆうすいちこうえん **MAP** 別冊P.10-B1

戸塚区、泉区、藤沢市の境にある、広さ26.1ヘクタール(東京ドーム約6個分)の遊水地の都市公園。さまざまな生き物が生息できる「ビオトープ」が整備され、1年を通じて生物の観察や水辺の風景を楽しむことができる。

自然豊かな水辺空間の「ビオトープ」

のどかさのなかに開発が進みつつある
# 瀬 谷 区 ●せやく

江戸時代に東海道の脇街道として栄え、明治から昭和30年代までは養蚕が盛んだった地区。高度経済成長期前後から宅地開発が進んだ。

三ツ境駅周辺の風景

## おもな見どころ

**農村生活の魅力を今に伝える公園**
### 長屋門公園
ながやもんこうえん **MAP** 別冊P.12-A2

自然豊かな散策路、野鳥や虫の観察に最適な自然観察林、子供が遊べる遊び場のある雑木広場、湧水が流れるせせらぎの水辺などの自然観察ゾーンと、長屋門と茅葺の古民家のある歴史体験ゾーンからなる自然公園。

歴史体験ゾーンにある旧安西家主屋

**相澤良牧場の新鮮な牛乳と牛乳を使用した商品が味わえる**
### Augusta Milk Farm(相澤良牧場)
おーがすたみるくふぁーむ あいざわりょうぼくじょう **MAP** 別冊P.12-A3

相澤良牧場の元気な牛から搾った、安全・安心に配慮した新鮮な牛乳から作られた濃厚なソフトクリームや、季節の果物や野菜を使ったジェラートなどを楽しめるカフェ。店の裏手が牛舎になっており、牛を見学することもできる。

赤い三角屋根が目印

**info** 毎年2月から3月にかけて、泉区内各所で「つるし飾り」の展示をしているが、なかでも天王森泉館のつるし雛飾りは圧巻で、数えきれないほどの手作りのつるし雛がつるされている。

# エリアナビ

# 川崎 エリア

## このエリアで したいこと Top 5

❶ 川崎大師をお参りする
　▶ P.160
❷ 幻想的な工場夜景を眺
　める ▶ P.158
❸ 岡本太郎の芸術に触れる
　▶ P.168
❹ ラゾーナ川崎プラザで
　ショッピング ▶ P.159
❺ 多摩川緑地でのんびり
　散歩 ▶ P.162

神奈川県の北東部。東京都との県境に沿って東西に細長い政令指定都市。7つの区で構成されていて、臨海部は京浜工業地帯の中心となる工場が多数並び、内陸部の多くは住宅地域で、生田緑地や等々力緑地など、広大な緑もある。

多摩区
麻生区
高津区
宮前区
川崎市
中原区
幸区
川崎区

## ◆川崎市 ▶ P.156

東京と横浜の真ん中に位置する通勤にも便利なアクセスのよいエリア。遊歩道や桜並木が続く多摩川沿いは自然豊かで、ショッピングモールや店舗も多いのに家賃は比較的リーズナブル。住みたい街ランキングで常に上位に入る人気都市だ。

### ◆川崎区 ▶ P.157

市の中枢機関が集まり、東京へのアクセスもよく利便性が高い。川崎大師は県が誇る観光スポット。

川崎市最大の緑地、多摩区にある生田緑地の中央広場

### ◆幸区 ▶ P.159

かつて梅の町として知られ、天皇の御幸（みゆき／外出先）があったことから御幸町と名づけられ、後に区の名称に。

### ◆宮前区 ▶ P.165

昔は農村だったが、田園都市線の開通、東名高速道路川崎ICの設置により東京のベッドタウンに。

### ◆中原区 ▶ P.162

武蔵小杉を中心に再開発が進み、市の中で最も人口が多い。「川崎フロンターレ」の本拠地もある。

### ◆多摩区 ▶ P.170

多摩丘陵に位置する生田緑地や芸術家・岡本太郎美術館など自然豊かで魅力的なスポットが多い。

### ◆高津区 ▶ P.164

自然豊かでありながら、先端技術の支援施設「かながわサイエンスパーク」もあるモノづくりの町。

### ◆麻生区 ▶ P.172

川崎新副都心・新百合ヶ丘があり、文化施設が多く映画祭なども開催。平均寿命は男女とも日本一。

空海の入定（にゅうじょう）1150年を記念して建立された川崎大師の八角五重塔

# 川崎市

●かわさきし

人口 154万5604人 面積 144.35 km²

東京側から多摩川越しに望む武蔵小杉のタワーマンション群

川崎駅周辺にはいくつもの
庶民的な商店街がある

市章

「川崎」の「川」の字を表すと同時
に、流れを止めない多摩川と同じよ
うに発展する川崎を象徴している。

### エリアの拠点駅

▼川崎駅
JR線

▼京急川崎駅
京急線

▼武蔵小杉駅
JR線、東急線

▼溝の口駅
東急線、JR線（駅名は武蔵溝ノ口）

▼登戸駅
JR線、小田急線

## 川崎市への行き方

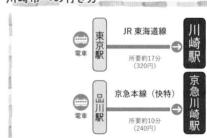

電車 東京駅 → JR 東海道線 所要約17分（320円） → 川崎駅

電車 品川駅 → 京急本線（快特） 所要約10分（240円） → 京急川崎駅

　都道府県庁の所在地ではない政令指定都市では人口が
100万人を超える唯一の都市で豊かな財政力をもつ。

　市の北側を流れる多摩川が市境で、同時に東京都と神奈
川県の境ともなっている。東京都以外では横浜市とだけ接し、
歴史的にも旧相模国ではなく、全域が旧武蔵国だった。この
ため横浜はもとより、現在にいたるまで東京と強い結び付き
をもってきた。

　東京湾に面した一帯は京浜臨海工業地帯の中核で、北西
に向かって東京のベッドタウンとして発展してきた新しい町が
連なっている。異なる路線で都心と結ばれているため各エリ
アでの独立性が高く、市全域の中心地といえる場所がないと
いう特殊な都市構造になっている。

歴史とにぎわいと幻想的工場夜景の町

# 川崎区 ●かわさきく

市内で唯一海に面した区で、川崎市の行政の中枢を担う中心的エリア。平安時代後期に川崎大師が創建されると門前町として栄えるようになり、江戸時代には東海道五十三次の川崎宿がおか

川崎駅前のミューザ川崎など

れ、都市として発展する基盤を築いた。江戸中期から明治中期にかけて、東京湾の埋め立てが進むと、戦後は重工業を中心とする工場群が進出。日本を代表する京浜工業地帯の中心地として、近代工業を支えてきた。そのため、区内の半分以上が企業用地で、人口も夜間より昼間のほうが多い。近年は、湾岸に建てられた石油コンビナートを照らす光の美しさが評判になり、夜景を見にやってくる観光客も増えている。

|人口| 23万1030人 |
|面積| 39.21km² |

## 🚉 エリアの拠点駅

▼川崎駅
JR線

▼京急川崎駅
京急線

**歩き方** 　JR川崎駅前は市内きっての繁華街。宿場町として栄えた当時に思いをはせながら散策してみよう。臨海部へは京急川崎駅から京急大師線に乗車。途中下車して川崎大師にお参りし、四季折々の風景が楽しめる大師公園でひと休みするのもいい。東京湾に造られた人工島には川崎市の交流施設、川崎マリエンが立つ。最上階の展望室からは、昼は東京湾を行き交う船の姿が、夜は日本の夜景遺産になっている臨海部の工場夜景が楽しめる。

# おもな見どころ

昔から地元の人々に愛されてきたノスタルジックな商店街
かわさきぎんりゅうがい
### 川崎銀柳街

MAP 別冊P.38-B1

国内最大級のステンドグラスが施された開閉式アーケードが美しい。戦後から続く歴史ある商店街には、昔ながらの店舗をはじめ新旧が入り混じり、川崎駅前の活気をつくり出している。

「花とステンドグラスのある街」と呼ばれるアーケード商店街

▶ **川崎銀柳街**
🏠 川崎市川崎区駅前本町3-7
☎ 044-233-1666（川崎銀柳街商業協同組合）
🕐 店舗により異なる
💰 無料
🚉 JR川崎駅東口から徒歩5分

江戸時代の川崎にタイムトリップ
とうかいどうかわさきしゅくこうりゅうかん
### 東海道かわさき宿交流館

MAP 別冊P.38-B1

日本橋から2番目の宿場町として栄えた川崎宿を映像と模型で展示紹介し、江戸時代の川崎の町並みを疑似体験できる施設。誰でも気軽に立ち寄れる無料休憩スポットも兼ねている。

4階の集会室は、市民の交流の場としても利用されている

▶ **東海道かわさき宿交流館**
🏠 川崎市川崎区本町1-8-4
☎ 044-280-7321
🕐 展示室・休憩交流スペース9:00～17:00
🈳 月曜（祝日の場合は翌日）
💰 無料（集会室・談話室は有料）
🚉 JR川崎駅から徒歩10分、京急線京急川崎駅から徒歩6分

イタリアのヒルタウンを模したエンターテインメントの町
らちったでっら
### ラ チッタデッラ

MAP 別冊P.38-B1

首都圏最大級のシネコン「チネチッタ」と大型ライブホール「クラブチッタ」を中心に、ショップ&レストランや、美容・リラクゼーション、ウエディングなどのサービスが集まるオープンモールが特徴の複合商業施設。

中世の城塞都市のような美しくフォトジェニックな町並み

▶ **ラ チッタデッラ**
🏠 川崎市川崎区小川町4-1
☎ 044-223 2333（総合案内）
🕐 施設により異なる
💰 無料
🚉 JR川崎駅から徒歩5分、京急線京急川崎駅から徒歩7分

ℹ️ ラ チッタデッラの中央噴水広場では、水と光と音の噴水ショーが楽しめる。また、季節・話題・地域性を盛り込んだ「MIMOSA FESTA/3月」「はいさいFESTA/5月」「CITTA'の夏祭り/8月」などイベントも開催。

## ▶ 工場夜景

- 🏠 場所により異なる
- ☎ 044-544-8229(一般社団法人 川崎市観光協会)
- 🕐 見学自由(工場敷地内立入禁止。ツアー参加の場合は催行会社による)
- 🚃 場所により異なる

市営埠頭付近からの工場夜景

## ▶ アクアラインと風の塔

- 🏠 川崎市川崎区浮島町地先〜千葉県木更津市中島　☎ 0438-42-0091(東京湾アクアライン管理事務局)　🕐 24時間　🚗 車種および土・日・祝の上り線は時間帯で通行料金が異なる　🚃 JR川崎駅から車で首都高速道路神奈川6号川崎線経由、海ほたるPAまで約40分

## ▶ 川崎マリエン

- 🏠 川崎市川崎区東扇島38-1
- ☎ 044-287-6000(受付)
- 🕐 9:00〜21:00(施設により異なる)
- 🚫 12/29〜1/3、施設点検日
- 🎫 無料(有料箇所あり)
- 🚃 JR川崎駅から東扇島循環バスで川崎マリエン前下車、徒歩すぐ

## ▶ 大師公園

- 🏠 川崎市川崎区大師公園1
- ☎ 044-276-0050(管理事務所)
- 🕐 散策自由
- 🚫 瀋秀園は月(祝日の場合は翌日)、12/29〜12/31
- 🎫 無料(有料施設あり)
- 🚃 京急線川崎大師駅または東門前駅から徒歩10分

## ▶ カワスイ　川崎水族館

- 🏠 川崎市川崎区日進町1-11
- ☎ 044-201-7921
- 🕐 10:00〜20:00(最終入館19:00)
- 🚫 ルフロン休館日(1/1)
- 🎫 2000円(高校生1500円、小・中学生1200円、小児600円)
- 🚃 JR川崎駅東口から徒歩1分、京急線川崎駅から徒歩5分

---

全国に数ある工場夜景エリアのなかでも代表格的な存在

### 工場夜景

こうじょうやけい

MAP 別冊P.7-D2

臨海部のプラントにともる夜間作業の明かりが幻想的だと有名になった川崎の工場夜景。現在、陸側からのバスツアーと海側からの屋形船クルーズのツアーが催行されている。海側からはホワイトキャッスルとも呼ばれる夜景が見られる南渡田運河、陸側からは宇宙のような光景が楽しめる首都高速川崎線が人気だ。

扇橋付近からの工場夜景

世界最長の海底道路「アクアトンネル」とトンネル換気塔

### アクアラインと風の塔

あくあらいんとかぜのとう

MAP 別冊P.3-D1

アクアラインは東京湾を横断し川崎と対岸の木更津を15分で結ぶ全長15.1kmの自動車専用の有料道路。川崎から約9.5km続く海底トンネルの中央部にトンネル内部の換気を行う施設「風の塔(川崎人工島)」がある。

海に浮かぶ人工島に建つ風の塔

国際貿易港である川崎港のシンボルタワー

### 川崎マリエン

かわさきマリエン

MAP 別冊P.7-D2

川崎港と市民の交流を深めるために造られたコミュニティ施設。タワー棟の10階にある地上51mのパノラマビュー展望室をはじめ、展示施設・公園・バーベキュー施設・キャンプ場などの屋内外施設が設置され、川崎の海の玄関口ともいえる。

世界に広がる海の玄関

関東の三大大師に数えられる川崎大師に隣接する公園

### 大師公園

だいしこうえん

MAP 別冊P.39-D1

大型遊具、野球場、テニスコート、噴水&カナール、広大な芝生広場を併設する緑豊かな都市公園。昭和62年に中国の瀋陽市と川崎市との姉妹都市提携5周年を記念して造られた中国式自然山水庭園「瀋秀園」も見どころのひとつ。

中国式自然山水庭園「瀋秀園」

新感覚のネイチャーエンターテインメント水族館

### カワスイ 川崎水族館

かわすいかわさきすいぞくかん

MAP 別冊P.38-A1

令和2(2020)年にオープンした、川崎ルフロン内の都市型水族館。淡水魚の水族館では国内有数の規模で、世界初・日本初の最新デジタルテクノロジーを駆使した独自の展示とこだわりの演出が注目されている。

南米の淡水魚が集まるパンタナルエリア

---

info 京急線川崎大師駅すぐの金山神社で毎年4月に開催される「かなまら祭」は、商売繁盛や性病避けなどを祈願し、奇抜なピンク色の男根の神輿「エリザベス神輿」が巡幸する、日本の奇祭の頂点ともいえる祭り。

# 工場跡地の再開発で生まれ変わったニュータウン

# 幸区 ●さいわいく

かつては梅の名所として知られ、明治天皇が小向梅林に行幸（みゆき）したことにちなんだ「美幸村」の村名と、「幸多い地であれ」という願いから「幸区」と名付けられた。川崎市の東部、多摩川の

南武線鹿嶋田駅付近の高層マンション

下流域と鶴見川・矢作川の間に広がり、高度経済成長期以降、産業都市として発展したが、近年の産業構造の変化により工場の移転が増えた。その跡地の再開発により、川崎駅周辺には駅西口に直結した川崎市最大級のショッピングモール「ラゾーナ川崎プラザ」をはじめ、「ソリッドスクエア」「ミューザ川崎」などの大型複合商業施設やオフィスビル、タワーマンションが建てられた。自然豊かなスポットや住環境も整備され、おしゃれな町に生まれ変わった。

## おもな見どころ

### 科学と触れ合い、未来を見つめるサイエンスミュージアム

#### とうしばみらいかがくかん
#### 東芝未来科学館

**MAP** 別冊P.38-A1

「人と科学のふれあい」をテーマに、さまざまな体験型展示を通して楽しみながら科学技術に親しみ学べる東芝の科学館。定期的にサイエンスショーやイベント、企画展も開催している。

ヒストリーほか3ゾーンで構成

### JR川崎駅西口に直結。気軽に寄られて1日中遊べる大型商業施設
#### らぞーなかわさきぷらざ
#### ラゾーナ川崎プラザ

**MAP** 別冊P.38-A1

圧倒的な店舗数と幅広い品揃えを誇るショッピングモール。映画館やスポーツクラブ、無料の遊び場、ショッピングの合間に休息できるスポットも充実した、アクセス抜群の大型商業施設だ。

日々多様なイベントが開催されるルーファ広場

### 年中無休・入園無料の市営動物園

#### ゆめみがさきどうぶつこうえん
#### 夢見ヶ崎動物公園

**MAP** 別冊P.7-C2

加瀬山の丘の上にある川崎市唯一の市営動物公園。自然豊かな園内では人気のレッサーパンダをはじめ、シマウマ、ペンギン、マーコール、キツネザル、フラミンゴなど約53種の動物を間近で観察できる。

動物園のある加瀬山は桜の名所としても知られる

---

**人口** 17万2021人
**面積** 10.09km²

### 🚉 エリアの拠点駅

▼新川崎駅
JR線

▼鹿島田駅
JR線

### 歩き方

JR川崎駅の西口エリアは幸区に属し、川崎駅周辺の大規模な施設へ簡単にアクセスできる。ラゾーナ川崎プラザ、ソリッドスクエアなどでショッピングを楽しんでもいい。JR品鶴線新川崎駅とJR南武線鹿島田駅は歩行者用通路で約5分。両駅から徒歩20分の所にある加瀬山は標高35mの丘で、頂上には夢見ヶ崎動物公園がある。寺社や貝塚、古墳群も点在する歴史スポットとしても知られている。

### ▶ 東芝未来科学館
**住** 川崎市幸区堀川町72-34 スマートコミュニティセンター2F
**電** 044-549-2200
**営** 9:30～17:00
**休** 月・日曜・祝日、特定休館日
**料** 無料（事前予約制）
**交** JR川崎駅から徒歩3分、京急線京急川崎駅から徒歩8分

### ▶ ラゾーナ川崎プラザ
**住** 川崎市幸区堀川町72-1
**電** 044-874-8000（代）
**営** 店舗により異なる
**休** 無休
**料** 無料
**交** JR川崎駅直結、京急線京急川崎駅から徒歩7分

### ▶ 夢見ヶ崎動物公園
**住** 川崎市幸区南加瀬1-2-1
**電** 044-588-4030
**営** 9:00～16:00
**休** 無休
**料** 無料
**交** JR鹿島田駅から徒歩20分、JR新川崎駅から徒歩15分

---

**info** ラゾーナ川崎プラザの4階には、縁結びの神として有名な島根県の出雲大社から大正5(1916)年頃に分祀されたラゾーナ出雲神社が鎮座している。運がよければお祭りなどの特定の日にのみ配布される御朱印に出合える可能性も。

# 川崎大師参拝＆

❶初詣には毎年およそ300万人の人出でにぎわう ❷境内には石碑や塔が数多く残されている

八角五重塔は昭和59（1984）年に造られた

川崎大師大本堂。「平間寺」の名は、創建者である平間兼乗の姓に由来する

真言宗智山派
三大本山の寺院のひとつ

かわさきだいし へいけんじ
## 川崎大師平間寺

### 川崎大師の由来と御利益

　無実の罪で生国を追われた平間兼乗は、川崎で弘法大師を深く崇信しながら漁師として暮らしていたが、42歳の厄年に高僧が夢枕に立つ。お告げに従い海から木像を引き揚げると、それは後に本尊となる厄除弘法大師尊像だった。兼乗は像を草庵に祀り、供養を捧げる。あるとき、偶然訪れた尊賢上人が兼乗の話に感激し、大治3（1128）年にふたりで寺を建立。兼乗の姓から「平間寺」と名づけた。長承3（1134）年、兼乗はお大師さまのご加護により無実の罪が晴れ、生国尾張へ戻ることができた。江戸時代には11代将軍徳川家斉が厄除けを祈願。以来「厄除けのお大師さま」として知られていった。

### 御朱印とお守り

　大本堂、不動堂、薬師殿、自動車交通安全祈祷殿で、各お堂の御朱印をいただくことができる。お守りは「厄除御守」「身代守」「ひらまくん御守」など種類も豊富だ。

令和5（2023）年は宗祖弘法大師空海上人の生誕1250年にあたる年

#### 「しょうづかの姿」とは？
歯の痛みを和らげ、美人になると女性に信仰されてきたお像

❶ 「厄除御守」は厄除けに訪れる参拝者に人気 ❷ 「身代守」はお大師さまがけがや病気の身代わりになってくれる健康のお守り ❸ 境内にある「しょうづかの姿」にちなんだ「べっぴん守」は、ピンクのかわいい見た目が人気

### 江戸の人気観光スポットだったお大師さま

　江戸時代、庶民の間で寺社参詣が流行。それは信仰と銘打った旅でもあった。川崎大師は江戸庶民にとって行きやすい距離にあり、気軽な小旅行先として人気だった。「厄年には必ず参詣すべき場所」といわれていたそう。

### 公式キャラクターひらまくん

　漁師である平間兼乗の子供時代をイメージしてつくられた。奈良のゆるキャラ「せんとくん」の生みの親、籔内佐斗司氏によるデザインだ。

**MAP** P.39-D1

🏠 川崎市川崎区大師町4-48
📞 044-266-3420 🕐 平常時（2/1〜12/30）の大本堂開扉時間4〜9月5:30〜18:00、10〜3月6:00〜17:30（毎月21日は5:30〜17:30、毎月20日は21:00まで）🚫 無休
💴 無料 🚃 京急大師線川崎大師駅から徒歩8分

# 仲見世縁起ものさがし

仲見世通りの入口

「厄除けのお大師さま」として広く人々に知られる
川崎大師平間寺の始まりは、平安時代末期まで遡る。
大山門へと続く仲見世通りは門前グルメやおみやげを買い求める人でにぎわう。
縁起担ぎの仲見世名物を見つけながら散策するのもいいだろう。

## コーヒーとこだわりの久寿餅でひと休み
### 珈琲茶房 餅陣住吉
こーひーさぼう もちじんすみよし

看板メニュー「くずもちサンデー」は本格ブレンドコーヒーとの相性抜群だ

店内はセルフ式カフェになっている

　400日間発酵させて作られた久寿餅が名物。江戸時代、飢饉の際に久兵衛という男が、樽の水に放置していた小麦粉が発酵しているのを発見。蒸すと餅のようになり、川崎大師山主が試食してみると風雅な味わいだったことから、大師名物となった。久兵衛の「久」と無病息災を願った「寿」から「久寿餅」と名づけられた。

**MAP** 別冊P.39-D1
住 川崎市川崎区大師町4-45 TEL 044-277-4439 営
9:00～16:30 休 不定休 CC ADJMV

## 店先のだるまの数に圧倒される
### 石渡商店
いしわたしょうてん

❶人気の「ラッキー風水だるま」はカラーごとに御利益が違う ❷店内には招き猫の種類も多く、表情もさまざまだ

　川崎大師は「厄除開運だるま」で広く知られる。だるまの赤い色は、厄除けや家内安全を願う色だ。祈願の際、男性は向かって右目、女性は左目を描き、願いがかなったらもうひとつの目を入れることで開眼となる。大小さまざまなだるまが並ぶ店内は壮観だ。平間寺では12月21日の「納めの大師」にだるま供養を行う。

**MAP** 別冊P.39-D1
住 川崎市川崎区大師町5-7 TEL 044-288-4144
営 9:00～16:30(季節により異なる) 休 不定休
CC ADJMV

## 明治初年創業の「老舗の飴専門店」
### 松屋総本店 仲見世本店
まつやそうほんてん なかみせほんてん

　創業時は東京・深川が本店で、川崎大師には支店として出店した。「家傳せき止飴」はこの頃からの人気商品だ。「開運とんとこ飴」はその名のとおり、包丁でリズミカルにさらし飴を切っていくのが特徴で、休日には店頭で実演している。軟らかく伸びるので「延命」や「長寿」の縁起がよい参拝みやげとして人気だ。

**MAP** 別冊P.39-D1
住 川崎市川崎区大師町4-39 TEL 044-277-7711
営 10:00～17:00(季節により異なる) 休 無休 CC 不可

名物とんとこ飴切りのリズミカルな音が店頭に響く

仲見世入口の蔵造りの建物が目印だ

## 中国式庭園がある市民憩いのスポット
### 大師公園
だいしこうえん

川崎大師から少し足を延ばして

　川崎大師に隣接した公園で、広々とした芝生広場や大型複合遊具など、休日には多くのファミリーでにぎわう。園内にある「瀋秀園」は、色鮮やかな中国装飾や、緑の庭園がすばらしい中国式自然山水庭園だ。川崎市と中国・瀋陽市の姉妹都市提携5周年を記念して造られた。

❶色鮮やかな楼閣が映える水面 ❷休日には多くのファミリーが訪れる子ども広場

**MAP** 別冊P.39-D1
住 川崎市川崎区大師公園1 TEL 044-276-0050(管理事務所) 営 9:00～16:00(園内の「瀋秀園」) 休 月(祝日の場合は翌日休)、12/29～12/31(園内の「瀋秀園」) 料 無料

人口 26万6655人
面積 14.7km²

## エリアの拠点駅

▼武蔵小杉駅
JR線、東急線

### 歩き方

　再開発された武蔵小杉駅前の大型商業施設や高層マンション群に圧倒されがちだが、人情味あふれる地域密着型の商店街に活気ある下町風情が残る。等々力周辺には、多摩川に隣接した広い緑地があり、区を北東から南西へ通る中原街道は中世以来の街道で、道沿いには古社寺が点在する。

▶川崎市平和館
住 川崎市中原区木月住吉町33-1
TEL 044-433-0171
営 常設展示9:00～17:00
休 月・第3火(祝日の場合は翌日)
料 無料
交 武蔵小杉駅または東急線元住吉駅から徒歩10分

▶多摩川緑地
住 川崎市中原区多摩川河川敷
営休料 施設により異なる
交 丸子橋周辺へは東急線下丸子駅から徒歩12分

▶京濱伏見稲荷神社
住 川崎市中原区新丸子東2-980
TEL 044-411-4110
営 6:00～17:00(社務所10:00～16:00)
休 無休
料 無料
交 武蔵小杉駅から徒歩5分、東急線新丸子駅から徒歩2分

---

近代化と自然が融合した多彩な魅力にあふれる町

# 中 原 区 ●なかはらく

　江戸時代、徳川家が江戸から中原御殿(現在の平塚市)に行くために整備した中原街道の中継地であり、また小杉宿がおかれたことから宿場町として栄えた地域。区の名称はこの街道名に

多摩川に架かる丸子橋

由来する。明治時代までは田園風景の残る農村地帯だったが、東京と神奈川を結ぶ「丸子橋」や南武鉄道の開通で、交通の利便性がよくなり、都市化が進んだ。中心部の武蔵小杉駅周辺は近未来をイメージした再開発が行われ、高層ビルが林立するおしゃれなスポットとして、また東京都心・川崎・横浜のベッドタウンとして、移り住む人が増え続けている。Jリーグ「川崎フロンターレ」のホームタウンとして、スポーツ施設も充実している。

## おもな見どころ

過去から学び、具体的に理解を深める平和学習の場

### 川崎市平和館
MAP 別冊P.7-C2

　「川崎と戦争」「日本と戦争」「戦争と人間」「平和への取り組み」をテーマに平和への理解を深める常設展示や防空壕体験コーナー、平和交流の場として活用できる「平和の広場(屋内施設)」のある展示館。

常設展示のほか、特別展示や企画展示を開催

多摩川に抱かれた緑豊かな水辺の公園

### 多摩川緑地
MAP 別冊P.7-C2

　多摩川河川敷のところどころに、野球場、サッカー場、多目的広場などのある運動公園がいくつか整備され、ジョギングや散策、スポーツ、レクリエーションの場として利用されている。

雄大な多摩川の両岸に沿って広がる緑地帯

フォトジェニックで見どころ満載なパワースポット

### 京濱伏見稲荷神社
MAP 別冊P.7-C2

　境内のいたるところに鎮座する108体もの神狐像、色鮮やかな大鳥居と千本鳥居、富士山の溶岩で造られた境内社をはじめ、日本最大級の石像御神使、九棟稲荷造の本殿、御神鏡など見どころ満載。

京都の伏見稲荷大社を勧請し創建された単立神社

---

info かながわの橋100選にも選ばれている「丸子橋」の麓の多摩川緑地(丸子橋地区)からは、多摩川を渡る新幹線、東横線、目黒線などの姿を見ることができる。

川崎市◆中原区

### 2000年以降急速な発展を遂げた再開発都市
**武蔵小杉** むさしこすぎ
MAP 別冊P.7-C2

東急東横線やJR南武線を含む7路線が乗り入れ、品川駅、東京駅、新宿駅、横浜駅などの主要駅へ乗り換えなしでアクセスできることから、都心のベッドタウンとして発展した武蔵小杉駅周辺の通称。駅前は商業施設が充実し、美しく整えられた町並みにタワーマンションが立ち並ぶ。さらに進化を続ける神奈川県を代表する人気の住居エリア。

多摩川沿いから望む武蔵小杉の高層ビル群

▶ 武蔵小杉
住 川崎市中原区小杉町ほか
営 散策自由
交 武蔵小杉駅から徒歩すぐ

武蔵小杉駅前の商業施設

### 自然の中でスポーツや文化芸術に親しむ総合公園
**等々力緑地** とどろきりょくち
MAP 別冊P.7-C2

多摩川に沿った区の北部にあり、釣池、催し物広場や遊具、自然豊かな散策路が整備された広大な総合公園。敷地内には、Jリーグ「川崎フロンターレ」の本拠地として知られる等々力陸上競技場、サッカー場、野球場、テニスコート、競技やイベントが開催されるとどろきアリーナなど、本格的にスポーツを楽しめる施設が充実している。

上空から見た等々力緑地

▶ 等々力緑地
住 川崎市中原区等々力1-1
TEL 044-440-7050（川崎とどろきパーク㈱）
営 休 料 施設により異なる
交 武蔵小杉駅から徒歩20分、または中原駅前行き、溝口駅前行きほかバスで市営等々力グランド入口下車、徒歩4分

釣池と等々力陸上競技場

かなトーク

## 「粋な」保養地だったかつての歓楽街「新丸子」の魅力

タワーマンションと大型商業施設が林立する武蔵小杉駅前から東急東横線の線路沿いを歩いてみよう。隣の新丸子駅まではほぼ真っすぐに500mほど。隣駅から電車がこちらに向かってくるのが見える。両駅間の高架下には「グルメストリート」が延び、東西には下町の活気あふれる商店街が広がっている。丸子橋ができる前までは、渡し舟で多摩川を越える「丸子の渡し」の渡船場だった。大正時代に料亭「丸子園」（通称「へちま風呂丸子園」）が開業したことをきっかけに「新丸子三業地」つまり歓楽街として繁栄。夏場にはへちま模様の浴衣を着た宿泊客が、船遊びや夕涼みを楽しむ「粋な」姿が多摩川の風物詩となった。ここで始まった花火大会は「多摩川の花火大会」として現在も続いている。戦争が始まってまもなく「丸子園」は廃業。周辺の店も川崎大空襲でそのほとんどが失われてしまった。戦後に復興し、戦前を超えるにぎわいをみせたものの、東急東横線の開通や丸子橋の完成により都心のベッドタウンとして発展。時代の流れとともにいつしか料亭は姿を消し、住宅や工場、事務所に変わっていった。かつての歓楽街のにぎわいこそないが、今も昔も美しい多摩川の恵みに抱かれた古きよき風情の残る現在の「新丸子」を訪れてみてはどうだろうか。

**人口** 23万4839人
**面積** 16.38km²

---

### 🚉 エリアの拠点駅

**▼武蔵溝ノ口駅**
JR線

**▼溝の口駅**
東急線

---

## 歩き方

区の中心となるのは、東急線とJR線が乗り入れる溝口エリア。駅の東側は駅ビル「NOCTY」ほか大型商業施設や昔ながらの商店街・飲食店が建ち並び、にぎわいを見せている。駅の西側のJR津田山駅からJR久地駅にいたるあたりは自然公園が広がり、多摩川河川敷はサイクリングスポットとして人気を集めている。

---

**▶久地円筒分水と二ヶ領用水**
🏠川崎市高津区久地1-34
☎044-200-2903（川崎市河川課）
🕐見学自由
🚉JR久地駅から徒歩15分

---

**▶川崎市大山街道ふるさと館**
🏠川崎市高津区溝口3-13-3
☎044-813-4705
🕐9:30〜21:30（展示室10:00〜17:00）　🈺年末年始　🈯無料
🚉JR武蔵溝ノ口駅から徒歩7分、東急田園都市線高津駅から徒歩5分

---

**▶緑ヶ丘霊園**
🏠川崎市高津区下作延1241
☎044-811-0013（霊園事務所）
🕐8:30〜17:30
🈺12/29〜1/3
🚉JR津田山駅から徒歩5分

---

歴史と文化が香る川崎市の副都心

# 高津区 ●たかつく

川崎市のほぼ中央に位置し、多摩川や二ヶ領用水に形づくられた平地部と、多摩丘陵の斜面緑地が見られる起伏にとんだ区。江戸時代には、江戸庶民の間でブームとなった「大山詣」の宿

主要駅溝の口駅前

場町として栄え、東海道の脇道として造られた大山街道を中心に商業が発展してきた。同時に早くから文化も芽生え始め、文化人や芸術家なども多く輩出している。JR線と東急線が乗り入れ、東京都心、川崎、横浜へのアクセスがいいので住宅地も多く造成されているが、区内には最先端技術を支える企業の研究所や研究機関も集まり、「ものづくりのまち」としても知られる。また、南部は農業も盛んで、キャベツをはじめとした野菜づくりも行われている。

## おもな見どころ

### 🔵 市の発展を担ってきた歴史のシンボル的存在
くじえんとうぶんすいとにかりょうようすい
### 久地円筒分水と二ヶ領用水
MAP 別冊P.7-C1

国内有数、神奈川県最古の人工用水のひとつ「二ヶ領用水」とその分水施設の「久地円筒分水」。現在は環境用水として水辺環境が整理され、1年を通して四季折々の自然に触れながら水辺散策を楽しめる。

灌漑面積の比率に応じ用水路へ水を配分していた円筒分水

### 🔵 郷土の歴史資料などを展示する市民の学習や交流の場
かわさきしおおやまかいどうふるさとかん
### 川崎市大山街道ふるさと館
MAP 別冊P.7-C1

多くの人や物資が往来し、文化や情報が行き交いさまざまな交流が生み出されてきた江戸時代の脇往還のひとつ大山街道とその宿場（二子・溝口）などの歴史・民俗に関する展示や講座を開催している。

展示室（常設展）

### 🔵 川崎市をつくり上げてきた先人たちが眠る場所
みどりがおかれいえん
### 緑ヶ丘霊園
MAP 別冊P.7-C1

川崎市が公営墓地として昭和18（1943）年に開園した市民霊園。自然環境の保全とレクリエーション機能を併せもつ墓地公園で、霊園内には噴水広場や子供が遊べる児童公園もあり、地域の憩いの場となっている。

丘陵地帯にあり、春は桜の名所としても知られている

---

春先には二ヶ領用水沿いに植えられた桜並木の下、水辺散策を楽しもう。緑ヶ丘霊園の参道沿いには数百本のソメイヨシノが植えられ、早咲きのコヒガンザクラも見られる。

交通至便で歴史も息づく緑豊かなベッドタウン

# 宮前区 ●みやまえく

東急電鉄鷺沼駅周辺の景観

もともとは高津区の一部だったが、昭和40年代に東急電鉄田園都市線の開通や東名高速道路・東名川崎インターチェンジがおかれたことで、交通の便が飛躍的によくなり、宅地造成が進み、人口も増加。昭和57（1982）年に川崎市の行政区のひとつとして誕生した。果物や花卉栽培が盛んな農村地帯で、現在も宮前メロンや梨などの生産に携わる農家も多い。弥生時代の集落跡や古墳群が残るなど、文化的遺産も多く、特に「影向寺」が7世紀末創建の古刹として有名だ。

緑が多いことで知られており、アクセスの利便性に加え、自然豊かで住みやすい東京のベッドタウンとして、急成長を遂げている。

**人口** 23万5002人
**面積** 18.61km²

## 🚉 エリアの拠点駅

▼宮前平駅
東急線

▼鷺沼駅
東急線

## 歩き方

多摩丘陵の美しい自然を残す東高根森林公園には、神奈川県指定史跡東高根遺跡が保存されている。この遺跡を囲むように広がる推定樹齢150〜200年のシラカシ林も県指定天然記念物になっていて、見応えがある。公園の南側にはツツジや桜の名所として知られる区を代表する古刹等覚院があり、古代寺院の塀の跡とみられる遺構影向寺遺跡が発見されている。古代の遺跡や歴史ある寺院など文化的遺産を目当てに散策するのも楽しい。

# おもな見どころ

東急電鉄が運営する電車とバスの展示施設

でんしゃとばすのはくぶつかん
## 電車とバスの博物館
**MAP** 別冊P.7-C2

乗り物好きな子供たちに大人気の博物館。パノラマやシミュレーターエリアは、鉄道好きな大人も楽しめる。実際の運転士の訓練用にも使われるリアルなCGソフト付きのシミュレーターは好きな人にはたまらない。

東急で昔走っていた車両デハ200形

▶ **電車とバスの博物館**
**住** 川崎市宮前区宮崎2-10-12
**TEL** 044-861-6787
**営** 10:00〜16:30（最終入館16:00）
**休** 木曜
**料** 200円（3歳〜中学生100円）
**交** 東急線宮崎台駅直結

「東の正倉院」ともいわれる川崎市最古の寺院

ようごうじ
## 影向寺
**MAP** 別冊P.7-C2

白鳳時代末期（7世紀末）に創建された天台宗の寺院。国指定重要文化財である本尊の薬師如来像をはじめ、二十三躯の仏像彫刻や古文書類、民俗資料など貴重な文化財を数多く所蔵している。

江戸時代中期建立、県指定重要文化財の薬師堂

▶ **影向寺**
**住** 川崎市宮前区野川本町3-4-4
**TEL** 044-766-7932
**営** 9:00〜16:00 **休** 無休 **料** 無料
**交** JR武蔵新城駅から宮前区役所前行きまたは鷺沼駅行きバスで影向寺下車、徒歩8分

「つつじ寺」として知られる不動明王の霊場

とうがくいん
## 等覚院（つつじ寺）
**MAP** 別冊P.6-B1

かながわの花の名所100選に選ばれるツツジの名所で、春には約2000株のツツジが境内を彩る。関東三十六不動霊場の第6番札所となっており、ぜんそく封じやがん封じに御利益があるとされる。

4月中旬〜GWのツツジ開花時期には境内で花説法も

▶ **等覚院（つつじ寺）**
**住** 川崎市宮前区神木本町1-8-1
**TEL** 044-866-4573
**営** 参拝自由
**交** 東急線溝の口駅から宮前平駅行き、鷺ヶ峰営業所前行きほかバスで神木不動下車、徒歩5分

**info** 「川崎有馬温泉」は1300年以上も前から人々を癒してきた日本最古の療養地。金色に輝く濁り湯は首都圏唯一の単純炭酸鉄泉で、時の帝や源頼朝などの武将も療養に訪れたと伝えられている。

# 川崎市随一の自然豊かなエリア
# 生田緑地で1日たっぷり楽しむ

多摩・三浦丘陵の一角に位置する生田緑地。
都市開発が始まる前に緑地として整備され、
周囲が都市化された今も昔のままの自然が
保存されている。
一帯には自然を楽しむ施設以外にも
さまざまな見どころが点在し、
1日でも回り切れないくらいだ。

©Fujiko-Pro

---

### 通称"ドラえもんミュージアム"
## 藤子・F・不二雄ミュージアム
ふじこえふふじおみゅーじあむ

　日本を代表する漫画家、藤子・F・不二雄は長年川崎市で暮らしたことで知られている。2011年にオープンしたこちらのミュージアムは、その作品世界に触れることができる人気の博物館。『ドラえもん』や『キテレツ大百科』『パーマン』などおなじみの作品のキャラクターが迎えてくれる。

**MAP** 別冊P.40-B1
[住] 神奈川県川崎市多摩区長尾2-8-1 [TEL] 0570-055-245（9:30～18:00）[営] 10:00～18:00
[休] 火 [料] 大人1000円、高校・中学生700円、子供（4歳以上。3歳以下は無料）500円　※チケットはローソンのみで販売。詳細はウェブサイトを参照のこと [CC] ADJMV [P] なし [交] 小田急線・JR南武線登戸駅からシャトルバス（約10分間隔で運行）で約9分。小田急線向ヶ丘遊園駅から徒歩16分。JR南武線宿河原駅から徒歩15分

「はらっぱ」ではドラえもんや『オバケのQ太郎』のQ太郎やO次郎がお出迎え

オリジナルのアニメーションが見られる「Fシアター」

近代的な外観が目印

---

『ドラえもん』の原画や歴史の展示がある1階の展示室

『キテレツ大百科』のキャラクター、コロ助

©Fujiko-Pro

カフェ内は窓際の席がおすすめ

インスタ映え必至。「ドラえもんブルー」と「ドラミちゃんイエロー」（各650円）

4つの味が楽しめる「山のようなどら焼き」（1550円）

---

☕ 休憩スポット
### ミュージアムカフェ

　ひととおり回ったら、館内にあるミュージアムカフェでひと休み。ドラえもんの大好物であるどら焼きや作中に出てくる「アンキパン」など、ファン垂涎のメニューが揃っている。食事メニューもあり。

営業は11:00～16:30（土・日 ～17:00）
※カフェメニューは時期により変更になる場合あり

---

生田緑地1日モデルプラン

🕙10:00 藤子・F・不二雄ミュージアム　🚌 バスで5分　🕚11:15 日本民家園　🚶 日本民家園内　🕛12:00 そば処「白川郷」でランチ

## 緑地の歴史と自然

枡形山の北に位置する飯室山に7世紀頃の生田長者穴横穴墓群が残されているなど、史跡も点在する生田緑地。鎌倉時代には現在の枡形山広場がある場所に、源頼朝の重臣・稲毛三郎重成が枡形城を構えている。近代に入り急速に都市化するも、市の都市計画により緑地は保存された。1927年に開業した向ヶ丘遊園も周囲の自然を保全しつつ営業していたため、現在まで豊かな自然が残されることとなった。クヌギやコナラなどの雑木林や、湿地、湧水などの多彩な自然環境のなかに、ゲンジボタルやホトケドジョウなど貴重な生物が生息している。

### アクセス

向ヶ丘遊園駅から徒歩約13分。東口へは、向ヶ丘遊園駅南口からバス溝口駅南口行きで「生田緑地入口」下車、徒歩約3分。西口へは、向ヶ丘遊園駅北口からバス専修大学前行きで終点下車、徒歩約5分。JR・小田急線登戸駅からのバスもある。

### 回り方

公園内は広いが、メインとなる施設は、東口と西口を結ぶ道沿いにあるので回りやすい。東口と西口間は徒歩約20分。公園内は自転車走行は禁止。階段や坂道が多いので、夏は特に水分補給をしっかりと。

本館展示室の常設展示

**25もの文化財建造物が立ち並ぶ野外博物館**

# 川崎市立日本民家園
かわさきしりつにほんみんかえん

国・県の重要文化財を含む25の文化財建造物を展示する野外博物館。緑地の広い範囲に点在し、テーマごとに分けられている。本館展示室では古民家に関する基本的な知識を学ぶことができ、年に2回企画展示も行われる。西門近くの伝統工芸館では藍染め体験が可能。

**MAP** 別冊P.40-A1
**住** 神奈川県川崎市多摩区枡形7丁目1-1
**TEL** 044-922-2181 **営** 9:30〜17:00（11〜2月〜16:30） **休** 月（祝日の場合は開園）、祝日の翌日（祝日の翌日が土日祝日の場合は開園） **料** 一般500円、高校・大学生330円、中学生以下は無料 **CC** ADJMV

急速に消滅しつつある古民家を保存するため昭和42（1967）年に開業

### 体験スポット
# 伝統工芸館で染色体験！

古きよき伝統工芸を今に伝える伝統工芸館では藍染め体験が人気。好きな布製品を購入し、好きな模様で染めることができる。所要約1時間程度。自分の布製品を持ち込んで染色することも可能（施設使用料半日ごと550円＋染め代）。スタッフによる藍染め商品も販売している。

伝統工芸館で販売している藍染め商品

伝統的な灰汁発酵建ての藍染めを体験できる

**TEL** 044-900-1101
**営** 藍染め体験は10:00〜、13:00〜 **休** 日本民家園に準ずる **料** ハンカチ800円、A4エコバッグ1980円 ※入館料は無料。民家園への入場は要入場料 **CC** ADJMV

### 休憩スポット
# そば処「白川郷」

生田緑地でのランチにおすすめなのが民家園内にあるそば屋。飛騨・白川郷の合掌造りの建物「山下家住宅」で営業している。味のある古民家で食べる昼食というのも乙なものだ。民家園に入場しなくても利用可能。もりそば700円。

貴重な伝統建造物で食事をしよう

**TEL** 044-932-7747
**営** 11:00〜14:30（そばがなくなり次第終了）
**休** 日本民家園に準じる
**CC** 不可

民家園そば（900円）

**自然に囲まれた美術館で
岡本太郎の芸術を堪能**

かわさきしおかもとたろうびじゅつかん
# 川崎市岡本太郎美術館

『赤のイコン』
と題された画

日本を代表する芸術家、岡本太郎の芸術や思想に触れることができる美術館。本人の作品はもちろん、同じく画家である父・一平、小説家の母・かの子に関する展示もあり、さまざまな面からその芸術の神髄に迫る。

**MAP** 別冊P.40-A1
住 川崎市多摩区枡形7-1-5
TEL 044-900-9898　営 9:30～17:00　休 月、祝翌日
料 展覧会による　交 小田急線向ヶ丘遊園駅からバスで3分、生田緑地入口下車、徒歩8分

躍動感ある彫刻作品がみられる常設展示

モダンな
建物

（休憩スポット）
## カフェテリアTARO

緑に囲まれながらゆったりとした時間を過ごすことができるカフェ。ドリンクやケーキ、軽食を用意している。オムハヤシライス1045円。
TEL 044-900-9898　営 10:00～17:30（12～2月～17:00）
休 月、祝翌日　CC 不可

カフェの椅子は岡本太郎作品がモチーフ

美術館の西にそびえたつ大迫力の『母の塔』

---

**1425種のバラが咲く**

いくたりょくちばらえん
# 生田緑地ばら苑

かつて向ヶ丘遊園内にあったが、2002年に遊園地が閉園した際、存続を望む多くの市民の声に応え川崎市が引き継いだ。開苑は昭和33（1958）年にまで遡り、当時は「東洋一のばら苑」と賞されたという。バラの開花時に合わせ、春と秋の年2回開苑している。

**MAP** 別冊P.40-B1
住 神奈川県川崎市多摩区長尾2-8-1　TEL 044-978-5270
営 10:00～16:30（土・日・祝9:00～。開苑期間はウェブサイト参照）　休 開苑期間中は無休　料 無料　P あり　交 小田急線向ヶ丘遊園駅から徒歩13分、バスで5分

多摩丘陵の自然に囲まれた
環境にあり癒やされる

春 は 約800種3300株、
秋は 約625種2900株の
バラが咲く

# 生田緑地で見られる花々

ウメ
川崎市岡本太郎美術館南の梅園(2月)

桜
枡形山広場
(3月末～4月上旬)

アジサイ
中央広場南の
アジサイ山(6月)

ハナショウブ
東口そばのしょうぶ園
(6月下旬)

紅葉
奥の池、枡形山広場
(11月下旬)

## かわさき宙と緑の科学館

川崎市の自然をさまざまなテーマで学ぶことができる博物館。生田緑地や周辺に生息する動物がわかりやすく展示されている。また新型メガスターを導入したプラネタリウムもある。

**TEL** 044-922-4731 **営** 9:30～17:00 **休** 月、祝翌日（土・日・祝の場合は開館）**料** 無料（プラネタリウム一般400円、学生・シニア200円、中学生以下無料）

### スハ42型客車

昭和23年に製造され、国鉄（現JR）常磐線経由東北線の上野～青森間を約37年間走り続けた客車。昭和60年3月水戸機関区で廃車となった。中に入ることもできる。

### D51形蒸気機関車

通称「デゴイチ」。昭和15年に日本車輌製造株式会社（名古屋）の工場で製造され、各地で30年余り活躍。昭和46年に生田緑地にやってきた。中へ入ることはできない。

❶社内開放時間は9:30～16:30 ❷定期的にペンキの塗り替えも行われるD51

大きな窓で開放的なカフェ

生田緑地の中心

### 中央広場
ちゅうおうひろば

まさに緑地の中央に位置する広場。緑に囲まれた芝生の広場が広がり、「かわさき宙と緑の科学館」「D51形蒸気機関車」「スハ42-2047客車」などが集まっている。カフェもあるので散歩の休憩にもぴったりだ。

川崎の自然に関する展示やプラネタリウム、天体観測もできる「宙と緑の科学館」

**MAP** 別冊P.40-A1
**TEL** 044-933-2300（東口ビジターセンター）
**料** 無料 **交** 小田急線向ヶ丘遊園駅から徒歩13分

休憩スポット

### Cafe 星めぐり

科学館併設のカフェ。各種ドリンク、サンドイッチ、ライスボウル、パスタ、スイーツなどのメニューが揃う。

**TEL** 044-911-1107 **営** 10:00～17:30（12～2月は～17:00）**休** 科学館に準じる **CC** ADJMV

---

多摩丘陵の自然を生かした

## 川崎国際生田緑地ゴルフ場
かわさきこくさいいくたりょくちごるふじょう

昭和27（1952）年にオープン。名匠・井上誠一が設計した18ホールのゴルフ場。クラブハウスは平成25（2013）年にリニューアルされとてもきれい。

ゴルフ場の入口

**MAP** 別冊P.40-A1
**住** 神奈川県川崎市多摩区枡形7-1-10 **TEL** 044-934-1555 **営** 6:15～17:30 **休** 無休 **料** ウェブサイト参照 **CC** ADJMV **P** あり **交** 小田急線向ヶ丘遊園駅からバスで15分、専修大学前下車、徒歩3分。車は東名高速道路川崎ICから約10分

近くには展望台もある　（下）多摩丘陵の自然をうまく生かしたコース

周囲を見渡せる展望台がある

### 枡形山
ますがたやま

展望台の上まではエレベーターで昇ることができる

緑地内にある標高84mの山。山頂にある広場に展望台が立つ。源頼朝の重臣・稲毛三郎重成が枡形城を築いたとされる、歴史のあるスポット。升の形に見えるほど急な崖に囲まれているのが名前の由来。展望台の開放時間は9:00～17:00。

**MAP** 別冊P.40-A1

展望台からの景色。360度の景色が楽しめる

**人口** 22万5380人
**面積** 20.39km²

### 🚉 エリアの拠点駅

▼**登戸駅**
JR線、小田急線

▼**稲田堤駅**
JR線

## 歩き方

多摩区は川崎市の北に位置し、多摩川を挟んで東京都に隣接している。北を京王線、南を小田急線、そして多摩川と並行して南北を貫くようにJR南武線が走る。

区の南東部にある生田緑地には、川崎市立日本民家園や川崎市岡本太郎美術館があり、登戸駅からは徒歩圏内。緑地の東端に位置する川崎市藤子・F・不二雄ミュージアムは、登戸駅からシャトルバスが運行している。

また、区の北西部には、家族で遊べる遊園地・よみうりランドや、巨人軍の若手選手のホームグラウンド・読売ジャイアンツ球場がある。いずれも京王線の駅を利用すると便利。

▶**多摩自然遊歩道**
🏠 川崎市多摩区の丘陵地帯
☎ 044-200-2380
🕐 散策自由
🚃 小田急線読売ランド前駅から徒歩5分

▶**二ヶ領せせらぎ館**
🏠 川崎市多摩区宿河原1-5-1
☎ 044-900-8386
🕐 10:00～16:00
🚫 月・第1・3水
💴 無料
🚃 JR・小田急線登戸駅から徒歩8分

▶**川崎市緑化センター**
🏠 川崎市多摩区宿河原6-14-1
☎ 044-911-2177
🕐 9:00～16:30(11～2月は～16:00)
🚫 月(祝日の場合は翌日)
💴 無料
🚃 JR宿河原駅から徒歩7分

---

*水と緑に恵まれた自然豊かな住宅地*

# 多摩区 ●たまく

多摩区は、市内7区の中で最も公園緑地面積が広く、自然に恵まれた地区。北に多摩川が流れ、南に多摩丘陵が広がり、川崎市最大の緑地・生田緑地がある。この生田緑地には、川崎市

生田緑地にある枡形山展望台

岡本太郎美術館や川崎市立日本民家園をはじめとして、青少年科学館、伝統工芸館などの文化施設が点在し、外国人も訪れる観光名所となっている。四季折々の表情を見せてくれる自然探勝路や野鳥の森、ばら苑など市民の憩いの場となっている。また、多摩川につながる二ヶ領用水沿いの遊歩道も散策が楽しいルートだ。「ドラえもん」を生み出した藤子・F・不二雄先生の記念ミュージアムでは、作品原画を中心にコアなファンも楽しめる展示が多い。完全予約制なので要注意。

## おもな見どころ

### 四季折々の自然が満喫できる
### 多摩自然遊歩道
たまぜんゆうほどう
**MAP** 別冊P.6-B1

小田急線読売ランド前駅からJR稲田堤駅まで約4.2km、2～3時間の初心者に優しいハイキングコース。途中に農業技術支援センター、寿福寺、小沢城址、菅薬師堂などの見どころがある。

緑の季節の遊歩道。多摩丘陵の自然を満喫できる

### 川と遊べて多摩川の歴史が学べる
### 二ヶ領せせらぎ館
にかりょうせせらぎかん
**MAP** 別冊P.6-B1

二ヶ領用水の取水口付近にある、多摩川のエコミュージアム。ミニ水族館、川の環境情報の検索、宿河原堰の模型などが見られる。床に張られた、源流から河口まで138kmの多摩川の航空写真は圧巻。

多摩川中之島二ヶ領上からの景色

### 花や緑に関する相談ができる

### 川崎市緑化センター
かわさきしりょくかせんたー
**MAP** 別冊P.6-B1

随時行われる講習会のほか、花や緑に関する相談もできる緑化公園。園内はランや熱帯の花が見られる温室、有機栽培の草花を植えた花壇が見どころの東園と、ナチュラルガーデンなど緑が豊富な西園に分かれる。

東園のフラワーロードの花壇は有機栽培の四季折々の花が咲く

**info** 大雨が降るたび氾濫し、暴れ川として有名だった多摩川。二ヶ領せせらぎ館は、自然と闘い、多摩川を治めてきた先人たちの工夫を学べる親水博物館で、親子で川や水辺の生き物に親しめるイベントも多数企画されている。

### 空からもアクセスできる遊園地
# よみうりランド
MAP 別冊P.6-B1

都心からのアクセスもよく、夏はプールもにぎわう遊園地で、家族でもカップルでも楽しめる。最高時速110kmで森の中を疾走する「バンデット」は園内人気No.1。最高到達地点から見える絶景は迫力満点だ。イルミネーションにも力を入れており、世界的照明デザイナー石井幹子氏が手がけた色とりどりのLEDの中で楽しむ噴水ショーは夢の中にいるような美しさ。

ジュエルミネーション 噴水ショー

### プロのすごさを間近で見られる
# 読売ジャイアンツ球場
MAP 別冊P.6-B1

「明日の巨人の星」を目指す若手選手の練習場。選手の会話などがよく聞こえ、観客との距離が近いのが魅力。サインや記念撮影のチャンスも多い。公式戦が行われる日には、キッチンカーが出店してさまざまなイベントも開催される。

プロ野球選手の練習を間近に見られる

### 戦争の恐ろしさと平和の大切さを伝える
# 明治大学平和教育登戸研究所資料館
MAP 別冊P.40-A1

旧日本陸軍の秘密戦を担っていた陸軍登戸研究所の活動をおもに展示している資料館。風船爆弾の模型、スパイ兵器、生物兵器などの開発の模様をパネル展示している。要予約のガイドツアーでは、館内展示物に関する詳細な解説を聞くことができる。

旧日本軍の風船爆弾も展示

### 川崎市内のアジサイといえばこの寺
# 妙楽寺
MAP 別冊P.40-B1

川崎のアジサイ寺として有名で、多摩川を眼下に見下ろす多摩丘陵の一角にある。鎌倉幕府草創期に源頼朝の弟、阿野全成が院主を努めた威光寺ゆかりの由緒ある寺。木造薬師如来両脇侍像は市の重要歴史記念物に指定されている。

境内に美しく咲くアジサイ

### ▶よみうりランド
住 東京都稲城市矢野口4015-1（本社）
TEL 044-966-1111 営 10:00～20:30など 休 不定休（詳細はHPで確認） 料 ワンデーパス大人（18～64歳）5800円、中高生4600円、シニア（65歳以上）・小学生4000円、未就学児2400円など
CC ADJMV（一部飲食店は現金のみ） 交 京王線京王よみうりランド駅からゴンドラで10分

最高時速110kmの絶叫マシン

### ▶読売ジャイアンツ球場
住 川崎市多摩区菅仙谷4-1-1
TEL 03-3246-7733（読売巨人軍）
営 練習開始時間に合わせて開場
休 好天時はほぼ毎日開場
料 公式戦開催日は有料、練習試合・練習日は無料
交 京王線京王よみうりランド駅から徒歩10分

### ▶明治大学 平和教育登戸研究所資料館
住 川崎市多摩区東三田1-1-1明治大学生田キャンパス内
TEL 044-934-7993
営 10:00～16:00
休 日～火（詳細はHPで確認）
料 無料
交 小田急線生田駅から徒歩10分

### ▶妙楽寺
住 川崎市多摩区長尾3-9-3
TEL 044-922-3653
営 散策自由
休 無休 料 なし
交 JR・小田急線登戸駅から長尾台コミュニティバスあじさい号であじさい寺下車、徒歩1分

info よみうりランドに隣設のフラワーパーク「HANA・BIYORI」（別料金）は穴場。温室のフラワーシャンデリアを楽しみながらカフェでくつろぐ極上の癒やしが味わえる。2024年3月には、園内に「花景の湯」がオープン。

171

**人口** 18万677人
**面積** 23.11km²

---

### 🚉 エリアの拠点駅

**▼新百合ヶ丘駅**
小田急線

---

## 歩き方

麻生区は小田急線が通り新宿まで約20分でアクセスできる便利な立地。観光拠点駅は、小田急線の新百合ヶ丘駅である。区内最大のバス発着拠点で路線が20以上もあり、どこに行くにも便利。新百合ヶ丘は区内最大の商業エリアでもあり、冬のイルミネーションは必見だ。北部の多摩丘陵エリア、黒川・はるひ野を散策したいなら、小田急線黒川駅からのアクセスが便利。小田急線柿生駅からは、寺社を中心に王禅寺ふるさと公園を巡るコースがおすすめだ。釣り好きに有名なスポット、FISH ON!王禅寺もこのエリア。

---

**▶新百合ヶ丘**

🏠 川崎市麻生区
🚉 小田急線新百合ヶ丘駅から徒歩すぐ

駅前ターミナルの夜景

---

**▶BerryPark in FISH ON! 王禅寺**

🏠 川崎市麻生区王禅寺1227-1
📞 044-959-0037 🕐 6:00〜21:30 休 無休 料 3時間3000円〜ほか 🚉 小田急線新百合ヶ丘駅から田園調布学園大学行き、またはたまプラーザ行きバスで田園調布学園大学下車、徒歩5分

---

**▶香林寺**

🏠 川崎市麻生区細山3-9-1
📞 044-966-5450
🕐 散策自由 休 無休 料 無料
🚉 小田急線百合ヶ丘駅から徒歩15分

---

モダンさと歴史が同居する

# 麻生区 ●あさおく

禅寺丸柿の原木が残る王禅寺

　川崎市は麻生区の新百合ヶ丘駅周辺を、川崎や武蔵小杉と並ぶ重要な広域拠点として位置づけ、芸術・文化が息づく魅力ある町づくりを進めている。新百合ヶ丘は、町として新しく歓楽街がないのが特徴で、文化の香り高い学園都市として、買い物、グルメ、文化イベントが楽しめる。

　その昔、王禅寺地区の山中で甘柿が発見されその地にちなんで「禅寺丸柿」と名づけられた。そのことが「柿生」の名の由来となっている。この禅寺丸柿の原木（樹齢約460年）は、今も王禅寺境内に保存されている。水菓子の少なかった当時、この甘柿が評判となり明治天皇にも献上された。西側には町田市を挟んで飛び地の岡上がある。

## おもな見どころ

**市民が愛してつくり上げた町**
### 新百合ヶ丘
**MAP** 別冊P.6-B1

　小田急線新百合ヶ丘駅開業を契機に計画的な町づくりが進められた。川崎市アートセンターを筆頭に芸術・文化施設が多く、毎年KAWASAKIしんゆり映画祭が開かれている。

新百合ヶ丘駅前には「OPA」などの商業施設が建つ

**都会の喧噪をすべて忘れさせてくれる**
### BerryPark in FISH ON!王禅寺
**MAP** 別冊P.6-B2

　広大な敷地内にルアー用、ルアー・フライ・テンカラ用、餌釣り用と目的別の池を持つ、大型管理釣り場。餌釣り池はファミリーでにぎわう。道具のレンタルも行っているため、初心者でも楽しめる。

初心者から上級者まで、ファミリーでも楽しめる

**住宅街にそびえる五重塔**
### 香林寺
**MAP** 別冊P.6-B1

　1525年開山。御本尊は十一面観世音菩薩。山の高台にある住宅地に突き出すように見える五重塔は付近のランドマークになっている。桜の名所で、五重塔付近からはよみうりランドなどの眺めがすばらしい。

五重塔は地域社会の発展を願って建立し、寺に寄進された

---

**info** 新百合ヶ丘は1970年代以降のニュータウン開発で生まれた町で、都市計画に則って造られた美しい景観を誇る。歓楽街がなく治安がよいため子育て世代の住みたいまちランキングでは常に上位にあがってくるほど。

# エリアナビ

# 鎌倉エリア

## このエリアでしたいこと Top 5

❶ 鶴岡八幡宮を参拝
▶ P.175

❷ 巨大な大仏様と対面する
▶ P.188

❸ 明月院でアジサイを眺める
▶ P.185

❹ 材木座海岸で海を眺める
▶ P.196

❺ 人気の駅近通りでグルメ
散歩 ▶ P.176

12世紀の終わりに源頼朝がこの地に幕府を開いたことで、華やかな鎌倉の歴史が始まり、政治、文化ともに日本の中心に。当時の中国の宗や元の文化が入ると同時に多数の寺院も開かれる。明治になると多くの文士が集まって文化を形成していく。

## ❖ 鎌倉市 ▶ P.174

神社仏閣など多くの歴史的建造物が残る、海と山に囲まれた自然豊かな都市。海岸が広がる世界に誇る日本有数の観光地であり行楽地でもある。また明治時代から住宅地として数多くの文化人や著名人が暮らす。

鎌倉の海から見える江の島と富士山

## ❖ 北鎌倉 ▶ P.184

山に囲まれた緑深い静かなエリアで、鎌倉観光の北の玄関口。円覚寺、建長寺、明月院などの古刹が多い。

## ❖ 長谷 ▶ P.188

鎌倉のシンボル・大仏のある高徳院や長谷寺などが点在する歴史を感じられるエリア。

鎌倉市

秋のモミジの頃、絵のような美しさを見せる明月院の悟りの窓

鎌倉大仏として人気のある高徳院の本尊、国宝銅造阿弥陀如来坐像

## ❖ 鎌倉海岸 ▶ P.196

逗子から由比ガ浜を通って、稲村ケ崎の突端まで美しい半円を描く3.2kmほどの海岸。相模湾に面する。

## ❖ 奥鎌倉 ▶ P.192

貴重な歴史的建築物が多い落ち着いたエリアで、二階堂・浄明寺・十二所の3つの町を指す。

奥鎌倉にある十二所(じゅうにそ)神社は知る人ぞ知る穴場スポット

## ❖ 鎌倉山 ▶ P.197

鎌倉市西部に位置する標高100mほどの丘陵地。昭和初期に高級住宅地として開発された。

## ❖ 大船 ▶ P.198

横浜に隣接した鎌倉のベッドタウン。駅から見える全長25mもある巨大白衣観音像がシンボル。

173

古都の歴史と人気のビーチを併せもつ観光都市

# 鎌倉市 ●かまくらし

**人口** 17万1600人
**面積** 39.67km²

源頼朝の家紋といわれるササリンドウをデザイン

## 🚉 エリアの拠点駅

▼ 鎌倉駅
JR線、江ノ島電鉄

---

## モデルプラン

🚶 JR北鎌倉駅東口

↓ 徒歩15分

建長寺 (▶P.184)

↓ 徒歩10分

鶴岡八幡宮 (▶P.175)

↓ 徒歩5分

小町通り (▶P.176)

↓ 徒歩9分

江ノ電鎌倉駅 (▶P.196)

↓ 電車10分＋徒歩7分

鎌倉大仏殿高徳院 (▶P.188)

---

### かなトーク

**映える観光スポットも立ち寄ってみよう**

●小町通りはJR鎌倉駅東口から鶴岡八幡宮まで走る食べ歩きが楽しめる通り。さくらの夢見屋の四色団子、ともやの大仏さま焼きなどは見た目もかわいらしく、手軽な映えスイーツ。●鶴岡八幡宮参道に並ぶ屋台のいちご飴やぶどう飴もレトロ。●JR鎌倉駅から約2kmにある報国寺。「竹庭の寺」と呼ばれ、約2000本の孟宗竹が造り出すたたずまいは異空間。人力車で行くのもよさそう。●北鎌倉の明月院はアジサイの名所として有名。境内を埋める数千本のアジサイは明月院ブルーともいわれている。●鎌倉高校前駅のバックが海の踏切

---

鎌倉の大仏は高さ13.35mで露坐の大仏としても有名だ

県南部の三浦半島西側付け根に位置し、横浜市、逗子市、藤沢市に隣接、都内からは約50kmにある。南は相模湾、三方を低い山で囲まれ、かつては鎌倉幕府がおかれた都として栄えた。室町時代中期以降に衰退したが、明治・大正期には保養・別荘地として発展し、多くの文化人が移り住んだ。昭和には数多くの歴史遺産をはじめ、文化人による時代を先取る文化の薫り、美しい海と湘南人気も相まって日本有数の観光地となった。鎌倉五山をはじめとする寺社や史跡が点在するエリア、レトロな江ノ電が走るマリンアクティビティが盛んなビーチエリア、鶴岡八幡宮から続く小町通りや若宮大路が通る鎌倉駅周辺の商店街エリア、内陸部には閑静な住宅街と多彩な表情が町に自然に溶け込んでいる。

## 歩き方

### ◆ 寺社巡りとビーチ散歩も楽しもう

JR鎌倉駅東口を出るとみどりの窓口に隣接して鎌倉市観光総合案内所がある。目の前を走る若宮大路を山側に歩けば10分ほどで鶴岡八幡宮。途中、二ノ鳥居から八幡宮までは段葛が続いている。鶴岡八幡宮北西、県道21号沿いには神奈川県立近代美術館 鎌倉別館がある。八幡宮前交差点から横大路に入って6分ほどで鎌倉五山第三位の寿福寺。近くには竹林も美しい英勝寺や源氏山公園が広がる。駅東口から若宮大路と平行に走る小町通りは200店舗以上が軒を連ね、グルメや買い物を楽しむ観光客でにぎわっている。駅西口にはローカルな雰囲気の御成通り商店街がある。東口から県道21号を南下すれば徒歩約20分で由比ガ浜。鎌倉を代表するビーチのひとつだ。

町歩きはJR鎌倉駅が拠点

---

info 大仏の回廊裏手にある観月堂は趣が違うお堂。このお堂は15世紀中頃、漢陽の朝鮮王宮内に建築されたと伝えられるものだ。ある時に借金の担保となり、旧山一證券創業者の私邸に移築、1924年に当時の社長より高徳院に寄贈された。

# おもな見どころ

## 800余年の歴史をもつ鎌倉のシンボル

### 鶴岡八幡宮
つるがおかはちまんぐう

MAP 別冊P.31-D1

鎌倉幕府を開いた源頼朝ゆかりの神社。かつては武士の守護神として、現在は古都鎌倉を代表する観光名所。三ノ鳥居を通って境内に入り、真っすぐ進むと静御前が源義経を慕って舞ったという若宮廻廊跡に建つ舞殿、そして神社を象徴する大石段を上ると朱塗りの美しい本宮。石段下の若宮とともに国の重要文化財。楼門前からは由比ガ浜まで続く参道を一望できる。春は桜、夏はハスの花が美しい源平池、夫婦円満祈願の政子石など見どころがたくさんあるので時間をかけて巡ってみたい。カフェや休憩所もある。一年を通して多くの祭りや神事が行われ、9月14〜16日に行われる例大祭が最も重要な神事。御神輿や神馬、御神旗等の大行列の巡行や最終日の流鏑馬神事は見どころ。

大石段と楼門。その奥に本宮がある

## 海まで真っすぐ延びる鶴岡八幡宮の参道

### 段葛と若宮大路
だんかずらとわかみやおおじ

MAP 別冊P.31-C2、P.30-B3

鶴岡八幡宮の参道である若宮大路。源頼朝はこの大路を平安京の朱雀大路に見立て、町を造った。二ノ鳥居から神社入口の三ノ鳥居までは段葛と呼ばれる車道より一段高い参道がある。頼朝が妻、北条政子の安産を祈願して造ったといわれている。春は桜が美しい。

海に向かって真っすぐ延びる若宮大路

## 鎌倉の文化・歴史を知る市立博物館

### 鎌倉国宝館
かまくらこくほうかん

MAP 別冊P.31-D1

昭和3年に開館した市立博物館。本館は正倉院で思い浮かぶ高床式校倉風建築で、国の登録有形文化財。展示品の中心は鎌倉〜室町時代で、鎌倉地方の国宝・重要文化財など多数。5000点を超える収蔵品は絵画・彫刻・書跡・工芸など多岐にわたる。

ガラスケースなしで仏像を展示。仏像の生の迫力が伝わる

▶ 鶴岡八幡宮

🏠 鎌倉市雪ノ下2-1-31
📞 0467-22-0315
🕐 6:00〜20:30
休 無休
料 無料
🚃 JR・江ノ電鎌倉駅から徒歩10分

手前が舞殿。結婚式等が行われる

御神宝類が展示されている宝物殿

▶ 段葛と若宮大路

🏠 鎌倉市の由比ガ浜(滑川交差点)から鶴岡八幡宮に通じる参道
📞 0467-22-0315(鶴岡八幡宮)
🕐 散策自由
🚃 JR鎌倉駅東口から徒歩3分

古都の趣を残す段葛は約500m続く

▶ 鎌倉国宝館

🏠 鎌倉市雪ノ下2-1-1(鶴岡八幡宮境内)
📞 0467-22-0753
🕐 9:00〜16:30(最終入館16:00)
休 月曜(祝日の場合は翌平日)、展示替期間、特別整理期間
料 展覧会により異なる
🚃 JR・江ノ電鎌倉駅から徒歩12分

# 鎌倉駅周辺 お散歩MAP
## 徒歩15分圏内

鎌倉駅周辺は老舗からしゃれたカフェまで、多くの飲食店やみやげ物屋、雑貨店が集まるエリア。鎌倉彫といった工芸品や世界の映画文化にも触れることができる。気ままに路地裏に入り、意外なお気に入りの店に出合うのも鎌倉のおすすめの歩き方のひとつだ。

川喜多夫妻が海外からの訪問客をもてなした「旧川喜多邸別邸」

### 世界の映画文化を発信するスポット
かまくらしかわきたえいがきねんかん
### 1 鎌倉市川喜多映画記念館
映画発展に寄与した川喜多長政・かしこ夫妻の旧宅跡に開館。資料展示や映画上映、講座開催などを通し、鎌倉に映画文化を広めている。

🏠 鎌倉市雪ノ下2-2-12　☎ 0467-23-2500　🕐 9:00～17:00　🈺 月（祝日の場合は翌平日休）、展示替期間、年末年始　💴 通常展（大人200円、小・中学生100円）、特別展（大人400円、小・中学生200円）、鎌倉市民は無料（要証明書）

### 「おいしさ」を追求したお菓子が揃う
かまくらべにやはちまんぐうまえほんてん
### 3 鎌倉紅谷 八幡宮前本店
昭和29（1954）年創業。おいしいの先にある気持ちをいちばん大切にしている。

🏠 鎌倉市雪ノ下1-12-4　☎ 0467-22-3492　🕐 9:30～17:00　🈺 無休　💳 ADJMV

定番の「クルミッ子」。鎌倉はリスが多く、クルミはリスの好物でもあることからキャラクターにリスを採用した

### 長く愛されてきた味「鳩サブレー」
としまや ほんてん
### 5 豊島屋 本店
明治生まれのお菓子で試行錯誤の末に開発。八幡宮の鳩にちなみこの形になった。鳩グッズは本店のみ販売。

鳩モチーフのグッズはバリエーション豊か。デザインやネーミングにもユーモアが感じられる

🏠 鎌倉市小町2-11-19　☎ 0467-25-0810　🕐 9:00～19:00　🈺 水（祝日は営業）不定休　💳 ADJMV

### 1953年創業時の味を受け継ぐ甘味処
なごんしるこてん
### 7 納言志るこ店
2代目が毎朝先代と同じ方法で炊き上げるあんこは一粒ひと粒豆本来の味が楽しめる。

「田舎しるこ（つぶあん）」は、お椀いっぱいのしるこに香ばしい焼き餅が入る

🏠 鎌倉市小町1-5-10　☎ 0467-22-3105　🕐 11:00～17:30（L.O.17:00）　🈺 水　💳 不可

### 800年の伝統の技を今に受け継ぐ
かまくらぼりようがどう
### 2 鎌倉彫 陽雅堂
カツラやイチョウの木に文様を彫り、漆塗りと研ぎを繰り返して作る伝統工芸品。

朱と黒のコントラストが鮮やかな美しい鎌倉彫

🏠 鎌倉市雪ノ下1-8-30　☎ 0467-25-3736　🕐 10:00～16:50（季節により変動あり）　🈺 無休　💳 ADJMV

### 名物わらび餅は手作りならではの弾力と食感
だんかずら こすず
### 4 段葛 こ寿々
昭和初期の木造建築で、職人のわらび餅と手打ちそばが楽しめる。

自家製粉のそば粉で作る打ちたてのこ寿々そば

じっくりと練り上げられたわらび餅

🏠 鎌倉市小町2-13-4　☎ 0467-25-6210　🕐 11:30～18:00（L.O.17:30）、土・日・祝～19:00（L.O.18:30）　🈺 月・第1・第3火（祝日の場合は翌日）　💳 不可

### あとを引くおいしさの豆菓子専門店
かまくらまめやこまちどおりてん
### 6 鎌倉まめや 小町通り店
60種類以上の商品が揃う豆菓子専門店。意外な素材との組み合わせもあり。

売れ筋の「マヨネーズピー」のほか、「湘南ミックス」も人気だ

🏠 鎌倉市雪ノ下1-5-38　☎ 0120-395-402（代）　🕐 10:00～17:00、土・日・祝～18:00　🈺 無休　💳 ADJMV

### 鎌倉で親しまれてきた老舗クレープ店
こくりこおなりどおりてん
### 8 コクリコ 御成通り店
鎌倉に2店舗を構え、デザート系から総菜系まで揃う。酒好きの人にぴったりのクレープも。

モチモチとしながらも、表面はパリッとした生地がクセになる

🏠 鎌倉市御成町10-6　☎ 0467-23-8551　🕐 10:30～18:00　🈺 月（祝日の場合は火）　💳 不可

ℹ️ 寺社仏閣のイメージが強い鎌倉だが、実は教会も多く人口規模に対する数では日本有数。大正時代にこの地に別荘を持った上流階級の人々にキリスト教徒が多かったためとされる。市内中心部の若宮大路にも大正時代建造の教会がある。

**鎌倉市川喜多映画記念館** **1**
川喜多夫妻の旧宅跡に造られた平屋建ての和風建築

**鎌倉彫陽雅堂** **2**
鎌倉八幡宮の正面に店を構える

**小町通り**（こまちどおり）
鎌倉駅東口を出て、鶴岡八幡宮まで若宮大路と並行に走る商店街。明治時代は「瀬戸耕地」と呼ばれる農道だったが、鎌倉駅誕生にともない、少しずつ町がつくられていった。現在はカフェや甘味処、おみやげやファッションなどさまざまなジャンルの店が軒を連ね、多くの観光客でにぎわう

**鎌倉紅谷** **3**
**八幡宮前本店**
「クルミッ子」や「あじさい」などの焼き菓子が揃う

JR湘南新宿ライン／横須賀線

**鎌倉まめや** **6**
**小町通り店**
伝統の製法にこだわり気軽に食べるおやつにも最適

小町通り

**4** **段葛 こ寿々**
落ち着いたたたずまいの外観が若宮大路にしっくりとなじむ

**御成通り**（おなりどおり）
鎌倉駅西口にあり、鎌倉の日常が感じられる商店街。現在の御成小学校から市役所のあたりに以前御用邸があり、皇族方が御成り（高貴な人の外出や到着）になったことから、この名がついたとする説がある

**豊島屋 本店** **5**
店の外観からもひとめで「鳩サブレー」の店とわかるだろう

● **二の鳥居** ●

**7** **納言志るこ店**
細い路地裏にあり、昔からの地元ファンも多い

鎌倉駅

若宮大路

**若宮大路**（わかみやおおじ）
鶴岡八幡宮の参道で、由比ガ浜から八幡宮に向かってまっすぐ延びる。二の鳥居から八幡宮までは、中央部分に「段葛（だんかずら）」と呼ばれる一段高い道が造られている。鎌倉幕府の繁栄期には、若宮大路の両側に多くの武将たちの屋敷があったとされるが、現在は飲食店やみやげ物店などが立ち並ぶ

御成通り

江ノ島電鉄

**鎌倉靴コマヤ本店**
（→P.195）

**8** **コクリコ御成通り店**
グリーンを基調とした、手作り感のある店の外観が目を引く。中にはイートインスペースも

0　　　　　　100m

# おもな見どころ

**▶鎌倉文華館 鶴岡ミュージアム**

🏠 鎌倉市雪ノ下2-1-53
☎ 0467-55-9030
🕐 10:00〜16:30(最終入館16:00)
📅 月曜(祝日の場合は開館)、展示替期間
💴 展示によって異なる
💳 AJMV
🚉 JR・江ノ電鎌倉駅から徒歩10分

ミュージアムに隣接するカフェ

**▶頼朝の墓**

🏠 鎌倉市西御門2-5
🕐 見学自由
🚉 JR鎌倉駅から鎌倉宮・浄明寺方面行きバスで岐れ道下車、徒歩3分

北条義時の法華堂跡は頼朝の墓の東側にある

**▶覚園寺**

🏠 鎌倉市二階堂421
☎ 0467-22-1195
🕐 10:00〜16:00(最終拝観受付15:40)
📅 4/27、8/10、12/20〜1/7および荒天日(通常参拝休止日)
💴 500円(小・中学生200円)
🚉 JR鎌倉駅から鎌倉宮(大塔宮)行きバスで終点下車、徒歩10分

---

### 坂倉準三の世界に浸る空間

## 鎌倉文華館 鶴岡ミュージアム
### かまくらぶんかかんつるがおかみゅーじあむ

**MAP** 別冊P.31-C1

2019年に神奈川県立近代美術館・旧鎌倉館を継承して開館。旧鎌倉館は巨匠ル・コルビュジエに師事したモダニズム建築の大家である坂倉準三の設計で国の重要文化財に指定されている。自然と融合する建築のなかで、鎌倉の歴史や文化を紹介する展示が鑑賞できる。鶴岡八幡宮境内、平家池を見渡す畔に建ち、憩いの空間にある。

源平池周辺は自然豊かで憩いの場所となっている

---

### 鶴岡八幡宮裏手の小高い丘にひっそりたたずむ

## 頼朝の墓(法華堂跡)
### よりとものはか(ほっけどうあと)

**MAP** 別冊P.17-D2

鎌倉幕府初代将軍源頼朝は1199年に53歳で死去。墓は石造りの層塔で、頼朝の墳墓堂である法華堂があったといわれる場所にある。現在の墓は1779年、薩摩藩主の島津重豪が整備。北条義時(1224年没)の墓とともにふたつの墓は「法華堂跡」として国の指定史跡。明治の神仏分離で墓前に白旗神社が建立された。

頼朝の墓は白旗神社横の階段を上がったところ

---

### 鎌倉深奥にたたずむ北条氏ゆかりの寺

## 覚園寺
### かくおんじ

**MAP** 別冊P.17-D2

1218年、北条義時により建立された大倉薬師堂に始まる真言宗泉涌寺派の寺院。境内は豊かな自然に囲まれ、鎌倉時代の風情が漂う。茅葺きの本堂薬師堂や愛染堂、本尊の薬師三尊坐像、その脇に並ぶ十二神将像(ともに国の重要文化財)など見どころも多い。8月10日の黒地蔵縁日は午前0時に始まり、幻想的な趣のなか、多くの参拝客でにぎわう。秋は寺全体がすっぽり紅葉に染まる。

覚園寺の山門。拝観受付所から先は写真・動画撮影禁止

日本で最初の公立近代美術館

### 神奈川県立近代美術館 鎌倉別館

かながわけんりつきんだいびじゅつかん かまくらべっかん

**MAP** 別冊P.32-B3

神奈川県立近代美術館の鎌倉別館として昭和59（1984）年開館、令和元（2019）年リニューアルオープン。鶴岡八幡宮から北鎌倉方面への鎌倉街道沿いにある。年に数回の展覧会で国内外の近現代美術や神奈川県にゆかりのある作家を紹介している。前庭には自然に溶け込むように現代彫刻が展示され、庭に面したカフェもくつろげる（入場料不要）。

美術館外観。大高正人が設計

桜や紅葉の季節には観光客でにぎわう

### 源氏山公園

げんじやまこうえん

**MAP** 別冊P.30-A1

源頼朝の鎌倉入り800年を記念して昭和41年に造られた桜や紅葉が美しい自然公園。中央広場には高さ約2m、若い頃の源頼朝像が鎮座している。園内には鎌倉幕府倒幕に活躍した日野俊基の墓、公園脇には史跡化粧坂がある。北鎌倉と大仏をつなぐ葛原岡・大仏ハイキングコースの途中にある。芝生広場ではピクニックを楽しむ人も多い。

公園内には東屋3ヵ所、トイレ2ヵ所がある

花の名所としても知られる別名萩寺

### 宝戒寺

ほうかいじ

**MAP** 別冊P.31-D2

1333年に滅亡した北条氏の霊を弔うため、後醍醐天皇が足利尊氏に命じて北条氏執権屋敷跡に建立。本尊は子育て経読み延命地蔵（国の重要文化財）で、一般参拝でも間近で見ることができる。初秋に咲く参道脇のシロハギも有名。

宝戒寺は鎌倉七福神としても有名

源頼朝建立の大伽藍「永福寺」VR体験も

### 鎌倉歴史文化交流館

かまくられきしぶんかこうりゅうかん

**MAP** 別冊P.30-B2

2017年開館。イギリスの著名建築家ノーマン・フォスター氏の事務所が設計した個人住宅をリニューアルした。鎌倉で発掘された出土品を中心に、鎌倉の歴史・文化を通史的に紹介。中世の景観を彷彿させる庭園、高台からの海の眺望も見どころ。

交流館は閑静な住宅街に建っている

---

▶ **神奈川県立近代美術館 鎌倉別館**

🏠 鎌倉市雪ノ下2-8-1
☎ 0467-22-5000
🕐 9:30～17:00（最終入館16:30）
🈺 月曜（祝日の場合は開館）、展示替期間
💴 企画展は展覧会により異なる。コレクション展250円（20歳未満と学生150円、高校生・65歳以上100円、中学生以下は無料）
🚉 JR・江ノ電鎌倉駅から徒歩15分、または大船駅行き・上大岡駅行き・本郷台駅行きいずれかのバスで八幡宮裏下車、徒歩2分

▶ **源氏山公園**

🏠 鎌倉市扇ガ谷4-649-1
☎ 0467-45-2750（鎌倉市公園協会事務所）
🈺 散策自由
🚉 JR鎌倉駅西口から徒歩20分

春はお花見スポットとして人気

▶ **宝戒寺**

🏠 鎌倉市小町3-5-22
☎ 0467-22-5512
🕐 9:30～16:30（10～3月は～16:00）　🈺 無休　💴 300円（中学生200円、小学生100円）
🚉 JR鎌倉駅東口から徒歩13分

▶ **鎌倉歴史文化交流館**

🏠 鎌倉市扇ガ谷1-5-1
☎ 0467-73-8501
🕐 10:00～16:00（最終入館15:30）
🈺 日曜・祝日、展示替え期間など
💴 400円（小・中学生150円）
🚉 JR・江ノ電鎌倉駅西口から徒歩7分

---

**info** 佐助稲荷神社は源頼朝の挙兵から鎌倉幕府征夷大将軍にまで導いたと伝えられる神霊を祀った神社。最強の出世・開運パワースポットとして有名。銭洗弁財天から徒歩11分。

## 海蔵寺
- 🏠 鎌倉市扇ガ谷4-18-8
- ☎ 0467-22-3175
- 🕐 9:00〜16:00
- 休 無休
- 料 100円
- 🚃 JR鎌倉駅西口から徒歩20分

境内南の岩窟にある十六の井。起源は不明

## 仮粧坂
- 🏠 鎌倉市扇ガ谷4
- ☎ 0467-61-3857(鎌倉市文化財課)
- 🕐 見学自由
- 🚃 JR鎌倉駅から徒歩20分

新緑や紅葉の時には散策したい

## 亀ヶ谷坂
- 🏠 鎌倉市山ノ内〜扇ガ谷3
- ☎ 0467-61-3857(鎌倉市文化財課)
- 🕐 散策自由
- 🚃 JR北鎌倉駅から徒歩10分

初夏はアジサイロードの趣

## 巨福呂坂
- 🏠 鎌倉市雪ノ下
- ☎ 0467-61-3857(鎌倉市文化財課)
- 🕐 散策自由
- 🚃 JR鎌倉駅東口から徒歩15分

歓喜天を祀る珍しい青梅聖天社

---

### 別名水の寺といわれる
# 海蔵寺
かいぞうじ

🗺 別冊P.32-A3

創建時には大寺院であったが、鎌倉幕府滅亡時に焼失。応永元（1394）年に鎌倉公方足利氏満の命により再建された。本尊は胎内に仏面を収めている啼薬師と呼ばれる薬師如来坐像。寺の裏手にある岩窟には16個の穴から湧き水が出る十六の井がある。

鎌倉の奥座敷にたたずむ。四季折々に咲く花も美しい

### 鎌倉七切通で最も急勾配
# 仮粧坂
けわいざか

🗺 別冊P.30-A1

鎌倉七切通のひとつで、扇ガ谷と源氏山公園北側を結ぶ。武蔵方面へつながる古道の鎌倉側出入口だった。七切通で最も急勾配で舗装はされていない。新田義貞の鎌倉攻めの際には激戦地となった。今も昔の面影を残す国指定史跡。訪れる際は歩きやすい靴で。

ゴツゴツした岩もあり滑りやすい。うっそうとした昔ながらの土の山道

### 北鎌倉から鎌倉駅方面への近道
# 亀ヶ谷坂
かめがやつざか

🗺 別冊P.32-B3

鎌倉七切通のひとつ。扇ガ谷と建長寺や円覚寺などの寺院がある山ノ内を結び、現在も生活道路として使用されている。昔は亀も引き返したほどの急坂だったといわれている。6月には山ノ内側の入口から道沿いに咲く美しいアジサイが見頃だ。国指定史跡。

切通頂上には石に刻まれた六地蔵が祀られている

### 北条泰時の命により造られた
# 巨福呂坂
こぶくろざか

🗺 別冊P.32-B3

鎌倉七切通のひとつ。鶴岡八幡宮に近い青梅聖天社の前から山の尾根を越えて建長寺へ至る道で、新田義貞の鎌倉攻めでは戦場となった。現在は民家があり通り抜けできない。道端の道祖神や庚申塔に昔の面影を残している。今は小袋坂と書く国指定史跡。

道沿いの道祖神や庚申塔は江戸時代に造られたもの

---

info　鎌倉七切通とは朝夷奈、名越、大仏、仮粧坂、亀ヶ谷坂、極楽寺坂、巨福呂坂を指す。切通は山の稜線を切り開いて造った道で、鎌倉への出入口、防衛拠点という意味もあった。

### 新田義貞ゆかりの寺
#### 九品寺 (くほんじ)
MAP 別冊P.17-D3

鎌倉幕府滅亡後の1336年、新田義貞が北条一族を供養するために建立した浄土宗の寺院。鎌倉攻めの際に本陣を構えた場所でもある。山門と本堂にある扁額の「内裏山」と「九品寺」は義貞の筆の写しと伝えられている。春に咲くボケも美しい。

九品寺と書かれた扁額。直筆は本堂に保存されている

▶ 九品寺
住 鎌倉市材木座5-13-14
TEL 0467-22-3404
時 9:00～16:00
休 無休　料 志納
交 JR鎌倉駅東口から九品寺方面行きバスで九品寺下車、徒歩1分

3月下旬～4月上旬はボケの花が見頃

### 地元・観光客にも親しまれている公園
#### 鎌倉海浜公園 (かまくらかいひんこうえん)
MAP 別冊P.17-C3

由比ガ浜から稲村ガ崎にかけての海岸線に点在する総合公園。大きな芝生広場と遊具がある由比ガ浜地区、展望台があり、かながわ景勝50選に指定された稲村ガ崎地区、逗子方面までの美しい海岸線を臨む広場がある坂ノ下地区の3地区がある。

稲村ガ崎からの眺め。江ノ電稲村ヶ崎駅から徒歩5分

▶ 鎌倉海浜公園
住 鎌倉市由比ガ浜、稲村ガ崎、坂ノ下
TEL 0467-45-2750(鎌倉中央公園)
時 散策自由
交 由比ガ浜はJR鎌倉駅から徒歩15分

坂ノ下は江ノ電長谷駅から徒歩15分

### 材木座にある北条経時建立の寺院
#### 光明寺 (こうみょうじ)
MAP 別冊P.17-D3

第四代執権北条経時が建立した浄土宗の大本山。歴代の執権に信仰され、大寺院へと発展した。高さ20m、鎌倉最大級の規模を誇る山門は寺の象徴でもある。昼時には精進料理もいただける（要予約）。現在、大殿は改修工事中（2029年完成予定）。

山門には天照山と書かれた後花園天皇直筆があると伝わる扁額がある

▶ 光明寺
住 鎌倉市材木座6-17-19
TEL 0467-22-0603　時 6:00～17:00(10/15～3/31が7:00～16:00)　休 無休　料 志納　交 JR鎌倉駅から小坪経由逗子駅行きバスで光明寺前下車、徒歩1分

寺裏手の天照山からの見事な眺め

### 日蓮聖人ゆかりの寺院
#### 安国論寺 (あんこくろんじ)
MAP 別冊P.17-D3

1253年、日蓮聖人が『立正安国論』を執筆したといわれる草庵跡（岩屋）に建立された寺院。本堂を起点に日蓮上人も通ったという富士山を望む富士見台へと続く散策路には鐘楼や日蓮聖人が焼き討ちを逃れ一夜を明かした南面窟などがあり、往時がしのばれる。

堂内に一本の柱もない珍しい造りの本堂。本尊は十界未曾有大曼荼羅

▶ 安国論寺
住 鎌倉市大町4-4-18
TEL 0467-22-4825
時 9:00～16:30
休 月(祝日の場合は開門)
料 100円
交 JR鎌倉駅東口から徒歩15分

山門は寺でいちばん古い木造建築

info 鎌倉海浜公園由比ガ浜地区に展示されているタンコロ。タンコロとは1931～1980年の間に運行された江ノ電108号車のこと。1車両＝単車だったことからタンコロという愛称で親しまれた。

入口から岩山のトンネルを歩いて境内へ

# 銭洗弁財天参拝ガイド

鎌倉のパワースポットとして古くから知られる銭洗弁財天。山のなか、トンネルを抜けた先にある境内は神秘的な気配に包まれている。お金を洗うだけではなく、境内の"気"もしっかりと感じたい。

山の中腹に開けられた神社への入口

まずは社務所で線香とろうそく(セットで200円)を購入。銭洗用のザルも借りられる

## 洗うとお金が増える銭洗水

### 銭洗弁財天宇賀福神社
ぜにあらいべんざいてんうがふくじんじゃ

　平安時代が終わり、飢餓が続く乱世を迎えていた頃、巳年の文治元(1185)年、巳の月、巳の刻、人々の命を救おうと神仏に祈りを捧げていた源頼朝の夢に、人頭蛇身の宇賀神が現れ「西方の谷に湧き出ている泉の水を汲み神仏を供養せよ」と告げた。そのお告げのとおり頼朝は泉を見つけ、社を建てて宇賀神を祀ったという。これが宇賀福神社の起原とされる。天下は次第に平和を取り戻し、人々は平穏な日々を送れるようになったと伝えられる。

　その後、頼朝の信仰を受け継いだ鎌倉幕府第五代執権・北条時頼は、奥宮の水で銭を洗い一族の繁栄を祈願したが、これがいつしか「洗うとお金が増えて戻ってくる」という民間信仰になったという。

**MAP** 別冊P.17-C2
住 鎌倉市佐助2-25-16 TEL 0467-25-1081 営 8:00〜16:30 休 無休 料 無料 交 JR鎌倉駅西口から徒歩25分

銭洗いの水が湧き出ている奥宮。この水は鎌倉五名水のひとつとなっている

❶水の神である市杵島姫命(いちきしまひめのみこと)を祀る本社

❷「銭洗い」だけをする人も多いが線香は邪気を払い、ろうそくは光を届けてくれる

❸洗ったお金は乾かしたあと、一度財布に戻して有意義に使うといいとされる

本社の裏手、境内奥に湧き出る清水を祭神とする上之水神宮

上之水神宮の少し下に位置する下之水神宮。近くに一条の滝がある

## 参拝の順番

　すぐに奥宮へ行くのではなく、まずは本社を参拝。本社脇の燭台にあるろうそくで購入した小さなろうそくに火をつけて献灯し、線香に火をつける。その線香を香炉に献香し奥宮へ。ザルにお札を置き、銭洗い水をかけて洗う。洗ったお金は自然に乾かす。

## 気が集まる境内

　お金を洗うと目的を終えたと思い立ち去る人も少なくないが、宇賀福神社の境内は四方を山に囲まれ、気が逃げていくことのないパワースポットとしても知られる。境内をゆっくりと散策して、その雰囲気もゆっくりと味わいたい。

こちらもぜひ訪ねたい

源頼朝ゆかりの出世稲荷

# 佐助稲荷神社
さすけいなりじんじゃ

参道には80以上の朱塗りの鳥居が連なっている

　若い頃、佐殿(すけどの)と呼ばれていた源頼朝が伊豆に流されていたとき、夢に「隠れ里の稲荷神」が現れ旗揚げを促したとされる。頼朝はこの稲荷を再建させたが、頼朝(佐殿)を助けた神ということで佐助神社と名づけられた。その後、頼朝が征夷大将軍まで上りつめたことから別名「出世稲荷」とも呼ばれている。鶴岡八幡宮の境外末社だったが、明治末の1909年に独立した。境内には数多くの白狐の置き物が供えられている。

❶本殿の左手に見られる古稲荷群。数々の白狐が祠を守っている　❷神水とされる霊狐泉。飲むことはできない

## 銭洗弁財天と佐助稲荷神社間の近道

佐助稲荷神社の参道は住宅街の奥にある

　銭洗弁財天の休憩所右手の鳥居をくぐると階段道に出る。この道は佐助稲荷神社への近道。住宅地の小道を5分ほど歩くと佐助稲荷神社の入口に到着する。途中には簡単な表示も出ている。

**MAP** 別冊P.17-C2

住 鎌倉市佐助2-22-12　TEL 0467-22-4711　休 無休　料 無料　交 JR鎌倉駅西口から徒歩20分

# おもな見どころ

▶建長寺
🏠 鎌倉市山ノ内8
☎ 0467-22-0981
🕐 8:30～16:30
休 無休
料 500円(小・中学生200円)
🚃 JR北鎌倉駅東口から徒歩15分

法堂の天井に描かれた雲龍図

龍王殿を望む庭園

▶東慶寺
🏠 鎌倉市山ノ内1367
☎ 0467-22-1663
🕐 9:00～16:00
休 無休　料 志納
🚃 JR北鎌倉駅西口から徒歩4分
※境内は動画・写真撮影禁止

毎月18日に参拝で
きる水月観音坐像

## 日本で最初に「禅寺」と称した専門道場
### 建長寺（けんちょうじ）
MAP 別冊P.32-B3

　臨済宗建長寺派の本山で鎌倉五山の第一位。建長5（1253）年、鎌倉幕府第5代執権北条時頼が中国・宋の高僧蘭渓道隆を招いて創建した日本最初の禅宗専門道場だ。境内では三門、仏殿、法堂などの重要文化財や、国宝に指定される梵鐘を見ることができる。定期的に坐禅会や写経会を行っており、訪れた際にはぜひ禅の修行を体験したい。

国重要文化財である建長寺の三門

## 女人救済の縁切り寺としての歴史をもつ
### 東慶寺（とうけいじ）
MAP 別冊P.32-A2

　弘安8（1285）年に北条時宗夫人・覚山志道尼が開いた臨済宗円覚寺派の寺院。かつては女人救済の縁切り寺であった。おやこ論語塾、月釜、茶道や挿し花体験を開催。矢野智徳氏指導の元、気のめぐりのよい境内を目指し、大地の再生に取り組み中。

水月観音様ご開帳・月釜の日の本堂

## かなトーク

## 歴史に思いをはせる亀ヶ谷坂と巨福呂坂

　三方を山に囲まれた鎌倉には「切通」と呼ばれる道がある。その昔、物資や人が往来するために山を切り開いたもので、鎌倉と北鎌倉を結ぶ道としては亀ヶ谷坂、巨福呂坂というふたつの切通がある。扇ガ谷と山ノ内を結ぶ亀ヶ谷坂は、現在、路面は舗装されているが、切り立つ岩肌を見ると当時の雰囲気を感じられる。北鎌倉からの散歩道として、歩いてみてはどうだろうか。

生活路として
現在も利用さ
れる亀ヶ谷坂

info 雪ノ下と山ノ内を結ぶ巨福呂坂は、現在は通り抜けできないが、道端には江戸時代の庚申塔や道祖神が残る。亀ヶ谷坂と巨福呂坂はどちらも国指定史跡。

### 国宝の舎利殿と洪鐘は必見

## 円覚寺 (えんがくじ)

MAP 別冊P.32-A2

鎌倉幕府第8代執権北条時宗が、元寇で亡くなった兵士を弔うため、中国・宋の無学祖元禅師を迎えて弘安5（1282）年に創建。臨済宗円覚寺派の本山、鎌倉五山の第二位の禅宗寺院だ。円覚寺を象徴する三門や国宝の舎利殿と洪鐘（おおがね）など見どころも多い。また、秋には鎌倉でも有名な紅葉スポットとして知られる。

緑が美しい円覚寺

▶ 円覚寺
**住** 鎌倉市山ノ内409
**TEL** 0467-22-0478
**営** 8:30～16:30(12～2月は～16:00)
**休** 無休
**料** 500円（小・中学生200円）
**交** JR北鎌倉駅東口から徒歩1分

お釈迦様の歯が祀られる舎利殿

### 山深い自然と緑に抱かれたお寺

## 浄智寺 (じょうちじ)

MAP 別冊P.32-A3

弘安4（1281）年、鎌倉幕府第5代執権北条時頼の三男、北条宗政の菩提を弔うために創建された。鎌倉五山第四位、臨済宗円覚寺派の禅宗寺院。本尊の阿弥陀如来、釈迦如来、弥勒如来の三世仏は、それぞれ過去・現在・未来を象徴する。当時の中国様式、宋風を取り入れた鐘楼門や本堂、緑あふれる境内は国の史跡に指定されている。

豊かな自然に囲まれる鐘楼門

▶ 浄智寺
**住** 鎌倉市山ノ内1402
**TEL** 0467-22-3943
**営** 9:00～16:30
**休** 無休
**料** 200円（小・中学生100円）
**交** JR北鎌倉駅から徒歩8分

鎌倉七福神のひとつ「布袋尊」

### 鎌倉随一のアジサイの名所

## 明月院 (めいげついん)

MAP 別冊P.32-B2

平治元（1159）年、平治の乱で戦死した首藤（山内）俊通の供養としてその息子である山内経俊が明月庵を建てたのが始まり。臨済宗建長寺派の寺院で、鎌倉最大の明月院やぐらがある。別名「アジサイ寺」と呼ばれ、満開時には約2500株のヒメアジサイ、通称明月院ブルーが境内を染める。シーズンは多くの人が訪れる。

アジサイの季節の明月院

▶ 明月院
**住** 鎌倉市山ノ内189
**TEL** 0467-24-3437
**営** 9:00～16:00(6月のアジサイ時期は変動あり)
**休** 無休
**料** 500円（小・中学生300円）
**交** JR北鎌倉駅東口から徒歩10分

紅葉の季節の本堂後庭園

**info** 明月院では、ハナショウブの季節と紅葉・黄葉の季節に通常は非公開の本堂後庭園が特別公開される（拝観料に加え500円）。どちらの季節も10日～2週間の公開なので、ぜひ足を運んでみよう。

## ▶円応寺

**住** 鎌倉市山ノ内1543
**電** 0467-25-1095
**時** 9:00〜16:00(12〜2月は〜15:30)
**休** 不定休
**料** 300円(小・中・高校生200円)
**交** JR北鎌倉駅から徒歩15分

## ▶北鎌倉古民家ミュージアム

**住** 鎌倉市山ノ内392-1
**電** 0467-25-5641
**時** 10:00〜16:00(季節により変更あり)
**休** 展示替え期間
**料** 500円(中・高校生300円、小学生200円、未就学児無料※大人同伴で入館可)
**交** JR北鎌倉駅から徒歩2分

## ▶北鎌倉 葉祥明美術館

**住** 鎌倉市山ノ内318-4
**電** 0467-24-4860
**時** 10:00〜17:00
**休** 無休
**料** 600円(小人300円)
**交** JR北鎌倉駅から徒歩7分

絵本原画やデッサン、詩などを展示

## ▶鎌倉中央公園と庭園植物園

**住** 鎌倉市山崎1667
**電** 0467-45-2750
**時** 8:30〜17:15(7・8月は7:30〜18:00)
**休** 無休
**料** 無料
**交** 湘南モノレール湘南町屋駅から徒歩12分

---

### 閻魔様のいるお寺
#### えんおうじ
#### 円応寺　　　MAP 別冊P.32-B3

　建長2(1250)年、智覚禅師により創建された臨済宗建長寺派の寺院。閻魔堂、十王堂ともいわれ、亡者が冥界で出合う「十王」を祀る。本尊の閻魔大王は仏師・運慶の作。頓死の運慶が閻魔様に生き返らせてもらったことを喜び、笑いながら彫刻したため、閻魔様も笑って見え「笑い閻魔」と呼ばれる。

国重要文化財である「閻魔大王坐像」

### 歴史を感じる古民家で芸術作品を鑑賞
#### きたかまくらこみんかみゅーじあむ
#### 北鎌倉古民家ミュージアム　　MAP 別冊P.32-A2

　福井県から古民家と板倉、横浜市から古い料亭の計3棟を移築し合体・再生した古民家ミュージアム。収集準備・移築再生に10年以上を費やし、平成9年にようやく完成した。建築様式やアンティーク家具など建物自体の趣もさることながら、企画展示もあわせて楽しめる。

JRの線路沿いに建つ趣のあるたたずまい

### 絵本の世界を楽しもう
#### きたかまくらようしょうめいびじゅつかん
#### 北鎌倉 葉祥明美術館　　MAP 別冊P.32-B2

　平成3(1991)年、北鎌倉に開館した美術館。まるで絵本から飛び出たようなすてきな外観の美術館は、それ自体が一冊の美しい絵本として楽しめるように造られている。友人の家を訪れたような気持ちで、絵本作家であり詩人でもある葉祥明の作品の数々を見て回りたい。

木立に囲まれ、洋館のような美しさの外観

### 自然を楽しみながらハイキングができる
#### かまくらちゅうおうこうえん　ていえんしょくぶつえん
#### 鎌倉中央公園と庭園植物園　　MAP 別冊P.17-C2

　鎌倉の中央に位置する、自然が織りなす水と緑の里山風公園。公園内は都市緑化植物園ゾーン、自然活用ゾーン、保全ゾーンに分かれる。四季折々の花を楽しみながらのんびり散策したら、庭園植物園にある東屋で豊かな自然に囲まれながらひと休みしたい。

さまざまな野鳥や昆虫が生息する、緑豊かな鎌倉中央公園

何度も通いたくなる
# 北鎌倉こだわりの名店へ

鎌倉駅の隣駅である北鎌倉には個性的な店が多い。寺巡りや自然散策を楽しんだあとは、カフェやショップでゆったりとした時を過ごしたい。

自然に囲まれたショップの建物

店への道のりも印象的

肌になじむ品々が揃う

### ひっそりとしたたたずまい
もろずみ
## morozumi

生活道具や衣料など多彩で個性的なアイテムを扱うショップ。閑静な住宅街の中の隠れ家のような雰囲気が別世界へと誘ってくれる。

**MAP** 別冊P.32-A2
🏠 鎌倉市山ノ内917　☎050-3696-2220
⏰13:00～17:00(午前中は予約制)、土・日・祝10:00～17:00　🈳不定休　💳ADJMV
🚃JR北鎌倉駅から徒歩8分

落ち着いた雰囲気の店内

春限定のガトーフレーズ
800円(税込)

### 完全予約制の"おうち"へ
きたかまくらおうちかふぇ
## 北鎌倉欒カフェ

「欒」は家族団欒の漢字。コーヒーもスイーツもできたてが味わえ、予約は1日5組限定のため、贅沢な時間を過ごすことができる。

"看番犬"のらんちゃんとまるちゃんがお出迎え

**MAP** 別冊P.32-A2
🏠 鎌倉市山ノ内872-1　☎0467-38-7391　⏰12:00～18:00(前日までに要予約)　🈳木～日　💳ADJMV
🚃JR北鎌倉駅から徒歩8分

アンティーク家具が並びレトロな雰囲気の店内

静かな環境に恵まれた店の外観

### 懐かしい時間が流れる
きっさよしの
## 喫茶吉野

「縁切寺」として有名な東慶寺入口脇にあり、昭和レトロの雰囲気が店内に漂う。テラス席もあり、庭は季節の花々で彩られる。

**MAP** 別冊P.32-A2
🏠 鎌倉市山ノ内1379
☎0467-24-9245　⏰10:00～16:30(L.O.16:00)　🈳不定休(要確認)　💳不可　🚃JR北鎌倉駅から徒歩3分

### 古民家でアンティーク三昧
あんてぃーくあんどぎゃらりーきたかまくらくらや
## アンティーク&ギャラリー北鎌倉蔵屋

2018年、食事処から現在のギャラリーとなった。幕末期の古民家をリノベーションした店内で、古美術を心ゆくまで満喫できる。

**MAP** 別冊P.32-A2
🏠 鎌倉市山ノ内1385-3　☎0467-24-9534　⏰10:30～16:00　🈳月(祝日の場合翌日)、年末年始・夏季休業あり　💳ADJMV　🚃JR北鎌倉駅から徒歩4分

堂々とした構えの外観

落ち着いた店内で古美術と向かい合う

info 人気の観光地だけにハイシーズンには駅構内も通りもたいへんな人混みとなる。電車を降りたあとも、なかなか駅から外へ出られないことも珍しくないので注意。

# おもな見どころ

▶鎌倉大仏殿高徳院
住 鎌倉市長谷4-2-28
TEL 0467-22-0703
営 8:00〜17:00(夏季は〜17:30)
休 無休
料 300円(小学生150円)
交 江ノ電長谷駅から徒歩7分

高徳院仁王門

大仏様の大わらじ

▶鎌倉長谷寺
住 鎌倉市長谷3-11-2
TEL 0467-22-6300
営 8:00〜16:30(4〜6月は〜17:00)
休 無休
料 400円(小学生200円)
交 江ノ電長谷駅から徒歩5分

長谷寺山門と門かぶりの松

● 鎌倉の町のシンボル
### かまくらだいぶつでんこうとくいん
## 鎌倉大仏殿高徳院
MAP 別冊P.33-C1

　名刹「高徳院」の本尊・阿弥陀如来坐像は、鎌倉大仏の愛称で親しまれる、鎌倉市で唯一の国宝仏像。これだけ有名でありながら、1252年に鋳造が開始されたこと以外、謎に包まれている。かつては大仏を覆う大仏殿内に安置されていたが、鎌倉幕府の滅亡後に倒壊し、今は建物の礎石のみ残る。仁王門や重さ約45kgの巨大わらじも見どころ。

大きさに圧倒される鎌倉大仏

● 1年中花であふれる花の御寺
### かまくら はせでら
## 鎌倉 長谷寺
MAP 別冊P.33-C2

　鎌倉で2番目に古い736年創建と伝えられる古刹。境内を彩る花々は手入れが行き届き、鎌倉の西方浄土と名高い。特に初夏のアジサイ、秋の紅葉は鎌倉を代表する見どころとして有名。広い敷地の中には、弁天窟、眺望散策路など、探検気分で楽しめるスポットもあり、本堂を含め見学箇所が多い。また、鎌倉の街と海が一望できる見晴台は見事だ。御本尊の十一面観音菩薩立像は、奈良時代にクスノキの霊木で造られたと伝えられ、木造の仏像としては日本最大級。境内の観音ミュージアムでは、長谷寺の宝物である仏像や境内で発掘された考古資料など歴史的文化財を展示している。また、道具を一式貸し出してくれたうえで、写経や写仏も体験できる。

御本尊を祀る観音堂

○ 天然の要塞だった鎌倉への通路

だいぶつきりどおし
## 大仏切通
**MAP** 別冊P.17-C2

　山と海に囲まれた鎌倉に通じる道、「鎌倉七口（かまくらななくち）」のひとつが、この大仏切通。長谷から常盤を抜けて、藤沢方面につながる道筋だ。国指定史跡で、狭く急峻な古道のたたずまいが残る。切通区間は30分ほどで踏破できるが、落石が多く、歩きにくいところも多いので見学時には気をつけたい。

高い岩壁が西側にそびえ立つ

▶ 大仏切通
住 鎌倉市常盤・長谷4・笛田6
TEL 0467-61-3857（鎌倉市教育委員会文化財課）
営 見学自由
交 江ノ電長谷駅から徒歩20分

関東大震災で崩落したところもある

○ 貧しい人々や病人を救った遺物が残る

かまくらごくらくじ
## 鎌倉極楽寺
**MAP** 別冊P.17-C3

　鎌倉時代、慈善事業に尽力した「社会福祉の祖」といわれる忍性が開山した古刹。地元に愛され、ひっそりとお参りしたい人たちが集う。宝物殿の開館は、4月25日～5月25日と10月25日～11月25日の火・木・土・日曜で、国指定重要文化財の釈迦如来像、十大弟子像が見学できる。4月の仏生会には、かわいらしい花御堂が設けられる。

茅葺き屋根の山門が目印

▶ 鎌倉極楽寺
住 鎌倉市極楽寺3-6-7
TEL 0467-22-3402
営 9:00～16:30
休 12/25～12/31
料 志納（宝物殿入館料300円）
交 江ノ電極楽寺駅から徒歩2分

御花堂に釈迦像が納まる

○ 恋愛成就のパワースポット

かまくらじょうじゅいん
## 鎌倉成就院
**MAP** 別冊P.17-C3

　平安時代の初め、弘法大師が諸国巡礼の折り鎌倉に立ち寄り、成就院の裏山で護摩を焚き修行した。いわれを知った北条泰時が、その修行跡に1219年に創建したのが成就院。本尊は不動明王で、良縁成就の寺として知られる。平成28（2016）年6月、復興を祈念し、参道に植えられていたアジサイ262株を宮城県南三陸町に寄贈した。

由比ガ浜を見下ろす高台にある成就院本堂

▶ 鎌倉成就院
住 鎌倉市極楽寺1-1-5
TEL 0467-22-3401
営 8:00～17:00（冬季は～16:30）
休 無休
料 志納
交 江ノ電極楽寺駅から徒歩5分

本尊の不動明王像

info 成就院は縁結びで有名な不動明王のほか、境内に子宝・安産のご利益があるとされる子安地蔵、子生み石があり、良縁だけでなく幸せな結婚生活まで謳歌できると評判が高い。

## ▶光則寺

- 住 鎌倉市長谷3-9-7
- TEL 0467-22-2077
- 営 8:00〜17:00
- 休 無休
- 料 100円
- 交 江ノ島長谷駅から徒歩6分

満開のカイドウの花

## ▶御霊神社

- 住 鎌倉市坂ノ下4-9
- TEL 0467-22-3251
- 営 収蔵庫見学9:00〜17:00
- 休 無休
- 料 収蔵庫見学100円
- 交 江ノ電長谷駅から徒歩3分

御霊神社本殿

日蓮上人と日朗上人の師弟愛を伝える

### 光則寺
こうそくじ

**MAP** 別冊P.33-C2

　開山は日蓮聖人の弟子・日朗上人。当時日蓮聖人は鎌倉幕府の迫害を受け、子弟は流罪などの憂き目に遭っていた。5代目執権北条時頼の側近・宿屋光則は、自身も獄中にありながら弟子を思う日蓮聖人に感化され、自らの屋敷を光則寺と改めた。庫裏の裏には日朗上人が幽閉されていた土牢が残る。境内は自然が多く、樹齢約200年のカイドウは見事。

緑に映える光則寺山門

平安後期に建立された由緒ある神社

### 御霊神社
ごりょうじんじゃ

**MAP** 別冊P.33-C2

　平安時代に鎌倉や湘南地域一帯を治めた鎌倉権五郎景政を祭神とする神社。地元では「権五郎さま」と呼ばれ親しまれている。毎年9月18日に行われる例祭では、県の無形文化財に指定された面掛行列を見ることができる。アジサイの名所でもあり、神社の鳥居前すれすれを江ノ電が通るため花の季節には撮影する人たちでにぎわう。

御霊神社の面掛行列

かなトーク

## 鎌倉の里山を歩く大仏ハイキングコース

　豊かな自然に恵まれた鎌倉には、市街を囲む山に複数のハイキングコースが整備されている。いくつかあるなかでも、北鎌倉と鎌倉大仏を結ぶ「大仏ハイキングコース」は鎌倉を代表するハイキングコースだ。約3kmとちょっと長めでアップダウンもあるが、すがすがしい緑にも囲まれ、鎌倉大仏、銭洗弁財天、源氏山公園、葛原岡神社など、鎌倉の見どころが集まり、歩き応えも十分。ところどころに市街や相模湾を見渡せるポイントや休憩用のベンチなどもあるので、絶景を見ながらハイキングを楽しんでみよう。

歩きやすい靴で、森林浴を楽しもう

info 鎌倉の神社仏閣が源頼朝の鎌倉入り以降に建てられたものが多いなか、御霊神社は平安時代に一帯を治めた関東平氏5家の始祖を祀るために建てられた古い神社。眼病平癒のご利益があると伝わる。

# 長谷
## 路地に迷う楽しさ

大仏をはじめ寺院が点在する長谷は、路地を歩くのも楽しい。目当てにしていなかったしゃれたカフェやショップに出合えると、思わず心が浮かれてしまうはず。

権五郎力餅10個750円。御霊神社(俗称、権五郎神社)にちなんで作られた

レトロで魅力的な店舗

レトロな建物で営業中

### 力餅家
ちからもちや

300年以上続く和菓子屋。何よりも建物のたたずまいに魅了される。その風情に吸い込まれるまま店を訪ねて、力餅と出合いたい。

**MAP** 別冊P.33-C3

住鎌倉市坂ノ下18-18 TEL0467-22-0513 休水、第3火 CC不可 交江ノ島電鉄長谷駅から徒歩6分

建物は旧華族の別荘だった

**伝統と現代のきんつばを**

### 鎌倉いとこ
かまくらいとこ

開業当時からの伝統の味「かぼちゃきんつば」から、現代風の「生チョコきんつば」まで多彩な味わいの和菓子が揃う。

❶左から順に、かぼちゃ、小倉、安納芋、抹茶のきんつば(安納芋のみ300円、ほかは各270円)
❷本店は長谷観音前交差点にある

**MAP** 別冊P.33-C2

住鎌倉市長谷3-10-22 TEL0467-24-6382 営10:30～17:30(売り切れ次第終了) 休不定休 CCADJMV
交江ノ島電鉄長谷駅から徒歩3分

❶思わず店の中へ誘われる
❷路地のアクセントのような小さな看板

**路地に隠れた名店**

### KEY MEMORY
きーめもりー

長谷駅から大仏へ向かう途中、左の路地へ入る。さりげなく現れるショップは、シンプルながら魅惑的なアイテムが揃う名店だ。
(→P.58)

**MAP** 別冊P.33-C2

店内ではゆっくり過ごしたくなる

**本格中華を海の眺めとともに**

### 華正樓鎌倉店
かせいろうかまくらてん

旧華族の別荘だった建物の窓の向こうには海が広がる。本格的でありつつ、あっさりとした上品な中華料理を味わうことができる。

**MAP** 別冊P.33-C1

住鎌倉市長谷3-1-14 TEL0467-22-0280 営11:00～21:30(最終受付19:30、L.O.20:00) 休年末年始、お盆不定休
CCAJ 交江ノ島電鉄長谷駅から徒歩5分

部屋からは湘南の海を眺められる

info 江ノ電沿線のなかでも長谷駅周辺には、カフェやショップが数多く集まっている。有名な寺院などをはじめ、海や山、路地裏の風景など少し歩いただけで、異なる雰囲気が楽しめるのも長谷の魅力だ。

## 杉本寺

**住** 鎌倉市二階堂903
**TEL** 0467-22-3463
**営** 9:00～16:00(入門は15:45まで)
**休** 無休 **料** 300円
**交** JR鎌倉駅東口4番バス乗り場から八幡宮・浄明寺方面行きで杉本観音下車、徒歩1分

昔むした階段は通行禁止

## 浄妙寺

**住** 鎌倉市浄明寺3-8-31
**TEL** 0467-22-2818 **営** 9:00～16:30 **休** 無休 **料** 100円
**交** JR鎌倉駅東口4番バス乗り場から八幡宮・浄明寺方面行きバスで浄明寺下車、徒歩2分

浄妙寺内のカフェ石窯ガーデンテラス

## 旧華頂宮邸

**住** 鎌倉市浄明寺2丁目 **TEL** 0467-61-3477(都市景観課) **営** 庭園10:00～16:00、3～3月～15:00
**休** 月・火(祝日の場合は翌日)、年末年始 **料** 無料 **交** JR鎌倉駅東口4番バス乗り場から八幡宮・浄明寺方面行きバスで浄明寺下車、徒歩6分

「日本の歴史公園100選」にも選定

## 光触寺

**住** 鎌倉市十二所793
**TEL** 0467-22-6864
**営** 10:00～16:00
**休** 無休 **料** 境内無料
**交** JR鎌倉駅東口4番バス乗り場から八幡宮・浄明寺方面行きバスで十二所下車、徒歩2分

山門を入り参道を進むと左手に本堂が見える

# おもな見どころ

### 鎌倉最古の寺院

## 杉本寺
すぎもとでら

**MAP** 別冊P.17-D2

天平6（734）年に光明皇后が藤原房前と行基に建立させた天台宗寺院。杉本観音とも呼ばれている。寄棟堂には3体の秘仏本尊十一面観音（行基、慈覚大師、恵心僧都の作）、運慶作御前立十一面観音、観音三十三身などが安置されている。

茅葺き屋根の本堂。本堂前にある山門にも運慶作の仁王像が祀られている

### 鎌倉五山のひとつ

## 浄妙寺
じょうみょうじ

**MAP** 別冊P.17-D2

文治4（1188）年、源頼朝の家臣である足利義兼の命によって退耕行勇が開山。創建時は極楽寺（真言宗）といったが、正嘉年間（1257～1259年）に禅宗寺院となった。境内を抜けると美しい庭園と洋風のカフェがあり、食事も楽しめる。

どっしりとした屋根が風格を感じさせる浄妙寺本堂。鎌倉五山の第五位

### 華族の邸宅

## 旧華頂宮邸
きゅうかちょうのみやてい

**MAP** 別冊P.17-D2

華頂博信侯爵邸として昭和4（1929）年に建てられたもの。厳密には「宮邸」ではないがこのような愛称で呼ばれている。ハーフティンバー様式の洋館と幾何学的なフランス式庭園が特徴的で、戦前に竣工した洋風住宅建築物としては県内で2番目の大きさ。

国の登録有形文化財（建造物）に登録された

### 700年以上の歴史をもつ寺院

## 光触寺
こうそくじ

**MAP** 別冊P.17-D2

塩嘗地蔵で知られる弘安元（1278）年創建の時宗寺院。本堂に納められた阿弥陀如来三尊はすべて国の重要文化財に指定されている。本尊は「頬焼阿弥陀」の名でも知られ、盗みの疑いをかけられて焼きごてを当てられた法師の身代わりになり、頬に焼印が残ったという話が伝えられる。

時宗の開祖である一遍上人の像

**info** 旧華頂宮邸の建物内部は春と秋の2回一般公開されており、具体的な日程は鎌倉市役所のウェブサイトで確認できる。

## 庭園見学と喫茶が楽しめる重要文化財
### 一条恵観山荘
いちじょうえかんさんそう

**MAP** 別冊P.17-D2

17世紀中期、関白を辞任後に出家した一条恵観が西賀茂に創建した山荘。昭和34（1959）年に唯一残っていた茶屋を鎌倉に移し、国の重要文化財に指定された。建物の内部は予約制で見学も可能。敷地内の「紅葉の小径 滑川」や「中門」は特に紅葉の季節が見頃。

園内にある「かふぇ楊梅亭」。鎌倉の岩山と滑川の風景を臨める

## 鎌倉公方の菩提寺
### 瑞泉寺
ずいせんじ

**MAP** 別冊P.17-D2

嘉暦2（1327）年、七朝帝師と呼ばれた高僧、夢窓疎石によって創建された臨済宗円覚寺派寺院。有名な作庭家でもある夢窓疎石の作った庭園は、書院庭園の起源ともいわれ国の名勝に指定されている。なかでも岩庭は岩と水だけで大自然を表現した見事なものだ。

岩盤を彫刻的手法で作った「岩庭」は鎌倉に残る、鎌倉時代唯一の庭園

## 鎌倉幕府の祈願所
### 明王院
みょうおういん

**MAP** 別冊P.17-D2

嘉禎元（1235）年に鎌倉幕府第4代将軍藤原頼経により建立された真言宗泉涌寺派の寺院。本尊は不動明王を中心とした大威徳明王、軍荼利明王、降三世明王、金剛夜叉明王の5体の明王。このうち不動明王坐像（鎌倉時代）は国の重要文化財。

茅葺き屋根に蔀戸の情緒ある本堂。毎月28日に本堂で護摩法要が行われる

## 鎌倉十三仏霊場の第8番
### 報国寺
ほうこくじ

**MAP** 別冊P.17-D2

建武元（1334）年に天岸慧広が創建した臨済宗建長寺派寺院。本尊である釈迦如来坐像は仏師宅間法眼の作と伝わる。また、1000本を超える孟宗竹の竹林も有名。竹庭を望む休耕庵では、岩場を流れる水音や鳥のさえずりを聴きながら干菓子付きの抹茶をいただける。

竹林と休耕庵。休耕庵では抹茶（干菓子付き600円）がいただける（15:30まで）

---

▶ 一条恵観山荘
🏠 鎌倉市浄明寺5-1-10
☎ 0467-53-7900
🕐 10:00～16:00（入園は15:30まで）　休 不定休　💴 500円（未就学児の入園は不可）　🚌 JR鎌倉駅東口4番バス乗り場から八幡宮・浄明寺方面行きバスで浄明寺下車、徒歩2分

紅葉が美しい一条恵観山荘。敷地内の滑川沿いに紅葉の小径も

▶ 瑞泉寺
🏠 鎌倉市二階堂710　☎ 0467-22-1191　🕐 9:00～17:00（入門は16:30まで）　休 なし　💴 200円　🚌 JR鎌倉駅東口5番バス乗り場から大塔宮行きで大塔宮下車、徒歩10分

「花の寺」瑞泉寺。四季折々の草花が

▶ 明王院
🏠 鎌倉市十二所32　☎ 0467-25-0416　🕐 9:00～16:00　休 不定休　💴 無料　🚌 JR鎌倉駅東口4番バス乗り場から八幡宮・浄明寺方面行きバスで泉水橋下車、徒歩3分

縁日で出店された地元産の野菜

▶ 報国寺
🏠 鎌倉市浄明寺2-7-4　☎ 0467-22-0762　🕐 9:00～16:00　休 12/29～1/3　💴 400円（小・中学生200円）　🚌 JR鎌倉駅東口4番バス乗り場から八幡宮・浄明寺方面行きバスで浄明寺下車、徒歩3分

本尊を納めた本堂

---

## 鎌倉宮

▶ 鎌倉宮
- 🏠 鎌倉市二階堂154
- ☎ 0467-22-0318
- 🕐 参拝自由（社務所9:00〜16:30）
- 休 無休
- 料 無料（神苑拝観コース300円）
- 🚃 JR鎌倉駅東口5番バス乗り場から鎌倉宮行きバスで10分。鎌倉宮下車すぐ

白を基調とした美しい鳥居が出迎える

▶ 英勝寺
- 🏠 鎌倉市扇ガ谷1-16-3
- ☎ 0467-22-3534
- 🕐 9:00〜16:00
- 休 木
- 料 300円
- 🚃 JR鎌倉駅西口から徒歩15分

フヨウのほか四季折々の花が咲く

▶ 十二所神社
- 🏠 鎌倉市十二所285
- ☎ なし
- 🕐 24時間　休 無休　料 無料
- 🚃 JR鎌倉駅東口4番バス乗り場から八幡宮・浄明寺方面行きバスで十二所神社下車、徒歩2分

石段を上がったところにある拝殿

▶ 熊野神社
- 🏠 鎌倉市浄明寺3-8-55
- ☎ なし
- 🕐 24時間　休 無休　料 無料
- 🚃 JR鎌倉駅東口4番バス乗り場から八幡宮・浄明寺方面行きで浄明寺下車、徒歩5分

質素な社殿が神秘的

---

### 建武中興十五社のひとつ

## 鎌倉宮（かまくらぐう）

MAP 別冊P.17-D2

　明治天皇により明治2（1869）年に御創建された護良親王を御祭神とする神社。拝殿での祭典神事では雅楽や巫女舞が神職により奉納される。有料の神苑拝観コースは御神木の木々の間を歩くのが気持ちよく、護良親王が幽閉されていた土牢などを見学できる。

大塔宮 鎌倉宮。地元民からは「だいとうのみや」と親しまれている

### 太田道灌の屋敷跡に立つ寺院

## 英勝寺（えいしょうじ）

MAP 別冊P.30-B1

　寛永13（1636）年、徳川家康の側室お勝の方（のちの英勝院）によって建立された鎌倉唯一の尼寺。関東大震災によって一部倒壊した建物はあるものの、仏殿、鐘楼、祠堂などは現存しており、江戸初期の貴重な建築を今に伝えている。花の寺としても知られる。

鎌倉雄一の尼寺、英勝寺。裏山には美しい竹林がある

### 古くは光触寺境内にあった鎮守社

## 十二所神社（じゅうにそじんじゃ）

MAP 別冊P.17-D2

　十二所の鎮守社。弘安元（1278）年の創建と伝わり、古くは熊野権現社といった。本殿にウサギの彫り物があり、卯年にはパワースポットとして多くの人が訪れる。境内には疱瘡神と宇佐八幡を祀るふたつの石の小祠など、4つの境末社がある。

境内軒下のウサギの彫り物。ウサギは多産であることから繁栄の象徴とも

### 急な階段を上ったところに立つ小さな社

## 熊野神社（くまのじんじゃ）

MAP 別冊P.17-D2

　100段以上の階段を上り切った静かな森の中にひっそりとたたずむ浄妙寺の鎮守社。勧請の年代は詳らかではないが、応永年間（1394年〜1428年）と永正年間（1504年〜1521年）に社殿を再建したと伝えられている。祭神は伊弉諾命（いざなぎのみこと）、伊弉冉命（いざなみのみこと）、天宇頭女神（あめのうずめのかみ）。

100段以上もある石段。恋愛成就・縁結びの御利益があるといわれている

---

info 鎌倉宮の代表的な御守りが「獅子頭守」で、御祭神の護良親王が出陣の際に兜の中にしのばせたという由緒がある。良くないものをきれいに食べてくれるという御守りで、手水舎でも出迎えてくれる。

浄妙寺の境内に現れる洋館

アフタヌーンティー。ひとり4200円

石窯ガーデンテラス
スコットランド人デザイナーが手がける庭園

# 穴場の奥鎌倉、御成通りへ

鎌倉の王道観光から少しはずれた奥鎌倉には穴場的なショップやグルメが点在している。鎌倉駅西口の御成通りでもショッピングを楽しみたい。

## 洒落た洋館と鮮やかな庭園へ
### 石窯ガーデンテラス
いしがまがーでんてらす

浄妙寺の境内に立つ洋館。アフタヌーンティーやランチセットなどが楽しめる。建物を取り囲む庭園も四季折々の見応えがある。

**MAP** 別冊P.17-D2
🏠 鎌倉市浄明寺3-8-50(浄妙寺境内)
☎ 0467-22-8851 🕐 10:00～17:00 休 月(祝日の場合は翌日) 💳 ADJ 🚃 JR鎌倉駅から京浜急行バス金沢八景行きで浄明寺下車、徒歩3分

## モノを愛でつつ一服
### 鎌倉梅のや
かまくらうめのや

"ふるもの"を眺めながら甘味で一服できる店としてオープン。陶磁器や着物、工芸品や古道具に囲まれた幸福なひとときが過ごせる。

**MAP** 別冊P.17-D2
🏠 鎌倉市浄明寺2-4-4 ☎ 0467-24-4800
🕐 11:00～17:00 休 不定休 💳 不可 🚃 JR鎌倉駅から京浜急行バス金沢八景行きで浄明寺下車、徒歩1分

## 荘厳な古民家で最高級洋食を
### 奥鎌倉 北條 二階堂
おくかまくらほうじょうにかいどう

貴重な葉山牛をハンバーグ、ビーフシチューやステーキで堪能できる。奥鎌倉の自然のなか、趣ある古民家で過ごす時間はとても贅沢。

**MAP** 別冊P.17-D2
🏠 鎌倉市二階堂19-7 ☎ 0467-91-0236
🕐 11:00～22:00 休 不定休 💳 不可
🚃 JR鎌倉駅から京浜急行バス鎌倉宮行きで天神前下車、徒歩1分

## オリジナルブランドも人気
### 鎌倉靴コマヤ本店
かまくらくつこまやほんてん

早くよりヨーロッパからの輸入靴を扱っているが、オリジナルの「鎌倉靴KOMAYA」も好評。8割を女性客が占めている。

**MAP** 別冊P.30-B3
🏠 鎌倉市御成町5-39 ☎ 0467-22-4300
🕐 10:00～18:15 無休 💳 AJMV 🚃 JR鎌倉駅西口から徒歩3分

日常から少しはみ出したような楽しい気持ちに

鎌倉梅のや
入口からさまざまなモノに心がくすぐられる

メニューに使うのは希少な葉山牛のみ

奥鎌倉 北條 二階堂
葉山牛ハンバーグコースは3850円　店舗は築90年の古民家を利用

鎌倉靴コマヤ本店
50、60代の客が多いが30代の人も少なくない

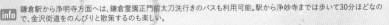
創業は1939年の鎌倉靴コマヤ本店

info 鎌倉駅から浄明寺方面へは、鎌倉霊園正門前太刀洗行きのバスも利用可能。駅から浄妙寺までは歩いて30分ほどなので、金沢街道をのんびりと散策するのも楽しい。

## おもな見どころ

▶江ノ島電鉄
住 藤沢市片瀬海岸1-8-16(本社)
TEL 0466-24-2711(代表)

町なかを走り抜ける

▶稲村ガ崎
住 鎌倉市稲村ガ崎1
TEL 0467-23-3050(観光に関する
問い合わせ)
営 散策自由
交 江ノ電稲村ヶ崎駅から徒歩5分

▶材木座海岸
住 鎌倉市材木座5
TEL 0467-23-3050(観光に関する
問い合わせ)
営 散策自由
交 JR鎌倉駅から逗子駅行きバス
で材木座または光明寺下車、徒
歩16分

▶由比ガ浜
住 鎌倉市由比ガ浜
TEL 0467-23-3050(観光に関する
問い合わせ)
営 散策自由
交 JR・江ノ電鎌倉駅から徒歩15
分、江ノ電和田塚駅・由比ヶ浜駅・
長谷駅から各徒歩5分

▶七里ヶ浜
住 鎌倉市七里ガ浜東2-1
TEL 0467-23-3050(観光に関する
問い合わせ)
営 散策自由
交 江ノ電七里ヶ浜駅鎌倉方面出
口から徒歩3分

沿線散歩も楽しみたい
### 江ノ島電鉄
えのしまでんてつ

MAP 別冊P.16-B3

「江ノ電」の略称で親しまれる江ノ島電鉄は、明治35（1902）年に藤沢駅から現在の江ノ島駅にあたる片瀬駅を結ぶ路線として開通した。現在は、鎌倉駅から藤沢駅までを結び、沿線にある寺社や観光スポットへのアクセスに便利な駅が多い。短い車両で街中や民家の間、湘南の海岸線沿いを走る姿は、地元の人から観光客まで人気を集める。車窓から水平線を眺めながらのんびり移動したい。

海岸線沿いを走る江ノ電

伝説を秘めた海岸
### 稲村ガ崎
いなむらがさき

MAP 別冊P.17-C3

由比ガ浜と七里ガ浜の間、鎌倉市の沿岸中央付近に位置する岬。岬の西側には鎌倉海浜公園稲村ガ崎地区があり、ここからの眺めはかながわ景勝50選に選ばれている。

絶景の夕日スポットでもある

現存する日本最古の築港遺跡を見ることができる
### 材木座海岸
ざいもくざかいがん

MAP 別冊P.17-C3

滑川を境に東側、かつて船舶の寄港地としてにぎわった材木座海岸。干潮時には、日本に現存する最古の築港遺跡であり国の史跡に指定される「和賀江嶋」が見られる。ビーチは長く、遠浅で穏やかな海。

家族連れにもおすすめのビーチ

鎌倉の代表的なビーチ
### 由比ガ浜
ゆいがはま

MAP 別冊P.33-D3

相模湾に面する鎌倉市南部の海岸。材木座海岸と合わせて入江となっており、滑川を境に東側を材木座海岸、西側を由比ガ浜という。鎌倉を代表するビーチで、夏には海水浴場や鎌倉花火大会の会場として多くの来訪者でにぎわう。

のんびり波を眺めるのも気持ちいい

グルメも楽しめる人気のビーチ
### 七里ヶ浜
しちりがはま

MAP 別冊P.16-B3

鎌倉市南西部に位置し、相模湾に面した2.9kmほどの浜。海岸と並行している国道134号近くには、カフェやレストランなども多い人気の観光スポットだ。海岸からは江の島や、天気のいい日は富士山も見ることができる。

ビーチからは江の島が見える

桜の名所で知られる道

### 鎌倉山さくら道
かまくらやまさくらみち

**MAP** 別冊P.16-B2

鎌倉市常盤から鎌倉山を結ぶ約2.4kmの一般道。道の両側にはたくさんの桜の木が植えられており、春になると桜の名所として知られている。満開の時期はまるで桜のトンネルのようになり、圧巻の景色を楽しむことができる。

桜のシーズンにぜひ訪れたい

▶ 鎌倉山さくら道
🏠 鎌倉市常盤〜鎌倉山3
🕐 見学自由
🚃 JR鎌倉駅東口から鎌倉山行きバスで終点下車、徒歩すぐ

満開に咲いた桜の花

**かなトーク**

## 鎌倉山の眺望と名店

昭和44（1969）年創業、鎌倉山にある蕎麦と会席料理の店。鎌倉山を開発した菅原通済が昭和4（1929）年に江戸時代の豪農の屋敷や山門を移転改築して建てたもので、本館と山門は登録有形文化財となっている。現在は本館1階を蕎麦処、2階を会席料理の個室エリアとして使用しており、四季の花々が咲く広大な庭園には茶室や甘味処なども点在する。富士箱根連山、相模湾などの景色はすばらしく、眺望を楽しみながら食事を味わうことができる鎌倉山の名店だ。

楮亭
らいてい
**MAP** 別冊P.16-B3
🏠 鎌倉市鎌倉山3-1-1
📞 0467-32-5656
🕐 11:00〜20:30（16:00以降は会席料理の予約のみ）
🛌 7月最終週月〜木、1/1〜3
🚃 JR鎌倉駅東口から鎌倉山行バスで高砂下車、徒歩すぐ

洋風な空間が広がる本館2階のロビー

晴天時は庭から富士山が見えることも

## 自然に囲まれてゆっくり本とコーヒーを楽しむ

自然豊かな鎌倉山にあるブック＆カフェ。静かな空間でお茶をしながら本を読んだり、コミュニケーションを楽しんだり、季節ごとの自然を堪能することができる。また、新品・古書を区別することなく扱い、ここで買った本は7割で買い戻しもしてもらえるSDGsを意識した本屋でもある。自然に触れてリラックスしながら、思い思いの時間を贅沢に満喫したい。

惣 common
そうこもん
**MAP** 別冊P.16-B3
🏠 鎌倉市鎌倉山2-19-31
📞 0467-80-2736
🕐 10:00〜18:00
🛌 火・水
🚃 JR鎌倉駅東口から鎌倉山行きバスで旭ヶ丘下車、徒歩5分

本の感想や感動をより多くの人と共有できるよう工夫する

窓の外に広がる緑に癒やされる

▶ 大船観音寺
住 鎌倉市岡本1-5-3
電 0467-43-1561
営 9:00〜16:00
休 無休
料 300円（小・中学生100円、幼児無料）
交 大船駅から徒歩5〜10分

山頂に鎮座する観音様

▶ 散在ガ池森林公園
住 鎌倉市今泉台7-930-1
電 0467-45-2750
営 8:30〜17:00
交 大船駅から鎌倉湖畔循環系統で今泉不動下車、公園北口まで徒歩3分

▶ 神奈川県立大船
  フラワーセンター
住 鎌倉市岡本1018
電 0467-46-2188
開 9:00〜17:00（11〜2月は〜16:00）
休 第2・4月（祝日の場合は翌日）
料 400円（学生・20歳未満200円、高校生・65歳以上150円）
交 大船駅から徒歩16分

「観音様」の愛称で呼ばれる大船のパワースポット

### おおふなかんのんじ
### 大船観音寺

MAP 別冊P.17-C1

大船の象徴でもある、全長約25mの巨大な白衣観音像で知られている曹洞宗の寺。昭和4（1929）年に永遠平和を目的とし、地元有志により建立が着手されたのが始まりで、完成までには30年もの歳月が費やされた。大船の街を見渡せる大船駅西側の無我相山の山頂に鎮座し、あたたかい微笑みで街を見守っている姿は電車からも見え、多くの人に親しまれている。縁結び、安産祈願、子宝などにご利益があるとされ、大船のパワースポットとして多くの人が訪れる。

階段から見える観音様の表情

豊かな自然を楽しみながら散策したい

### さんざいがいけしんりんこうえん
### 散在ガ池森林公園

MAP 別冊P.17-D2

鎌倉湖とも呼ばれる散在ガ池は、灌漑用地池として造られた。池の周りには自然がそのまま残る散策路や見晴らし台などがあり、春は桜、秋には紅葉、冬には野鳥の飛来を楽しむことができる。起伏が多いため、歩きやすい靴で行くのがおすすめ。

春の散在ガ池森林公園。散在ガ池は調整池としての役割も担っている

季節の花々が美しい植物園

### かながわけんりつおおふなふらわーせんたー
### 神奈川県立大船フラワーセンター

MAP 別冊P.16-B1

バラ、シャクヤク、ハナショウブなど、数千品種が栽培展示されている植物園。園内には、さまざまな季節の花が1年中絶えることなく咲いている。芝生広場ではピクニックも楽しめ、寝転んだりお弁当を食べたりするのにも最適で、子連れにもうれしい。

四季の花々が咲き乱れる園内。ピクニックも楽しめる芝生広場もある

info 大船観音寺の白衣観音像の背中には入口があり、胎内拝観ができる。縮尺された観音像や千本仏などが祀られており、観音像の歴史を説明する写真などを見ることができる。

## エリアナビ
# 横須賀と三浦半島エリア

このエリアで
したいこと Top 5

❶ 横須賀の軍港を船で巡る
▶P.201
❷ 横須賀ドブ板通りを散策
▶P.204
❸ 葉山の近代美術館で芸術に触れる ▶P.225
❹ 三崎漁港であがるマグロを食べる ▶P.221
❺ リビエラ逗子マリーナで優雅に過ごす ▶P.216

　三浦半島は神奈川県南東部にある半島。このエリアは小川が枝分かれして東京湾や相模湾に流れ込む「谷戸(やと)」と呼ばれる起伏に富んだ地形をしている。横須賀は半島の中心となる都市で、ペリー来航の舞台となった場所。

### ◆ 横須賀市 ▶P.200
　江戸時代末期の嘉永6(1853)年、アメリカのペリーが来航した町として知られる。米軍基地を構え、国際色豊か。歴史的な見どころも多い。JRで横浜からは30分、東京からも1時間程度。

海に囲まれた横須賀の町並み

### ◆ 逗子市 ▶P.216
　横浜や鎌倉に接し、交通の便もいい。相模湾に面した沿岸部には約900本のヤシの木が並ぶ「リビエラ逗子マリーナ」があり、地中海のリゾート地を思わせる。

「リビエラ逗子マリーナ」はフォトジェニックでSNS人気が高い

### ◆ 三浦市 ▶P.220
　東京湾と相模湾に面し三浦半島最南東に位置する。日本有数のマグロ基地・三崎漁港がある「マグロの町」。日本初の冷凍マグロ専用卸売市場には豊洲に負けない数のマグロが並ぶ。

逗子市
葉山町
横須賀市
三浦市

「葉山マリーナ」では現在も数多くのヨットレースが開催されている

のどかな夏の三崎漁港

### ◆ 葉山町 ▶P.225
　森戸海岸、芝崎、一色海岸、小磯、長者ヶ崎海岸と砂浜と岩礁が交互に連なる海岸線をもつ。海沿いには御用邸がある。日本のヨット発祥の地でもあり、葉山マリーナには200以上のヨットが並ぶ。

# 横須賀市　●よこすかし

**市章**

**人口** 37万5424人
**面積** 100.81km²

中央に「ヨ」。三浦一族の家紋と羅針盤をデザイン。

## 🚉 エリアの拠点駅

**▼横須賀中央駅**
京急線

**▼浦賀駅**
京急線

**▼久里浜駅**
JR線

**▼京急久里浜駅**
京急線

## ⏣⏣⏣ モデルプラン ⏣⏣⏣

○ 横須賀中央駅

↓🚶 徒歩15分

○ 三笠公園と記念艦三笠 (▶P.201)

↓🚶 徒歩15分

○ ドブ板通り (▶P.204)

↓🚶 徒歩5分

○ YOKOSUKA軍港めぐり (▶P.201)

↓🚶 徒歩5分

○ ヴェルニー公園 (▶P.202)

↓🚶 徒歩7分

○ 汐入駅

### かなトーク

**横須賀はトンネルの町**

　海岸線に山が迫る地形のため、市内には道路用だけで約120本、鉄道を含めると約150本以上のトンネルがある。数え方にもよるが日本一トンネルが多いともいわれる。最も古いのは観音崎の手掘りのもの。フランス人技師が水道を通すために造ったトンネルは現在は生活道路の一部となりバスも走る。大小さまざまなトンネルを訪ね歩くのも、ちょっとマニアックな横須賀さんぽ。

横須賀市内を走り抜ける京急の電車と沖に浮かぶ猿島

　三浦半島のほぼ北半分を占め、市域は広く西では相模湾にも面している。三浦丘陵が海岸線ぎりぎりまで迫っている土地が多く、現在の中心部、京急線横須賀中央駅一帯の平坦な場所はほとんどが埋め立て地。住宅地は急な傾斜地の上にまで広がっている。東京湾の入口、狭い浦賀水道に位置し、古事記の時代から房総半島に渡る海の道が通っており、幕末の黒船来航からは首都防衛の要衝となった。戦前は軍港都市として栄え、現在も在日アメリカ海軍や自衛隊の基地がおかれている。

　観光の町としての魅力は数多く、基地や横須賀港の周辺のみならず、歴史遺産の多い浦賀や、自然豊かな観音崎周辺などバラエティにも富んでいる。

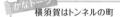
## 歩き方

### ◈ 目的地により拠点駅選びが大切

　ドブ板通りや三笠公園、猿島といった中心部の見どころへは京急線の横須賀中央駅が便利。ひと駅横浜寄りの汐入駅からのほうが近い見どころもあり、両駅のどちらかを出発点として、もう一方を終着点として歩くと効率的。ほとんどのスポットへは徒歩でも十分アクセス可能。

　南東部の拠点は京急線の浦賀駅か京急久里浜駅。観音崎公園へは京急線の横須賀中央駅か馬堀海岸駅からバスが利用でき、さらに観音崎公園で乗り換えて浦賀駅へもバスで抜けられる。浦賀〜久里浜間もバスの本数が比較的多くルートは組みやすい。西部の海岸線には、北側なら京急線逗子・葉山駅かJR逗子駅、南側なら京急線三崎口駅からバスを利用する。

ヴェルニー公園から見た横須賀の海

info 市内にはJRの横須賀駅もあるが、市街地の北外れになり、ヴェルニー公園には近いものの中心部の繁華街へは距離があり、列車の本数も京急より少ないので注意。

# おもな見どころ

## 横須賀ならではの「ご当地」クルーズ
### よこすかぐんこうめぐり
### YOKOSUKA軍港めぐり `MAP 別冊P.35-D1`

　明治4（1884）年に横須賀鎮守府が設置されて以降、軍港として整備されてきた。現在では海上自衛隊の港（長浦港）とアメリカ海軍施設がおかれており、海上自衛隊、アメリカ海軍の艦船が停泊している。このエリアを船で巡るのがクルージングツアー「YOKOSUKA軍港めぐり」。ツアーは約45分間、海上自衛隊やアメリカ海軍のいろいろな艦船を見ることができ、運がよければ、南極観測船や空母なども目にすることができる。船には専属の軍港めぐり案内人が乗船しており、リアルタイムで横須賀港の歴史、艦船の名称や役割などを解説してくれる。

　出航地点は汐入桟橋。切符を販売しているターミナルにはショップも併設しており、待ち時間や下船後におみやげを購入することもできる。

船上から眺める艦船

## 歴史的記念物がある公園
### みかさこうえん　きねんかんみかさ
### 三笠公園・記念艦三笠 `MAP 別冊P.35-D1`

　三笠公園は「日本の都市公園100選」「日本の歴史公園100選」に選ばれた横須賀市を代表する公園。昭和36（1961）年に完成し、昭和57（1982）年にアメリカ軍から返還された土地を加え、「水と光と音の公園」というテーマに沿って再整備された。L字を180度回転させたような形をしており、多くの市民の集いと触れ合いの場になっている。

　公園の東側には名称の由来となった戦艦三笠と東郷平八郎の銅像がある。戦艦三笠は日本海海戦の連合艦隊旗艦。大正15（1926）年に記念艦として横須賀で保存されることになった。

昭和36（1961）年に復元され、現在では艦内を見学できる。東郷平八郎は連合艦隊司令長官として三笠で陣頭指揮を執った海軍軍人。

東郷平八郎銅像と記念艦三笠

---

### ▶ YOKOSUKA軍港めぐり

🏠 横須賀市本町2-1-12
☎ 株式会社トライアングル：046-825-7144（代表）
🕐 11:00〜15:00（土・日・祝は10:00〜で臨時便あり。詳細は公式サイトで確認）　休 なし（荒天日等を除く）　料 1800〜2000円、小学生900〜1000円
※曜日や時期により価格変動があるので詳細は公式サイトで確認
🚃 京急線汐入駅から徒歩5分

汐入ターミナルのみやげもの売り場

クルーズに使用されるシーフレンド7

### ▶ 三笠公園

🏠 横須賀市稲岡町82
☎ 046-824-6291
🕐 4〜10月8:00〜21:00、11〜3月9:00〜20:00
休 なし　料 無料
🚃 京急線横須賀中央駅から徒歩15分。JR線横須賀駅から中央1三笠循環バスで三笠公園下車すぐ

公園内の野外ステージ。イベントも多く開催される

### ▶ 記念艦三笠

🏠 横須賀市稲岡町82-19　☎ 公益財団法人三笠保存会：046-822-5225（代表）🕐 4〜9月9:00〜17:30、3・10月9:00〜17:00、11〜2月9:00〜16:30（入艦は閉鑑30分前まで）　休 12/28〜31
料 600円、65歳以上500円、高校生300円、中学生以下無料
🚃 上記「三笠公園」参照

---

**info** 猿島（→P.208）：三笠公園から船で約10分の所にある無人島で、釣りや海水浴、バーベキューなどを楽しめる。猿島への船は三笠公園の南東部にある三笠ターミナルから出ている。

## ▶ ヴェルニー公園

- **住** 横須賀市汐入町1-1
- **TEL** 046-845-6660
- **営** 散策自由
- **休** なし **料** 無料
- **交** 京急線汐入駅から徒歩5分。JR横須賀駅から徒歩1分

電灯が照らすボードウォーク

## ▶ ヴェルニー記念館

- **住** 横須賀市東逸見町1-1
- **TEL** 046-824-1800
- **営** 9:00〜17:00
- **休** 月
- **料** 無料
- **交** JR横須賀駅から徒歩1分

展示物のスチーム
ハンマー

## ▶ 田浦梅の里

- **住** 横須賀市田浦泉町92
- **TEL** 046-823-9444
- **営** 見学自由
- **休** なし
- **料** 無料
- **交** 京急線京急田浦駅から京急バス安浦2丁目行きで田浦郵便局下車、徒歩25分

## ▶ 塚山公園

- **住** 横須賀市西逸見町3丁目
- **TEL** 046-823-2439
- **営** 散策自由 **休** なし **料** 無料
- **交** 京急線安針塚駅から徒歩20分、京急線逸見駅から徒歩25分

三浦按針と妻の供養塔

---

### 旧横須賀造兵廠跡に位置する都市公園

## ヴェルニー公園

（ゔぇるにーこうえん）

**MAP** 別冊P.35-D1

　2001年に臨海公園を改修してフランス庭園様式を取り入れた際に、日本の近代化に貢献したフランス人フランソワ・レオンス・ヴェルニーをしのび命名された公園。彼は江戸幕府から横須賀造兵廠建設の協力を求められた技術者で、明治政府成立後も灯台建設などに携わった。

公園内にはフランス様式の東屋とバラの花が配置されている

### ヴェルニーの功績を伝える記念館

## ヴェルニー記念館

（ゔぇるにーきねんかん）

**MAP** 別冊P.35-D1

　2002年に開館した、日本の近代化に貢献したヴェルニーの功績と意義を伝える体験学習施設。メインの展示物であるスチームハンマーは、江戸時代末期に英国で作られ横須賀製鉄所で使用されたもので、国の重要文化財に指定されている。

ヴェルニー記念館の外観は洋風建築が特徴的

### 三浦半島唯一の梅林

## 田浦梅の里

（たうらうめのさと）

**MAP** 別冊P.35-C1

　「かながわ花の名所100選」に選ばれた梅の名所。2000本以上の梅が咲き誇る2月初旬から3月初旬の間には「田浦梅林まつり」が開催され、多くの人でにぎわう。また、12〜3月にはスイセン、5月にはツツジも楽しめる。公園内には横須賀港を見晴らせる展望台などもある。

公園は丘陵地帯にあり、斜面に咲く梅の花と港が溶け込む景観が美しい

### 三浦按針ゆかりの桜の名所

## 塚山公園

（つかやまこうえん）

**MAP** 別冊P.35-C1

　「かながわの景勝50選」に選ばれた、桜や梅、アジサイの花の名所として有名な公園。小高い山上にあり、眼下に横須賀港、天気がよければ房総半島を見ることができる。また、徳川家康に仕えたイギリス人ウィリアム・アダムス（三浦按針）と妻の供養塔もある。

公園内では花木、横須賀の海の眺望、史跡を楽しむことができる

---

**info** ウィリアム・アダムス（1564〜1620年）：イギリス人航海士。オランダ船リーフデ号に乗船し極東を目指したが、大分沖で遭難。日本上陸後に徳川家康と引見し、彼を気に入った家康の外交顧問となった。横須賀市の浄土寺が菩提寺となっている。

### 三浦半島の自然と歴史を学べる博物館
**横須賀市自然・人文博物館**
よこすかしぜん・じんぶんはくぶつかん

`MAP` 別冊P.35-D1

平和中央公園の南側に位置する博物館。自然館では市内で発掘されたナウマンゾウの化石・骨格標本や三浦半島の動植物を、人文館では三浦半島の漁撈用具や横須賀の近代化に関する資料などを展示している。

横須賀市自然・人文博物館の外観

### 市民憩いの公園
**うみかぜ公園**
うみかぜこうえん

`MAP` 別冊P.35-D1

猿島に臨む海岸線に位置する公園で、バーベキューを楽しめるエリア、マウンテンバイクコース、壁打ちテニスコート、スケートボードエリアなどのスポーツを楽しめるスペースも設けられている。

眺望のすばらしい公園でスポーツを楽しもう

### 三浦氏の居城跡
**衣笠城跡**
きぬがさじょうあと

`MAP` 別冊P.35-C2

前九年の役（1051～1062年）の戦功によって三浦半島に領地を与えられた三浦為通により築かれたと伝わる城。三浦一族はここを根拠地に勢力を拡大していったが、宝治合戦（1247年）で北条氏一派に敗れた。

衣笠城跡物見岩。現存する遺構は非常に少ない

### 2000本を超える桜が名物
**衣笠山公園**
きぬがさやまこうえん

`MAP` 別冊P.35-D2

「さくらの名所100選」に選ばれた神奈川県屈指の桜の名所。秋には萩の花も楽しめる。明治20（1907）年に桜やツツジを植樹して整備した公園。開園当初は衣笠公園といったが、昭和34（1959）年に衣笠山公園と改称した。

春には桜まつりが開催され、多くの人でにぎわう

### 山頂からの眺望が絶景
**鷹取山公園**
たかとりやまこうえん

`MAP` 別冊P.15-C2

標高139mの鷹取山を中心とした公園。垂直に切り立った岩石が特徴で、山頂からは富士山、箱根、伊豆、房総半島を見渡せる。岸壁には巨大磨崖仏が彫られている。また、公園の西に位置する神武寺との間にはハイキングコースも整備されている。

公園内には見事な磨崖仏もある

---

▶ **横須賀市自然・人文博物館**
住 横須賀市深田台95番地
TEL 046-824-3688
営 9:00～17:00
休 月
料 無料
交 京急線横須賀中央駅から徒歩10分

▶ **うみかぜ公園**
住 横須賀市平成町3-23
TEL 046-826-2899
営 散策自由
休 なし
料 無料
交 京急線県立大学駅から徒歩15分

▶ **衣笠城跡**
住 横須賀市衣笠町29
TEL 横須賀市観光案内所：046-822-8301（9:30～17:00）
営 見学自由
休 なし
料 無料
交 京急線横須賀中央駅から長井方面行きバスで衣笠城址下車、徒歩20分

▶ **衣笠山公園**
住 横須賀市小矢部4-922
TEL 046-853-8523
営 散策自由
休 なし
料 無料
交 JR衣笠駅から徒歩23分

▶ **鷹取山公園**
住 横須賀市湘南鷹取3-3-520
TEL 046-822-8333
営 散策自由
休 なし
料 無料
交 京急線追浜駅から湘南たかとり団地循環バスでたかとり小学校下車、徒歩10分

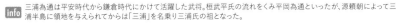

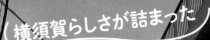
## 横須賀らしさが詰まった
# ドブ板通りの魅力大解剖!

京急線汐入駅から米海軍基地にかけての一帯は、地元では「ドブ板」と呼ばれ親しまれるエリア。今のドブ板通りの下に、かつてはドブ川が流れ、鉄板で蓋をしていたことからこの名が付いたという。米軍基地や軍港を抱える横須賀ならではのエッセンスが凝縮された町だ。アメリカ文化を感じつつ、地元生まれのファッションやグルメも満喫できる「ドブ板通り」の歩き方を紹介する。

ドブ板通りの街路灯に掲げられたシンボルフラッグのデザインは、毎年全国から公募したなかから選ばれる。

個性的な店が集まる商店街　**MAP** 別冊P.35-C3

### どぶいたどおり
# ドブ板通り

京急線汐入駅から徒歩5分

　明治〜昭和初期は日本海軍の軍港街だったが、第2次世界大戦後30年間は米兵向けの店でにぎわう。ベトナム戦争後、駐留する米兵が減ると国内客向けの街に変化した。

「ドブイタステーション」のシャッターいっぱいに描かれたアーティスティックなデザインが、ひときわ目を引く

ドブ板通りの情報発信基地

### どぶいたすてーしょん
# ドブイタステーション

　横須賀みやげの販売をしたり、地元スポットの情報を教えてくれたりする店。ドブ板通りのオリジナルレトルトカレーやスカジャンも手に入るので、立ち寄ってみては。

**MAP** 別冊P.35-C3

🏠横須賀市本町2-7　☎046-824-4917　🕐木・金10:00〜16:00、土・日・祝10:30〜16:30　休月〜水　CC不可

ドブ板通りオリジナルの「よこすか海軍カレー」は、さっぱりとした辛さが特徴のレトルトカレーだ

ドブ板通りのシンボルフラッグは、ステッカーやストラップとして販売されている

**info** 横須賀には独特なソウルフード「ポテチパン」がある。ポテトチップスをキャベツとマヨネーズであえパンにサンドしたもの。元祖は国道16号沿いの中井パン店(横須賀市三春1-20)。

# スカジャン発祥の地宣言

平成30（2018）年、ドブ板通り商店街は「スカジャン発祥の地宣言」をした。かつては「スーベニアジャケット」と呼ばれ、戦後に駐留していた米兵たちの母国へのみやげとして飛ぶように売れた。「Japan」の文字入りで、富士山や鷹などの刺繍が人気を博した。

## スカジャンの裁断から仕立てまですべてお任せ

### プリンス商会
ぷりんすしょうかい

先代が米兵のリクエストに応え、パラシュートの生地で刺繍入りジャンパーを作ったのがスカジャンの始まりだ。店では職人が、いちからすべて手作業でスカジャンを作っている。

**MAP** 別冊P.35-D3
住 神奈川県横須賀市本町2-4
TEL 046-822-3907　営 11:00〜17:00、
月・火〜16:00　休 水　CC 不可

いちから手作業で作られたスカジャンはまるでアートのよう

プリンス商会のスカジャンができるまで

型紙をおこし、布を裁断
表地にはサテン、裏地にはキルティングを使っており、すべて国産にこだわる。

横振りミシンで刺繍を施す
大量生産に比べ、厚みと立体感があるのが特徴。職人により、感性の違いが出る。

スカジャンに仕立てる
細かいデザインや袖の刺繍は時間がかかる。

## オリジナルから還暦祝いスカジャンまで揃う品揃え

### MIKASA vol.2
みかさぼりゅーむつー

スーベニアショップとして開業。オーダーメイドやオリジナルのほか、半世紀以上スカジャンを作り続けてきた「テーラー東洋」のスカジャンや還暦祝いスカジャンも揃える。

**MAP** 別冊P.35-C3
住 横須賀市本町2-7　TEL 046-
823-0312　営 11:00〜18:00
休 不定休　CC AJMV

❶1950年創業の老舗スカジャン専門店だ　❷「三笠謹製オリジナルスカジャン」。スカジャンは「ヨコスカジャンパー」の略

❷

## ミシンを自在に操り1点物刺繍を制作

### 大将ミシンししゅう店
たいしょうみしんししゅうてん

店先には刺繍された商品が並ぶ。持ち込みのスカジャンやジャケット、帽子などに横振りミシンで直に刺繍を入れてくれる。全部手作業なので、同じ刺繍はひとつとしてない。デザインは持参または郵送で受け付ける。

**ここがこだわり！**
手作りなので商品はすべて1点物

**MAP** 別冊P.35-C3
住 横須賀市本町2-7　TEL 046-823-3130　営 11:00〜
18:00　休 不定休　CC 不可

店内からはミシンで作業をする音が聞こえる

# 横須賀3大グルメを一挙に味わう

## 横須賀3大グルメとは?

「ヨコスカネイビーバーガー」「よこすか海軍カレー」「ヨコスカチェリーチーズケーキ」の3つを指す。米軍基地や海上自衛隊がある横須賀ならではのグルメといえるだろう。レシピの規定を満たした認定店で食べることができる。各店のアレンジが加わることで、それぞれの店の個性が楽しめる。

**ドブ板通り 魅力ポイント**

必ずサラダと牛乳が添えられる

肉やバンズなど各店に特色あり

滑らかな舌触りがたまらない

## よこすか海軍カレー

現在日本で親しまれるカレーライスは、明治時代に日本海軍がイギリス海軍から取り入れた。よこすか海軍カレーは明治41(1908)年発行の『海軍割烹術参考書』のレシピをもとに生まれた。海上自衛隊の金曜の定番メニューとしてもカレーはおなじみだ。

## ヨコスカネイビーバーガー

1940年代、まだ日本で知られていなかったハンバーガーは、汐入駅近くのEMクラブという店でジャズ演奏とともに供された。平成20(2008)年、米海軍横須賀基地が海軍の伝統的ハンバーガーレシピを横須賀市に提供したのをきっかけにヨコスカネイビーバーガーが生まれた。つなぎなしのビーフパテで、牛肉本来のうまさを存分に味わえる。

## ヨコスカチェリーチーズケーキ

米海軍横須賀基地が本場ニューヨークスタイルのチーズケーキレシピをプロデュース。それを横須賀市に提供したのがきっかけで商品化された。濃厚なクリームチーズと、香ばしいグラハムクラッカーの相性も抜群だ。日米友好のシンボルとして、チェリーがトッピングされている。

---

楽しいことが待ち受けていそうな店の外観

### 横須賀3大グルメはお任せあれ

つなみぼっくす
# TSUNAMI BOX

もともとメキシコ料理店だが、現在は横須賀3大グルメのメニューも人気が高い。素材や作り方に徹底してこだわり、おいしさを追求。海軍カレーは3年の歳月をかけ、完成させた。「もう一度食べたい」と思ってもらえるようなメニュー作りにこだわる店だ。

ボリューム満点の「横須賀3大グルメ」

**MAP** 別冊P.35-C3
住 横須賀市本町2-5-4 TEL 046-828-5273 営 11:00〜22:00(L.O. 21:00) 休 1/1 CC ADMV

# マニア垂涎！
# ミリタリーグッズの店

**米軍放出品が充実**

キッズやレディース
アイテムも取り扱う

みりたりーしょっぷふじ
## ミリタリーショップFUJI

店には米軍の放出品を中心に、ミリタリーブランドのフライトジャケットやバッグ、ブーツなどがところ狭しと並ぶ。ほかにミリタリーテイストを意識した子供服やレディースなども揃えている。ほかの店にはない掘り出し物に出合えるかも。

**MAP** 別冊P.35-C3

住 横須賀市本町2-8　TEL 046-822-6421　営 月～金11:00～18:00（火・水は12:00開店）、土・日・祝10:00～18:00　休 不定休　CC ADJMV

じっくりと掘り出し物を探したい

---

**NAVYから海上自衛隊まで
豊富に揃うパッチ専門店**

だいやもんどしょうかい
## ダイヤモンド商会

昭和26（1951）年創業。当初は米兵向けのスーベニア全般の店だったが、朝鮮戦争の頃になると、米軍にパッチ（ワッペン）や帽子を大量に納品するようになった。現在は退役した空母から最新部隊のパッチまで新旧幅広い商品を揃えるほか、お客の持ち込みジャケットにパッチを付けることも。

**MAP** 別冊P.35-C3

住 横須賀市本町2-7
TEL 046-822-1243　営 13:00～20:00　休 木　CC 不可

店内狭しと並べられたパッチは一つひとつ見入ってしまう

2015年より横須賀基地に配備されている原子力空母ロナルド・レーガンのパッチ

店では新旧さまざまなパッチを取り揃える

---

ほかにも
こんな
スポットが

**横須賀文化発信のランドマーク**

こーすかべいさいどすとあーず
## Coaska Bayside Stores

横須賀港に面した6階建てのショッピングモール。約100店舗が入り、「YOKOSUKA軍港めぐり」の拠点にもなっている。相模湾で水揚げされた海産物や希少性の高い「葉山クイーンビーフ」、三浦野菜、職人によるスカジャンなど、地元ならではの楽しみが満載。

**MAP** 別冊P.35-D1

住 横須賀市本町2-1-12　TEL 046-822-2244　営 10:00～21:00（店舗により異なる）　休 無休

❶ランドマークとして地元民にも人気 ❷すぐ目の前から軍港巡りの船に乗船できる

半日の大冒険
東京湾最大の無人島

# 猿島へ

横須賀市民は割引料金が適用される

猿島への渡し船

### 三笠ターミナル
みかさた―みなる

記念艦「三笠」すぐ横の三笠ターミナルが猿島への渡し船の出航地。乗船時間は片道約10分(往復乗船料1500円、入園料500円)で、夏期(3〜10月)は1日8便、冬期(11月〜2月)は1日7便就航している。

横須賀の沖合約1.7kmに浮かぶ猿島は、
東京湾最大の無人島として知られる。
宿泊施設はなく
キャンプも禁止されているため、
島へは日帰りの旅となる。
自然やレジャーとともに、
歴史の跡にも触れられる
異空間への冒険へ出かけよう。

**MAP** 別冊P.15-D3

**MAP** 別冊P.35-D1
🚃京急線横須賀中央駅東口から徒歩15分

ビーチは波も穏やか

透明度にびっくり

### 猿島桟橋
さるしまさんばし

渡し船に乗り、間もなく猿島へ到着。桟橋を渡った先には驚くほど海がきれいな浜が広がる。

ぽっかりと
浮かぶ猿島

## 猿島の歴史

猿島からは縄文時代や弥生時代の土器や人骨が出土していて、古代から人が上陸していたことがうかがえる。

歴史の表舞台に出てくるのは江戸時代幕末。江戸の防衛拠点となり、国内初の島の台場が建造された。明治時代に入ってからも砲台や要塞が築造されている。要塞跡は現在も残っていて、国の史跡に指定。れんが造りの建築様式も見られることから、猿島の観光スポットのひとつとなっている。

第2次世界大戦後は連合軍に接収され、その後は一時立ち入り禁止となったが、1995年、横須賀市が大蔵省(現、財務省)から管理を受託して航路を復活。2003年、横須賀市が国から猿島の無償譲与を受け、猿島公園として整備された。2015年には国史跡に指定、2016年には日本遺産のひとつに認定された。

## かつての要塞跡「切通」

　猿島はれんが造りの建造物群の遺構で知られている。今も残る明治前半のれんが建造物は全国で20件ほどで、なかでも最も歴史の古いフランス積と呼ばれる建造物は猿島を含め全国で現存するのは4件のみ。猿島のれんが要塞は最大規模とされる貴重な存在だ。

切通は幅約4.5m、両側の高さは4〜10mほど。当時のままの姿で残されている

昭和前期に築造されたとされる台座跡

## 昭和の砲台跡

　島の高台には砲台跡の遺構も見られる。海軍が使った高角砲の円形のコンクリート製台座であり、戦争の歴史を物語っている。終戦後、高角砲は連合軍により解体され、砲台だけが残された。

タイムスリップしたかのような感覚にもなる

## れんが通りのトンネル

　猿島にはトンネルが残されている。トンネル内には兵舎、弾薬庫、倉庫などがあり、要塞となっていた島の中枢だった。こちらもフランス積のれんが構造物。頭上には、うっそうと植物がからみ合う光景が見られ、異国にいるのではないかと不思議な気持ちになる。

### 猿はいないけれど猿島

　猿島の名前の由来は諸説あるが、よく伝えられるのは日蓮上人に関係したもの。鎌倉時代の1253年、日蓮上人は上総から海を渡り鎌倉へ布教に向かっていたが、強い風と大波で船底に穴が開いてしまった。日蓮上人がお題目を唱えると船底はふさがれ、白い猿が現れて島へと案内した。その伝説にちなんで、島は猿島と名づけられたという。真偽はわからないが、猿島に猿がいないのは真実だ。

## ビーチでバーベキュー

　猿島レンタルショップではバーベキューセットのレンタルをしている。事前に機材を予約すれば、あとは島に行くだけ。食材も予約可能なので、手ぶらで気軽にバーベキューが楽しめる。

☎ 080-6761-1833　営 3〜10月10:00〜15:30、11〜2月10:00〜15:00

機材は洗わず返却可能、ゴミの処分もしてくれる

猿島航路の問い合わせ先
☎ 046-825-7144（9:00〜17:00）

# おもな見どころ

## ▶陸軍桟橋

**住** 横須賀市西浦賀1-9
**営** 見学自由
**交** 京急線浦賀駅から久里浜駅行きバスで紺屋町下車、徒歩5分

海の向こう岸に東叶神社を望む

## ▶浦賀の渡し

**【東西渡船場共通】**
**電** 046-825-7144 **営** 7:00〜17:00 **休** 荒天時や船の点検時
**料** 400円(小・中学生200円)
**【東渡船場】**
**住** 横須賀市東浦賀2-4-21 **交** 京急線浦賀駅から鴨居行き他バスで新町下車、徒歩3分
**【西渡船場】**
**住** 横須賀市西浦賀1-18-2
**交** 京急線浦賀駅から久里浜駅行きバスで紺屋町下車、すぐ

風情ある渡し場の入口

## ▶愛宕山公園

**住** 横須賀市西浦賀1-23
**営** 散策自由
**交** 京急線浦賀駅から久里浜駅行きバスで紺屋町下車、徒歩5分

## ▶浦賀城趾

**住** 横須賀市東浦賀2-21-25
**電** 046-841-5300
**営** 散策自由
**交** 京急線浦賀駅から徒歩15分

---

### 戦後の引揚者受け入れの地

## 陸軍桟橋
りくぐんさんばし

**MAP** 別冊P.37-C2

　西浦賀渡船場の近くにあるL字型の桟橋。正式名称は「西浦賀みなと緑地」だが、太平洋戦争後、南方や中国大陸から約56万人もの人たちが引き揚げてきたことから、通称「陸軍桟橋」と呼ばれている。この歴史を後世に伝えるため、平成18（2006）年に記念碑が建てられ、周辺にはボードウォークや東屋が整備された。

散策を楽しむのにぴったりの場所

### 東と西の浦賀をつなぐ渡し船

## 浦賀の渡し
うらがのわたし

**MAP** 別冊P.37-C2

　享保10（1725）年頃より運航される浦賀のシンボル。朱色の船体を持つ「愛宕丸」が、浦賀海道を毎日行き来する。ポンポン船と呼ばれ、海に隔てられた東西の浦賀の町を結ぶ大切な交通手段だ。現在は機械船だが、昔は「伝馬船」と呼ばれる櫓漕ぎの船だった。船がいないときは呼び出しブザーを押すと、数分で迎えに来てくれる。

3分間の短い船旅が楽しめる

### 浦賀港を一望できる市内最古の公園

## 愛宕山公園
あたごやまこうえん

**MAP** 別冊P.37-C2

　横須賀市で最も古い公園で明治24（1891）年に開園。ペリーの浦賀来航時の交渉役となった中島三郎助の招魂碑建立の際、公園として整備された。日米修好通商条約で太平洋を渡った咸臨丸の出港記念碑や、浦賀を訪れた与謝野鉄幹・晶子夫妻の歌碑もある。

昔は「浦賀園」と呼ばれた

### 房総からの攻撃防衛の拠点となった

## 浦賀城趾
うらがじょうし

**MAP** 別冊P.37-C2

　戦国時代、海を隔てた安房里見氏からの攻撃に備えるため、北条氏康が三崎城の出城として築いた。東叶神社裏手の明神山一帯を本城としていた。現在は貴重な常緑広葉樹の自然林として、県指定の天然記念物となっている。

浦賀水道や房総半島を見渡す

**info** 東浦賀と西浦賀の間にある「浦賀海道」は、全国でも珍しい水上の市道（2073号線）に認定されており、航路の長さは約230m。平成10（1998）年、公募によって名づけられた。

## 「縁」を「結ぶ」パワースポット

### 東叶神社（東浦賀の叶神社）

ひがしかのうじんじゃ（ひがしうらがのかのうじんじゃ）

**MAP** 別冊P.37-C2

養和元（1181）年の創建と伝えられ、応神天皇を御祭神とする。境内には「恵仁志（えにし）坂」「産霊（むすび）坂」の2つの坂があり、縁結びに御利益があるといわれる。

勝海舟は日米修好通商条約のため渡米する前、境内の井戸水で水垢離をし、裏手の明神山で断食修行をした。神社には当時勝海舟が着用した法衣が残される。

神社の目の前には海が広がる

▶ 東叶神社（東浦賀の叶神社）
🏠 横須賀市東浦賀2-21-25
☎ 046-841-5300
🕐 参拝自由
🚃 京急線浦賀駅から徒歩15分

源頼朝奉納とされる蘇鉄が残る

## 石清水八幡宮より勧請し創立

### 西叶神社（西岸叶神社）

にしかのうじんじゃ（せいがんかのうじんじゃ）

**MAP** 別冊P.37-C2

養和元（1181）年の創建とされ、八幡大神である誉田別尊（応神天皇）、比売大神、息長帯比売命（神功皇后）が御祭神。文覚上人が源氏の再興を願い、房総の鹿野山に籠ったのをきっかけに、浦賀に石清水八幡宮の神を祀ることとなった。見事な彫刻は天保13（1842）年の社殿再建の際、安房の名工後藤利兵衛義光により造られた。

彫刻は義光の青年期の作品

▶ 西叶神社（西岸叶神社）
🏠 横須賀市西叶賀1-1-13
☎ 046-841-0179
🕐 参拝自由
🚃 京急線浦賀駅から徒歩15分

社殿の再建には3000両を要した

## 異国から江戸を守る海防の拠点

### 浦賀奉行所跡

うらがぶぎょうしょあと

**MAP** 別冊P.37-C2

享保5（1720）年、伊豆の下田から浦賀に奉行所を移転。江戸を往来する船の検査のほか、警察や海上保安などの仕事も担った。19世紀に異国船が来航するようになると、江戸防衛の最前線として重要な役割を果たすようになった。

ペリーらとの交渉は奉行所が務めた

▶ 浦賀奉行所跡
🏠 横須賀市西浦賀5
☎ 046-841-4155（浦賀行政センター）
🕐 見学自由
🚃 京急線浦賀駅から久里浜駅行きバスで西浦賀町四丁目下車、徒歩5分

## 航海と疱瘡除の神様として信仰を集めた

### 鎮西八郎為朝神社

ちんぜいはちろうためともじんじゃ

**MAP** 別冊P.37-C2

寛政12（1800）年、浜町の漁民が海に漂流していた源為朝（頼朝の叔父）の木像を引き上げて地蔵堂に安置したのが始まりだ。毎年6月の神社の祭礼では、奉行所転転の折に下田から浦賀に伝承された虎踊りが奉納される。

源為朝は弓の名手として名高い

▶ 鎮西八郎為朝神社
🏠 横須賀市西浦賀4-3
🕐 参拝自由
🚃 京急線浦賀駅から久里浜駅行きバスで西浦賀町四丁目下車、徒歩1分

---

**info** 浦賀には海を隔ててふたつの叶神社がある。西叶神社の勾玉を東叶神社のお守り袋に納めて身に付けることで恋愛に限らずさまざまな良縁に恵まれるとされ、パワースポットとして人気。東西の叶神社に行くには「浦賀の渡し」が便利。

黒船の来航を再現したジオラマ

海岸沿いにはヤシの木が並ぶ

ハーブ園には80種類ものハーブが

### 日本の歴史公園100選のひとつ

# ペリー公園とペリー記念館

ぺりーこうえんとぺりーきねんかん

MAP 別冊P.37-C3

ペリーの久里浜上陸を記念して造られた歴史公園。昭和62（1987）年に建てられたペリー記念館には、ペリーの来航や開国にまつわる資料を展示するほか、ミュージアムショップもある。また園内には、ペリー上陸記念碑や児童広場があり、黒船をモチーフにした遊具を楽しむこともできる。毎年7月にはペリー上陸記念の式典が開催され、夜の花火大会はたくさんの人でにぎわう。

記念碑のそばには大きなイカリが設置されている

### ペリー上陸の地

# 久里浜海岸

くりはまかいがん

MAP 別冊P.37-C3

ペリー公園のすぐそばにある長さ300mほどのこぢんまりとした砂浜で、ペリーが上陸した海岸として有名。夏シーズンや週末を中心に、市民の憩いの場としてにぎわう。歩道も整備されていて、のんびりと散策するのもおすすめ。近くには久里浜と千葉・金谷を結ぶ東京湾フェリーの乗り場があり、約40分の船旅が楽しめる。

夏には花火大会の会場となる

### 花とスポーツが楽しめる場所

# くりはま花の国

くりはまはなのくに

MAP 別冊P.36-B3

コスモスやポピー、ツバキなど、季節ごとの花が楽しめる緑豊かな公園。大型遊具やロング滑り台といった子供の遊び場だけでなく、スポーツ施設も充実している。ボルダリングやアーチェリー、エアーライフル、プールなど幅広い世代で楽しむことができる。園内の散策に疲れたら足湯でリラックスしよう。東京湾を一望しながらBBQもできる。

春になるとポピーの花が咲き乱れる

info 毎年ペリーが上陸した7月14日に近い土曜日に行われる「久里浜ペリー祭」は、「水師提督ペリー上陸記念式典」「よこすか開国バザール」などのイベントのほか、久里浜海岸で打ち上げられる花火がフィナーレを飾る。

遊びの達人になれる場所

ながいうみのてこうえんそれいゆのおか
# 長井海の手公園 ソレイユの丘 MAP 別冊P.18-B1

2023年4月にリニューアルオープン。相模湾や富士山を眺めながら「食べる・遊ぶ・泊まる・体験する・買う」と多彩な楽しみ方ができるエンターテインメントパーク。キッズガーデンやドッグランのほか、ジップラインでスリルを味わったり、BBQやグランピングでアウトドア体験をしたりと、大人も子供も思いっきり遊びを満喫できる。

▶ 長井海の手公園
ソレイユの丘
住 横須賀市長井4
TEL 046-857-2500
営 3～11月9:00～18:00、12～2月9:30～17:00(イベントによる開園時間の変更あり)
料 無料(施設により有料)
休 無休
交 京急線三崎口駅からソレイユの丘行きバスで終点下車、徒歩すぐ

季節ごとに変わる花を楽しんで

焚火を囲んでお酒が飲めるBAR

1900㎡もの広大なドッグラン

自然が造り出した景勝美

あらさきこうえん
## 荒崎公園  MAP 別冊P.18-A1

荒々しくも美しい岩場が続く海岸では、豊かな自然を満喫できる。「夕日の丘」は三浦半島でも指折りの絶景スポット。運がよければ、富士山のシルエットを背にした夕暮れの相模湾を目にすることができるだろう。

岩場沿いを歩くのはスリル満点

▶ 荒崎公園
住 横須賀市長井6
TEL 046-857-2500(長井海の手公園管理事務所内)
営 入園自由
交 京急線三崎口駅から荒崎行きバスで荒崎下車、徒歩5分

大きな奇岩がひときわ目を引く

たていしこうえん
## 立石公園  MAP 別冊P.11-C2

初代歌川広重が「相州三浦秋屋の里」を描いたほか、多くの画家や写真家が題材にしてきた景勝地。「立石」とは海岸に高く突き出た高さ12m、周囲30mの奇岩を指している。自然のままの海岸線が残された絶景スポットだ。

「立石」は「三浦七石」のひとつ

▶ 立石公園
住 横須賀市秋谷3-5
TEL 046-822-8333
営 見学自由
交 JR逗子駅から長井行きなどのバスで立石下車、徒歩すぐ

富士山×夕日のビュースポットのひとつ

あきやかいがん
## 秋谷海岸  MAP 別冊P.11-C2

景勝地として名高い立石公園に隣接している。波も少なく穏やかな海岸で、散歩スポットとしても人気が高い。のんびりとした時間を過ごすにもおすすめだ。富士山を一望しながら美しい夕日を見ることができるビューポイントでもある。

秋谷・立石海岸のたそがれどき

▶ 秋谷海岸
住 横須賀市秋谷3-5
営 散策自由
交 JR逗子駅から長井行きなどのバスで立石下車、徒歩すぐ

info 「ソレイユの丘」のリニューアルに伴い登場したジップラインは、約15mの高さからおよそ300mの長さを一気に滑り降りるアトラクション。ワイヤーロープが2本あるので、同時に2人でスタートすることもできる。

# 観音崎公園の見どころを訪ねて

東京湾の出入口、浦賀水道に突き出た観音崎公園には観音埼灯台をはじめ、美術館や博物館など見どころが点在している。潮風のなか、1日をゆったり過ごしたい。

## 日本初の洋式灯台
### かんのんざきとうだい
# 観音埼灯台

　明治元 (1969) 年起工、翌年元日に日本初の洋式灯台として点灯。その後、2回建て替えられ、現在の灯台は大正最後の年、1925年に再建された3代目となる。地上19m、平均の海水面からは56mの高さ。光は19海里（約35km）の距離まで届く。海上交通の大動脈といわれる浦賀水道を航行する船舶の安全を見守る観音埼灯台。日本の西洋式灯台の歴史はここから始まっている。

　観音埼灯台は全国で16基しかない「登れる灯台」のひとつでもある。灯台の上からは、わずか3.5kmの狭い浦賀水道とそこを行き交う数多くの船の姿が眺められる。雄大でありつつも海の交通の要衝となっている東京湾の出入口の風景は、大自然と人間の営みの迫力をまざまざと感じさせてくれる。

優美ななかにも凛々しさが感じられる灯台の姿

**MAP** 別冊P.37-D1
🏠横須賀市鴨居4-1187　☎046-841-0311（公益社団法人燈光会観音埼支所）　🕐3～9月9:00～16:30、土・日・祝8:30～17:00/10～2月9:00～16:00、土・日・祝8:30～16:00　休不定休　CC不可　🚃京急線浦賀駅から京浜急行バス観音崎行きで終点下車、徒歩10分

浦賀水道の眺め

園内の展望園地から海が眺められる

園内にはアスレチック施設も

## 多彩な顔をもつ広大な公園
### かながわけんりつかんのんざきこうえん
# 神奈川県立観音崎公園

　約70ヘクタールの広大な公園の中には、観音埼灯台のほか、観音崎自然博物館、横須賀美術館などのスポットがある。明治時代に築かれた砲台跡も点在する。

**MAP** 別冊P.37-D1
🏠横須賀市鴨居4-1262　☎046-843-8316（8:30～17:00）　🕐散策自由　🚃京急線浦賀駅から京浜急行バス観音崎行きで終点下車すぐ

## もう一歩海へ近づく
### はしりみずかんのんざきぼーどうぉーく
# 走水観音崎ボードウォーク

　ラピスタ観音崎テラス（旧観音崎京急ホテル）の裏の海岸に続く木製遊歩道。足元を気にすることなく、海辺の雰囲気を間近に感じることができる。

歩き心地もとてもいい

**MAP** 別冊P.37-D1
☎046-822-8531（横須賀市港湾部港湾管理課）　🚃京急線浦賀駅から京浜急行バス観音崎行きでラピスタ観音崎テラス・横須賀美術館前下車すぐ

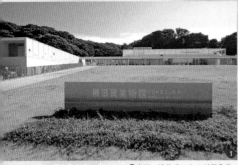

**芝の緑と海と空の青**

<ruby>横須賀美術館<rt>よこすかびじゅつかん</rt></ruby>

① 立地、建物そのものが印象的 ② 建物内のデザインもおもしろい ③ 屋上からの眺めも忘れずに楽しみたい

　2007年に開館。三方を緑に囲まれ正面は東京湾に臨む。建物の前には芝が広がり、その向こうに海が広がっている景色はこの美術館を強く印象づけている。

　館内も開放的なデザインとなっていて、展示品の鑑賞はもちろんのこと、館内歩きそのものにも心くすぐられる。屋上からも風景が眺望できるので、忘れずに上がっておきたい。レストラン「アクアマーレ」では美術館前の芝と海を眺めながら、しゃれたイタリアンを堪能できる。

　近くにアトリエを構えていた画家、谷内六郎の作品世界を紹介した谷内六郎館も見どころ。長年にわたり描いてきた代表作「週刊新潮表紙絵」などが展示されている。

**MAP** 別冊P.37-D1

住 横須賀市鴨居4-1　TEL 046-845-1211
営 10:00〜18:00　休 第1月(祝日の場合は開館)　料 380円　CC 不可　交 京急線馬堀海岸駅から京浜急行バス観音崎行きでラビスタ観音崎テラス・横須賀美術館前下車徒歩2分

---

**三浦半島の自然を体感**

<ruby>観音崎自然博物館<rt>かんのんざきしぜんはくぶつかん</rt></ruby>

　1953年開館。三浦半島のリアルな自然と生態をテーマに、観音崎にある花々、草木、磯の生物、昆虫、両生類や爬虫類などを展示している。生きた魚やカニなどに触れられるタッチプールも人気。

**MAP** 別冊P.37-D1　博物館の外観

住 横須賀市鴨居4-1120　TEL 046-841-1533　営 9:00〜17:00(最終入館16:30)
休 月(祝日の場合は翌日)、年末〜1/1、7、8月は無休　料 500円　CC 不可　交 京急線浦賀駅から京浜急行バス観音崎行きで腰越下車徒歩7分

生物たちを間近で観察することができる

---

**日本武尊の上総への足場**

<ruby>走水神社<rt>はしりみずじんじゃ</rt></ruby>

　東国の鎮定に来た日本武尊一行は、この地から上総を目指すものの海は大荒れに。后の弟橘媛命が海中に身を投じると暴風は収まり、一行の軍船は水の上を走るように進んだという。この逸話が地名の由来といわれている(諸説あり)。

**MAP** 別冊P.37-C1

住 横須賀市走水2
12-5　TEL 046-844-4122　営 参拝自由
交 京急線馬堀海岸駅から京浜急行バス観音崎行きで走水神社下車徒歩2分

青い海と豊かな緑に恵まれた風光明媚な都市

# 逗子市 ●ずしし

市章

**人口** 5万6019人
**面積** 17.28km²

逗子の「逗」を図案化し、円満平和を象徴している

## エリアの拠点駅

▼逗子駅
JR線

▼逗子・葉山駅
京急線

## 歩き方

マリンレジャーに歴史遺物の観光と四季を通じて楽しめる。メジャーな観光スポットが組み込まれた自然いっぱいのハイキングコースが整備されているので歩きやすい格好で出かけよう。海に近い市の西部の観光にはJR逗子駅の利用が便利だ。晴れた日は逗子海岸東側から富士山が見え、夕日が海に沈む景色も堪能できる。まんだら堂やぐら群や、名越切通などの歴史遺産を巡るコースも、逗子駅からのほうがいい。東部の池子の森自然公園コースや神武寺・鷹取山ハイキングコースを歩きたい場合は、京急線神武寺駅かJR東逗子駅を利用しよう。

▶ リビエラ逗子マリーナ

**住** 逗子市小坪5-23-9
**TEL** 0467-23-2111(代表)
**営 休 料 CC** 施設により異なる
**交** JR逗子駅から小坪経由鎌倉駅行きバスでリビエラ逗子マリーナ下車、徒歩1分

江の島の向こうに富士を望む絶景

三浦半島の付け根に位置するマリンレジャーが人気の町。中世の古都鎌倉に隣接し、当時の遺跡が多く見られる。大河ドラマ『鎌倉殿の13人』に描かれた波乱の時代にゆかりのある場所も多い。古代から重要な土地であったことを示す遺構も残っており、逗子市と葉山町の境界にある長柄桜山古墳群はそのひとつになっている。

## おもな見どころ

● 海を愛する大人の上質なマリーナリゾート

りびえらずしまりーな

### リビエラ逗子マリーナ

MAP 別冊P.17-D3

鎌倉駅から車でわずか10分、約900本のヤシ並木が海外リゾートを彷彿とさせるマリーナリゾート。広大な敷地の中には会員制ヨットハーバーのほか、一般利用もできるレストラン・カフェ、ホテル、テニスコート、ショップ、リゾートマンションなどの施設が充実している。リゾート内のイベント会場は、音楽ライブ、映画やドラマなどのロケ撮影、展示会、宴会、結婚式などに利用できる。湘南の海に浮かぶ江の島と富士山を望み、夕日が沈む黄昏時の眺めは時間を忘れる美しさ。ホテルやレストランは、ペット同伴が可能なエリアがあり愛犬家にも好評だ。

2006年から環境保全活動にも注力しており、コンポストや再生可能エネルギーを導入し、海のSDGsイベントも定期的に開催している。

富士山を望む「リストランテAO」でディナー

5万坪の敷地を有する大リゾート地

**info** 湘南を拠点にリビエラが運営する4つのマリーナのうち、リビエラ逗子マリーナとリビエラシーボニアマリーナは、リゾートを堪能できるふたつのホテル、マリブホテル(→P.412)とスペースキーポイント(→P.418)を備えている。

## 逗子海岸
### 太陽が生まれたハーフマイルビーチ
**逗子海岸**（ずしかいがん）

**MAP** 別冊P.17-D3

相模湾沿いに広がるビーチ。逗子海水浴場として知られ、遠浅で波も穏やかなため、家族連れも多く訪れる。例年6月下旬に関東で最も早い海開きが行われ、年間を通してウインドサーフィンやSUPなどさまざまなマリンスポーツが楽しめる。5月の逗子海岸映画祭、夏の花火大会、10月のNIGHT WAVEなど観光イベントも多い。

SUPを楽しむ人たち

▶逗子海岸
- 住 逗子市新宿
- TEL 046-872-8120
- 営 散策自由
- 料 海の家は有料
- 交 JR逗子駅または京急線逗子・葉山駅から徒歩15分

東浜からは江の島と富士山が見える

### 「太陽族」の大流行を起こした作家をしのぶ碑
**文学記念碑「太陽の季節」**（ぶんがくきねんひ「たいようのきせつ」）

**MAP** 別冊P.14-B3

作家・故石原慎太郎の『太陽の季節』芥川賞受賞50周年を記念したモニュメント。幼少期を逗子で過ごした石原氏の「太陽の季節 ここに始まる」という言葉が自筆で刻まれている。岡本太郎制作のオブジェ「若い太陽」も目を引く。

太陽族という流行語も生まれた

▶「太陽の季節」文学記念碑
- 住 逗子市新宿1-6
- TEL 046-873-1111
- 営 見学自由
- 交 JR逗子駅または京急線逗子・葉山駅から徒歩20分

### かながわの公園50選に選ばれた絶景スポット
**大崎公園**（おおさきこうえん）

**MAP** 別冊P.17-D3

住宅街の奥にある知る人ぞ知る絶景スポット。相模湾に突き出た岬の尾根にあり、江の島・富士山・相模湾の海岸線などを望むことができる。高台から湘南の海に沈む夕日を眺めよう。泉鏡花の文学碑もある。

逗子マリーナの夜景を一望できる

▶大崎公園
- 住 逗子市小坪4-739
- TEL 046-872-8125
- 営 散策自由
- 交 JR逗子駅から小坪経由鎌倉駅行きバスで披露山入口下車、徒歩20分

### かつての高射砲台跡地が景勝地に

**披露山公園**（ひろやまこうえん）

**MAP** 別冊P.17-D3

海抜90mの披露山山頂にある景勝地。園内ではアヒル、クジャク、ニホンザルなどの動物を飼育しており、遊具もあるので子供連れに人気。近隣の大崎公園とともに、関東の富士見百景およびかながわの公園50選に選定されている。

披露山の住宅街越しに海が見える

▶披露山公園
- 住 逗子市新宿5-1851
- TEL 046-873-1111
- 営 散策自由（駐車場8:30〜16:30）
- 交 JR逗子駅から小坪経由鎌倉駅行きバスで披露山入口下車、徒歩15分

### 碑の下には蘆花愛用の筆と硯が眠っている

**不如帰の碑**（ほととぎすのひ）

**MAP** 別冊P.17-D3

明治の文豪、徳冨蘆花が、逗子に滞在中に聞いた話をもとに書き、逗子の名を全国に広めたベストセラー小説『不如帰』をたたえ、高養寺（浪子不動）前の海中の岩場に昭和8年に建てられた。干潮時には碑のそばまで歩いていくことができる。

干潮時だけ現れる磯遊びの穴場

▶不如帰の碑
- 住 逗子市新宿5
- TEL 046-873-1111
- 営 見学自由
- 交 JR逗子駅または京急線逗子・葉山駅から徒歩30分

info 逗子海岸は江の島と富士山とのコラボレーションが見られる稀有な絶景スポットであり、三浦半島夕日グランプリ第1位に輝いた景勝地。日没の時刻になると、夕日の撮影にカメラを携えた人々が集まってくる。

## 蘆花記念公園

- 🏠 逗子市桜山8-2275
- ☎ 046-872-8125
- ⏰ 散策自由
- 休 なし
- 🚃 JR逗子駅から葉山行きまたは葉山町福祉文化会館行きバスで富士見橋下車、徒歩2分

園内散策コースの高台からは江の島も一望できる

## ▶ 鐙摺の不整合

- 🏠 逗子市桜山9-2
- ☎ 046-873-1111
- ⏰ 見学自由
- 🚃 JR逗子駅から葉山行きまたは葉山町福祉文化会館行きバスで切通し下車、徒歩1分

## ▶ 逗子海岸ウォーターパーク

- 🏠 逗子市新宿1-2210-6
- ☎ 046-873-1111
- ⏰ 夏季の9:00〜16:00(要受付)
- 休 荒天時 料 1500円(小・中学生800円)※バナナボート往復500円(小・中学生200円)
- 🚃 JR逗子駅または京急線逗子・葉山駅から徒歩15分

## ▶ 旧脇村邸

- 🏠 逗子市桜山8-7
- ☎ 046-872-8125
- ⏰ 外観は見学自由
- 休 無休
- 🚃 JR逗子駅から葉山行きまたは葉山町福祉文化会館行きバスで富士見橋下車、徒歩2分

## ▶ 長柄桜山古墳群

- 🏠 逗子市桜山7〜8
- ☎ 046-872-8153
- ⏰ 見学自由
- 🚃 JR逗子駅から葉桜行きバスで葉桜下車徒歩10分、または葉山福祉文化会館行き、葉山行きバスで富士見橋下車徒歩20分

---

逗子にゆかりのある作家・徳冨蘆花にちなんだ公園

### 蘆花記念公園

ろっかきねんこうえん

MAP 別冊P.14-B3

明治の文豪、徳冨蘆花ゆかりの桜山に広がる森の公園。

徳冨蘆花は明治30(1897)年から4年間、逗子の旅館柳屋にて執筆活動を行っていた。逗子市景観重要建造物に指定された旧脇村邸や徳冨蘆花文学碑がある。天気のよい日は富士山が見えるスポット。

秋には美しい紅葉が青空に映える

---

神奈川県内の不整合露頭といえばまずはここ

### 鐙摺の不整合

あぶずりのふせいごう

MAP 別冊P.14-B3

神奈川県指定天然記念物。三浦半島で最も古い地層の上に、これより若い逗子層が傾斜不整合の関係で重なっている露頭で「鐙摺の不整合」として知られる。浄水管理センター内にもあるが非公開なので、見学できるのはこちらだけ。

住宅地の一画で不整合面が見られる

---

めちゃくちゃ遊べる夏季限定の水上アスレチック

### 逗子海岸ウォーターパーク

ずしかいがんうぉーたーぱーく

MAP 別冊P.14-B3

夏の間だけ現れる海上アスレチック。身長110cm以上の泳げる人のみ利用可能。ビーチの沖200mの所に設置されており、バナナボートでの送迎あり。受付は当日9時からで前日予約は受け付けていない。

45分ごとの入れ替え制をとっている

---

逗子の歴史・生活・文化を伝える昭和初期の建築物

### 旧脇村邸

きゅうわきむらてい

MAP 別冊P.14-B3

国の登録有形文化財。銘木を使い、数寄屋風意匠を有する一方、陽光を意識した棟配置と広い開放感が海浜別荘らしい。昭和9年に三井物産の常務だった藤瀬氏の別荘として建てられたが、その後、東大の脇村教授が移り住んだ。

蘆花祈念公園内の一画にある

---

三浦半島の古代史を書き換えた大発見

### 長柄桜山古墳群

ながえさくらやまふんぐん

MAP 別冊P.14-B3

海を見下ろす丘陵地にある神奈川県最大級のふたつの前方後円墳を指す名称。1999年に携帯電話の基地局設置工事に際して発見された前期古墳時代の国指定史跡。出土品の一部は、池子遺跡群資料館、葉山しおさい博物館で展示。

現在整備中で駐車場、トイレはない

---

info 蘆花記念公園は小高い山に造られた広大な公園で、園内散策コースの一部に旧脇村邸や逗子市郷土資料館、長柄桜山古墳群がある。散策コースはアップダウンに富み、展望スポットも設けられている。知る人ぞ知る穴場。

#### 三浦半島にふたつある天台宗の寺のひとつ
# 神武寺
じんむじ

MAP 別冊P.15-C2

行基菩薩によって創建された奈良時代から続く古刹。海抜83mの山中にあり、ここだけ時間が止まったようなたたずまい。源頼朝も崇敬しており、北条政子の安産祈願に神馬を奉納したと記録されている。一帯には、多くの文化遺産が遺されており、その内容は彫刻、工芸品、天然記念物など多岐におよんでいる。

秋は客殿（宝珠殿）の紅葉が美しい

▶神武寺
住 逗子市沼間2-1402
TEL 046-871-4565
営 参拝自由
休 無休
料 堂内特別参拝料500円
交 JR東逗子駅から徒歩20分

本堂薬師堂。源頼朝や政子も篤く信仰していた

#### 鎌倉武士たちも行き来した道
# 名越切通
なごえきりとおし

MAP 別冊P.17-D3

中世の都市鎌倉は、南を海にそれ以外を丘陵に囲まれた天然の要塞であった。そのため陸路で鎌倉に入るには、細くて急な尾根道か、波打ち際の崖下の道しかなかった。北条氏の政権が安定する頃に、丘を切り開いて道を通したのが切通の始まりである。鎌倉七口のうちのひとつがこの名越切通で、鎌倉と三浦半島をつないでいた。

最狭箇所の道幅は90cmほど

▶名越切通
住 逗子市小坪7
TEL 046-872-8153
営 見学自由
交 JR逗子駅から亀ヶ岡団地循環（ミニバス）で亀が岡団地北下車、徒歩5分

シダに包まれる名越の切通

#### 年2回しか見られない逗子最大規模の横穴式集団墳墓
# まんだら堂やぐら群
まんだらどうやぐらぐん

MAP 別冊P.17-D3

「やぐら」とは横穴式の墳墓を指し、まんだら堂やぐら群は中世の集団墓地。鎌倉周辺でも有数の規模と保存状態のよさを誇る。おのおののやぐらは2m四方程度と小規模で構造も単純なものが多いが、150穴以上の存在が確認されていて、内部には供養のための五輪塔が建てられている。

遺跡保護のため見学時期が限られている

▶まんだら堂やぐら群
住 逗子市小坪7 国史跡名越切通内
TEL 046-872-8153
営 季節により変動
休 初夏と秋の期間限定公開
料 無料だが寄付金募集あり
交 JR逗子駅から亀ヶ岡団地循環（ミニバス）で亀が岡団地北下車、徒歩5分

やぐらの中に見られる五輪塔

info 横穴式墳墓であるやぐらは、鎌倉中心部とその外部の境にあたる場所に多く築かれた。まんだら堂やぐら群も鎌倉と逗子を結ぶ名越切通の近辺に存在している。やぐらに葬られたのは、武士や僧侶など一部の上流階級のみ。

マグロの港として名をはせる都市

# 三浦市 ●みうらし

MAP 別冊P.19-C2

市章

**人口** 4万306人
**面積** 32.05km²

みうらの「み」を
マグロ2尾、ダイコ
ン2本で図案化

## エリアの拠点駅

▼三崎口駅

京急線

## モデルプラン

○ 京急線三浦海岸駅

↓ 徒歩5分

○ 三浦海岸 (▶P.221)

↓ バス20分+徒歩5分

○ 三崎漁港 (▶P.221)

↓ 徒歩5分+バス10分

○ 城ヶ島公園

↓ 徒歩10分

○ 馬の背洞門

かなトーク

### 「いざ鎌倉」を再現してみると?

　三浦では先史時代からの遺跡が多数発掘されている。その長い歴史のなかで三浦の地名を有名にしたのは鎌倉時代だろう。大河ドラマ『鎌倉殿の13人』でも、執権北条義時の無二の親友として描かれた三浦義村の祖先は、衣笠を拠点にしていたという。アップダウンの激しい三浦半島から「いざ鎌倉」の招集があったとき、すぐに駆け付けられるのかと調べたら、徒歩で5時間、自転車で2時間。実際には、幕府成立後、義村は鎌倉に居を移していたので、はせ参じることは容易だったはずだが、鎌倉武士になったつもりで、三浦を歩いてみるのもおもしろいだろう。

冷凍マグロの一般販売もしている

　三浦半島最南端に位置し、相模湾、東京湾、太平洋に面するため、美しいビーチも多く、さまざまな海のレジャーを楽しめる。まずはマグロの水揚げで有名な三崎漁港に行ってみよう。グルメを楽しむなら、うらりマルシェがおすすめ。新鮮な魚介類だけでなく、三浦産の野菜や果物もお得に買える。半潜水式の水中観光船にじいろさかな号で、海中展望場所に集まる魚たちを見に行くのも楽しい。橋でつながる漁港の対岸の城ヶ島には、手ぶらで行っても道具を貸してくれる海上釣り堀があり、初心者でも釣りが楽しめる。市内を気軽に観光してみたいときには、電動アシスト付きのレンタサイクルも三崎漁港で借りられる。島のウミウ展望台から太平洋の絶景を眺め、城ヶ島灯台、馬の背洞門にも足を延ばそう。

## 歩き方

### 食べ歩きなら三崎漁港、海水浴なら各ビーチへ

　海鮮グルメを楽しみたいなら三崎漁港へ行こう。夏のビーチをエンジョイしたいなら、選ぶのに迷うだろう。波が穏やかで、小さい子供連れでも楽しめるところなら、小網代湾、油壺湾に面したビーチがおすすめだ。南の海から黒潮に乗ってやってくるカラフルな魚たちが泳いでいるのを目にすることができる。半島の西にも東にも、SUP、ダイビング、シーカヤック、ウインドサーフィンなどを教えてくれるスクールも多いので、目的に合わせて選ぼう。車での移動が便利だが、体力に自信がある人は電車と電動アシスト付きのレンタサイクルを活用してみたい。京急線三崎口駅のほか3ヵ所の観光拠点で借りられ、返却場所もそれらの拠点であれば自由。

特産品キャベツ畑と海と富士山

info 　三浦市には大規模なビーチも多いが、プライベートビーチのような隠れた小さな海水浴場も多い。入り組んだ湾の奥に、自分だけの秘密のスポットをもつ楽しみにはまると、シーズン中、何度でも訪れたくなるだろう。

# おもな見どころ

### 日本有数のマグロの基地
### 三崎漁港
みさきぎょこう

MAP 別冊P.18-B3

遠洋漁船で捕獲する冷凍マグロの取引が有名で、1日に400〜1000本のマグロが首都圏を中心に出荷されている。魚市場の2階には魚市場食堂があり、マグロのほか、その日に取れた鮮度のよい地魚を定食や揚げ物などで味わえる。

競りの様子を見学できる通路もある

### 「海と緑の三浦市」の最大のビーチ
### 三浦海岸
みうらかいがん

MAP 別冊P.19-C1

シーズン中は海水浴客でにぎわう三浦半島最大規模のビーチ。広大な砂浜が続き、海は水がきれいで遠浅のため、海水浴を楽しむ家族連れも多い。例年8月に開催される三浦海岸納涼まつり花火大会には、毎年約十万人の観光客が花火を見にやってくる。

対岸には房総半島も望める

### 食の神様も祀る三浦半島の総鎮守
### 海南神社
かいなんじんじゃ

MAP 別冊P.18-B3

例年1月15日に、ユネスコ無形文化遺産に登録されている「チャッキラコ」が奉納される。チャッキラコとは、豊漁、豊作を祈って女性のみで踊られる民俗芸能。年配の女性10人ほどが唄い、5歳ほど〜12歳の少女約20人が踊る。

樹齢800年源頼朝お手植えの神木がある

### ユネスコ無形文化遺産に記載の民俗文化財
### チャッキラコ三崎昭和館
ちゃっきらこみさきしょうわかん

MAP 別冊P.18-B3

旧小牧商店の蔵造りの商家をそのままに、無形文化財「チャッキラコ」の資料や昭和の三崎の暮らしが展示されている生活文化資料館。三崎公園の奥の路地が入り組んだ下町にあり、近隣でも昭和の風景が楽しめる。

明治に建てられた歴史ある建造物

### 大地震の記録を証明する地層
### 諸磯の隆起海岸
もろいそのりゅうきかいがん

MAP 別冊P.18-B3

波打ち際の岩石に穴をあけて生息する穿孔貝の跡が、はっきり4つの層に分かれて観察できるため、少なくとも過去に4度の大きな地震で隆起したことが観察できる貴重な露頭。国の天然記念物に指定されている。

複数隆起が1ヵ所で見られるのは珍しい

### 大地の歴史を伝える奇岩景観
### 二町谷の漣痕
ふたまちやのれんこん

MAP 別冊P.18-B3

かつては、海底に砂や泥が堆積したときの波の跡がそのまま残った波調層（漣痕）だといわれていたが、今では堆積後に地層が褶曲したものと解釈が変わっている。神奈川県の天然記念物に指定されている。

新生代第三紀の三浦層群三崎層

---

▶ 三崎漁港
住 三浦市三崎5-245-7
TEL なし
営 早朝から競り終了まで
休 不定休　料 無料
交 京急線三崎口駅から三崎港行き、通り矢行き、城ケ島行き、浜諸磯行きのいずれかのバスで三崎港下車、徒歩5分

▶ 三浦海岸
住 三浦市南下浦町上宮田
TEL なし
営 散策自由
交 京急線三浦海岸駅から徒歩5分

▶ 海南神社
住 三浦市三崎4-12-11
TEL 046-881-3038
営 参拝自由
交 京急三崎口駅から三崎港行き、通り矢行き、城ケ島行き、浜諸磯行きいずれかのバスで三崎港下車、徒歩1分

▶ チャッキラコ三崎昭和館
住 三浦市三崎2-11-3
TEL 046-882-3156
営 土・日・祝10:00〜16:00
休 土・日・祝日以外　料 無料
交 京急線三崎口駅から三崎港行き、通り矢行き、城ケ島行き、浜諸磯行きのいずれかのバスで三崎港下車、徒歩3分

▶ 諸磯の隆起海岸
住 三浦市三崎町諸磯
TEL なし
営 見学自由
交 京急線三崎口駅から城ケ島行きバスで油壺入口下車、徒歩5分

▶ 二町谷の漣痕
住 三浦市海外町3958地先若礁
TEL なし
営 見学自由
交 京急線三崎口駅から浜諸磯行きバスで二町谷下車、徒歩1分

---

info 諸磯の隆起海岸の三崎層は約1200万年前から450万年前までの間に水深2000mから3000mの深海に堆積した地層で、地質好きにとってはたまらない三浦の聖地。二町谷の漣痕は、さざ波のような連続模様が見られる奇岩。

城ヶ島灯台 2

## 三浦半島の先端で自然を満喫ハイキング

# 城ヶ島の歩き方

東京から気軽に足を延ばせる距離にありながら、豊かな自然が残された城ヶ島。周囲約4kmで島内にはふたつの魅力的な灯台がある。荒々しい岩場は地質学的にも貴重なスポットだ。のんびりと島歩きを楽しむ半日ハイキング旅を紹介する。

**三浦半島から渡船で上陸してスタート**

### 1 城ケ島渡船

（じょうがしまとせん）

三崎港の「うらり」岸壁から三崎港渡船に乗船。さわやかな海風の中、城ヶ島大橋や富士山を眺めながら約5分間のプチ船旅を味わい、城ヶ島に到着。

**MAP** 別冊P.18-B3

（住）J'sフィッシング城ヶ島海上イケス釣堀（城ヶ島650-70）横 （電）046-881-0533 （営）10:00〜16:15（季節により変更あり）（休）無休（荒天等、運休あり）（料）大人（中学生以上）500円 乗り放題1000円、子供（小学生）300円、乗り放題600円

**小さな商店街を通って**

**野趣あふれる海岸沿いのハイキングコースへ**

### 2 城ヶ島灯台

（じょうがしまとうだい）

道の途中で、右手の階段を上る。日本で5番目の西洋式灯台で、ヴェルニーの指揮によりフロランが設計した。関東大震災で損壊したが再建。

**MAP** 別冊P.18-B3

（住）三浦市三崎町城ヶ島 （営）見学自由（内部見学は不可）

### 4 ウミウ展望台

（うみうてんぼうだい）

左手に望む高さ30mもの崖はウミウの生息地。ウミウは県の指定天然記念物だ。毎年11月〜4月に、千島列島から約2000羽が飛来し、営巣する。

**MAP** 別冊P.18-B3

（住）三浦市三崎町城ヶ島 （営）見学自由

### 3 馬の背洞門

（うまのせどうもん）

長い年月をかけ、波や風雨の侵食で造られた洞門。風化が進んでいるため、上は登れない。洞門左側の穴を下ると、海に出ることができる。

**MAP** 別冊P.18-B3

（住）三浦市三崎町城ヶ島 （営）見学自由

## 城ヶ島ハイキング

ワンポイント
アドバイス

- ☑ コースは島をおよそ半周(約4km)
- ☑ 岩場は歩きやすい靴がおすすめ
- ☑ 売店が少ないため、飲食物は持参がベター

城ヶ島大橋は三浦半島と城ヶ島を結ぶ全長575mの橋だ

**1** 城ヶ島渡船

白秋詩碑 **6**

城ヶ島大橋

**7** バス停「白秋碑前」

小さな商店街あり

ウミウ展望台 **4**

岩場や砂浜を歩くコース

舗装されたコース

馬の背洞門 **3**

木のトンネルが気持ちいい

広場がたくさんある

県立城ヶ島公園

安房埼灯台 **5**
(県立城ヶ島公園内)

0 100m

県立城ヶ島公園内にある

**5** 安房埼灯台
(県立城ヶ島公園内)

　令和2(2020)年に移設され、城ヶ島公園のピクニック広場にある。灯台のデザインは白と緑のグラデーションで、三浦野菜がモチーフ。
**MAP** 別冊P.18-B3
**住** 三浦市三崎町城ヶ島 **TEL** 046-881-6640 **駐** 駐車場は4〜9月8:00〜19:00、10月〜3月8:00〜17:00 **休** 無休(内部見学は不可) **料** 無料(駐車場は有料)

**6** 白秋詩碑

　童謡『待ちぼうけ』の作詞で有名な詩人、北原白秋。大正2(1913)年に家族と三崎に移り住み、9ヵ月を過ごした。横の記念館には自筆のノートのコピーなどを展示。
**MAP** 別冊P.18-B3
**住** 三浦市三崎町城ヶ島 **見** 見学自由

**7** バス停
「白秋碑前」より
バスに乗車

### ACCESS

📍 城ヶ島へのアクセス

　城ヶ島への交通手段はいろいろ。好みで組み合わせてみては?

| | |
|---|---|
| 車 | 駐車場は6ヵ所。ワンデーパスで何度でも出入りOK |
| バス | 京急バスで京急線三崎口駅から城ヶ島まで所要時間約30分 |
| レンタサイクル | 電動アシスト付自転車を借りることができ、三浦市内を中心に6ヵ所あるポートのどこでも返却可能だ |
| 城ヶ島渡船 | 三崎と城ヶ島を結び、発着所は3ヵ所。追加料金なしで、自転車を載せることもできる |

# おもな見どころ

▶ 浜諸磯
🏠 三浦市三崎町諸磯1886-2
🕐 見学自由
🚌 京急線三崎口駅から浜諸磯行きバスで終点下車、徒歩5分

青空に映える諸磯埼灯台

▶ 黒崎海岸と黒崎の鼻
🏠 三浦市初声町
☎ なし
🕐 見学自由
🚌 京急線三崎口駅から徒歩20分

▶ 小網代の森
🏠 三浦市三崎町小網代
☎ 045-210-4310
🕐 7:00～17:00
🈺 なし
🚌 引橋入口へは京急線三崎口駅から油壺行きまたは三崎東岡・三崎港方面行きバスで引橋下車、徒歩5分

▶ 油壺
🏠 三浦市三崎町小網代
☎ なし
🕐 見学自由
🈺 なし
🚌 京急三崎口駅から油壺温泉行きバスで油壺温泉下車、徒歩7分

▶ 剱崎灯台
🏠 三浦市南下浦町松輪47
☎ 046-861-8374
🕐 見学自由
🚌 京急線三浦海岸駅から剱崎行きバスで剱崎下車、徒歩15分

## 磯遊びもできるほど透明度が抜群

### 浜諸磯 （はまもろいそ）

MAP 別冊P.18-B3

白亜の諸磯埼灯台の立つ磯浜。水がきれいで、黒潮に乗って運ばれる熱帯魚も観察できる磯遊びやスノーケリングの穴場スポット。磯自体はアクセスが悪く、平日訪れる人は少ないので、安全確保は自己責任で。キャンプやバーベキューは不可。近所にコンビニやスーパーがないので、1日遊ぶつもりなら昼食の準備はしていこう。

透明度がすばらしいスノーケリングスポット

## 三浦半島屈指の秘境感を感じられる磯

### 黒崎海岸と黒崎の鼻 （くろさきかいがんとくろさきのはな）

MAP 別冊P.18-B2

三浦半島屈指の夕日が見られる感動スポット。藪のなかをひたすら歩いていくといきなり開ける海の景色に、初めての人は思わず声を上げるだろう。日本国内とは思えない絶景で、数々の映画やドラマのロケ地にも使われてきた。

異世界に迷い込んだような絶景

## 希少種を含む約2000種の生物がすむ貴重な森

### 小網代の森 （こあじろのもり）

MAP 別冊P.19-C2

三浦半島先端にある相模湾に面した森。小川の源流から湿地を経て海の干潟まで、流域の生態系がまるごと残る、全国的にも極めて珍しい自然だ。湿原の環境保護のため散策路外は立ち入り禁止だが、歩くだけでも十分楽しめる。

生態系を守るために整備された美しい谷

## 豊かな緑に囲まれた波静かな入り江

### 油壺 （あぶらっぽ）

MAP 別冊P.18-B2

深く入り込んだ油壺湾とその南にある諸磯湾一帯を指す地名は、海面が油を流したように静かなためと言われる。鎌倉の御家人、三浦一族終焉の伝説も残る。晴れた日には富士山を望み、夕日のビュースポットとしても人気の景勝地。

波静かな油壺一帯はヨットハーバーが多い

## 東京湾の入口を照らす大型灯台

### 剱崎灯台 （つるぎざきとうだい）

MAP 別冊P.19-D3

かながわの景勝50選にも指定されている剱崎の断崖上にあり、房総半島まで見渡せる眺めがすばらしい。灯台の脇から降りると、美しい岩礁地帯がある。東京湾の玄関口・浦賀水道への航路を照らす洋式灯台。

晴れた日には伊豆大島も見える

＼あなたの声をお聞かせください！／

# 毎月合計３名様
# 読者プレゼント

## 1. 地球の歩き方オリジナル御朱印帳
## 2. 地球の歩き方オリジナルクオカード（500 円）

いずれかおひとつお選びください。

★応募方法

下記 URL または 2 次元コードにアクセスして
アンケートにお答えください。
URL https://arukikata.jp/sdwtpj

★応募の締め切り

# 2026年3月31日

MAP 別冊P.15-C3

御用邸のある洗練された雰囲気をもつ町

# 葉山町 ●はやままち

高台の住宅地からは湘南海岸と江の島が望める。よく晴れた日には富士山も

三浦半島の北西部に位置し、北は逗子市、東・南部は横須賀市に接し、西は相模湾に面している。海岸付近を除いては丘陵地が多い。住宅と別荘の町として発展し、御用邸のある町として有名。南北に4km続く海岸線は砂浜と岩礁が交互に連なり、海水浴や磯遊び、さまざまなマリンスポーツが楽しめる。近代日本ヨット発祥の地でもある。町に鉄道駅はない。

## おもな見どころ

屋外彫刻を葉山の自然とともに鑑賞
かながわけんりつきんだいびじゅつかんはやま

### 神奈川県立近代美術館 葉山　MAP 別冊P.14-B3

神奈川県立近代美術館の3番目の建物として平成15（2003）年に開館。日本の近現代を中心に、洋画、日本画、彫刻、版画、写真、工芸作品約1万3000点を所蔵している。入口にあるイサム・ノグチ作「こけし」をはじめ、屋外には20点の彫刻が配され、中庭から望む一色海岸の美しい景色とともに鑑賞できる。さまざまな教育普及活動のプログラムも組まれ、大人も子供も楽しめるようなワークショップなども開催。また、美術館に気軽に足を運べるように、エントランスホールから中庭、レストラン、ミュージアムショップ、庭園、さらに地下1階の美術図書室などは観覧料なしで利用できる。見応えある美術品と絶景が満喫できるとあって、葉山らしい観光スポット。周辺散策も楽しい。

美術館からは一色海岸を望む風景が広がる

町章

**人口** 3万2339人
**面積** 17.04km²

吉兆樹の柏の葉に「山」の字、緑豊かな自然を象徴

### 🚉 エリアの拠点駅

▼逗子・葉山駅
京急線

### 歩き方

森戸神社から森戸海岸、海岸沿いを走る県道207号を葉山マリーナまでリゾート感いっぱいの散策が楽しめる。距離にして約1.5kmと気軽で、途中にはおしゃれなホテルやイタリアン、穴場ビーチの諏訪町下海岸、葉山マリーナと併設のマリーナプラザなどがある。プラザ内には眺めのよいカフェやレストランもある。マリーナから徒歩5分で日曜朝市が人気の葉山港（鐙摺港）に着く。朝市は毎週日曜8:30～10:30に開催。ケーキの切り落としや海鮮丼、パンなど、地元有名店の味覚がお得に味わえる。夏は港の防波堤から見る夕日も美しい。

---

▶ **神奈川県立美術館 葉山**

🏠 葉山町一色2208-1
☎ 046-875-2800
🕐 9:30～17:00（最終入館16:30）
🈳 月（祝日の場合は開館）
💰 コレクション展250円、企画展は展覧会により異なる
🚃 JR逗子駅、京急線逗子・葉山駅から海岸回り葉山行きまたは海岸回り福祉会館行きバスで三ヶ丘下車、徒歩すぐ

眺望のよいレストランを併設

**info** 近代美術館内にあるレストラン「オランジュ・ブルー」はデートスポットとしても人気。海を望む景色を楽しみながら、フレンチがいただける。人気のランチメニューはシーフードカレーセット。

225

## ▶ 葉山しおさい博物館

住 葉山町一色2123-1
TEL 046-876-1155
営 8:30〜17:00（しおさい公園は〜16:30）　休 月・祝の翌日
料 無料（しおさい公園入園有料）
交 JR逗子駅、京急線逗子・葉山駅から海岸回り葉山行きバスで一色海岸下車、徒歩1分

情緒豊かな日本庭園

## ▶ 山口蓬春記念館

住 葉山町一色2320　TEL 046-875-6094　営 9:30〜16:00（最終入館15:30）　休 月（祝日の場合は翌日）、展示替え　料 600円（高校生以下無料）　交 JR逗子駅、京急線逗子・葉山駅から海岸回り葉山行きほかバスで三ヶ丘下車、徒歩2分

## ▶ 葉山御用邸

住 葉山町一色2038
TEL 03-3213-1111（宮内庁）
営 非公開
交 JR逗子駅から海岸回り葉山行きバスで一色海岸下車、徒歩3分

## ▶ 葉山マリーナ

住 葉山町堀内50-2　TEL 046-875-0002　営 9:00〜17:30（冬季は〜17:00、土・日・祝8:00〜）　休 火（7月中旬〜8月末は無休）　料 無料（駐車場は有料）　交 JR逗子駅、京急線逗子・葉山駅から海岸回り葉山一色行きバスで葉山マリーナ下車、徒歩1分

## ▶ 葉山灯台と名島鳥居

住 葉山町堀内
TEL 046-876-1111（葉山町産業振興課）
営 見学自由
交 JR逗子駅、京急線逗子・葉山駅から海岸回り葉山一色行きバスで森戸神社下車、徒歩1分

---

葉山海岸や相模湾の生物1200種を展示

### 葉山しおさい博物館 （はやましおさいはくぶつかん）　MAP 別冊P.14-B3

葉山御用邸付属邸の跡地に開設された葉山しおさい公園内にある。葉山周辺の海に生息する魚類、貝類、甲殻類、海藻類などが展示されている。昭和天皇のコレクションや深海生物の展示はここならではのもの。相模湾の海洋生物を紹介しているオリジナルの出版物もある。葉山の三ヶ岡山を借景にした園内の日本庭園も散策してみたい。

博物館外観。旧御用邸付属邸の車寄せを移築

葉山で晩年を過ごした、画家蓬春の記念館

### 山口蓬春記念館 （やまぐちほうしゅんきねんかん）　MAP 別冊P.14-B3

独自の新日本画の世界を築いた山口蓬春（1893-1971）の日本画をはじめ、収集した美術品などを展示している。建物は蓬春が戦後を過ごした葉山の自邸で、国登録有形文化財に登録され、当時のままに保存・公開されている。

四季折々の草木が茂る庭も公開

葉山の象徴、天皇・皇族の静養地

### 葉山御用邸 （はやまごようてい）　MAP 別冊P.14-B3

明治から続く天皇や皇族の静養地である御用邸は、葉山の象徴として親しまれている。当時の付属邸で大正天皇が崩御、昭和天皇に皇位が継承された歴史的な場所でもある。御用邸の裏側は一色海岸。小磯の鼻という磯場がある。

すぐ前の海岸を皇族方が散歩されることも

日本ヨット発祥の地のマリーナ

### 葉山マリーナ （はやままりーな）　MAP 別冊P.14-B3

昭和39（1964）年東京オリンピックの年に開業。レース開催やクルージングなど多数のイベントを開催している。約45分の気軽に楽しめる江ノ島・裕次郎灯台周遊クルージングも人気（要予約）だ。レストランやショップが入るマリーナプラザも併設。

海を満喫できる絶好のロケーション

葉山の海のシンボル

### 葉山灯台（裕次郎灯台）と名島鳥居 （はやまとうだい（ゆうじろうとうだい）となしまとりい）　MAP 別冊P.14-B3

森戸神社の裏手から沖合約700mには赤い鳥居が目印の名島が浮かんでいる。その左側には葉山灯台、別名裕次郎灯台がある。石原裕次郎は海の男・昭和の大スターといわれた俳優。晴れた日には、富士山とのコラボで絶景が楽しめる。

まるで絵葉書のような美しさ

info ハヤマ・マーケット日曜朝市は毎週日曜朝8:30からスタート。葉山の新鮮な魚や特産品、朝市限定品などもあり、多くの人でにぎわう。場所は葉山マリーナからすぐの葉山漁協前。

# 一大激戦区!
# 葉山スイーツ&パン

しゃれたリゾート感覚が楽しめる葉山は、スイーツや
パンの超激戦区としても知られている。そのなかから
店を選ぶのは至難の業だが、おすすめ4店をご紹介。

## はやりに流されないおいしさ

### A サンルイ島葉山本店
さんるいとうはやまほんてん

店内は天井が高く、落ち着いた雰囲気でゆったりとくつろぐことができる。夏はテラス席もおすすめ。店舗データは→P.364。

## 素材本来の風味を大切に

### B パティスリー ラ・マーレ・ド・チャヤ
ぱてぃすりいらまーれどちゃや

シックな店内は「田舎の暮らしを」をテーマにインテリアを統一。創業当時から変わらぬ甘さ控えめの味が好評だ。店舗データは→P.365。

## アロハがコンセプトの店内

### C 葉山旬菓工房SWEET TOOTH
はやましゅんかこうぼうすうぃーととぅーす

季節ごとの多彩なスイーツの数々が訪れる人の目を楽しませてくれる。地元の素材を使った商品なども個性的。

**MAP** 別冊P.14-B3

🏠三浦郡葉山町堀内890 ☎046-876-0085 🕘9:30〜19:00 休不定休 CC不可 Pあり 交京急線新逗子駅から京急バス葉山きで元町下車、徒歩3分

## 種類の多さに迷ってしまう

### D ブレドール葉山本店
ぶれどーるはやまほんてん

葉山のパンといえばここ、といわれるほどの有名店。併設されたレストランでのパン食べ放題のモーニングも大人気だ。店舗データは→P.365。

**A**
サンルイ島葉山本店のショーケース。下段には、モンブラン648円やミルフィーユ594円、カヌレ324円、季節のタルトなどが整然と列をなし、中段には、イチゴが飾られたホールケーキ（シャルロット・フレーズ5号3780円）などが堂々と並ぶ

**B**
パティスリー ラ・マーレ・ド・チャヤのクッキー。奥の詰め合わせSSは1620円

**B**
パティスリー ラ・マーレ・ド・チャヤのガトー類。手前のマドレーヌ・シトロン216円はじめ、多彩な味わいが楽しめる

**C**
葉山旬菓工房SWEET TOOTHの抹茶スイーツ330円。天竜抹茶を使った香り高い逸品だ

**C**
葉山旬菓工房SWEET TOOTHは季節ごとのさまざまなロールケーキが有名。写真は季節限定レアチーズロール1280円

モーニングは90分パン食べ放題

持ち帰りできるデリコーナーもある

**D**
チーズパンのレザンペール264円

### ▶ 森戸大明神（森戸神社）

- 住 葉山町堀内1025
- TEL 046-875-2681
- 営 9:00～17:00
- 休 無休
- 料 無料
- 交 JR逗子駅、京急線逗子・葉山駅から海岸回り葉山一色行きバスで森戸神社下車、徒歩1分

美しい森戸の夕照

### ▶ 森戸海岸

- 住 葉山町堀内
- TEL 046-876-1111（葉山町産業振興課）
- 営 散策自由
- 交 JR逗子駅、京急線逗子・葉山駅から海岸回り葉山一色行きバスで森戸海岸下車、徒歩2分

### ▶ 葉山 加地邸

- 住 葉山町一色1706
- TEL 044-211-1711
- IN 15:00～18:00　OUT 11:00
- CC ADJMV
- 室 一棟貸し切り
- 交 JR逗子駅から車で約20分

### ▶ あじさい公園

- 住 葉山町堀内1537
- TEL 046-876-1111（葉山町都市計画課）
- 営 散策自由
- 交 JR逗子駅、京急線逗子・葉山駅から長井行き、または長者ヶ崎方面行きバスで向原下車、徒歩10分

### ▶ 県立葉山公園

- 住 葉山町下山口
- TEL 046-876-4601（三菱電機ライフサービス）
- 営 駐車場8:00～18:00
- 休 無休
- 料 無料
- 交 JR逗子駅、京急線逗子・葉山駅から長井行き、または横須賀市民病院行きバスで葉山公園下車、徒歩2分

---

#### 葉山の総鎮守

もりとだいみょうじん（もりとじんじゃ）
# 森戸大明神（森戸神社）　　MAP 別冊P.14-B3

　1180年源頼朝により創建。古来より災害時などに行われた七瀬祓の霊場のひとつでもあり、本殿は葉山町重要文化財に指定されている。参道には咳止めに効くおせき稲荷やペットを守る畜霊社など多くの境内社がある。神社の裏手には海が広がり、岩上に見事な枝ぶりを見せる千貫松、名島の鳥居や裕次郎灯台を見渡せるビューポイントになっている。

現在の本殿も400年以上の歴史をもつ

#### 葉山を代表する海岸

もりとかいがん
# 森戸海岸　　MAP 別冊P.14-B3

　葉山で砂浜がいちばん広い遠浅の海岸。穏やかな海なので子連れにも最適。夏はおしゃれな海の家も建ち、岩場もあるのでスノーケリングも楽しめる。沖合には名島と裕次郎灯台、その向こうに江の島や富士山を望む美しい景色が広がる。

穏やかな海と眺望のよさが魅力の海岸

#### 歴史的価値ある名建築の民泊施設
はやまかちてい
# 葉山 加地邸　　MAP 別冊P.14-B3

　帝国ホテルを設計した巨匠フランク・ロイド・ライトの愛弟子遠藤新が1928年に設計した個人の別荘で、葉山の自然と融和したプレイリースタイルで建てられた。現在は改修され、1棟貸しの宿泊施設となっている。国指定登録有形文化財。

ドラマや映画のロケにも。見学は不可

#### 三ヶ岡山ハイキングコース入口のひとつ

あじさいこうえん
# あじさい公園　　MAP 別冊P.14-B3

　葉山の海と山をつなぐ三ヶ岡山緑地斜面に1975年に開園。かつての外国人向けホテル跡地に建つ。相模湾を一望できる高台に3000株のアジサイが咲く。見頃は6月中旬～7月初旬。かながわの花の名所100選のひとつ。駐車場はない。

幻想的なあじさい公園の夕暮れ

#### 大浜海岸が目の前

けんりつはやまこうえん
# 県立葉山公園　　MAP 別冊P.14-B3

　葉山御用邸に隣接し、大浜海岸に面した公園。かつては御用邸付属の馬場だったが、整備されて昭和32（1957）年に開園。風情あるクロマツ林、ハマナスの群生、海を見下ろす芝生広場と独特の景観が広がり、のんびりした雰囲気がある。

クロマツ林のなかに子供用の遊具もある

info 森戸神社ではペット用のお守りもある。犬と猫の2種類でそれぞれの顔をかたどった鈴が付いている。ピンクとブルーの2色、鈴なしもある。

### プライベート感のあるビーチ
#### 一色海岸
##### いっしきかいがん

**MAP** 別冊P.14-B3

葉山御用邸と葉山しおさい公園の目の前に広がるビーチ。小磯の鼻と呼ばれる南側の岬は芝生が広がり、磯遊びもできる人気スポット。CNNの世界の厳選ビーチ100にも選ばれた。透明度も高い。

ビーチはフォトジェニックなしおさいこみちを抜けていく

### 葉山最南端のビーチ
#### 長者ヶ崎・大浜海岸
##### ちょうじゃがさき・おおはまかいがん

**MAP** 別冊P.14-B3

横須賀と葉山の境にある長者ヶ崎の葉山側海岸。トンビ磯を挟んで、南が長者ヶ崎、北が夏季にマリンスポーツエリアとなる大浜海岸だ。この周辺は波打ち際から約3mで水深が深くなるので注意しよう。

長者ヶ崎は写真撮影する人も多いビューポイント

### 葉山を代表する老舗料理店
#### 日影茶屋
##### ひかげぢゃや

**MAP** 別冊P.14-B3

創業三百余年の旅籠時代から続く伝統料理に創作を加えた会席料理を提供。食材は相模湾の新鮮な魚介と地場の野菜が中心。趣ある日本庭園を眺めながら、旬の味覚が味わえる。昼はお弁当もあり。

歴史を感じる建物は老舗の風格。登録有形文化財

### 旧東伏見宮葉山別邸
#### イエズス孝女会修道院旧館
##### いえずすこうじょかいしゅうどういんきゅうかん

**MAP** 別冊P.14-B3

大正3（1914）年に竣工した旧東伏見宮依仁親王の別邸で、後にイエズス孝女会修道院に譲渡された。大正ロマンを感じる外観、宮家独特のデザインを備えた、海辺の別荘らしい開放的な造りとなっている。

幼稚園の敷地にあるため、許可なく立ち入りはできない

### 葉山の隠れ観光スポット
#### 上山口の棚田
##### かみやまぐちのたなだ

**MAP** 別冊P.15-C3

葉山東部、上山口地区の丘陵斜面に小規模だが美しい棚田が残されており、にほんの里100選のひとつ。懐かしい里山風景に癒やされるが、棚田内は立ち入り禁止なので公道から見学しよう。

かつては千枚田といわれるほど、一面に水田が広がっていた

---

▶ 一色海岸

住 葉山町一色
TEL 046-876-1111（葉山町産業振興課）
散策自由
交 JR逗子駅、京急線逗子・葉山駅から海岸回り葉山一色行きで一色海岸下車、徒歩2分

---

▶ 長者ヶ崎・大浜海岸

住 葉山町下山口
TEL 046-876-1111（葉山町産業振興課）
散策自由
交 JR逗子駅、京急線逗子・葉山駅から長井行きバスで長者ヶ崎下車、徒歩すぐ

---

▶ 日影茶屋

住 葉山町堀内16 TEL 046-875-0014 営 11:30〜14:00、17:30〜19:00 休 火・水（祝日の場合は翌平日） 昼 4950円〜 夜 8800円〜 CC ADJMV 交 JR逗子駅から葉山一色行き、または福祉会館行きバスで鐙摺下車、徒歩1分

「会席 葉山」の料理

---

▶ イエズス孝女会修道院旧館

住 葉山町堀内1968
TEL 046-875-0459
予約すれば見学可
交 JR逗子駅から福祉会館行きバスで向原下車、徒歩2分

3階には塔屋がある

---

▶ 上山口の棚田

住 葉山町上山口字正吟
TEL 046-876-1111（葉山町産業振興課）
見学自由
交 JR逗子駅、京急線逗子・葉山駅から衣笠駅行きバスで上山口小学校または新沢下車、徒歩6〜8分

---

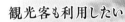

観光客も利用したい
# ハヤマステーション
はやますてーしょん

地元の名店や多彩なアンテナショップが入るハヤマステーション。
地元の人に人気だが、観光客もぜひ訪ねたいスポットだ。

アンテナショップの品揃え
はバラエティ豊か

ハヤマステーションの外観

鉄道駅のない葉山町に、新たなスポットを建設する目的で2016年にオープンしたハヤマステーション。JR逗子駅から車で約10分、またはバス利用となるため、地元の人が多く訪れているといわれるが、地元の名店が集まったハヤマステーションは、観光客もぜひ立ち寄りたいスポットだ。下記にピックアップした店舗のほかにも有名店のテナントが入っている。ハヤマステーションに来れば、一度に何店舗もハシゴできるわけだ。

さらに、30ほどのアンテナショップも入っている。季節により、販売される商品の内容は変わるというから、1年に何度も訪ねたくなってしまうかもしれない。

**MAP** 別冊P.14-B3
住 三浦郡葉山町長柄1583-17 TEL 046-876-0880
営 9:00〜19:00 休 水 CC 不可 交 JR逗子駅から京浜急行バスイトーピア中央公園行きでイトーピア下車、徒歩5分

マフィン売り場
を充実させた
新店舗

「オレンジとチョコレート」など種類は数多い

**マフィンが充実**
すわんぷすはやまふぃん
## Swamps HAYAMuffin
スイーツの名店ブラウンスイーツがリニューアル。色とりどりの数十種のマフィンが並ぶ。
TEL 046-895-4545

**あのパンがここでも**
ぶれどーる
## ブレドール
食パンの有名店。穴場的な入手先となっている。

東口有機玄米ソフト／発酵フローズンヨーグルト

TEL 046-876-8281　小さいながらも商品は充実している

**予想外の掘り出し物も**
あんてなしょっぷ
## アンテナショップ
野菜、果物、洋菓子、ドレッシング、さらに海産物まで、商品は種類が豊富。

まだまだ知らない地元の名品に出合えるチャンスも

**葉山牛を手軽に味わう**
はやまあさひやぎゅうにくてん
## 葉山旭屋牛肉店
本店は100年以上の歴史を誇る。葉山牛を使った特製葉山コロッケ、特製メンチカツは絶品。
TEL 046-876-5111

ハヤマステーション店の外観

**ここにも立ち寄り!**
はやままりーな
## 葉山マリーナ
葉山マリーナはハヤマステーションから車で10分ほどの距離。マリーナ内のショップには、オリジナルグッズもあるのでチェックしたい。
（→P.226）

オリジナルキーホルダー
1650円

オリジナルTシャツ
2530円

# 湘南エリア

このエリアで
したいこと Top 5

❶1日かけて江の島を観光
▶P.234〜

❷サザンビーチちがさきのイベントに参加 ▶P.238

❸日本三大七夕のひとつを見に行こう ▶P.240

❹ケーブルカーで大山ハイキング ▶P.242

❺寒川神社へ参拝
▶P.245

　温暖な気候と海と山の豊かな自然に囲まれた風光明媚なリゾートでもあるエリア。避寒地として古くから別荘地や保養地として開発されてきた。明治時代には政治家や文豪が移り住み、多くの著名人が交流をもった。

## ◆ 藤沢市 ▶P.232

　相模湾に面し緩やかな丘陵が続く温暖な町。JRを使って東京都心まで1時間かからず交通の便がよい。ベッドタウンとして栄える一方、江の島、鵠沼、片瀬など観光スポットも多い。

湘南の観光スポットの筆頭といえば江の島

## ◆ 茅ヶ崎市 ▶P.238

　相模湾に面し、サーフィンやマリンスポーツが盛んな海辺の町。昨今、JRだけでなく茅ヶ崎JCTから圏央道が開通したことで車移動も便利になった。

（地図）
秦野市
伊勢原市
寒川町
藤沢市
平塚市
二宮町
大磯町
茅ヶ崎市

## ◆ 平塚市
▶P.240

　駅周辺は大型の商業施設や店舗が立ち並び、大勢の人でにぎわう。毎年7月開催の「湘南ひらつか七夕まつり」は関東三大七夕といわれる。

平塚の七夕は絢爛豪華な飾り付けが特徴

## ◆ 秦野市 ▶P.244

　丹沢山地や渋沢丘陵に囲まれた神奈川県唯一の盆地。地下水として蓄えられたミネラルたっぷりの秦野の湧き水は、名水百選にも選ばれている。

## ◆ 寒川町 ▶P.245

　相模川のほとりにあり、水と緑にめぐまれた町。1500年の歴史をもつ寒川神社は県内では鎌倉の鶴岡八幡宮に次いで初詣の参拝者数が多い。

## ◆ 伊勢原市 ▶P.242

　神奈川県のほぼ中央にあり、秀峰大山麓に広がる。日本遺産「大山詣り」の玄関口でもある。麓からこま参道を経て下社まではケーブルカーがつなぐ。

## ◆ 大磯町／二宮町 ▶P.246

　日本で初めて海水浴場が開かれたといわれる大磯。政治家や文豪ゆかりの土地や建物も多く残る。二宮町は大磯町と小田原の間に位置する。

# 藤沢市 ●ふじさわし

**市章**

藤沢市のフジを図案化

**人口** 44万3986人
**面積** 69.56km²

## 🚉 エリアの拠点駅

**▼藤沢駅**
JR線、小田急線、江ノ島電鉄

## ▒▒ モデルプラン ▒▒

○ すばな通り

↓ 👣 徒歩10分

○ 新江ノ島水族館 (▶P.233)

↓ 👣 徒歩15分

○ 江ノ島弁財天仲見世通り (▶P.234)

↓ 👣 徒歩4分

○ 江島神社 (▶P.235)

↓ 👣 徒歩5分

○ 江島シーキャンドル (▶P.236)

**かなトーク**

**ちょっとロコ気分で湘南海岸をサイクリング**

　シェアサイクルを利用して、ロコのように湘南の海を楽しんでみよう。おすすめは湘南海岸サイクリングロード。自転車歩行者専用道路なので、初心者にも安心だ。スタートは片瀬江ノ島駅そばの湘南海岸公園で、辻堂海岸を抜け、茅ヶ崎の柳島キャンプ場入口までの8.4km。片瀬江ノ島駅周辺にはレンタサイクル・シェアサイクルのポートが多くある。電動アシスト付き自転車を備えるHELLO CYCLINGやCOGICOGIといったシェアサイクルは、アプリで会員登録から予約まで完了できる。専用駐輪場に返却すれば、スタート地点に戻る必要がないのも便利。

江の島と対岸の片瀬海岸東浜、片瀬海岸西浜・鵠沼海岸、辻堂海岸

　湘南地域の最東端に位置し、南は相模湾、北には緑濃い相模台地が続き、ほぼ平坦な地形を成している。横浜・横須賀三浦地域に接し、東京駅まで約50分、横浜までは約20分。便利で豊かな自然環境、温暖な気候や湘南人気の影響もあり、人口は湘南地域で最多となっている。町の歴史は時宗の総本山である遊行寺の門前町、東海道五十三次の宿場町として発展し、現在は首都圏近郊の観光、住宅、工業・商業都市、慶應義塾大学湘南藤沢キャンパスなど多数の大学キャンパスもあり、多種多様な機能をもつ都市として躍進している。片瀬西浜・鵠沼海水浴場は年間来客数130万人を超す日本随一の海水浴場として知られ、江の島は年間約1700万人が訪れる湘南最大級の観光地となっている。

## 歩き方

### ◆駅周辺では藤沢の歴史や文化を訪ねてみよう

　駅から徒歩5分ほどにある藤沢市役所9階にはガラス張りの無料展望デッキがあり、藤沢の街を一望できる。晴れた日には富士山も見える。駅北口から遊行通りを徒歩5分で庚申堂。明治時代に小説家のラフカディオ・ハーンが立ち寄ったことでも知られている。そのまま遊行通りを北に徒歩11分で時宗総本山遊行寺。宝物館も見どころで、境内にある創業130年余の和菓子屋も寄ってみたい。門前には旧東海道藤沢宿の資料を展示するふじさわ宿交流館。散歩途中に気軽に立ち寄って休憩することもできる。駅南口から徒歩20分、緑の谷間に広がる新林公園は自然散策路が整備され、野鳥観察や江戸時代の古民家・旧小池邸なども見学できる。

毎年9月開催の藤沢市民まつり

**info** 藤沢特産品のひとつである藤稔（ふじみのり）は藤沢生まれのぶどう。大きいものはゴルフボールほどあり、粒の大きさが最大の特徴。甘さと酸味のバランスがよい。スーパーにはほとんど出回らず、直売所や観光農園で販売されている。

# おもな見どころ

## 江の島の絶景とともに楽しめる水族館
### 新江ノ島水族館 MAP 別冊P.34-A2

相模湾に面し、富士山と江の島を望む片瀬海岸に2004年オープン。その絶景を生かしたショープールでのイルカショー、100種2万匹の魚たちが泳ぐ相模湾大水槽の中でも、約8千匹のマイワシの群れは圧巻。そのほか、幻想的なクラゲを楽しむクラゲファンタジーホール、ウミガメの浜辺など見どころも盛りだくさん。オリジナルグッズの店やカフェも併設。

館内の水槽では最大規模の「相模湾大水槽」

## 東京からも近い、人気のビーチエリア
### 湘南海岸 MAP 別冊P.34-A1

江の島を中心に海水浴場とマリンスポーツの人気スポット。江の島を境に片瀬東浜・西浜、サーフポイントとしても有名な鵠沼海岸、穴場的な辻堂海岸へと続く。片瀬海岸から鵠沼にかけては県立湘南海岸公園が隣接。ボードウオークや芝生広場、公園事務所が入るサーフビレッジなどもあり、ビーチスポーツの拠点にもなっている。

ビーチバレー発祥の地ともいわれる鵠沼海岸

## 箱根駅伝でおなじみの急坂
### 遊行寺坂 MAP 別冊P.16-A1

旧東海道、今の県道30号線にある坂道。道の北西側に遊行寺（清浄光寺）が位置していることから遊行寺坂と名付けられた。箱根駅伝の復路の難所として有名な急坂で、坂の下の藤沢橋から坂の上の約800mの間に標高差約30mを上る。

遊行寺も藤沢市の見どころのひとつ

## 子供の好奇心を満たす遊び場
### 湘南台文化センターこども館 MAP 別冊P.6-B3

シンボルである地球儀型建物の中はプラネタリウム、遊びながら学べる展示ホールやワークショップもある体験型施設。科学的遊具のほか、世界のおもちゃや仮面、民族楽器など触って楽しめる展示の数々は大人にも興味深い。雨の日の利用者も多い。

プラネタリウムは直径20mのドーム

▶ **新江ノ島水族館**
🏠 藤沢市片瀬海岸2-19-1
☎ 0466-29-9960
🕐 9:00〜17:00（12〜2月は10:00〜）※変動あり 休 無休
💴 2500円（高校生1700円、小・中学生1200円、幼児800円）
🚃 小田急線片瀬江ノ島駅から徒歩3分

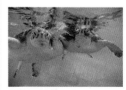
相模湾にも回遊するウミガメ

▶ **湘南海岸**
🏠 藤沢市
☎ 0466-34-9912（公園事務所）
🕐 サーフビレッジ8:30〜17:30（7・8月は〜18:30）
休 サーフビレッジ第1・3月（祝日の場合は翌平日、7・8月は無休）
💴 公園は設備により有料
🚃 小田急線鵠沼海岸駅から徒歩10分

南国ムードのサーフビレッジ

▶ **清浄光寺（遊行寺）**
🏠 藤沢市西富、藤沢市大鋸
☎ なし
🕐 見学自由
休 なし
🚃 坂の下の藤沢橋まではJR線藤沢北口駅から徒歩12分。遊行寺までは徒歩16分。

▶ **湘南台文化センターこども館**
🏠 藤沢市湘南台1-8
☎ 0466-45-1500
🕐 9:00〜17:00（展示ホール最終入場16:30）
休 月曜（祝日の場合は翌日）
💴 300円（小・中学生100円、プラネタリウムは別途）
🚃 小田急線湘南台駅から徒歩5分

# ぶらり モデルプラン
# 江の島散歩

常に多くの人でにぎわう神奈川有数の観光地、江の島。最奥地の江の島岩屋までのルートはほぼ一直線で、1日あればゆっくり見て回ることができる。さぁ、江の島詣でに出かけよう!

## ⏱11:00
### 江の島弁財天
### 仲見世通りでちょい食べ

江島神社へと続く150mほどの参道には約30軒のみやげ物店や飲食店が並ぶ。江の島散策の初めに江の島の名物グルメで小腹を満たしておこう。
MAP 別冊P.34-A3

### 江の島1day

大人1100円、子供500円

　江の島内にある有料の施設の入場券が含まれたチケットは、それぞれ別に購入するより大人260円、小学生は130円もお得になる。江の島の施設はどこも足を運びたいスポットばかりなのでおすすめ。
購入場所▶江の島エスカー1区窓口、片瀬江の島観光案内所、藤沢市観光センター

### Select 1
手作りのあんこがおいしい

#### 紀の国屋本店
MAP 別冊P.34-A3
住 藤沢市江の島2-1-12
TEL 0466-22-5663 営 8:30～18:00 休 無休 CC ADJMV

「江の島だんご」(180円～)と「アイスもなか」(350円)

### Select 2
行列が絶えない江の島の代表グルメ

#### あさひ本店
MAP 別冊P.34-A3
住 藤沢市江の島1-4-8
TEL 0466-23-1775
営 9:00～18:00 休 木
CC 不可

生ダコをプレスして作る「丸焼きたこせんべい」(500円)

### Select 4
ふわっと潮の香りが漂う

#### 島童子
MAP 別冊P.34-B3
住 藤沢市江の島1-6-8 TEL 0466-22-0090 営 11:00～17:00(土・日 ～20:00) 休 無休 CC ADJMV

「しらすまん」(400円)

人々でにぎわう仲見世通り。奥に江島神社の鳥居が見える

### Select 3
自慢の名物しらすコロッケ

#### しらす問屋とびっちょ江の島弁財天仲見世通り店
MAP 別冊P.34-A3
住 藤沢市江の島2-1-9
TEL 0466-29-9090 営 11:00～21:00(土・日・祝 ～21:30) 休 無休 CC ADJMV

サクサクでしらすとアサリのうま味がたまらない「しらすチャウダーコロッケ」(250円)

現在の社殿は昭和51(1976)年に回収されたもの

**徒歩 10分** ⏰12:00

幸運、財宝、芸能上達祈願

# 江島神社辺津宮
（えのしまじんじゃへつみや）

参拝ルートのいちばん初めにある社。海の守護神である田寸津比賣命（たぎつひめのみこと）を祀っている。建永元（1206）年に慈覚上人良真が願って源實朝により創建された。江の島で最も下にあることから、明治時代までは「下之宮」と呼ばれていた。

**MAP** 別冊P.34-A3
🏠 藤沢市江の島2-3-8 ☎0466-22-4020
🕐 見学自由（社務所は8:30〜17:00）
休 無休 料 無料

**ひとくちメモ**
江島神社は辺津宮、中津宮、奥津宮の3つの宮からなり、福岡の宗像大社や、広島の厳島神社と同じ宗像三女神がそれぞれ祀られている

八角形の奉安殿（入場料200円）には国の重要文化財である八臂（はっぴ）弁財天と市指定重要文化財の妙音（みょうおん）弁財天のほか、神社に伝わる宝物が展示されている。

境内には見どころが盛りだくさん！

## むすびの樹

むすびの樹にかける絵馬は境内で授けている（500円）

ひとつの根からふたつの幹が育った大きな銀杏の御神木。良縁を招くといわれ、良縁成就の絵馬を奉納する人も多い

## 八坂神社

江島神社の末社。京都の八坂神社と同様、牛頭天王（ごずてんのう）・建速須佐之男命（たけはやすさのおのみこと）を祀る。毎年7月中旬に行われる神幸祭が有名で、「かながわのまつり」50選に選ばれている

## 奉安殿

内部は撮影禁止。八臂弁財天は勝運祈願、妙音弁財天は音楽・芸能の上達を祈る人が参拝する

**徒歩 3分** ⏰12:30

江戸時代の石灯篭が残る

# 江島神社中津宮
（えのしまじんじゃなかつみや）

御祭神は市寸島比賣命（いちきしまひめのみこと）。仁寿3(853)年に慈覚大師が創建し、元禄2(1689)年に徳川綱吉により、本殿・幣殿・拝殿からなる権現造りの社殿が再建された。

**MAP** 別冊P.34-A3
※データは辺津宮と同じ

エスカー1区で見られる「江の島LUMINOUS WAY」

## 江の島頂上まではエスカーを利用すると便利！

江の島の頂上にある「江の島サムエル・コッキング苑」までは上りの階段が続いているが、サムエル・コッキング苑の手前までの3区間にはエスカーが設置されているので、利用すると便利だ（上りのみ）。江の島エスカーは昭和34（1959）年に国内初の屋外エスカレーターとして登場した。

料 大人360円、子供180円
※エスカーとサムエル・コッキング苑、シーキャンドルの入場がセットになった「江の島シーキャンドルセット券」は700円

中津宮の拝殿に並ぶ人々

江島神社の歴史

欽明天皇13(552)年、勅命により島の洞窟（現在の岩屋）に神を祀ったのが江島神社の始まりとされる。その後、弘法大師（空海）、日蓮聖人などの高僧が洞窟で修行し、聖域として人々の崇敬を集めた。岩屋本宮は弘仁5(814)年に弘法大師が、中津宮（上之宮）は仁寿3(853)年に慈覚大師が、辺津宮（下之宮）は建永元年(1206)年に慈覚上人良真が創建。江戸時代には安芸の宮島、近江の竹生島と並んで「日本三大弁財天」と呼ばれた。

**info** 地元民なら知らない人がいない湘南名物「湘南クッキー」。実店舗はなく自販機で販売。手作りで味は本格的。観光地から住宅街まで設置場所はさまざまで神出鬼没。江の島近くではスーパーやまか（藤沢市片瀬海岸1-6-5）の駐車場にあり。

235

## 江の島サムエル・コッキング苑

**徒歩3分** ⏱13:00

### 展望灯台から絶景を楽しめる
### 江の島サムエル・コッキング苑
えのしまさむえる・こっきんぐえん

明治18（1885）年にイギリスの貿易商サムエル・コッキングが造った和洋折衷の庭園。コッキング苑内にある「江の島シーキャンドル」は日本初の民間灯台で相模湾を一望できる。

**MAP** 別冊P.34-A3
住 藤沢市江の島2-3-28　TEL 0466-23-2444　営9:00～20:00　休無休　料無料（イベント開催中は17時以降出場大人500円。江の島シーキャンドルは別途大人500円）

サンセットテラスから見た江の島シーキャンドル

苑内の温室遺構では5月頃バラが見られる

江の島シーキャンドルの展望フロア。この上にオープンエアの展望台もある

---

**徒歩2分** ⏱13:45

### すばらしい眺望と絶品フレンチトースト
### LONCAFE 湘南江の島本店
ろんかふぇ しょうなんえのしまほんてん

サムエル・コッキング苑内にある展望カフェ。日本初のフレンチトースト専門店としてオープンし、その眺望と絶品フレンチトーストで大人気。メニューはこだわりトッピングとともに味わうフレンチトーストのみ。ドリンクも種類豊富。

**Select 1**

**MAP** 別冊P.34-A3
住 藤沢市江の島2-3-38 サムエル・コッキング苑内　TEL 0466-28-3636　営11:00～20:00（土・日10:00～）　休無休　CC ADJV

2種のベリー（1485円）。ほかにクレームブリュレやキャラメルシナモンなどがある

---

**LONCAFEから徒歩8分**
**江之島亭から徒歩2分** ⏱14:45

### パワーを授かる
### 江島神社奥津宮と龍宮
えのしまじんじゃおくつみや　わだつのみや

多紀理比賣命を祀る奥津宮。拝殿の天井には「八方睨みの亀」が描かれている。奥津宮の隣の「龍宮」は最強のパワースポット。

**MAP** 別冊P.34-A3
※データは辺津宮と同じ

気分に合わせてお店を選ぼう

---

**Select 2**

季節限定の生・釜揚げしらす丼（1320円）。生しらすは1月～3月中旬は禁漁期間

**徒歩6分** ⏱13:45

### 絶景とシラス丼を堪能 江之島亭
えのしまてい

明治42年創業の老舗。最高の景色を眺めながら相模湾の新鮮な海の幸を使った料理を楽しむことができる。『男はつらいよ　寅次郎あじさいの恋』のロケ地としても有名。しらす丼各種のほか、サザエの卵とじ「江之島丼」が名物。

**MAP** 別冊P.34-A3
住 藤沢市江の島2-6-5　TEL 0466-22-9111　営10:30～18:00（土・日 ～19:00）　休無休　CC ADJMV

テーブル、座敷に加え、気持ちのよいテラス席もある

「八方睨みの亀」は藤沢市の有形文化財に指定。実物は社務所で保管されている

江の島は古来より龍のすむ場所といわれていた

徒歩3分 ⏱15:30

## 永遠の愛を祈願 龍恋の鐘 <sup>りゅうれんのかね</sup> MAP 別冊P.34-A3

江島神社に伝わる「天女と五頭龍伝説」の恋物語にちなんで建てられた鐘。この鐘をふたりで鳴らし、近くのフェンスにふたりの名前を書いた南京錠をかけると永遠の愛がかなうといわれている。南京錠は島内のお店でも手に入る。

江島神社発祥の地と伝えられている

カップルは必訪のスポット

第一岩屋の奥は真夏はひんやり、冬は暖かく感じる

徒歩10分 ⏱16:00

## 江の島信仰の起源 江の島岩屋 <sup>えのしまいわや</sup>

江の島の最奥にあるこの洞窟こそ、江の島信仰の発祥地。第一、第二岩屋からなる海食洞で第一岩屋の奥には江島神社の起源とされている社がある。道の脇には貴重な石造物が並び自然や歴史を感じられる。

江島神社発祥の地の手前にある弘法大師像

MAP 別冊P.34-A3
🕐9:00〜17:00（季節による）
休無休 料大人500円、小学生200円、未就学児は無料　岩屋へと続く岩屋橋

### 遊覧船べんてん丸 （不定期運航）

べんてん丸は、江の島弁天橋から稚児ヶ淵までをつなぐ遊覧船。乗り場に赤いのぼりが出ていたら運航中のサインで、稚児ヶ淵から江の島入口まで戻るのにも便利だ。ただし、天候により運休することがあるので、運航状況は藤沢市観光公式ホームページにて確認を。運休の場合は徒歩で戻るしかないが、絶景を望める食事処で休みながら戻るのもおすすめ。料金は大人400円、子供200円（満5才以下 無料）。

江の島入口と稚児ヶ淵の北を約6分でつなぐ

MAP 別冊P.34-B2,A3

▶藤沢市観光公式ホームページ
URL www.fujisawa-kanko.jp

徒歩5分 ⏱17:00

釣りスポットとしても人気

## 波しぶきのあがる 稚児ヶ淵を散歩 <sup>ちごがふち</sup>

鎌倉相承院の稚児・白菊が身投げをした悲しい伝説が残る場所。夕日スポットとして有名。

MAP 別冊P.34-A3

日没時間に間に合えば「かながわの景勝50選」に選ばれた夕日が望めるかも

### 夏の夜は江の島灯籠

江の島を中心に夏の風物詩として2008年に始められた江の島灯籠。1000基もの灯籠が江の島各所を彩り、大勢の人々が訪れる。江島神社やサムエル・コッキング苑では「光の絵巻」や影絵灯籠など、趣向を凝らした灯籠も見られる。

会期：7月後半から8月いっぱいまで
会場：江島神社、御岩屋道通り、亀ヶ岡広場、江の島サムエル・コッキング苑、江の島シーキャンドル、江の島岩屋
点灯時間：18:00〜20:30、
江の島岩屋は9:00〜17:00（延長あり）

「光の絵巻」が映し出された江島神社の瑞心門

info 江の島には令和5（2023）年9月時点の藤沢市の統計で136世帯、約300人あまりが暮らしている。住宅地はにぎやかな観光地とはまったく異なり静かだが、古民家宿や小さな食堂もある。

# 茅ヶ崎市 ●ちがさきし

**市章**
市の融和と団結、市勢の飛躍と発展を表現

**人口** 24万5534人
**面積** 35.76km²

##  エリアの拠点駅

**▼茅ヶ崎駅**
JR線

### 歩き方

茅ヶ崎駅南口からサザン通りを南へ徒歩約20分で、フォトスポットとしても人気のサザンCが建つサザンビーチちがさきに。途中には南口からすぐに十字形に延びるサザン通り商店街があり、サザンオールスターズにちなんだ商品なども販売されている。海岸そばには茅ヶ崎公園。野球場や茅ヶ崎で亡くなった国木田独歩追憶碑などがある。近くには小津安二郎の定宿だった茅ヶ崎館が建つ。南口から高砂通りを行けば、徒歩7分で高砂緑地。松籟庵庭園や茅ヶ崎市美術館、図書館などがあり、散策を楽しむ人も多い。

### ▶サザンビーチちがさき

**住** 茅ヶ崎市中海岸
**TEL** 0467-82-1111(茅ヶ崎市役所産業観光課)
**営** 海水浴場7月第1土〜8/31の8:30〜17:00
**交** JR茅ヶ崎駅南口から徒歩20分、コミュニティバスえぼし号(中海岸南湖循環市立病院線)で8番サザン通り南または9番サザンビーチ入口下車、徒歩2〜4分

えぼし岩越しに見る富士山

サーフィンやSUP、カヤックなど幅広く遊べる茅ヶ崎の海

湘南地域中部に位置し、北部に里山、中央は商業エリア、南部は相模湾に面した約6km四方のコンパクトな町。温暖な気候と豊かな自然が愛され、明治時代から多くの文化人や著名人が別荘を構えた歴史をもつ。令和2(2020)年、イギリスのグローバル情報誌モノクルが選ぶ世界のベストスモールシティ25において日本で唯一、第5位に選出された。

## おもな見どころ

**茅ヶ崎観光の定番フォトスポット**

### さざんびーちちがさき
### サザンビーチちがさき
**MAP** 別冊P.10-A1

明治時代に開設された茅ヶ崎海水浴場は、平成11(1999)年にサザンビーチちがさきに改称。毎年7月第1土曜日から8月31日まで海水浴場が開設される。サザンビーチのモニュメント・サザンCは茅ヶ崎観光の定番撮影スポットでもある。花火大会や湘南祭なども開催され、東に江の島、西に富士山、正面に茅ヶ崎のシンボル・えぼし岩を望む。えぼし岩の正式名称は姥島(うばじま)。約1200万年前に隆起した岩礁で、高さ約14.6m、海岸から沖合約1.4kmにある。えぼし岩には茅ヶ崎漁港から釣り用の渡し舟や周遊船が運航。周遊船からはえぼし岩の裏側や海上からの江の島、時にはえぼし岩越しに富士山を望むこともできる。サザンビーチ東側には、人工岬のヘッドランドビーチがある。

サザンビーチのアイコン・サザンC

**info** 人気フォトスポットの茅ヶ崎サザンCは、Cの右側に人が立つとCの切れ目がつながって円(縁)になることから縁結びのスポットとしても有名。

茅ヶ崎市

## サザンオールスターズゆかりの通り
### サザンストリート
さざんすとりーと

MAP 別冊P.10-A1

茅ヶ崎駅南口のツインウェイヴ（地下通路）から国道134号、サザンビーチまで続く道。その途中に約70店舗が軒を連ねるサザン通り商店街がある。サザン桑田佳祐氏の名にちなんだ商品やゆかりの店などもあり、サザンファンにも人気の通り。

茅ヶ崎市は桑田佳祐氏の出身地

▶ **サザンストリート**
🏠 茅ヶ崎市
🕐 見学自由
🚃 JR茅ヶ崎駅南口から徒歩1分（サザン通り商店街）

## 相模国茅ヶ崎の総鎮守
### 鶴嶺八幡宮
つるみねはちまんぐう

MAP 別冊P.10-A1

1030年源頼義が建立。源氏が関東へ進出した際に、最初に創建した氏社とも伝えられる。学問の神様・菅原道真を合祀。境内にある湘南淡嶋神社には癌や難病を癒やす御利益があるという癌封じ石があり、多くの参拝者が訪れる。

大鳥居から拝殿までの参道は760m

▶ **鶴嶺八幡宮**
🏠 茅ヶ崎市浜之郷462
📞 0467-82-6725
🕐 授与所8:00～15:00
休 無休
料 無料
🚃 JR茅ヶ崎駅北口から小谷行き鶴嶺小学校前下車、徒歩2分

## 茅ヶ崎ゆかりの作家や作品を収蔵
### 茅ヶ崎市美術館
ちがさきしびじゅつかん

MAP 別冊P.10-A1

昔ながらの景観を残す高砂緑地に平成10（1998）年開館。日本近代美術史に名を残す萬鐵五郎や新版画の絵師として活躍した土屋光逸など、茅ヶ崎市にゆかりのある作家や作品を中心に約2000点の美術品を所蔵している。眺めのいいカフェも併設。

講演会やミニコンサートも開催

▶ **茅ヶ崎市美術館**
🏠 茅ヶ崎市東海岸北1-4-45
📞 0467-88-1177
🕐 10:00～17:00（最終入館16:30）
休 月（祝日の場合は翌日）
料 展覧会により異なる
🚃 JR茅ヶ崎駅南口から徒歩8分

## 史跡散策の途中に寄りたい
### 茅ヶ崎市博物館
ちがさきしはくぶつかん

MAP 別冊P.10-A1

長年親しまれた茅ヶ崎市文化資料館に代わり、令和4（2022）年に開館。茅ヶ崎の自然や歴史、文化に関する資料を紹介する。市民交流スペースも設置。周辺には旧和田家住宅や浄見寺（大岡越前守の菩提寺）などの史跡がある。

大岡越前通り沿いに建つ

▶ **茅ヶ崎市博物館**
🏠 茅ヶ崎市堤3786-1
📞 0467-81-5607
🕐 9:00～17:00（最終入館16:30）
休 月（祝日の場合は翌平日）、臨時休館日
料 企画展は有料の場合あり
🚃 JR茅ヶ崎駅北口から湘南ライフタウン行きほかバスで堤坂下下車、徒歩15分。駐車場あり

## 茅ヶ崎で晩年を過ごした小説家
### 開高健記念館
かいこうたけしきねんかん

MAP 別冊P.10-A1

芥川賞作家の開高健が晩年を過ごした茅ヶ崎の邸宅を一般公開している。建物外観と自ら哲学者の小径と名付けた庭、書斎は往時のまま。特に書斎は在りし日の彼の息遣いまで聞こえてきそう。直筆原稿版の著作やオリジナルグッズも販売。

開高健は1989年に58歳で死去

▶ **開高健記念館**
🏠 茅ヶ崎市東海岸南6-6-64
📞 0467-87-0567
🕐 金・土・日・祝10:00～16:30（最終入館16:00）
休 月～木
料 200円
🚃 JR茅ヶ崎駅から辻堂駅南口行きバスで東海岸北5丁目下車、徒歩8分

## 古きよき湘南の宿
### 茅ヶ崎館
ちがさきかん

MAP 別冊P.10-A1

創業明治32（1899）年の老舗旅館。映画監督の小津安二郎の定宿だったことは有名で、現在もその客室は使用されている。当時の趣をそのまま残した建物は国の登録有形文化財。完全予約制で食事のみ（ランチ・夕食）の利用も可。

客室は庭を囲むように設えている

▶ **茅ヶ崎館**
🏠 茅ヶ崎市中海岸3-8-5
📞 0467-82-2003
IN 15:00 OUT 10:00
CC 使用不可
室 5
🚃 JR茅ヶ崎駅南口から徒歩20分

info 鶴嶺八幡宮と兄弟石の癌封じ石がある円蔵神明大神宮（茅ヶ崎市）。鶴嶺八幡宮から勧請されたもので、両方お参りするとさらに御利益があるといわれている。

# 平塚市 ●ひらつかし

**市章**

**人口** 25万8463人
**面積** 67.88km²

平塚市の「平」という文字をデザイン化

## 🚃 エリアの拠点駅

▼平塚駅
JR線

## 歩き方

平塚駅は北・南・西口があり、西口から徒歩5分の所に観光協会、北口には大きなバス乗り場がある。駅から海岸までは徒歩約20分。南口から県道608号を直進するとビーチ施設があり、目の前には海水浴場が広がっている。海岸沿いをひらつかタマ三郎漁港方面に向かえば、途中に高浜台展望休憩所。港のそばを走る国道134号周辺には平塚漁港の食堂や老舗干物店、シラス直売所などがある。駅南口から県道607号を行けば徒歩約15分で平塚競輪場（ABEMA湘南バンク）。ビッグなレースも開催され、食べ物も安くておいしいと評判。

## ▶ 平塚八幡宮

**住** 平塚市浅間町1-6
**℡** 0463-23-3315
**営** 9:00～16:30
**休** 無休
**料** 無料
**交** JR平塚駅北口から徒歩8分

## ▶ 旧横浜ゴム平塚製造所 記念館

**住** 平塚市浅間町1-1
**℡** 0463-35-7114
**営** 9:00～21:30
**休** 月(祝日の場合は翌日)
**料** 無料
**交** JR平塚駅北口から徒歩15分

湘南に夏の訪れを告げる湘南ひらつか七夕まつりは昭和26（1951）年に始まった

県中央部、相模平野の南部に位置し、約3.8kmの海岸線から市街地が扇状に広がっている。東京から約60km、年間を通して温和な気候に恵まれている。江戸時代に東海道の宿場町として栄え、明治時代からは工業都市として発展してきた。毎年7月に開催される湘南ひらつか七夕まつりは全国的に有名で大勢の人出でにぎわう。自然豊かな平塚海岸にはビーチスポーツのための施設も整備され、各種設備を通年で利用できる。大磯町との境にある標高約180mの湘南平からは湘南を見渡すパノラマ景観が楽しめ、春は桜の名所として人気の観光スポットとなっている。

## おもな見どころ

### 相模國一國一社の八幡宮
#### ひらつかはちまんぐう
#### 平塚八幡宮　　MAP 別冊P.9-D1

平塚の鎮守として、仁徳天皇の時代に創建されたという長い歴史をもつ。八幡宮と7つの末社を参拝する「開運八社詣」はスタンプラリーのように楽しめる。9月のぼんぼり祭りは初秋の風物詩となっている。

国道1号沿いに建つが、御殿は静けさに包まれている

### 八幡山の洋館と呼ばれる
#### きゅうよこはまごむひらつかせいぞうじょきねんかん
#### 旧横浜ゴム平塚製造所記念館　　MAP 別冊P.9-D1

八幡山公園内にたたずむ明治の洋館。当初は日本火薬製造の支配人執務室として建築された。戦後、払い下げを受けた横浜ゴムが平成16年に平塚市に無償贈与。現在も市民利用施設として使用されている。

アーチ形の窓や装飾、出窓などが特徴的

平塚市

### 湘南ゆかりの作品1万2000点を収蔵
## 平塚市美術館 MAP 別冊P.9-D1

平成3（1991）年開館、「湘南の美術・光」をメインテーマに湘南ゆかりの作家の作品を中心に収集している。館内や前庭にはさまざまな立体作品があり、受付そばにあるユニコーンは人気のフォトスポットだ。

豪華な外観。1階にはスローフード中心のレストランもある

### 平塚を再発見
## 平塚市博物館 MAP 別冊P.9-D1

「相模川流域の自然と文化」をテーマに昭和51（1976）年開館。移築した古民家、巨大ザメ・メガロドンの顎歯模型など見どころも多数。土・日曜のプラネタリウム投影は学芸員の全解説付きで楽しめる。

1階の展示コーナー。展示解説ボランティアもいる

### 平塚屈指の観光スポット
## 湘南平 MAP 別冊P.9-D1

平塚市と大磯町にまたがる高麗山公園内にある標高約180mの高台。ふたつの大展望台からは相模湾や富士山、近隣の山々を見渡す眺望が楽しめる。夜景100選にも選ばれているビュースポット。

大展望台があるテレビ塔は湘南平のアイコンのひとつ

### ビーチスポーツのメッカ

## 湘南ベルマーレひらつかビーチパークby shonanzoen MAP 別冊P.9-D1

全長4kmの平塚海岸中央部に位置する公園。ビーチバレーやビーチサッカーなどさまざまなビーチスポーツが通年楽しめる。ウッドデッキでのんびりしてもいい。トイレやシャワー、更衣室も利用できる。

夏は海水浴場としてにぎわう

### バラの名所ともいわれる

## 花菜ガーデン MAP 別冊P.9-D1

四季折々の花々や季節野菜の収穫体験などが楽しめる。バラ園では約1300品種ものバラを鑑賞できるほか、「薔薇の轍」では品種改良の歴史もわかり興味深い。広々した園内からは雄大な富士山が見渡せる。

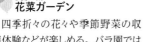

「薔薇の轍（わだち）」。花菜ガーデンはバラの名所ともいわれる

▶ **平塚市美術館**
🏠 平塚市西八幡1-3-3
☎ 0463-35-2111
🕐 9:30〜17:00（最終入館16:30）
休 月（祝日の場合は翌日）
料 200円（高校・大学生100円）
※企画展は展覧会による
🚃 JR平塚駅北口から徒歩20分、または田村車庫行きバスで美術館入口下車、徒歩1分

▶ **平塚市博物館**
🏠 平塚市浅間町12-41
☎ 0463-33-5111
🕐 9:00〜17:00（最終入館16:30）
休 月（祝日の場合は翌日）、館内整理日
料 無料（プラネタリウムは200円）
🚃 JR平塚駅北口から徒歩20分、または田村車庫行きバスで美術館入口下車、徒歩3分

▶ **湘南平**
🏠 平塚市万田790
☎ 0463-31-6722
🕐 レストハウス9:30〜21:30
休 無休
料 無料
🚃 JR平塚駅北口から湘南平行きバスで終点下車、徒歩すぐ

▶ **湘南ベルマーレ**
**ひらつかビーチパークby shonanzoen**
🏠 平塚市高浜台33-1
☎ 0463-23-4781
🕐 9:00〜18:00（4〜9月、その他は要確認）
休 月（10〜3月、祝日の場合は翌日）
料 無料（温水シャワーは1回100円）
🚃 JR平塚駅南口から徒歩20分

▶ **花菜ガーデン**
🏠 平塚市寺田縄496-1
☎ 0463-73-6170
🕐 9:00〜17:00（季節により変動）
休 7〜9月は第2・4水、12〜2月は水（祝日の場合は翌日）
料 大人550円〜。未就学児無料（季節により変動）
🚃 JR平塚駅北口から秦野駅行きバスで平塚支援学校前下車、徒歩5分

# 伊勢原市 ●いせはらし

市章

「イセ」の文字を図案化。市政の円満を意味している。

**人口** 10万1446人
**面積** 55.56km²

##  エリアの拠点駅

▼伊勢原駅
小田急線

## 歩き方

駅北口の階段途中にはアンテナショップ併設の観光協会がある。地元のおいしいものやおみやげ品なども取り揃えている。駅から北西方向へ徒歩10分で、江戸時代初期創建、市の名前の由来となった伊勢原大神宮は、大神宮さんと呼ばれ市民に親しまれている。国道246号沿いには春にアーモンドの花が咲く丸山城址公園。室町から戦国時代にかけて存在したと思われる城の土塁が見られる。近くにはわら葺き屋根で知られる高部屋神社や非業の死を遂げた戦国武将太田道灌の菩提寺である大慈寺、そこからすぐの川沿いには道灌の首塚がある。

▶ 大山阿夫利神社

🏠 伊勢原市大山355
📞 0463-95-2006
🕐 9:00～16:30、土・日・祝～17:00
休 無休
料 無料
🚌 小田急線伊勢原駅北口から大山ケーブル行きバスで終点下車。参道を徒歩15分、大山ケーブル(山麓駅)に乗車し、阿夫利神社駅下車

標高約700mに建つ下社の拝殿。地下に神泉がある。大山詣りは日本遺産に認定されている

大山ケーブル駅から阿夫利神社駅にいたる大山ケーブルカー

県のほぼ中央、丹沢山地の南東端に位置し、平塚市、秦野市、厚木市と接している。新宿から電車で60分。市の約30％は山林原野、豊かな自然と多くの歴史的遺産を保有している。丹沢大山国定公園に位置する標高1252mの大山のすそ野に市街地が広がっている。日本遺産に認定された大山詣りの玄関口でもある。

## おもな見どころ

こま参道を楽しみ、参拝でご利益！　大山詣り

### おおやまあふりじんじゃ
### 大山阿夫利神社

MAP 別冊P.5-C3

創建は紀元前97年頃と伝えられ、古くから霊山として信仰される大山の山嶺にある。江戸時代には年間20万人を超える人々が大山詣りを行った。神社は本社と下社があり、山頂付近の本社本殿には祭神である大山祇大神を祀っている。大山祇大神は富士山の祭神の父で、山の神や水の神として、また大山が船の羅針盤となったことから、産業や海運の神としても信仰されている。拝殿や神泉が湧き出る下社は山の中腹、ケーブル駅のすぐそば。本社には下社から登拝門を抜けて原生林が続く山道を徒歩約90分の登山となる。大山ケーブルバス停から大山ケーブル駅までは「こま参道」と呼ばれ、名物の大山豆腐を出す食事処や縁起物の大山独楽などが並ぶみやげ物店、昔ながらの宿坊が軒を連ねている。

下社の鳥居前に広がる絶景。雄大な相模湾の眺望を楽しめる

 info 江戸時代、年間20万人の参詣客でにぎわったという大山詣り。五穀豊穣、商売繁盛などの御利益がある。江戸からも近く、帰りには江の島観光なども楽しめるのが魅力だった。

### 関東三大不動、大山のお不動さん

## 大山寺
おおやまでら

**MAP** 別冊P.5-C3

丹沢山地の東端、標高1252mの大山中腹に建つ真言宗の寺院。757年、東大寺を開いた良弁僧正が建立した。本尊の不動明王と二童子像は国の重要文化財に指定されている。本堂前の参道周辺は紅葉の名所で、秋には紅葉祭りが盛大に行われる。

ケーブルで大山寺駅下車、徒歩3分。毎月8・18・28日は御開帳日

### 1300年の歴史をもつ日本三薬師のひとつ

## 日向薬師
ひなたやくし

**MAP** 別冊P.5-D3

奈良時代初頭、僧行基により建立された高野山真言宗の寺院。茅葺きの本堂と本尊鉈彫の薬師如来坐像、その他25点の仏像が国指定の重要文化財。境内には推定樹齢800年の旗かけの杉（二本杉）がそびえる。厳かな空気が流れる参道から境内までは徒歩15分。

荘厳な趣の本堂（薬師堂）。室町・江戸・平成に大修理が行われた

### 旧相模国最古級の神社

## 比々多神社
ひびたじんじゃ

**MAP** 別冊P.5-D3

社伝記によれば創建は紀元前660年。主祭神は天地創造の神トヨクムヌノミコト。周辺には下谷戸ストーンサークルや多数の古墳がある。併設されている郷土博物館には須恵器の瓶「うずらみか」や関東最古といわれる木像狛犬一対など貴重なものがある。

酒解の神（さかときのかみ）も祀られているので酒類関係者の信仰もあつい

### 里山と彼岸花が織りなす懐かしい風景

## 日向路の彼岸花群生
ひなたじのひがんばなぐんせい

日向地区は日向薬師をはじめ、多くの寺社が点在し、四季折々の花々が楽しめる自然豊かなエリア。9月中旬頃には田んぼのあぜや野原に真紅の彼岸花が咲く。特に日向薬師の麓に広がる田園地帯はかながわの花の名所100選に数えられる彼岸花の名所。

日向薬師バス停を拠点に散策するのがおすすめ

---

**▶ 大山寺**

🏠 伊勢原市大山724
📞 0463-95-2011
🕐 8:45～17:00 休無休 料御開帳日の内拝400円 交小田急線伊勢原駅北口から大山ケーブル行きバスで終点下車、徒歩3分

紅葉の見頃は11月中旬～下旬

**▶ 日向薬師**

🏠 伊勢原市日向1644
📞 0463-95-1416
🕐 9:00～17:00(11～3月は10:00～16:00)
休悪天候時は要問い合わせ
料宝殿300円
交小田急線伊勢原駅北口から日向薬師行きバスで終点下車、徒歩15分

**▶ 比々多神社**

🏠 伊勢原市三ノ宮1472
📞 0463-95-3237
🕐 8:30～16:30 休無休 料博物館200円 交小田急線伊勢原駅北口から関台経由栗原行きバスで比々多神社下車、徒歩すぐ

大祭（4/22）の人形山車

**▶ 日向路の彼岸花群生**

🏠 伊勢原市日向
📞 0463-94-4729(伊勢原市役所商工観光課) 散策自由
交小田急線伊勢原駅北口から日向薬師行バスで終点下車、徒歩20分

彼岸花は別名曼殊沙華といわれる

---

**info** 「女坂の七不思議」。こま参道を抜けて、大山阿夫利神社下社に行くルートはふたつある。そのひとつが階段状の山道を通り大山寺を経由する女坂。その途中で七不思議といわれる無明橋や潮音洞、眼形石などがあり、道中も楽しめる。

243

山あり名水あり温泉ありの県内唯一盆地にある町

# 秦野市 ●はだのし

**人口** 16万1278人
**面積** 103.76km²

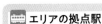

## エリアの拠点駅

**▼秦野駅**
小田急線

## 歩き方

駅南口から徒歩5分に湧き水で有名な弘法の清水がある。徒歩10分圏内には今泉あらい湧水公園や今泉名水桜公園。駅北口から徒歩5分の水無川沿いには秦野名物落花生の専門店、豆峰商店。北口から徒歩6分、県道704号沿いの上宿観音堂では金運を招くおさすり大黒様に会える。駅から徒歩50分で行ける弘法山公園は桜と紅葉の名所で、展望台や野鳥観察用の施設もあり、ハイキングを楽しむ人も多い。弘法山の麓には日帰り温泉、名水はだの富士見の湯がある。秦野駅まで徒歩20分。

▶ **秦野盆地の湧水群**
**住** 秦野市
**TEL** 0463-82-9618(秦野市名水担当)
**営** 見学自由
**交** 弘法の清水は小田急線秦野駅から徒歩約5分

▶ **桜土手古墳公園**
**(はだの歴史博物館)**
**住** 秦野市堀山下380-3
**TEL** 0463-87-5542
**営** 9:00〜17:00(最終入館16:30)
**休** 月・祝日の翌日
**料** 無料
**交** 小田急線渋沢駅から徒歩20分

秦野市の町並み。市東部からは四季折々の富士山を望む

県中西部、丹沢山地と渋沢丘陵に囲まれた県内唯一の盆地の町。盆地特有の気候の厳しさは少なく、市街地は夏涼しく、冬もあまり雪が降らない。新宿から急行で70分、東名高速道路秦野中井ICもあり、アクセスもよい。地下水が豊富で、秦野盆地湧水群として名水百選に選ばれ、市内21ヵ所に湧き出ている。市北部の丹沢表尾根は年間を通して登山客でにぎわい、富士山を望むビューポイントの弘法山公園は気軽なハイキングコースとして人気。コース終点には明治開湯の鶴巻温泉。鶴巻温泉駅のそばには温泉旅館や公営の日帰り温泉施設の弘法の里湯などがある。

## おもな見どころ

### 秦野の地下は天然の水がめ
#### 秦野盆地湧水群（はだのぼんちゆうすいぐん）

日本名水百選に選定されている秦野の湧き水は市内21ヵ所に点在している。水汲み場のある弘法の清水や護摩屋敷、竜神の泉などは市内外から多くの人がやってくる。水はミネラルが豊富な軟水。

弘法大師が杖を突いた場所から水が湧き出たという弘法の清水

### 古墳と秦野の歴史・文化を学ぶ
#### 桜土手古墳公園（はだの歴史博物館）（さくらどてこふんこうえん（はだのれきしはくぶつかん））

桜土手古墳群は7世紀に造られた県内最大規模の古墳群。園内には保存古墳6基と大規模な復原古墳1基がある。併設の博物館では多くの出土品や模型、資料を解説付きで見学できる。

古墳群最大規模の1号基を復原した古墳

**info** 古墳時代の終わり頃には古墳を造る階層が広がった。桜土手古墳群は全35基の古墳が確認されている。1基の古墳から数体の人骨が発見されたものもあり、家族墓として使われていたらしい。

霊験あらたかな寒川神社が鎮座する

# 寒 川 町 ●さむかわまち

| 人口 | 4万8616人 |
| 面積 | 13.42km² |

町章

町の平和を円、団結を「クサビ」で表現

## エリアの拠点駅

▼寒川駅
JR線

**歩き方** 寒川神社への最寄り駅は宮山駅だが、寒川駅を起点にすると一の鳥居から始まる約1kmの表参道をすべて歩いてお参りできる。参道の途中にはかながわの美林50選に選ばれた寒川神社の森や春には桜の名所となる松と桜の並木道、花や野菜の直売所などもある。一の鳥居から二の鳥居に行く途中で水道記念館に寄ることもできる。記念館から約1kmに地元民の想いの場である一之宮公園がある。水道公園は廃線となった西寒川支線の線路と車輪が置かれた一之宮緑地と一体となっており、廃線散策が楽しめる。

秦野市 ◆ 寒川町

湘南エリア北部に位置し、周囲を海老名市、藤沢市、茅ヶ崎市などに囲まれた自然豊かな町。地形はほぼ平坦で、町内には高速道路のICが2ヵ所あり、新宿・渋谷から車で約50分と車でのアクセスもよい。国内大手企業の工場が数多く建ち並ぶ工業地帯でもある。町の中央には1600年以上の歴史をもつ相模国一之宮寒川神社が鎮座し、町最大の観光名所となっている。鎌倉時代には源頼朝の側近であった梶原景時が居を構えたといわれている。日本で最初の県営広域水道が整備された地でもあり、旧ポンプ場を活用したレトロなれんが造りの水道記念館は水について楽しく学べる施設となっている。

春は寒川神社そばを流れる目久尻川の川沿いは菜の花で黄色く染まる

## おもな見どころ

**全国唯一、八方除の守護神**
### 寒川神社 さむかわじんじゃ

相模國一之宮と称され、全国で唯一の八方除の守護神として約1600年の歴史をもつ。社殿は荘厳な総檜造りで、脇には御祭神が宿るといわれる御神木が立つ。正月には神門に青森のねぶたが飾られる。

浜降祭、茅の輪神事、流鏑馬神事なども有名

**寒川神社旧本殿が移築**
### 倉見神社 くらみじんじゃ

もともとは熊野社と称していたが、1943年に倉見神社と改称。四方に十二支や花鳥の彫刻が施された本殿は、1741年造営の旧寒川神社本殿が移築されたもの。推定樹齢300年の夫婦欅は天然記念物。

明治28年、寒川神社本殿造営の際に旧日本殿が移築された

▶ **寒川神社**
住 寒川町宮山3916
TEL 0467-75-0004
営 6:00〜日没
交 JR宮山駅から徒歩5分

▶ **倉見神社**
住 寒川町倉見46
TEL 0467-74-8376
営 参拝自由
交 JR倉見駅から徒歩23分

人口 3万1146人
面積 17.23km²

## エリアの拠点駅

▼大磯駅
JR線

### 歩き方

大磯駅前には大磯町観光案内所がある。大磯駅入口交差点を直進すると徒歩7分で大磯海岸に出る。駅から西に1.5kmほど行けば国道1号沿いに明治記念大磯邸園、途中で東海道松林が見られる。

▶ 大磯ロングビーチ
住 大磯町国府本郷546 TEL 0463-61-7726 営 7月上旬～9月中旬
料 4300円ほか 交 JR大磯駅から直行バスに乗車

▶ 高麗山
住 大磯町高麗
TEL 0463-61-3300（大磯町観光案内所）営 散策自由 料 無料
交 JR大磯駅から徒歩50分

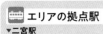

人口 2万6968人
面積 9.08km²
飛躍する願いと町民の和やかな思いを翼と円で象徴

## エリアの拠点駅

▼二宮駅
JR線

### 歩き方

二宮駅北口から徒歩5分で吾妻山公園入口。そこから階段と山道を上って約20分で吾妻山展望台に到着。駅南口から国道1号の中央通り交差点を直進し、西湘バイパスをくぐると袖が浦海岸に出る。

▶ 梅沢・袖が浦海岸
住 二宮町 TEL 0463-71-5914（二宮町産業振興課）営 散策自由
交 JR二宮駅から徒歩7分（袖が浦海岸）

▶ 吾妻山公園
住 二宮町山西1093
TEL 0463-72-3611 営 8:30～17:00 休 無休 料 無料
交 JR二宮駅北口から徒歩30分

---

山と海に挟まれたのどかな環境　MAP 別冊P.9-D1

# 大磯町 ●おおいそまち

町の65%が丘陵で、南は相模湾に面している。明治以降は保養・別荘地として発展した。日本で最初に開かれた海水浴場といわれている。

大磯港西防波堤灯台

## おもな見どころ

目の前に海が広がる大型プール
### 大磯ロングビーチ
おおいそろんぐびーち　MAP 別冊P.9-D1

相模湾を一望する大磯プリンスホテルに併設された、全長約1kmの大型プールリゾート。スリル満点の全長140mウォータースライダーをはじめ、波のプールや流れるプール、キッズ用プールも充実しているので、たっぷり夏を満喫できる。

施設内はフード類も多彩に揃える

歌川広重の東海道五十三次に描かれた
### 高麗山
こまやま　MAP 別冊P.9-D1

平塚市と大磯町に跨る標高168mの山。さまざまな植物や動物が生息する県民の森でもある。麓の高来神社から湘南平へ抜ける散策路を楽しむ人も多い。急斜面地のほか、滑りやすい場所もあるため、散策には注意が必要。

散策は登山靴に長袖・長ズボンで

---

吾妻山に代表される眺望のよい町　MAP 別冊P.9-D1

# 二宮町 ●にのみやまち

東は大磯町に隣接、南は相模湾に面している。町全体が平均海抜20m以上にある。町の中心に位置する吾妻山からの眺望がすばらしい。

吾妻山公園からの眺め

## おもな見どころ

観光地引網が体験できる
### 梅沢・袖が浦海岸
うめざわ・そでがうらかいがん　MAP 別冊P.9-D2

二宮漁港付近から東側に伸びる約1kmの海岸。海岸線沿いには西湘バイパスが走る。このエリアは海水浴禁止だが、静かな海でのんびり過ごせ、観光地引網が体験できる。袖が浦海岸は二宮駅から徒歩7分とアクセスもよい。

梅沢海岸は二宮駅から徒歩約15分

二宮町を代表する観光スポット
### 吾妻山公園
あづまやまこうえん　MAP 別冊P.9-D1

標高136.2mの吾妻山にある公園。展望台からは360度の大パノラマが楽しめる。特に菜の花や桜の季節の富士山と海のコラボは絶景。一面芝生が敷かれた園内は、休日には家族連れや若者でにぎわっている。日によりキッチンカーも出店。

公園入口から展望台までは徒歩20分

---

info 大磯駅から徒歩15分の大磯港では、毎月第3日曜日に大磯市（おおいそいち）を開催している。飲食の出店に加え、大磯産の野菜や雑貨小物を販売する店が約190店舗集まる。

# 県央（北相）エリア

相模川や宮ヶ瀬湖、丹沢山系の山々など豊かな自然が広がり、多くの人々が暮らす。移動手段は車も電車も便利。リニア新幹線の駅も設けられる。

## このエリアで したいこと Top 5

1. 相模湖でアウトドアアクティビティ ▶ P.253
2. 東京都心から近い秘湯、厚木の奥座敷 ▶ P258
3. キャンプ座間のイベントに参加する ▶ P.262
4. 宮ヶ瀬ダムで観光放流を眺める ▶ P.264
5. 大和市の文化芸術の拠点は一見の価値あり ▶ P.260

## ◆ 相模原市 P.248

### ◆ 中央区 ▶ P.249  ◆ 南区 ▶ P.251  ◆ 緑区 ▶ P.252

神奈川で3つめの政令指定都市。橋本駅を中心とした東側と、西側は相模湖・津久井湖のある緑区、行政区間の集まる中央区、東京都心にも近い南区、の3つの区からなる。

相模川沢山の「泳げ鯉のぼり相模川」は毎年約1000匹の鯉のぼりが空を舞う

## ◆ 座間市 ▶ P.262

中央部の南北に座間丘陵が走る。市花にも選ばれる相模川河川敷のヒマワリ畑が有名。

## ◆ 愛川町 ▶ P.264

美しい山々と町の中心を中津川が流れる自然豊かな町。宮ヶ瀬ダムは首都圏最大級。

## ◆ 海老名市 P.256

神奈川県の中央。日本一の集客数といわれる「海老名SA」のほか、名所・旧跡も多い。

相模原市

愛川町

清川村

厚木市

座間市

大和市

海老名市

綾瀬市

## ◆ 厚木市 ▶ P.257

山に囲まれた県央地区の中心的な都市。郊外には気軽に立ち寄れる「あつぎ温泉郷」がある。

## ◆ 大和市 ▶ P.260

屋内子ども広場がある複合体「文化創造拠点シリウス」はイベントホールや図書館をはじめとする大和市の注目スポット。

## ◆ 綾瀬市／清川村 ▶ P.266

市内の約2割を在日米軍・海上自衛隊の厚木基地が占める綾瀬市。清川村は神奈川県唯一の村。

# 豊かな自然の観光資源にも恵まれる政令指定都市

# 相 模 原 市

●さがみはらし

人口 72万5087人 面積 328.91 km²

市内最大のショッピングゾーン、相模大野駅前

緑区の美しい雪景色

市章

市民が手を取りあって、明るく和やかに進む姿のイメージを、「サガミハラ」の文字と合わせて図案化

## エリアの拠点駅

▼相模原駅
JR線

▼相模大野駅
小田急線

▼橋本駅
JR線、京王線

## 相模原市への行き方

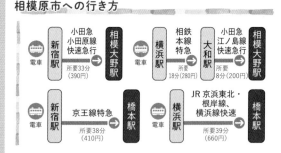

電車　新宿駅　小田急小田原線快速急行　相模大野駅　所要33分（390円）

電車　横浜駅　相鉄本線特急　大和駅　所要18分（280円）　小田急江ノ島線快速急行　相模大野駅　所要8分（200円）

電車　新宿駅　京王線特急　橋本駅　所要38分（410円）

電車　横浜駅　JR京浜東北・根岸線、横浜線快速　橋本駅　所要39分（660円）

　平成の大合併により、相模原市に津久井町・相模湖町・城山町・藤野町の4町が合併してできた、広大な森林面積と、神奈川県第3の人口をもつ政令指定都市。合併後、都心に最も近い南区、市役所が存在する市の中心地中央区、気軽にアウトドアが楽しめる緑区の3区に分かれた。

　東京都、横浜市に隣接した市内には、6つの鉄道路線と複数の高速道路のICがおかれ、都市部へも地方へも行き来がしやすいため、ベッドタウンとして急速に発展を遂げてきた。市の西側は相模湖、丹沢山系、秩父山地が広がり、レジャーや自然を楽しめるエリアなど、観光資源も豊富だ。

　令和9（2027）年には品川・名古屋間で開業予定のリニア中央新幹線の駅が緑区に設置される予定になっている。

info　相模原市は東側で東京都町田市と多くの部分で接しているが、実は町田市は横浜市と川崎市とも接しており、日本でもっとも多い3つの政令指定都市と接する都市。いずれも神奈川県ゆえ、神奈川県町田市の揶揄もある。

## 町の機能が集中する中心的エリア
# 中央区 ●ちゅうおう

人気見どころの相模原ふれあい科学館 アクアリウムさがみはら

　南区と緑区にはさまれ、相模原市役所や国の行政機関などがある、行政的中心エリア。戦後から始まった都市基盤整備により、交通の利便性を生かして商業、行政、工業などの産業が集まり、相模原市の中心部として発展をしてきた。JR相模原駅北側は米軍基地だったが、現在、平成26（2014）年に日本政府に返還された一部の土地に、「ライフ×イノベーション シティ」をコンセプトにした街づくりが進められている。区の南部を流れる相模川をはじめ、段丘部は緑に覆われ、台地部は農地として利用されるなど、自然にも恵まれている。

　中央区は鉄道・バスともに整備が進んで観光がしやすく、春の市民桜まつり大会、夏の花火大会、冬の寒中水泳大会など、季節のイベントも多数開催。また、「小惑星探査機はやぶさ」で知られるJAXA相模原キャンパスを中心とした宇宙関連の研究施設、学術機関、大学のキャンパスも多くおかれており、アカデミックな環境も併せもつ。

**人口** 27万4413人
**面積** 36.9km²

### 🚉 エリアの拠点駅
▼**相模原駅**
JR線
▼**淵野辺駅**
JR線

### 歩き方
　駅前から、神奈中バス利用が便利。軍都相模原の中心エリアだったこともあり、軍から返還された広大な土地を生かした景観公園や施設が多い。駅の北側にアーケード商店街が残る淵野辺には、個性的な居酒屋なども多く、グルメも楽しめる。

## おもな見どころ

### 宇宙に関することをわかりやすく展示
じゃくさ さがみはらきゃんぱす
### JAXA 相模原キャンパス
**MAP** 別冊P.6-A2

　随時見学可能なのは宇宙科学探査交流棟と屋外展示のロケット。特別公開日は、所内の他棟も見学できる。はやぶさ、リュウグウに関する展示、パネル展示のほかに、各種デモンストレーションも行われており、解説員がわかりやすく説明。

屋外に常設展示されているM-Vロケットの実機

▶ **JAXA 相模原キャンパス**
🏠相模原市中央区由野台3-1-1
☎042-751-3911
🕙10:00〜16:00
休不定期
料無料
🚉JR淵野辺駅南口から徒歩20分

### 土地区画整備で発見された旧石器時代の国指定遺跡
しきたなむかいはらいせきこうえん
### 史跡田名向原遺跡公園
**MAP** 別冊P.5-D2

　2万年前の住居状遺構が発掘され、周辺では縄文時代から中・近世の集落跡や古墳などが発見されている。遺跡や遺物について、模型、映像、パネルで解説する旧石器ハテナ館を併設。土器・石器・勾玉・弓矢づくりや火おこしなどの体験メニューが楽しめる（予約制）。

史跡田名向原遺跡公園内の野外展示。古墳時代の小型円墳

▶ **史跡田名向原遺跡公園**
🏠相模原市中央区田名塩田3-13
☎042-777-6371
🕙8:30〜18:00（11〜3月は〜17:00。旧石器ハテナ館は通年で9:00〜）
休12/29〜1/3
料無料
🚉JR原当麻駅から田名バスターミナル行きバスで田名向原遺跡下車、徒歩すぐ

人と川のつながりや人々の交流を促進する場を提供

さがみがわふれあいかがくかん あくありうむさがみはら
## 相模川ふれあい科学館 アクアリウムさがみはら MAP 別冊P.5-D2

相模川の上流域から河口域までに分けて「流れのアクアリウム」と題し、それぞれの流域で生息する生き物を展示。神奈川県内では絶滅したといわれているゲンゴロウやタガメなどの水生昆虫も飼育されている。屋外にも相模川支流の水辺を再現したゾーンがあり、警戒心の強いアブラハヤやウグイといった川魚へ手から直接、餌付け体験ができる。

正面より見た建物外観。屋外展示も充実している

入植者の心を支えてきたこの地の氏神

ひかわじんじゃ
## 氷川神社 MAP 別冊P.6-A2

1843年、当時新規開拓地であったこの地の入植者のために、心のよりどころとして建てられた。今も地域に根付いており、初詣、夏祭り、七五三、例大祭など、いつもにぎわう神社である。月替わりで3～6種類の御朱印を授けてもらえる。

スサノヲノミコトを祀る拝殿

JAXAと連携し宇宙教育普及にも取り組む

さがみはらしりつはくぶつかん
## 相模原市立博物館 MAP 別冊P.6-A2

相模原市の歴史と自然、天文を学べる総合博物館。常設展示のほか、企画展や各種講座なども開催している。JAXAから借用した小惑星探査機「はやぶさ」の原寸大模型は必見。プラネタリウムでは、星空解説や全天周映画などが観覧できる。

JAXA 相模原キャンパスの向かいにある

1952年から桜の植栽が始まった名所

しやくしよさくらどおり
## 市役所さくら通り MAP 別冊P.6-A2

市内有数の桜の名所で、かながわの花の名所100選にも選ばれている。市役所さくら通りから、西門交差点までの1.6kmに約300本のソメイヨシノが植えられ、春の風景は圧巻。市民桜まつりのメイン会場で、ライトアップした夜桜も楽しめる。

桜のトンネルが続く広い歩道

## 南区 ●みなみく

学生も多く暮らす一大商業地区

区の名のとおり、相模原市の南部に位置する。小田急線相模大野駅前の土地区画整理により、大規模な商業施設を中心に、高層住宅や文教施設なども集まり、相模原の中心市街として発達した経緯がある。一方、小田急相模原駅前には、今もにぎわいをみせる昔ながらの商店街が残るなど、都会と田舎の両方のよさを併せもつエリアでもある。また、大学も多いため学生の町としても活気があり、史跡や市の文化に触れられるアカデミックな観光名所が多い。

相模川の段丘崖の下に広がる風景

**人口** 28万3081人
**面積** 38.1km²

### 🚉 エリアの拠点駅
▼**相模大野駅**
小田急線

### 歩き方
小田急線相模大野駅を拠点に、バスでの移動、または橋本駅からJR相模線、京王相模原線の利用が便利。相模大野駅前の一大商業施設と自然あふれるJR相模線沿線の風景のギャップが魅力だ。

## おもな見どころ

縄文時代中期の大集落跡

### 史跡勝坂遺跡公園 しせきかっさかいせきこうえん
**MAP** 別冊P.6-A2

大自然のなかの縄文時代を体感できる遺跡公園として整備された園内には、土葺きと笹葺きの竪穴住居2棟を復元、植栽は縄文時代の雰囲気を再現している。公園は段丘崖に沿って整備されていて、住居のある上段は広い芝生広場、下段は湧水の湿地帯のなかを木道で散策でき、多様な自然景観が楽しめる。

芝生広場のなかに復元された竪穴式住居

▶ **史跡勝坂遺跡公園**
**住** 相模原市南区磯部1780ほか
**TEL** 042-769-8371
**営** 見学自由
**料** 無料
**交** JR下溝駅から徒歩20分

1年を通してさまざまな花を観賞できる

### 相模原公園 さがみはらこうえん
**MAP** 別冊P.6-A2

四季折々の花と緑が楽しめる美しい景観の公園。ドッグランや水遊びエリア、遊具エリアなどが充実しており、家族連れにも人気。26ヘクタールの広大な敷地を有し、公園内にはサカタのタネが運営にかかわる熱帯大温室や、園芸相談コーナーもある。紅葉の時期のメタセコイア並木に囲まれたフランス式庭園、ハナショウブが咲く水無月園は一見の価値あり。

フランス式庭園。奥に温室と展望台が見える

▶ **相模原公園**
**住** 相模原市南区下溝3277
**TEL** 042-778-1653
**営** 入園自由
**料** 無料(サカタのタネ グリーンハウス有料)
**交** 小田急線相模大野駅から女子美術大学行きバスで女子美術大学下車、徒歩すぐ

**▶ 相模の大凧センター**
**（れんげの里あらいそ）**

- 🏠 相模原市南区新戸2268-1
- ☎ 046-255-1311
- 🕐 9:00〜18:00
- 休 12/29〜1/3ほか
- 料 無料
- 🚃 JR相武台下駅から徒歩10分

---

👤 **人口** 16万7593人
**面積** 253.9km²

---

🚉 **エリアの拠点駅**

▼橋本駅
JR線、京王線

**歩き方** 橋本駅を中心にバスで移動するか、JR中央線の相模湖駅を使う。ロードレースの開催で注目をあび、橋本駅から道志川を目指す人が多く、サイクリストに優しいカフェも集まる。

---

**▶ 小原宿本陣**

- 🏠 相模原市緑区小原698-1
- ☎ 042-684-4780
- 🕐 9:30〜16:00
- 休 月（祝日の場合は翌平日）、12/29〜1/4
- 料 無料
- 🚃 JR相模湖駅から桂橋経由三ヶ木行きバスで小原下車、徒歩2分

**▶ 藤野芸術の道**

- 🏠 相模原市緑区名倉
- ☎ 042-687-5581
- 🕐 観光案内所は8:30〜17:00
- 休 年末年始
- 🚃 JR藤野駅から徒歩15分

---

相模の大凧に関係する資料などを展示

さがみのおおだこせんたー（れんげのさとあらいそ）
## 相模の大凧センター（れんげの里あらいそ） MAP 別冊P.6-A2

　天保年間（1830年頃）から伝えられている「相模の大凧揚げ」文化の保存・継承を目的とした施設。12.1m四方（88畳）の7間凧（ななけんだこ）が天井からつり下げ展示されているギャラリーは圧巻。海外、国内のさまざまな伝統的凧も見ることができる。毎年5月4・5日には相模の大凧まつりが開催。竹と和紙で作った大凧が相模川河川敷の4つの会場で空高く舞う。

約8ヵ月かけて手作業で作られる大凧

---

相模原の大半を占める、自然豊かなエリア

# 緑 区 ●みどりく

　相模原市の約4分の3を占め、美しい山並みや川、湖と自然に恵まれている。東京2020オリンピックの自転車ロードレースやツアー・オブ・ジャパンなど自転車競技が行われたことで、自転車愛好家の聖地に。JR橋本駅周辺は都会的な商業地域だが、西部は相模湖など自然を生かしたレジャー施設を中心とした緑豊かな観光地になっている。

緑区の観光の中心地、相模湖

## おもな見どころ

津久井地区の民家建築の特徴も併せもつ
おばらじゅくほんじん
### 小原宿本陣 MAP 別冊P.5-C1

　神奈川県重要文化財。甲州街道で、江戸から数えて9番目の宿場である小原宿に、今も残る本陣屋敷。本陣とは、大名が参勤交代の折に泊まる宿のことで、神奈川県内に26軒あったが、現存する本陣はここだけという貴重な建築物。

宿場の大火を免れた貴重な本陣屋敷

農村風景が楽しめるのどかな遊歩道
げいじゅつのみち
### 芸術の道 MAP 別冊P.5-C1

　旧藤野町が町づくりの一環としてスタートさせたふるさと芸術村構想にのっとり、平成初めまでに、30あまりの野外環境アート作品が作られた。芸術の道はこれらのアート作品群を鑑賞しながら散策できるハイキングコース。

「緑のラブレター」は山の斜面の巨大アート

---

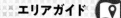

相模原市 ◆ 南区・緑区

### 湖に面したレジャー施設が有名

さがみこ
# 相模湖

**MAP** 別冊P.5-C1

昭和22（1947）年、相模ダムの完成により生まれた日本初の人造湖。昭和39（1964）年の東京オリンピックでカヌー競技の会場となって以来、カヌー・ボート競技のメッカとなった。花見、花火、紅葉、ワカサギ釣りなどが四季折々に楽しめる観光スポット。遊覧船が就航し、ボートのレンタルもある。昭和レトロな遊技場や食堂なども点在するので、タイムスリップした気分が味わえる。

ノスタルジックなスワン形の観光遊覧船が浮かぶ

▶ 相模湖
住 相模原市緑区与瀬317
TEL 042-684-3276
営 散策自由
交 JR相模湖駅から徒歩10分

### 湖の周囲に桜の名所が広がる

つくいこ
# 津久井湖

**MAP** 別冊P.5-D2

城山ダムにより相模川をせき止めて造った人造湖が津久井湖。ダムを挟んで花の苑地、水の苑地と名づけられた一帯と戦国時代の津久井城跡の城山は津久井湖城山公園となっていて、桜の名所として知られる。湖岸には貸ボートがあり、湖面に映る景色を楽しみながら、ワカサギ、コイ、ヘラブナ、ブルーギル、ブラックバスなどの釣りが楽しめる。

湖畔を彩る桜の春景色に癒やされる

▶ 津久井湖
住 相模原市緑区太井
TEL 042-784-6473
営 散策自由
交 橋本駅から三ヶ木行きバスで城山高校前下車、徒歩3分（水の苑地）、津久井湖観光センター前下車、徒歩1分（花の苑地）

### 相模原有数のパワースポット

ひびじんじゃ
# 日々神社

**MAP** 別冊P.5-D2

アマテラススメオオミカミとイザナギノミコトを祀る。境内には樹齢約450年のクスノキが生えている。この御神木に、幸運の象徴である白蛇がすむという噂が広まり、数年前から金運アップを願う人たちが、全国より参拝するようになった。

本殿の左側に大クスノキが立つ

▶ 日々神社
住 相模原市緑区大島2250
TEL 042-713-3788
営 参拝自由（御朱印9:00～17:00）
休 無休　料 無料
交 橋本駅から田名バスターミナル行きで日々社前下車、徒歩4分

info 相模湖の相模ダムは老朽化にともない、現在大規模改修工事が行われている。これを機にダムのPRを兼ねて考案されたのがさがみ湖ダムカレーだ。現在8軒の食堂やレストランがオリジナルのダムカレーを提供している。

〈通称：海老名サービスエリア〉

# 神奈川唯一、利用客最大級
# EXPASA
（えくすぱーさ）
# 海老名
（えびな）

神奈川でただひとつのサービスエリア、活気あふれるEXPASA海老名の人気商品をご紹介！ **MAP** 別冊P.40-A2、B2

※値段はすべて税込み

西へ向かう下りの平均利用人数は、平日約2万9000人、休日約5万5600人

**下り 名古屋方面**

**EXPASA海老名ならではの 上下各人気**

## なんつッ亭
### とんこつらーめん
（1050円）
神奈川県、秦野市が誇るラーメン店・なんつッ亭。「うまいぜベイビー！」が合言葉の元祖「黒マー油」のとんこつらーめんは一度は食べてみたい一杯。

## ぽるとがる
### 海老名メロンパン
（1個350円）
2018年に「48時間の販売個数世界一」として、ギネスに登録されたEXPASA海老名のメロンパン。48時間で販売した数は2万7503個！

メロンパンを持ったキティちゃんと撮影できるフォトスポットも

## 海老名茶屋（うまいもの横丁）
（えびなちゃや）（よこちょう）
### えびえび焼き（8個750円）
EXPASA海老名の名物「えびえび焼き」は2種類のエビとまろやかなマヨネーズの風味が絶妙。たこ焼きとのコンビもある。

一度食べてみて

## カルビーキッチン
### ポテりこ サラダ
（340円）
おなじみ「じゃがりこ」から生まれたホットスナック。ホクホクの揚げたて状態で食べられる！

マヨネーズ味は定番

## 小田原吉匠
（おだわらきっしょう）
### 鯵の唐揚げ（1本300円〜）
あたりに漂う香ばしい香りは小田原吉匠の鯵の唐揚げ。フレーバーも豊富で「レッドホット」など期間限定味も取り揃える。

## SASTAR2
（さすたーつー）
### 東京ばな奈ソフトクリーム
（チョコがけばな奈味）
（490円）
東京みやげの定番「東京ばな奈」のソフトクリームはEXPASA海老名限定。海老名ならではのメロンミルク味も新定番。

## こめらく 海鮮茶漬けとおむすびと。
### しらすたっぷり海鮮ぶっかけごはん（1350円）
特製だれでいただく具だくさんの海鮮丼を堪能したあとは、おだしをかけてさっぱりお茶漬けに。2度楽しめるおひつごはんは人気メニュー。

### (i) エリアコンシェルジュを利用しよう

交通情報だけでなく、EXPASA海老名内のおすすめメニューやおみやげの紹介もしてくれる。また、周辺の観光スポットも教えてくれるので、気軽に聞いてみよう。

EXPASA海老名の奥の一角にある

? concierge

※高速利用者以外は一般道を歩いて上り下りの移動が可能。建物を出て東京寄りのガードをくぐって行き来する（徒歩約8分）。

下りの入口

上りの入口

「ぷらっとパーク」脇にあるバス停

## 一般道からも入れる「ぷらっとパーク」

一般道からEXPASA海老名に入るための専用駐車場「ぷらっとパーク」を利用すればここに車を停めて、施設内への出入りが自由。また車でなくても海老名駅から海老名市コミュニティバスで上下線どちらのEXPASA海老名にも行くことができる。

### 東京方面 上り →

**7選!!**

🚃 海老名駅から海老名コミュニティバス（You Bus）大谷・杉久保ルートで「EXPASA海老名下り」まで約30分、「EXPASA海老名上り」まで約36分。海老名駅からの一般バスで杉久保入口下車、徒歩8分。※高速道路利用者がぷらっとパークから出たり、一般道からぷらっとパークに駐車し高速道路で乗合をしたりする行為は法律で禁止されている。

#### とんかつが食べたい 湘南めし
**厚切りひれかつサンド**（1280円）

パンより分厚いヒレカツサンドは海老名だけの限定品。ほかでは味わえない食べ応えで、片手で食べられる手軽さもうれしい。

たっぷりエビを包んだよ

#### PAOPAO
**ゴロッと旨塩海老名まん**（1個300円）

デパ地下で見かける中華の「PAOPAO」の海老名まんはここだけの超レア商品。たくさんのエビをとじこめたあんを、干しエビを練り込んだ皮で包んだ贅沢な一品。

#### 日本一
**とろたまつくね串**（294円）

コリコリ食感のナンコツが入ったつくね棒。甘辛のつくねにまろやかな温泉卵をからめれば、おいしさも倍増。

期間限定も。このときはマロン!

#### 横浜家系らーめん
**壱八家 富嶽 えび香る特製塩らーめん**（980円）

すっきりした味わいのとんこつスープで人気の「壱八家」がEXPASA海老名限定で提供している塩ラーメンはさらにさっぱり。刻み玉ねぎの食感も楽しい。

#### 世界一のアップルパイ
**鎌倉millemele 世界一のアップルパイ**（1個450円）

世界のコンクールで何度も優勝してきたマルコ・パオロ・モリナーリが手がけたアップルパイ。

#### Hakone Bakery -Select-
**海老名カレーパン**（350円）

真ん中にどーんと大きなエビフライを挟んだ、コーンフレークをまぶした衣のカレーパン。カレーフィリングは本格的な味わいで海老名イチオシのおいしさ。

#### 蕎麦・天麩羅 そじ坊
**特大海老と旬野菜の天丼**（1430円）

神奈川の旬の野菜5種類と特大えび天が2本ものった豪華な天丼。店舗内で製麺する二八蕎麦をセットにすることもできるので、がっつり食べたい人におすすめ。

上りは東京へ向かう最後のSA。神奈川だけでなく静岡東部の商品も広く取り扱う

# 海老名市 ●えびなし

市章

中央に鳥を配し、「エビナ」をデザインしたもの

**人口** 14万170人
**面積** 26.59km²

## 🚉 エリアの拠点駅

**▼海老名駅**
JR線、小田急線、相鉄線

### 歩き方

JRと私鉄2線が海老名駅で結節しているため、海老名駅前に観光拠点をおくのがベスト。相鉄バス、神奈中バスが走っていて、公共交通の利用が便利。横浜、東京のベッドタウンとして人気が高くショッピングを楽しむのにも最適。

にぎわいを増した海老名駅前

相模川の左岸に位置する神奈川県中部の都市。鉄道の乗り入れに加え、東名高速道路のICも設置されているため、交通の利便性も高く、住みやすい町のひとつとして注目を集めている。西部は相模平野に続く田園地帯で、昔から農業が盛んだった。また、相模国分寺跡などの史跡が残る歴史の町でもある。

## おもな見どころ

▶ **史跡相模国分寺跡**
**住** 海老名市国分南1-19
**℡** 046-235-4925
**営** 見学自由
**交** 小田急線海老名駅から徒歩すぐ

### 歴史公園として市民や観光客に開放
#### しせきさがみこくぶんじあと
### 史跡相模国分寺跡

 MAP 別冊P.6-A3

奈良時代に、聖武天皇の命で建立された国分寺のひとつ。現在は建物の遺構を残すのみだが、七重塔と金堂が東西に並び、北に講堂を配置する法隆寺に似た造りだったと推定されている。最初に国指定史跡となった7ヵ所の国分寺のひとつ。

月1回程度、イベントも開催されている

▶ **有鹿神社**
**住** 海老名市上郷1-4-41
**℡** 046-234-4763
**営** 参拝自由、社務所は9:00～20:00
**休** 無休
**料** 無料
**交** 小田急線海老名駅から徒歩15分

### 神奈川県の中心として親しまれてきた神社
#### あるかじんじゃ
### 有鹿神社

 MAP 別冊P.6-A3

相模国最古の神社。近年、パンダ宮司、ネギ禰宜などのマスコットが境内に登場することで有名。パンダが宮司なのは、本物の宮司が神職以外に大学教授、弁理士も兼業していて顔が広く「自分は人寄せパンダだ」と言っていたことに由来する。

神奈川のへそで、海老名の総氏神

▶ **海老名市温故館**
**住** 海老名市国分南1-6-36
**℡** 046-233-4028
**営** 9:00～17:15(最終入館16:45)
**休** 無休
**料** 無料
**交** 小田急線海老名駅東口から徒歩11分

### 旧海老名村役場庁舎を資料館として開館
#### えびなしおんこかん
### 海老名市温故館

  MAP 別冊P.6-A3

海老名市の歴史と民俗を保存する郷土資料館。大正7（1918）年に海老名村役場庁舎として完成した建物を一部改修し、昭和57（1982）年に開館した。平成23（2011）年、現在の場所に移築し、令和5（2023）年に完成した。

2階は明治・大正・昭和の生活用具を展示

国分寺は通常国府の近くに置かれ、相模国の場合、国府と考えられている現在の平塚市に建てられるはずだった。しかし、関東の寺院建築に深く関わっていた壬生氏の拠点が高座郡周辺だったため、海老名に建てられたといわれている。

自然豊かで暮らしやすい県央の中心都市

MAP 別冊P.5-D3

# 厚木市 ●あつぎし

にぎわいを見せる本厚木駅前

市章

**人口** 22万4058人
**面積** 93.84km²
あつぎの3字と鮎3尾を「あ」の字型に図案化した。

📷 **エリアの拠点駅**
▼**本厚木駅**
小田急線

神奈川県の県央地区の中心的な都市。東の市境に沿って相模川が流れ、対岸で海老名市、座間市、相模原市と接する。市域の西側には大山山頂からの丹沢山地の山裾が広がるが、相模川が造った相模平野の北部に位置するため比較的平坦な土地のほうが多く、戦後の高度成長期に東京のベッドタウンとして急速に発展し、現在も続く。

市の玄関、本厚木駅を降りれば、さまざまな商業施設が建ち並びにぎわいを見せている。伊勢原との市境にある愛甲石田駅以外には鉄道駅がなく、本厚木駅をハブとする豊富なバス路線が生活を支え、駅に人が集まるのも理由だ。

豊かな自然を生かしたレジャーも盛んで、有名な相模川のアユ釣りをはじめ、北部や西部の森林や里山地帯では四季折々の花とともに美しい風景を楽しめ、古くは江戸時代に開湯したあつぎ温泉郷もある。

美肌の湯で知られるあつぎ温泉郷

## 歩き方

### ◈ 見どころの訪問にはバスを活用

本厚木駅前の繁華街エリアは徒歩で十分だが、見どころの多くは郊外にありバスを利用する。駅の北口と南口、駅近くのバスセンターにバス乗り場があるが、時間帯や往路帰路で発着が異なることもあるので注意。市街地では比較的バスの本数は多いものの、駅から離れる地区ほど減り、1時間に1本程度ということもあるため運行時刻はあらかじめ要確認。相模川へは本厚木駅からバーベキューも楽しめるあゆみ橋付近の河川敷までは徒歩15分ほど。

あゆみ橋付近でアユ釣りをする人

💭 かなトーク

**厚木だけど厚木市じゃない基地と駅**
厚木は江戸時代に一大ブームとなった大山詣へ向かう大山街道の宿場町、また相模川水運の木材の集散地といった交通の要衝として発展。町の名は「集め木（あつめぎ）」が由来という説もある。厚木基地の名がよく知られるが、実際の所在地は市内ではなく、相模川を渡ってさらに東のやや離れた大和市と綾瀬市にある。また、小田急線とJR相模線の乗換駅でもある厚木駅も市内にはなく、相模川を渡ってすぐの海老名市にある。

ℹ️ 厚木市は暮らしやすさには定評があり、不動産・住宅情報サイトの「首都圏で住みたい街ランキング」でたびたび1位を獲得している。

## ▶ 飯山観音長谷寺

**住** 厚木市飯山5605
**TEL** 046-241-1635
**営** 8:30〜16:30
**休** 無休 **料** 無料(駐車場代500円)
**交** 小田急線本厚木駅北口から上
飯山行き、宮ヶ瀬行き、上煤ケ谷行
きいずれかのバスで飯山観音前
下車、徒歩10分

仁王門に安置された金剛力士像

## ▶ 東丹沢七沢温泉郷

**住** 厚木市七沢
**TEL** 046-240-1220(厚木市観光協
会) **営 休 料** 施設により異なる
**交** 小田急線本厚木駅北口の厚木
バスセンターから七沢行きバスで
七沢温泉入口ほか下車(降車停
留所は施設により異なる)

こぢんまりした旅館が多い

## ▶ あつぎ郷土博物館

**住** 厚木市下川入1366-4
**TEL** 046-225-2515
**営** 9:00〜17:00(入館は16:30まで)
**休** 毎月最終月曜 **料** 無料
**交** 小田急線本厚木駅北口からあ
つぎ郷土博物館行きバスで終点
下車、徒歩すぐ

神奈川を代表する民俗芸能相模人
形芝居

### 地元で「飯山観音」として親しまれる由緒ある寺

いいやまかんのんちょうこくじ
## 飯山観音 長谷寺 <small>**MAP** 別冊P.5-D3</small>

　奈良時代に創建された高野山真言宗の寺院。坂東三十三
観音霊場の第六番札所として知られる。高台からの眺望もよく、
桜とアジサイの名所でもあり、かながわの景勝50選、かなが
わの花の名所100選
に認定されている。寺
の梵鐘は、県指定重
要文化財、観音堂は
厚木市有形文化財で
ある。常時3種類の
御朱印を授けていただ
ける。

正面の常香炉で煙を浴びて身を清めてから参拝

### 登山帰りでも気軽に立ち寄れる温泉郷

ひがしたんざわななさわおんせんきょう
## 東丹沢七沢温泉郷 <small>**MAP** 別冊P.5-D3</small>

　七沢温泉、広沢寺温泉、かぶと湯温泉の総称。閑静なた
たずまいの旅館が建ち並び、日帰り入浴も受け付けている。
厚木の奥座敷として、京浜地区の社員旅行や、丹沢帰りの行
楽客の利用も多い。
強アルカリ泉質のとろ
りとした湯が特長で、
美人の湯、子宝の湯
として古くから人気。
都心から最も近い秘
湯としても有名だ。

自然豊かな大山の東稜にある温泉郷

### 厚木に興味や関心をもてるようになるイベントなどを開催

あつぎきょうどはくぶつかん
## あつぎ郷土博物館 <small>**MAP** 別冊P.5-D3</small>

　厚木市の風土、考古、歴史、民俗、生物をコンパクトにわ
かりやすく展示した博物館。温暖で過ごしやすかった厚木には、
古代より人が住んでいた遺跡が多数発掘されており、市内の
林王子遺跡から出土
した縄文時代の有孔
鍔付土器は、大英博
物館に貸し出したこと
もあるという珍しい遺
物。年3回程度テー
マを決めて企画展示
を実施。

有孔鍔付土器と浅鉢が展示されているコーナー

東丹沢七沢温泉の七沢温泉には七沢荘、七扇、福元館、中谷旅館、元湯玉川館、旅の宿福松の6軒、広沢寺温泉には玉翠
楼、かぶと湯温泉には山水楼と、素朴な雰囲気の旅館がある。四季折々の自然と、緑の季節は森林浴も満喫できる。

プラネタリウムを中心に大人も子供も楽しめる

### 神奈川工科大学厚木市子ども科学館 [MAP] 別冊P.6-A3

駅に近接するシティプラザ内にあり、プラネタリウムのみ有料。番組は各回45分、前半に季節の星座解説、後半に特別番組が上映される。「昼寝タリウム」（昼休みの30分、解説なしでBGMと星空の投影のみ）「0歳からのプラネタリウム」「マタニティプラネタリウム」「アロマプラネタリウム」など、ここにしかないプログラムの放映が多い。

7階が科学館、2〜4階は図書館が入っている

▶ 神奈川工科大学厚木市子ども科学館
🏠 厚木市中町1-1-3（厚木シティプラザ7階）
☎ 046-221-4152
🕐 9:00〜17:00
休 12/29〜1/3、毎月第3月（祝日の場合は第2月）
料 入館無料（プラネタリウムは有料で大人200円、こども50円）
交 小田急線本厚木駅から徒歩すぐ

四季を通して楽しめるプログラムも充実

### 七沢森林公園 [MAP] 別冊P.5-D3

東丹沢の麓に位置する、県内最大級の都市公園。ウオーキングコース、BBQ広場、アスレチックなどが整備されており、家族で楽しめる。広くて起伏に富んでいるので「ハイキング気分で自然を楽しみたい」という人にはうってつけ。

園内のシンボル、森のかけはし

▶ 七沢森林公園
🏠 厚木市七沢901-1
☎ 046-247-9870
🕐 入園自由
交 小田急線本厚木駅北口の厚木バスセンターから七沢行き、七沢温泉行き、広沢寺温泉行きいずれかのバスで七沢温泉入口下車、徒歩8分

一面を埋め尽くして咲くツツジの様子が壮観

### あつぎつつじの丘公園 [MAP] 別冊P.5-D3

4月中旬から5月上旬にかけて約5万2000本のツツジが開花する県下最大級のツツジの名所。桜の名所、紅葉の名所でもあり、春・秋には人でにぎわう。オフシーズンには静かで落ち着いた公園なので、のんびりできる。

遊水池周辺の斜面に広がる圧巻の眺め

▶ あつぎつつじの丘公園
🏠 厚木市森の里青山23
☎ 046-225-2410
🕐 入園自由
交 小田急線本厚木駅北口の厚木バスセンターから森の里行きバスで森の里5丁目下車、徒歩1分

自然や小動物と触れ合える防災公園

### ぼうさいの丘公園 [MAP] 別冊P.5-D3

災害時に2万人を収容できる広域避難所でもある公園。丘陵地を利用して造られており、普段はアスレチック遊具や遊びの池、ふわふわどーむ、スケートボード場などが開放されており、子供連れでにぎわう。

園内に災害用ヘリポートも備える

▶ ぼうさいの丘公園
🏠 厚木市温水783-1
☎ 046-270-1035
🕐 多目的広場9:00〜17:00
休 無休 料 無料
交 小田急線本厚木駅南口から東京農業大学行きバスで終点下車、徒歩すぐ

明治時代の生活様式を色濃く伝える文化遺産

### 古民家岸邸 [MAP] 別冊P.5-D2

明治24（1891）年に建てられたといわれる歴史的建物。市の指定有形文化財になっており、平成11（1999）年から一般公開されている。意匠を凝らした邸内は、立派な彫刻を施した欄間や、市松模様の色ガラスなども見どころだ。

創意工夫した意匠が随所に施されている

▶ 古民家岸邸
🏠 厚木市上荻野792-2
☎ 046-225-2515（あつぎ郷土博物館）
🕐 10:00〜15:00（夏季は〜17:00）
休 月・火曜 料 無料
交 小田急線本厚木駅北口から上荻野車庫行き、半原行きなどのバスで久保下車、徒歩3分

**info** 厚木市の菓子店では市の名物である相模川の鮎にちなんだ最中（もなか）、サブレ、パイ、クッキーなど、さまざまな商品を開発販売している。駅に直結した商業施設の本厚木ミロード内でもいくつも見つけられる。

神奈川県の中心にある図書館が有名な町

# 大和市 ●やまとし

MAP 別冊P.6-A3

 市章

「大」が翼を広げたように、市の飛躍・発展を表す

**人口** 24万3252人
**面積** 27.06km²

## 🚉 エリアの拠点駅

**▼大和駅**
小田急線、相鉄線

## 歩き方

南北約3km東西約10kmのなかに、相鉄線、小田急線、東急田園都市線の3路線が乗り入れており、狭い市域に8駅があるため、市内のどこからでも最寄り駅まで比較的短時間でアクセスできる。市の全域が相模野台地の上に位置し、ほぼ平坦で起伏がないため自転車での移動も苦にならないだろう。南部に厚木基地があり、初めて訪れた人は、離発着する飛行機の音に驚く。

小田急線と相鉄線が交差する駅前は市の中心

神奈川県のほぼ中央に位置し、東京都心へは1時間以内、横浜市中心部へも20分程度で行ける、交通機関の充実が最大の魅力。市内に8つの鉄道駅があり、市域の多くが駅から徒歩15分以内。通勤・通学にも便利なので、人口が増えつつある活気にあふれた町として人気だ。大和の文化芸術の拠点「大和市文化創造拠点シリウス」は平成28（2016）年に開館。館内には約1000席の閲覧席を設置し、多くの来館者でにぎわっている。また、市の東側を流れる境川流域には神社や寺社が集まり、大和の歴史を学ぶことができる。

## おもな見どころ

### 自然観察センターやデイキャンプ場も併設
### 泉の森 いずみのもり

MAP 別冊P.6-A3

▶ **泉の森**
🏠 大和市上草柳1728
📞 046-264-6633（自然観察センター）
🕐 散策自由
🚉 相鉄線相模大塚駅から徒歩15分

引地川の水源地を中心に整備された広大な敷地の自然公園。樹林地と水辺空間が特色ある生態系を形づくり、約900種の植物や、年間を通じて約50種の野鳥をはじめとした多彩な生き物が観察できる。

里山の風景が残る園内は癒しの場となっている

### 大和市の顔になった文化複合施設
### 大和市文化創造拠点シリウス
やまとしぶんかそうぞうきょてんしりうす

MAP 別冊P.6-A3

▶ **大和市文化創造拠点シリウス**
🏠 大和市大和南1-8-1
📞 046-263-0214
🕐🚫 施設により異なる
🚉 小田急線・相鉄線大和駅から徒歩3分

大和市の文化芸術の拠点となるべく造られた。地上6階地下1階の建物に、ホール、図書館、生涯学習センターなど、多数の施設が入る。げんきっこ広場をはじめとした子育て支援施設の充実ぶりは一見の価値あり。

シリウスには国内外から多くの団体が視察に訪れている

**info** 大和市にはシリウスのほかに図書館がもうふたつある。中央林間図書館は仕切りがなく開放的な雰囲気が人気だ。渋谷図書館は買い物ついでに立ち寄れる利便性がある。3館とも駅近で「○○ついで」に利用できる便利さが魅力だ。

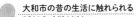
#### 大和市の昔の生活に触れられる
## 大和市郷土民家園
やまとしきょうどみんかえん

**MAP** 別冊P.6-A3

　江戸時代の古民家である旧小川家と旧北島家の母屋が移築復原された施設。2棟とも市指定の重要文化財で、実際に中に入ることができる。古い農具や民具も展示されており、昔の生活に触れられる。

園内は四季折々の草花が楽しめる。2月には河津桜が咲く

> ▶ 大和市郷土民家園
> 🏠 大和市上草柳629-1 泉の森内
> 📞 046-260-5790
> 🕐 9:00～16:00
> 休 月、年末年始
> 料 無料
> 交 相鉄線相模大塚駅から徒歩15分

#### 大和市の歴史や文化を紹介
## つる舞の里歴史資料館
つるまいのさとれきししりょうかん

**MAP** 別冊P.6-A2

　大和市北部の下鶴間地域の歴史を中心に旧石器時代から現代までの郷土史を解説する資料館。名前の由来は、源頼朝に鎌倉入りを禁じられた源義経がこの地で鶴が舞うのを見た、という伝説による。

小規模ながら展示内容が充実していると評判

> ▶ つる舞の里歴史資料館
> 🏠 大和市つきみ野7-3-2
> 📞 046-278-3633
> 🕐 9:00～17:00（入館は16:30まで）
> 休 月（祝日の場合は翌日）、年末年始
> 料 無料
> 交 東急線つきみ野駅から徒歩7分

#### 江戸時代末期に建てられた商家建築を再現
## 下鶴間ふるさと館
しもつるまふるさとかん

**MAP** 別冊P.6-A2

　郷土の歴史が学べる資料館。東海街道の脇道・矢倉沢往還の下鶴間宿に残存した江戸時代の商家建築。神奈川県内でこの時代の建築物が保存されているのは珍しいため、市指定重要文化財となっている。

340坪ほどの敷地に、母屋と土蔵が現存する

> ▶ 下鶴間ふるさと館
> 🏠 大和市下鶴間2359-5
> 📞 046-272-6556
> 🕐 10:00～16:00
> 休 月・火（祝日の場合は翌日）、年末年始
> 料 無料
> 交 東急線つきみ野駅から徒歩20分

#### 緑が生い茂る美しい庭園を残し、伝え続ける
## 多胡記念公園　慈緑庵
たごきねんこうえん　じろくあん

**MAP** 別冊P.6-A2

　この地に居住していた多胡三代治・キヨ夫妻から平成2（1990）年に寄贈された庭園を開放。敷地内は緑豊かで、静寂に包まれた空間が広がる。茶室と書院の2棟が並ぶ「慈緑庵」はお茶会などに利用されている。

公園の一角にある慈緑庵はキヨ夫人の遺志で、後年建てられた

> ▶ 多胡記念公園　慈緑庵
> 🏠 大和市中央林間5-17-3
> 📞 046-276-5805
> 🕐 公園は散策自由、慈緑庵外観は見学自由（利用は要予約）
> 休 無休（慈緑庵は月。祝日の場合は翌平日）
> 料 無料（慈緑庵利用は有料）
> 交 小田急線・東急線中央林間駅から徒歩5分

#### 家族で楽しめる大型レクリエーション施設
## 大和ゆとりの森
やまとゆとりのもり

**MAP** 別冊P.6-A3

　厚木基地の真南に位置するため、飛行機の離発着がよく見える大規模なスポーツ公園。テニスコート、BBQ広場などの利用には事前の予約が必要。未就園児から小学生まで遊べる人気のわんぱく広場は予約不要。

ふわふわドームや修景池、ピクニック広場もある充実の公園

> ▶ 大和ゆとりの森
> 🏠 大和市福田4112
> 📞 046-267-6800
> 🕐休料 施設により異なる
> 交 小田急線桜ヶ丘駅からコミュニティバスのろっとでゆとりの森下車、徒歩3分

# 座 間 市 ●ざまし

**人口** 13万2075人
**面積** 17.57km²

---

## 🚃 エリア利用駅

▼相武台前駅
JR線、小田急線

---

### 歩き方

市内に米軍座間基地・キャンプ座間を有することから、日米親善盆踊り大会や日米親善桜祭り、米国独立記念祭など、米軍と地元の交流イベントが多い。これらのイベントに合わせて観光に行くと、日本国内にいながら、アメリカの雰囲気を味わえるかもしれない。谷戸山公園、芹沢公園、かにが沢公園など、市民の憩いの場となる広い公園の整備も進んでおり、子連れの自然散策にはうってつけ。

夏にキャンプ座間で開催される米国独立記念祭では花火も打ちあがる

東側に相模原台地、西側に相模川沿いの低地を有する、川と台地に挟まれた町。市内の一部に米軍基地があるため、アメリカとの国際交流も盛んで、米軍関係者とのイベントも行われている。相模原台地は明治以降に桑畑として利用されていたが、戦後になると、住宅地に改良され、畑の多くは栄養豊かなヤマトイモの収穫で知られるようになった。また、台地から相模川に向かって流れる水が地下水となって地表に現れ、座間の湧水群として知られている。市の花でもあるヒマワリ畑やところどころに残る田園風景、湧き水など、日本の原風景を訪ねるような散策コースも整えられている。

## おもな見どころ

### 日産ヘリテージコレクション

住 座間市広野台2-10-1
TEL 046-298-4355
営 10:00～16:00(見学は要予約)
休 なし(予約は約1ヵ月前からオープン)
料 無料
交 小田急線南林間駅からイオンモール座間行き、相武台駅前行きバスほかでひばりが丘1丁目下車、徒歩7分

#### 何世代にもわたる日産車の変遷を展示
**にっさんへりてーじこれくしょん**
##### 日産ヘリテージコレクション  MAP 別冊P.6-A3

現代の車につながるもの、技術革新をもたらしたもの、モータースポーツで活躍したもの、歴史上エポックメイキングなものなどの記念車を、保管・公開している車の歴史博物館。

創業時から現代の車まで約280台が展示されている

### 座間のひまわり畑

住 座間市座架依橋南北の座間エリアと四ツ谷エリア
TEL 046-252-7601
営 9:30～17:00
休 ひまわりまつり期間中は終日開放  料 無料
交 小田急線相武台前駅から、ひまわりまつり期間中のみ臨時直行バスあり

#### 夏の風物詩になっている座間最大の祭り
**ざまのひまわりばたけ**
##### 座間のひまわり畑  MAP 別冊P.6-A3

55万本のヒマワリが咲き誇る見事な畑を中心に、毎年8月に開催される「ひまわりまつり」で有名。期間中は、農産物などの販売、鮎のつかみどり、ひまわり写真コンテストなど、さまざまなイベントが開催される。

会場が広いので、事前に必ず地図を確認していこう

---

info キャンプ座間の米国独立記念祭(開催日は7月4日のアメリカ独立記念日前後で毎年変わる)は基地が一般開放されるイベントで、屋台や音楽ステージなどが設けられ花火も上がる。入場には顔写真付き身分証の提示が必要なので注意。

200年以続く座間の伝統文化

### 座間の大凧
ざまのおおだこ

MAP 別冊P.6-A3

　座間の大凧は、13m四方(100畳)の大きさで、その重量は約1000kg、約100人の引き手によって揚げられる。大凧まつりは座間市の伝統行事で、例年5月4日・5日に相模川グラウンドで実施。

描かれる文字は、必ず漢字二文字

▶ 座間の大凧
🏠 座間市座間入谷4468
☎ 046-255-1111
🕐 祭り開催は毎年5月4~5日10:00~16:00
💴 無料
🚃 JR相武台駅から徒歩22分(相模川グラウンド)

地元住民から愛される里山が残る緑地

### 県立座間谷戸山公園
けんりつざまやとやまこうえん

MAP 別冊P.6-A3

　古来からの里山の樹林、動植物の生命の循環を大切に守り、未来へ継ぐ自然生態観察公園。最深部のわき水の谷にいたる整備された園路を散策するひとときは、都市の中の公園であることを忘れてしまう。

夏は昆虫採集や、ザリガニ釣りに来る家族での利用が多い

▶ 県立座間谷戸山公園
🏠 座間市入谷東1-6-1
☎ 046-257-8388
🕐 散策自由
🚃 小田急線座間駅から徒歩10分、相武台前駅から徒歩15分

人力で掘られた約1.5kmの地下壕跡

### 高座海軍工廠地下壕(芹沢公園)
こうざかいぐんこうしょうちかごう(せりざわこうえん)

MAP 別冊P.6-A3

　太平洋戦争末期に造られた大規模地下壕。東西に延びる7本の主坑道と多数の坑道で構成されている。内部は崩落の危険があり非公開となっているが、芹沢公園内の出入口から柵越しに内部を観察できる。

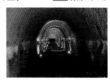
座間市のサイトでは地下壕内部を撮影した動画を公開

▶ 高座海軍工廠地下壕跡 (芹沢公園)
🏠 座間市栗原2631芹沢公園内
☎ 046-252-8431
🕐 地下壕内ライトアップ平日9:00~17:00
🚃 相鉄線さがみ野駅から相武台駅行きバスで栗原小学校下車、徒歩5分

境内が船の帆のような形をしている座間郷の総鎮守

### 鈴鹿明神社
すずかみょうじんじゃ

MAP 別冊P.6-A3

　創建は欽明天皇の御代(539~571年)と伝えられる。地形が前方後円墳にも似ていることから昭和37(1962)年8月に社殿東側の発掘調査が行われ、縄文時代後期の平地式住居址が発見された。

イザナギノミコト、スサノオノミコトを祀っている

▶ 鈴鹿明神社
🏠 座間市入谷西2-46-1
☎ 046-256-1122
🕐 9:00~16:30
🈺 不定休
💴 無料
🚃 小田急線座間駅から徒歩8分

市内13カ所から清らかな水が湧き出る

### 座間の湧水群
ざまのゆうすいぐん

MAP 別冊P.6-A3

　湧水とは地下から自然に水が湧き出る場所を指す。市内には「芹沢川に湧き出す湧水」「龍源院」など13の湧水があり、総称して「湧水群」と呼ぶ。場所もさまざまなので、散歩コースを利用して巡ろう。

芹沢川上流にある湧水。現在の芹沢川の源流にもなっている

▶ 座間の湧水群
🏠 座間市栗原2593-1 芹沢公園内(芹沢川に湧き出す湧水)
☎ 046-252-8214(座間市役所生活安全課環境保全係)
🕐 見学自由
🚃 芹沢川に湧き出す湧水へは相鉄線さがみ野駅から相武台駅行きバスで栗原小学校下車、徒歩7分

info 平成13(2001)年、座間市制施行30周年と21世紀を祈念して210畳(約18.6m四方)の凧が作られ、揚凧された。これは凧揚げに成功した日本一の大きさであることから、現在も「座間の大凧」が日本一として知られることになった。

# 愛川町 ●あいかわまち

町章
「アイ川」を図案化し、全体の円が町の円満を表わす

**人口** 3万9510人
**面積** 34.28km²

### 📍 エリアの拠点駅

**▼本厚木駅**
小田急線

**▼淵野辺駅**
JR線

## 歩き方

町の中央を中津川が流れている。ダムに近い上流の山側エリアは、渓流と登山が楽しめる自然に囲まれた奥座敷。下流は標高100m前後の台地が広がり、工場地帯や住宅、商店街など市街地を形成している。中津川では鮎釣りを楽しめるほか、キャンプや川遊びなどのアウトドア体験にも最適な場所。川沿いにバスが走っているため川へのアクセスがよく、下車してすぐ川遊びが楽しめる。

あいかわ公園にほど近い人気の牧場では、牛、馬、羊が飼われている

神奈川県中北部にあり、相模原市と厚木市、清川村に隣接した町。町西部は丹沢山系の東端にあたり、東南部は相模川が流れている。1960年代後半には工業団地が建設され、工場や事業所などが多く進出。労働者として来日した外国人が人口の約8.6%を占め国際色豊か。勤労祭野外フェスティバルなどでの交流や、多言語での行政サービスも充実している。町を流れる中津川の上流には、首都圏最大級の宮ヶ瀬ダムとせき止め湖の宮ヶ瀬湖がある。ダム下流には県立あいかわ公園などが造られ、東京や横浜市内から手軽に行ける観光地として人気を呼んでいる。

## おもな見どころ

**▶宮ヶ瀬ダム**
🏠 愛川町半原5423先
☎ 046-281-6911(管理事務所)
🕐 4～9月8:30～18:00(10～3月
～17:30)
📅 12/28～1/3
💴 無料
🚌 小田急線本厚木駅北口から野
外センター経由半原行きバスで
愛川大橋下車、徒歩15分

### 迫力あるダムの観光放流が見どころに

#### 宮ヶ瀬ダム
みやがせだむ

MAP 別冊P.5-D2

中津川をせき止めて造られた県下最大のダム。下流はあいかわ公園として整備されており、ダム直下まで園内を散策できる。定期的に大迫力の観光放流を実施しており、多くの観光客が訪れる。

ダムサイトには、インクラインで登れるようになっている

**▶宮ヶ瀬ダム
水とエネルギー館**
🏠 愛川町半原字大沢5157
☎ 046-281-5171
🕐 9:00～17:00(入館は16:30まで)、12～3月は10:00～16:00(入館は15:30まで) 📅 月(祝日の場合は翌日)、12/29～1/3 💴 無料
🚌 小田急線本厚木駅北口から野外センター経由半原行きバスで愛川大橋下車、徒歩30分

### 水道水を安定して供給するダムの役割を紹介

#### 宮ヶ瀬ダム水とエネルギー館
みやがせだむみずとえねるぎーかん

MAP 別冊P.5-D2

宮ヶ瀬ダムに隣接する体験型アミューズメント施設。飲料水を供給する神奈川の水がめとしての役割、水力発電の仕組みなどが学べる。宮ヶ瀬ダムと石小屋ダムのダムカードを配布している。

館内のカフェでは名物の宮ヶ瀬ダム放流カレーが食べられる

info 神奈川県には大きなダムが4つある。宮ヶ瀬ダムはそのひとつで、21世紀に向けて県民に安定して水道水を供給できるよう、平成13(2001)年に完成した。貯水容量はほかの3つのダムの合計容量を上回り、県下最大だ。

### オリジナルの作品作りを体験

あいかわせんいかいかんれいんぼーぷらざ
## 愛川繊維会館レインボープラザ

**MAP** 別冊P.5-D2

半原地区はかつて撚糸（ねんし）業の発展により「糸の町」として栄えた。レインボープラザは地域の伝統文化を体験できる施設で、手織り、組紐、藍染め、紙漉きなどの作品作りが

楽しめる。特に、高機（たかばた）織り機を利用したこの規模の手織り教室を開いている所は珍しく、ぜひ体験したい。養蚕で栄えた半原地区の歴史も学べる。

レインボープラザの体験メニューは予約が必要

▶愛川繊維会館レインボープラザ
住 愛川町半原4410
TEL 046-281-0356
営 9:00～17:00
休 土・日曜・祝日
料 体験メニューにより異なる
交 小田急線本厚木駅北口から半原行きバスで終点下車、徒歩すぐ

### 町の歴史や自然を知ることができる施設

あいかわまちきょうどしりょうかん
## 愛川町郷土資料館

**MAP** 別冊P.5-D2

愛川町の歴史、自然、民俗の資料館。修験道の拠点の八菅山や、戦国時代の古戦場だった三増合戦場など、郷土の史跡について詳しく解説されている。ふるさとの芸能コーナーでは、県指定文化財の三増の獅子舞も紹介。

愛川町について学ぶことができる

▶愛川町郷土資料館
住 愛川町半原5287（県立あいかわ公園内）
TEL 046-280-1050
営 9:00～17:00
休 月曜 料 無料
交 小田急線本厚木駅北口から野外センター経由半原行きバスで愛川大橋下車、徒歩20分

### 動物とも触れ合える体験型牧場

はっとりぼくじょう
## 服部牧場

**MAP** 別冊P.5-D2

牧場体験ができるファミリー牧場。県下随一の広さの牧場内では、乳しぼりや乗馬、バター作り体験ができる。アイスクリーム工房CASALINGAや本場ドイツで修業したスタッフが作る手作りソーセージなど牧場グルメも楽しめる。

馬や羊などさまざまな動物と触れ合える

▶服部牧場
住 愛川町半原6087 TEL 046-281-0917 営 9:00～17:00
休 11～2月の金（祝は除く）、ほか臨時休業あり 料 無料（体験などは有料） 交 小田急線本厚木駅北口から野外センター経由半原行きバスで愛川大橋下車、徒歩30分

### 大型遊具も充実している1日中遊べる公園

けんりつあいかわこうえん
## 県立あいかわ公園

**MAP** 別冊P.5-D2

宮ケ瀬ダム直下に河岸段丘状に広がる公園。51ヘクタールもの広大な敷地には、春には40種、4万4000本のツツジが咲き誇る「花の斜面」、一日中遊びまわることのできる大型遊具を揃えた「冒険の森」や「こども広場」などがある。

春はツツジで斜面がピンク色に染まる

▶県立あいかわ公園
住 愛川町半原5423 TEL 046-281-3646 営 4～9月8:30～18:00（10～3月～17:30） 休 12/28～1/3
料 無料（土・日曜および夏休みなどの長期休暇期間は駐車場料金が有料） 交 小田急線本厚木北口センター経由半原行きバスで愛川大橋下車、徒歩約15分、圏央道相模原I.Cから車で約15分

### 研修や文化活動などにも利用できる登録有形文化財

こみんかやまじゅうてい
## 古民家山十邸

**MAP** 別冊P.5-D2

明治の豪農、熊坂半兵衛の屋敷跡。主屋と門が国の有形文化財に登録されている。古い町並みが残る旧街道沿いに建っており、和の雰囲気が漂う。事前に予約すれば占有利用もできるため、コスプレ撮影などのロケ地としても人気。

毎年秋には菊花展示会が開催される

▶古民家山十邸
住 愛川町中津485-1
TEL 046-285-0015
営 9:00～17:00
休 火曜
料 無料
交 小田急線本厚木駅北口から愛川バスセンター行きバスで局前下車、徒歩5分

info 半原地区のベトナム寺の向かいに、中津川の水を53km離れた横須賀の基地へ運ぶために大正10(1921)年に旧海軍省が造り、日本の近代化に貢献した大逸見半原系水源跡地がある。横須賀市の飛び地だったが愛川町が取得し観光資源として開発中。

市章
「ア」「ヤ」「S」を
図案化し、日の出
と雲を象徴

**人口** 8万3296人
**面積** 22.14km²

## 🚉 エリアの拠点駅

▼海老名駅
JR線、小田急線、相鉄線

### 歩き方

東京都心から約1時間で行けるが、市内には駅がひとつもない。隣の大和市、海老名市の駅を利用するか、東名高速道路の綾瀬スマートICからアクセスしてもいいだろう。

▶ 神崎遺跡
**住** 綾瀬市吉岡3425-5 **TEL** 0467-77-0841 **営** 9:00〜17:00 **休** 月 **料** 無料 **交** 小田急線海老名駅東口から長後駅西口行きバスで根恩馬下車、徒歩4分

▶ 蟹ヶ谷公園
**住** 綾瀬市吉岡905-10 **TEL** 0467-70-5627 **営** 入園自由 **交** 小田急線長後駅から用田経由綾瀬車庫行きバスで女坂下車、徒歩4分

村章
突起部分を丹沢山頂とし、山に村が囲まれたイメージ

**人口** 2762人
**面積** 71.24km²

## 🚉 エリアの拠点駅

▼本厚木駅
小田急線

### 歩き方

本厚木駅より神奈中バスを利用するか、マイカー利用が便利。美しい渓流と渓谷美が楽しめる。

▶ 宮ヶ瀬湖水の郷
　（宮ヶ瀬水の郷交流館）
**住** 清川村宮ヶ瀬951-4 **TEL** 046-288-3100 **営** 9:00〜16:30 **休** 月（祝日の場合は翌日）**料** 無料 **交** 小田急線本厚木駅から宮ヶ瀬行きバスで終点下車、徒歩5分

▶ 道の駅 清川
**住** 清川村煤ヶ谷2129 **TEL** 070-1316-9184 **営** 10:00〜18:00 **休** 無休 **料** 無料 **交** 小田急線本厚木駅から上煤ヶ谷行きバスで清川村役場前下車、徒歩すぐ

---

神奈川県で最も新しい豊かな自然を残す町　MAP 別冊P.6-A3

# 綾瀬市 ●あやせし

中心部に広大な畑が広がり、農業と製造業の事業所が集まるものづくりの町。近年は、綾瀬市役所がドラマのロケ地となり、脚光を浴びている。

市内から富士山も見られる

## おもな見どころ

### 市内で初めての国指定遺跡に
#### 神崎遺跡
かんざきいせき

MAP 別冊P.6-A3

弥生時代後期の環濠集落跡。集落全体がほぼ完全な形で残っている。東海地方の影響を受けた土器などが出土し、同地域からも移住したことがわかる遺跡として国指定史跡となった。現在は公園として整備され、当時の住居が復元されている。

2世紀後期頃の遺跡と推定されている

### カワセミなどの水辺の鳥も見られるのが人気
#### 蟹ヶ谷公園
かにがごうえん

MAP 別冊P.6-A3

高低差のある地形をそのまま生かした景観公園。高地の見晴らし台からは天気がよければ富士山も見える。低地にある湿生園では、ハナショウブやハスなどが咲いており、6月の開花時期の眺めはすばらしい。

ハナショウブやハスが咲く湿性園

---

丹沢山地に位置する神奈川県唯一の村　MAP 別冊P.5-C2

# 清川村 ●きよかわむら

丹沢大山国定公園と神奈川県立自然公園の区域に収まる村。モミの原生林やブナ林に育まれた清流が自慢で、水の郷百選にも選ばれた。

渓流釣りで有名な谷太郎川

## おもな見どころ

### 地域の歴史を知り、地元の人と触れ合える場所
#### 宮ヶ瀬湖水の郷交流館
みやがせこみずのごうこうりゅうかん

MAP 別冊P.5-C2

ダム建設によって沈んだ宮ヶ瀬地区の文化を伝承するために建てられた。民俗や産業、その歴史を伝える道具や記録を収蔵展示している。建物の外には、昭和の香り漂う商店街が立ち並び、鮎の塩焼きやイノシシ鍋などの味覚が楽しめる。

緑と桜が競演する春の宮ヶ瀬湖畔

### 清川村の特産品が何でも揃う
#### 道の駅 清川
みちのえききよかわ

MAP 別冊P.5-D3

地元農家から届く朝採れ野菜や、お茶、清川恵水ポーク、はちみつ、丹沢味噌などの特産品を販売している。森に囲まれた清川村は製材業が盛んで、国産の木材を使ったムクノキの工芸品や、灰釉を使った美津峯焼なども並ぶ。

特産の恵水ポークの豚丼を食べたい

**info** 清川村特産の清川恵水ポークは、村唯一の養豚場で育てられているブランド豚のこと。自家配合の飼料と清川の水で育てられ、肉質の軟らかさと脂の甘みがおいしいと評判に。清川恵水ポークは丼やコロッケなどで味わえる。

# エリアナビ

# 箱根と小田原エリア

このエリアで
したいこと Top **5**

❶日本有数の温泉地箱根で
湯につかる ▶P.269

❷芦ノ湖で遊覧船に乗る
▶P.270

❸箱根の美術館を巡る
▶P.273

❹小田原城天守から相模
湾を眺める ▶P.282

❺小田原おでんに舌鼓を
打つ ▶P.350

豊かな自然と良質な天然温泉。芸術施設も多い箱根は、神奈川随一の観光地。そんな箱根の玄関口・小田原も江戸時代には東海道五十三次屈指の宿場町として栄え、今も多くの観光客が訪れる歴史ある城下町だ。

## 🏵 箱根町 ▶P.268

都心からも近い富士箱根伊豆国立公園の中にある観光地で温泉地。四季折々に楽しめる景観のすばらしさとともに箱根七湯（湯本・塔之沢・堂ヶ島・宮ノ下・底倉・木賀・芦之湯）の各温泉地は海外からの観光客にも人気がある。多彩な美術館やレイクレジャーもあり、飽きることがない。

3000年前、箱根火山最後の水蒸気爆発を起こした爆裂火口・大涌谷。今も噴気が立ち込める

箱根湯本温泉源泉掛け流しの露天風呂

小田原市

箱根町

一度は訪れたい小田原の必須観光スポット・小田原城

江戸情緒を再現した「ミナカ小田原」

## 🏵 小田原市 ▶P.277

緑の山々と雄大な海に囲まれ、明治には多くの財界人や文化人が別荘地とした。戦国時代には難攻不落の城といわれた北条氏の本拠地だった小田原城は観光の定番スポット。「鈴廣かまぼこの里」や小田原駅直結の「ミナカ小田原」では小田原グルメも堪能できる。

芦ノ湖方面から駒ヶ岳山頂へ向かう駒ヶ岳ロープウェーから箱根のパノラマを眺める

# 箱根町 ●はこねまち

**人口** 1万965人
**面積** 92.86km²

三角の山はハの字と
箱根連峰を、外の丸
は平和を意味する。

## エリアの拠点駅

▼箱根湯本駅
小田急線、箱根登山鉄道

## モデルプラン

○ 箱根湯本 (▶P.271)

↓ 🚃 箱根登山電車40分

○ 強羅 (▶P.272)

↓ 🚃 箱根登山ケーブルカー11分

○ 早雲山

↓ 🚃 箱根ロープウェイ15分

○ 大涌谷 (▶P.270)

↓ 🚃 箱根ロープウェイ30分

○ 芦ノ湖(桃源台)(▶P.270)

箱根湯本に流れ込む早川と須雲川沿いに宿泊施設が建ち並ぶ

　箱根は古くから温泉のある地として知られ、江戸時代には関所が設けられ交通の要衝としても発展した。明治時代になり道路が整備され人々や物資の往来が盛んになったことで観光地や避暑地としていっそう発展を遂げた。

　最も早く開発されたのが箱根湯本のエリアで、道路や鉄道の整備とともに温泉地も増えていった。現在は年間2000万人を超える観光客が訪れる国際的な観光地に成長し、内外の観光客の人気を集めている。

## 歩き方

### 🌸 見どころの訪問にはバスを活用

　温泉の種類が豊富で地形もバラエティに富んでいるため、さまざまな楽しみ方ができる。箱根初心者には箱根ゴールデンルート（→P.60）と呼ばれるルートを巡る周遊旅をおすすめする。鉄道やロープウエイ、湖船などさまざまな乗車体験ができる絶景ルートを巡り、ハイライトの見どころを効率よく訪問することができる。

　箱根の玄関口は箱根湯本。強羅行き箱根登山電車への乗り換え駅で、沿線には明治時代から続く老舗宿が今も営業している。美術館巡りをするなら小涌谷から強羅をベースに動くと効率がいい。ダイナミックな自然を楽しむなら仙石原から芦ノ湖畔をベースに大涌谷も訪れよう。

　季節的には新緑の春やあじさいが咲く初夏、秋の紅葉のシーズンが特に人気だ。

箱根湯本にはみやげ物店が並ぶ

### かなトーク

**箱根をお得に
巡るには**

　箱根は人気観光地だけに交通網もよく整っている。お得且つ便利に周遊旅を行うなら箱根フリーパスを活用しよう。巻頭特集（→P.60）でも紹介しているさまざまな乗り物が乗り放題で利用できるフリーパスだ。
　美術館や見どころを巡るなら、「観光施設めぐりバス」の利用が便利だ。乗り放題チケットもあり、天悠と湿生花園を結ぶSラインならポーラ美術館も訪問できる。
　バスは使わずに目的のスポットのみを巡りたいという場合は、タクシー利用も積極的に考えよう。待ち時間を節約することができる。

**info** 箱根を自家用車で訪問する場合も箱根フリーパスを活用するといい。無料の駐車場もある。特に大涌谷の駐車場は混雑するので、大涌谷を訪れるなら箱根ロープウェイでアクセスすることをおすすめする。

# 箱根温泉を知ろう
## 歴史と20の温泉地

日中はにぎやかな箱根湯本も夜は温泉街独特の風情に包まれる

　箱根温泉は箱根山一帯の温泉地の総称。それぞれに独自の名前がついており、時代が下るに従って温泉地も増えていったため、七湯から二十湯までいくつかの区分の仕方がある。全体では源泉の数は340を超え、泉質も20種類以上。温泉場によって泉質や雰囲気も異なり、訪ね歩いて違いを楽しめるのも箱根温泉の魅力のひとつだ。

　最初の開湯は奈良時代の天平10（738）年頃だと伝えられている。日本三霊山のひとつ北陸の白山を開山した修験僧泰澄の弟子である浄定坊が発見した惣湯（そうゆ）が始まり。箱根湯本駅から歩いて10分ほどの場所にある「温泉の神様」と呼ばれている熊野神社で今も湧出しており、湯本と塔ノ沢を合わせて79ある源泉のひとつとして現在も近隣の旅館などで使われている。

　鎌倉幕府が開かれると、各地とを結ぶ鎌倉往還（鎌倉街道）が整備される（→P.32）。この際に、京都と結ぶ京鎌倉往還もでき、箱根はその街道上にある山越えの難所となり、行き来の人々が泊まる温泉宿がつくられるようになった。将軍の源頼朝も箱根権現への参詣道として通い、湯坂路とも呼ばれた。

　そして戦国時代、小田原征伐（→P.49）で豊臣秀吉が箱根湯本の早雲寺に本陣をおき、籠城する北

箱根の始まりと伝えられる源泉「惣湯」がある箱根湯本の熊野神社の社殿下。開湯から今も現役だ

条氏と長期にわたって対峙した。その際に温泉で兵をねぎらう石風呂を作り、秀吉本人も労を癒やしたという。これが全国に箱根の名が知れわたるきっかけとなった。

　江戸時代には東海道の宿場となり、江戸から近い温泉場として繁栄。このときに「箱根七湯」という名前が生まれた。明治時代になると外国人の保養地として開発され、さらに交通の便がよくなるにしたがって東京から気軽に行ける温泉観光地として大人気に。それにともない源泉の数は掘削技術が進歩したこともあって急増。温泉宿が次々と建ち、「箱根十七湯」「箱根二十湯」と区分が増えていくほど温泉場も増えて日本有数の温泉リゾート地となった。

底倉温泉に残る豊臣秀吉が作ったとされる太閤石風呂。箱根を全国に広めるきっかけになった

---

【箱根七湯】
❶箱根湯本温泉（箱根登山鉄道 箱根湯本駅）
❷塔之沢温泉（箱根登山鉄道 塔ノ沢駅）
❸宮ノ下温泉（箱根登山鉄道 宮ノ下駅）
❹堂ヶ島温泉（箱根登山鉄道 宮ノ下駅）
❺底倉温泉（箱根登山鉄道 宮ノ下駅）
❻木賀温泉（箱根登山鉄道 強羅駅）
❼芦之湯温泉（箱根登山鉄道 宮ノ下駅などからバス）
【箱根八湯】　箱根七湯に次の一湯を加える
❽姥子温泉（箱根ロープウェイ姥子駅）
【箱根十七湯】　箱根八湯に次の九湯を加える
❾大平台温泉（箱根登山鉄道 大平台駅）
❿小涌谷温泉（箱根登山鉄道 小涌谷駅）

⓫二ノ平温泉（箱根登山鉄道 彫刻の森駅）
⓬強羅温泉（箱根登山鉄道 強羅駅）
⓭宮城野温泉（箱根登山鉄道 強羅駅）
⓮仙石原温泉（箱根登山鉄道 箱根湯本駅などからバス）
⓯湯ノ花沢温泉（箱根登山鉄道 箱根湯本駅などからバス）
⓰芦ノ湖温泉（箱根登山鉄道 箱根湯本駅などからバス）
⓱蛸川温泉（箱根登山鉄道 箱根湯本駅などからバス）
【箱根二十湯】
　箱根十七湯に次の三湯を加える
⓲早雲山温泉（箱根登山ケーブルカー早雲山駅）
⓳大涌谷温泉（箱根ロープウェイ大涌谷駅）
⓴湖尻温泉（箱根ロープウェイ桃源台駅）

※（　）は最寄り駅

箱根の温泉場

## おもな見どころ

### ▶ 大涌谷

- 住 箱根町仙石原1251
- 電 0460-84-5201(大涌谷インフォメーションセンター)
- 営 8:30～17:00(散策路)
- 休 無休
- 料 無料※大涌谷自然研究路の引率入場は協力金500円が必要
- 交 箱根ロープウエイ大涌谷駅から徒歩すぐ

観光客に人気の大涌谷くろたまご館

### ▶ 芦ノ湖

- 住 箱根町仙石原1251
- 電 0460-85-5700(箱根町総合観光案内所)
- 営 散策自由
- 交 箱根登山鉄道箱根湯本駅から箱根町港行き・元箱根港行き・桃源台方面行きいずれかのバスで終点下車、徒歩すぐ。小田原厚木道路箱根口ICから車で40分

季節や時間帯により異なる趣に

### ▶ 箱根神社

- 住 箱根町元箱根80-1
- 電 0460-83-7123
- 営 札所・御朱印8:15～17:00、御祈祷8:30～16:00、宝物殿拝観9:00～16:00
- 休 無休(宝物殿は臨時休館あり)
- 料 無料(宝物殿500円)
- 交 箱根登山鉄道箱根湯本駅から元箱根・箱根町行きバスで元箱根または元箱根港下車、徒歩10分。箱根新道芦ノ湖大観ICから車で10分

湖畔にある平和の鳥居

---

**火山が形成した箱根屈指の景勝地**

## 大涌谷 (おおわくだに)

MAP 別冊P.44-B3

箱根の最高峰である神山が、約3000年前に水蒸気爆発を起こした爆裂火口の跡。今でも岩肌から水蒸気と硫気を噴出しており、地面から温泉が湧き上がる様子も見られる。事前予約制で、監視員の引率のもと大涌谷自然研究路への入場も可能。地熱と火山ガスの化学反応を利用して作った、黒い殻のゆで玉子「黒たまご」が名物。

ロープウエイからも大迫力の自然を楽しめる

**美しい景観を楽しめる県内最大級の湖**

## 芦ノ湖 (あしのこ)

MAP 別冊P.41-C2

周囲19km、面積6.9平方キロメートル、最深部は43.5mに及ぶ県内最大級の大きさを誇る湖。約3000年前に起きた火山の爆発によって、土砂が川をせき止めて誕生したカルデラ湖として知られる。芦ノ湖の背後には富士山を望むことができ、遊覧船、観光船、モーターボート、釣りなどアクティビティも充実。逆さ富士は、箱根の絶景のひとつとされる。

条件が揃うと、湖面に逆さ富士が見えることも

**関東総鎮守として尊崇される名社**

## 箱根神社 (はこねじんじゃ)

MAP 別冊P.41-D2

天平宝字元(757)年に、万巻上人が箱根大神の御神託により創建。古来、数多の武将が訪れ、関東総鎮守箱根権現として親しまれ、開運厄除・心願成就・交通安全・縁結びに御神徳の高い神様として知られている。境内にある宝物殿では、国の重要文化財である万巻上人坐像や箱根権現縁起、湯釜・浴堂釜などの常設展示を見学できる。

箱根大神が祀られている権現造の御社殿

---

大涌谷にある延命地蔵尊にあやかり、大涌谷名物の「黒たまご」は"1個食べれば7年寿命が延びる"といわれている。延命地蔵尊から徒歩15分ほどの閻魔台には、黒たまごの売店玉子茶屋がある。

### 140年の時を経て完全再現

##### はこねせきしょ
#### 箱根関所

`MAP` 別冊P.41-D3

元和5（1619）年に徳川幕府によって設けられた箱根関所を完全復元したもの。関所の通行人に改めを行った大番所、当時の生活の様子をうかがえる上番休息所や足軽番所、悪人を拘留した獄屋などがあり、高台にある遠見番所からは、芦ノ湖と富士の絶景が望める。

大工・石工技術など、江戸時代当時の匠の技や道具を使って復元された

### 森林浴気分でハイキング

##### はこねきゅうかいどういしだたみ
#### 箱根旧街道石畳

`MAP` 別冊P.21-C3

江戸時代初期に、幕府の官道として整備された街道。標高800mを超える箱根峠は、通称「箱根八里」と呼ばれ、長い東海道のなかでも最大の難所だったとされる。両側には、箱根宿を設けた際に植えられたと伝えられる樹齢約400年を誇る杉が生い茂る。

雨で道がぬかるむのを防ぐため、当時は近代的であった石畳が採用された

### 中世の地蔵信仰を物語る史跡

##### もとはこねせきぶつぐん
#### 元箱根石仏群

`MAP` 別冊P.20-B2

精進池の周辺に点在する、鎌倉時代から室町時代前期にかけて造られた石仏群。石仏・石塔の多くは国の重要文化財に、周辺一帯も国の史跡に指定されている。精進池のほとりにある資料館の石仏群と歴史館では、石仏群の詳しい歴史を学ぶことができる。散策路の所要時間は片道30分ほど、岩肌に彫られた石仏や石塔を見て回る。

さまざまな大きさの地蔵26体が刻まれた岩

### 観光に人気の箱根の玄関口

##### はこねゆもと
#### 箱根湯本

`MAP` 別冊P.43-D2

小田急ロマンスカー、箱根登山鉄道、箱根登山バスなどの交通機関が乗り入れる箱根の玄関口。箱根七湯のひとつで箱根温泉の中心的存在として人気。毎年11月3日に開催される、総勢170人の大名行列が旧東海道を練り歩く箱根大名行列も人気のイベントだ。

温泉を楽しめる宿泊施設も多く、飲食店やみやげ店が軒を連ねている

---

▶ 箱根関所
住 箱根町箱根1
TEL 0460-83-6635
営 9:00～17:00（12～2月は9:00～16:30、最終入場各30分前）
休 無休
料 500円（子供250円）
交 箱根登山鉄道箱根湯本駅から箱根町港行きまたは箱根関所跡行きバスで箱根関所跡下車、徒歩2分。東名御殿場ICから車で約50分

▶ 箱根旧街道石畳
住 箱根町元箱根・畑宿
TEL 0460-85-7410（箱根町総合観光案内所）
営 散策自由 料 無料
交 箱根湯本駅から箱根登山バスで旧街道石畳下車、徒歩すぐ

濡れると滑りやすいため要注意

▶ 元箱根石仏群
住 箱根町元箱根
TEL 0460-85-5700（箱根町総合観光案内所）
営 石仏群と歴史館10:00～16:00
交 箱根登山鉄道箱根湯本駅から箱根町方面行きで六道地蔵下車、徒歩すぐ。箱根新道山崎ICまたは小田原厚木道路小田原西ICから車で30分

▶ 箱根湯本
住 箱根町湯本706-35（箱根町総合観光案内所）
TEL 0460-85-5700
営 9:00～17:45 休 無休
交 箱根登山鉄道箱根湯本駅から徒歩2分

箱根大名行列の様子

---

info 箱根大名行列は昭和10（1935）年にスタートし、令和5（2023）年で第70回を迎える歴史ある行事。コロナ禍前に比べペコースなどが変更になったものの、第69回から箱根湯本芸者衆のパレードも復活し、WEB配信もスタートした。

### ▶早雲寺

- 🏠 箱根町湯本405
- ☎ 0460-85-5133
- 🕐 境内の拝観9:00〜16:00
- 🚃 箱根登山鉄道箱根湯本駅から徒歩15分

### ▶九頭龍神社 本宮

- 🏠 箱根町元箱根防ケ沢(箱根九頭龍の森内)
- ☎ 0460-83-7123(箱根神社)
- 🕐 9:00〜17:00 休 無休
- 💰 箱根九頭龍の森入園料600円
- 🚃 箱根ホテル桟橋・箱根園桟橋からモーターボート(有料)

### ▶箱根強羅公園

- 🏠 箱根町強羅1300
- ☎ 0460-82-2825
- 🕐 9:00〜17:00(最終入園16:30)
※季節により変動あり 休 無休
(メンテナンス等休業あり)
- 💰 550円(小学生以下は無料)
- 🚃 箱根登山鉄道強羅駅から徒歩5分

### ▶箱根湿生花園

- 🏠 箱根町仙石原817
- ☎ 0460-84-7293
- 🕐 9:00〜17:00(最終入園16:30)
- 休 無休(12〜3月中旬は休園)
- 💰 700円(小学生400円)
- 🚃 箱根登山鉄道強羅駅から箱根湿性花園行きバスで終点下車、徒歩すぐ

### ▶恩賜箱根公園

- 🏠 箱根町元箱根171
- ☎ 0460-83-7484
- 🕐 湖畔展望館9:00〜16:30
- 休 無休、湖畔展望館は12/29〜1/3 💰 無料
- 🚃 箱根登山鉄道箱根湯本駅から箱根町行きバスで恩賜公園前下車、徒歩すぐ

### ▶駒ヶ岳

- 🏠 箱根町元箱根139(駒ヶ岳ロープウェー) ☎ 0460-83-1151(箱根園内) 🕐 9:00〜16:30(ロープウェー上り最終)
- 休 無休(天候により運休あり)
- 💰 ロープウェー往復1800円
- 🚃 箱根湯本駅から箱根園行きバスで終点下車

---

**小田原城主・北条氏の菩提寺**

## 早雲寺
そううんじ

MAP 別冊P.43-D2

大永元(1521)年に北条早雲の息子である氏綱が創建した臨済宗大徳寺派の古刹。現在の伽藍は江戸時代再建以降のもので、境内には北条五代の墓がある。11月初旬の3日間は、本堂の襖絵と寺宝が特別公開されるが、現在は休止中。

1〜2月には紅梅や白梅が咲く

**九頭龍大神生誕の地に鎮座する**

## 九頭龍神社 本宮
くずりゅうじんじゃ ほんぐう

MAP 別冊P.41-C2

芦ノ湖の守護神・九頭龍大神を祀る。芦ノ湖畔箱根九頭龍の森内に鎮座する本宮、箱根神社境内に建立された新宮の2社に祀られ、金運、開運、商売繁盛、縁結びにご神徳の高い龍神様として崇敬される。毎月13日には月次祭が斎行される。

御神印は箱根神社で授与

**100年以上の歴史をもつ庭園**

## 箱根強羅公園
はこねごうらこうえん

MAP 別冊P.45-D3

大正3(1914)年に開園した、日本初のフランス式整型庭園。噴水池、ローズガーデン、温室などがあり四季の花木を楽しめる。園内の体験館では切子や陶芸などが体験でき、景色を眺めながら食事ができる飲食店も充実。

国登録記念物に認定されている

**日本で初めての湿原植物園**

## 箱根湿生花園
はこねしっせいかえん

MAP 別冊P.44-A1

湿原をはじめ、川や湖沼などの水湿地に生育する植物を中心に集めた植物園。低地から高山まで、日本各地の湿地帯植物約200種、草原や林、高山植物約1100種、珍しい外国の山草も含め、およそ1700種の植物を楽しめる。

散策の所要時間は1周約40分

**国登録記念物にも選ばれた箱根屈指の景勝地**

## 恩賜箱根公園
おんしはこねこうえん

MAP 別冊P.41-D3

芦ノ湖畔の箱根離宮跡地に広がる公園。園内では桜やツツジ、ヤマユリなど四季折々の美しい花木を楽しめる。公園のシンボルでもある湖畔展望館や展望台からは、芦ノ湖を眼下に、雄大な富士山の絶景が望める。

園内の弁天の鼻展望台からの景色

**ロープウエイからの景色も見応えあり**

## 駒ヶ岳
こまがたけ

MAP 別冊P.41-D2

箱根連山のひとつである標高1327mの山。芦ノ湖の湖畔から山頂まではロープウエイで結ばれており、約7分で山頂に到達できる。山頂には箱根神社の奥宮である箱根元宮があり、展望広場からは富士山や伊豆、相模湾などの景色を楽しめる。

夕日鑑賞に訪れる人も多い

---

info 九頭龍神社本宮の月次祭御祈祷受付は、伊豆箱根船舶営業所前にて当日の8:30〜10:00に行われる。参拝船が10:30に出航するため、受付はできるだけお早めに。乗船券1500円、御祈祷料2000円〜。

開館当初の姿をとどめる本館ギャラリーでは、近・現代彫刻の優品を展示

起伏のある丘を散策しながら芸術鑑賞を楽しめる

**見どころ**
「幸せをよぶシンフォニー彫刻」内は、全面のステンドグラスが織りなす幻想的な世界が広がる!

## 芸術を楽しむ
# 美術館・博物館

箱根にはアートを堪能できる
美術館・博物館がめじろ押し。
さまざまな作品に触れ、感性を磨こう。

❶高さ18mの塔の上からは美術館全体と箱根の山々が見渡せる(ガブリエル・ロアール「幸せをよぶシンフォニー彫刻」) ❷子供たちがアートを体感できる「ネットの森」❸目玉焼きのオブジェ ❹約7万平方メートルの広大な自然のなかに彫刻作品が点在

**自然と芸術の調和を楽しめる野外美術館**

ちょうこくのもりびじゅつかん
## 彫刻の森美術館

　昭和44(1969)年に開館した国内最初の野外美術館。近・現代の彫刻作品を中心に、1970年代以降の絵画作品も収集し、所蔵点数は2000点にのぼる。野外には、世界的な巨匠ロダン、ブールデル、ムーアなどの彫刻作品約120点が展示され、四季折々の自然のなかでアートを楽しめる。本館ギャラリーやピカソ館など室内展示も充実。子供たちが中に入って遊ぶことができる体験型アート作品もある。

🗺 **MAP** 別冊P.45-D3
🏠 足柄下郡箱根町ニノ平1121　📞 0460-82-1161　🕐 9:00〜17:00　休 無休
💴 1600円(高校・大学生1200円、中学・小学生800円)　🚉 箱根登山鉄道彫刻の森駅から徒歩2分

### 箱根で最も歴史ある美術館

はこねびじゅつかん
# 箱根美術館

　昭和27（1952）年に開館した箱根最古の美術館。縄文時代から江戸時代までの土器や陶磁器を中心に展示。石楽園、苔庭などからなる緑豊かな園内は、国の名勝。四季折々の表情を楽しめる。

**MAP** 別冊P.45-C3

**住** 足柄下郡箱根町強羅1300　**TEL** 0460-82-2623　**営** 4〜11月9:30〜16:30（最終入館16:00）、12〜3月 9:30〜16:00（最終入館15:30）茶室真和亭10:00〜15:30　**休** 木（祝日の場合は開館）、年末年始、展示替え日　**料** 1300円（高校・大学生600円、中学生以下無料、シニア割引1100円、障害者割引800円）　**交** 箱根登山鉄道強羅駅からケーブルカーで公園上駅下車、徒歩1分

創立者岡田茂吉が自ら設計した本館。中国風の青瓦が用いられている

約130種類の苔と220本のもみじが植えられた苔庭。紅葉のシーズンが人気

苔庭を眺めながら抹茶とお菓子を楽しめる茶室「真和亭」

### 東洋の美術品を集めた美の殿堂

おかだびじゅつかん
# 岡田美術館

　明治時代の欧米人向けホテル跡地に立つ、日本・東洋の美術品を収蔵する美術館。国内屈指の展示面積は約5000平方メートルにも及び、常時約450点の作品を展示。100%源泉かけ流しの足湯や飲食施設「開化亭」、庭園などもある。

**MAP** 別冊P.45-D3

**住** 足柄下郡箱根町小涌谷493-1　**TEL** 0460-87-3931　**営** 9:00〜17:00（最終入館16:30）　**休** 12月31日、1月1日、展示替え期間　**料** 一般・大学生2800円（小中高生1800円、足湯のみは足湯入場料500円）　**交** 伊豆箱根バス・箱根登山バス小涌園から徒歩すぐ

展示室は5階にわたり、陶器から絵画、屏風までさまざまな美術品が揃う

風神・雷神の大壁画「風・刻（かぜ・とき）」を眺めながら足湯を楽しめる

### 箱根の森に囲まれた自然と共生する美術館

ぽーらびじゅつかん
# ポーラ美術館

　ポーラ創業家2代目の鈴木常司氏が40年以上かけて収集した、約1万点の作品を収蔵する美術館。印象派などの西洋絵画から現代アートまでジャンルは多岐に及び、さまざまな企画展が行われている。

**MAP** 別冊P.44-B2

**住** 足柄下郡箱根町仙石原小塚山1285　**TEL** 0460-84-2111　**営** 9:00〜17:00（最終入館16:30）　**休** 無休　展示替えのため臨時休館あり　**料** 1800円（シニア65歳以上1600円、高校・大学生1300円、中学生以下無料）　**交** 箱根登山バス・観光施設めぐりバス停ポーラ美術館から徒歩すぐ

敷地内には、彫刻作品を眺めながら森の散策を楽しむ遊歩道もある

❶❷大きなガラスから光と緑を取り込む、透明感あふれる建築。日の差し込み方でさまざまな雰囲気に。自然景観に配慮し、高さを地上約8mに抑え、豊かな森の中に溶け込むように建てられている

## 日本初のヴェネチアン・グラス専門の美術館

### 箱根ガラスの森美術館
はこねがらすのもりびじゅつかん

16世紀から現代までのヴェネチアン・グラス作品を展示。体験工房やミュージアムショップ、レストランもあり、大涌谷を一望できる庭園には、クリスタルガラスのアーチ「光の回廊」など、美しいガラスアートが展示されている。

庭園ではクリスタルガラスが日光でキラキラと輝く

**MAP** 別冊P.44-B1

**住**足柄下郡箱根町仙石原940-48 **TEL**0460-86-3111 **営**10:00〜17:30（最終入館17:00) **休**成人の日の翌日から11日間 **料**1800円（高校・大学生1300円、小中生600円）**交**箱根登山バス・観光施設めぐりバス・小田急高速バス箱根ガラスの森から徒歩すぐ

青みをおびた乳白色のガラスが目を引く「花装飾脚オパールセント・グラス・ゴブレット」

## 絵画のようなすばらしい景色も自慢

### 箱根・芦ノ湖 成川美術館
はこねあしのこ なるかわびじゅつかん

山本丘人、平山郁夫など、昭和中期以降の現代日本画を中心に4000点以上の作品を収蔵。一面ガラス張りの展望ラウンジからは、芦ノ湖と箱根神社の赤い鳥居を見下ろす箱根の絶景を満喫できる。

**MAP** 別冊P.41-D3

**住**足柄下郡箱根町元箱根570 **TEL**0460-83-6828 **営**9:00〜17:00 **休**無休 **料**1500円（高校・大学生・1000円、小中生500円、幼児無料）**交**箱根登山バス・伊豆箱根バス元箱根港から徒歩すぐ

総長50mのガラス窓から望む景色は息をのむほどの美しさ

展示替えは年に3回。現代日本画の秀作を鑑賞できる

## 富士に出合える美術館

### 箱根写真美術館
はこねしゃしんびじゅつかん

三代にわたって写真家として活動した山田・遠藤家の居住敷地内に造られた美術館。常設展では遠藤桂「富士山写真展」を、2階ギャラリーでは国内外の新進写真家による企画展、協力作家の特別展を楽しめる。

**MAP** 別冊P.45-D3

**住**足柄下郡箱根町強羅1300-432 **TEL**0460-82-2717 **営**10:00〜17:00（日曜は8:00〜）**休**火（祝日の場合は営業、翌々日の木曜が振替休業）**料**500円（子供300円、6歳以下無料）**交**箱根登山鉄道強羅駅から徒歩4分

❶四季折々の富士山の美しさを感じられる1階の常設展 ❷強羅の自然のなかにひっそりとただずむ

## フランスの巨匠が手がける装飾美術に浸る

### 箱根ラリック美術館
はこねらりっくびじゅつかん

フランスを代表する工芸家ルネ・ラリックの作品を所蔵する美術館。約1500点のなかから、ジュエリーや香水瓶など、選び抜かれた約230点を展示する。ラリックが内装を手がけたオリエント急行も必見。

**MAP** 別冊P.44-A1

**住**足柄下郡箱根町仙石原186-1 **TEL**0460-84-2255 **営**9:00〜16:00（最終入館15:30)、カフェ・レストラン9:00〜17:00 **休**第3木（8月は無休）※展示替えのため臨時休館あり **料**1500円（大学・高校生・シニア65歳以上1300円、小中生800円）**交**箱根登山バス仙石案内所前、観光施設めぐりバス箱根ラリック美術館からすぐ

無料で入場できるカフェ・レストラン、ショップもある

モダン・ジュエリーの先駆けとなった傑作が並ぶ

150枚以上のガラスパネルがある車両の中でティータイムを楽しめる

※箱根写真美術館は2023年秋から2024年3月にかけ改装のための短期休館の予定あり。時期未定のためこの間の来館は事前にウェブサイト www.hmop.com などで確認を。

## 12分の1スケールのミニチュアハウスが一堂に集結

はこねどーるはうすびじゅつかん
# 箱根ドールハウス美術館

　海外から展覧会用に収集したドールハウスを展示。2大プライベートコレクションと呼ばれるイギリス、アメリカの貴重なコレクションをはじめ、ヨーロッパ、日本の貴重なドールハウスが収蔵されている。

**MAP** 別冊P.21-C2

🏠 足柄下郡箱根町芦之湯84-55 📞 0460-85-1321 🕐 10:00〜17:30、11〜3月は17:00まで（最終入館は30分前）🚫 火（祝は営業）※8月無休 💴 1800円（中高大生1500円、小学生1200円、小学生未満無料）🚃 小田原駅・箱根湯本駅からバス停芦の湯徒歩すぐ

ドールハウスは実物の12分の1サイズが基準

ショップやカフェもあり、ワークショップも行われる

200年以上前のアンティークドールハウスもある

## 火山のほぼ中心で箱根火山の魅力を学ぶ

はこねじおみゅーじあむ
# 箱根ジオミュージアム

　箱根火山の不思議を学べるミュージアム。箱根火山や大涌谷、箱根温泉など施設周辺の自然についてパネルや実物展示などで学ぶことができ、入口には無料で情報収集できるインフォメーションゾーンもある。

**MAP** 別冊P.44-B3

🏠 足柄下郡箱根町仙石原1251 大涌谷くろたまご館1階 📞 0460-83-8140 🕐 9:00〜16:00 🚫 無休 ※天候等により臨時休館の場合あり 💴 インフォメーションゾーン無料、ジオホール100円（子供100円、就学前児童無料）🚃 箱根ロープウェイ大涌谷駅から徒歩1分

施設で火山を学んだら、大涌谷で本物の火山の息吹を体感しよう

体験模型や実物の岩石などの展示もあり、子供も楽しめる

## 箱根山の歴史や文化に触れる

はこねちょうりつきょうどしりょうかん
# 箱根町立郷土資料館

　昭和58（1983）年に開館した、箱根山の歴史や文化を学べる資料館。温泉と道をテーマにした常設展では、箱根温泉が現在の十七湯となるまでの歴史をたどり、温泉観光地へと発展した道のりを学べる。

**MAP** 別冊P.43-D2

🏠 箱根町湯本266 📞 0460-85-7601 🕐 9:00〜16:30（最終入館16:00）🚫 水（祝日の場合は開館）、毎月最終月（祝日の場合は翌日）、年末年始 💴 300円（小中学生150円）🚃 箱根登山鉄道箱根湯本駅から徒歩5分

「歴史を知ると箱根はもっとおもしろい」がテーマ

## プレート衝突域に位置する珍しい研究所

かながわけんおんせんちがくけんきゅうじょ
# 神奈川県温泉地学研究所

　おもに地球科学の視点から、地震・火山災害の軽減や温泉・地下水の保全に役立つ研究を進めている研究所。研究内容を紹介する展示コーナーでは、プレート構造や火山、地震、温泉などについて学ぶことができる。

**MAP** 別冊P.46-A2

🏠 小田原市入生田586 📞 0465-23-3588 🕐 8:30〜17:00 🚫 土・日・祝、年末年始（12月29日〜1月3日）💴 無料 🚃 箱根登山鉄道入生田駅から徒歩5分

神縄断層の表面をはぎとった実物が展示されている

箱根火山の立体模型。火山の発達過程や災害の想定も投影される

館内には書籍・資料を自由に閲覧できる図書閲覧コーナーも

歴史とグルメを楽しめる神奈川西部の中心都市

# 小田原市 ●おだわらし

MAP 別冊P.46〜47

小田原城から見た小田原駅周辺の景色。右側のビルが2020年にオープンしたミナカ小田原（→P.380）

市章

人口 18万6338人
面積 113.6km²

波頭で小田原市の花である梅花を表したデザイン。

## エリアの拠点駅

▼小田原駅
JR線、小田急線、箱根登山鉄道、伊豆箱根鉄道大雄山線

## モデルプラン

小田原駅

↓ 徒歩10分

小田原城（▶P.282）

↓ 徒歩10分

小田原宿なりわい交流館（▶P.356）

↓ バス7分

鈴廣かまぼこの里（▶P.82）

↓ 徒歩15分

神奈川県立生命の星・地球博物館（▶P.284）

小田原は北条氏のもとで大きく発展した。江戸時代には箱根越えの前泊地として利用される重要な宿場町として栄えた。浮世絵にも当時の様子が活写されている。市内には老舗が昔のたたずまいを保ったまま営業を続けており、小さな博物館としても旅行客を迎えている（→P.278）。

地理的には神奈川県の西部に位置し、南に相模湾、西に箱根連山を擁し、小田原城の周辺に町が造られている。交通の要衝として町が発展してきたが、川や山、海、里とすぐ近くに豊かな自然が広がるため、食材にも恵まれグルメの町としても注目されている。

## 歩き方

### ● まずは小田原城。市街西部へはバスで移動を

小田原駅からも見える小田原城は難攻不落の城として知られた名城だ。小田原城址公園内には子連れでも楽しめる忍者体験ができる施設や遊園地もあるので、まずはお城を訪れよう。天守閣に登れば360度の視界が広がっている。半日程度の滞在ならば城の南から東に延びる国道1号線沿いの散歩をおすすめする。

たっぷり終日の行動が可能ならバスに乗って町の西にある見どころも訪ねよう。乗車時間はほんの数分。鈴廣のかまぼこ博物館ではかまぼこ作りの製造過程が見られるだけでなく、自身で作る体験も可能だ。ぜひ訪れたいもうひとつの場所は神奈川県立生命の星・地球博物館。世界各地の標本が集められ、恐竜の骨格標本も見ることができる。

小田原城周辺は散策にもいい場所

かなトーク

### 小田原グルメを楽しもう

小田原は城下町、宿場町として栄え多くの旅行者がここを通過した。旅人向けのみやげものが今も名産品として残っている。また目の前には日本三大深湾のひとつである栄養豊かな相模湾があり、多くの魚種が集まる。深海魚に加え、表層には黒潮が流れているため、アジやサバ、カツオなども取ることができる。自然豊かで地の利がよいことから小田原にはさまざまなジャンルの名店が揃っている。食を目的に訪れてもいい充実ぶりだ。

---

info 早川にある小田原漁港には相模湾や伊豆近海、全国各地の水産物が陸揚げされる。周辺には鮮魚を扱う料理店が並び、2019年には食事と買い物が楽しめる漁港の駅「TOTOCO小田原」（→P.349）もオープンした。

# 小田原 街かど博物館巡り

江戸時代、箱根越え前の宿場町として大いに栄えた小田原。古くから地場産業が盛んで、伝統工芸品や特産品を販売する老舗が多く残されている。それらを保存するため市の取り組みで「街かど博物館」に指定されている魅力的なスポットの数々を巡ってみよう。

**ブリ御殿で伝統の味を堪能** 　創業 明治26年（1893）

のれんとあじのはくぶつかん（だるまりょうりてん）
## のれんと味の博物館（だるま料理店）

　寿司や天ぷらなどの海鮮料理を提供し、天丼や鯵寿司が名物。大正12（1923）年の関東大震災で建物は倒壊したが、大正15（1926）年にブリの大漁で得た資金で現在の建物が建てられた。松やケヤキ、ヒノキを使い、各所に贅沢な装飾が施された建物は国登録有形文化財に指定されている。

**MAP** 別冊P.47-D1

🏠 小田原市本町2-1-30　☎0465-22-4128　🕐11:00〜20:00　休1/1〜1/3　**CC** ADJMV　**P** あり　🚃JR小田原駅から徒歩7分

店内に飾られているブリの大漁時の写真

❶贅を尽くした唐破風（からはふ）入母屋造りの建物　❷店内は天井が高く開放感がある　❸名物の天丼は特注の揚げ油で胃もたれしづらい

梅は小田原の品種「十郎」を使用しています

**創業 明治4年（1871）**

**創業時の梅干しが見られる**

うめよろずしりょうかん（らんかんばしちんりう）
## 梅万資料館（欄干橋ちん里う）

　小田原城の料理長を務めた小峯門弥が創業。梅干しをはじめ、梅製品や佃煮を販売し、店内には、古いものでは創業時に漬けた古い梅干しも展示されている。屋号は小田原城主・大久保忠禮による命名。

**MAP** 別冊P.47-C1

🏠 小田原市本町4-2-37　☎0465-23-1547　🕐9:00〜18:00　休不定休　**CC** ADJMV　**P** あり（2台）　🚃JR小田原駅から徒歩20分

❶3年間漬け込んだ「三年漬梅」も人気　❷小峯さん夫妻が店内の厨房で商品を作っている

**宿泊スポット**
## 古民家に泊まる

　RYOKAN PLUMは築100年を超える古民家を使用した宿。ビンテージ家具を配置した客室は和室・洋室から選べる。共同キッチン完備。小田原城へ徒歩3分とロケーションもいい。

**RYOKAN PLUM**　**MAP** 別冊P.47-D1

🏠 小田原市栄町1-19-14　☎080-7699-0404　**CC** ADJMV　**P** なし　🚃JR小田原駅から徒歩9分

大きな梅ののれんが目じるし

創業 元治2年（1865）

かまぼこ作り体験が人気

# 鈴廣かまぼこの里 鈴廣かまぼこ博物館
すずひろかまぼこのさと　すずひろかまぼこはくぶつかん

　かまぼこで全国的に有名な鈴廣だが、風祭にはさまざまな施設が集まった「鈴廣かまぼこの里」がある。そのうちのひとつがかまぼこ博物館。かまぼこ作り体験が人気で、ほかに工場での製造風景を見学したり、かまぼこに関する展示を見ることができる。

**MAP** 別冊P.46-A2
**住** 小田原市風祭245
**TEL** 0120-074-547　**営** 9:00～17:00
**休** 不定休　**CC** ADJMV　**P** あり
**交** 箱根登山鉄道風祭駅から徒歩5分

　●鈴廣蒲鉾本店の建物。博物館やレストランとともに「鈴廣かまぼこの里」として営業している　●日本全国の練り物を紹介する展示　●かまぼこ作り体験はファミリーに大人気

---

創業 明治26年（1893）

> カツオは
> 鹿児島県枕崎産の
> 一級品を使っています

かつおぶし一筋約130年の老舗

# かつおぶし博物館（籠常）
かつおぶしはくぶつかん（かごつね）

　●カツオ、宗田ガツオ、サバなどの削り節を量り売りしている　●味のある量り売り用の紙袋をもつ店の加治佐卓さん

　高品質のかつお節を作り続ける専門店で、旅館や料亭への卸をおもに行っている。店の奥が工場になっており、そのすぐ先は御幸の浜。かつては海で取れたカツオを直接工場に運んでいたという。

**MAP** 別冊P.47-D1
**住** 小田原市本町3-2-12　**TEL** 0465-23-1807
**営** 10:00～17:00　**休** 日　**CC** 不可　**P** なし　**交** 小田原駅から徒歩15分

---

創業 寛永10年（1633）

街かど博物館のなかで最古の歴史を誇る

# 薬博物館（済生堂薬局小西本店）
くすりはくぶつかん（さいせいどうやっきょくこにしほんてん）

　関東大震災で蔵以外店は倒壊したが、その後再建されて百味箪笥（ひゃくみたんす）を含め現在まで保存された。令和4(2022)年から土・日には蔵を一般公開している。

**MAP** 別冊P.47-C1
**住** 小田原市本町4-2-48　**TEL** 0465-22-2014
**営** 9:30～17:00　**休** 無休　**CC** 不可　**P** なし　**交** 小田原駅から徒歩15分

> 年季の入った
> 乳鉢や秤も
> 必見

店のロゴ入りトートバッグやオリジナルチャームもある

国登録有形文化財

---

# 博物館　そのほかの街かど博物館リスト

**小田原駅前梅干し博物館（ちん里う本店）**
◆創業 明治4(1871)年
梅干しのほか、梅を使った和菓子なども販売

**倭紙茶舖（江嶋）** ◆創業 寛文元(1661)年
和紙やお茶を販売。昭和初期に建てられた伝統建築が特徴

**漆・うつわギャラリー（石川漆器）** ◆創業 明治20(1887)年
室町時代におこった小田原漆器を製造・販売

**漬物・佃煮・惣菜工房（田中屋本店）** ◆創業 大正11(1922)年
煮豆と昆布の佃煮など、漬物や佃煮を扱う

**砂張ギャラリー鳴物館（柏木美術鋳物研究所）**
室町時代からの伝統を受け継ぐ鋳物製品の工房

**陶彩ぎゃらりい（松崎屋陶器店）** ◆創業：明治20(1887)年
日本各地の陶磁器を扱う。2階では陶磁器コレクションを見学可

**ハチミツ養蜂博物館（朝翠養蜂販売）** ◆創業：大正8(1919)年
国産・小田原産ハチミツを販売。カフェも併設しており養蜂の映像が見られる。

**ひもの工房（早瀬幸八商店）** ◆創業：大正元(1912)年
工場見学や干物作り体験ができる

**染め織り館（山田呉服店）** ◆創業：明治8(1875)年
絹織物を作る工程や染物の型紙などを展示

**かまぼこ歴史館（鱗吉）** ◆創業：天明元(1781)年
昭和の製造風景や漁獲風景などの写真を展示

**木地挽きろくろ工房（大川木工所）** ◆創業：昭和元(1926)年
木目がたいへん美しい木地挽きの器を販売

**ひもの体験館（ネタマ前田商店）** ◆創業：大正8(1919)年
干物の製造工程の見学、さばき作業の体験が可能

**寄木ギャラリー（露木木工所）** ◆創業：大正15(1926)年
寄木細工の製品を展示・販売するギャラリーがある

古代ローマ円形劇場遺跡を実測して再現した客席と光学硝子舞台。客席に座ると舞台が水面に浮かんでいるかのように見える

## アートな新空間

# 小田原文化財団 江之浦測候所

相模湾を見下ろす斜面に造られた敷地全体がアート作品の江之浦測候所。
散策を楽しみながら、日本の建築美と江之浦の自然に触れることができる。

❶「夏至光遥拝（げしこうようはい）100メートルギャラリー」の端は外に出られるバルコニーになっている
❷「冬至光遥拝隧道」は冬至の朝にこの通路を太陽の光がつらぬくよう設計された長さ70mのトンネル

江之浦測候所は現代美術作家の杉本博司氏が小田原市江之浦地区に設立したアート施設だ。江之浦は箱根外輪山を背に相模湾を望むエリアで、この地にあったミカン畑に構想から20年をかけアート施設を造り上げた。敷地には各地から集められた石や移築建築物が展示されており、夏至や冬至の朝の光を一直線に通すギャラリーや随道（トンネル）も造られている。

杉本氏にとって江之浦は最初に記憶された場所だ。旧国鉄のめがねトンネルから見た海の風景は写真家としての代表作『海景』につながる。杉本氏は古代人が意識をもってまず行ったことは天空のうちにある自身の場を確認する作業であり、それがアートの起源となったと考える。古代人のメンタリティを感じられるような施設を造りたいと考え、太陽の運行を測候できる場所として測候所と名付けた。

江之浦測候所の巡り方は自由だ。展示物を説明する冊子があるので、その順番に従って歩けばくまなく巡ることができる。一方、気ままに歩いて好きなアングルや光の場所を見つけるのもいい。先入観なく江之浦の風景や石組の美を楽しむことができるだろう。

しっかり予習してから訪れたいなら杉本氏の著書『江之浦奇譚』（岩波書店）を読んでおこう。石たちとの不思議な縁や施設造りの苦労話など44編の話が紹介されている。通路のそばに配置された礎石が非常に貴重なものだということも知ることができる。

通年のオープンだが、午前と午後の入れ替え制になっており入館者数は限られている。日が短い季節は斜面に当たる太陽が造る影が刻々と変化するので、入館後間もない時間に見た風景とは異なる表情を楽しむこともできる。季節や訪問時間帯を変えて、何度も訪問してみたいと思わされる場所だ。

❶ミカン畑の作業小屋のトタン屋根を使った茶室「雨聴天」
❷ミカン畑の道具小屋は「化石窟」として公開。使われていた農機具の反対側の壁に5億〜2億年前の化石が並ぶさまは圧巻
❸眺めのいい高低差のある敷地には今もミカンの木が残っている
❹竹林の隣に展示されている杉本氏の作品『数理模型0010』

荷物ロッカーとトイレも備える待合棟。4面がガラス張りで、中央の大テーブルは樹齢1000年を超える屋久杉 ©小田原文化財団

**MAP** 別冊P.48-B2

🏠小田原市江之浦362-1 📞0465-42-9170 🕐午前の部10:00〜13:00、午後の部13:30〜16:30（各回事前予約、入替制）夕景の部17:00〜19:00（8月の土・日・月のみ）　休火・水、臨時休館日あり　料午前の部&午後の部3300円、夕景の部2200円（インターネットからの事前予約の場合の料金）中学生未満は入館不可　🚃JR根府川駅から無料送迎バスあり。運行時刻は公式ウェブサイトで確認を。ネット予約時にバスも予約する。自家用車での来訪も可能だが、駐車台数に限りがあるので、見学予約時に申し込みが必要。JR線真鶴駅からはタクシーで約10分

江之浦測候所の正門の「明月門」。地震の被害を受けながらも戦災をくぐり抜け、創建時の建材を残し再建された

## おもな見どころ

**▶小田原城天守閣**
🏠 小田原市城内
☎ 0465-22-3818
🕐 9:00～17:00(最終入場16:30)
📅 12月第2水
💰 天守閣単独券510円(小・中学生200円)、常盤木門SAMURAI館との2館共通券610円(小・中学生220円)
🚃 小田原駅から徒歩10分

小田原の歴史を伝える多数の資料を展示

---

🔵 北条氏の居城として栄えた城
おだわらじょうてんしゅかく
# 小田原城天守閣

**MAP** 別冊P.47-C1

　室町時代に大森氏が築いた城郭が前身とされ、戦国時代より戦国大名小田原北条氏の関東支配の中心拠点として発展した城。上杉謙信や武田信玄の侵攻を退け、難攻不落の城として知られていた。天守閣内には、城の歴史を学べる展示があり、最上階には相模湾が一望できる展望デッキが。晴れた日は房総半島まで見ることができる。

昭和35(1960)年に復興された小田原市のシンボル

---

**▶小田原城址公園**
🏠 小田原市城内
☎ 0465-23-1373
🕐 9:00～17:00
📅 無休
💰 無料(SAMURAI館一般200円・小・中学生60円、NINJA館一般310円・小・中学生100円)
🚃 小田原駅から徒歩10分

さくら名所100選の地にも選ばれた桜の名所

美術性豊かな武具が揃うSAMURAI館

---

🔵 自然と歴史に触れられる公園
おだわらじょうしこうえん
# 小田原城址公園

**MAP** 別冊P.47-C1

　小田原城天守閣のある本丸を中心とした公園。城の歴史にまつわる展示や展望デッキがある天守閣のほか、甲冑などの武具を展示する常盤木門SAMURAI館、北条氏を陰で支えたといわれる風魔忍者をテーマとしたNINJA館、豆汽車などの乗り物があるこども遊園地などの有料施設が点在する。桜や藤、梅など年間を通してさまざまな花や植物を楽しめる。

NINJA館は参加・体験型の展示が豊富だ

---

**info** 小田原城址公園内の本丸茶屋では、北条家の家紋に見立てた3つの焼きおにぎりをだし茶漬けで楽しめる「小田原どん」を数量限定で提供。団子やあんみつなどの甘味も充実している。🕐9:00～17:00

### 小田原の偉人、二宮金次郎を祀る

#### 報徳二宮神社
ほうとくにのみやじんじゃ

MAP 別冊P.47-C1

明治27（1894）年創建。小田原城内に鎮座し、二宮尊徳翁（金次郎）を祀っている神社。境内には、昭和3（1928）年に寄進されたブロンズの二宮金次郎像があり、学業成就、商売繁盛、災難厄除、開運出世などに御利益があるとされる。

毎年4月15日は、社殿の創建日を記念し春の例祭が執り行われる

### 小田原城を見下ろせる美しい眺望

#### 石垣山一夜城
いしがきやまいちやじょう

MAP 別冊P.46-A2

天正18（1590）年に豊臣秀吉が総石垣の城を築城したことから石垣山城と呼ばれるようになったとされる。一夜で築城したように見せかけたという伝承が残るが、実際は約80日かけて築城された。関東最初の総石垣の城で、石垣などに当時の面影が色濃く残されている。

続日本100名城にも選定されている

### 大自然のなかで食を楽しむ

#### 一夜城ヨロイヅカファーム
いちやじょうよろいづかふぁーむ

MAP 別冊P.46-A3

石垣山一夜城のそばにある、パティシエの鎧塚俊彦氏が手がけるパティスリー&レストラン。大自然のなかで、ケーキなどのスイーツや、こだわりのランチコースを堪能できる。小田原で育てられた、えりすぐりの野菜や果物を購入できるマルシェも必見だ。

春・秋祭りなどさまざまなイベントも開催される

### 源頼朝旗揚げの地に立つ

#### 佐奈田霊社
さなだれいしゃ

MAP 別冊P.9-C2

源頼朝と平氏方の戦「石橋山合戦」で源氏の先陣（先駆け）を務めて討死した佐奈田与一義忠を祀る。のど、声、せき、喘息、気管支炎に霊験があると知られ、数多くの芸能関係者が参拝することでも有名。境内には、戦の最中に与一を埋葬した与一塚がある。

平安時代から神仏習合のまま残る数少ない霊社

---

▶ **報徳二宮神社**
- 住 小田原市城内8-10
- 電 0465-22-2250
- 営 境内参拝6:00〜18:00（冬季は〜17:00）
- 休 無休
- 料 無料
- 交 小田原駅東口から徒歩15分

高さ1mの二宮金次郎像

▶ **石垣山一夜城**
- 住 小田原市早川1383-12
- 電 0465-23-1373（小田原城総合管理事務所）
- 営 見学自由
- 交 小田原駅から車で約15分

展望台からは相模湾を一望できる

▶ **一夜城ヨロイヅカファーム**
- 住 小田原市早川1352-110
- 電 0465-24-3150（代表）、0465-43-8271（レストラン予約専用ダイヤル）
- 営 10:00〜17:00
- 休 火・水
- 交 JR早川駅または箱根登山鉄道箱根板橋駅から車で約8分

同店の畑の果物を使ったスイーツも

▶ **佐奈田霊社**
- 住 小田原市石橋420
- 電 0465-22-8554
- 営 参拝自由
- 交 JR早川駅から箱根登山バスで石橋下車、徒歩約15分

---

info 報徳二宮神社境内にあるきんじろうカフェでは、江戸時代に金次郎が食べていたという「呉汁」を楽しめる。金次郎のラテアートを施したドリンクも必見！ 営 10:00〜16:30

## 石橋山古戦場

▶石橋山古戦場
- 🏠 小田原市石橋
- ☎ 0465-33-1521(小田原市経済部観光課)
- 🕐 見学自由
- 🚃 小田原駅から車で約15分。西湘バイパス石橋ICから約5分

---

▶はこね・おだわら昆虫館
- 🏠 小田原市南町1-4-30
- ☎ 090-7721-8813、0465-24-3948 🕐 土・日10:00〜17:00※調査研究の際は休館。事前に要問い合わせ
- 🚫 月〜金 💴 無料
- 🚃 小田原駅から箱根方面行きバスで諸白小路下車、徒歩1分

---

▶神奈川県立生命の星
　地球博物館
- 🏠 小田原市入生田499
- ☎ 0465-21-1515
- 🕐 9:00〜16:30(最終入場16:00)
- 🚫 月(祝日の場合は翌平日)
- 💴 520円
- 🚃 箱根登山鉄道入生田駅から徒歩3分

---

▶曽我梅林
- 🏠 小田原市曽我別所282
- ☎ 0465-42-1965(開催期間中)
- 🕐 入場自由(売店等9:00〜16:00頃、食堂11:00〜15:00)※食堂・売店は梅まつり期間のみの営業(荒天時は閉店) 🚃 JR下曽我駅から徒歩15分。東名高速道路大井松田ICから車で15分

---

▶小田原フラワーガーデン
- 🏠 小田原市久野3798-5
- ☎ 0465-34-2814
- 🕐 9:00〜17:00(最終入館16:30)
- 🚫 月(祝日の場合は翌日)、ほか休日あり 💴 無料(有料施設あり)
- 🚃 小田原駅からフラワーガーデン・県立諏訪の原公園行きバスで終点下車、徒歩すぐ

---

▶小田原市尊徳記念館・
　二宮尊徳生家
- 🏠 小田原市栢山2065-1
- ☎ 0465-36-2381
- 🕐 9:00〜17:00(図書室・展示室)
- 🚫 図書室は第4月(祝日の場合は翌日)
- 💴 200円(小・中学生100円)
- 🚃 小田急線栢山駅から徒歩15分

---

### 源頼朝挙兵の地

# 石橋山古戦場
いしばしやまこせんじょう

MAP 別冊P.9-C2

平安時代末期の治承4(1180)年に、源頼朝と平氏政権勢力が戦った石橋山の合戦が行われた古戦場。頼朝は大苦戦の末に、10倍を超える敵の軍勢に破れ、箱根山中に逃れた後、安房(千葉県)へと向かったとされる。

相模湾を望める高台に石碑もある

---

### 約800種類の昆虫標本を展示

# はこね・おだわら昆虫館
はこね・おだわらこんちゅうかん

MAP 別冊P.47-C1

館長の佐藤勝信氏が、自宅の一部を博物館とし、私蔵する2万点もの昆虫標本の一部を公開している昆虫博物館。自身が採集した箱根や小田原などに生息する昆虫を中心に、王道の昆虫から珍種までを幅広く取り揃えている。

手を触れることのできる標本もある

---

### 地球の歴史を楽しく学べる
# 神奈川県立生命の星 地球博物館
かながわけんりつせいめいのほし ちきゅうはくぶつかん

MAP 別冊P.46-A2

誕生から現在までの46億年にわたる地球の歴史、生命の多様性を学べる博物館。常設展では、恐竜や隕石から小さな昆虫まで1万点にのぼる実物標本を展示。自然や生物にちなんだ特別展・企画展も随時開催されている。

恐竜の全身骨格も4体ある

---

### 毎年開催される梅まつりは必見

# 曽我梅林
そがばいりん

MAP 別冊P.9-C1

中河原・原・別所(当地)の梅林からなり、約3万5000本の梅が植えられている。毎年2月頃には梅まつりが開催され、県内外から多くの観光客が観梅に訪れる。歌舞伎で有名な「曽我物語」ゆかりの地としても有名。

梅まつり期間中は臨時バスも運行

---

### 四季折々の花や熱帯植物を観賞

# 小田原フラワーガーデン
おだわらふらわーがーでん

MAP 別冊P.8-B2

四季を通じてさまざまな花を楽しむことができる植物公園。メイン施設のトロピカルドーム温室では約300種類にも及ぶ熱帯・亜熱帯の植物が、公園面積の約半分を占める渓流の梅園では、500本もの花梅が咲き誇る。

真冬を除き、1年中バラを楽しめる

---

### 二宮尊徳生誕の地に立つ記念館

# 小田原市尊徳記念館・二宮尊徳生家
おだわらしそんとくきねんかん・にのみやそんとくせいか

MAP 別冊P.48-B1

二宮尊徳翁(金次郎)の生家に隣接する記念館。ジオラマやアニメーション映画など、さまざまな設備を取り入れた展示室では、尊徳にまつわる資料や遺品を通し、彼の生涯や業績を学ぶことができる。敷地内には大柄の尊徳像も。

復元された生家の内部も見学可

---

info 小田原フラワーガーデン前のメモリアルロードは、ソメイヨシノ、オオシマザクラ、ジンダイアケボノザクラが植栽されており、小田原市の桜の名所としても有名。見頃は3月下旬〜4月上旬。

# エリアナビ

# 西湘エリア

## このエリアでしたいこと Top 5

1. 足柄峠から富士山を眺める ▶ P.287
2. 丹沢湖でキャンプを楽しむ ▶ P.292
3. 湯河原で温泉につかる ▶ P.289
4. 真鶴で美しい海の風景と出合う ▶ P.288
5. 初春に松田町でロウバイを愛でる ▶ P.294

都心から近い位置にありながら海や川、山などの自然に恵まれたエリア。みかんや米、生乳といった農畜産物だけでなく、漁業も盛ん。国際的な観光地・箱根や城下町・小田原にも近く、相模の小京都・湯河原を有し、観光業も盛んだ。

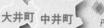

### 南足柄市 ▶ P.286

県内一人口の少ないのどかな市。「全国水の郷百選」「全国水源の森百選」などにも選ばれるほどおいしい水が飲める。大雄山最乗寺が有名。

滝行も行われる南足柄市の夕日の滝

### 山北町 ▶ P.292

丹沢の山に囲まれた自然豊かな町。ダム湖百選の丹沢湖、武田信玄の隠し湯といわれる中川温泉、紅葉の名所・ユーシン渓谷など見どころも多い。

### 中井町／大井町 ▶ P.293

神奈川県の南西部にある里山に囲まれた中井町は湧水が豊富。大井町はその西にあり温暖な気候を利用し農業が盛ん。いずれも都心からのアクセスがいい。

### 真鶴町 ▶ P.288

相模湾に突き出した真鶴半島はその形が翼を広げた鶴に似て見えることからその名がついた。豊富な水産資源に恵まれ、真鶴港、岩漁港、ふたつの港がある。

### 松田町／開成町 ▶ P.294

松田町は首都圏から近い大自然を満喫できるエリア。県内一小さい自治体・開成町は毎年「あじさいまつり」が開催されるアジサイの名所。

6月には5000株のアジサイを咲かせる開成町のあじさいまつり

### 湯河原町 ▶ P.289

万葉集にも詠まれた全国的に有名な温泉や、山、海などの観光スポットも多い。昨今、芸術の町として自宅や店舗をアートスペースに開放している。

山々の自然豊かな金太郎のふるさと

# 南足柄市 ●みなみあしがらし

MAP 別冊P.48-A1

**市章**
「ミナミ」の3文字を図案化したもの

**人口** 3万9817人
**面積** 77.12km²

 **エリア利用駅**

▼大雄山駅
伊豆箱根鉄道

## 歩き方

壮大な景色を存分に味わいたいときは、足柄三山（明神ヶ岳、金時山、矢倉岳）の山頂が富士山絶景ポイントとして有名なためチェックしておこう。

金太郎伝説ゆかりの地巡りはもちろん、市内各所で出合える金太郎にも注目したい。塔や像などあちこちで見つかるはず。樹齢500年前後の杉並木の参道を抜け「大雄山最乗寺」では大小さまざまな下駄を見たり、参拝に合わせて天狗伝説の里巡りをしたりもおすすめ。長旅のあとは、「道の駅足柄・金太郎のふるさと」に寄って買い物を楽しもう。地元野菜や特産品、キュートな金太郎グッズやおみやげが見つかるかも。

▶ **大雄山最乗寺**
**住** 南足柄市大雄町1157
**電** 0465-74-3121
**営** 総受付6:00～16:00
　お守り売り場9:00～16:00
**休** 無休
**料** 無料
**交** 伊豆箱根鉄道大雄山駅から道了尊行きバスで終点下車、徒歩2分、東名高速道路大井松田ICから車で20分

長い階段の先には奥の院がある

展望地から富士山の美しい姿を見ることができる

最高峰の金時山を中心に、東方にのびる箱根外輪山と北方にのびる足柄山塊を両翼とし、約90度の扇状の地形をしている。約7割を森林が占め、水の郷百選にも選定。市街地は市の中央を流れる狩川と鉄道路線を中心に形成される。数多くの遺跡から、2～3万年前の後期旧石器時代の出土品、また、古代から中世にかけ、都と東国を結ぶ官道である「足柄道」という街道があったこと、『万葉集』や『更級日記』などでも足柄峠や古道についての記述が見られるなど歴史の長さがわかる。金太郎伝説ゆかりの地であり、金太郎といえば足柄山の金太郎、そのため足柄は金太郎のふるさととされる。また、大雄山最乗寺は天狗伝説でもよく知られる。

## おもな見どころ

静寂の山中にたたずむ関東の霊場

### 大雄山最乗寺　だいゆうざんさいじょうじ

MAP 別冊P.48-A1

曹洞宗の高僧であった了庵慧明禅師が、応永元（1394）年に創建した名刹。広大な寺領に、本堂をはじめ30余りの堂塔がそびえ立つ。寺の建設にも貢献した道了という僧が、了庵慧明の没後、寺を護るために天狗の姿となり山中に飛び去ったという「天狗伝説」が残っており、寺の守護神として祀られている。大小さまざまの鉄下駄、天狗のうちわも奉納されている。

門を越えると道了大薩埵の浄域とされる結界門

伊豆箱根鉄道大雄山駅の発車メロディは「まさかりかついで金太郎～」でおなじみの童謡「金太郎」。"南足柄市といえば金太郎"というイメージを定着させるよう、伊豆箱根鉄道との協働で発車メロディが導入された。

南足柄市

## かながわの景勝50選のひとつ
### 足柄峠
あしがらとうげ

MAP 別冊P.8-A1

神奈川県南足柄市と静岡県駿東郡小山町の境にある峠。富士山を望める足柄峠城址公園や、相模湾や江の島、三浦半島を眺められる足柄万葉公園などがあり、ハイキングコースも整備されている。

万葉集には「足柄」を詠む多くの歌が残されている

## 金太郎の伝説が残る滝
### 夕日の滝
ゆうひのたき

MAP 別冊P.8-B1

金太郎が産湯につかったと伝えられている、酒匂川の支流にかかる落差23m、幅5mの滝。夏にはキャンプ場が開かれ、BBQや水遊びを楽しむ人々でにぎわう。近くには金太郎の生家跡や、金太郎がよじ登って遊んだといわれる金太郎遊び石がある。

毎年7月に夕日の滝びらきがある

## 7基の万葉歌碑がある
### 足柄万葉公園
あしがらまんようこうえん

MAP 別冊P.8-A1

足柄峠に位置し、箱根や足柄平野、相模湾を見渡すことができる自然公園。足柄山や足柄地方を詠んだ万葉集の歌碑があり、歌に出てくるネズ、エゴノキ、アセビなど約90種の花木が植栽されている。

歌碑のある万葉広場は約45分で1周することができる

## 足柄の名産品を堪能
### 道の駅 足柄・金太郎のふるさと
みちのえき あしがら・きんたろうのふるさと

MAP 別冊P.48-B1

令和2（2020）年に開業した道の駅。地元産の野菜や総菜、特産品を使ったオリジナル商品が並ぶ物販と、相州牛、かながわ鶏などを使った創作料理、足柄茶を使ったスイーツなどを楽しめる食堂がある。

足柄茶を取り入れた商品など、おみやげの種類も豊富

## 大雄山最乗寺への玄関駅
### 大雄山駅
だいゆうざんえき

MAP 別冊P.48-A1

伊豆箱根鉄道大雄山線の終点駅。駅前には、熊にまたがる金太郎のブロンズ像があり、発車メロディには童謡の「金太郎」を採用。駅舎は南足柄市が制定する有形文化財に登録されている。

大きな三角屋根が特徴的。関東の駅百選に選定されている

---

▶ **足柄峠**
- 🏠 南足柄市、静岡県駿東郡小山町
- 📞 0465-74-2111（南足柄市観光協会）
- 🕐 散策自由
- 🚃 伊豆箱根鉄道大雄山駅から地蔵堂行きバスで地蔵堂乗り換え、足柄万葉公園行きで終点下車、徒歩10分

▶ **夕日の滝**
- 🏠 南足柄市矢倉沢
- 📞 0465-74-2111（南足柄市観光協会）
- 🕐 見学自由
- 🚃 伊豆箱根鉄道大雄山駅から地蔵堂行きバスで終点下車、徒歩15分

▶ **足柄万葉公園**
- 🏠 南足柄市矢倉沢1939-1
- 📞 0465-74-2111（南足柄市役所産業振興課）
- 🕐 入園自由
- 🚃 伊豆箱根鉄道大雄山駅から地蔵堂行きバスで地蔵堂乗り換え、足柄万葉公園行きで終点下車、徒歩すぐ

▶ **道の駅 足柄・金太郎のふるさと**
- 🏠 南足柄市竹松1117-1
- 📞 0465-70-1815
- 🕐 物販9:00〜17:00、食堂10:00〜17:00 🈳 無休 💴 無料
- 🚃 大井松田ICから車で約10分

お茶ふりかけ

▶ **大雄山駅**
- 🏠 南足柄市関本592-1
- 🕐 始発〜最終
- 🈳 無休
- 🚃 小田原駅から電車で21分

---

 道の駅 足柄・金太郎のふるさとのふるさとゴハン食堂には、ローストビーフラーメン2300円や、ウニとろ牛めし3580円など、特産品の相州牛を贅沢に楽しめるメニューも充実！ 道中の腹ごしらえにおすすめだ。

文化人も愛した美しい海辺の町

# 真 鶴 町 ●まなづるまち

**人口** 6755人
**面積** 7.05km²

鶴の羽部分は港を、頭の部分は入り船を表現

## 🚉 エリアの拠点駅

▼真鶴駅
JR線

## 歩き方

荒井城址公園で竹林の中の遊歩道を澄んだ空気を感じながらゆっくり散歩しよう。3月下旬から4月上旬頃には、名物のしだれ桜が見頃を迎え、これに合わせて桜祭りが行われるため、事前にチェックを。町を散策する際には、背戸道と呼ばれる車が通れないほどの細い路地を見つけたらぜひとも歩いてみよう。真鶴らしい美しさや昔ながらの町並みがきっと見つかるはず。泊まりがけで訪れた場合は、真鶴のシンボルでもあり日の出スポットとしても有名な三ツ石を訪れたい、早起きして見る日の出の美しさは一見の価値あり。

### ▶ 真鶴岬
🏠 真鶴町真鶴1175
☎ 0465-68-1131
🕐 見学自由
🚌 JR真鶴駅からケープ真鶴行きバスで終点下車、徒歩5分

### ▶ 真鶴町立中川一政美術館
🏠 真鶴町真鶴1178-1
☎ 0465-68-1128
🕐 10:00〜16:00(最終入館15:30)
🚫 不定休
💰 600円(特別展は別途)
🚌 JR真鶴駅からケープ真鶴行きバスで中川一政美術館下車、徒歩1分、西湘バイパス石橋ICから車で20分

毎日新鮮な魚介が水揚げされる真鶴港。近くには鮮魚の直売所もある。

神奈川県の南西部・足柄下部に位置する、南北に約7km、東西に約1kmと県内で2番目に小さな町。箱根火山の南東側外輪山麓と相模湾に突き出た小半島で構成され、坂道の多い地形で平坦な可住地面積が県内最小の港町である。1980年代後半からの都市政策の影響で真鶴町にも開発が及びかけたが、さまざまな町の努力により平成5(1993)年には「真鶴町まちづくり条例」(通称「美の基準」)が制定され、真鶴らしさ・真鶴の美しさを現在まで残すことに成功。開発の行われていない、多くの文豪や芸術家も愛した、ありのままの姿を今も残している。

## おもな見どころ

### 日の出スポットとしても人気

#### まなづるみさき
#### 真鶴岬

真鶴町にある太平洋に突き出した岬。岬の突端から約500mあたりの海上にある、海面からのぞく3つの大きな岩「三ツ石」が有名。晴れた日には、伊豆大島や初島を望むことができる。

かながわの景勝50選にも選ばれている景勝地

### 文化勲章受賞画伯の作品に触れる

#### まなづるちょうりつなかがわかずまさびじゅつかん
#### 真鶴町立中川一政美術館

真鶴町にアトリエを構え、20年にわたり真鶴半島にある漁村福浦の風景などを描いた文人画家・中川一政の絵画や書、陶芸を展示。「福浦」「箱根駒ケ岳」の風景などの代表作も鑑賞できる。

常時70〜80点の作品が展示され、所要時間は約40分

**info** フランスからイタリアにかけての地中海沿岸に、美しい景観で有名な観光保養地・リビエラがある。水彩画家・三宅克己は、かつて暮らしたヨーロッパの風景に似ていたことから、真鶴町を「日本のリビエラ」と表現した。

文人墨客にも愛されてきた歴史ある温泉町

MAP 別冊P.48-A2

# 湯河原町 ●ゆがわらまち

海の観光も山の観光も楽しめる温泉保養地

町章

人口 2万2473人
面積 40.97km²
ひらがなの「ゆ」とみかんの葉を組み合わせている

エリアの拠点駅
▼湯河原駅
JR線

**歩き方** 町の見どころは点在しているので、バスを使って観光するといい。温泉街に行くなら奥湯河原行きに乗車。温泉街の散策なら不動滝で下車して万葉公園まで坂道を下ろう。不動滝まではバスで所要約13分。バス停から万葉公園までは約1kmの下り道だ。幕山方面へは幕山公園行きか鍛冶橋行きのバスで。海水浴場や福浦漁港を目指すなら真鶴行きのバスを利用する。

**湯河原町は箱根外輪山から海岸にいたるエリアまで広がっている。温泉街は町の南西を流れる千歳川沿いにあり、山のハイキングから海水浴まで楽しむことができる。温泉は東日本で唯一万葉集に詠まれた歴史あるもので、やわらかな湯は傷や打ち身などにも効くことから傷病兵の療養地としても使われていた。現在も共同でお湯を管理している。**

## おもな見どころ

万葉集に詠まれた名湯が今も人気の温泉郷

### 湯河原温泉街（ゆがわらおんせんがい）

MAP 別冊P.48-A2

温泉地としての歴史は古く、1200年以上前に編まれた日本最古の歌集である万葉集にも登場している。弱アルカリ性のお湯はやわらかく、傷や打撲、婦人病に効くと昔から評判が高い。江戸時代の東日本の温泉番付では、前頭筆頭（第4位）にランクされたこともあり、日清・日露戦争の傷病兵の療養地として選ばれるほど有名だった。源泉は今も一村共有温泉として守られている。

温泉宿は千歳川沿いに奥湯河原まで点在している。家族向けや日帰り滞在が可能なカジュアルな宿から、小規模の隠れ家宿まで揃っている。作家が長逗留して作品を書いた宿もあり、現在も歴史的な建築物に泊まることが可能だ。

自然豊かな谷の川沿いに発展した温泉街だ

▶湯河原温泉街
住 足柄下郡湯河原町
TEL 0465-64-1234（湯河原温泉観光協会）
交 JR湯河原駅から奥湯河原行きバスで落合橋下車すぐ

秋の奥湯河原は紅葉が見事

info 湯河原は四季を通して楽しむことができ、季節ごとのイベントも開催されている。景色を愛でるなら秋の紅葉がおすすめ。万葉公園や奥湯河原、奥湯河原からハイキングで訪問できる池峯もみじの郷は特に美しい紅葉が見られる。

## 万葉公園

**住** 足柄下郡湯河原町宮上704
**電** 0465-43-7830（湯河原惣研
（株））
**営** 散策自由　**休** なし（公園内施
設には定休日あり）
**料** なし
**交** JR湯河原駅から奥湯河原行き
バスで落合橋下車すぐ

玄関テラスには
無料で利用でき
る足湯もある

## 湯河原梅林・梅の宴

**住** 足柄下郡湯河原町鍛冶屋923
**電** 0465-63-2111（湯河原町観光
課）
**営** 9:00〜16:00
**休** なし
**料** 200円
**交** 開催期間中は臨時直通バスが
運行される。JR湯河原駅3番乗り
場から幕山公園行きバスに乗車。

幕山を一望できる場所で休憩できる

## 町立湯河原美術館

**住** 足柄下郡湯河原町宮上623-1
**電** 0465-63-7788
**営** 9:00〜16:30
**休** 水、館内作業日、12/28〜31
**料** 大人600円、子供300円
**交** JR湯河原駅から奥湯河原行き
バスで美術館前下車すぐ

庭園の散歩も楽しみたい

---

**日帰り入浴施設もある渓流散策が楽しめる公園**

### 万葉公園

まんようこうえん

**MAP** 別冊P.48-A2

　千歳川と藤木川が合流する場所から西に延びる公園。
2021年に公園内施設がリニューアルされ、日帰り入浴施設の
「湯河原惣湯Books & Retreat」がオープンした。公園入口
近くにはカフェ併設の
「玄関テラス」があ
る。高低差のある公
園で渓流沿いの散策
が心地よい。5月末か
ら6月初めはホタルを
見ることもできる。秋
の紅葉の景色も見事。

遊歩道のところどころに休憩用のベンチがある

**春の幕山を彩る4000本の梅林**

### 湯河原梅林・梅の宴

ゆがわらばいりん・うめのうたげ

**MAP** 別冊P.48-A2

　2月から3月上旬にかけて幕山公園（湯河原梅林）で催され
る梅祭り。期間中は飲食店やみやげ物店が並び、さまざまな
イベントも開催される。幕山公園は幕山の麓に整備された公
園で、山肌には4000
本近い梅が植えられて
いる。2月下旬に見頃
を迎えるが、梅の木々
は種類により開花時期
が違うので、2月上旬
でも梅林の散策と、
眺望を楽しめる。

満開の時期は麓がピンクと白に染まる

**日本画家のアトリエも見ることができる**

### 町立湯河原美術館

ちょうりつゆがわらびじゅつかん

**MAP** 別冊P.48-A2

　リウマチ治療で湯河原を訪れていた画家、竹内栖鳳がアトリ
エを造り作品を描いていた老舗旅館の本館を改築して美術館
としてオープンした。湯河原に縁のある作品を集めており、日
本画家の平松礼二の
作品を展示する専用
の展示室もある。レン
ガ造りの美術館の建
物には、日本庭園が
隣接しており、庭園を
見ながらお茶を楽しめ
るカフェも評判がいい。

万葉公園から徒歩数分の場所にある

温泉街の中心エリアは町立湯河原美術館から万葉公園の間で、飲食店やおみやげを購入できる店舗もある。湯河原には
日帰り入浴が可能な温泉施設は10軒近くあり、食事を提供する施設もある。必ず営業時間を確認して訪問を。

### マイナスイオンを浴びてリフレッシュ

## 不動滝
ふどうたき

MAP 別冊P.48-A2

落差15mの迫力満点の滝。滝の近くまで遊歩道が続いているため、滝を間近で見ることができる。滝つぼ周辺から新鉱物、湯河原沸石が発見されたことでも有名で、湯河原町指定の天然記念物となっている。滝の左側には身代わり不動尊、右側には出世大黒尊が祀られており、厄除けや出世祈願に全国から参拝客が訪れる。

滝までの道中には、甘味処や足湯などがある

▶ 不動滝
住 湯河原町宮上750
TEL 0465-64-1234
営 見学自由
交 JR湯河原駅から箱根登山バス奥湯河原行きで不動滝下車、徒歩すぐ

### 歴史に残る二・二六事件の現場

## 光風荘
こうふうそう

MAP 別冊P.48-A2

昭和11（1936）年に起こった陸軍の青年将校たちによるクーデター二・二六事件で、東京以外で唯一事件の舞台となった場所。昭和天皇の側近であった前の内大臣牧野伯爵が襲撃されたが、護衛官や地元民の活躍で無事だった。クーデターを率いた河野大尉が自決に用いたナイフなど、事件に関する資料や遺品が展示されている。

1週間前までの予約でガイド付き（約40分）

▶ 光風荘
住 湯河原町宮上562-3
TEL 0465-63-2111（湯河原町役場地域政策課）
営 10:00～15:00（最終受付14:30）
休 平日 ※1週間前までの予約で入館可
料 無料
交 JR湯河原駅から箱根登山バス奥湯河原行きバスで公園入口下車、徒歩1分

### 源頼朝を支えた土肥一族の菩提寺

## 城願寺
じょうがんじ

MAP 別冊P.48-A2

平安時代末期に武将・土肥次郎実平が創建したと伝えられる曹洞宗の寺院で、境内には多様な墓型をした66基の墓石が揃う土肥一族の墓もある。樹高20m・推定樹齢900年の柏槙の名木は、国指定天然記念物にも指定されている。

柏槙は表参道を登りきると右側にある

▶ 城願寺
住 湯河原町城堀252
TEL 0465-62-4010
営 参拝自由
休 無休
料 無料
交 JR湯河原駅から徒歩8分

### 湯河原随一のパワースポット

## 五所神社
ごしょじんじゃ

MAP 別冊P.48-A2

天智天皇の時代に、この地方の総鎮守として創建されたと伝えられる歴史ある神社。推定樹齢850年の御神木・オオクスやイチョウの巨木があり、パワースポットとして人気。境内には、七福神の石像7体も揃っており、御利益にあずかれる。

源頼朝の戦勝祈願が行われたとされる

▶ 五所神社
住 湯河原町宮下359-1
TEL 0465-62-5869
営 参拝自由
休 無休
料 無料
交 JR湯河原駅から徒歩15分

 info 不動滝、だるま滝、五段の滝、去来の滝、白雲の滝の5つの滝を総称して「湯河原五大滝」と呼ぶ。奥湯河原入口と天照山の間を往復する天照山ハイキングコースで、5つの滝巡りを楽しめる（所要時間3時間20分）。

町章
人口 9468人
面積 224.70km²
山北の字を形どったもので中の山形の方向は北を示す

## エリアの拠点駅

▼山北駅
JR線

### 歩き方

鉄道関係の歴史や貴重な品々を展示する「山北町鉄道資料館」（土・日曜・祝日のみ開館）で予習後、「山北鉄道公園」で実際の蒸気機関車D52を見よう。月1回の整備運行日にはここでしか見られない動くD52の姿が見られる。次に三段の滝からなる「洒水の滝」まで森林の中の遊歩道を散策。滝の水が流れる滝沢川は名水に数えられる。

丹沢湖からの富士山の絶景は必見。季節により桜や紅葉、サイクリングやボート、キャンプなどアウトドアもおすすめ。中川温泉で日帰り温泉を楽しもう。

▶丹沢湖
住 山北町神尾田
TEL 0465-78-3415（丹沢湖記念館）、0465-75-2717（山北町観光協会） 営 見学自由 交 JR山北駅から西丹沢方面行きバスで丹沢湖下車、徒歩すぐ。大井松田ICから車で約30分

▶山北鉄道公園
住 山北町山北1981
TEL 0465-75-2717（山北町観光協会）営 入園自由
交 JR山北駅から徒歩2分

▶洒水の滝
住 山北町平山
TEL 0465-75-2717（山北町観光協会）営 入場自由 交 JR山北駅から山北町内循環バスで平山下車徒歩10分。大井松田ICから車で約15分

新遊歩道が整備されている

---

丹沢の大自然に囲まれた山間の町
# 山北町 ●やまきたまち

MAP 別冊P.4-B3

神奈川県の最西端に位置する町。横浜市、相模原市に次いで県内3番目の広さを誇り、その面積の約9割は丹沢大山国定公園や県立自然公園などを含む山岳地帯。丹沢の山々に囲まれた豊

秋色に染まった丹沢の山

富な森林資源を活用し、健康増進と疾病予防を目指す森林セラピー事業の推進を積極的に行っている。中心には昭和53（1978）年の三保ダムの建設により出現し、ダム湖百選にも選ばれた「丹沢湖」、武田信玄の隠し湯として有名な名湯である中川温泉をはじめ、滝100選「洒水の滝」といった観光資源も豊か。明治22（1889）年の東海道線の開業にともない山北駅が開業したことにより、鉄道の重要拠点となり、かつては「鉄道のまち」と呼ばれた。

## おもな見どころ

### 四季折々の眺望を楽しめる
#### 丹沢湖 たんざわこ
MAP 別冊P.4-B3

昭和53（1978）年の三保ダムの建設により出現した人造湖。湖畔には、丹沢湖の歴史を学べる「丹沢湖記念館・三保の家」などの施設があり、ボート、釣り、キャンプなども楽しめる。

夏には花火大会が行われ、秋には紅葉が見られる

### D52の整備運行は必見！
#### 山北鉄道公園 やまきたてつどうこうえん
MAP 別冊P.48-A1

「日本最強の蒸気機関車」と呼ばれる蒸気機関車D52が動態保存されている公園。園内には遊具やゲートボール場があるほか、月に一度の整備運行時には、D52が実際に動く様子を見ることもできる。

鉄道ファンの声で線路の延伸を検討中

### かながわの景勝50選に指定された名瀑
#### 洒水の滝 しゅすいのたき
MAP 別冊P.48-A1

酒匂川の支流、滝沢川から流れ落ちる三段の滝。鎌倉時代の名僧文覚上人が修行をしたといわれ、付近には彼が安置したとされる穴不動がある。日本の滝100選、名水百選にも選定されている。

毎年7月第4日曜には「洒水の滝祭り」が行われる

info 人口は1万人ほどだが、コロナ禍中でも約120万人、コロナ前は約150万人と多くの観光客が訪れる。武田信玄と家来たちが戦いの傷を癒やしたという中川温泉周辺には温泉宿が多数営業しており、観光客の宿泊場所に人気。

山北町◆中井町◆大井町

おいしい地下水と緑があふれる `MAP 別冊P.9-C1`

# 中井町 ●なかいまち

神奈川県の南西部に位置する町。北に丹沢山地、西に富士山、南に相模湾を望み、自然豊か。湧水が豊富で水道水はすべて地下水で賄われる。

のどかな稲作の風景

## おもな見どころ

町の中央に位置する市民の憩いの場

### 中井中央公園
なかいちゅうおうこうえん

`MAP 別冊P.9-C1`

野球場や遊具、町内で採れた野菜が並ぶ直売所などを備えた、子供も大人も楽しめる公園。公園内を一望できるハートの丘には、ハート形のモニュメントがあり、天気のよい日はハートの内側から富士山を望める。

パークゴルフ場も連日大盛況

四季折々の植物を楽しめる

### 厳島湿生公園
いつくしましっせいこうえん

`MAP 別冊P.9-C1`

県内でも数少ない清水が湧き出る湿生地で、自然環境の復元と保全を目的とした公園。中心には「弁天さん」と親しまれる厳島神社があり、木道沿いには休憩広場や東屋などがある。5月中旬〜6月上旬にはホタルが鑑賞できる。

湿地に集まる希少な生き物が生息する

酒匂川のほとりから丘陵が広がる `MAP 別冊P.48-B1`

# 大井町 ●おおいまち

神奈川県の西部・足柄平野の東部に位置する町。酒匂川沿いの水田や丘陵地域である相和地域では温暖な気候を利用した農作物の栽培が盛ん。

おおいゆめの里からの景色

## おもな見どころ

食・運動・癒やしのリトリート体験

### BIOTOPIA
びおとぴあ

`MAP 別冊P.48-B1`

体験型施設「me-byoエクスプラザ」で自分の体の状態を知り、3つのコンセプトに沿った体験が楽しめる。健康的な食材・メニューが豊富なマルシェ・レストラン、陶芸などのアート教室、スパでのトリートメント体験など魅力満載。

新宿から高速バス東名大井停約74分

農業やものづくりを楽しく体験できる場所

### 大井町農業体験施設　四季の里
おおいまちのうぎょうたいけんしせつ　しきのさと

`MAP 別冊P.9-C1`

毎月、地元を生かした「四季の里事業」を行っている体験拠点施設。季節の野菜や果物の収穫体験のほか、建物にはふたつの体験室があり、屋外の石窯を使ったピザ作り体験もできる。施設内の直売所では地元産の農産物や特産品も販売。

教えてもらいながらピザ作りに挑戦

---

町章

**人口** 8971人
**面積** 19.99km²
「中」と「い」をモノグラムで表現したもの

### 🚃 エリアの拠点駅

▼秦野駅
小田急線

▼二宮駅
JR線

**歩き方** 「厳島湿生公園」の水辺の希少な動物、「中井中央公園」から望む山々の絶景は必見。

▶ 中井中央公園
**住** 中井町比奈窪580　**TEL** なし　**営** 施設で異なる　**休** 月(祝日の場合は翌日)　**料** 無料　**交** 小田急線秦野駅から中井町役場入口行きバスで中井中学校前下車、徒歩5分

▶ 厳島湿生公園
**住** 中井町井ノ口1310　**TEL** 0465-81-3901　**営** 入園自由　**交** JR二宮駅から南が丘経由秦野駅南口行きバスで北窪入口下車、徒歩3分

---

町章

**人口** 1万7313人
**面積** 14.38km²
「オ」と若葉をモチーフとして図案化したもの

### 🚃 エリアの拠点駅

▼上大井駅
JR線

▼相模金子駅
JR線

**歩き方** 「おおいゆめの里」から見る景色は絶景! 桜の時期は、桜と富士山のコラボも。

▶ BIOTOPIA
**住** 大井町山田300　**TEL** 0465-85-1113(オフィス)　**営** 施設で異なる　**料** 無料(有料施設あり)　**交** 大井松田ICから車で5分

▶ 大井町農業体験施設　四季の里
**住** 大井町柳265　**TEL** 0465-43-6309(体験観光協会)　**営** 9:00〜17:00　**休** 月(祝日の場合は翌日)　**料** 無料(体験は有料)　**交** 小田急線新松田駅から車で15分

---

`info` 中井町で採れた新鮮な野菜を購入できる「中井中央公園」の里やま直売所は、土・日曜の9:00〜15:00で営業中。10〜3月にかけて販売される「中井町産みかん」は地元のおすすめ商品。甘味と酸味のバランスが絶妙!

293

豊かな自然にある交通の要衝　MAP 別冊P.48-B1

# 松田町 ●まつだまち

**神奈川県の西部・足柄地域に位置する町。丹沢山系や足柄平野が広がり自然豊か。首都圏から近い大自然として週末のお出かけに人気だ。**

早咲きの桜と富士山が美しい

町章
人口 1万381人
面積 37.75㎢
山なみと清流を「マ」と形どり隣人融和の精神を表現

### エリアの拠点駅
▼新松田駅
小田急線
▼松田駅
JR線

### 歩き方
「西平畑公園」「まつだ桜まつり」「寄ロウバイまつり」など四季の花々を楽しもう。

## おもな見どころ

富士山や相模湾が見渡せる絶景スポット
### 西平畑公園（にしひらばたけこうえん）
MAP 別冊P.48-B1

四季の草花が美しいハーブガーデン、自然の営みを学べる自然館やからくり人形などを展示する子どもの館などがある緑豊かな公園。実物の6分の1サイズの「ミニSL」などに乗れる、ふるさと鉄道も人気。

子供も大人も楽しめる公園

青空に映える黄花が美しい
### 寄ロウバイ園（やどりきろうばいえん）
MAP 別冊P.5-C3

地域の人々によって植えられたロウバイ2万本以上が咲き誇る、日本最大級のロウバイ園。見頃を迎える1月中旬～2月中旬には、地元の農産物やおみやげなどの出店も揃う「寄ロウバイまつり」が開催される。

黄色の花と芳しい香りが特徴

▶西平畑公園
住 松田町松田惣領2951　TEL 0465-85-1177(ハーブ館)　営 9:00～17:00(冬季は～16:00)　休 月・火(園内施設月～木)　料 無料　交 小田急線新松田駅から徒歩25分

▶寄ロウバイ園
住 松田町寄3415　TEL 0465-83-1228　営 9:00～16:00(祭り期間)　休 無休　料 500円
交 小田急線新松田駅から寄行きバスで終点下車、徒歩8分

県内でいちばん小さい田舎×モダンな町　MAP 別冊P.48-B1

# 開成町 ●かいせいまち

**足柄地域にある県内一小さな町。田舎モダンな町で、酒匂川などの自然に加え、駅周辺には商業施設も充実。人口増加率は4回連続県内一位。**

公式キャラのあじさいちゃん

町章
人口 1万8808人
面積 6.55㎢
平和と躍進、強固なる存在と永遠の繁栄を図案化

### エリアの拠点駅
▼開成駅
小田急線

### 歩き方
「開成あじさいの里」で5000株の七色に輝くアジサイを観賞。「あしがり郷瀬戸屋敷」を訪れた際は、ショップ・カフェの利用もおすすめ。

## おもな見どころ

大きな茅葺き屋根の古民家
### あしがり郷 瀬戸屋敷（あしがりごう せとやしき）
MAP 別冊P.48-B1

この地の名主を代々務めた瀬戸家の屋敷であった、300年の歴史がある古民家。水車や土蔵、囲炉裏、井戸などが残り、江戸の趣を感じられる。地域の旬野菜と発酵をテーマにしたカフェやショップもある。

四季折々のイベントも開催

6月に楽しめる虹色の田園風景
### 開成あじさいの里（かいせいあじさいのさと）
MAP 別冊P.48-B1

東京ドーム約3.6個分の水田地帯に、約5000株ものアジサイを植栽。田植えをしたばかりの緑の水田を背景に、色とりどりのアジサイが咲き誇る。見頃を迎える6月上旬～中旬には「開成町あじさいまつり」が開催される。

SNSなどで開花状況を確認できる

▶あしがり郷 瀬戸屋敷
住 開成町金井島1336
TEL 0465-84-0050
営 10:00～17:00　休 月(祝日の場合は翌日)　料 無料　交 大井松田ICから車で約15分

▶開成あじさいの里
住 開成町金井島1421　TEL 0465-84-0317(開成町産業振興課)
営 入場自由　交 小田急線開成駅からシャトルバス(まつり期間中)。大井松田ICから車で10分

info 瀬戸屋敷内のカフェ「café hacco」の名物は、瀬戸酒造店の米こうじを使った豆乳甘酒！　みりんを煮詰めて作った特製シロップ「みりっぷ」で風味を加えて楽しんで。営 10:00～16:00

# 第三章 歴史探訪

年表で見る神奈川の歴史

太字は神奈川の出来事

| 時代 | 西暦 | 和暦 | おもなできごと／神奈川のできごと |
|---|---|---|---|
| 原始時代（旧石器時代・縄文時代・弥生時代） | 15万年前 | | 日本列島が旧石器時代に入る |
| | 2万年前 | | **県内各地に人間の居住が広がる** |
| | 1万年前 | | 温暖化で海水面が上昇（縄文海進）し日本列島が形成 |
| | | | **相模野台地に人間の居住が始まる** |
| | | | 狩猟に弓矢が使われるようになる |
| | | | 縄文土器が作られ始める |
| | | | 貝塚が生まれる |
| | 5000年前 | 勝坂遺跡 ▶P.251 | 装飾がある土器が作られるようになる |
| | 6000年前 | | 定住集落が生まれる |
| | 3500年前 | | 東北地方に展開した縄文文化のひとつ亀ヶ岡文化が伝わる |
| | 3000年前 | | 稲作が伝わり、西日本で稲作が始まる |
| | 2300年前 | | 九州北部に北海道に鉄器、九州北部に青銅器が伝わる |
| | 2100年前 | | 中部地方で生まれた水稲平式文化の影響を受ける |
| | 2000年前 | | **大規模な農耕集落が出現するようになる** |
| | | 大塚遺跡 ▶P.150 | **方形周溝墓が形成される** |
| | 1800年前 | | 鉄器が普及 |
| | 1700年前 | | 土師器（はじき）が作られるようになる |
| | | | **古墳が造られるようになる** |
| | 1500年前 | | 鉄製の農工漁具が広まる |
| | 1300年前 | | **小円墳群や横穴群が造られる** |
| 古代（古墳時代・飛鳥時代） | 57年 | | 倭の奴国が後漢より金印を授与 |
| | 239年 | | 倭の女王卑弥呼が魏に使者を派遣し「親魏倭王」の印を受ける |
| | 471年 | | 稲荷山古墳出土の金錯銘鉄剣の銘文に刻まれている年 |
| | 390～399年ごろ | | 倭国、新羅・高句麗と戦う「高句麗好太王碑」 |
| | 534年 | | 日本書紀に武蔵国造の乱があったとされる |
| | 593年 | 推古元年 | 聖徳太子、摂政となる |
| | 604年 | 推古12年 | 十七条憲法制定 |
| | 645年 | 孝徳元年 | 乙巳の変で中大兄皇子と中臣鎌足が蘇我入鹿と父の蝦夷を討つ |
| | 646年 | 大化元年 | 改新の詔 |
| | 663年 | 天智天皇2年 | 防人制が始まる |
| | 672年 | 天武元年 | 壬申の乱 |
| | 701年 | 大宝元年 | 大宝律令が成立 |
| | 735年 | 天平7年 | **相模の封戸の租額を報告する相模国封戸租交易帳が作られる** |
| 奈良時代 | 710年 | 和銅3年 | 平城遷都 |
| | 712年 | 和銅5年 | 『古事記』編纂 |
| | 716年 | 霊亀2年 | 朝廷が相模や駿河などの高麗人を移し武蔵高麗郡を設置 |
| | 718年 | 養老2年 | 『養老律令』制定 |
| | 720年 | 養老4年 | 『日本書紀』編纂 |
| | 741年 | 天平13年 | 国分寺建立の詔が発布される |
| | 750年ごろ | | **相模国分寺建立** |
| | 752年 | 天平勝宝4年 | **相模の良弁が東大寺別当となる** |
| | | | 東大寺大仏開眼 |
| | 760年ごろ | | 『万葉集』編纂 |
| | 771年 | 宝亀2年 | 武蔵国が東山道から東海道に移される |
| | 774年 | 宝亀5年 | **大伴家持が相模守に任ぜられる** |
| 平安時代 | 794年 | 延暦13年 | 平安遷都 |
| | 802年 | 延暦21年 | 富士山の噴火で塞がれた足柄路に代わり箱根道が開かれる |
| | 804年 | 延暦23年 | **相模の義真と最澄が入唐** |
| | 819年 | 弘仁10年 | **相模国分寺が火災で焼失** |
| | 842年 | 承和9年 | 承和の変 |
| | 866年 | 貞観8年 | 応天門の変 |
| | 873年 | 貞観15年 | **相模国分尼寺が濼河寺に移される** |
| | 878年 | 元慶2年 | **相武大地震で相模国分寺倒壊** |
| | 901年 | 延喜元年 | 菅原道真が大宰府に流される |
| | 902年 | 延喜2年 | 延喜の荘園整理令 |
| | 905年 | 延喜5年 | 『古今和歌集』編纂 |
| | 935～941年 | 承平5～天慶4年 | 承平・天慶の乱 |
| | 969年 | 安和2年 | 安和の変で源高明失脚 |
| | 1016年 | 長和5年 | 藤原道長が摂政になる |
| | 1051～1062年 | 永承6～康平5年 | 前九年の役 |
| | 1083～1087年 | 永保3～寛治元年 | 後三年の役 |
| | 1094年 | 嘉保元年 | 藤原師通が関白となる |
| | 1144年 | 天養元年 | **源義朝が国司大庭御厨に乱入** |
| | 1156年 | 保元元年 | 保元の乱 |
| | 1158年 | 保元3年 | 後白河上皇が院政をはじめる |
| | 1160年 | 平治元年 | 平治の乱 |
| | 1167年 | 仁安2年 | 平清盛が太政大臣になる |
| | 1180～1185年 | | 源平の戦いが続く |
| | 1180年 | 治承4年 | **源頼朝が鎌倉入り** |
| | 1182年 | 寿永元年 | **源頼朝が若宮大路を造る** 若宮大路 ▶P.175 |
| | 1185年 | 寿永4元暦2年 | 壇ノ浦の戦で平氏滅亡 |
| 鎌倉時代 | 1192年 | 建久3年 | **源頼朝、征夷大将軍となる** |
| | 1205年 | 元久2年 | 『新古今和歌集』編纂 |
| | 1213年 | 建暦3年 | 和田合戦 |
| | 1219年 | 建保7年 | **源実朝が鶴岡八幡宮で公暁に殺害される** 鶴岡八幡宮 ▶P.175 |
| | 1221年 | 承久3年 | 承久の乱で後鳥羽上皇が隠岐島に流される |
| | | | 六波羅探題設置 |
| | 1232年 | 貞永元年 | 北条泰時が御成敗式目制定 |
| | | | **相模湾東部に人工島の和賀江島が作られる** |
| | 1240年 | 仁治元年 | **鎌倉幕府、鎌倉市中禁制を定める** |
| | 1247年 | 宝治元年 | 宝治合戦で三浦氏が滅亡し北条氏の覇権が成立 |
| | 1252年 | 建長4年 | **鎌倉大仏の鋳造始まる** 鎌倉大仏 ▶P.188 |
| | 1253年 | 建長5年 | **日蓮が鎌倉で念仏無間を説く** 建長寺 ▶P.184 |
| | | | **北条時頼が建長寺を開く** |
| | 1274年 | 文永11年 | 文永の役（最初の元寇） |
| | 1275年 | 建治元年 | **北条実時が金沢に籠腹し金沢文庫が設けられる** 神奈川県立金沢文庫 ▶P.143 |
| | 1277年 | 建治3年 | 阿仏尼が下向する |
| | 1281年 | 弘安4年 | 弘安の役（2度目の元寇） |
| | 1282年 | 弘安5年 | **一遍が鎌倉入り** |
| | | | **北条時宗が中国僧の無学祖元を招き円覚寺を創建** 円覚寺 ▶P.185 |
| | 1315年 | 正和4年 | 鎌倉大火 |
| | 1324年 | 元亨4/正中元年 | 正中の変 |
| | 1327年 | 嘉暦2年 | **夢窓疎石が瑞泉寺を創建** 瑞泉寺 ▶P.193 |
| | 1331年 | 元徳3/元弘元年 | 元弘の乱 |
| | 1332年 | 正慶元/元弘2年 | 後醍醐天皇が隠岐に流される |
| | 1333年 | 正慶2/元弘3年 | **新田義貞が鎌倉に討ち入り鎌倉幕府滅亡** |

上洛（京に出向くこと）する源頼朝の様子。14歳で京から流されて以来、30年を経た44歳のときのこと。この後に後白河法皇が崩御、即位した後鳥羽天皇により征夷大将軍に任命された。（広重『源頼朝公上洛之図』、伊勢兼、文久3、国立国会図書館蔵）

桜土手古墳 ▶P.244

相模国分寺 ▶P.256

296

◆ 年表で見る神奈川の歴史

| 時代 | 西暦 | 和暦 | おもなできごと／神奈川のできごと |
|---|---|---|---|
| 南北朝時代〜室町時代 | 1336年 | 建武3年 | 建武式目の制定で室町幕府成立 |
| | 1338年 | 建武5年 | 足利尊氏が北朝に征夷大将軍に任ぜられる |
| | 1349年 | 貞和5/正平4年 | 足利尊氏が鎌倉公方を設置される ● |
| | 1352年 | 観応3/正平7年 | 足利直義が兄の尊氏に毒殺される |
| | 1360年 | 延文5/正平15年 | 畠山国清が関東管領として鎌倉に下る |
| | 1368年 | 応安元/正平23年 | 足利義満が将軍となる |
| | 1392年 | 明徳3年/元中9年 | 南北朝合一 |
| | 1416年 | 応永23年 | 上杉禅秀(氏憲)の乱 |
| | 1418年 | 応永25年 | 藤沢の清浄光寺に上杉禅秀の乱の敵味方共の供養碑が建てられる |
| | 1438年 | 永享10年 | 永享の乱 |
| | 1440年 | 永享12年 | 結城合戦 |
| | 1441年 | 嘉吉元年 | 嘉吉の乱で足利義教が殺害される |
| | 1450年 | 宝徳2年 | 江の島合戦 |
| | 1452年 | 享徳元年 | 鎌倉府が小田原で通行銭を徴収 |
| | 1455年 | 康正元年 | 古河公方が始まる |
| | 1458年 | 長禄2年 | 堀越公方が始まる |
| 戦国時代 | 1467年 | 応仁元年 | 応仁の乱おこる |
| | 1486年 | 文明18年 | 上杉定正が太田道灌を相模糟屋館で殺害 |
| | | | 聖護院道興が相模を巡行 |
| | 1491年 | 延徳3年 | 北条早雲が伊豆を征圧 |
| | 1495年 | 明応4年 | 北条早雲が小田原を奪取(諸説あり) ● |
| | 1506年 | 永正3年 | 北条早雲が相模で初めて検地を実施 |
| | 1508年 | 永正5年 | 細川高国が管領となる |
| | 1512年 | 永正9年 | 北条早雲が相模岡崎城を攻め落とし鎌倉へ入る |
| | 1516年 | 永正13年 | 北条早雲が新井城で三浦義同を滅ぼす → |
| | 1518年 | 永正15年 | 北条氏、虎の印判状の使用を開始 |
| | 1519年 | 永正16年 | 北条早雲没 |
| | 1524年 | 大永4年 | 北条氏綱が江戸城主上杉朝興を破る |
| | 1526年 | 大永6年 | 安房里見氏が鎌倉に攻め入り鶴岡八幡宮が焼失 |
| | 1532年 | 天文元年 | 北条氏綱が鶴岡八幡宮再建 |
| | 1543年 | 天文12年 | 鉄砲伝来 |
| | 1550〜1610年 | | 南蛮貿易が盛んになる |
| | 1553年 | 天文22年 | 川中島の戦い |
| | 1559年 | 永禄2年 | 小田原所領役帳ができる |
| | 1560年 | 永禄3年 | 桶狭間の戦い |
| | 1561年 | 永禄4年 | 長尾景虎が小田原城下に攻め入る |
| 安土桃山時代 | 1568年 | 永禄11年 | 織田信長、京に入る |
| | 1569年 | 永禄12年 | 武田晴信が攻め入り小田原北条氏を破る |
| | | | 織田信長上洛する |
| | 1571年 | 元亀4年 | 織田信長が延暦寺を焼打 |
| | 1573年 | 天正元年 | 織田信長が将軍足利義昭を京より追放し室町幕府が滅亡 |
| | 1582年 | 天正10年 | 本能寺の変で織田信長が明智光秀に討たれる |
| | 1585年 | 天正13年 | 豊臣秀吉が関白となる |
| | 1588年 | 天正16年 | 豊臣秀吉、九州の島津義久を攻める |
| | | | 刀狩令を発令 |
| | | | 海賊停止令(海賊法度)発令 |
| | 1589年 | 天正17年 | 豊臣秀吉、北条氏へ宛て最後通牒 |
| | 1590年 | 天正18年 | 秀吉が天下統一 |
| | | | 小田原征伐。豊臣秀吉が小田原北条氏を滅ぼす ● |
| | | | 徳川家康を関東に転封 |
| | | | 家康の家臣、大久保忠世が小田原城主になる |
| | 1591年 | 天正19年 | 大久保忠世が小田原領内を検地 |
| | | | 秀吉、鶴岡八幡宮の造営を徳川家康に命じ県内各地を検地 |
| | 1592〜1598年 | 文禄元〜慶長3年 | 文禄・慶長の役 |
| | 1594年 | 文禄3年 | 長谷川長綱が三浦郡内を検地 |
| | 1595〜1598年 | 文禄4〜慶長3年 | 五大老、五奉行設置 |
| | 1598年 | 慶長3年 | 豊臣秀吉没 |
| | 1600年 | 慶長5年 | 関ヶ原の戦い |
| 江戸時代 | 1601年 | 慶長6年 | 県内に神奈川、保土ケ谷、藤沢、平塚、大磯、小田原の六宿をおく ● |
| | 1603年 | 慶長8年 | 徳川家康、征夷大将軍となる |
| | | | 大久保忠隣、酒匂堰を造る |
| | | | 津久井地方で総検地が実施 |
| | 1607年 | 慶長12年 | 朝鮮通信使(朝鮮使節の来日) |
| | 1609年 | 慶長14年 | 二ヶ領用水の幹線完工 |
| | 1614年 | 慶長19年 | 大坂冬の陣 |
| | | | 大久保忠隣が改易、小田原は番城になる |
| | 1615年 | 元和元年 | 武家諸法度、禁中並公家諸法度制定 |
| | | | 大坂夏の陣で豊臣氏滅亡 |
| | 1618年 | 元和4年 | 箱根宿を設ける |
| | 1619年 | 元和5年 | 箱根関所設置 |
| | 1623年 | 元和9年 | 川崎宿を設ける |
| | 1629年 | 寛永6年 | 紫衣事件 |
| | 1632年 | 寛永9年 | 稲葉正勝が小田原城主になる |
| | 1633年 | 寛永10年 | 大地震により小田原城に被害 |
| | 1634年 | 寛永11年 | 長崎に出島を築く |
| | 1637〜1638年 | 寛永14〜15年 | 島原の乱 |
| | 1635年 | 寛永12年 | 参勤交代始まる |
| | 1639年 | 寛永16年 | 鎖国完成 |
| | 1640年 | 寛永17年 | 小田原領総検地が行われる |
| | 1645年 | 正保元年 | 三崎奉行、走水奉行がおかれる |
| | 1651年 | 慶安4年 | 由井正雪の乱 |
| | 1657年 | 明暦3年 | 江戸大火 |
| | 1664年 | 寛文4年 | 久世広之が津久井地方を領する |
| | 1673年 | 延宝元年 | 小田原を大風雨が襲う |
| | 1680年 | 延宝8年 | 箱根路に石路が敷かれる ● |
| | 1685年 | 貞享2年 | 生類憐れみの令 |
| | 1686年 | 貞享3年 | 大久保忠朝が小田原城主になる |
| | 1703年 | 元禄16年 | 近松門左衛門『曽根崎心中』初演 |
| | | | 大地震で小田原城の石垣が崩れ天守などが焼ける |
| | 1706年 | 宝永3年 | 小田原城の修復完成 |
| | 1707年 | 宝永4年 | 富士山の大噴火で甚大な被害を受けた小田原藩が替地を求める |
| | 1709年 | 宝永6年 | 新井白石が密入航の宣教師シドッチを尋問 |
| | 1716年 | 享保元年 | 享保の改革 |
| | | | 幕府直轄地になっていた噴火被災地の一部が小田原藩に戻される |
| | 1720年 | 享保5年 | 下田奉行を廃止し浦賀奉行をおく |
| | 1721年 | 享保6年 | 川崎宿本陣の名主田中丘隅が民間省要を書く |

浄妙寺 ▶P.192
鎌倉公方を任務した鎌倉公方の屋敷は、足利氏ゆかりの浄妙寺と隣接していたとされ石碑が立っている

北条早雲 ▶P.48

油壺湾 ▶P.224
新井城があったのは油壺湾と小網代湾に挟まれた岬の高台とされる

八幡山古郭 ▶P.47

神奈川湊と宿場 ▶P.307
浮世絵に描かれた神奈川宿。沖に多くの船が浮かぶ

久地円筒分水と二ヶ領用水 ▶P.164

箱根関所 ▶P.271

東海道かわさき宿交流館 ▶P.157

箱根旧街道石畳 ▶P.271

浦賀奉行所跡 ▶P.211

| 時代 | 西暦 | 和暦 | おもなできごと（神奈川の歴史） |
|---|---|---|---|
| 江戸時代 | 1742年 | 寛保2年 | 関東一帯が大洪水に見舞われる |
| | 1747年 | 延享4年 | 幕府直轄地になっていた噴火被災地の村々を小田原藩に返還 |
| | 1774年 | 安永3年 | 杉田玄白らにより『解体新書』刊行 |
| | 1782年 | 天明2年 | 大黒屋光太夫の回船がロシアのアリューシャン列島に漂着 |
| | | | 大地震で小田原城の天守閣が傾く |
| | 1783年 | 天明3年 | 天明の大飢饉 |
| | | | 大久保教翅が愛甲郡の山中に陣屋設置 |
| | | | 浅間山大噴火 |
| | 1787年 | 天明7年 | 寛政の改革 |
| | 1791年 | 寛政3年 | 箱根で後に寄木細工に発展する挽物細工が名品として人気に　箱根寄木細工▶P.355 |
| | 1792年 | 寛政4年 | ロシア軍ラクスマンが大黒屋光太夫らをともない来航 |
| | 1804年 | 文化元年 | ロシア使節レザノフ来航 |
| | 1808年 | 文化5年 | フェートン号事件 |
| | 1810年 | 文化7年 | 幕府が会津藩に三浦半島の防備を命じる |
| | 1818年 | 文政元年 | 小田原藩主大久保忠真が老中になる |
| | | | イギリス海軍将校ゴルドンが浦賀に来航し通商を求める |
| | 1821年 | 文政4年 | 伊能忠敬『大日本沿海輿地全図』を完成させる |
| | 1823年 | 文政6年 | シーボルトがオランダ商館医に着任 |
| | 1827年 | 文政10年 | 幕府が相模に13組合、武蔵3郡に9組合の改革組合を設ける |
| | 1833年 | 天保4年 | 天保の大飢饉 |
| | 1837年 | 天保8年 | 大塩平八郎の乱 |
| | | | 小田原藩主大久保忠真が二宮尊徳に村々の復興を命じる　報徳二宮神社▶P.283 |
| | | | 日本人漂流民を乗せ浦賀に現れたアメリカ合衆国の商船を砲撃 |
| | 1841年 | 天保12年 | 天保の改革始まる |
| | 1853年 | 嘉永6年 | ロシアのプチャーチン来航 |
| | 1854年 | 安政元年 | ペリー来航 |
| | | | 日米和親条約締結 |
| | 1856年 | 安政3年 | 相模一帯に大風害 |
| | 1858年 | 安政5年 | 日米修好通商条約締結 |
| | 1859年 | 安政6年 | 横浜開港 |
| | 1860年 | 万延元年 | 桜田門外の変 |
| | 1862年 | 文久2年 | 坂下門外の変　寺田屋事件 |
| | 1863年 | 文久3年 | 八月十八日の政変（七卿落ち） |
| | | | 将軍が上洛 |
| | | | 薩英戦争 |
| | 1864年 | 元治元年 | 池田屋事件　第一次長州征伐　高杉晋作挙兵 |
| | 1865年 | 慶応元年 | 横須賀製鉄所起工 |
| | 1866年 | 慶応2年 | 薩長同盟締結 |
| | | | 江戸打ちこわし |
| | 1867年 | 慶応3年 | 大政奉還 |
| | | | 相武地区でええじゃないか騒動 |
| | | | 王政復古の大号令 |
| 明治時代 | 1868年 | 明治元年 | 戊辰戦争 |
| | | | 江戸城無血開城 |
| | | | 五箇条の御誓文公布 |
| | | | 浦賀奉行所収公 |
| | | | 神奈川県設置 |
| | | | 神奈川奉行所が神奈川裁判所になる |
| | 1869年 | 明治2年 | 横浜為替会社設立 |
| | | | 観音崎灯台完成　観音崎灯台▶P.214 |
| | | | 横浜東京間に電信開通 |
| | 1870年 | 明治3年 | スプリングバレー・ブルワリー設立、日本でビール製造始まる　キリンビール▶P.25 |
| | | | 日本初の日刊紙、横浜毎日新聞創刊 |
| | 1871年 | 明治4年 | 廃藩置県 |
| | | | 六浦県を神奈川県に吸収 |
| | 1872年 | 明治5年 | 荻野山中県、小田原県、韮山県が廃止され足柄県設置 |
| | | | マリア・ルース号事件で日本が初めて国際裁判の当事者となる |
| | | | 新橋〜横浜間に鉄道開通　旧横浜駅跡▶P.26 |
| | 1873年 | 明治6年 | 太陽暦施行（明治5年12月3日→明治6年1月1日） |
| | 1874年 | 明治7年 | 第二国立銀行開業 |
| | 1876年 | 明治9年 | 足柄県が廃止され伊豆国は静岡県に残りが神奈川県となる |
| | 1877年 | 明治10年 | 西南戦争 |
| | 1885年 | 明治18年 | 伊藤博文が初代内閣総理大臣となる |
| | 1887年 | 明治20年 | 東海道線（横浜〜国府津）開通 |
| | 1889年 | 明治22年 | 大日本帝国憲法発布 |
| | | | 大船〜横須賀間で鉄道開通 |
| | | | 東海道線全通（新橋〜神戸） |
| | 1890年 | 明治23年 | 横浜貿易新聞創刊 |
| | | | 横浜共同電灯会社が営業開始 |
| | 1893年 | 明治26年 | 多摩地方が神奈川県から東京府に移管 |
| | 1894年 | 明治27年 | 横浜築港桟橋（現在の大さん橋）完成 |
| | | | 日清戦争 |
| | 1895年 | 明治28年 | 日清戦争終戦で下関条約締結 |
| | | | 東京湾要塞司令部を横須賀に設置 |
| | 1898年 | 明治31年 | 大師電気鉄道（京浜急行電鉄の前身）設立 |
| | 1899年 | 明治32年 | 大師電気鉄道が京浜電気鉄道に名を改め京浜間全通を目指す |
| | | | 横浜外国人居留地廃止 |
| | 1900年 | 明治33年 | 小田原電気鉄道（後に箱根登山鉄道へ継承）開通 |
| | 1902年 | 明治35年 | 江之島電気鉄道（現在の江ノ島電鉄）開業 |
| | 1904年 | 明治37年 | 日露戦争 |
| | | | 横浜鉄道（横浜市電の前身）設立 |
| | 1905年 | 明治38年 | ポーツマス条約締結で日露戦争終戦 |
| | | | 京浜電気鉄道の神奈川〜品川間全通 |
| | 1908年 | 明治41年 | 横浜鉄道が東神奈川〜八王子で営業開始（現在のJR横浜線） |
| | | | 崎陽軒が横浜駅構内の売店として開業　崎陽軒▶P.23 |
| | 1909年 | 明治42年 | 現在の有隣堂の元祖となる第四有隣堂が横浜市伊勢佐木町で開業 |
| | 1910年 | 明治43年 | 韓国併合 |
| | | | 不二家が横浜元町で開業　不二家▶P.24 |
| | 1912年 | 明治45年 | 神奈川と東京の境界が多摩川になる |
| 大正時代 | 1914年 | 大正3年 | 第1次世界大戦勃発 |
| | 1915年 | 大正4年 | 横浜駅移設開業し元の横浜駅を桜木町に改称 |
| | 1917年 | 大正6年 | 横浜市開港記念会館完成　横浜開港資料館▶P.122 |
| | 1918年 | 大正7年 | 第1次世界大戦終結 |
| | 1919年 | 大正8年 | 箱根登山電車の箱根湯本〜強羅が開通 |
| | 1920年 | 大正9年 | 第1回東京箱根間往復大学駅伝競走（現在の箱根駅伝）　箱根駅伝▶P.92 |
| | | | 横浜興信銀行（横浜銀行の前身）設立 |

京急線▶P.98

箱根登山鉄道▶P.57

江ノ電▶P.88

横浜市電保存館▶P.140

昭和45年頃の横浜市電

開港した頃の横浜港を描いた絵（一勇斎国芳『横浜本町之図』、泉市、万延1、国立国会図書館蔵）

横浜港物語▶P.306

| 時代 | 西暦 | 和暦 | おもなできごと／神奈川のできごと |
|---|---|---|---|
| 大正時代 | 1923年 | 大正12年 | 関東大震災で県内に甚大な被害が出る |
| | 1925年 | 大正14年 | ラジオ放送開始 |
| | 1926年 | 大正15年 | 神中鉄道（現在の相模鉄道）開業 相模鉄道▶P.99 |
| 昭和時代 | 1927年 | 昭和2年 | 小田原急行鉄道（現在の小田急電鉄）新宿〜小田原間開通 |
| | | | ホテルニューグランド開業 |
| | 1928年 | 昭和3年 | 神奈川県庁舎落成 |
| | 1930年 | 昭和5年 | 山下公園開園 |
| | 1931年 | 昭和6年 | 満州事変（〜1933） |
| | 1932年 | 昭和7年 | 五・一五事件 |
| | | | 東横線渋谷〜桜木町で全通 東急線▶P.99 |
| | 1936年 | 昭和11年 | 富士箱根国立公園指定 |
| | 1937年 | 昭和12年 | 盧溝橋事件勃発により日中戦争開戦 |
| | | | 相模原に陸軍士官学校移転 すごい町 ④ 相模原▶P.48 |
| | 1939年 | 昭和14年 | 第2次世界大戦勃発 |
| | 1941年 | 昭和16年 | 太平洋戦争（第2次世界大戦のひとつ）開戦 |
| | 1942年 | 昭和17年 | 新聞統制による一県一紙化で神奈川新聞創刊 |
| | 1944年 | 昭和19年 | 川崎と横須賀で空襲 |
| | 1945年 | 昭和20年 | 川崎、横浜、平塚、小田原で空襲 |
| | | | ポツダム宣言受諾により太平洋戦争終結 |
| | | | マッカーサー来日（厚木飛行場） |
| | 1949年 | 昭和24年 | 湯川秀樹／ノーベル物理学賞受賞 |
| | | | 京浜第二国道が実質的に全通 |
| | 1951年 | 昭和26年 | サンフランシスコ平和条約、日米安全保障条約を締結 |
| | 1953年 | 昭和28年 | テレビ放送開始 |
| | 1955年 | 昭和30年 | 湘南が舞台の石原慎太郎の小説『太陽の季節』ベストセラーに |
| | 1956年 | 昭和31年 | 横浜市が政令指定都市に移行 |
| | | | 『太陽の季節』が映画化、太陽族が社会現象に |
| | 1958年 | 昭和33年 | 東京タワー完成 |
| | 1962年 | 昭和37年 | 港の見える丘公園開園 港の見える丘公園▶P.123 |
| | 1964年 | 昭和39年 | 国鉄根岸線（現在のJR根岸線）桜木町〜磯子間開通 |
| | | | 東海道新幹線が開通し新横浜駅が開業、小田原駅停車が始まる |
| | 1965年 | 昭和40年 | こどもの国開園 こどもの国▶P.149 |
| | 1968年 | 昭和43年 | 小笠原諸島返還 |
| | | | 『伊勢佐木町ブルース』（青江三奈）大ヒット |
| | | | 田園都市線、長津田〜つくし野間で開業 |
| | | | 『ブルー・ライト・ヨコハマ』（いしだあゆみ）大ヒット |
| | 1971年 | 昭和46年 | 湘南モノレール開通 湘南モノレール▶P.90 |
| | | | 『よこはま・たそがれ』（五木ひろし）大ヒット |
| | 1972年 | 昭和47年 | 沖縄本土復帰 |
| | | | 日中国交正常化 |
| | | | 川崎市が政令指定都市に移行 |
| | 1975年 | 昭和50年 | 『港のヨーコ・ヨコハマ・ヨコスカ』 |
| | | | （ダウン・タウン・ブギウギ・バンド）が大ヒット |
| | 1976年 | 昭和51年 | 横浜市営地下鉄が横浜〜上永谷間で開業 |
| | | | ドラマ『俺たちの朝』人気で江ノ電の極楽寺駅訪問が社会現象に |
| | | | 『横須賀ストーリー』（山口百恵）ヒット |
| | 1978年 | 昭和53年 | 横浜スタジアム完成 横浜スタジアム▶P.126 |
| | | | 『追いかけてヨコハマ』（桜田淳子）ヒット |
| | 1983年 | 昭和58年 | 横浜の新興住宅地が舞台の『金曜日の妻たちへ』が社会現象に |
| | 1984年 | 昭和59年 | 首都高速横羽線が開通 |
| | 1985年 | 昭和60年 | 八景島が完成 |
| | 1987年 | 昭和62年 | 国鉄分割民営化でJR各社誕生 |
| 平成時代 | 1989年 | 平成元年 | 消費税導入 |
| | | | みなとみらい21で横浜博覧会開催 |
| | | | 横浜アリーナ開業 横浜アリーナ▶P.146 |
| | | | 金沢シーサイドライン（現在の横浜シーサイドライン）開業 |
| | | | 横浜ベイブリッジ開通 |
| | 1990年 | 平成2年 | よこはまコスモワールド開園 よこはまコスモワールド▶P.120 |
| | 1991年 | 平成3年 | 大河ドラマ『太平記』放映 |
| | | | パシフィコ横浜開場 パシフィコ横浜▶P.133 |
| | 1993年 | 平成5年 | 横浜・八景島シーパラダイス開園 横浜・八景島シーパラダイス▶P.144 |
| | | | 横浜ランドマークタワー開業 |
| | 1995年 | 平成7年 | 阪神・淡路大震災 |
| | | | 地下鉄サリン事件 |
| | 1998年 | 平成10年 | 横浜が舞台のドラマ『スウィートシーズン』が話題になり、主題歌『LOVE AFFAIR〜秘密のデート』（サザンオールスターズ）がヒット |
| | 2000年 | 平成12年 | 小田原市と大和市が特例市に移行 |
| | 2001年 | 平成13年 | 大河ドラマ『北条時宗』放映 |
| | | | 横須賀市が中核市に移行 |
| | 2002年 | 平成14年 | 厚木市が特例市に移行 |
| | | | 横浜赤レンガ倉庫リノベーションオープン 横浜赤レンガ倉庫▶P.369 |
| | | | 日韓ワールドカップ開幕、横浜国際総合競技場も会場になる |
| | 2003年 | 平成15年 | 相模原市が中核市に移行 |
| | | | 茅ヶ崎市が特例市に移行 |
| | 2004年 | 平成16年 | 横浜高速鉄道みなとみらい21線開業 |
| | | | ドラマ主題歌として横須賀が舞台の『タイガー＆ドラゴン』（クレイジーケンバンド）がヒット |
| | 2007年 | 平成19年 | 郵政民営化 |
| | 2008年 | 平成20年 | 横浜松坂屋閉店 |
| | 2009年 | 平成21年 | 横浜港開港150周年式典 |
| | 2010年 | 平成22年 | 第1回横浜国際女子マラソン開催 |
| | | | 相模原市が政令指定都市に移行 |
| | | | APEC横浜で開催 |
| | 2011年 | 平成23年 | 横浜が舞台のジブリ映画『コクリコ坂から』公開 |
| | 2012年 | 平成24年 | 東京スカイツリー完成 |
| | 2015年 | 平成27年 | 箱根山で小規模噴火が起きる |
| 令和時代 | 2019年 | 令和元年 | 皇太子徳仁親王が皇位継承 |
| | 2020年 | 令和2年 | WHOがコロナのパンデミックを表明 |
| | 2021年 | 令和3年 | 東京オリンピック開催、県内各地も会場に |
| | | | 東京パラリンピック開催、県内各地も会場に |
| | | | YOKOHAMA AIR CABIN（ロープウェイ）開業 YOKOHAMA AIR CABIN▶P.114 |
| | 2022年 | 令和4年 | 大河ドラマ『鎌倉殿の13人』放映 |

ホテルニューグランド▶P.22

神奈川県庁本館▶P.42

『太陽の季節』文学記念碑▶P.217

横浜ランドマークタワー▶P.133

箱根山は活火山。このときの活動の中心となった大涌谷は今なお噴煙を上げる

相模湾に注ぐ河口。市街地が広がる

### 県民の母なる川

# 相模川

## を語らずして神奈川は語れず

神奈川県の中央部を南北に貫き、相模湾へと注ぐ相模川。神奈川県最大の河川であり、地域住民の暮らしのみならず、神奈川の発展にも大きく関わってきた。

流域に残る古代遺跡の数々は、古くから人間が住んでいたことを証明する。それは相模川がつくり出した自然環境があってのことだった。やがて戦国時代には舟運が生まれて流域経済に大きな恩恵をもたらすようになる。明治以降に近代水道が始まると、県内の広い相模川の水源となり、ほとんどが埋め立て地で井戸で塩分を含み飲用に適さなかった横浜にも水が運ばれた。

現在の横浜のにぎわいも実は相模川なしでは存在しなかったのだ。

こうして、経済、産業、日常生活にいたるまで、有史以前から現代まで人々の暮らしを支え続けてきた相模川。まさに神奈川の母なる川だ。

### ◉相模川あれこれ

● 源は富士山。冬に富士山を覆った雪解け水や、山肌に降った雨水が溶岩の中を通り抜け湧き出てできた山梨県の「山中湖」や国の天然記念物「忍野八海」が相模川の源流。

● 鮎が多く「鮎川」とも呼ばれていた。名産品として川沿いの暮らしに深く関わり、江戸時代には将軍家への「献上鮎」として上納されていた。

● 河口付近では馬入川（ばにゅうがわ）という呼び名もある。これは鎌倉時代、相模川に初めて架けられた橋の落成供養に訪れた源頼朝が乗った馬が、弟の義経の亡霊に驚き、頼朝を乗せたまま川に落ちたという伝説から付いたもの。

● 関東大震災の復興需要を始まりに相模川で砂利が盛んに採取された。戦争で中止となった昭和15（1940）年の幻の東京オリンピック、戦後の復興、さらには高度成長期初期の建設ラッシュなどを支えたが、河床が大幅に低下し河川環境が悪化したため昭和39（1964）年に全面採取禁止された。

● JR相模線は相模川で採取された砂利を運搬するために敷かれた。

● 名の由来は大宝律令で制定された「相模国」からで、川ではなく国名が先。国名の由来は諸説あるがいずれも定説になっておらず不明。

● 毎年5月には河川敷を使った約200年も続く大凧祭りが繰り広げられる。会場は相模原市内4か所と座間市（→P.263）。相模原市には通年展示された大凧を見られる相模の大凧センター（→P.252）もある。

ゆったりと流れる相模川

東京都

山梨県

相模湖

津久井湖

相模ダム

田名向原遺跡

城山ダム

相模原市

愛川町

宮ケ瀬湖

宮ケ瀬ダム

神奈川県

フラワーパーク下依知

イシックス馬入のお花畑

勝坂遺跡

横浜市

座間市

厚木市

座間の
ひまわり畑

相模国分尼寺

相模国分寺

野毛山公園

海老名市

神崎遺跡

寒川町

下寺尾西方遺跡

平塚市

茅ヶ崎市

相模湾

**相模原台地断面図**

雨

愛川町　湧水　相模原市　多摩
丘陵

中津原
段丘　ハケ　相模川　陽原段丘　地下水の流れ
（下段）　田名原段丘（中段）

相模原段丘（上段）
地下水

相模原段丘
田名原段丘
陽原段丘

梨県　桂川

忍野八海

山中湖

士山

神奈川県

相模川

25km

**相模川全流域**

10km

源流のひとつ山梨県の忍野八海

支流の目久尻川を渡る
JR相模線の電車

相模川の天然アユ

座間市の大凧揚げ

相模原市葉山島の対岸に見られ
る河岸段丘の崖

相
模
川
の
歴
史
と
暮
ら
し

### 河岸段丘と自然堤防

　相模川の誕生は約600万年前とされる。島だった丹沢が地殻変動で日本列島にぶつかって合体、その境目に残った海がもととされる。約10万年前以降には、山間部から平野部に流れ出たところ（現在の津久井湖近辺）に堆積物が広がって蓄積して扇状地が生まれ、それが氷河期内での温度差による流水量の変化や地殻変動の影響で段階的に削られ、河岸段丘が形成されていった。とりわけ左岸（川の東側）は規模の大きな段丘となり、これが相模野台地だ。

　一方、相模原台地より下流では、地球の気温変動によって土地が海に沈んだり現れたりした。氷河期には海面が下がり、河口は現在より約90mも沖にあり、逆に約6000年前の温暖化の時期には海面が上昇し、現在の寒川町あたりに河口があった。その後、海面低下していくなかで、度重なる氾濫によって土砂が堆積して自然堤防が造られ、それを洪水時に乗り越えた水が造る後背湿地も生まれた。さらに河口付近の海岸には風により砂丘が発達する。

　これらの地形は、やがて人の営みに大いに役立っていくことになる。

### 人の定住は河岸段丘の中段から

　神奈川県の中央部、北は相模原市、南は大和市、綾瀬市、座間市、海老名市、寒川町か

田名向原遺跡の復元住居

勝坂遺跡の住居の遺構。規模は日本有数

神崎遺跡は歴史公園になっている

海老名駅からほど近い場所にある相模国分寺の跡

ら茅ヶ崎市と藤沢市の北部、さらには横浜市域や東京都町田市南部までを含む広大な相模野台地は、相模川に沿って3つの段丘（さらに4～5段、もっと詳細に十数段の段丘面に区分することもある）からなり、高いほうから相模原段丘（上段）、田名原段丘（中段）、陽原段丘（下段）と呼ばれている。その北東部には多摩丘陵が広がっている。

段差の崖面はハケと呼ばれ、そこには上部の台地に降った雨が滲み出し湧水や小川を作る。古代の定住期にはこれを生活の水源として集落が生まれた。後期旧石器時代末から縄文時代、古墳時代にかけての集落である田名向原遺跡（→P.249）、縄文時代中期に大集落が形成された勝坂遺跡（→P.251）はいずれもハケの湧水を利用でき、下段のように水害がなく、上段のように水源に困らない中段の田名原段丘に位置する。

## 次第に川に近づいていった古代人の生活

やがて弥生時代になって稲作が始まると、米作りのため、人はより川の近くで暮らすようになる。水田に利用されたのが後背湿地。軟弱な地盤で水はけが悪いぶん、水を保っておけるためだ。後背湿地には必ず自然堤防があり、その上部は排水性に優れ地盤が安定しているので集落をつくるのに適していた。まさに今でいう職住近接の暮らしが営まれた。実際、この頃の遺跡の分布も縄文時代以前のものよりも下流に多くなる。神崎遺跡（→P.266）や下寺尾西方遺跡（茅ヶ崎市下寺尾）などが代表。現在も規模の大きな後背湿地が広がる平塚市近辺は県内一の米生産量を誇っている。

続く古墳時代になると、相模川は文物をやり取りする水運の道として重要性を増す。弥生時代の出土品にも西日本から運ばれたものは見つかっているが、古墳時代には古墳への副葬品が物作り文化とともに日本各地から盛んに伝えられたためだ。とりわけ4世紀には中・下流域に大型の前期古墳が造られていた。

## 中世以降は水運の大動脈へ

相模川の舟運は戦国時代に本格的に開かれたが、それ以前にも大きな事業に使われている。それが奈良時代の8世紀中期の相模国分寺（→P.256）と相模国分尼寺の建立。いずれも河岸段丘の中段に位置し、相模川からはやや離れてはいるものの、造営に必要な木材や瓦を一度で大量に運ぶには舟が不可欠。そのために支流の目久尻川より導水し、相模川の流れとは逆に北上するその名も逆川と呼ばれた運河が掘られた。現在も海老名市に地名が残り、国分南1丁目の県道40号線沿いには記念碑も立つ。

江戸時代以降はさらに水運が盛んになる。現在は相模ダムと城山ダムの完成で水量が減ったが、かつてはかなり大きな船でも航行可能だった。また、現在のように堰や堰堤がなかったため津久井付近まで船は入っていた。山から切り出された木材は相模川で運ばれ、河口の港に集積された後、回漕されて鎌倉の寺院や小田原城（→P.282）、さらには江戸の家々を造るのにも使われた。水運は時代が下って鉄道が開通するまで続き、明治から昭和初期までは生活物資などを運ぶ帆かけ舟が風物詩だったという。

同時に江戸幕府は防衛上の要としても利用し、あえて橋は架けられず多くの渡しが設けられた。最も多いときで県内約30カ所にあり、昭和47年までは相模原市の田名滝と城山町葉山島を結ぶ渡船が残っていた。

## 明治以降は「水」が神奈川の発展の源に

明治中期には水源に恵まれなかった横浜へ水道が通された。明治16（1883）年に神奈川県がイギリスから香港などで水道工事を成功させていたパーマー技師を呼び、明治20（1887）年に現在の相模原市緑区三井を水源とする日本初の近代水道（横浜水道）を完成させた。パーマーの胸像は近代水道発祥の地（→P.22）として横浜市立野毛山公園に建って

相模国分尼寺は遺構のみ。小さな庚申堂が立っている

相模川にあった当麻の渡しの跡（相模原市）

野毛山公園にある横浜水道を造ったパーマー技師の像

相模湖は今や神奈川の一大レジャースポット

城山ダムは津久井湖を造り出した

宮ケ瀬ダムの観光放流は大人気

いる。富士山の伏流水を源とする相模川の水は水質が極めて良く清らかで、「横浜の水道は世界一おいしい」とまで言われた。

さらには昭和22（1947）年に相模ダム（相模湖（→P.253）誕生）、昭和40（1965）年には城山ダム（津久井湖（→P.253）誕生）が完成。平成12（2000）年には支流の中津川に宮ケ瀬ダム（→P.264）（宮ケ瀬湖誕生）も完成し、治水とともに県内の水道、農業用水、工業用水、さらには水力発電といった利水にも使われるようになり、近代から現代の産業、経済発展の基盤となった。現在では神奈川県の給水人口の約6割の水道水を供給し生活を支えている。

さらに近年は憩いの場として、河川敷を利用した公園やレジャー施設も増えている。とりわけ夏のヒマワリ畑は魅力的。座間市のひまわり畑（→P.262）、厚木市のフラワーパーク下依知、平塚市のイシックス馬入のお花畑など、中流から下流までスポットが点在している。

## 相模川の自然について

釣り人の姿がある厚木市付近の昼下がり

| | |
|---|---|
| **上流** | 上流部はほぼ山梨県内で、富士山の溶岩流によって形成された渓谷や渓流が多い。きれいな水を好むイワナやヤマメ、カジカなどの魚が生息している。 |
| **中流** | 県境からおよそ中津川との合流点までが中流域とされ、ダムによって生まれた相模湖や津久井湖にはニジマスやワカサギなどが生息し、釣り人たちにも人気が高い。河岸段丘付近にはアユやウグイなどが生息し、ヤマセミやカワセミといった貴重な鳥類も見られる。 |
| **下流** | 下流域はほぼ市街地化しているが豊かな自然を残す。名物のアユやウグイ、オイカワなどの魚たちが生息。河川の低水敷によく生えるヨシやオギといった植物の群生の中ではカヤネズミなどの哺乳類、オオヨシキリなどの鳥類が繁殖をおこなっている。海水が混ざる河口付近の汽水域ではハゼやボラが生息している。 |

相模川の自然を再現した水槽

水に浮いたような外観の相模川ふれあい科学館

### 相模川の魚を飼育展示
### 淡水魚専門の珍しい水族科学館
# 相模川ふれあい科学館
# アクアリウムさがみはら（→P.250）

水と親しみながら相模川を楽しく学ぶことができる施設。展示の生物は約100種類に及ぶ。とくに相模川を上流から下流まで表現した長さ40mの水槽は圧巻。水辺を再現した屋外施設や、小さな生き物たちの観察水槽など、見ごたえは十分だ。

水郷田名を流れる烏山用水

### かつては花街もあった
### 水の宿場町
# 水郷田名

現在の相模原市田名の相模川沿い、高田橋が架かる一帯に広がる「水郷田名」。江戸時代には庶民に盛んだった大山詣りのための大山道の宿場町で、対岸との間に「久所の渡し」があり、また、すぐ背後にある河岸段丘の上からは相模川の絶景が望める景勝地として人気を博した。

時を経て昭和10（1935）年に神奈川の観光名所45選に選ばれると、風光明媚さがブームとなり、鵜飼いで鮎漁が行われ、花街も形成されるなど大いににぎわったが、上流のダム建設で川の水量が減るなどして廃れてしまった。

今は静かな町となったが、水郷の名の由来ともなった江戸末期に造られた烏山用水（新堀）には清らかな水が流れ、千年以上の歴史を持つ田名八幡宮が立派な姿を見せる。河岸段丘のハケ（崖）では水が滲み出す様子が観察できる。河川敷には「花と芝生の広場」が整備されており、相模川の流れを眺めながらのんびりと過ごせるため、ぜひ訪れてみたい町だ。

水郷田名付近の相模川の堤は春には桜が美しい

### 📍 行き方　　　ACCESS

JR相模原駅から水郷田名行きのバスで約16分、終点下車。バスは途中、相模川ふれあい科学館 アクアリウムさがみはら（バス停は「ふれあい科学館前」）も通るので、合わせて訪ねて相模川さんぽを楽しむのもいい。

満開時の座間のひまわり畑は絶景だ

# 鎌倉を知るキーワード

鎌倉を歩けば必ず歴史が付いてくる。名所旧跡の看板やパンフレットで、あるいは案内人の説明などでよく出てくるキーワードを知っておけば、旅がもっと楽しくなるはず。

## 吾妻鏡（あずまかがみ）

鎌倉幕府が編纂した歴史書。政治や社会の出来事が日記スタイルで書かれている日本初の武家の記録で52巻からなる。NHK大河ドラマ『鎌倉殿の13人』のモチーフ。

## 永仁の徳政令（えいにんのとくせいれい）

御家人の借金を帳消しにし、担保にされた土地も戻すよう北条貞時が発布。経済的に困窮するようになっていた御家人たちのための救済策だったが、以後、借金ができなくなりさらなる困窮を生んだ。

## 鎌倉公方（かまくらくぼう）

鎌倉府の長官。将軍一族の足利尊氏の四男、足利基氏の子孫が世襲で任命された。

## 鎌倉五山（かまくらござん）

鎌倉時代末期、禅宗を国家仏教として統制を行うため、中国禅宗寺院にならって禅宗寺院を五山と十刹に分けて格付けを行った。これにより室町時代には鎌倉五山と京都五山が成立。うち鎌倉五山は位の高い順に、建長寺、円覚寺、寿福寺、浄智寺、浄妙寺の臨済宗5寺院となる。

## 鎌倉時代（かまくらじだい）

鎌倉に幕府が置かれていた時代を指す日本史の時代区分。かつては源頼朝が征夷大将軍に任命された建久3（1192）年が始まりとされ、年号を覚えるための「いい国（1192）つくろう鎌倉幕府」のフレーズは有名だったが、近年は頼朝が平氏を滅ぼし朝廷から守護・地頭の設置を認められた文治元（1185）年を始まりの年とする説が強い。ほかにも治承4（1180）年、寿永2（1183）年、建久元（1190）年など諸説あるが、滅亡は元弘3／南朝・正慶2年／北朝（1333）年で確定し、約150年続いたことになる。

## 鎌倉殿（かまくらどの）

鎌倉幕府の将軍。とりわけ源頼朝の別称として使われた。

## 鎌倉幕府（かまくらばくふ）

源頼朝が樹立した日本初の武家政権。明治維新まで続く武家政権の始まりとなった。創設年には諸説ある（「鎌倉時代」参照）。元弘3/正慶2（1333）年に新田義貞によって滅ぼされた。

## 鎌倉仏教（かまくらぶっきょう）

鎌倉時代に興った新しい宗派、および復興した旧仏教も含む総称。新宗派には浄土教系の浄土宗（法然）、浄土真宗（親鸞）、時宗（一遍）、禅宗の臨済宗（栄西）と曹洞宗（道元）、さらに天台系の改革によって興った日蓮宗（日蓮）がある（いずれも（）は開祖）。復興したのは奈良仏教や天台宗、真言宗など。それまではおもに貴族が信仰していた仏教は、鎌倉時代に武士の台頭とともに庶民にも広がり、暮らしに根づいた。

## 切通（きりとおし）

山を部分的に開削して行き来できるようにした道。鎌倉は南が海に面し、ほかの三方が山に囲まれ自然の要塞のような土地だったが、そのままでは交通の利便性に支障をきたすため、いくつかの場所に切通が開かれた。

## 公暁（くぎょう、こうきょう、こうぎょう）

源実朝の子。父親を殺したのは北条時政だったが、源実朝を父の仇だと信じこまされ暗殺した。これにより源氏の将軍は3代で断絶した。

## 元寇（げんこう）

元の軍が日本に攻め入ってきて失敗した文永の役と弘安の役の総称。

## 元弘の変（げんこうのへん）

正中の変に続き後醍醐天皇が企てた倒幕計画。再び露見して失敗し後醍醐天皇は隠岐に流された。

## 弘安の役（こうあんのえき）

文永の役に続き元の皇帝クビライが送った軍による侵略。文永の役の後、防衛を強化した幕府軍の働きと再びの嵐により元軍は敗退。「神風神話」を生む。文永の役と合わせ元寇と呼ばれる。

## 公領（こうりょう）

私有地である荘園に対し、朝廷や幕府などが治める土地。

## 御家人（ごけにん）

源頼朝と直接に主従関係を結んだ武家の呼称。後に鎌倉幕府に従属する武家を指すようになった。

## 御成敗式目（ごせいばいしきもく）

日本最初の武家法。鎌倉幕府の基本法令で、貴族の法令に対し幕府の独立を宣言するもの。御家人の道徳観や家族制度、権利義務、領地相続に関する規定が定められている。そのあとの武士社会の基本となり、土地所有の考え方などは現在の民法にも残っている。

## 執権（しっけん）

鎌倉幕府で将軍を補佐し政務を統括する役職。3代将軍の源実朝の暗殺後、北条氏が幕府の実権を掌握し独占。実質し政務を執った。名目的な将軍職として京から公家や皇族を迎え、形式的には服従者を貫いた。

## 十三人の合議制（じゅうさんにんのごうぎせい）

源頼朝が亡くなったあと、鎌倉幕府は家臣13人の合議制で政治を動かすようになる。建久10（1199）年に発足した制度。これがやがて激しい内部抗争となっていき、最終的に権力を持ったのが、最年少の北条義時。NHK大河ドラマ『鎌倉殿の13人』のモチーフとなった。

## 守護・地頭（しゅご・じとう）

鎌倉幕府が地方に設置した役職。源頼朝と主従関係を結んだ御家人と呼ばれる家臣たちから任命された。地頭は荘園や公領から年貢の取り立て、守護は地頭を監督する役割を担った。

## 荘園（しょうえん）

権門と呼ばれる公家、武家の棟梁、大寺社などが収入を得るために領有した私有地のこと。それまでは土地はすべて朝廷のものだったが、奈良時代の天平15（743年）年に出された墾田永年私財法により開墾した土地の永久私有が認められ、これがやがて一部の貴族の特権となっていき鎌倉時代まで続いた。これに反発した農民たちが武装するようになったのが武士の始まり。

## 承久の乱（じょうきゅうのらん）

承久3（1221）年に貴族政権を率いる後鳥羽上皇が、対立関係にある鎌倉幕府の北条義時を討伐するために兵を挙げたが、北条政子の令により鎌倉武士が京都を占領、鎮圧された兵乱。

## 正中の変（しょうちゅうのへん）

後醍醐天皇と腹心の日野資朝が企てた鎌倉幕府の討伐。事前に漏れて失敗、資朝は佐渡に流され殺されたが、後醍醐天皇は無関係と主張し放免。

## 八宗兼学（はっしゅうけんがく）

古代以来、日本の寺院は仏教教学の研究・研鑽機関の性格を有していたが、鎌倉に創建された寺院の多くは、一寺院内で真言・天台・浄土・禅・律など各宗派の教学研究を盛んに行っており、これを「八宗兼学」と称した。

| 鎌倉時代略史 | |
|---|---|
| 1192年（建久3年） | 源頼朝が征夷大将軍となる |
| 1199年（建久10年／正治元年） | 源頼朝、落馬により死亡 |
| 1203年（建仁3年） | 2代将軍源頼家暗殺。弟の実朝が将軍となり北条時政が執権に |
| 1205年（元久2年） | 北条時政が源実朝の暗殺に失敗し失脚、子の義時が執権に |
| 1219年（建保7年・承久元年） | 公暁が鶴岡八幡宮で源実朝暗殺。北条政子が事実上の実権を握る |
| 1221年（嘉禄元年） | 承久の乱。六波羅探題が設置される |
| 1225年（嘉禄元年） | 連署と評定衆を置く |
| 1232年（貞永元年） | 御成敗式目制定 |
| 1249年（建長元年） | 引付衆を設置 |
| 1274年（文永11年） | 文永の役 |
| 1281年（弘安4年） | 弘安の役 |
| 1297年（永仁5年） | 永仁の徳政令発布 |
| 1324年（元亨4年・正中元年） | 正中の変 |
| 1331年（元徳3年・元弘元年） | 元弘の変 |
| 1333年（正慶2年[北朝]／元弘3年[南朝]） | 足利尊氏の裏切りで六波羅探題陥落　新田義貞が鎌倉に討ち入り幕府滅亡 |

**征夷大将軍**（せいいたいしょうぐん）
　鎌倉幕府以降の武家政権の首長の称号。史上最初に源頼朝が朝廷から任じられ、これが江戸幕府まで続いた。

 **な**

**新田義貞**（にったよしさだ）
　源氏の子孫で朝臣。元弘の変では北条方に付いたが、秘密裏に後醍醐天皇の皇子から北条打倒の詔を受け取ったとされ、鎌倉に討ち入り滅亡させた。後に足利尊氏と対立し討死。

 **は**

**幕府**（ばくふ）
　幕府とは、元来、貴族政権である朝廷に従わない異民族を征討するために、臨時に任命された司令官である「征夷大将軍」の陣営を意味したが、建久3（1192）年に源頼朝が任官して以降は、朝廷から独立した武家政権を示すようになった。

**引付衆**（ひきつけしゅう）
　御家人のおもに領地に関わる問題を解決するために北条時頼が設置した機関で、評定衆の下位に置かれた。

**評定衆**（ひょうじょうしゅう）
　行政、司法、立法など幕府の政務を担う最高機関。執権、連署に次ぐ決定権を持っていた。

**武士**（ぶし、もののふ）
　戦闘を家業とする家系にある者、それに属する人々の総称。荘園を持つ貴族により支配されていた農民が、自衛のために武装するようになって力をつけ、平安後期には実権を持つようになったのが武士の始まり。武士である源頼朝の鎌倉幕府の誕生から江戸時代まで日本社会の中心的存在となった。

**文永の役**（ぶんえいのえき）
　元の皇帝クビライに送られた軍が博多に上陸し、幕府軍は1度惨敗したが、突然暴風雨が起こり元軍は壊滅し撤退。これが「神風神話」の元。弘安の役と合わせ元寇と呼ばれる。

**封建制**（ほうけんせい）
　将軍は御家人の領地を認め保護し、功績に対しては新たな領地を与えた。これを御恩（ごおん）という。一方、御恩を受ける御家人は、将軍に忠誠を誓い将軍のために戦った。これを奉公（ほうこう）という。御恩と奉公で成り立つ主従関係が封建制で、これが日本で最初に成立したのが鎌倉時代。

**北条政子**（ほうじょうまさこ）
　伊豆で流人時代の源頼朝と出会い父北条時政の反対を押し切って結婚。頼朝との間にもうけた頼家と実朝の母。頼朝の死後は事実上幕府の最高権力者となり「尼将軍」と呼ばれた。承久の乱の際には御家人に「頼朝の恩は山よりも高く海よりも深い」と語り結束させた。

 **や**

**流鏑馬神事**（やぶさめしんじ）
　鶴岡八幡宮に奉納される走る馬上から的に矢を射る神事。武家文化の伝統として源頼朝の時代から現在まで引き継がれている。

 **ら**

**連署**（れんしょ）
　鎌倉幕府の執権の補佐役として設置され、執権と同様に北条氏が担った。

**六波羅探題**（ろくはらたんだい）
　承久の乱後に京都の六波羅に設置された朝廷を監視し京都を警護する役職。

### 鎌倉幕府の将軍と執権

| 鎌倉幕府将軍 | 執権 |
|---|---|
| 源頼朝（1192年〜1199年） | － |
| 源頼家（1202年〜1203年） | 北条時政（1203年〜1205年） |
| 源実朝（1203年〜1219年） | 北条義時（1205年〜1224年） |
| | 北条泰時（1224年〜1242年） |
| 藤原頼経（1226年〜1246年） | 北条経時（1242年〜1246年） |
| 藤原頼嗣（1244年〜1256年） | 北条時頼（1246年〜1256年） |
| 宗尊親王（1252年〜1266年） | 北条長時（1256年〜1264年） |
| | 北条政村（1264年〜1268年） |
| 惟康親王（1266年〜1289年） | 北条時宗（1268年〜1284年） |
| | 北条貞時（1284年〜1301年） |
| 久明親王（1289年〜1308年） | 北条師時（1301年〜1311年） |
| | 北条宗宣（1311年〜1312年） |
| | 北条熙時（1312年〜1315年） |
| | 北条基時（1315年〜1316年） |
| 守邦親王（1308年〜1333年） | 北条高時（1316年〜1326年） |
| | 北条貞顕（1326年〜1326年） |
| | 北条守時（1326年〜1333年） |
| | 北条貞将（1333年） |

海から見たみなと
みらい21と富士山

# 横浜港物語

## 横浜に港が生まれるずっと昔
## 町となる場所は海の下だった

　縄文時代だった約7000年前、地球温暖化によって海面は今よりも2〜3m高かったことがわかっており（縄文海進）、いくつもの深い入江が生まれた海岸線は複雑だった。後に横浜の中心地となる大岡川下流域も深い入江で、ピークだった約6500〜6000年前の河口は、現在より直線距離で5.6km以上も内陸の上大岡駅あたりにあったと考えられている。

　縄文末期になると現在の気温に落ち着いて海面は下降（縄文海退）。入江の多くは堆積物によって沖積平野となったのだが、置きみやげのような小さな入江もたくさん残った。大岡川も現在より2.5kmほど西南に入り込んだ蒔田公園あたりに河口があり、おおむね現在の川の流れと首都高速神奈川3号狩場線に挟まれた三角形の範囲は浅い入江だった。つまり横浜の中枢ともいえる関内地区、野毛、伊勢佐木町あたりはすべて海だったのだ。

## 横浜の名の由来になったのは
## 小さな入江にあった砂州

　いつからか、この入江を外海と隔てる南東から北西へ延びる砂州が生まれる。夏になると起こる南から北西へ向かう沿岸流が砂礫を運び、堆積して発達したもので、宗閑嶋（しゅうかんじま、あるいは同じ読みで洲干島とも書く）」と呼ばれていた。細く長く横に延びる浜であることから、砂州の上の集落には「横濱村」という名がついていた。

　16世紀の戦国時代には吉良氏が現在の横浜英和学院のある場所に蒔田城を構え、入江を港として使い蒔田湾と呼ばれていた（後には大岡湾と呼ばれる）。それ以前の室町時代には北条氏綱が鶴岡八幡宮を再建する際、湾を利用し船で木材を運んでいる。だが、江戸の町ができ、輸送力の高い船による水運が盛んになると、浅瀬の蒔田湾は塩田や対中貿易の輸出品だったナマコ採りくらいしか利用価値のない入江になってしまう。

## 入江が干拓され
## 町の原型が生まれた江戸時代

　これを逆手にとったのが江戸の木材石材商の吉田勘兵衛。付近に農地にできる土地がなかったことから埋め立てによる新田（しんでん）開発を計画し、江戸時代初期の明暦2（1656）年に幕府の許可を得て着工。大雨の被害により一度は中断したが万治2（1659）年に再び工事を進め、8年をかけ寛文7（1667）年に完成した。当初は「野毛新田」と呼ばれたが、寛文9（1669）年に徳川家綱に功績を称えられ

❶今は桜の名所としても名高い大岡川　❷埋め立て前の蒔田湾の様子が描かれた絵。細長く突き出た砂州がよくわかる
吉田勘兵衛良循［編］『横浜吉田新田図絵』／国立国会図書館蔵　❸伊能忠敬の地図。蒔田湾の干拓は進んでいるが
砂州は残っている　伊能忠敬『大日本沿海輿地全図』／国立国会図書館蔵

「吉田新田」と改称された。このとき宗閑嶋の砂州の土砂は埋め立てるのに使われている。横濱村も現在の山下町あたりとなる砂州の付け根付近に移動している。

これを基に、江戸後期には残った入江の部分も「横濱新田」「太田屋新田」に開拓され農地が拡大。横濱村も再び砂州の上に戻っている。そしてこの干拓地こそ現在の横浜の礎となり、やがて市街地として発展していく場所となる。

## 日本の開国と開港
## 突貫工事で造られた横浜港

横浜の歴史が大きく動くのは幕末。嘉永6（1853）年のペリーの浦賀来航をきっかけに、安政元（1854）年には日米和親条約（神奈川条約）が締結。安政5（1858）年にはアメリカをはじめとする5ヵ国といわゆる安政五カ国条約が結ばれる。これにより箱館（函館）、兵庫、神奈川、長崎、新潟の5港が開港された。

神奈川には古代から湊（みなと）があり、鎌倉時代には鶴岡八幡宮、室町時代には上杉氏、戦国時代には後北条氏に支配され発展してきた。江戸時代には幕府直轄地となり海路で江戸への物資が集まる港のひとつとして繁栄。東海道が整備されると神奈川宿もおかれた。

江戸に近い神奈川は各国が最重要視する港だったが、幕府は東海道沿いにあり往来も多いことから外国人とのトラブルを恐れ、逆に少し外れた横浜を「神奈川の一部」と理由づけし開港地とする。各国からは不満が噴出したものの、幕府は押し切って港の建設を進め、翌年の安政6（1859）年に「横浜港」は開港した。東海道から横浜までは横浜道という脇街道を開港の3ヵ月前から突貫工事で造り開港前日に開通させている。

## 横浜港最初の大苦難は
## 町を焼き尽くした大火

各国の不満を鎮め横浜港の存在を認めさせたもの。それが短期間での劇的な発展だった。開港に先立ち幕府は商業活動を後押しするお触れを出して商人を集める。世界的フロンティアゆえ一攫千金を狙う外国人も多く集まってきた。幕府は外国人を引きつけるため港崎遊廓（みよざきゆうかく）までも設けている。開港から4年後には山下居留地が開設されさらに繁栄。当初は神奈川宿に領事館をおいていた国々も移ってきた。居留地は掘割で仕切られ、入口となる橋には関所が設置されていたため、その内側が「関内」と呼ばれるようになった。

慶応2（1866）年、「豚屋火事」と呼ばれる大火が起こる。豚肉料理屋鉄五郎から出火し、隣接する港崎遊廓へ燃え移り、さらに風にあおられてまたたく間に外国人居留区へも広がり関内の多くが焼失してしまった。ところがこれが横浜のさらなる発展の礎となる。もとの居留地の建物は幕府が突貫工事で造った日本家屋だったため、これを機に洋風に改められた。結果、さらに外国人は増え続け、慶応3（1867）年には南側に山手居留地を増設。続々と海外文化が横浜に持ち込まれ「日本初の」と枕詞の付くものも誕生していく。山下居留地には外国人の商社が集まり、山手居留地は彼らの住宅地、といつしか住み分けが生まれ、両所の行き来の間に生まれた繁華街が現在の元町の商店街のルーツとなる。

明治5（1872）年には横浜（現桜木町）〜新橋に日本初の鉄道が開通しているが、これは横浜にある外国人居留地と、開市場として5つの港とともに開設された築地居留地を結ぶことを目的に敷かれたものだった。

## 成熟期に訪れた第2の大苦難
## 関東大震災の甚大な被害

明治時代に入ると政府は富国強兵をスローガンに近代化政策を進める。横浜港のさらなる発展のための第1期工事では港湾施設の整備を行い、このときに大さん橋が造られている。日清戦争をきっかけに神戸港が東洋最大の港となると、横浜港も後に続けと大正時代初めまで続く大規模な第2期工事が始まり、赤レンガ倉庫や新港埠頭はこのときに完成している。

大正12（1923）年、今度は関東大震災が横浜港を襲う。東京の火災による大被害はよく

1860年に描かれた横浜港のにぎわい　五雲亭貞秀『神名川横浜新開港図』／国立国会図書館蔵

英字新聞に掲載された震災前の横浜港
Japan to-day（1910年）

知られているが、震源は相模湾の北西部。神奈川のほぼ全域で現在の震度6強から7に相当する揺れが起き被害は甚大だった。当時の横浜の人口は東京の5分の1ほどだったが、住宅の全壊数は東京が1万2000棟に対し横浜は1万6000棟。さらには津波も起き、埋め立て地ゆえの液状化現象もあったうえに、市内300ヵ所近くから火災も起き、あっという間に燃え広がって多くの市民が逃げきれず命を落とした。

関東大震災の瓦礫を埋め立てて造られた山下公園は今では憩いの場

山下公園内に残るインド水塔

## 震災復興をバネにさらなる発展
## しかし戦争が第3の大苦難へ

　壊滅的な被害からの復興事業の指揮を執ったのは当時の市長。国や県、さらには市民も団結して目覚ましい復興を遂げていく。ホテルニューグランド、神奈川県庁本庁舎、横浜税関庁舎、横浜市開港記念会館といった今も残る有名な歴史的建築はこのときに建てられたもの。そして震災復興最大のシンボルが山下公園。大量の震災瓦礫が積まれた海を埋め立てて昭和5（1930）年に開園し、昭和10（1935）年には復興記念横浜大博覧会が開催されている。また、園内に残る「インド水塔」は、関東大震災の際に被災した在住インド人を市民が救済したことへの感謝と慰霊の意味を含め、昭和14（1939）年に在日インド人協会から寄贈されたものだ。

　昭和に入ると京浜工業地帯が生まれ横浜港には工業港の役目も加わったが、太平洋戦争へとひた走るなか軍需産業が盛んになり、その重要拠点となっていく。結果、戦争が始まると昭和17（1942）年の初の空襲を皮切りに、終戦までに大小29回もの空襲を受けることとなる。

## 終戦とともに連合軍が接収
## しかしハマっ子はタダでは転ばず

　そして昭和20（1945）年の終戦。横浜港と横浜の町は連合国軍に接収され、各地が奇跡の復興を遂げていくなかで横浜は取り残されていく。米軍は横浜のど真ん中、伊勢佐木町通りと北側で並行する飛行場の滑走路まで建設している。昭和25（1950）年頃から徐々に接収は解除されていくが、横浜中心部には空

襲の痕跡を残したままの荒れ果てた光景が広がり、点在する取り残されたビルが放牧の牛のように見えるからと「関内牧場」などと呼ばれた。それでも市民は絶望することなく遅れていた復興を取り戻すべく尽力。横浜港も国際貿易の役目を急速に取り戻し、昭和32（1957）年には戦前の最高貿易量を上回った。

　忘れてはならないのは、敗戦国の人々の貧しさとはある意味対極にある連合国の進駐軍から、音楽、映画、ファッション、食事といった外国文化を受け入れてきた事実。どんな困難にも屈することなく、むしろそれをチャンスに変え、さらなる発展につなげてきた浜っ子の魂は、どんな時代であろうと変わらないという証明だろう。

## みなとみらい21が象徴する
## 進化し続ける横浜の未来

　現代の横浜港の象徴といえば「みなとみらい21」だろう。昭和58（1983）年に着工された横浜港に面した都市再開発で、平成元（1989）年の横浜博覧会からは開発が本格化、とりわけ2000年以降に加速して一大近未来都市化した。さいたま新都心、幕張新都心とともに重点的に国家整備されてきたが、両都市とも一線を画し、ビジネスと生活、港湾、観光までもが一体化し、海と緑の自然にも包まれた類を見ない新都市となったのは誰もが知るところ。今後も横浜港と横浜の町、そして浜っ子たちの進化に注目は集まっていくはずだ。

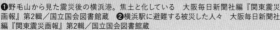

❶野毛山から見た震災後の横浜港。焦土と化している　大阪毎日新聞社編『関東震災画報』第2輯／国立国会図書館蔵　❷横浜駅に避難する被災した人々　大阪毎日新聞社編『関東震災画報』第2輯／国立国会図書館蔵

昭和45（1970）年頃の横浜本牧地区。本牧の接収は昭和57（1982）年まで続いた

# 第四章 アクティビティ

# 県外からも訪れる
# 人気の海水浴場

神奈川は海水浴場発祥の地。神奈川の海水浴場は日本の夏を代表する風景ともいえる。歴史ある浜や絶景ビーチ、そしてあのアーティストゆかりの地……。憧れのビーチへ出かけよう。

海の公園柴口、八景島駅も最寄り駅

**うみのこうえんかいすいよくじょう**
### 海の公園海水浴場

横浜唯一の海水浴場がある公園。砂浜は人工的に造られている。遠浅で波も静かなため、小さな子供も安心して遊ぶことが可能。

**MAP** 別冊P.15-C1
住 横浜市金沢区海の公園10
TEL 045-701-3450 開 7月第2土〜8/31 営 8:30〜17:00
交 シーサイドライン海の公園南口駅からすぐ

---

**ながはまかいすいよくじょう**
### 長浜海水浴場

地元の人から「ナハマ」と呼ばれる。砂浜が広々としていて、のんびりとした雰囲気。マリンスポーツのスポットとしても人気だ。

**横須賀市**

バスは横須賀駅行きなども利用可能

**MAP** 別冊P.18-B1
住 横須賀市長井2
TEL 046-822-8301
開 7/1〜8/31 営 8:30〜17:00
交 京急線三崎口駅から京浜急行バス荒崎行きで和田下車、徒歩15分

---

**三浦市**

ビーチは油壺エリアの西端に位置する

**あらいはまかいすいよくじょう**
### 荒井浜海水浴場

ビーチの長さは約150m。相模湾の美しい景観が広がり、晴れた日には富士山を眺めることもできる。夕日の名所としても有名。

**MAP** 別冊P.18-B2
住 三浦市三崎町小網代
TEL 046-888-0588
開 7/14〜8/31 営 8:30〜17:00
交 京急線三崎口駅から京浜急行バス油壺温泉行きで終点下車、徒歩10分

---

**ちょうじゃがさき・おおはまかいすいよくじょう**
### 長者ヶ崎・大浜海水浴場

江の島、伊豆半島や富士山を望むことができ「かながわの景勝50選」に選ばれた。北側が大浜、南側が長者ヶ崎の海水浴場。

**葉山町**

長者ヶ崎海水浴場の風景

**MAP** 別冊P.14-B3
住 三浦郡葉山町下山口
TEL 046-876-1111
開 7月上旬〜8/31 営 9:00〜17:00
交 JR逗子駅から京浜急行バス市民病院行きなどで長者ヶ崎下車すぐ

---

**葉山町**

浜辺は住宅地と隣接している

**いっしきかいすいよくじょう**
### 一色海水浴場

プライベートビーチのような雰囲気。「世界の厳選ビーチ100」に選ばれた美しい海岸。海岸南の小磯の鼻は磯遊びのポイント。

**MAP** 別冊P.14-B3
住 三浦郡葉山町一色海岸
TEL 046-876-1111
開 7月上旬〜8/31 営 9:00〜17:00
交 JR逗子駅から京浜急行バス葉山行きで一色海岸下車すぐ

---

**もりとかいすいよくじょう**
### 森戸海水浴場

葉山の中で一番広い砂浜の海水浴場。遠浅で波も穏やかなので子供連れにも安心だ。夕日の美しさでも知られている。

**葉山町**

夕景は「かながわの景勝50選」のひとつ

**MAP** 別冊P.14-B3
住 三浦郡葉山町堀内 TEL 046-876-1111 開 7月上旬〜8/31 営 9:00〜17:00 交 JR逗子駅から京浜急行バス葉山行きまたは福祉文化会館行きで森戸海岸下車すぐ

---

**逗子市**

海岸は約600m続き広々としている

**ずしかいすいよくじょう**
### 逗子海水浴場

関東で最も海開きが早いビーチのひとつ。国際環境認証「ブルーフラッグ」を取得している。環境に配慮した海水浴場だ。

**MAP** 別冊P.14-B3
住 逗子市新宿1-2210-6
TEL 046-873-1111
開 6/30〜9/3
営 9:00〜17:00
交 JR逗子駅から徒歩10分

info 問い合わせ先の電話番号は管理センターや観光協会など場所により異なる。海水浴場開設期間は2023年の例なのでシーズン直前に確認を。アイコンの休憩テント、更衣室は公共施設について表示。海の家などに併設されている場合もあり。

◆人気の海水浴場

### 鎌倉市 由比ガ浜海水浴場
<small>ゆいがはまかいすいよくじょう</small>

鎌倉随一のにぎわい。車椅子でも砂浜を進めるようにバリアフリー対応が進んでいる。

ボードウォークがあるビーチ

**MAP** 別冊P.33-D3
🏠 鎌倉市由比ガ浜海岸 　TEL 0467-61-3884
🕙 7/1〜8/31 　🕘 9:00〜17:00
🚃 江ノ電由比ヶ浜駅から徒歩5分

### 鎌倉市 腰越海水浴場
<small>こしごえかいすいよくじょう</small>

人出が少なく落ち着いた雰囲気。江の島と漁港の風景が一度に楽しめるのはここだけだ。

アクセスのよさもポイント

**MAP** 別冊P.16-A3
🏠 鎌倉市腰越海岸 　TEL 0467-61-3884
🕙 7/1〜8/31 　🕘 9:00〜17:00
🚃 江ノ電腰越駅から徒歩3分

### 藤沢市 片瀬東浜海水浴場
<small>かたせひがしはまかいすいよくじょう</small>

江の島の東に広がる日本でも歴史の古い海水浴場。関東で最も有名なビーチのひとつだ。

遠浅で波も穏やかなビーチ

**MAP** 別冊P.34-B2
🏠 藤沢市片瀬海岸1-15 　TEL 0466-22-4141
🕙 7/1〜8/31 　🕘 8:00〜17:00
🚃 小田急線片瀬江ノ島駅から徒歩5分

### 藤沢市 片瀬西浜・鵠沼海水浴場
<small>かたせにしはま・くげぬまかいすいよくじょう</small>

日本最大級の集客能力を持つ海水浴場。江の島と富士山を眺めることができ気持ちいい。

浜辺は1kmほど続いている

**MAP** 別冊P.34-A2
🏠 藤沢市片瀬海岸3 　TEL 0466-22-4141
🕙 7/1〜8/31 　🕘 9:00〜17:00、土・日・祝、お盆8:00〜
🚃 小田急江ノ島線片瀬江ノ島駅から徒歩5分

### 藤沢市 辻堂海水浴場
<small>つじどうかいすいよくじょう</small>

同じ市内の片瀬海岸と比べると規模は小さいものの家族でゆっくりと過ごせる雰囲気。

湘南の穴場的な海水浴場

**MAP** 別冊P.10-A1
🏠 藤沢市辻堂西海岸 　TEL 0466-22-4141
🕙 7/15〜8/31 　🕘 9:00〜17:00 　🚃 JR辻堂駅から江ノ電バス鵠沼車庫行き真砂通り下車、徒歩5分

### 茅ヶ崎市 サザンビーチちがさき海水浴場
<small>さざんびーちちがさきかいすいよくじょう</small>

1999年から現在の名前に。沖にえぼし岩、東に江の島が見える浜はまさにサザンの世界。

ビーチ幅約200mとゆったり

**MAP** 別冊P.10-A1
🏠 茅ヶ崎市中海岸 　TEL 0467-82-1111 　🕙 7月第1土〜8/31 🕘 8:30〜17:00 　🚃 JR茅ヶ崎駅南口から神奈川中央交通バス浜見平団地行きで海水浴場前下車すぐ

### 平塚市 湘南ベルマーレひらつかビーチパークby shonanzoen
<small>しょうなんべるまーれひらつかびーちぱーく（かいすいよくじょう）</small>

通年利用できる未来型ビーチとして誕生。ビーチバレーなどのコートも充実している。

アクティビティが充実

**MAP** 別冊P.9-D1
🏠 平塚市高浜台33-1 　TEL 0463-23-4781
🕙 7/15〜8/31 　🕘 9:00〜17:00
🚃 JR平塚駅南口から徒歩20分

### 大磯町 大磯海水浴場
<small>おおいそかいすいよくじょう</small>

明治18（1885）年開設の日本で最初の海水浴場。当時は湯治同様に海水につかっていた。

ビーチテニスのコートも常設

**MAP** 別冊P.9-D1
🏠 大磯町大磯1990 　TEL 0463-61-4100
🕙 7/9〜8/27 　🕘 8:30〜17:00
🚃 JR大磯駅から徒歩10分

### 小田原市 御幸の浜海水浴場
<small>みゆきのはまかいすいよくじょう</small>

明治6（1873）年明治天皇と皇后がここで地引網をご覧になったことから名付けられた。

景色がよく散策も楽しめる

**MAP** 別冊P.47-D2
🏠 小田原市本町3-413-1 　TEL 0465-33-1521
🕙 7/15〜8/20 　🕘 9:00〜17:00
🚃 小田原駅東口から徒歩20分

### 小田原市 江之浦海水浴場
<small>えのうらかいすいよくじょう</small>

江之浦漁港に隣接。砂浜はないものの、波が穏やかで海水の透明度も高い穴場スポット。

磯遊びにはちょうどいい環境

**MAP** 別冊P.48-B2
🏠 小田原市江之浦158-2 　TEL 0465-33-1521 　🕙 7/15〜8/20 　🕘 9:00〜17:00 　🚃 JR小田原駅東口から箱根登山バス石名坂行きで江の浦下車、徒歩10分

### 真鶴町 岩海水浴場
<small>いわかいすいよくじょう</small>

こぢんまりとした浜辺はローカルな感じで落ち着く。波が静かなのでファミリー向け。

沖に架かる岩大橋が見える

**MAP** 別冊P.48-B2
🏠 足柄下郡真鶴町岩957-1 　TEL 0465-68-1131
🕙 7/20〜8/27 　🕘 9:00〜17:00
🚃 JR真鶴駅から徒歩10分

### 湯河原町 湯河原海水浴場
<small>ゆがわらかいすいよくじょう</small>

最高ランクの水質を誇り、総合的にも安全性が評価されている。遠浅で波も穏やか。

マリンスポーツも盛ん

**MAP** 別冊P.48-B2
🏠 足柄下郡湯河原町吉浜 　TEL 0465-63-2111
🕙 7/15〜8/31 　🕘 8:00〜17:00 　🚃 JR湯河原駅から箱根登山バス真鶴駅行きで海の家下車すぐ

---

**info** 各ビーチの禁止事項などについては関連ホームページなどでチェックしておきたい。また、最近は車椅子でもビーチを移動できる施設なども多くなっている。いろいろな人が海水浴場を楽しめるので情報の確認を。

# 海でスポーツを満喫する

家族で楽しめるレジャーから最新のマリンスポーツまで、神奈川の海では多種多彩なスポーツを満喫できる。知らなかったさまざまな楽しみ方にもチャレンジしてみては。

逗子エリアでのSUPは景色もよく気持ちがいい

## 注目のSUPに挑戦
### フェザーファクトリーSUPスクール
ふぇざーふぁくとりーさっぷすくーる

日本でも人気急上昇のSUPは体幹エクササイズとしても注目がアップ。その基礎やルールはスクールでしっかりと学びたい。

SUPを軽快に楽しむための設備が充実している

**MAP** 別冊P.17-D3
🏠 逗子市新宿2-13-12
☎ 046-845-6092
🕐 9:00〜19:00 休 10月〜3月の月 CC不可 交 JR逗子駅から徒歩10分

初心者でもほとんどの人が立てるようになる

## 初心者も湘南でサーフィン
### Surf Seen
さーふしーん

初心者向けレッスンもあり、サーファー憧れの湘南でサーフィンに挑戦することができる。持ち物はビーサンとタオル、水着だけでいい。

初心者の海でのレッスンは約2時間

**MAP** 別冊P.34-B2
🏠 藤沢市片瀬海岸1-13-27 ☎ 070-8901-6587
🕐 9:00〜19:00 休 不定休 CC ADJMV 交 小田急線片瀬江ノ島駅から徒歩2分

## 初心者から上級者まで楽しめる
### 岩ダイビングセンター
いわだいびんぐせんたー

ダイビングポイントはビーチポイント2ヵ所、ボートポイント4ヵ所の計6ヵ所。シャワールームや更衣室も充実している。

❶大迫力の眺めが楽しめるのがダイビングの魅力
❷冷暖房完備のレクチャールームがあるセンター

**MAP** 別冊P.48-B2
🏠 足柄下郡真鶴町岩455 ☎ 0465-68-4116 🕐 7:00〜16:00 休 無休
CC不可 交 JR真鶴駅から徒歩15分

## みなとみらいでシーカヤック
### 日本丸シーカヤック教室
にっぽんまるしーかやっくきょうしつ

横浜の都心でシーカヤックが体験できるのは貴重。初心者向け親子体験教室から上級者向けまで、さまざまなコースが用意されている。

**MAP** 別冊P.23-C3
🏠 横浜市西区みなとみらい2-1-1(帆船日本丸・横浜みなと博物館) ☎ 045-221-0280 🕐 9:00〜15:30
休 不定休 CC不可 交 JR桜木町駅東口から徒歩5分

❶贅沢な風景の中でのシーカヤック
❷赤レンガ倉庫周辺を巡るコースもある

info スクールや講習の日程は細かく設定されているので、各公式ウェブサイトなどを確認して内容をしっかりとチェックしておきたい。天候や波の状況により変更やキャンセルになることもあるので、条件の確認も忘れずに。

①護岸つり場、沖桟橋などのスポットがある ②管理棟の建物。釣果情報はウェブサイトで公開されている

## 手軽に大物を釣る!!
### 本牧海づり施設
ほんもくうみづりしせつ

総延長1400m、定員650名の国内有数の規模の釣り施設。さまざまなタイプの釣り場で、季節に応じた釣り方が楽しめる。

**MAP** 別冊P.13-D3
住横浜市中区本牧ふ頭1 TEL045-623-6030 営4〜10月6:00〜19:00、11〜2月7:00〜17:00、3月6:00〜18:00 休施設点検日(奇数月第2火)、年末年始(12/31〜1/1) CC不可 交横浜駅から横浜市営バス海づり桟橋行きで海づり桟橋下車すぐ

## 夏の海を思いっきり
### バナナマリン
ばななまりん

バナナボートはひとり1500円。ジェットスキーも1時間1万3000円(要予約、要免許)でレンタルできる。

①迫力満点のジェットスキーにもチャレンジすることができる ②いちばん人気のバナナボート

**MAP** 別冊P.48-B2
住足柄下郡湯河原町吉浜914-1 TEL090-1250-0877 営7/15〜8/31の8:00〜17:00 休期間中無休 CC不可 交JR湯河原駅から箱根登山バス真鶴駅行きで吉浜下車すぐ

## ヨットをもっと身近に
### 八景島マリーナ
はっけいじままりーな

気軽にマリンスポーツを楽しめる市民向けマリーナとして親しまれている。レンタルヨットやヨットスクールなども用意されている。

**MAP** 別冊P.15-C2
住横浜市金沢区八景島 TEL045-788-8822 営9:00〜17:00 休無休 CC不可 交横浜シーサイドライン八景島駅から徒歩20分

①ヨットスクールには無料コースも ②関東の大学ヨット部も所属している

えぼし岩は磯釣り場としても有名。長年にわたり「えぼし丸」はえぼし岩へ釣り人を渡していた(現在も対応可)。

## えぼし岩に大接近
### 渡船えぼし丸
とせんえぼしまる

茅ヶ崎のシンボルといえる、えぼし岩に1日2便出ている周遊船。陸から眺めるのとはまた違う、沖合1.4kmの岩礁群の迫力ある姿を間近で楽しみたい。

**MAP** 別冊P.10-A1
住茅ヶ崎市南湖4-23-5 たつみ釣り具店(受付店) TEL0467-82-6946 営10:00〜12:00 予約受付9:00〜19:00 休8/1・15・19・20・29、9/5・19、第1・3火(その他あり) CC不可 交JR茅ヶ崎駅から車で7分

info 港から近い海でも波がいつも穏やかとは限らない。船酔いが心配な人は、乗船前に酔い止めを服用するなど、自分に合った対処をしておいたほうが無難。

# 自転車で神奈川の魅力に触れる

全国的に広がりつつあるレンタサイクルやシェアサイクルは神奈川でも利用できる。電動アシスト付きタイプがほとんどなので、坂道の多い神奈川のサイクリングも問題なく楽しめる（シェアサイクル情報→P.112）。

※自転車が利用できるステーション（ポート）の場所や利用方法、料金の詳細などについては、それぞれのウェブサイトで確認を。

❶1日パスの場合、利用料金は1529円
❷馬車道のサイクルポート

## サイクルポートは約100ヵ所
### よこはまこみゅにてぃさいくるべいばいく
### 横浜コミュニティサイクルbaybike

会員登録（1回、月額）の利用の場合はアプリをダウンロードしクレジットカードの登録が必要。観光などは登録なしで利用できる「1日パス」がおすすめ。

**DATA**
URL docomo-cycle.jp/yokohama CC ADJ

## 利用開始30分まで130円
### はろーさいくりんぐ
### HELLO CYCLING

東京を中心に全国にシェアサイクルを展開。神奈川県に数多くのポートが点在している。30分130円、延長15分100円、12時間1800円が基本的な料金（地域・車体により異なる場合あり）。

**DATA** URL www.hellocycling.jp
CC ADJMV

❶自転車にはほかにスポーツタイプのものもある ❷町なかのステーションの様子

## 料金は3プランから
### こぎこぎ
### COGICOGI

日本各地にポートを構える。鎌倉湘南エリアには鎌倉2ヵ所、藤沢1ヵ所の計3ポート。料金は12時間2310円、24時間2640円、48時間3960円の中から選ぶ。

**DATA** URL cogicogi.jp
CC AJMV

❶自転車は24時間利用可能 ❷鎌倉のポートのひとつ

## 1ヵ月の長期レンタルも
### しーばいく
### SEA-Bike

湘南、横須賀に3店舗を構える。YAMAHAの優れた車両を使用していて、アップダウンの激しい三浦半島一周などでも好評。長期のレンタルもできる。

**DATA**
URL sa-mobility.com/mobility-services/sea-bike CC ADJMV

❶湘南ではさまざまな絶景に出合える ❷ときには自転車を降りて風景を眺めたい

貸出場所によってはクロスバイク（1回1000円）も用意されている

## 小田原の魅力をじっくりと
### ぐるりんおだわら
### ぐるりん小田原

市内に貸出場所が3ヵ所あり、普通の自転車は1回500円、電動アシスト付きは1回1000円でレンタル可能。小田原の歴史や文化、自然をゆっくり巡ることができる。

**DATA** URL www.city.odawara.kanagawa.jp/kanko/machimeguri/gururin.html CC 不可

info 場所によっては車が頻繁に通る場所もあり、見通しの悪い細い道も多い。また、観光地によっては観光客で混み合っている場所も少なくないので、自転車の運転には細心の注意を払いたい。

# 手ぶらで気軽にフルーツ狩りを

土地や気候に恵まれた神奈川各地では、フルーツや野菜の収穫体験も気軽に楽しめる。自分の手で自然の恵みをいただく醍醐味を味わおう。

❶ナシは1kg1200円（年により異なる）❷品種や房の大きさで違うものの、ブドウは1kg当たり2房が目安

## 7000㎡のメインフィールド
ふる一つぱ一くちょうご
# フルーツパーク長後

土の感触が特徴のメインフィールドでは、ナシやブドウが実る。入園は無料で収穫した果物は買い上げに。料金は品種により異なる。

**MAP** 別冊P6-A3
🏠 藤沢市下土棚578　📞 0466-43-5868　🕐9:30〜17:00（収穫時期により異なる）　休不定休　CC不可
🚃小田急線長後駅から徒歩7分

## 柑橘の香りさわやかな
おれんじふろ一らるふぁ一む
# オレンジフローラルファーム

真鶴半島先端近くに広がるナチュラル&オーガニック農園。「皮まで食べられる安心レモン」が何よりの自慢だ。

**MAP** 別冊P48-B2
🏠 足柄下郡真鶴町真鶴1147-4
📞 0465-69-2239
🕐10:00〜15:00
休不定休
CC ADJMV
🚃JR真鶴駅から車で7分

❶併設のカフェではレモン以外のフルーツも味わえる　❷現在は無農薬のレモン狩りのみを実施している　❸潮風も心地いい農園

---

つみ取りはひとり約300gのカップで2000〜2500円

## 湾岸でイチゴ狩り
よこはますとろべり一ぱ一く
# 横浜ストロベリーパーク

横浜火力発電所構内のハウスに、ひと粒ひと粒ていねいに育てられたイチゴが並んでいる。つみ取りは1日4回、時間は各30分間となっている。

**MAP** 別冊P13-D2
🏠 横浜市鶴見区大黒町11-1横浜火力発電所構内
📞非公開　🕐土・日・祝のみ11:00〜16:00　休平日
CC不可　🚃JR鶴見駅東口から横浜市営バス横浜さとうのふるさと行きで横浜火力発電所下車すぐ

❶ハウス内の様子　❷イチゴは障がいのある方が、栽培専門家の指導のもと愛情込めて育てている

---

❶三浦半島スイカも名産品のひとつ　❷収穫体験ではサツマイモ4株1400円（料金の変更あり）

## サツマイモ収穫体験
ふぁ一むまるはち
# ふぁ〜む・まるはち

代々三浦半島で農業を営み、最近は収穫体験も開催。現在はおもにサツマイモの収穫体験を10月から11月中旬まで行っている。

**MAP** 別冊P.18-B1
🏠 三浦市初声町和田3334
📞 090-8015-1814
🕐10:00〜17:00（野菜直売）、14:00〜15:00（サツマイモ収穫体験）　休無休（野菜直売、事前に要連絡）、サツマイモ収穫体験10/1〜11/15の土・日開催
CC不可　🚃京急線三崎口駅から車で7分

**info** 収穫体験は、フルーツや野菜の種類によって、またその年の気候などによっても変化するので、実際の状況は公式ウェブサイトやSNSで確認するか、電話連絡をして必ず事前にチェックしておこう。

# 大人気の
# キャンプ＆グランピングへ

人気のキャンプやグランピングはそのスタイルや過ごし方がますます多様化し、楽しみ方の幅は広がり続けている。ファミリーに定番の夏キャンプからゴージャスなグランピングまで、神奈川のスポットをピックアップ。

## 日本最大級の広さ
### うぇるきゃんぷにしたんざわ
### ウェルキャンプ西丹沢

約30万坪の敷地に、約90〜100㎡のキャンプサイトが約600区画。レンタル品や売店の設備が充実しているほか、露天風呂、バーベキュー施設、釣り堀もある。

**MAP** 別冊P.4-B3
🏠足柄上郡山北町中川868 ☎0465-20-3191 **IN**12:00〜17:00 **OUT**11:00 **休**無休 **CC**不可 **交**小田急線新松田駅から富士急湘南バス西丹沢行きで西丹沢ビジターセンター下車、徒歩2分

❶ログハウスやコテージも利用できる ❷夏は渓流の天然プールも楽しめる ❸バーベキューはキャンプの醍醐味

## 至福のキャンプ＆スパ
### はこねこきえんゆねっさんやまのね
### 箱根小涌園ユネッサン
### 山の音

温泉リゾートとして有名なユネッサンのキャンプ施設。必要な道具類などは用意されているので手ぶらでキャンプが楽しめる。帰りには温泉でゆったりくつろぐことができる。

**MAP** 別冊P.45-C3
🏠足柄下郡箱根町二ノ平1297 ☎0460-82-4126 **IN**15:00〜17:00 **OUT**10:00 **休**無休 **CC**ADJMV **交**小田原駅から箱根登山バス箱根関所跡行きで小涌園下車すぐ

❶テントの外観 ❷贅沢なテント内の空間 ❸料理はキャンプとは思えないほどの豪華さ

❶最高級のキャンプ道具を使えるのは魅力 ❷箱根の自然の中でリフレッシュ

## 癒やしのガーデングランピング
### りらっくすふじの
### 里楽巣FUJINO

都心からいちばん近い里山といわれる藤野(相模原市)の雄大な山並み風景を満喫することができる。直径6m、天井高3m、床面積28㎡のドーム型テントは快適そのもの。

**MAP** 別冊P.5-C2
🏠相模原市緑区牧野4611-1 ☎042-649-0286 **IN**15:00 **OUT**11:00 **休**無休 **CC**ADJMV **交**JR藤野駅から神奈川中央交通バス奥牧野行きで中尾下車、徒歩2分

**info** チェックイン、チェックアウトの時刻はデイキャンプなどキャンプの内容によっても変わってくる。料金もシーズンにより変化するので各キャンプ場の公式ウェブサイトなどで確認を。

### 橋の下、渓流沿いの大自然
にしたんざわまうんとぶりっじきゃんぷじょう
# 西丹沢
## マウントブリッジキャンプ場

丹沢湖を北上した西丹沢山系の中にあり、川のせせらぎを耳にしながらキャンプができる。15人泊まれるバンガローやクルーザーを利用した船バンガローなどの施設もある。

**MAP** 別冊P.4-B3
**住** 足柄上郡山北町中川867-7 **TEL** 0465-78-3378
<オートキャンプ> **IN** 11:30 **OUT** 11:00 **休** 無休
**CC** 不可 **交** 小田急線新松田駅から富士急湘南バス西丹沢ビジターセンター行きで西丹沢橋下車、徒歩3分

❶キャンプ場は西丹沢橋の下に広がる ❷炊事場、風呂、トイレなどの施設も充実 ❸ユニークな船バンガロー

❶キャンプ場には小川も流れている ❷木のぬくもりが魅力のコテージ

**MAP** 別冊P.8-B2
**住** 小田原市久野4294-1 **TEL** 0465-24-3785 **IN** 14:00〜18:00
**OUT** 11:00 **休** 水・木 **CC** ADJMV **交** 小田原駅西口から箱根登山バスいこいの森行きでいこいの森下車、徒歩7分

### アクセス便利な立地が魅力
おだわらしいこいのもりりきゃんぷおだわら
# 小田原市
## いこいの森
## RECAMPおだわら

「いこいの森キャンプ場」からリニューアルオープン。車で東京都心から約1時間、箱根湯本へは約15分と好立地で、子供や大人向けのアトラクション施設も隣接している。

### オーシャンビューの贅沢
ながいうみのてこうえん それいゆのおか
# 長井海の手公園 ソレイユの丘

複合型エンターテインメントパークが2023年リニューアル。キャンプ施設にはグランピングや新サイトが追加され宿泊のスタイルが充実した。多彩な滞在が体験できる。

**MAP** 別冊P.18-B1
**住** 横須賀市長井4 **TEL** 046-857-2500 **IN OUT** 宿泊施設により異なる **休** 無休 **CC** AJMV **交** 京急線三崎口駅から京急バスソレイユの丘行きでソレイユの丘下車、徒歩15分

❶海を眺めながらのキャンプはうれしい ❷フリーサイトやソロサイトなど滞在も多様に ❸ソレイユの丘の全景

**info** 最近のキャンプ場にはドッグランなどを併設した施設も増えてきている。ペットと一緒の滞在を希望する人は、ペットの受け入れが可能かどうか、どのような関連施設があるのかなども事前に確認しておきたい。

# お寺で体験！ 写経＆座禅にトライ

凛とした空気のなか、ゆったりと行う写経や座禅が、
いま密かなブームだ。心を無にして精神統一や
ストレス解消すれば、明日への活力が湧いてくる!?

## 布教のための写経が、いつしか現代人の癒やしに

写経とは、仏教において経典を書写する、または書写された経典を指すもので、僧侶の修行や研究のため、また、印刷技術が発展していなかった時代に仏法を広めるためにも行われた。その後、写経をすること自体に功徳があるといわれるようになった。現在でも写経が行われているのは、書をしたためている間は精神が集中し、怒りや妬みなどの邪念が払われ心が安定するからだろう。ストレスから解き放たれリラックスできると評する人も多い。

❶薄い経文をなぞっていく
❷必要な道具はすべて揃っている（写真は長谷寺）

❶❷円覚寺の座禅は一部を除く毎朝6時から。このほか土・日は午後の部もある

## 医学的にも証明される座禅の効果

一方、座禅とは姿勢を正して座り、精神統一させることで己と向き合う仏教の修行方法のひとつ。背筋を伸ばし腹筋を使ってゆっくり呼吸に意識を集中すると、雑念が消えてざわついていた心が落ち着き穏やかな気持ちに。また「自律神経が整いストレスから解放される」「セロトニンの増加により睡眠の質が改善する」などの効果も医学的に証明されている。

### ここでトライ

#### 鎌倉 長谷寺

写経

奈良時代開創の古刹で十一面観音菩薩像が本尊。鎌倉の海と町を一望する見晴台がある
**DATA** P.188
🎫拝観料400円、写経体験1200円
🚃江ノ島電鉄長谷駅から徒歩5分

#### 円覚寺

写経・座禅

鎌倉時代後半に開山した臨済宗の寺
**DATA** P.185
🎫拝観料500円、写経体験1000円、坐禅体験無料または1000円
🚃JR北鎌倉駅から徒歩3分

#### 報国寺

座禅

建武元年（1334年）創建の臨済宗の寺。本尊は釈迦如来坐像で、瞑想している姿を表している
**DATA** P.193
🎫拝観料400円、座禅体験志納
※座禅体験は日曜7:30〜9:15、予約不要　🚃鎌倉駅から八幡宮・浄明寺方面行きバス等で浄明寺下車、徒歩3分

# 第五章 グルメ

三国志の関羽を祀る

グルメを
堪能する前に

## ご利益をいただきに中華街めぐり

中華街の歩き方

横浜中華街には道教の神様を祀ったふたつの廟がある。
日本の神社とは違う中国式の参拝やおみくじを体験しよう。

### 横浜関帝廟
よこはまかんていびょう

横浜中華街を訪ねたら、ぜひ足を運んでもらいたいのが関帝廟だ。祀られているのは、三国志の英雄として有名な武将の関羽（關聖帝君）。武人としてだけでなく、中国では「財神」、すなわち商売繁昌の神として信仰されている。この町に住む人たちの心のよりどころで、風水的にみて最強の場所なのだ。創建されたのは明治4（1871）年。現在の廟は平成2（1990）年に建てられた4代目である。廟内にある5つの香炉は、国泰平安を願う「玉皇上帝」、商売繁盛の「関聖帝君」、健康を願う「地母娘娘」、良縁と安産を願う「観音菩薩」、財産保全を願う「福徳正神」で、参拝ではそれらを順にたどることになる。

**MAP** 別冊P.28-A2
🏠横浜市中区山下町140 ☎045-226-2636 🕐9:00～19:00 🚃みなとみらい線元町・中華街駅山下公園口から徒歩6分

海の女神を祀る廟

### 横濱媽祖廟
よこはままそびょう

もうひとつの廟が、約1000年前の宋の時代に実在した福建省の女性で、航海や漁業の安全を守る道教の女神「媽祖」。子宝や安産、縁結びの神様も祀っている。建てられたのは平成18（2006）年3月と最近のことだ。こちらも5つの香炉があり、国泰平安を願う「玉皇上帝」、自然災害や疫病の防護を願う「媽祖（天上聖母）」、安産の「臨水夫人」と子宝の「註生娘娘」、学問の「文昌帝君」と縁結びの「月下老人」、財産の「福徳正神」の順に参拝する。

**MAP** 別冊P.28-A2
🏠横浜市中区山下町136 ☎045-681-0909 🕐9:00～19:00 🚃みなとみらい線元町・中華街駅山下公園口から徒歩4分

**5つの神様に線香を供える**

# 参拝方法

横浜関帝廟と横濱媽祖廟の参拝方法は基本的に同じ。

**１** まず受付でお清めの線香を購入。

**２** 廟に上がり、線香に火をつけ、手であおいで炎を消す（このとき線香に息を吹きかけないこと）。

**３** 以下の順番に5つの香炉に線香を供えていく。

【関帝廟】①玉皇上帝→②関聖帝君→③地母娘娘→④観音菩薩→⑤福徳正神

【媽祖廟】①玉皇上帝→②媽祖(天上聖母)→③臨水夫人・註生娘娘→④文晶帝君・月下老人→⑤福徳正神

**４** 最後に本殿内に入り、以下の順番で神様に参拝する。

【関帝廟】まず本殿から南の正門に向けて玉皇上帝に参拝。次に正面の関聖帝君、左の地母娘娘、右の観音菩薩、斜め右の福徳正神の順に参拝する。

【媽祖廟】まず牌楼方向の空に向けて玉皇上帝に参拝。次に正面の媽祖、右の註生娘娘と臨水夫人、左の文晶帝君と月下老人、その右の福徳正神の順に参拝する。

線香は5本セット（500円）

媽祖廟のお守りは玉皇上帝の香炉の中で回すとご利益がある

関帝廟と媽祖廟の線香購入後にもらえる

---

**三日月形の神具を使う**

# おみくじの引き方

横浜関帝廟と横濱媽祖廟のおみくじは「神筶（しんばえ）」式で、引き方は同じ。

**１** 本殿内おみくじ棒が入った器をもち、住所、氏名、生年月日と具体的な願いごとを心の中で告げ、自然におみくじ棒が1本飛び出すまで容器を振る。

**２** 神筶といわれる三日月形の神具を床に落とし、表と裏が出たら、係の人におみくじ棒を渡し、おみくじを受け取る。

---

**異国情緒たっぷり**

# 占いを楽しもう

横浜中華街は占い師が多く集まり、観光気分で占いが楽しめる。その人の運勢がわかる算命学は、この先に待つ幸せや困難を知り、それに備えることができるし、相性占いではふたりが末長く一緒にいるためのアドバイスをもらえる。

**人を笑顔にする占いの館**

### 鳳占やかた 市場通り鑑定所
（ほううらないやかた　いちばどおりかんていじょ）

鑑定内容は手相や算命学、相性占い、タロットなど。中華街に4店（山下町、チャイナスクエア3F、市場通り、西門通り）ある。質問数に限らず定額料金なので安心だ。予約は受け付けていない。

手相1100円、相性占い3300円、算命学3300円、タロット3300円

**MAP** 別冊P.28-A2

**住** 横浜市中区山下町148

**TEL** 045-651-7240

**開** 11:00〜19:00、土・日・祝〜20:00 **休** 無休 **CC** 不可 **交** みなとみらい線元町・中華街駅山下町口から徒歩5分

---

# 異国情緒を満喫しながら食欲全開!
# 激うまテイクアウトグルメ

中国の各地方料理のレストランが並ぶなか、極上肉まんから揚げ物、中華スイーツまで、多種多様な店先グルメが待っている。どの行列から並ぼうか。

### 横濱炸鶏排

顔と同じサイズがあるビッグでスパイシーな台湾風フライドチキン「炸鶏排」(650円)はクセになる味

### 江戸清本店

直径 約11cm、高さ 約7cm、重さ250gという食べ応えのある元祖ブタまん(600円)

### 元祖フカヒレまんの公生和

中華の高級食材であるフカヒレを使った特製あんを肉まんの皮で包んだ元祖フカヒレまん(600円)はコラーゲンたっぷり

### 小籠包専門店王府井本店

「もちっ・かりっ・じゅわぁ」の3つの食感を味わえる正宗生煎包(焼き小籠包)6個入りセット(980円)

### 富貴包子楼

上/北海道産の白豚を100%使用した特大50gのしゅうまい3個(600円) 右/フレッシュな生ニラをふんだんに使用したジューシーな肉にらまんじゅう3個(500円)

---

**肉まん**

#### 江戸清 本店
（えどせい ほんてん）

創業明治27年。精肉店「江戸清」から始まった元祖ブタまんの店。ふかふかの生地で包んだ肉まんのテイクアウトグルメブームはここから。

**MAP** 別冊P.28-A2
住 横浜市中区山下町192
TEL 045-681-3133
営 10:00～19:30、土～21:00、日・祝～20:30
休 無休 CC AJMV 交 みなとみらい線元町・中華街駅山下町口から徒歩3分

---

**フカヒレ商品**

#### 元祖フカヒレまんの公生和
（がんそ こうせいわ）

大正15年創業という老舗だが、平成6年に考案したフカヒレまんがヒットし、麺線や上海小籠包などテイクアウトグルメメニューが充実の店。

**MAP** 別冊P.28-A2
住 横浜市中区山下町152
TEL 045-681-2276
営 10:30～20:00、土・日・祝～22:00 休 木 店頭不可 交 みなとみらい線元町・中華街駅下公園口から徒歩6分

---

**焼き小籠包**

#### 小籠包専門店 王府井本店
（しょうろんぽうせんもんてん わんふーちんほんてん）

横浜中華街に5つの店舗を構える。ひと口かむと肉汁のコラーゲンスープがあふれ出るアツアツ焼き小籠包で有名。

**MAP** 別冊P.28-A2
住 横浜市中区山下町191-24 TEL 045-641-1595
営 9:30～21:30、土～22:30 交 みなとみらい線元町・中華街駅山下町口から徒歩5分

---

**手作り点心**

#### 富貴包子楼
（ふうきほうずろう）

その場で作りたてのオリジナル点心が味わえる屋台の店。豚肉やエビなどのこだわりの国産原料を使った和風だしのしゅうまいが人気。

**MAP** 別冊P.28-A2
住 横浜市中区山下町97-4 横浜大世界1F TEL 045-663-2913 営 10:30～19:00、土・祝～19:30 休 無休 CC 不可 交 みなとみらい線元町・中華街駅山下町口から徒歩3分

◆ 激うまテイクアウトグルメ

**心茶**
左からイカの丸揚げ（750円）、タピオカミルクティー（550円）、パイナップルパッションフルーツティー（600円）、黒糖ミルクティー（580円）

**紅棉**
上/ココナッツミルクのかかったフレッシュなマンゴープリン（350円）右上/素朴な味のゴマ団子（150円）右上/香檸檬酥ことレモン風味の白あんパイ（210円）右下/人気ナンバーワンの蛋達ことエッグタルト（200円）

**重慶飯店**
上/手作り工芸菓子の「白花酥（パイファス）」（378円）下/ほどよい甘さの小豆あんがたっぷり豆沙月餅（274円）

**台湾風フライドチキン**
よこはまざーじーぱい
**横濱炸鶏排**
台湾の夜市で人気の炸鶏排のチェーン。国産鶏胸肉を秘伝のたれに漬け込み、タピオカ粉の衣で揚げた肉はカリっとして中はジューシーだ。
MAP 別冊P.28-B2
住横浜市中区山下町106-10前田橋レジデンス1F TEL045-514-7254
営11:00～18:00 休無休 CC不可 交みなとみらい線元町・中華街駅中華街口から徒歩3分

**タピオカドリンク**
しんちゃ
**心茶**
タピオカドリンク専門店。メニューが豊富で、店名は一杯いっぱい心を込めて作ることに由来している。イカ揚げや炸鶏排もおいしい。
MAP 別冊P.28-A2
住横浜市中区山下町148 TEL080-3440-7231
営10:00～21:00、土・日・祝～22:00 休無休 CC不可 交みなとみらい線元町・中華街駅山下公園口から徒歩3分

**中華スイーツ**
こうめん
**紅棉**
昭和27年創業のレトロ店。素朴な手作り中華スイーツが1個ずつ買える。店の隣に小さな席があり、その場で食べられるのがうれしい。
MAP 別冊P.28-A2
住横浜市中区山下町190 TEL045-651-2210
営10:00～19:00 休木 CC不可 交みなとみらい線元町・中華街駅中華街口から徒歩5分

**月餅**
じゅうけいはんてんほんかんばいてん
**重慶飯店 本館売店**
横浜中華街を代表する四川料理の名店の売店コーナー。あんの異なる各種月餅やチャーシュー丼などもテイクアウトできる。
MAP 別冊P.28-A2
住横浜市中区山下町164 TEL045-651-0820 営日～木11:00～20:00、金・土11:00～20:30 休無休 CC ADJMV 交みなとみらい線元町・中華街駅山下公園口から徒歩3分

# おすすめ
# レストラン

横浜中華街には歴史ある老舗の広東、四川料理店から台湾料理まで、日本人の口に合う美食があふれている。

中国語で本場を意味する「正宗」を冠し、熟成豆板醤や花山椒や牛挽肉を使用した正宗麻婆豆腐

### 辛さや痺れが特徴の本格四川料理店

#### じゅうけいはんてん ほんかん
# 重慶飯店 本館

四川料理の老舗で、辛さや痺れが特徴の麻婆豆腐や赤と白のスープを陰陽に見立てた鍋で味わう本格火鍋などを提供する横浜中華街を代表するレストランだ。モットーは「温故知心」。古きよき伝統の味を守りながら時代のニーズに適応することを心掛けている。旬の食材に合わせた料理法、四川料理が有する深み、これまで日本で受け継がれてきた味を大切にしてきた。1階はショップ（→P.323）で焼き物やオリジナル月餅を販売。2階がメインダイニング、3〜7階にバンケットや火鍋が味わえる個室を用意。個性豊かな料理が選べるランチやディナーのコースも豊富。

重慶発祥の本格火鍋はトウガラシの辛さと花山椒の痺れが刺激的な麻辣と白濁の薬膳スープなど4種ある

「海鮮のカダイフ巻き揚げ」はエビやイカなどを小麦の麺状の「カダイフ」で巻き揚げた創作料理。サクサクした食感が特徴

クリーミーなゴマの香りが広がるスープに軟らかく仕上げた蒸し鶏とネギをトッピングした白担々麺

2階のダイニングフロア

#### 重慶飯店の歴史

重慶飯店は台湾から来た創業者の李海天、呉延信夫妻が昭和34年に開業。李は横浜中華街にある中華学校の招聘により28歳のときに来日。日本の大学を卒業し、帰国しようと考えていたが、長男の李宏道（現社長）が生まれ、中華街でビジネスを始めることを決意。当初は1階20〜30席、2階は小宴会ができる畳の部屋だった。昭和56年、ローズホテルを開業し、息子兄弟が夫妻の意志を継いで今日にいたる。

**MAP** 別冊P.28-A2
🏠 横浜市中区山下町164
☎ 045-641-8288
🕐 11:30〜15:00、17:00〜21:00、金11:30〜15:00、17:00〜22:00、土11:30〜22:00、日・祝11:30〜21:00 休無休 CC ADJMV
💴 2000円〜 ⑥6000円〜
🚇 みなとみらい線元町・中華街駅山下町口から徒歩3分

高級感のあるエントランス

人気のチャーシューと皮付きの焼豚を一皿で！

市場通りにも面している

中華街大通りを眺めながらくつろげる2階の洋風フロア

## 明治後期創業の本格廣東料理の店

### 中華菜館 同發 本館
ちゅうかさいかんどうはつほんかん

中華街大通りに面した本格廣東料理店。明治後期の創業以来、皮付き豚バラ肉の焼き物（脆皮焼肉）や家鴨の香味焼き（明炉焼鴨）などの秘伝の焼き物や香辛料や醤油で煮込んだモツ類（鹵水）を提供してきた。

**MAP** 別冊P.28-A2
住 横浜市中区山下町148 TEL 045-681-7273
営 11:00〜15:00、17:00〜21:30、土・日・祝11:00〜21:30 休 無休 CC ADJMV ● 2000円〜 ♪ 6000円〜 交 みなとみらい線元町・中華街駅山下町口から徒歩3分

上海路にある

人気のアフタヌーンティーコース

## 本格四川と飲茶が楽しめる

### 景徳鎮
けいとくちん

本場の辛さ「辣」、痺れる「麻」、しょっぱさの「鹹」、熱々の「烫」という4つの味を融合し、五感で堪能できる四川料理の専門店。飲茶のメニューも充実。食通だけでなく、家族連れで楽しめる。

**MAP** 別冊P.28-A2
住 横浜市中区山下町190 TEL 045-641-4688
営 11:30〜22:00、土・日・祝11:00〜22:00 休 無休 CC ADJMV ● 1000円〜 ♪ 4000円〜 交 みなとみらい線元町・中華街駅山下町口から徒歩6分

料理長特別おすすめコース5830円（2名から）

市場通りにある

名物の麻婆豆腐

香港出身の点心師が生んだオリジナル点心「元祖海老のウエハース巻き揚げ」

## 最高峰の広東・香港料理

### 菜香新館
さいこうしんかん

点心、焼き物、名物のエビ料理など、広東出身の創業者の思いを受け継ぐ本格料理店。1階は売店と50種類以上の点心が楽しめる飲茶フロア、2階がレストラン、5階が清芳春ティーサロン。

**MAP** 別冊P.28-A2
住 横浜市中区山下町192 TEL 050-3196-2794
営 11:30〜15:30、17:00〜21:30、土・日・祝11:00〜15:30、17:00〜21:30 休 火 CC ADJMV ● 2000円〜 ♪ 6000円〜 交 みなとみらい線元町・中華街駅山下町口から徒歩3分

### 元祖シウマイを生んだ店

# 順海閣
じゅんかいかく

昭和20（1945）年創業。創業者呉笑安の父親の点心師が崎陽軒（→P.328）の要望に応えて完成させた「元祖シウマイ」の店。北京ダックを含む130品時間無制限オーダー式の食べ放題は大人気。現在のオーナーは福建出身の30代の林恩義さん。

元祖シウマイはふっくら

**MAP** 別冊P.28-A2
🏠横浜市中区山下町147香港路 ☎045-681-1324
🕐11:00～22:00 休無休 🆑ADJMV（ランチセットは現金のみ）💰1200円～ 🍴3000円～ 🚃みなとみらい線元町・中華街駅山下町口から徒歩5分

2階に昭和レトロな個室や宴会場がある　香港路にある

---

北京ダックや各種点心と大満足のバイキング

フロアは1階から7階まで

### 珍しい広東郷土料理を提供

# 大珍楼
だいちんろう

昭和22（1947）年創業の広東料理店。故宮をイメージした豪華な館内で、ほかでは食べられない現地の郷土料理も提供。元祖「オーダー式食べ放題」や個室、宴会場もある。

善隣門に近い

**MAP** 別冊P.28-A2
🏠横浜市中区山下町143 ☎045-663-5477
🕐11:00～21:00 休無休 🆑ADJMV 💰3450円～
🍴3450円～ 🚃みなとみらい線元町・中華街駅山下公園口から徒歩5分

---

### 家庭的なお粥の老舗店

# 安記
あんき

お粥専門店として70年以上、家族ぐるみで営むアットホームな店。お粥は全11種類で、粘りのないスープに近い感じのあっさり塩味が特徴だ。2階には座敷もあり、コース料理も楽しめる。

**MAP** 別冊P.28-A2
🏠横浜市中区山下町147香港路 ☎045-641-3150
🕐月・火・木・金10:00～14:00、17:00～20:00、土・日・祝10:00～20:00 休水 🆑不可 💰1000円～
🍴4000円～ 🚃みなとみらい線元町・中華街駅山下町口から徒歩5分

ツブ貝やエビ、イカ入りの海鮮粥

香港路にある

人気の前菜はハチノス入りのもつ皿

❶看板メニューの白身魚の発酵唐辛子蒸し（双椒蒸魚頭）❷湖南特産の燻製肉と野菜炒め（湘西腊肉）❸店舗外観。香港路の同じ並びにもう1軒、湖南料理「湘厨」がある

### 中華街では珍しい激辛湖南料理店

## 湖南人家
こなんじんか

　湖南省出身のご夫婦が香港路に令和4（2022）年10月オープン。湖南料理の特徴は酸っぱく辛い「酸辣（スアンラー）」で、辛さは中国一といわれる。現地から取り寄せた調味料を使ったガチな味が楽しめる。

**MAP** 別冊P.28-A2
🏠横浜市中区山下町147香港路 ☎045-681-1888 🕐11:00〜23:00 🈳不定休 💳ADJMV 💴1000円〜 🍴3000円〜 🚉みなとみらい線元町・中華街駅山下町口から徒歩5分

### 中国東北地方の料理が食べられる

## 東北人家 本館
とうほくじんか ほんかん

　平成25（2013）年にオープンした横浜中華街初の「ガチ中華」の店。羊肉料理や煮込み、発酵白菜の豚鍋など中国東北地方の料理が味わえる。広東道に新館（🏠山下町151-3）も。

**MAP** 別冊P.28-A2
🏠横浜市中区山下町214 ☎045-641-7595 🕐11:00〜23:00 🈳無休 💳MV 💴770円〜 🍴2000円〜 🚉JR石川駅から徒歩5分

黒龍江省名物の鍋包肉は中華風豚肉の天ぷら（1298円）

豚スペアリブとトウモロコシの辛口炒め（1518円）

西門通りと福建路の交差点にある

シイタケや干しエビ、クコの実などが入った薬膳粽子（やくぜんちまき）

### 老舗の台湾料理と薬膳料理の店

## 青葉新館
あおばしんかん

牛バラ肉高菜そば、大根餅、焼きビーフン、切り干し大根の卵焼き

　「食医同源」に基づく台湾の薬膳料理の店。人気は数種の薬膳で煮込んだ牛バラ肉麺や心地よい酸味が食欲をそそる酸辣湯麺のほか、腸詰やアサリ炒めなどもある。お粥や点心も胃に優しい。山査杞子酒などの台湾の薬膳酒も豊富に揃う。

2階は個室がある

蘇州小路にある

**MAP** 別冊P.28-B2
🏠横浜市中区山下町97 ☎045-663-3770 🕐11:30〜22:00 🈳月（祝日の場合は営業）💳ADJMV 💴850円〜 🍴2000円〜 🚉みなとみらい線元町・中華街駅山下町口から徒歩2分

# 横浜中華

日本の中華料理の発祥の地である横浜だけに、中華街以外にもさまざまな名店がある。最近は「ガチ中華」の店も急増中。

❶広東式北京ダックや点心の特別ディナーコース ❷オリジナルシウマイ盛り合わせ3種（フカヒレ・クワイ・サーモンチーズ）❸ロマンティック・カントニーズを提供

昔ながらのシウマイセット15個入り660円から。豚肉と干帆立貝柱の豊かな風味が特長

おなじみシウマイ弁当950円

小豆や栗、宇治抹茶、黒ごまなど各種横濱月餅1個140円〜

## 明治生まれのシウマイの殿堂

### 崎陽軒本店
きょうけんほんてん

　明治41（1908）年創業、豚肉と干帆立貝柱の風味豊かな「シウマイ」、"冷めてもおいしい"へのこだわりが詰まった人気のシウマイ弁当"や日本人の口に合う横濱月餅、中華まんなど、横浜のおいしさを広めてきた。本店は横浜駅前にあり、1階のショップでは定番製品だけでなく、オリジナル製品も購入できる。2階には広東料理をベースにしたレストラン「嘉宮」があり、海鮮から点心、ローストダックなど極上の中華が楽しめる。同ビルには崎陽軒が運営する南イタリア料理の「イルサッジオ」やビアレストラン「亜利巴"巴"（アリババ）」、英国式ティータイムが堪能できる「アポリータム」などのレストランも。

**MAP** 別冊P.22-A1

🏠横浜市西区高島2-13-12 📞045-441-8827
🕐10:00〜20:00 🈺元日 💳ADJMV 🚃横浜駅東口から徒歩3分

●嘉宮

🏠崎陽軒本店2階 📞045-441-3330 🕐月〜金11:30〜15:00、17:00〜21:00、土・日・祝11:30〜21:00
🈺無休 💳JMV 🍽3800円〜 🌙6000円〜

## 台湾各地の味が楽しめる
### 台湾ダイニング＆茶 口福館
たいわんだいにんぐ＆ちゃ こうふくかん

横浜伊勢佐木町にある創業30年の台湾料理店。季節ごとの旬な素材を使った現地の味を提供。ひとりでも気軽に楽しめる一品料理から台湾各地の地名が名づけられた本格コースが人気。

**MAP** 別冊P.24-A2
🏠 横浜市中区伊勢佐木町2-80 📞 045-262-5494 🕐 月〜金11:00〜15:00、17:00〜22:00、土・祝11:00〜22:00、日12:00〜22:00 休水 💳 ADJMV 💴 850円〜
🍴 3000円〜 🚉 関内駅北口から徒歩7分

❶人気の台湾料理がいろいろ食べられるコース ❷イセザキモールのからくり人形時計のそば ❸最近リニューアルした清潔な店内

❶羊の臓物入りの「羊雑湯（ヤンザータン）」 ❷看板メニューの「羊肉串（ヤンロウチュアン）」 ❸おすすめは北京式羊のしゃぶしゃぶ「涮羊肉（シュワンヤンロウ）」

## 北京の「ガチ中華」は羊料理
### 京味居
きょうみきょ

中国風の看板が目印

北京家庭料理を提供する横浜の「ガチ中華」の名店。羊料理が多く、串焼きにしたり、スープにしたり、しゃぶしゃぶにして食べる。マニアな日本人客も多く、いつもにぎわっている。

**MAP** 別冊P.24-A2
🏠 横浜市中区長者町9-154 📞 045-241-0818 🕐 16:30〜23:00 休日 💳 不可 💴 1000円〜 🍴 3000円〜 🚉 京急線日ノ出町駅から徒歩5分

## 3つの特色がある福建料理店
### 日本沙県食坊
にほんさけんしょくぼう

福建料理の特徴は、山海の珍味を生かしたあっさり味スープと小ぶりのワンタン、ピーナッツ味のソースで味つけした拌麺という汁なし麺だ。日本人の口に合う「ガチ中華」を試してみよう。

**MAP** 別冊P.24-A3
🏠 横浜市中区伊勢佐木町3-107 📞 045-308-8222 🕐 11:30〜23:00 休無休 💳 不可 💴 1000円〜 🍴 3000円〜 🚉 横浜市営地下鉄伊勢佐木長者町駅から徒歩5分

❶福建風酢豚の「荔枝（ライチ）肉」 ❷福建風バーガー「光餅（グアンビン）」はバンズがカリカリ ❸サツマイモの団子スープ ❹イセザキモール沿いにある

## 神奈川ご当地

# 3大ラーメンを食べたい！

**横浜代表**

> 横浜を代表する珠玉のB級グルメ

## サンマーメン　800円

大正7(1918)年の創業以来愛され続けてきた、サンマーメンの発祥店といわれる「玉泉亭」。サンマーメンは漢字で「生馬麺」と書く。あっさり醤油味のとろみあんでまとめられた炒め野菜は、香ばしさが感じられながらも生野菜のようなシャキシャキ感が残り、細い麺にしっかりと絡む。最後までアツアツなのもうれしい。

■ 玉泉亭（→ P.23）

ランチ時など混雑しているが、通し営業なので夕方あたりが狙い目

町中華の玉泉亭はニラレバ（900円）も人気メニューのひとつ

**川崎代表**

> 川崎から全国へ。スタミナ満点の1杯

## タンタンメン　910円

タンタンメンというと辛味の効いたクリーミーなゴマ風味をイメージするだろうが、川崎っ子にとっては違う。真っ赤なのに辛いだけではなく、スープは鶏がらベースであと味もすっきり。そこにたっぷりの溶き卵がのって中太麺との絡みもいい。昭和39（1964）年に、川崎で誕生した辛さもカスタムできる人気のうま辛ラーメン。

■ 元祖ニュータンタンメン本舗 京町店

**MAP** 別冊P.38- A2

🏠 川崎市川崎区京町1-18-7 ☎ 044-366-2180
🕐 11:00～23:00 休 無休 🚃 JR南武支線川崎新町駅から徒歩6～7分
💳 不可 🍴 1000円～

駐車スペースもたっぷりある京町店

甘辛いたれがかかった水餃子「味噌餃子（5個470円）」は元祖ニュータンタンメン本舗だけの味

 本場中国の味を求めるなら横浜中華街。水で練った小麦粉を湯の中に専用の刀で削りながら入れていく刀削麺のような独特の麺もあり、いろいろな麺を食べ比べてみるのもおもしろい。

香りと辛味の2種類の唐辛子をブレンドした自家製ラー油での味変は必ず試してほしい

神奈川は名店といわれるおいしいラーメン店がしのぎを削るラーメン激戦区。そのなかでも特に食べておきたい3大ラーメンをご紹介。ソウルフードとして県民に愛されているご当地ラーメンをぜひ食べてみよう。

麺は均一に火が入るように大鍋の湯のなかでゆっくり泳がせるように茹でていく

◆ 3大ラーメンを食べたい！

体にいいラーメンは唯一無二の健康食

**平塚代表**

# タンメン 800円

初代が第2次世界大戦中、満州で知った酢の文化を持ち帰り考案したのが「酢湯麺」を使ったタンメン。白い色が特徴の麺はかん水や添加物を一切使用しない無添加だ。合わせるスープは豚骨でありながら火加減を見極めた透明で上品な味わい。そこにしゃきしゃきの刻み玉ねぎがのり、店主が見立てたメンマと三陸産の高級肉厚わかめをたっぷりと。親子3代に受け継がれてきた体にも優しい究極の1杯だ。

**■老郷本店**
らおしゃんほんてん

**MAP** 別冊P.9-D1
住 平塚市紅谷町17-23　TEL 0463-21-3658　営 11:00〜23:00　休 月
交 JR平塚駅から徒歩1分　CC 不可
メニュー タンメン800円、餃子400円

JR平塚駅からすぐ。ランチ時間をずらしても常に行列の絶えない人気店

---

まだまだ神奈川には人気ラーメン店がめじろ押し

## 今や全国区の家系ラーメンは横浜発祥

全国にその名をとどろかせる「横浜家系ラーメン」ももとは昭和49（1974）年に横浜市磯子区で誕生した「家系総本山 吉村家」が発祥だ。とんこつ醤油をベースにした太いもちもち麺が特徴で、暖簾分けや独自に派生したラーメン店など、全国に勢力を拡大。屋号に「○○家」とつけることが多い。

EXPASA海老名（上り）に出店している家系ラーメンの「壱八家」は家系のなかでもさっぱり味が特徴（→P.255）

神奈川ラーメン事情❷ **新横浜**

「新横浜ラーメン博物館」（以後「ラー博」）は人気のラーメン店が一堂に会するが、それだけでなく、古き良き昭和33年の世界観にタイムトリップできる施設。ラーメンをテーマに1日遊べる楽しさ満載のテーマパークだ。（→P.146）

ノスタルジックな空間に酔いしれよう

# ラーメン博物館へ行こう！

これが入り口の目印

### レトロな町並みも楽しんで
## 食べる

飛行機に乗らずして全国のラーメン店を訪ねるというコンセプトのもと、南は沖縄、北は北海道まで、随時ご当地の人気店7店舗が出店されている。

**❶長年ラー博の顔として出店**
30年前から変わらず出店し続けている熊本の「こむらさき」は、ラーメンに焙煎ニンニクを初めて取り入れた老舗店。変わらぬ味を堪能しよう。

**❷期間限定の出店**
企画イベントでは限定ラーメン店の出店も。ラー博30周年企画では「あの銘店をもう一度」として、過去に出店した約40店舗がリレー式に登場。気仙沼のシンボル「かもめ食堂」も復活し、気仙沼特産の秋刀魚の香油を使ったラーメンなどを振る舞った。

「こむらさき」
王様ラーメン850円

❶

「かもめ食堂」
気仙沼ラーメン潮玉子入り
1100円

❷

「かもめ食堂」は現在、期間終了

### 童心に帰る
## 懐かしの駄菓子店

ラーメン店が並ぶレトロな町並みの一角にあるのが駄菓子屋「夕焼け商店」。子供の頃と変わらない値段に思わず大人買いしてしまうかも。

左からテッパンのコンビ、梅ジャムとミルクせんべい。大人ぶりたいココアシガレット。癖になる酸っぱさ、よっちゃん

タイムトラベラーになった気分

どれも欲しくなる物ばかり

**info** ラー博内で人気の、予約必須の「ラーメン作り体験」参加者の8割は現在、外国人観光客。体験会場は英語が飛び交うアットホームな雰囲気。ひとりからでも申し込みができ、予約状況によっては当日でも参加できる。

◆ラーメン博物館へ行こう！

知る

**室**町時代から現在までのラーメンの歴史展示やチャルメラでおなじみの「チャルメラおじさん」、「來々軒」の再現など、楽しみながらラーメンの面白情報が得られる。

具材を模した遊び心あふれる椅子

昔、実際に使われていたラーメン屋台と明星チャルメラのキャラクター「チャルメラおじさん」

ご当地ラーメンのサンプルを用いて立体的にマップを構成

❶ラーメン特集の雑誌など1000冊の展示
❷全国各地のラーメン店から収集したどんぶり

ラーメンを作ってみよう

体験

**ラ**ー博では伝統製法「青竹打ち」で麺を作る体験も開催。完全予約制で公式ウェブサイトからの予約になる。60分〜ひとり4000円で、作ったラーメンはその場でいただける。また、「ラー博スゴメンラボ」では自分だけのカップラーメンを作ることも。麺・具材・スープ・容器・ふたなど自分好みにカスタマイズ。世界にひとつだけのカップラーメンを作ってみよう。

きれいにラッピング

不思議な青いスープをチョイス！

麺の太さや具材、スープまで好きに選べる

実験室のような「ラー博スゴメンラボ」

ふたのデザインもいろいろ。自分で持ってきた画像も使える

できあがり〜♪

オリジナルカップラーメンはおみやげにも

人気のラーメンを食べ比べ
## ハンマーヘッドの「JAPAN RAMEN FOOD HALL」

みなとみらいの客船ターミナル・ハンマーヘッド（→P.367）内の1階フロアに、常時、5つの人気ラーメン店がお目見え。250席ある店舗エリアで、国内の選りすぐりラーメン店とともにキャッシュオンバーも併設。大人も楽しめる空間だ。

❶港町をイメージした店舗エリア
❷梅光軒「醤油ラーメン（1000円）」
❸白樺山荘「味噌ラーメン（1000円）」

info 東横線反町駅近くの「横浜反町ラーメンストリート」やJR関内駅そばのショッピングセンター・セルテ内にある「関内ラーメン横丁」など、横浜にはうまいラーメンを一度に試せる一角がいくつか存在。

# 横浜の**老舗洋食店**

安政4（1858）年に開港して以来、外国の文化が花開いた横浜は、食文化も実に豊か。ここでは長い歴史があり、今も変わらずに愛される老舗の洋食店をご紹介。

レトロでおしゃれな丸看板が目印

**昭和13（1938）年創業**

### 工夫を加えたハンバーグステーキが名物

## 洋食キムラ 野毛店
ようしょくきむら

野毛店限定のオムライスやコロッケなどのメニューがあるなか、一番人気は一度焼きを入れてひと晩寝かせたハンバーグステーキ。たっぷりかかったデミグラスソースには隠し味に梅酒を使い、ほのかな酸味で味にアクセントを加えている。鉄板で半熟になった卵とともに食べるのもおいしい。夜の営業はハンバーグが売り切れ次第終了となるので注意しよう。新横浜店（☎045-470-6272）もある。

**MAP** 別冊P.24-A2

🏠横浜市中区野毛町1-3 ☎045-231-8706
営火〜金曜11:30〜14:30（L.O.14:00）、17:00〜21:00（L.O.20:30）、土11:30〜21:00（L.O.20:30）、日・祝〜20:30（L.O.20:00）
休月 CC AJMV 🍴1000円〜 🍴1000円〜
🚉桜木町駅から徒歩8分

❶ふっくらとして柔らかなハンバーグステーキ（セット1660円）　❷具材に味がしみ込んだビーフシチュー　❸席数は80あるが週末は待ちが出るほどにぎわう

**昭和21（1946）年創業**

### 創業以来変わらぬスタイルを貫く

## センターグリル
せんたーぐりる

太麺を使ったナポリタン、じっくり煮込んだデミグラスソースをかけた特製オムライスが名物。ナポリタンの太麺は、ゆでてからひと晩寝かせてもっちり感を出している。「安くて栄養のあるおいしいものを、たくさんの人に気軽に食べてもらおう」をモットーとして創業時のスタイルと味を提供。チキンカツやサラダの付くランチメニューは終日提供されているのでいつでも食べられるのもうれしい。

ノスタルジックでかっこいいロゴ

**MAP** 別冊P.24-A2

🏠横浜市中区花咲町1-9 ☎045-241-7327 営11:00〜20:00（L.O.19:45）
休月、第1火
CC不可 🍴1000円〜 🍴1000円〜
🚉桜木町駅から徒歩5分

米国風 センターグリル 洋食

❶スパゲッティーナポリタン（850円）ステンレスの皿は創業以来から使っているもの　❷特製オムライスにチキンカツをのせた特製浜ランチ（1280円）　❸木の梁が印象的でモダンなインテリア

info 「センターグリル」の店名は、初代の石橋豊吉氏がホテルニューグランドの初代総料理長サリー・ワイル氏が経営する「センターホテル」のレストランで修業を積んだところから名付けられた。

**昭和29(1954)年創業**

### ジャンボサイズのオムライスが人気

#### グリル・エス
ぐりる・えす

創業以来、行列の絶えない人気店。ランチタイムにしか味わえないオムライスは卵4個を使いエビも入ってボリューム満点。ケチャップはデミグラスソースに変更可能（有料）だ。ハンバーグやタンシチューにも使われるこだわりのデミグラスソースはほのかな酸味と苦味が絶妙で、ご飯が進むこと間違いなし。

**MAP** 別冊P.24-B2
🏠横浜市中区相生町5-89 ☎045-681-2581 🕐11:30～13:45(L.O.)、17:00～21:30(L.O.)※土・祝のディナーは20:45(L.O.) 休日・月(12/24、25の夜は営業)
💳ADJMV 🍴1800円～ 🍷4000円～
🚉みなとみらい線馬車道駅から徒歩4分

❶ランチは全品サラダ付き。オムライス（1800円）❷カニクリームコロッケ（2500円）にもデミグラスソースがたっぷり ❸温かみのある店内

**昭和2(1927)年創業**

### 横浜が誇るカツレツの名店

#### 勝烈庵 馬車道総本店
かつれつあん ばしゃみちそうほんてん

100年近い歴史をもつカツレツの名店。カツレツは外国人コックが横浜にもたらしたものに初代が独自のアレンジを加えて完成させたという一品。勝烈庵特製の生パン粉、ソースは野菜や果物を2日間煮込み、さらに1日寝かせたというこだわりのもの。店内には当主と交流のあった棟方志功の作品が飾られている。

**MAP** 別冊P.24-B2
🏠横浜市中区常盤町5-58-2 ☎045-681-4411 🕐11:00～21:30(L.O.21:00)
休1/1～1/3、設備点検日(年2回程度)
💳ADJMV 🍴2000円～ 🍷2500円～
🚉JR京浜東北線関内駅から徒歩3分

❶人気No.1の勝烈定食（1980円）❷ヒレカツとエビフライを盛り付けたお好み定食（2640円）❸馬車道総本店の1階カウンター席

**昭和42(1967)年創業**

### 材料の味にとことんこだわった洋食

#### 山手ロシュ
やまてろしゅ

山手外国人墓地の前に位置する老舗店。肉の味を引き立てる甘めのデミグラスソースは牛すじや香味野菜などの材料をロティしてから煮込む工程を10日以上繰り返して作り上げたほかではまねできない味わい。オーダーが入ってから一品ずつていねいに作る料理は、付け合わせの野菜まで手を抜くことなく提供される。

**MAP** 別冊P.28-B3
🏠横浜市中区山手町246 カーネルスコーナー1階 ☎045-621-9811 🕐11:00～14:20(L.O.)、17:00～18:50(L.O.) 休月・火
💳ADJMV 🍴2000円前後 🍷3000円～
🚉みなとみらい線元町・中華街駅から徒歩6分

❶リピーターが多い千葉県産豚ロースのグリルセット（2300円）❷一番人気ビーフシチューハンバーグ（1900円）❸港の見える丘公園からすぐ

info 喫茶店で味わえる洋食もチェック！横浜スタジアム隣の「コーヒーの大学院 ルミエール・ド・パリ」はこだわりコーヒーとレトロでゴージャスな内装が人気の店。仏蘭西風エビフライや特製手作りハンバーグなどが食べられる。

# あれこれカフェ巡り

横浜 鎌倉 三浦 湘南 Cafe

神奈川の人気観光エリア、横浜、鎌倉、三浦、湘南には
さまざまなスタイルのカフェがある。
それぞれ個性のあるカフェをお目当てに出かけよう。

異国情緒あふれる横浜・山手の
洋館カフェ4軒をピックアップ **｜洋館カフェ**

## 洋館で本格アフタヌーンティーを！

### えの木てい 本店
（えのきてい ほんてん）

昭和2（1927）年に建設された現在残る数
少ない西洋館のカフェ。アフタヌーンティー各
種を楽しめる（一部を除き要予約）。2階には
スイーツショップもあり、ケーキや焼き菓子を
販売している。**MAP 別冊P.28-B3**

🏠横浜市中区山手町89-6 TEL
045-623-2288 営月～金12:00
～17:30（L.O.17:00)、土・日・祝
11:30～18:00(L.O.17:30) 休年
末年始 CC不可 交みなとみらい
線元町・中華街駅から徒歩8分

❶とんがり屋根の水色の洋館
❷横浜発祥のプリン・ア・ラ・
モード（680円）が人気

## 港一望のテラスがある洋館

### 山手十番館 RESTAURANT&CAFE
（やまてじゅうばんかん れすとらん＆かふぇ）

明治100年を記念して建てられた洋館で1階
はカフェ、2階はフレンチレストランになってい
る。緑あふれるテラス席とステンドグラスが美
しい室内でゆっくりとティータイムを楽しめる。
**MAP 別冊P.28-B3**

🏠横浜市中区山手町247 TEL 045-621-4466 営ラン
チ11:30～15:00(土・日・祝は11:00～15:30)、カフェ
13:30～16:00（L.O.15:00)、ディナー17:00～21:00
（土・日・祝18:00～) 休月(祝日の場合は翌平日）
CC ADJMV 交みなとみらい線元町・中華街駅から徒
歩6分

❶白い壁に赤い屋根、エノキの大木が目印 ❷ローズア
フタヌーンティー（3630円）は3日前までに要予約

## バラの庭を眺めながらティータイム

### カフェ・ザ・ローズ
（かふぇ・ざ・ろーず）

港の見える丘公園のローズガーデンを見下
ろすように立つ、スパニッシュスタイルの洋館。
テラス席はもちろん室内からも庭を眺められる
開放的な造り。ケーキは常時7～8種の用意が
あり、バラの香り広がるローズティーが人気。
**MAP 別冊P.25-D3**

🏠横浜市中区山手町111 山手111番館地階 TEL 045-
622-3332 営10:00～17:00(L.O.16:30) 休第2水
（祝日の場合翌平日）CC不可 交みなとみらい線
元町・中華街駅から徒歩8分

バラモチーフと淡いベージュを基調と
したインテリア

ケーキセット
（ドリンク付き）
1200円

チーズケーキと紅茶セット（1350円）

建物前には佐藤忠良
氏作の猫の像が置か
れている

## 大佛次郎夫人のチーズケーキ

### ティールーム霧笛
（てぃーるーむむてき）

大佛次郎記念館（→P.67）併設のカフェ。
チーズケーキは大佛夫人のオリジナルレシピに
よるものでここでしか味わえない。愛猫家の大
佛次郎にちなみ、室内には猫モチーフの装飾
が飾られている。
**MAP 別冊P.25-D3**

🏠横浜市中区山手町113 TEL 045-622-3781
営10:30～18:00(L.O.17:30) 営大佛次郎記念館に
準ずる CC不可 交みなとみらい線元町・中華街駅か
ら徒歩8分

**info** 横浜山手周辺にはほかにも洋館カフェがある。エリスマン邸（→P.45）の「カフェエリスマン」や、外交官の家（→P.45）の付
属棟の「ブラフガーデンカフェ」がある。

## アジアンカフェ

国際色豊かな横浜のアジアンフードやドリンクを提供するカフェ

バインミー（750円）ベトナムのサンドイッチで、パンに北京ダック、チャーシュー、野菜、パクチーを挟んでいる

エッグコーヒー（550円）
エッグクリームとベトナム直輸入のコーヒーを合わせた甘味と苦味のバランスが絶妙なコーヒー

### エッグコーヒー発祥の店
#### かふぇじゃん
## CAFÉ GIANG

ベトナムで愛されるエッグコーヒーを考案した店で、ハノイに本店がある。エッグコーヒーは卵と砂糖を泡立てて作る、まるでスイーツを飲んでいるかのようなドリンク。バインミーも食べられる。

**MAP** 別冊P.28-A2 **住**横浜市中区山下町78-3 **TEL**045-323-9088 **営**火～日・祝10:00～19:00(L.O.18:30)、土～19:30(L.O.19:00) **休**月（祝日の場合は翌平日） **CC**ADJMV **交**みなとみらい線元町・中華街駅から徒歩4分

## イマドキ映え系カフェ

写真映えする印象的な3軒

### きらびやかな内装が見事
#### みずのぶふるーつぱーらー
## MIZUNOBU FRUIT PARLOR

バイヤー厳選のフルーツで作るパフェなどのスイーツはまるで芸術品のように美しく、フルーツのおいしさを堪能できる。デザイナー水戸岡鋭治氏による贅を尽くした内装も豊かな時間を演出してくれる。

❶季節のフルーツをふんだんに使ったスイーツが魅力的なアフタヌーンティー（6000円）。平日限定で要予約（12:30～14:30、15:00～17:00）❷天井や壁の装飾、椅子にいたるまで細部のこだわりが光る内装

**MAP** 別冊P.24-B1 **住**横浜市中区北仲通5-57-2 KITANAKA BRICK & WHITE1階 **TEL**045-662-9295 **営**11:00～20:00(L.O.19:00) **休**なし **CC**ADJMV **交**みなとみらい線馬車道駅2a出口から徒歩1分

❶白い壁に赤いオーニングが映える ❷スタッフ自慢のデザインカプチーノ（660円）

### 大さん橋にあるカフェ
#### はまかふぇ
## HAMA CAFE

メニューからインテリアまでこだわりを持つカフェ。日没後はライトダウンされ、テーブルにキャンドルがともされる。デザインカプチーノ、ベーグルを使ったフレンチトーストなどが人気で、大さん橋の散歩のひと休みにぴったり。

**MAP** 別冊P.28-A1 **住**横浜市中区海岸通1-1 **TEL**045-650-6225 **営**11:30～22:00(L.O.フード21:00、ドリンク21:30) **休**月 **CC**不可 **交**みなとみらい線日本大通り駅から徒歩4分

### 架空の国をイメージしたカフェ
#### ろうろうかふぇ
## ROUROU Cafe

中華街の関帝廟近くの路地裏にあるカフェ。架空の国に住むアーティストが集う場所をコンセプトにしたカラフルな内装はどこを撮っても映える！　中華スイーツのほかアジアンテイストな食事も人気。

**MAP** 別冊P.28-A2 **住**横浜市中区山下町130-12 **TEL**045-650-5466 **営**12:00～18:00(L.O.17:30) **休**なし **CC**ADJMV **交**みなとみらい線元町・中華街駅から徒歩5分

❶アフタヌーンティーはちまきや烏龍茶チーズケーキなど中華街らしいセット（ひとり用3300円～）❷鮮やかな店内はシャンデリアが印象的

**info** 横浜ハンマーヘッド（→P.367）内の「水信ブルック＆ファクトリー」の店舗デザインも水戸岡鋭治氏が手がけている。印象的な赤い色が目を引き、建物の中にありながら街灯があるなどまるで街角に立つ店のようなたたずまいだ。

337

## 昭和レトロカフェ

重厚感のある調度品とクラシックな味わいに心が落ち着くカフェ

ネルドリップで淹れるコーヒー

### 文豪も訪れた老舗のカフェ

いわたこーひーてん
## イワタコーヒー店

昭和20（1945）年創業のクラシックな雰囲気のカフェ。川端康成ほか多くの著名人も訪れている。名物は20〜30分かけてふっくらと焼き上げる二層のホットケーキやフルーツサンド。レトロなソファでゆったりと過ごせる。

**MAP** 別冊P.30-B3

厚み7cmもあるホットケーキ（1100円）はテイクアウトもOK

季節の花々が咲く中庭を望む席

🏠鎌倉市小町1-5-7 **TEL**0467-22-2689 🕐9:30〜18:00 休火、第2水（直近の休みは公式ウェブサイトで確認）**CC**ADJMV 🚉鎌倉駅から徒歩1分

### 心休まるアンティークカフェ

みるくほーる
## ミルクホール

ジャズが流れる店内はアンティークの調度品で統一されている。卵の味をしっかりと味わえるプリンが人気で、ピラフにホワイトソースをかけた「オペラライス」など洋食メニューも充実している。

**MAP** 別冊P.30-B2

🏠鎌倉市小町2-3-8 **TEL**0467-22-1179 🕐月〜金11:00〜18:30(L.O.18:00)、土・日・祝11:00〜19:00(L.O.18:30) 休水（祝日の場合は営業）**CC**ADJMV 🚉鎌倉駅から徒歩3分

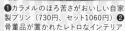

❶カラメルのほろ苦さがおいしい自家製プリン（730円、セット1060円）❷骨董品が置かれたレトロなインテリア

クラシックな吊り看板

---

## 山里カフェ

緑豊かな自然のなかでほっとする喫茶時間を

❶季節ごとに変わる上生菓子と抹茶のセット（1300円）❷テーブル席のほか茶室もある

### 上品な甘さの和菓子を味わう

みかづきどうかせん
## 三日月堂花仙

鎌倉の四季折々の花をモチーフにした、一級和菓子職人が作る和菓子を味わえる。きめ細やかに焼き上げた皮の鎌倉どら焼き、北海道大納言を使ったつぶし餡の可麻久良最中が名物で、白玉ぜんざいやかき氷も人気。

**MAP** 別冊P.32-B3

鎌倉どら焼き（270円）

🏠鎌倉市山ノ内133-11 **TEL**0467-22-8580 🕐9:00〜16:00 休不定休 **CC**AJMV 🚉JR北鎌倉駅から徒歩7分

## シービューカフェ

海風を感じながらカフェタイム

### 高台からの絶景を楽しめる

かふぇ まどぅ えのしま
## Café Madu ENOSHIMA

江ノ島の高台にあり、相模湾の海を眺めながら鎌倉野菜やしらすを使ったパスタや丼物を味わえる。人気のクレープは、生地にアーモンドプードルや米粉を加えもっちりした食感。テイクアウトメニューも充実している。

**MAP** 別冊P.34-A3

🏠藤沢市江の島2-6-6 **TEL**0466-41-9550 🕐月〜金11:00〜18:00、土・日・祝10:00〜19:00、冬季平日12:00〜18:00 休不定休 **CC**DJMV 🚉小田急線片瀬江ノ島駅から徒歩25分

クレープやかき氷はテイクアウトOK

❶テラスは48席。大型犬やペットも可 ❷しらすと湘南鎌倉野菜の大葉ジェノベーゼ（1300円）

**info** シービューカフェは湘南の海岸線に並行して走る国道134号沿いにも雰囲気のよい店が多いが、特に週末に断続的に起こる渋滞には覚悟が必要だ。

A 海軍割烹術参考書のレシピで作ったカレーを包んだ「横須賀海軍カレーパン」270円

店のおすすめはピーナッツチョコとアーモンドスライスをトッピングしたデニッシュペストリー「ムトン」237円 A

A 焼きたてのパンが並ぶポンパドウル元町本店の店内

一番人気は4種の角切りチーズ入りのフランスパン「チーズバタール」777円

# 神奈川県発
# 絶品！お持ち帰りグルメ

海外交流が盛んな横浜、古都の情緒あふれる鎌倉、箱根二十湯などで知られる温泉など神奈川には数多くの観光地があり、ご当地みやげもたくさんある。そのなかから食べ物に注目していくつかを紹介する。

B 大涌谷くろたまご館の一番人気「黒たまご」4個入り500円

黒たまごとチョコレートのコラボ「大涌谷黒たまごしょこら」はサクサク食感が人気。8個入り580円 B

C 喜久家洋菓子舗のカップケーキは種類も充実。上はチェリー、下段がオレンジ、下右はブルーベリーで1個227円

C 喜久家洋菓子舗の人気No.1のラムボール。写真は3個入り1134円

---

## A 種類豊富な焼き立てパンを並べた人気店

### ぽんぱどうる もとまちほんてん
### ポンパドウル元町本店

昭和44（1969）年横浜元町に創業したオーブンフレッシュベーカリー。仕込みから6時間かけて焼き上げるフランスパンが看板商品。創業以来本場仕込みの焼き立てパンを提供して人気を博している。国内70店舗以上を展開している。

**MAP** 別冊P.28-A3

住 横浜市中区元町4-171ポンパドウルビル1階　TEL 045-681-3956　営 9:00〜20:00　休 不定休　CC ADJMV　交 JR石川町駅元町口から徒歩7分・みなとみらい線元町・中華街駅元町口から徒歩7分

## B 温泉を利用したおみやげが大人気

### おおわくだにくろたまごかん
### 大涌谷くろたまご館

大涌谷の名物「黒たまご」は地熱と火山ガスの化学反応を利用した黒い殻のゆで玉子。この名物を使い、大涌谷黒たまごしょこら（2番人気）などの特徴のあるオリジナル菓子を販売している。

**MAP** 別冊P.44-B3

住 足柄下郡箱根町仙石原1251　TEL 0460-84-9605　営 9:00〜16:30（季節により変動あり）　休 なし　CC 不可　交 箱根ロープウェイ大涌谷駅から徒歩1分

## C ハマっ子御用達の老舗洋菓子店

### きくようがしほ もとまちほんてん
### 喜久家洋菓子舗 元町本店

大正13（1924）年創業の洋菓子店。創業当初外国人の往来が多かったことから各国のケーキレシピが持ち込まれ人気店となっていった。ラム酒に漬け込んだナッツなどをスポンジ生地に入れてチョコレートで包んだ洋菓子「ラムボール」はハマっ子に大人気。

**MAP** 別冊P.28-B3

住 横浜市中区元町2-86　TEL 045-641-0545　営 10:15〜19:00（月〜18:15）　休 月曜不定休　CC 不可　交 みなとみらい線元町・中華街5番出口から徒歩3分

---

info 50年変わらない味で親しまれている馬車道十番館のビスカウトもお持ち帰りみやげにぴったり。店の入る建物は横浜開港当時の姿を残しており、館内にある資料を見るのも楽しい。

桃太郎ゴールド
100g ￥200.

ヨージュフォンの
フルーツトマト
100g ￥200.

海と山に囲まれた
鎌倉の土壌はミネラル成分が豊富

鎌倉市農協連即売所で
販売されている野菜

# 鎌倉野菜

鎌倉市や近郊の地域で栽培されている。ひとつの畑で数種類の作物を育てる農家も多く、時に、大地がカラフルなしま模様のようになることがある。「鎌倉の畑は七色畑」と呼ばれる由来だ。

珍しい品種の鎌倉野菜は、高級レストランなどでも人気

たくさんの野菜がところ狭しと並ぶ

### 三浦大根

大根の産地として有名な三浦市から、年末の3日間だけ市場に流通する幻の大根。大きいものは5〜8kgほどの重さになる。この大根を求めて、直売所を訪れる観光客も多い。

### 青首大根

11月から3月にかけて旬が訪れる。みずみずしさと甘味のバランスが絶妙。

### 本春(ホンパル)キャベツ

市場関係者が『『本当』の『春』のキャベツ＝本春キャベツ』と呼んだことが名前の由来。新芽のようにやわらかく、スープで煮込めばトロトロに、生食ではふわふわとした食感が楽しめる。

### 鎌倉野菜／三浦野菜

#### レディーサラダ

サラダ専用の大根。外皮の濃いピンク色と、内側の白色のコントラストが目を引く。白い大根よりも、ポリフェノールの一種のアントシアニンが豊富に含まれている。

### 三浦割干し大根

青首大根をつるし、天日乾燥させたもの。農家の軒先で、自家用の割干し大根を干している光景は三浦ならでは。

## 三浦野菜

夏は涼しく、冬は暖かい三浦半島は、1年を通してさまざまな野菜が栽培されている。温暖な気候のなか、旬に応じた栽培を行うため、作物に負荷がかからず、野菜がおいしく育つという。

### 三浦とうがん

「冬瓜」と書くが、旬は夏。さっぱりとした料理との相性がいい。ビタミンCを多く含み、低カロリーであることから、ヘルシー野菜としても知られている。小ぶりなサイズの「三浦ミニとうがん」もある。

### 大玉すいか

三浦市のスイカは果汁たっぷりで、とてもジューシー。市内では、水分補給の代用として食べられるという。農家によって、受粉の時期などの栽培方法や、肥料・品種が違うため、甘さやさっぱり加減など、味わいには変化が生まれる。

### 小玉すいか

大玉すいかよりも出荷される時期が早い。皮が薄いことと、冷蔵庫に丸ごと入れられるというメリットから、最近人気が上昇中。

### 三浦こだわりみやこかぼちゃ

通常、35日程度で収穫できるかぼちゃを、さらに10〜15日ほど畑で寝かし、完熟させた状態で出荷したもの。粉質が多いため、ホクホクとした口当たりや、栗のように甘い。生産者は毎年必ず検査を受け、そこで合格を得ないと収穫、出荷ができない。

# 神奈川県の ブランド肉

ひと切れひと切れに、高い品質が表れている

ステーキのほか、しゃぶしゃぶでいただいてもおいしい

葉山牛。毛並みも艶やか

## 葉山牛

「幻の牛肉」と呼ばれている最高級の黒毛和牛。年間出荷頭数は約200頭と、ブランド牛のなかでも生産量が少ない。農林水産大臣賞を5年連続で受賞するなど、栄誉がその品質を実証している。飼育中の餌は、稲わらをもとに作られた粗飼料のほか、米類、おからを与え、無駄な脂肪分を少なくすることで、きめ細かい肉質と、さっぱりとした脂身を生み出している。焼いた瞬間のふくよかな香りと、とろけるような甘みは、一度食べたら忘れられない。

## 足柄牛

ミネラル分を豊富に含んだ、丹沢山地の湧水で育つ足柄牛。子牛の時期に、かながわ名産100選の「足柄茶」を餌に混ぜて与えることで、骨や関節、内臓器官の障害を防ぎ、健康で力強い牛になるという。きめが細かく、脂肪が少なくしっとりとした肉質が特徴。基準を満たした指定生産農場にて、検査に合格した牛のみが「足柄牛」として市場に出荷される。

足柄牛の成牛

風味ゆたかな肉は、ひと口ごとに噛み締めたくなる味わい

とん漬はバラ売りなら1枚400円〜700円前後（大きさによる）

本店の外観。本厚木駅北口から徒歩1分の場所にも、小田急線本厚木駅前店がある

### 神奈川は豚肉もおいしい

はたのしょうてんほんてん
## 波多野商店 本店

厚木市の名物とん漬発祥の店。2023年に創業100周年を迎えた。厳選された国産豚のロース肉一枚いちまいに、創業以来、代々引き継がれる秘伝の特製味噌を塗って、じっくり漬け込んでいる。味噌を落とさず、網、もしくはグリルを使って直火焼きにして食べるのがおすすめ。白いご飯との相性が抜群だ。

**MAP** 別冊P.6-A3

🏠厚木市元町6-18 ☎046-221-0068 🕙10:00〜18:00 休月 CC不可 🚃小田急線本厚木駅北口から徒歩15分

info 神奈川県は、葉山牛や足柄牛以外にも、多数のブランド肉がある。神奈川生まれ、神奈川育ちの黒毛和種「生粋かながわ牛」や、生産から販売までのすべての工程を養豚場が一貫して管理している「あつぎ豚」などが挙げられる。

## 葉山牛をスペシャルなコースで

まざーずおぶかまくら
# MOTHER'S of 鎌倉

　鎌倉「小町通り」にあるステーキレストラン。テレビにも取り上げられたこともある、地元では有名な店。客席に設置された鉄板を使って、熟練のシェフが目の前で調理してくれる。眼前で繰り広げられる巧みな包丁さばきに、目が釘づけになること必至だ。バターの香ばしさや、鉄板の上で肉の油が弾ける音など、肉を口に運ぶ前から食事を五感で楽しむことができる。葉山牛は2種類のソースをブレンドした、同店自慢の大根おろしのソースでさっぱりといただく。葉山牛のコースのほか、国産牛のステーキや、海老やイカなどの海鮮をメインとしたシーフードコースもある。

**MAP** 別冊P.31-C2

🏠鎌倉市小町2-2-17　📞0467-25-0805　🕐11:30〜15:00(L.O.14:30)、17:00〜22:00(L.O.20:30)　CC J　💴2800円〜　🍴4000円〜　🚫月(祝日の場合は翌日)、2月・7月は第3月・火・水　🚃JR鎌倉駅東口から徒歩5分

❶葉山牛の焼き加減はミディアムレアからミディアムがおいしい　❷葉山牛のコースはランチ5500円〜、ディナー8500円〜　❸調理風景が見られるのが、鉄板焼きの楽しみのひとつ

---

## 葉山牛が食べたい！
## 地元食材が食べられるレストラン

希少な肉を食べるためには、地元のレストランへ行くのが一番。ステーキはもちろん、ハンバーガーなど、手軽に食べられるものもある。

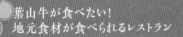

## 牧場直営のレストラン

はやまぎゅうすてーきれすとらんつのぐるま
# 葉山牛ステーキレストラン 角車

　葉山牛をたくさんの人に提供するため、牧場主や地主が集まってつくった牧場直営レストラン。牧場主が愛情を込めて育てた牛を、直営ならではの品質と価格で提供している。看板メニューは肉の味をダイレクトに感じられるサーロインステーキ。葉山牛そのものの味を堪能するため、塩コショウのみで味付けされているが、好みに応じておろしポン酢、にんにく醤油、デミグラスソースなどのつけだれで、味の変化を堪能することができる。野菜や米、パンも地産地消にこだわり、地元のパン屋が焼いたバンズに、葉山牛100%のパテを挟んだ角車バーガーは、月間100個以上売れる人気商品だ。

**MAP** 別冊P.15-C3

🏠三浦郡葉山町上山口2403　TEL 046-878-8002　🕐11:30〜15:00(L.O.14:30)、17:00〜21:00(L.O.20:00)　🚫火(祝日の場合は翌日)　💴1200円〜　🍴1600円〜　CC ADJV　🚃JR逗子駅から京急バス衣笠駅行きで新沢下車すぐ

❶ディナーメニューのサーロインステーキ　❷角車バーガーセットはスープとポテト、ドリンクがつく　❸ステーキ重はテイクアウトでよく利用される　❹白い外観が目印　❺ゆったりとした店内

---

info　葉山牛の繊細な味わいを楽しむためには、焼き方が極めて重要。肉の「霜降り」を大切に生かしながら焼くために、各店では工夫が凝らされている。

❶昼夜ともに人気のハンバーグ ❷広々とした店内 ❸気候がいい日はテラス席でビールを楽しみたい

名物！ど根性サラダ。写真はLサイズ（4〜5人前）1200円

## 地産地消がコンセプト
### TSUBAKI食堂
つばきしょくどう

　横浜市内産の食材を使った、多彩な料理を堪能できるおしゃれな店。横浜のブランド豚を一頭買いしていたり、オーナー自ら旬の野菜を厳選していたりと、素材選びにも妥協しない。連日、たくさんの人が注文するのが、その名も名物！ど根性サラダ。ニンジン、大根、カブなど、季節に応じた横浜野菜が皿いっぱいに盛り付けられている。自家製のポン酢とオリーブ油でできたシンプルなドレッシングを使用しており、野菜の味をしっかり感じられる。野菜メニューのほか、ハンバーグなどの肉料理も人気。

**MAP** 別冊P.24-B1
🏠横浜市中区本町6-50-10 横浜市市庁舎2階 ☎045-211-4300 🕐11:00〜15:00、17:00〜22:00 休1/1〜3、ビルの閉館時 💳ADJMV 🅿900円〜 🍴1000円〜 🚃JR桜木町駅西口から徒歩3分、みなとみらい線馬車道駅1a出口から徒歩3分

# 神奈川野菜が食べたい！
# 地元食材が食べられるレストラン

鎌倉野菜をはじめ、神奈川県はおいしい野菜の宝庫。サラダに、お弁当に、カレーに……。県内産の野菜を存分に召し上がれ。

## 神奈川で感じる南イタリア
### 南イタリア家庭料理 Porco Rosso
みなみいたりあかていりょうり ぽるころっそ

　イタリアで修業をしたシェフが腕を振るうレストラン。ナポリ近郊の小さな山村の家庭料理を提供している。旬の食材を取り入れた料理は、すべて化学調味料不使用。豚も、100%厚木豚というこだわりようだ。ジューシーな厚木豚のロースト以外にも、シーズンによっては猪などのジビエ料理も堪能できる。

**MAP** 別冊P.6-A3
🏠大和市林間1-7-6 ☎046-207-6225 🕐水〜日11:30〜14:00、火〜日17:30〜22:00 休月、第2・4日 💳MV 🅿1400円〜 🍴3000円〜 🚃小田急線南林間駅東口から徒歩3分

❶ポルコ豚肉とジャガイモのロースト1500円〜 ❷ひき肉がごろりと入った自家製ラザニア1300円〜 ❸ジャガイモや一部の野菜はシェフ自ら育てている ❹小さなイタリアの街を想起させる店の外観

カラフルな弁当にうっとり
あーせんぷれいす
# earthen place

　ドッグランが併設された、食材にこだわったカフェ。ぜひ味わいたいのが、7種類のグリル野菜と、4種類のデリが敷き詰められたわっぱ弁当。圧力鍋でもっちり炊き上げた黒米入り玄米ご飯の上に、色とりどりのおかずがところ狭しと並んでいる。メインは、自家製塩麹漬けの若鶏か魚から選ぶことができる。1日100個以上は売れるという、地元では知らない人がいないくらいの有名な弁当だ。おやつ時には、自家焙煎コーヒーと一緒に、きび砂糖を使った体にやさしいマフィンやプリンを楽しみたい。

**MAP** 別冊P15-C3
🏠 横須賀市秋谷3741 ☎ 046-856-9210
⏰ 9:00〜18:00（季節により変動あり）休 無休（悪天候の場合や工事時は休業）CC MV
💰 1500円〜 🚉 JR逗子駅から京急バスで20分、湘南国際村間門沢調整池下車、徒歩11分

◆ 地元食材が食べられるレストラン

❶メディアでも取り上げられるわっぱ弁当　❷ハンモックにゆられていると、つい時間を忘れてしまう　❸併設されているドッグラン　❹栄養価の高い安田養鶏場の卵をふんだんに使用したとりこぷりん　❺犬にとっても楽しい場所

野菜本来の味わいに驚く
きたかまくらぬふ・いち
# 北鎌倉ぬふ・いち

　自然ゆたかな北鎌倉に店をおく同店では、野菜をたっぷり使用した料理がいただける。おすすめは、鎌倉野菜のスープカリー。季節に応じて、15〜17種類の野菜がトッピングされている。北鎌倉ぬふ・いちでは、野菜をおいしく食べるため、さまざまな工夫を施している。例えば、ジャガイモやニンジンは蒸してから、揚げたり、味付けしたりする。こうすることで、野菜の栄養価を損なわず、本来の甘みを十分に引き出せるという。カレーはおよそ5時間かけてじっくり煮込んだスープを使用。脂も極力控えられているため、お腹いっぱい食べてもヘルシーなのがうれしい。

**MAP** 別冊P.32-B3
🏠 鎌倉市山ノ内159 ☎ 0467-61-2701 ☎ 11:00〜15:00（材料がなくなり次第終了）、15:00〜20:00（パーティメニューのみ）休 不定休 CC不可
💰 1700円〜 💴 3000円〜 🚉 JR北鎌倉駅東口から徒歩10分

❶鎌倉野菜のスープカリー1800円。昼過ぎにはなくなってしまうことがあるので、早めに来店しよう　❷鴨ハンバーグのスープカリー1900円　❸ブランド有精卵さがみっこを贅沢に使用した、平飼い卵のオムカリー1800円　❹グリーンを基調とした店内

## 蕎麦を食べるなら

### じねんじょ蕎麦 箱根 九十九
（じねんじょそばはこねつくも）

自社生産している自然薯を使用した蕎麦の店。蕎麦、選べる蕎麦前三点、麦飯、とろろがセットのじねんじょとろろ蕎麦御膳が定番メニューだが、見た目のインパクトが大きい自然薯ムースの白いカレー蕎麦にも挑戦したい。ひと口すすると、自然薯とメレンゲでできたふわふわのムースと、スパイシーなカレーが複雑に絡み合う。カレーは、数種類のスパイスのほか、同店自慢のカツオだしを合わせているという。一度食べたらクセになる味わいだ。

**MAP** 別冊P.44-B1

🏠足柄下郡箱根町仙石原917-11 ☎0460-84-0899 🕙10:00〜20:00(L.O.19:30) 🈴無休 💳不可 🍴1500円〜 🍶1500円〜 🚃箱根湯本駅から箱根登山バス桃源台行きで川向下車、徒歩4分

❶自然薯ムースの白いカレー蕎麦1650円 ❷エーゲ海をイメージした店内は、旅の気分を高めてくれる ❸じねんじょとろろ蕎麦御膳（温）2300円（冷）2150円

## たくさん遊んだあとは
# 箱根ごはん

温泉以外にも、美術館や博物館、神社・仏閣など、箱根の観光スポットはバラエティに富む。同様に、グルメも和洋ともにハイレベルだ。

### サクサク豆腐かつは必食

# 田むら銀かつ亭
（たむらぎんかつてい）

豆腐かつ煮という珍しい料理がいただける和食とんかつ店。豆腐かつ煮とは、絞り豆腐の間に挟んだひき肉を米油で揚げ、卵とじにしたもの。豆腐かつ煮が誕生したのは、当時二代目料理人の母親の歯が悪くなったことがきっかけ。豆腐で作ったかつを、かつ丼風にして提供すると、とても喜ばれたという。その後、試行錯誤をして現在のメニューが誕生した。

**MAP** 別冊P.45-D3

🏠足柄下郡箱根町強羅1300-739 ☎0460-82-1440 🕙11:00〜14:30、月・木〜日17:00〜19:00 🕙14:30、19:00 🈴水 💳JMV 🍴1700円〜 🍶1700円〜 🚃強羅駅から徒歩3分

❶豆腐かつ煮定食1738円
❷ロースかつ御膳3080円〜
❸落ち着いた雰囲気の店内

これぞ老舗の味

### レストラン・カスケード

れすとらん・かすけーど

　大正9（1920）年に建築された旧宴会場を復原したレストラン。華麗なステンドグラスや彫刻は、竣工当時のまま。代表メニューはビーフカレー。ホテルオリジナルの黄金色に輝くコンソメスープと、牛乳で煮出したココナッツミルク、ピクルスの漬け汁を合わせて煮込んでいる。そこからさらに寝かすことで、驚くほどまろやかな味わいになる。

**MAP** 別冊P.45-D3

🏠足柄下郡箱根町宮ノ下359　📞0460-82-2211　🕐11:30～15:00、17:30～21:30 ⚡14:00、20:00 休無休（年に1回、法定電気点検のための休業あり）💳ADJMV 🌙7500円～（コース）🍴1万円～（コース）🚃箱根登山線宮ノ下駅から徒歩7分

❶ビーフカレー4300円。福神漬けやラッキョウなど6種の薬味も一緒にサーブされる　❷クラシックディナー1万円～　❸華やかなレストランでいただく料理は格別　❹レストラン・カスケードは富士屋ホテルの敷地内にある

湯葉丼
1200円

温泉旅館の趣をそのままに
## 湯葉丼 直吉
ゆばどんなおきち

　昭和34（1959）年に「温泉旅館雅
光園」として開業した後、レストランとし
て生まれ変わった湯葉丼 直吉。旅館の
趣が残る同店の看板メニューが、「姫の
水」と呼ばれる箱根町大平台の名水を
用いて作った湯葉丼。特製のカツオだし
のスープを一人前用の小さな土鍋で沸か
し、湯葉を浮かべて卵とじにした一品だ。

　湯葉丼は、同店が温泉旅館だったとき
に生まれた料理。夕食時の会席料理の
シメとして提供したところ、評判がよく、
昼食でも出すようになったという。

　そのまま湯葉だけを食べるのもいいが、
あつあつのうちにご飯にかけていただくの
もおすすめ。

**MAP** 別冊P.43-D2
**住**足柄下郡箱根町湯本696　**TEL**0460-85-
5148　**営**11:00～18:30(L.O.18:00)　**休**火
**CC**AJMV　**予**1200円～　**¥**1200円～
**交**箱根登山線箱根湯本駅東口から徒歩3分

❶店内の様子 ❷入口。温泉旅館の名残を感じられる
❸客席付近の窓の外には早川が流れている

### かなトーク

## 湯河原温泉はグルメの宝庫

　古くから文人墨客に愛されてきた湯河原温
泉。現在も居を構えるセレブは多く、舌の肥
えた彼らに応える名店が多い。和食のみなら
ずイタリアンやフレンチ、中華までが揃い、
小さな町はグルメの宝庫。一方、近年は庶民
的なグルメも話題。湯河原が発祥の豚骨醤油
ベースのスープに平打ち縮れ麺が特徴の「小
田原系ラーメン」、練りごまと豆板醤でピリ辛
に仕上げた「坦々やきそば」がその代表。

❶湯河原の「味の大西」で修業した人たちが、独立
して小田原近辺に店を出したため「小田原系ラーメ
ン」と呼ばれる。湯河原では「飯田商店」も有名
❷湯河原温泉の守り神となったタヌキ伝説にあやか
って考案された坦々やきそば

# 神奈川港町グルメ

新鮮！ ボリューム満点！ そしてうまい！
神奈川県の海鮮を食べ尽くそう。

### 直営店ならではの品質

まぐろしょくどう しちべえまる

## まぐろ食堂 七兵衛丸

日本有数のマグロ基地、三崎漁港。同店はそんな三崎港で四代続く魚屋「魚音」の直営店だ。創業90年を誇る、老舗の目利きによって厳選された天然三崎マグロと、地魚にこだわった定食をいただける。初めて訪れる人は、王道!活きイキ刺身定食を選ぶのがベスト。マグロと、旬の魚両方を味わうことができる贅沢な定食だ。そのほかにも、マグロや三浦野菜がのった三浦どんなどもある。その日の朝、水揚げされた魚たちはどれも新鮮で、ひと口食べた瞬間、その歯応えに驚くこと必至。季節によっては、伊勢海老やサザエなども堪能できる。

**MAP** 別冊P.18-B3

🏠三浦市三崎5-5-4 **TEL**046-882-6669 🕐9:00〜17:00(L.O.16:45) 🈺1/1 **CC**不可 💴1300円〜
🚃京急線三崎口駅からバスで三崎港下車、徒歩3分

❶王道!活きイキ刺身定食1900円 ❷ご飯が不要な人には刺身盛りもある ❸三崎マグロをイメージした装飾がされている ❹❺海の中をイメージさせる店内

❶とと丸頂上丼2580円 ❷うにカニいくらめし3580円 ❸日替わりの地魚3種がのった、おまかせ地魚3種丼1650円 ❹TOTOCO小田原 ❺明るい光が差し込む店内

### おいしい魚でおなかをいっぱいに

おだわらぎょこう ととまるしょくどう

## 小田原漁港 とと丸食堂

神奈川県西部最大級の魚市場である小田原漁港は地元の魚のほか、全国各地からえりすぐりの水産品が集まる。漁港の駅 TOTOCO 小田原施設内に位置する同店は、四季折々の豊富な魚種が自慢の食堂。マグロ、サーモン、イクラなどの魚介がこぼれんばかりにのった、とと丸頂上丼は目玉商品のひとつ。刺身専用醤油、刺身専用旨ごまダレ、濃厚魚介だしが用意されており、3通りの味わいを楽しめる。

施設内には地場産の鮮魚や活魚、水産加工品の販売店はもちろん、レストランやイベント広場もある。時間の許す限り、小田原漁港を存分に楽しみたい。

**MAP** 別冊P.47-C2

🏠小田原市早川1-28 小田原漁港交流促進施設 **TEL**0465-20-6336 🕐10:00〜17:00(🈡16:00) 🈺無休 **CC**不可 💴1000円〜 🚃JR早川駅から徒歩10分

**info** 神奈川県は東京湾と相模湾のふたつの海に面しており、県内の三崎・小田原に代表される25の漁港では、毎日さまざまな水産物が水揚げされている。マグロ、マダイ、アジといった魚の漁獲のほか、海苔の養殖も盛ん。

# 小田原おでんを知ろう！
# おでん種大図鑑

おでんのために老舗かまぼこ店や各商店が作り上げた種はすべて地元産。海のめぐみや緑豊かな山々の幸がひとつの鍋にぎゅっと詰まった「小田原おでん」は小田原を代表する名物グルメだ。

おでんだしは店舗によってそれぞれこだわりの味がある

かまぼこの名産地として小田原には200年以上もの歴史があるが、町おこしの一環として、かまぼこと同じ白身魚を使った気軽に食べられる名物料理「小田原おでん」が誕生。市内の10の水産業者、豆腐店、こんにゃく店、八百屋、精肉店などが地元の食材を生かしたおでん種を提供している。町で立ち上げた「小田原おでん会」が公募する「小田原おでんサミット」でのコンテスト入選作品は、小田原おでん種として認定。現在、小田原おでん種は45種類を超える。

**とと揚げ** ◎土岩商店
グジやタラを使った弾力のあるさつま揚げ

**いか墨つみれ** ◎鈴廣かまぼこ
真っ黒だけど優しい味わい

**ゆず入ソフト鶏つみれ** ◎伊勢兼商店
女性に人気の鶏肉とすり身の団子

**いか天** ◎鈴松
微妙に違うイカの形は1枚ずつ手作りの証

**いわしのつみれ** ◎杉清商店
イワシとイトヨリが優しい食感。つんだ親指の跡が特徴

**小田原すじ** ◎籠清
むっちりしたすじには魚の皮や骨も入る

**磯崎さんのだいこん**
11〜2月だけ食べられるのは小田原の大根名人が作る絶品大根

**たこ天** ◎山一蒲鉾店
たこ焼きをイメージした手作り団子

**こんにゃく** ◎西本商店
少し足を延ばした湯河原のおいしいこんにゃく

POINT

「梅みそ」は商品化もされている

## 小田原おでんには 梅みそ が欠かせない

おでんといえば辛子が定番だが、小田原おでんには梅みそが必須。梅は小田原の名産品のひとつで、おでんに添える薬味にも梅を使用するのは地元産にこだわる「小田原おでん」ならでは。トロリとした梅肉の酸味が食欲をそそる。

小田原おでん本店の薬味。左から辛子、わさび醤油、梅みそ

### 地鶏揚げつくね
◎丸高
だしをいっぱい含んだつくねはボリューム満点

### 白はんぺん
◎田代吉右衛門本店
もちもちの小田原はんぺんはしんじょう仕立て

### うずら卵 浜のお月見
◎鈴松蒲鉾店
子供も大好き。別名・目玉おやじといわれる人気商品

### いわし団子
◎山上蒲鉾店
骨ごとすりつぶしたイワシの風味たっぷりの団子

### 地あじ雑魚ちくわ
◎杉兼商店
2024年春までしか味わえない贅沢なちくわ

CHECK!

### 金目鯛の揚げ揚げ包み
すり身で包んだ金目鯛の竜田揚げは夜だけお目見え。第4回おでん種コンテスト入選作品

### 牛すじ
◎小田原おでん本店特製素材
味の染みたうま味たっぷりの本店オリジナル

お酒にも合うおいしいおでんを食べに来て

### 小田原なると
◎籠清
ぷりぷりのなるとは老舗店の技が光る逸品

「小田原おでん会」の中心的存在、「小田原おでん本店」の露木さん

---

こちらもおすすめ！

**昼は22種、夜は45種のおでん種が楽しめる**

## 小田原おでん本店
おだわらおでんほんてん

趣きのある提灯が目印

　地元老舗かまぼこ店のこだわりの練り物からおでん種コンテストの入選作品まで提供。地元のカツオ節と塩のみを使ったあっさりだしがおでんのうま味を引き出す。落ち着いた風情のおでん専門店。

**MAP** 別冊P.47-D1
住 小田原市浜町3-11-30 TEL 0465-20-0320 営 11:30〜14:30、16:00〜21:00 休 月 CC 不可 1580円〜 3000円〜 交 小田原駅から箱根登山バスで唐人町下車、徒歩3分

---

こちらもおすすめ！

**地元民に愛される居酒屋兼食事処**

## 一膳飯屋 八起
いちぜんめしや やおき

長居したくなるアットホームな空間

　地産地消にこだわった地元密着の人気店。アジをはじめ相模湾に水揚げされた地魚には定評がある。「小田原おでん盛り合わせ5品」は小田原おでん本店監修。825円。コスパもいい。

**MAP** 別冊P.47-C1
住 小田原市栄町1-1-27 おだわら市民交流センター TEL 0465-24-5775 営 11:00〜14:30、16:30〜22:00（日〜21:00）休 月（祝日の場合は翌平日）CC ADJMV 900円〜 2500円〜 交 小田原駅東口から徒歩2分

---

こちらもおすすめ！

**JR小田原駅から徒歩1分！酒が進む創作和食の店**

## 小田原バル
おだわらばる

料理に合う酒も感動の品揃え

　地元の食材を使ったランチから地酒が飲める夜まで小田原のおいしいものが揃う店。おでんは魚介だしではなく牛テールのスープを使う。うま味をたっぷり吸った「小田原おでん7種盛り」は1430円。

**MAP** 別冊P.47-C1
住 小田原市栄町1-2-8 第1マツヤビル1F TEL 0465-20-9063 営 11:30〜14:30、17:00〜22:30、土・日11:30〜22:30 休 無休 CC ADJMV 2000円〜 3500円〜 交 小田原駅東口から徒歩1分

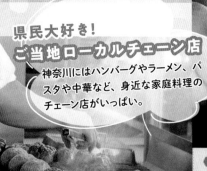

ぼんじりやネックなど串焼きもいろいろな部位を楽しめる

**老舗大衆酒場**

### 溝の口の名物居酒屋

ごちそういざかや たまいほんてん
# ご馳走居酒屋 たまい本店

昭和42（1967）年に創業した大衆居酒屋「たまい」は現在、川崎市溝の口を中心に焼き鳥店、居酒屋、焼肉店、ホルモン焼き店など21店舗を展開する老舗で、本店はその総本山。職人が毎日1本1本手刺しした、炭火でじっくり焼き上げる焼き鳥が自慢だ。レトロな店内には個室や座敷もあり、地元客のどんなシーンにも対応。焼き物だけでなく、煮魚や煮込み、鍋物など、まるで実家に戻ってきたようなメニューを酒の肴に、閉店の時間まで常に笑い声の絶えない居酒屋だ。

**MAP** 別冊P.7-C1

🏠 川崎市高津区溝口1-11-22 📞 044-822-8890
🕐 17:00～翌0:20 休 年末年始
🚉 東急線溝の口駅、JR武蔵溝の口駅から徒歩2分
💳 不可 🍴 2000円～

❶炭の火力は800～1000度
❷色とりどりの付け合わせ
❸高い天井と雰囲気ある木造の保土ヶ谷本店
❹ステーキも炭火で焼かれる
❺アメリカの郊外型レストランを模した建物

**ハンバーグ&ステーキ**

### 炭火焼の香りとうま味たっぷりの牛肉を堪能

はんぐりーたいがーほどがやほんてん
# ハングリータイガー保土ヶ谷本店

第三京浜から横浜新道に入ってすぐ、保土ヶ谷の高台左側のオレンジの看板は、ハマっ子なら誰でも一度は見たことがあるだろう。誰もが知るこの店のラグビーボール型のハンバーグはガスも電気も使わず炭火のみで焼かれ、アツアツの鉄板で提供される。目の前で半分にカットし、ジュウジュウ音を立てながらハンバーグを仕上げるスタイルはこの店から。100%ビーフにこだわった粗挽きのハンバーグはまるでステーキのような味わいだ。

**MAP** 別冊P.12-B2

🏠 横浜市保土ヶ谷区星川3-23-13 📞 045-333-7023 🕐 11:00～21:30 休 12/31、1/1 🚉 相鉄線和田町駅から徒歩16分 💳 ADJMV 🍴 2000円～ 🍴 2500円～

❶名物・ハンバーグのように大きい「金運つくね」
❷創業50年以上の老舗
❸厳選された地酒の数々
❹宴会は100名まで可能
❺豊富なメニュー
❻駅近なのもうれしい

横浜発祥のチェーン店で全国に広がっていった店も少なくない。牛丼の「すき家」や居酒屋「和民」もそれぞれ、鶴見区、南区で誕生した。

# 第六章 ショップ

# 神奈川の伝統工芸品

❶用途や好みに合わせて選べる ❷ギャラリーにはさまざまな職人による作品が並ぶ ❸体験では職人のレクチャーが受けられる

## 鎌倉彫を気軽に体験
### 鎌倉彫工芸館
かまくらぼりこうげいかん

鎌倉彫の販売やオーダー制作、漆塗り加工、材料や道具などの展示販売、展示会や講習会、体験教室などを行う。毎週土曜日午後には職人が在館し、材料や道具、木彫刻・漆塗り加工に関する相談ができる。

**MAP** 別冊P.17-C3
住 鎌倉市由比ガ浜3-4-7 TEL 0467-23-0154
営 9:30～16:30、土は11:00～16:00 休 月・日・祝
料 無料 交 鎌倉駅から徒歩10分

❶彫刻刀無料貸出で気軽に参加できる ❷漆ならではの輝き ❸館内にはカフェやショップもある

## 鎌倉彫の作品と歴史を知る
### 鎌倉彫資料館
かまくらぼりしりょうかん

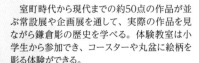

室町時代から現代までの約50点の作品が並ぶ常設展や企画展を通して、実際の作品を見ながら鎌倉彫の歴史を学べる。体験教室は小学生から参加でき、コースターや丸盆に絵柄を彫る体験ができる。

**MAP** 別冊P.30-C2
住 鎌倉市小町2-15-13 鎌倉彫会館 3F TEL 0467-25-1502 営 10:00～16:00(13:00～14:00は一時閉館) 休 月・火、夏季、年末年始、その他臨時休有
料 大人300円、小中学生150円 ※特別展は異なる
交 鎌倉駅から徒歩5分

❶花の彫りが美しい人気の手鏡 ❷鶴岡八幡宮の正面すぐ ❸一つひとつ職人の手仕事によって生み出される ❹来客用や贈答用にもぴったりの茶托

## モダンさを取り入れた商品も並ぶ老舗
### 鎌倉彫 陽雅堂
かまくらぼりようがどう

小物から大きな作品、下駄、アクセサリーなど、伝統的なデザインからモダンなものまで、老若男女、国内外にも愛される品物を揃える。下地を二度塗りして肉厚に仕上げており、美しい艶と丈夫さが特徴。

**MAP** 別冊P.30-C1
住 鎌倉市雪ノ下1-8-30 TEL 0467-25-3736
営 9:00～17:30、土・日9:00～18:00 休 無休
交 鎌倉駅から徒歩10分

## 鎌倉彫
かまくらぼり

鎌倉

木地に文様を彫り、漆を塗って仕上げた工芸品。鎌倉時代に唐物の影響を受けて誕生したとされ、800年以上の歴史をもつ。

## ギャラリー感覚で立ち寄れる専門店
### 山水堂
さんすいどう

鶴岡八幡宮前にある、数々の職人の作品を取り扱う鎌倉彫専門店。箸などの小物から盆、皿まで多彩な作品が並ぶ様子はまるでギャラリーのよう。一点からのオーダー制作や漆塗り修理の相談も可。

**MAP** 別冊P.30-C2
住 鎌倉市雪ノ下1-9-24 TEL 0467-23-3999
営 9:30～18:00 休 年中無休 交 鎌倉駅から徒歩約7分

❶贈答品にも人気 ❷お茶の時間のお供に ❸鏡は用途に合わせたサイズ展開

info 「鎌倉彫資料館」が入っている「鎌倉彫会館」の1階には、鎌倉彫の器で鎌倉野菜を使った料理や、こだわりのスイーツを提供する「鎌倉彫カフェ倶利」がある。ランチやカフェを通じて、漆器の普段使いを体感することができる。

# 箱根 寄木細工

<small>よせぎざいく</small>

その名のとおり木を寄せ集めて作る伝統工芸品。色や模様の異なる木材を組み合わせ、美しい精密な幾何学模様を作る。

◆神奈川の伝統工芸品

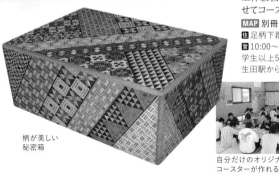

柄が美しい
秘密箱

## 常時200点の作品が並ぶ
## 本間寄木美術館
<small>ほんまよせぎびじゅつかん</small>

伝統工芸士・本間昇氏が長年収集した寄木細工や木象嵌を展示。500点ほどの所蔵作品のなかから常時200点が並ぶ。寄木細工体験教室では、伝統的な文様を組み合わせてコースターが作れる。

**MAP** 別冊P.46-A2

住 足柄下郡箱根町湯本84 TEL 0460-85-5646
営 10:00〜16:00 休 年末年始 ※臨時休有 料 中学生以上500円、小学生300円 交 箱根登山線入生田駅から徒歩約8〜10分

自分だけのオリジナルコースターが作れる

1階には工房とショップも併設

## 代表的な"秘密箱"の制作を体験
## 箱根丸山物産 本店
<small>はこねまるやまぶっさん ほんてん</small>

芦ノ湖の近くにある箱根寄木細工専門店。小物から大きなものまで、幅広い年齢層に向けた作品を揃える。寄木細工の代表作品である秘密箱やコースターを係員の指導のもと制作できる体験工作も実施。

**MAP** 別冊P.41-D3

住 足柄下郡箱根町箱根17
TEL 0460-83-6604 営 9:00〜17:00
休 年末年始 交 小田原駅から箱根登山バス箱根町港行きバス関所跡下車徒歩1分

❶多種多様な作品が揃う ❷名画を自然な味わいとともに ❸外国人観光客も多く訪れる

## 館内すべて"からくり"尽くし！
## 関所からくり美術館
<small>せきしょからくりびじゅつかん</small>

小田原・箱根の伝統工芸「からくり」の歴史を学べる美術館。からくりが仕掛けられた展示室内には100点以上の作品が並ぶ。建物内にはショップもあり、寄木細工の実演や工作体験などの催しも。

**MAP** 別冊P.41-D3

住 足柄下郡箱根町箱根16
TEL 0460-83-7826 営 9:00〜17:00 休 無休 料 入館料500円、小学生300円、未就学児無料
交 小田原駅から箱根登山バス箱根町港行きバス関所跡下車徒歩1分

モチーフがかわいいからくり箱

❶箱根関所を思わせるたたずまい ❷からくりは入口ドアにも！

info 寄木細工の「秘密箱」は、パズル式で、側面を順番通りにスライドしなければ開かない仕組みとなっている。回数の少ない箱は4回、多い箱は72回のものもあり、「箱根丸山物産 本店」では1536回の秘密箱を展示保存している。

## 小田原漆器 おだわらしっき

室町時代から伝わる木目を生かした艶やかな漆塗りが特徴の漆器。

**一つひとつ異なる木目の味わい**

### 大川木工所 おおかわもっこうじょ

昭和元（1926）年創業。小田原漆器の製造・販売を行う。ケヤキ材などを使用し、その美しい木目を生かした漆器や盆、椀など、普段使いから贈り物まで幅広く取り扱い、漆の研ぎ出し体験（有料）も開催。

**MAP** 別冊P.47-C2
🏠小田原市南板橋2-226-2 ☎0465-22-4630 🕐9:00〜17:00 休不定休 料無料 交箱根登山線箱根板橋駅から徒歩5分

❶当日持ち帰りも可能な体験 ❷水ペーパーを使いオリジナルの模様を作れる ❸ギャラリー横には工房併設

## 小田原鋳物 おだわらいもの

室町時代から続く伝統的な鋳物。風鈴などの鳴物や花器が代表的。

❶掛け台つき風鈴 ❷オリジナルの風鈴をデザインできる ❸親子で参加できる風鈴教室 ❹鋳物作品展示場を併設している

**研究の末に生み出された癒やしの音**

### 小田原鋳物研究所 おだわらいものけんきゅうじょ

"人にとっての癒やし音"や精密鋳物技術の手法、歴史的な鋳物文化などの研究を行う研究所。教室や小・中学校、高校への出前授業など、ものづくり教育にも力を入れており、定期的に風鈴教室を開講。

**MAP** 別冊P.9-C1
🏠小田原市曽我原241 ☎0465-42-1937 🕐10:00〜16:00 休不定休 料入場無料、風鈴教室は有料 交JR下曽我駅から徒歩11分

**小田原**

## 小田原ちょうちん おだわら

江戸時代に起源をもつ、小さく折りたためる蛇腹形のちょうちん。

**歴史を感じる建物でちょうちん作り**

### 小田原宿なりわい交流館 おだわらじゅくなりわいこうりゅうかん

1階に観光情報コーナーやお休み処、2階にイベントスペースがある市民や観光客の憩いの場。昭和7年に建設された旧網問屋を再整備した出桁造りの建物で、内装からも小田原の歴史を感じられる。

**MAP** 別冊P.47-D1
🏠小田原市本町3-6-23 ☎0465-20-0515 🕐10:00〜19:00（11〜3月は18:00まで）休12/31 ※臨時休有 料無料 交小田原駅東口から徒歩14分

第2・4日曜は小田原ちょうちん製作体験も実施（受付は15:00までで、5人以上は要予約）

❶昔は魔除けのお守りでもあった ❷現在は五代目が伝統の技を継承する ❸一文字一文字要望に合わせて手書き

**職人の手作業で完成する小田原のシンボル**

### 山﨑提灯店 やまざきちょうてんてん

大小さまざまなちょうちんを手がける歴史あるちょうちん店。絵付けはすべて手書きで行い、ちょうちんの張り替えも行う。JR小田原駅改札のシンボルともいえる大きなちょうちんも手がけた。

**MAP** 別冊P.9-C2
🏠小田原市飯田岡610 ☎0465-34-6471 🕐9:00〜17:00 休日 交伊豆箱根鉄道飯田岡駅から徒歩6分

## 中津箒 （なかつほうき）

愛川町

旧中津村（現：愛川町中津）で発展した箒作り。

ワークショップではミニ箒が作れる

❶生活や用途に合わせて箒を選べる ❷昭和10（1935）年に建てられた鉄筋コンクリート造の蔵を改装

短めの柄が特徴の枝のミニ手箒

### 箒の文化を復活させた
## 市民蔵常右衛門 （しみんぐらつねえもん）

　箒文化を残すため、中津の箒作りを再興しようと開設。「中津箒」ブランドを立ち上げた。1階では日本や世界の箒を展示、2階では職人による中津箒を展示・販売している。

**MAP** 別冊P.5-D2

住 愛甲郡愛川町中津3687-1　TEL 046-286-7572　営 10:00〜17:00　休 木〜日・祝　料 無料　交 小田急線本厚木駅から神奈川中央交通バス愛川バスセンター行きで運輸支局入口下車徒歩8分

## 相州だるま （そうしゅう）

平塚

平塚で生まれ、口は富士山、目はラメが輝き豪華な模様が特徴のだるま。

伝統相州だるま「福入」の文字入り

### だるまの表情の一つひとつに注目
## 荒井だるま屋 （あらいだるまや）

　創業150年以上、"感謝のだるまを作る"という思いを胸に、一つひとつ手作業で製作。伝統的なだるまにとどまらず、干支だるま、招き猫などのオリジナル商品も展開する。

**MAP** 別冊P.9-D1

住 平塚市東八幡4-11-22　TEL 0463-21-6096　営 9:00〜18:00　休 日・祝（年末は不定休）　交 JR平塚駅から神奈川中央交通バス本厚木駅南口行きで泉蔵院前バス停下車、徒歩2分

店先では金の大だるまがお出迎え

自分好みのだるまに出合える

伝統の大山こま

❶こまがモチーフのクルリングッズも並ぶ ❷駅観光案内所にショップ併設

**MAP** 別冊P.9-D1

住 伊勢原市伊勢原1-1-5小田急マルシェ2階　TEL 0463-95-5333　営 9:00〜17:00　休 年中無休　交 小田急線伊勢原駅北口階段途中

## 大山こま （おおやま）

伊勢原

江戸中期に発祥、心棒が太く色彩鮮やかな大山詣りのみやげ・縁起物のこま。

### 伊勢原のおみやげはここで
## 伊勢原市観光協会 （いせはらしかんこうきょうかい）
## クルリンハウス （くるりんはうす）

　伊勢原駅北口階段途中にある観光案内所併設のショップ。大山の定番みやげでもある大山こまはもちろん、伊勢原市公式イメージキャラクターのクルリンのグッズ、伊勢原みやげなどを購入できる。

info　縁起物の「だるま」には、願い事をしながら左目（向かって右）に目を入れ、願いがかなったら感謝を込めて右目を入れる。また、願いが成就したら、その翌年はひと回り大きな「だるま」を購入するのが風習だそう。

357

# 神奈川最強おみやげガイド

二大巨頭
特集

神奈川を代表するおみやげとして、誰もが納得するのが鎌倉の「鳩サブレー」と横浜の「横濱ハーバー」だろう。それぞれの歴史を振り返りながら、定番の味を心ゆくまで楽しみたい。

鳩サブレーそのものだけではなく、箱もかわいらしい

鳩サブレー

はと
鳩サブレー

鎌倉の古寺の石段をイメージした「きざはし（4包756円）」。求肥に焦がしきな粉の香りをまとった優しい味わいにファンも多い

鶴岡八幡宮の御神木だった大銀杏（突風により平成22年に倒伏）を模した羊羹「かの大銀杏（半棹1080円、一棹2160円）」。本店限定商品

さくっとして優しい食感

としまやほんてん
豊島屋 本店

鎌倉

誕生から120年以上がたつ「鳩サブレー」。明治30年頃、異国の人からもらったお菓子のおいしさに感動した初代店主は、その味をまねするのではなく、自分で作り出すことにこだわる。味の決め手がバターであることを発見し、苦労の末に生み出したのが「鳩サブレー」だった。

その名前は、海外から帰国し試食した友人がサブレーというお菓子に似ていると言ったことと、初代が崇敬していた鶴岡八幡宮の本殿の額の「八」の字の鳩が向かい合っていたことに由来している。

さくっとしつつも、しっとりとやわらかな食感は、誰にでも愛される印象的な味わい。1枚が思いのほか大きいのも特徴だ。

**MAP** 別冊P.31-C2

🏠 鎌倉市小町2-11-19　☎ 0467-25-0810　🕐 9:00〜19:00　休 水（祝日の場合、営業）不定休　💳 ADJMV

🚉 鎌倉駅東口から徒歩5分

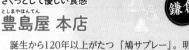

❶本店の店内は広々としている　❷若宮大路に面した本店の外観　❸ハトのイラストがかわいい本店限定パッケージ。鳩サブレーが4枚入って615円

info 豊島屋の創業は明治27（1894）年の8月10日。同社ではこの日を「鳩サブレー」にちなみ「鳩の日」と名づけ、限定商品の販売や特別価格での販売などを実施している。

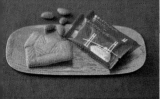

「横濱ベイブリッジサブレ」はバター風味豊かなサブレ。昭和64（1989）年、ベイブリッジが開通した年に誕生した。18枚入り1166円

## 横濱ハーバー

ありあけの代名詞「横濱ハーバーダブルマロン」は1個216円

令和6年の創業70周年を迎えるにあたり発売された「横濱ムーンガレット キャラメルウォールナッツ」。くるみ入りキャラメル味の餅あんと西洋のガレットのコラボが新感覚。4個入り627円

### 2001年に復活した横浜銘菓

**横浜**

ありあけほんかんはーばーずむーんほんてん

# ありあけ本館
# ハーバーズムーン本店

　栗あんとやわらかなカステラ生地が絶妙なバランスとなって贅沢な味わいを楽しませてくれる「横濱ハーバー」は、小さな船の形をした人気のマロンケーキ。

　昭和11（1936）年創業の旧有明製菓は、1954年に元祖ハーバーとされる「ロマン」を製造。その後、「ハーバー」に改名した。1999年、旧有明製菓は倒産するものの、翌年、地元市民や元従業員などが団結し、2001年、「ハーバー」は復活した。

　横浜ハンマーヘッドの「ありあけハーバースタジオ」（→P.129）では、自分の顔を撮影した限定パッケージを作ることができる。

**MAP** 別冊P.25-C2

🏠 横浜市中区日本大通36シティタワー横濱1F
📞 045-210-9778 🕐 ショップ10:00〜20:00
カフェ11:00〜18:00(L.O.17:30)、土・日・祝
11:00〜18:30(L.O.18:00) 🈳 不定休 💳 AD
JMV 🚃 横浜高速鉄道みなとみらい線日本大通り駅3番出口から徒歩3分

❶本店の外観　❷店内には多彩な商品が並ぶ
❸横浜ハンマーヘッド(中区)の「ありあけハーバースタジオ」にはカフェも設けられている

煎餅そのものの味や
海苔の風味を生かし
たさっぱり塩味

華やかな巾着入りの商品も

サクッと揚げた煎餅に合わせるのは厚めの海苔

手みやげに
も喜ばれる

開店前から並ぶ人
も多いそう

**"幻の煎餅"として知られる神奈川の名品**

# 堂本 元木本店
どうもともとぎほんてん

　明治42（1909）年創業の老舗煎餅店。職人が
一つひとつ手作りしている「大師巻」が名物で、毎
日行列が絶えない。手作りのため、販売数には限り
があり、早い時間で完売することがあるほど。

**MAP** 別冊P.38-B2
🏠川崎市川崎区元木1-2-4　☎044-222-2454（電
話は10:00～）　🕘9:00～17:00　休日・祝、年末年始
CC ADJMV　交JR川崎駅から徒歩15分

川崎大師仲見世通りに位置する

創業当初から変わらぬ製法で世界に
ひとつだけの専用の米飴を使用

**昔ながらの製法を守り続ける伝統の飴**

# 松屋総本店 仲見世本店
まつやそうほんてん なかみせほんてん

　明治初年創業の老舗飴店。全国菓子大
博覧会において最高位を受賞の定番商品
「開運とんとこ飴」や「せき止飴」など、
すべてが直火釜製法で職人の手作りによる
こだわりの飴が常時約40種店頭に並ぶ。

**MAP** 別冊P.39-D1
🏠川崎市川崎区大師町4-39　☎044-277-7711
🕘9:00～17:00　休無休　CC不可　交京急線川
崎大師駅から徒歩7分

休日や正月にはとんと
こ飴切りの実演が見ら
れることも

「かわさき名産品」に
認定された川崎大
師名物3点セット

「松屋総本店」がある仲見世通りでは、飴を切るトントントンという音が聞こえることも。リズミカルに鳴り響く飴を切る音と
参道のにぎわいの声は、平成8(1996)年に「日本の音風景100選」に選ばれている。

# 横浜

## 職人による中国伝統菓子
### 重慶飯店 本館売店
じゅうけいはんてん ほんかんばいてん

1959年創業の四川料理の老舗で、普段使いから特別な日の食事まで、さまざまなシーンで利用できる。また、熟練の職人技が光る中国宮廷の伝承菓子・工芸菓子は、横浜中華街で生まれた重慶飯店ならではの1品。(→P.323)

**MAP** 別冊P.28-A2
🏠横浜市中区山下町164
☎045-651-0820
🕐11:00〜20:00、金・土〜21:00 休無休
💳ADJMV 🚉みなとみらい線元町・中華街駅2番出口から徒歩2分

本館1階ショップでは菓子や点心などが豊富に揃う

名物の月餅は餡は6種類、サイズは3種類の展開

## 神奈川グルメを代表する一品
### 崎陽軒本店
きようけんほんてん

明治41年創業。「シウマイ」や「シウマイ弁当」、「横濱月餅」など横浜の味を提供する老舗。名物の冷めてもおいしい「シウマイ」は、1日に約80万個が製造され、季節などの限定製品もある。

**MAP** 別冊P.22-A1
🏠横浜市西区高島2-13-12
☎045-441-8827 🕐10:00〜20:00 休1/1 💳JMV 🚉横浜駅から徒歩1分

定番製品である昔ながらのシウマイ

本店には中国料理だけではなく、ビアレストランやイタリアン、ティーサロンなど揃う

## 限定販売の昔懐かしのドーナツ
### 不二家 横浜センター店
ふじやよこはませんたーてん

明治時代創業の老舗洋菓子店。日頃のおやつからお祝いのケーキ、ギフトまで幅広く取り扱う。毎月8・18・28の日に販売されるソフトドーナツは、一つひとつていねいに揚げた昔ながらの素朴な味が人気。

**MAP** 別冊P.24-A2
🏠横浜市中区伊勢佐木町1-6-2 ※仮設店
☎045-251-2105
🕐10:00〜21:00(店内飲食L.O.20:30)
休無休 💳JMV
🚉関内駅から徒歩5分

ふわりとした生地に粉糖をまぶしたどこか懐かしいドーナツ

1箱5個入りで手みやげにもぴったり

フォーマルな手みやげにもぴったり

高級ブランデー香る上品な甘さのレーズンサンド

## 歴史ある名店の手がける洋菓子
### 横浜かをり 山下町本店
よこはまかをり やましたちょうほんてん

「洋食文化発祥の地」に喫茶店として創業し、フランス料理店を経て、現在は素材にこだわった本物の味を提供する洋菓子店となっている。看板商品のレーズンサンドをはじめ、横浜ならではのお菓子を販売している。(→P.28)

**MAP** 別冊P.28-A1
🏠横浜市中区山下町70 ☎045-681-4401 🕐10:00〜19:00、土・日・祝11:00〜18:00 休無休 💳AJMV
※1000円以上で利用可 🚉みなとみらい線日本大通り駅から徒歩3分、関内駅から徒歩10分

横浜開港当初から蔦の絡まる趣ある本社ビル

## 厳選された新鮮なフルーツやギフトが満載
### 横浜水信 横浜ジョイナス本店
よこはまみずのぶ よこはまじょいなすほんてん

創業大正4(1915)年の新鮮で品質のよい野菜や果物ギフト・デザートを取り扱う老舗フルーツ店。老舗ならではの知識やサービスで季節のおすすめや予算に合わせた商品を購入できる。

**MAP** 別冊P.22-A1
🏠横浜市西区南幸1-5 相鉄ジョイナス1階 ☎045-311-0182 🕐10:00〜21:00 休無休 💳ADJMV
🚉JR横浜駅から徒歩1分(駅ビル内)

新鮮なフルーツからパッケージギフトも幅広く取り扱う

素材から厳選した自信作のバナナパウンドケーキ

info 重厚感漂う「重慶飯店 本館」の外観は、世界的に有名な香港のデザイナー、アラン・チャン氏が手がけている。6種類の味がある「重慶月餅」は、詰め合わせセットで、味の食べ比べを楽しむのもおすすめ。手みやげにも最適。

361

# 横須賀

**カレーパン**

「よこすか海軍カレーパン」216円

## 福神漬けがアクセントに！
### ぱんプキン
（ぱんぷきん）

創業約30年の地元に愛されるパン屋さん。まろやかなカレールーと福神漬けの相性がよい「よこすか海軍カレーパン」が名物で、カレーパンに初めて福神漬けを入れた店として知られている。

クリームチーズを使った「ドブ板あんぱん」も人気

**MAP** 別冊P.35-C3
🏠横須賀市汐入町2-40 **TEL**046-823-1133 🕐7:00〜19:00 休日、不定休あり **CC**不可 🚉京急線汐入駅から徒歩1分

## パーキングエリアで腹ごしらえ
### （横浜横須賀道路）横須賀PA 上り線
（よこはまよこすかどうろ）よこすかぱーきんぐえりあ　のぼりせん

ドライブ中の休憩に立ち寄りたい横浜横須賀道路の横須賀PA（上り線）。「YOKOSUKA」外売店では、衣がサクサクの「よこすか海軍カレーパン」を販売。「横須賀PA限定よこすか海軍カレー」はおみやげに人気。

**MAP** 別冊P.35-C2
🏠横須賀市平作4-729-4 **TEL**046-852-4130 🕐7:30〜19:30 休無休 **CC**ADJMV※ショッピングコーナーのみ利用可 🚉横浜横須賀道路・横須賀PA・上り

カレーや定食などを楽しめる飲食店も充実

**カレーパン**

「よこすか海軍カレーパン」330円

## 人気投票1位に選ばれたカレーパン
### 大型農産物直売所「すかなごっそ」
（おおがたのうさんぶつちょくばいじょ すかなごっそ）

「地産地消」を発信するアンテナショップ。日本全国のご当地パンが集結した「第一回日本全国ご当地パン祭り」で人気投票第1位に選ばれたカフェ・ド・クルーの「よこすか海軍カレーパン」を購入できる。

新鮮な野菜や果物も購入できる

**MAP** 別冊P.18-B1
🏠横須賀市長井1-15-15 **TEL**046-856-8314 🕐9:30〜18:00、11〜2月〜17:00 休水（祝は営業） **CC**AJMV 🚉京急線三崎口駅から京急バス荒崎行きほかで小根岸バス停下車、徒歩1分

**カレーパン**

子供も食べられるマイルドな中辛を使用

## 日米両軍港とともに3大グルメを！
### よこすかグルメ艦隊
（よこすかぐるめかんたい）

横須賀の3大グルメ「よこすか海軍カレー」「ヨコスカネイビーバーガー」「ヨコスカチェリーチーズケーキ」をワンプレートで楽しめる「ぐるかんMAX」（2100円）をいただける店。チーズケーキ（930円）はおみやげにもぴったり。

**チェリーチーズケーキ**

店内では「ヨコスカチェリーチーズケーキ」は飲み物付きのセットで1000円

海側に位置し、窓の外には日米両軍港が見える

**MAP** 別冊P.35-D1
🏠横須賀市本町2-1-12 コースカイオンスタイル横須賀2階 **TEL**046-845-6844 🕐10:00〜22:00 休無休 **CC**ADJMV 🚉京急線汐入駅から徒歩5分

## ドブ板通り散策の合間に立ち寄れる
### MIKASA CAFE
（みかさかふぇ）

横須賀カルチャーを感じられる観光客に人気の商店街「ドブ板通り」の入口にあるカフェ。濃厚なチーズの風味を堪能でき、さっぱりとした後味で食べやすい「ヨコスカチェリーチーズケーキ」は観光の小休止にぴったり。

「海軍割烹術参考書」をもとにしたカレーも人気

**MAP** 別冊P.35-C3
🏠横須賀市本町3-33-3 **TEL**046-822-3857 🕐9:00〜22:00 休不定休 **CC**AJMV 🚉京急線汐入駅から徒歩3分

**チェリーチーズケーキ**

ヨコスカチェリーチーズケーキ 1200円（ドリンク付き）

**info** カレーライスは日本海軍でふるまわれていた軍隊食だったという説があり、海軍にゆかりの深い横須賀で町おこしの一環として生まれたのが「よこすか海軍カレー」。カレーパンやレトルトカレーなどの商品が展開されている。

# 鎌倉

❶甘すぎず上品な味の「あじさい」 ❷本店は鶴岡八幡宮の目の前 ❸リスがかわいい「クルミッ子」

## 菓子コンクール受賞商品も多数
### 鎌倉紅谷 八幡宮前本店
かまくらべにや はちまんぐうまえほんてん

　昭和29（1954）年、鎌倉 鶴岡八幡宮前に誕生。「おいしい」の先にある気持ちをいちばん大切にする菓子店。3日間かけて作り上げるラスク「あじさい」、キャラメル・クルミ・バター生地のハーモニーが絶品の「クルミッ子」はおみやげに大人気。

**MAP** 別冊P.31-C2
🏠鎌倉市雪ノ下1-12-4　☎0467-22-3492
🕙9:30〜17:00　休無休
CC ADJMV
🚉鎌倉駅東口から徒歩7分

## 鎌倉で愛され続ける銘菓
### 鎌倉ニュージャーマン
かまくらにゅーじゃーまん

　1982年、創業15周年を機に誕生した「かまくらカスター」が看板商品。ふんわり柔らかなスポンジの中に、優しい甘さのクリームがたっぷり入っており、老若男女に人気。定番の味に加え、年間10種類以上の季節の味が販売される。

**MAP** 別冊P.30-B3
🏠鎌倉市小町1-5-2
☎0467-23-3851
🕙10:00〜18:00　無休
CC AJMV　🚉鎌倉駅東口前

カスタード、チョコレートは定番の味

❶JR鎌倉駅東口のロータリーにある旗艦店 ❷「かまくらロール」も人気

---

食べきりサイズがうれしい3個入は500円

❶定番の焼き菓子ギフトに加えて、カットケーキやプリンも販売 ❷十字路の角にある鎌倉本店。豊富な品揃えが魅力

## 代表商品「レーズンウィッチ」は必食
### 鎌倉小川軒
かまくらおがわけん

　東京代官山の「小川軒」から独立し、1988年にオープン。軽い食感のバターサブレで、ふっくら食感の自家製ラムレーズンと風味豊かなバタークリームをサンドした「レーズンウィッチ」は、鎌倉みやげの定番商品。

**MAP** 別冊P.30-B3
🏠鎌倉市御成町8-1　☎0467-25-0660　🕙物販10:00〜18:00、カフェ11:00〜17:00　休無休
CC JMV　🚉鎌倉駅西口から徒歩1分

## 創業明治33年の伝統の味
### 鎌倉ハム富岡商会 鎌倉小町 本店
かまくらはむとみおかしょうかい かまくらこまち ほんてん

　英国人により鎌倉の地に伝えられたという"ハム作り"の伝統を受け継ぎ、守り続けるハム・ソーセージの店。1本ずつ職人の手で布と糸を巻き、スモークして仕上げた代表商品「熟成布巻きロースハム」はギフトにも大人気。

**MAP** 別冊P.31-C2
🏠鎌倉市小町2-2-19 相模屋ビル1階　☎0467-25-1864
🕙10:00〜18:00　休水、年末年始　CC ADJMV　🚉鎌倉駅東口から徒歩3分

小町通りのなかほどにある

伝統技術から生まれる、しっとり食感が魅力

「熟成布巻きロースハム」6480円

info 鎌倉紅谷「クルミッ子」には、パッケージに"リスのキャラクター"があしらわれている。このかわいい絵柄が人気で、エコバッグやマグカップなどのさまざまなグッズが展開されている。

❶マーロウ葉山マリーナのテラス ❷店内からもマリーナが眺められる ❸オーソドックスなカスタードプリン734円。ビーカーから抜くと皿にしっかりと立つ。

## 懐かしい味わいのプリン
まーろうはやままりーな
# マーロウ葉山マリーナ

　手作りビーカープリン専門店、マーロウ。そのプリンは、まさに昔そのままの味わい。ゲル化剤などで固めたわけでも、ゼラチンなどで冷やし固めたわけでもなく、オーブンで焼き、卵だけで固めた昔ながらの手作りプリンだ。砂糖を焦がしたカラメルも懐かしい。プリンの甘さとカラメルの苦さのハーモニーとともに、ミルクのコクが力強く響いてくる。濃厚で豊かなプリンは、食べ応えもあって大満足できるとともに、どこか郷愁も感じられるはず。

MAP 別冊P.14-B3
住 三浦郡葉山町堀内50-2 TEL 046-875-0421 営 喫茶10:00〜18:30（L.O.18:00）、テイクアウト10:00〜19:00 休 火（繁忙期・祝日除く）CC ADJMV 交 JR逗子駅から京急バス葉山一色行きで葉山マリーナ下車すぐ

エクレールのショコラ（上）とカフェ各486円

店内の様子

サンルイ島葉山本店の外観

MAP 別冊P.14-B3
住 三浦郡葉山町一色685-4 TEL 046-875-8715 営 9:30〜19:00 休 無休 CC ADJMV P あり 交 JR逗子駅から京急バス上山口小学校行き、または衣笠駅行きで一色住宅下車、徒歩1分

## ほろ苦い大人のエクレール
さんるいとうやまほんてん
# サンルイ島葉山本店

　1986年にオープンしたサンルイ島葉山本店。伝統的で多彩なフランスのケーキや菓子が充実しているのはP.227でも触れたとおり。昔から変わることのない逸品が揃うなか、おすすめしたいのは一般的に日本ではエクレアと呼ばれるエクレール。同店でも人気の渋い大人のスイーツだ。日本で見かけるものとは少々異なるエレガントなたたずまいをしており、その味わいは甘さのなかにほろ苦さと香ばしさが引き立つ上品さ。エクレア（エクレール）の本物を知ることができる。

info マーロウの本店はカフェ&レストラン秋谷本店（横須賀市）。神奈川県と東京都にギャラリーなど含め13店舗を展開している。サンルイ島は葉山本店のほかに逗子店がある。

## 絶品を味わいたい!
# 高級スイーツ&高級パン

**葉山**

贅沢なスイーツやパンが満喫できる葉山だが、そのなかでも絶品中の絶品を厳選! ゆっくり味わいながら、至福のひとときを過ごしてみてはいかが。

海にほど近い店の外観

### 繊細な姿のスワンシュー
ぱてぃすりーらまーれどちゃや
# パティスリー ラ・マーレ・ド・チャヤ

1972年創業当時から、素材本来の風味を引き出し甘さを控えめに、リキュールで味に深みを出した生菓子や焼き菓子を作り続けている同店。P.227で紹介したクッキーなどのほかに、見た目も味わいもデリケートな生菓子など商品の種類は数多いが、なかでも最も繊細な姿のスワンシューは特別な存在だといえる。食べてしまうのがもったいないと思えるかもしれないが、普通のシュークリームとはまたひと味違った風味と食感は印象に残るに違いない。

**MAP** 別冊P.14-B3
🏠 三浦郡葉山町堀内20-1 **TEL** 046-875-5346 🕐 11:00～19:00、土・日・祝10:00～19:00 🈂 無休 **CC** ADJMV 🚌 JR逗子駅から京急バス葉山一色または福祉会館行きで鐙摺下車、徒歩1分

印象的な姿のスワンシュー400円

### 風味豊かな食パン
ぶれどーるはやまほんてん
# ブレドール葉山本店

P.227でも紹介したとおり多種多彩なパンが人気の同店で、いちばん人気の商品は発酵バター入り角食パン。フランス産発酵バターのエシレバターを練り込んで焼き上げられている。耳までしっとりとしていて、中はもっちりとした食感が大きな特徴だ。アクセントに生クリームが使われているので、風味豊かな味わいとなっている。この贅沢さを知ってしまうと、誰もがやみつきになる理由が納得できる。

**MAP** 別冊P.14-B3
🏠 三浦郡葉山町一色657-1 **TEL** 046-875-4548 🕐 月・水～金7:30～18:00(カノ,ェL.O.17:30)、土・日・祝7:00～18:00(カフェL.O.17:30) 🈂 火(祝日の場合営業)、不定休 **CC** ADJMV 🚌 JR逗子駅から京急バス上山口小学校行き、または衣笠駅行きで一色住宅下車、徒歩1分

❶発酵バター入り角食パンは1斤750円ほか ❷じゃがベーコン403円 ❸葉山メロンパン398円 ❹モーンディッシュ367円 ❺ショーケースにはさまざまなパンが並ぶ

**info** パティスリー ラ・マーレ・ド・チャヤは神奈川県内に12店舗、東京都に1店舗を構える。ブレドールは葉山本店、逗子駅前店のほかに、葉山ステーション(→P.230)にも出店している。

## ショッピングやグルメを楽しむ!
# おしゃれ&モダンモール

横浜は、おしゃれでモダンなショッピングモールが充実。ショッピングや食事などで何度訪れても新しい魅力を発見できる。

### みなとみらいの遊びはお任せ!
**よこはまわーるどぽーたーず**
# 横浜ワールドポーターズ

横浜を代表する観光エリアの新港地区に位置。「いろんな世界がここにある」をコンセプトに、ファッション、インテリア、雑貨、グルメなど個性豊かな約150のショップが集結。シネマやアミューズメントも併設し、1日中満喫できる。屋上のルーフビューガーデンは穴場の夜景スポットだ。

**MAP** 別冊P.23-D3
🏠 横浜市中区新港2-2-1
☎ 045-222-2000
🕐 ショップ10:30～21:00、レストラン11:00～23:00（一部異なる店舗あり）　休 無休
💳 店舗により異なる
🚃 みなとみらい線みなとみらい駅、馬車道駅から徒歩5分、桜木町駅から徒歩10分

| R階 | ルーフビューガーデン |
|---|---|
| 6階 | サービス&イベント |
| 5階 | エンターテインメント&グルメ |
| 4階 | クリエイティブライフ |
| 3階 | ユニークカジュアル |
| 2階 | ファミリーパラダイス |
| 1階 | グルメ&ファンタスティック |

大きなからくり時計が印象的な建物

**①階**
### 横浜みやげ探しに最適
**ぐでぃーずよこはま**
## GOODIES YOKOHAMA

横浜、神奈川の銘菓から話題の商品、雑貨までえりすぐりの約600アイテムが揃うギフトショップ。おみやげ探しに迷ったら親切なスタッフへ気軽に尋ねてみよう。

年齢問わず気になるアイテムが見つかる

日産自動車が監修した"車形"の柿の種

※2024年1月現在休業中

横浜みやげの定番「横濱レンガ通り」

**①階**
### 気分はハワイ旅行!
**はわいあんたうん**
## ハワイアンタウン

ハワイの町並みを再現したエリアに、本場ハワイで人気のスイーツやグルメ、ファッション、雑貨店がずらり。中央のステージではフラダンスショーなども開催。

バニアンツリーが見守る飲食スペース

**れなーず**
Leonard's
新食感の揚げパン「マラサダ」の専門店

**あろはすとりーと**
### アロハストリート
ハワイを感じるアパレルや雑貨、食品が揃う

桜木町駅から「横浜ワールドポーターズ」へのアクセスは、かつて鉄道が走っていたことから「汽車道」と呼ばれる遊歩道を歩くコースか、ロープウエイで上空を散歩するコースの2パターン。気分によって使い分けよう。

## 海沿いのオープンモール

まりん あんど うぉーく よこはま
# MARINE & WALK YOKOHAMA

赤レンガ倉庫に隣接するオープンモール。アメリカ西海岸を思わせる中央のストリートには、感度の高い大人に似合うセレクトアイテムやアパレルのショップ、レストランが並ぶ。海沿いのため景観も美しい。

**MAP** 別冊P.23-D3

🏠 横浜市中区新港1-3-1 **TEL** 045-680-6101
🕐 ショップ11:00〜20:00、レストラン11:00〜22:00(一部異なる店舗あり) 🚫 無休 **CC** ADJMV
🚉 みなとみらい線馬車道駅、日本大通り駅から徒歩9分、桜木町駅東口から徒歩15分

| 2階 | ショップ& |
|---|---|
| 1階 | レストラン |
| 地下1階 | 駐車場 |

◆ おしゃれ&モダンモール

❶歩くだけで開放的な気分になれる ❷撮影スポットで思い出を残そう ❸2階デッキからの夜景も見もの

### 1階 自由で豊かな毎日を提案

こみゅにてぃみる
## COMMUNITY MILL

リラックスをキーワードに、品質とデザイン性を兼ね備えたアパレルが集うセレクトショップ。店内にはソーダ専門店の「SODA BAR」を併設。

❶人と差をつけられるアイテムが揃う ❷新作が続々入荷するスニーカー

### 1階 世界で人気のデニムの宝庫

でんはむ
## DENHAM

オランダ発のデニムブランド。メンズ、レディースのフルカテゴリーを展開している。

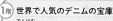

入口横にはデニムの洗い場も

経年変化を楽しむリジッドデニム

---

## 絶景のテラス席が充実

よこはまはんまーへっど
# 横浜ハンマーヘッド

客船ターミナル、ラグジュアリーホテル、「食」がテーマのショップが一体となった日本初の複合施設。ファクトリー型、体験型など楽しめるショップや海に面した眺めのいいレストランやカフェも揃う。

**MAP** 別冊P.23-D3

🏠 横浜市中区新港2-14-1 **TEL** 045-211-8080 🕐 11:00〜23:00(店舗により異なる) 🚫 不定休 **CC** ADJMV(店舗により異なる) 🚉 みなとみらい線馬車道駅から徒歩10分、みなとみらい線みなとみらい駅クイーンズスクエア連絡口から徒歩12分

❶3方向を海に囲まれ、絶景を堪能できる ❷「食」をテーマにしたショップが集合 ❸ライトアップされたみなとみらいの夜景が一望できる

### ハンマーヘッドって?

少し変わった施設名は、横浜の湾岸都市への発展を支えた「ハンマーヘッドクレーン」に由来。

### クレーンが見守る公園

はんまーへっどぱーく
## ハンマーヘッドパーク

勇ましいハンマーヘッドクレーンを中心とした公園。ベンチがあるため施設内の飲食店でテイクアウトしたドリンク片手に休憩もできる。

巨大なクレーンは間近で見ると圧巻!

### 絵本の世界に没入

ぴーたーらびっと™かふぇ よこはまはんまーへっどてん
## ピーターラビット™カフェ 横浜ハンマーヘッド店

「ピーターラビット」の世界を体験できるカフェ。英国の料理や物語をイメージしたキュートなメニューをビュッフェ形式で味わえる。14時からはアフタヌーンティーも登場。

❶絵本の世界に没入できる空間 ❷ビュッフェの内容は季節で変化

---

# おしゃれ＆モダンモール

❶バラエティ豊かな施設が集合　❷吹き抜けの館内は開放的
❸屋外には絶景のクイーンズパークも

## 多彩なシーンで活躍！
# クイーンズスクエア横浜
（くいーんずすくえあよこはま）

　ファッションや雑貨、インテリアを扱う「みなとみらい東急スクエア」をはじめ、コンサートホール、ホテル、ギャラリー、オフィスなど多彩な施設で構成された大型複合施設。ショッピングからグルメ、エンタメまで幅広い目的を満たしてくれる。休日にはイベントも開催。

**MAP** 別冊P.23-C3
🏠 横浜市西区みなとみらい2-3
☎ 045-682-1000（代表）
🕐 ショップ11:00〜20:00、レストラン11:00〜22:00（一部異なる店舗あり）　休 店舗により異なる　CC 店舗により異なる　交 みなとみらい線みなとみらい駅直結、桜木町駅から動く歩道利用で徒歩8分

## 5層吹き抜けの壮大な空間
# ランドマークプラザ
（らんどまーくぷらざ）

　「横浜ランドマークタワー」に隣接。全長200m、5層吹き抜けのスケールを誇る壮大な館内には約160のショップやレストランが並ぶ。

❶70階建ての超高層ビルが目印　❷5層吹き抜けの壮大な空間

**MAP** 別冊P.22-B3
🏠 横浜市西区みなとみらい2-2-1
☎ 045-222-5015
🕐 ショップ11:00〜20:00、カフェ＆レストラン11:00〜22:00（一部異なる店舗あり）　休 法定点検日
CC 店舗により異なる
交 みなとみらい線みなとみらい駅徒歩3分、桜木町駅から動く歩道利用で徒歩5分

## エリア最大級の巨大モール
# MARK IS みなとみらい
（まーくいずみなとみらい）

　地下4階、地上6階建ての館内には3世代で楽しめる約175店が集う。30ヵ所以上のシーティングスペースがありマイペースに遊べる。

❶立体都市公園をイメージした空間　❷果樹園がある5階「みんなの庭」

**MAP** 別冊P.23-C2
🏠 横浜市西区みなとみらい3-5-1
☎ 045-224-0650
🕐 ショップ＆フードコート10:00〜20:00（金〜日、祝・祝前日は〜21:00）、カフェ＆レストラン11:00〜23:00（店舗により異なる）　休 不定休　CC 店舗により異なる
交 みなとみらい線みなとみらい駅直結、桜木町駅から動く歩道利用で徒歩8分

## 芸術文化もグルメも大満喫
# 北仲ブリック＆ホワイト
（きたなかぶりっくあんどほわいと）

　スーパーマーケットや飲食店に加え、音楽やアートなど多様な文化も発信する商業施設。歴史的建造物を活用した建物も楽しめる。

❶れんが造りの建物は歴史的建造物を活用　❷夜は幻想的な雰囲気に

**MAP** 別冊P.24-B1
🏠 横浜市中区北仲通5-57-2
☎ 各店舗へ問い合わせ
🕐 店舗により異なる　休 店舗により異なる
CC 店舗により異なる
交 みなとみらい線馬車道駅直結徒歩1分、桜木町駅東口から徒歩8分

## 開放感抜群の客船形モール
# 横浜ベイクォーター
（よこはまべいくぉーたー）

　客船のような外観のオープンモール。多彩なジャンルの約80店が揃う。飲食店はテラス席が充実し、潮風を感じながら食事ができる。

❶海を眺めながら優雅に買い物　❷広場では季節のイベントを開催

**MAP** 別冊P.22-B1
🏠 横浜市神奈川区金港町1-10
☎ 045-577-8123
🕐 ショップ11:00〜20:00、レストラン＆カフェ11:00〜23:00（店舗により異なる）　休 1/1
CC 店舗により異なる
交 横浜駅からベイクォーターウォーク利用で徒歩3分

info　ショッピングモールは駅直結や駅近くにあることが多いため、気になる施設を巡ってみるのもおすすめ。「横浜ベイクォーター」の2階には水上バス「シーバス」の乗り場があり横浜観光の始点・終点としても利用できる。

夜の景色も
Good!

# 横浜赤レンガ倉庫 REOPEN!

横浜の代表的なショッピングスポット「横浜赤レンガ倉庫」が2022年12月に大規模リニューアル！　その新たな魅力とは？

## リニューアルポイント！

　2002年の開業以来、初となる今回のリニューアル。「BRAND NEW "GATE"」というコンセプトのもと、横浜と世界、日常と非日常、過去と未来を体感できる施設に進化。約60店舗が新たにオープンし、横浜の歴史と新しさを両方味わえる、ここにしかない充実のラインアップとなった。

華やかで栄養満点の楽しい料理

©Disney

### でぃずにー はーべすと まーけっと ばい かふぇ かんぱにー
### Disney HARVEST MARKET By CAFE COMPANY 2号館3階

　ディズニーの世界観が詰まったカフェ&ギフトショップ。日本各地から集まるおいしい食材を、ヘルシーに楽しく味わえる。

トレンド
SHOP

### ふふなーげる
### Huffnagel 2号館1階

　"時空を結ぶホテル"がコンセプトのパティスリーブランド。オーツクッキーを採用した全10種類のバターサンドを展開。

アンティーク調の包装がおしゃれ

### かるでぃあ
### Kardia 2号館1階

　天然石を使用したハンドメイドのオリエンタルジュエリー専門店。あたたかみのあるオンリーワンのアクセサリーに出会える。

エキゾチック感あふれるジュエリー

カフェ&
レストラン

### ゆにこーひーろーすたりー
### UNI COFFEE ROASTERY 1号館1階

　横浜発のカフェ&ロースタリー。ブルックリンスタイルの空間でこだわりのコーヒーや店舗限定メニューを提供。

デザートやフードメニューも充実

### よこはまあかれんがそうこ
### 横浜赤レンガ倉庫

MAP 別冊P.23-D3

（住）横浜市中区新港1-1　（TEL）045-227-2002（2号館インフォメーション）　（営）1号館10:00〜19:00、2号館11:00〜20:00（一部異なる店舗あり）　（休）無休　（CC）店舗により異なる　（交）みなとみらい線馬車道駅、日本大通り駅から徒歩6分

| 2号館 | |
|---|---|
| 3F | 🍴 グルメフロア |
| 2F | 🛒 ショップフロア |
| 1F | 🛒🍱 ショップ・フードコート カフェレストランフロア |

| 1号館 | |
|---|---|
| 3F | 🎹 ホール |
| 2F | 👐 スペース |
| 1F | 🛒🍱 ショップ・カフェフロア |

## 神奈川で人気の有名商店街

神奈川県には魅力的な商店街がいっぱい。横浜の洪福寺松原商店街は昭和の風情たっぷりの庶民の台所。鎌倉の小町通りは国内有数の観光地として人気がある。そのほかの、わくわくするような神奈川の楽しい商店街をご紹介。

昭和60（1985）年、元町のシンボルとして建てられた「横浜元町ショッピングストリート」のフェニックスアーチ

**横浜** 庶民の台所、松原商店街

**鎌倉** No.1観光地商店街、小町通り

## 横浜を体感する
## おしゃれな商店街
## 横浜元町ショッピングストリート

JR石川町駅からみなとみらい線元町・中華街をつなぐ全長600mの商店街。安政6(1859)年の横浜開港時、外国人御用達の店が次々とできたのが始まり。1970年代後半になると商店街の3大ブランド、ミハマ、キタムラ、フクゾーがハマトラファッション（→P.54）といわれ大流行、元町の名は全国区に。裏通りにもしゃれた店舗が並ぶ。

**一度は行きたい！**
## 横浜元町の人気店 3店

全国区になった人気店もここから始まった。本店を訪ねてみよう。

### 3大ブランドのひとつ
### キタムラ 元町本店
きたむらもとまちほんてん

全国にファンを持つ横浜元町を代表するオリジナルバッグブランド。本店をはじめ、商店街には「キタムラ 元町三丁目店」「キタムラ 元町メンズショップ」もある。（→P.54）

**MAP** 別冊P.28-A3

### 外国人向けスーパーとして元町で誕生
### もとまちユニオン元町店
もとまちゆにおんもとまちてん

輸入食品などが充実し、高品質でしゃれた品揃えの老舗スーパーマーケット。

UNIONのロゴは、オリジナルエコバッグにも描かれ人気

**MAP** 別冊P.28-A3

🏠 横浜市中区元町4-166 ☎ 045-641-8551 🕐 10:00～21:00 休 1/1 📋 ADJMV 🚶 JR石川町駅、みなとみらい線元町・中華街駅から徒歩5分

### 本場仕込みの人気ベーカリー
**MAP** 別冊P.28-A3
### ポンパドウル 元町本店
ぽんぱどうる

国内に70店舗以上ある焼きたてパンのポンパドウルも昭和44(1969)年、元町で誕生した。一店舗一工房制ならではのていねいな作りが人気のベーカリーは赤い看板が目印。店前には焼きたてパンのいい香りが漂う。（→P.339）

赤い看板が目印

**info** 全国的にも有名な「洪福寺松原商店街」は横浜市西区と保土ヶ谷区にまたがるアメ横のような商店街。生鮮品だけでなく、衣料品も激安商品が並ぶ。遠方から訪れる人も多く、県外からのバスツアーもある。最寄り駅は相鉄線天王町駅。

# 時代とともに歩む
# イセザキ・モール

明治時代から横浜の発展とともに歩んできたイセザキ・モール。歴史に思いをはせながら散策してみよう。

老舗の個人店から大型チェーン店まで、個性豊かな店が軒を連ねる全長約1.5kmの商店街。開港後、横浜が港町として発展するのにともない、映画館や劇場、百貨店などハイカラな施設が次々と進出し、昭和期には横浜随一の繁華街に発展した。その後も店舗の移り変わりを繰り返しながら、時代に合わせて進化を続ける。

## ＼懐かしさただよう／ イセザキ・モールの名店 6店

新店が数多く建ち並ぶイセザキ・モールだが、今なお明治や大正から続く専門店が世代を超えて愛され続けている。飲食店から書店、映画館まで一度は足を運びたい名店をご紹介。

### 5丁目 長年愛される洋菓子店
#### はまじまん
#### 浜志゛まん

看板商品のボストンクリームパイ

大正2（1913）年創業。常時20種類以上の洋菓子を販売し、店内にはカフェも併設。
**MAP** 別冊P.24-A3
住 横浜市中区伊勢佐木町5-129
TEL 045-252-4001
営 10:00～18:30　休 月、第1・3火　CC 不可
交 横浜市営地下鉄阪東橋駅・京急黄金町駅から徒歩7分

### 1丁目 明治創業の書店
#### ゆうりんどういせざきちょうほんてん
#### 有隣堂伊勢佐木町本店

6階建てのビル全体が書店に

地元民に愛される老舗書店。多分野の書籍や文房具が充実し、多彩なフェアも開催。
**MAP** 別冊P.24-A2
住 横浜市中区伊勢佐木町1-4-1
TEL 045-261-1231
営 10:00～20:00（12/31、1/2は19:00まで）
休 1/1　CC ADJMV　交 JR・地下鉄関内駅から徒歩4分

### 2丁目 新旧が融合した映画館
#### よこはまシネマリン
#### 横浜シネマリン

2014年に改装し明るい空間に

102席のミニシアター。デジタル上映とフィルム上映が融合した映画体験ができる。
**MAP** 別冊P.24-A2
住 横浜市中区長者町6-95
TEL 045-341-3180
営 10:00～
休 1/1　CC ADJMV
交 横浜市営地下鉄伊勢佐木長者町駅から徒歩2分

### 5丁目 サンマーメンで有名
#### ぎょくせんてい
#### 玉泉亭

地元で中華の名店と言えばここ

大正7（1918）年創業の中華料理店。横浜のご当地グルメ「サンマーメン」が名物。
**MAP** 別冊P.24-A3
住 横浜市中区伊勢佐木町5-127
TEL 045-251-5630
営 11:00～21:00　休 火
CC 不可　交 横浜市営地下鉄伊勢佐木長者町駅から徒歩9分

### 1丁目 カステラの名店
#### よこはまぶんめいどう いせざきちょういっちょうめてん
#### 横濱文明堂
#### 伊勢佐木町一丁目店

全国にカステラを広めた老舗菓子店。和菓子や洋菓子を種類豊富に販売する。

併設の喫茶室でひと休みも可能

**MAP** 別冊P.24-A2
住 横浜市中区伊勢佐木町1-5-3
TEL 045-243-0002
営 9:00～20:00　休 無休
CC ADJMV
交 JR・地下鉄関内駅から徒歩4分

### 6丁目 お茶からスイーツまで
#### かわもとやちゃほ
#### 川本屋茶舗

5代続くお茶の老舗。日本茶や健康茶、鰹節、海苔、自家製スイーツを販売。

南部鉄器などの茶器も並ぶ

**MAP** 別冊P.13-C3
住 横浜市中区伊勢佐木町6-146
TEL 045-261-5995
営 10:00～18:00　休 水
CC ADJMV　交 京急線黄金町駅・地下鉄阪東橋駅から徒歩3分

# 神奈川で人気の有名商店街

昭和レトロに浸ろう

## 六角橋商店街
ろっかくばししょうてんがい

　東急東横線白楽駅沿いのレトロな商店街。約300mのメイン通りとアーケードからなり、生鮮食品から雑貨店まで約160店舗で構成。さらに、商店街を盛り上げるイベントも盛りだくさん。毎年4〜10月の第3土曜19:30〜（8月は休み）の年6回開催している名物イベント「ドッキリヤミ市場」では、昼間と違ったディープな雰囲気が味わえる。また、毎年8月第1土曜17:30〜の真夏に開催する「商店街プロレス」も好評。活気に満ちた商店街だ。

**MAP** 別冊P.13-C2

🏠横浜市神奈川区六角橋1-10-2　📞045-432-2887　🕐店により異なる　🚫店により異なる　CC店により異なる　🚃東急線白楽駅からすぐ

❶ステンドグラスのアーチがお出迎え　❷細いアーケードに個性豊かな店がびっしり　❸❹アジアのナイトマーケットを彷彿とさせる「ドッキリヤミ市場」。各所で音楽ライブ、ダンス、大道芸などを披露　❺迫力満点の「商店街プロレス」

普段は落ち着いた雰囲気だが、毎年恒例のグルメフェスは大盛況だ

### 観光地の穴場スポット

## ひらがな商店街
ひらがなしょうてんがい

　市内屈指の観光地にある穴場の商店街。創業100年以上の老舗和菓子店や陶器店など歴史ある店が軒を連ねる一方、新店も続々と誕生し活気がある。平成29（2017）年には地域交流ができるコミュニティカフェもオープン。

**MAP** 別冊P.25-C3

🏠横浜市中区石川町2-64　📞045-264-8370　🕐店により異なる　🚫店により異なる　CC店により異なる　🚃JR石川町駅南口（元町口）から徒歩すぐ

### 川崎最大の飲食店街

## 川崎駅前仲見世通商店街
かわさきえきまえなかみせどおりしょうてんがい

　「食」をテーマに地域活性を行う。150以上の店が集結し、善光寺の大黒天がシンボル的存在だ。飲み屋が多く夜は一層にぎわう。毎年4月にはアジア系の食フェスを開催。

**MAP** 別冊P.38-B1

🏠川崎市川崎区砂子　📞044-244-2053　🕐店により異なる　🚫店により異なる　🚃JR川崎駅から徒歩4分

食のイベントを定期開催。グルメを楽しみたい人にうってつけ

商店街に訪れたら近くで見守る厄除地蔵菩薩にも手を合わせよう

### 大河ドラマで再注目！

## 衣笠商店街
きぬがさしょうてんがい

　大通り商店街と仲通り商店街からなる全長約250mのアーケード商店街。令和4（2022）年放送の大河ドラマ『鎌倉殿の13人』で三浦一族ゆかりの地として一躍脚光を浴び、歴史ファンに人気のスポットとなった。

**MAP** 別冊P.35-D2

🏠横須賀市衣笠栄町1-70　📞046-851-2310　🕐店により異なる　🚫店により異なる　CC店により異なる　🚃JR衣笠駅から徒歩すぐ

info　六角橋商店街の「ドッキリヤミ市場」は、営業終了後の商店街でライブや大道芸、飲食販売などが行われ、昼間とは違う雰囲気が味わえる。例年4〜10月（8月は休み）の第3土曜19:30から開催。

アプリで楽しくお買い物

はしもとしょうてんがい
## 橋本商店街

　リニア新幹線の開業で注目される橋本駅のすぐそばに位置する商店街。駅周辺の商業文化とともに発展を遂げ、昭和40（1965）年に相模原市内の商店街で初めて法人化を行った。商店街の情報を発信する「橋本アプリ」の開発やSDGsの活動など最先端の取り組みに積極的だ。毎年8月には「橋本七夕まつり」の会場となり、約200本の美しい竹飾りに彩られる。

**MAP** 別冊P.5-D1
- 住 相模原市緑区橋本6-19-12-205
- TEL 042-772-2543　営 店により異なる
- 休 店により異なる　CC 店により異なる
- 交 JR・京王線橋本駅から徒歩4分

❶駅チカで便利 ❷アプリを使ったビンゴ大会 ❸大人も楽しめるハロウィンイベント ❹中国料理の名店、慶福楼 ❺酒まんじゅうが名物の志美津屋

歩行者天国で安心

あつぎいちばんがいしょうてんがい
## 厚木一番街商店街

　江戸時代に「小江戸」と呼ばれた厚木の商業文化を担う駅前の商業エリア。県央で唯一の歩行者天国を持ち、個人店やチェーン店、大型施設がバランスよく混在。平成2（1990）年には象徴的な29基のステンレス製街路灯を設置しモール化。毎年8月には「あつぎ鮎まつり」を開催し、約60店舗もの屋台が出展。盛大な花火大会も見ものだ。

**MAP** 別冊P.6-A3
- 住 厚木市中町2
- 営 店舗により異なる　休 店舗により異なる
- CC 店舗により異なる　交 小田急線本厚木駅北口から徒歩すぐ

❶石畳で舗装されたメインストリートは全長約350m。夜も多くの人でにぎわう ❷❸約120の店があり探索しがいがある

小田原駅からすぐ近くの商店街

おだわらにしきどおりしょうてんがい
## 小田原錦通り商店街

　小田原駅から徒歩3分の位置にある商店街で、地元民のみならず休日は多くの観光客でにぎわう。通りに並ぶのは創業100年以上の歴史をもつ蕎麦屋「寿庵」をはじめ、鮮魚店「魚國商店」、干物店「山安」など小田原の歴史や食文化を感じられる約60店。春先に通りを彩るハナモモは一見の価値あり。

**MAP** 別冊P.47-C1
- 住 小田原市栄町2-7-39　TEL 0465-22-2860　営 店により異なる　休 店により異なる　CC 店により異なる　交 JR・小田急線小田原駅東口から徒歩3分

❶ゆるキャラのニッキーが活躍 ❷夕暮れは情緒たっぷり ❸冬季はイルミネーションを開催 ❹地元ミュージシャンのライブも ❺名物"光るニッキー"

# 地域の魅力が盛りだくさん！
## ご当地スーパーあれこれ

地域に根差したご当地スーパーは、それぞれ売り場に個性がある。神奈川のおいしい食材と出合いたいなら、観光とあわせて足を運ぼう。

毎日が特売のスーパー
### オーケー みなとみらい店
おーけーみなとみらいてん

　みなとみらいの大型ディスカウント・スーパーマーケット。生鮮食品、惣菜・ベーカリー、海外直輸入品、オリジナル商品など多彩な商品が種類豊富に並ぶ店内は眺めているだけで楽しい。「Everyday Low Price（毎日が特売）」をテーマに安さを追求しながら、鮮度・おいしさ・品質も徹底。ナショナルブランド商品については地域一番の安さを目指している。全店で年間550万食販売する「ロースかつ重」やオリジナルの手作りピザ、こだわりのアイスなど、一度は食べてみたい名物商品も多数。

**MAP** 別冊P.23-C2
住 横浜市西区みなとみらい6-3-6
TEL 045-264-9136　営 8:30〜21:30
休 1/1〜3　CC ADJMV　交 みなとみらい線新高島駅から徒歩7分

❶目移りするほどの品揃え　❷一頭買いのためお得に購入できる黒毛和牛
❸オリジナルインスタントコーヒーは驚きの安さ　❹大人気のロースかつ重
❺耳までおいしい手作りピザ（すべて撮影時の価格）

シースルー厨房に注目！
### そうてつローゼン 星川駅前店
そうてつろーぜん ほしかわえきまえてん

　2023年2月、高架下の複合施設「星天qlay」内にオープン。正面入口すぐに並んだ自慢の惣菜は、店内のシースルー厨房で調理風景が見られる。鉄板で焼き上げる厚焼き玉子やオタフクソースを使ったお好み焼き、鹿児島県産の赤鶏さつまを使って手鍋でひとつずつていねいに作る親子丼など魅力的なラインナップだ。そのほか、店内で焼き上げた約70種類のパンが並ぶベーカリー、新鮮な地場野菜のコーナーなど、地元の魅力がたっぷりと詰まった空間となっている。

**MAP** 別冊P.13-C2
住 横浜市保土ケ谷区星川1-1-1
TEL 045-744-6671　営 8:00〜22:45
休 不定休　CC ADJMV
交 相鉄線星川駅から徒歩すぐ

❶明るく洗練された空間で楽しみながら買い物ができる　❷シースルー厨房ではライブ感のある調理風景が楽しめる　❸急速凍結の新鮮な商品が並ぶ冷凍コーナー
❹スクラッチ製法を中心とした本格パン　❺手鍋でひとつずつ作る親子丼も

info　オーケーみなとみらい店は総菜・パン・ピザを、そうてつローゼン星川駅前店はパンを手作りしているのが共通の魅力。ご当地スーパーに立ち寄ったときは、各スーパー自慢の味わいをぜひ堪能してみよう。

### 逗子の食材を鮮度抜群で
### スズキヤ 逗子駅前店
すずきや ずしえきまえてん

　地元民に愛されるローカルスーパー。鮮魚コーナーにはふぐ包丁師の資格をもつスタッフが在籍し、冬には旨みが詰まった旬のとらふぐの刺身など本格派の味わいが楽しめる。その道50年のうなぎ職人がていねいに作るうなぎの蒲焼きも好評だ。デリカコーナーでは『お弁当お総菜大賞』の最優秀賞に輝いた「茶々のり弁」や、地元飲食店とのコラボ商品が人気。2階にはセレクトショップ「舶来屋」を併設する。

**MAP** 別冊P.14-B2

住 逗子市逗子1-4-1　TEL 046-871-3315
☎ 9:00～22:00　休 無休　CC ADJMV
交 JR逗子駅から徒歩1分

❶地元食材が充実　❷小坪漁港の朝どれ鮮魚がずらり
❸彩り豊かな地場野菜も
❹県内外の食材が日替わりで登場する催事コーナー
❺食器類や便利グッズも販売

---

### 平塚の地域密着型スーパー
### しまむらストアー 長持店
しまむらすとあー ながもちてん

　平塚エリアを中心に展開する地元密着型スーパーの一号店。生鮮品から青果、食品、菓子類、オリジナル商品までバラエティに富んだ品揃えで、曜日ごとの特売やユニークなフェアを開催。「地域とのふれあい」をモットーに、親切なスタッフの対応も好評だ。2020年にリニューアルを遂げ、より明るい空間となった。

**MAP** 別冊P.9-D1

住 平塚市長持538-1　TEL 0463-36-3911
☎ 9:30～21:00、日9:00～　休 無休
CC ADJMV　交 平塚駅北口から神奈川中央交通バス金田公民館行きで熊野神社前下車、徒歩1分

❶地元民おなじみの外観
❷全国の駅弁が集合する「駅弁祭り」　❸旬のネタを使った寿司は好評　❹純国産豚にこだわった「やまと豚」　❺パンの種類も豊富

---

### 店内調理の総菜・ベーカリーが自慢
### FUJI 横浜南店
ふじ よこはまみなみてん

　横浜エリアを中心に店舗を展開する地元のスーパー。横浜南店は2023年2月に改装し、さらに快適な空間へ生まれ変わった。店内は旬と品質にこだわった豊富な惣菜と、幅広い料理に対応する頼もしい品揃え。25時まで営業している利便性の高さも特徴だ。県内各地に店舗があるので、観光の合間に立ち寄ってみよう。

**MAP** 別冊P.13-C3

住 横浜市南区南太田1-21-6　TEL 045-743-5111　☎ 9:00～翌1:00（年末年始は異なる）　休 1/1　CC ADJMV　交 京急線南太田駅から徒歩1分

❶駐車場は250台完備
❷多彩なパンが並ぶパンマルシェ　❸パンで一番人気のタルタルフィッシュバーガー　❹❺あじの南蛮漬けとメンチカツは人気の惣菜

---

info　FUJI 横浜南店の近くには「蒔田公園」という大きな公園がある。春はお花見スポットになるため、パンやお弁当を買って桜を見ながら食べるのがおすすめだ。

買い物もグルメもエンタメも！

# 休日に ゆっくり楽しむ 大型モール

ショッピング、グルメ、エンタメ。すべて満喫するなら大型モールは欠かせない。神奈川各地の大型モールで休日を遊びつくそう。

❶ルーファ広場を中心に魅力的な店舗が集合 ❷吹き抜けの明るい館内 ❸0歳から遊べるキッズスペース ❹昼と夜で雰囲気が一変 ❺子供から大人までゆっくりくつろげる5F屋外スペース

## 屋外の憩いスポットに注目

らぞーなかわさきぷらざ
### ラゾーナ川崎プラザ

JR川崎駅直結の好立地にあるショッピングモール。館内には高感度ファッションをはじめ食品ゾーン、グルメ、家電量販店、シネコンなど多彩な約330店舗が出店。2階中央には屋外の芝生でのんびりと過ごせる直径約60mの「ルーファ広場」があり、日々多様なイベントが開催される。

**MAP** 別冊P.38-A1

🏠 川崎市幸区堀川町72-1 📞 044-874-8000 🕐 10:00〜21:00、レストラン11:00〜22:00（店舗により異なる） 🈺 不定休 CC 店舗により異なる 🚃 JR川崎駅直結

> **店舗例** ビックカメラ、109シネマズ川崎、ユニディ、アカチャンホンポ、Apple、コナミスポーツクラブ 川崎、ZARA、丸善、SANWA、namco、LoFt、ユニクロ、無印良品、ザ・ダイソー、ABC-MART Grand Stage、島村楽器

2023年12月には全天候型室内遊び場「ザ・キッズ」が新登場

## ファミリーに優しいモール

のーすぽーと・もーる
### Northport Mall

横浜の港北ニュータウン内にある地域密着型の商業施設。施設名のPort（港）は"人やものの交流"を表す。約100の専門店をはじめ、親子で楽しめるスペースも充実。

**MAP** 別冊P.29-D2

🏠 横浜市都筑区中川中央1-25-1 📞 045-913-8000 🕐 10:00〜21:00（店舗により異なる） 🈺 無休 CC 店舗により異なる 🚃 横浜市営地下鉄センター北駅2番出口から徒歩1分

## 映画を見るならここ！

ららぽーとよこはま
### ららぽーと横浜

横浜市鶴見川にほど近い大型商業施設。広大な館内には横浜最大級の「TOHOシネマズ」や「ハンズ」、総合スーパー「イトーヨーカドー」など個性的な約270店舗が集結する。

**MAP** 別冊P.12-B1

🏠 横浜市都筑区池辺町4035-1 📞 045-931-1000（受付時間10:00〜18:00） 🕐 店舗により異なる 🈺 不定休 CC 店舗により異なる 🚃 JR鴨居駅から徒歩7分

ファッション、グルメ、書店など欲しいものが見つかるラインナップ

フードコートのテラス席ではマリーナを一望しながらグルメを堪能できる

## 海辺のリゾートアウトレット

みついあうとれっとぱーく よこはまべいさいど
### 三井アウトレットパーク 横浜ベイサイド

アジア最大級のマリーナを眺めながらのショッピングや食事、アウトドア体験が楽しめる滞在型アウトレットモール。地元グルメから海辺の散歩まで、リゾート気分で1日中満喫しよう。

**MAP** 別冊P.15-C1

🏠 横浜市金沢区白帆5-2 📞 045-775-4446 🕐 ショップ10:00〜20:00、レストラン11:00〜21:00、フードコート10:30〜21:00 🈺 不定休 CC 店舗により異なる 🚃 シーサイドライン鳥浜駅から徒歩5分

info ラゾーナ川崎のルーファ広場には「グランドステージ」と「アクアステージ」というふたつのステージがあり、音と光による演出が見どころ。ライブ以外にもグルメイベントやマルシェが開かれ、多くの人でにぎわう。

◆ 休日にゆっくり楽しむ大型モール

フードコートでは江の島名物のしらすや地元発祥グルメを楽しめる

## 自由気ままに過ごせるテラスを完備
### テラスモール湘南
てらすもーるしょうなん

　湘南エリア最大級の大きさを誇る大型モール。天井が高く開放的な館内には、ファッション、雑貨、シネコンなど約280店舗が揃う。ピクニックや読書など自由に過ごせるテラスもある。

MAP 別冊P.10-A1
🏠 藤沢市辻堂神台1-3-1
📞 0466-38-1000　🕐 専門店街10:00〜21:00（店舗により異なる）　休 不定休　CC 店舗により異なる　🚉 JR辻堂駅北口直結

---

## 子育て世代に優しくリニューアル
### ららぽーと湘南平塚
ららぽーとしょうなんひらつか

　アパレルや雑貨、地元グルメなど多彩な約240店舗が揃う。2023年3月に実施した初のリニューアルでは、フードコート「湘南 Food Hall」や屋外広場「空の広場」がよりファミリー向けに進化。

MAP 別冊P.10-A1
🏠 平塚市天沼10-1　📞 0463-73-8300　🕐 物販・カフェ・サービス10:00〜21:00（店舗により異なる）　休 不定休　CC 店舗により異なる　🚉 JR線平塚駅より徒歩12分

休憩やテレワークなど自由に利用できるコミュニティスペースもある

---

豊富なショップのほか、ディナータイムに楽しめるフードコートも完備

## 子供も大人も大満足！
### ららぽーと海老名
ららぽーととえびな

　3路線が乗り入れる海老名駅に直結。3階フロアのコミュニティゾーン「EBICEN（エビセン）」には、親子広場や話題のショップを展開し、子供から大人まで大満足間違いなし。

MAP 別冊P.6-A3
🏠 海老名市扇町13-1
📞 046-234-5430(10:00〜18:00)
🕐 ショッピング・サービス 平日10:00〜20:00、土・日祝10:00〜21:00（店舗により異なる）
休 不定休　CC 店舗により異なる
🚉 海老名駅直結

---

## 30年以上愛される大型モール
# ダイナシティ
だいなしてぃ

❶総面積は東京ドーム2.5個分の広さを誇る　❷映画後はグルメも満喫しよう　❸週末には巨大アトリウムでイベントを開催　❹日用品が一通りそろうEAST　❺EASTとWESTを結ぶ「GARDEN WALK」

　30年以上にわたり地元民に愛される小田原屈指のショッピングモール。215店舗が揃う館内は、個性豊かな専門店が並ぶ「WEST」、シネコンやスポーツクラブからなる「WALK」、イトーヨーカドーがある「EAST」の3館で構成されている。さらに、2024年春には注目の新館がオープン予定だ。

MAP 別冊P.9-C2
🏠 小田原市中里208　📞 0465-49-8111　🕐 ウエスト・ウォーク10:00〜20:00、イースト1F9:00〜20:00、2・3F 10:00〜20:00（一部異なるエリアあり）　休 無休　CC 店舗により異なる　🚉 小田原駅からバス28分、ダイナシティより徒歩すぐ

店舗例　H&M、GAP/GAP Kids/baby GAP、GU、3COINS +plus、Seria、LoFt、無印良品、エディオン、TOHOシネマズ小田原、ヤオコー、namco

# 個性豊かな特選ショップ

せっかく遊びに来たならその土地ならではのアイテムを手に入れたい。神奈川らしさが詰まった個性豊かなショップに行ってみよう。

## アメリカン雑貨が大集合!

### 横濱コレクターズモール
よこはまこれくたーずもーる

横浜の中心街にある、30以上のブースが集うアンティーク・コレクティブルのモール。アメリカンな店内は食器、骨董品、おもちゃ、雑貨、家具など多種多様なアイテムで埋め尽くされ、眺めているだけでワクワクが止まらない。マニアも驚き思わぬ掘り出し物に出合えることも。

**MAP** 別冊P.28-A1
**住** 横浜市中区山下町1番地 シルクセンターM1F　**TEL** 045-651-0951　**営** 11:00〜18:00、土・日・祝〜17:30　**休** 水、第2火
**CC** AJMV　**交** みなとみらい線日本大通り駅から徒歩3分

> ブース例　Rainbow Drops、American Sunday、U.S.D.、Baysonic Yokohama、MICKEY、Pocket Rocket、American Toy Shop JB、ぴょんぴょん堂

❶地下に現れるディープなモール　❷懐かしいおもちゃがぎっしり　❸コレクションしたくなる人形も　❹レトロなネオンが輝く　❺人気のRoute66アイテムも豊富に揃う

---

愛らしいパンダやリアルなパンダも。お気に入りを見つけよう

## パンダだらけの雑貨店

### パンダ雑貨専門店 ぱんだや
ぱんだざっかせんもんてん　ぱんだや

中華街にあるパンダ雑貨の専門店。こぢんまりとした店内はマスコット、テーブルウェア、バッグ、文具など個性豊かなパンダのグッズで埋め尽くされている。

**MAP** 別冊P.28-A2
**住** 横浜市中区山下町106
**TEL** 045-222-6488　**営** 11:00〜17:00、土〜19:00、日〜18:00
**休** 不定休　**CC** 不可　**交** みなとみらい線元町・中華街駅から徒歩3分

## 日本未入荷アイテムが多数

### 本牧OZ
ほんもくおず

本牧に米国基地があった頃から唯一残る輸出入衣料雑貨店。USA直輸入のため日本未入荷や一点ものなどレアアイテムが多数。USドルも使用可。

**MAP** 別冊P.27-C1
**住** 横浜市中区本牧町2-356
**TEL** 045-623-2650
**営** 11:00〜19:00　**休** 水
**CC** ADJMV
**交** JR・地下鉄関内駅からバス本牧車庫前行きで小港下車、徒歩1分

ハワイ製アロハシャツや新品のビンテージジーンズなど激レア揃い

---

バケツやTシャツなどここにしかないデザインの商品が手に入る

## 車好きのためのショップ

### MOONEYES Area-1
むーんあいずえりあわん

ポップな店内に自動車やバイクのパーツ、アパレル、キャラクターグッズなど幅広いアイテムが並ぶモーターファン憧れのショップ。隣には系列カフェもあるため合わせて楽しもう。

**MAP** 別冊P.27-C1
**住** 横浜市中区本牧宮原2-10
**TEL** 045-623-5959　**営** 10:00〜19:00　**休** 無休　**CC** ADJMV
**交** JR・地下鉄関内駅からバス本牧車庫前行きで本牧宮原下車、徒歩2分

---

**info** 「横濱コレクターズモール」が入っているビルの2階には絹の歴史や絹染織工芸品を展示紹介する博物館「シルク博物館」がある。時間に余裕があれば買い物のついでに見学するのもおすすめだ。

❶売り場と工房が併設
❷英一番街に店を構える
❸❹海上自衛隊の船舶にも採用される帆布を使用
❺倉敷の老舗織布工場で織られた良質な綿帆布を使用

MAP 別冊P.28-A1

**横浜ならではの帆布鞄**

### 横濱帆布鞄 英一番街本店
よこはまはんぷがばん えいいちばんがいほんてん

　横浜ならではの帆布（ハンプ）素材を使用した、オリジナルのバッグを自社工房で製作。丹念に作られたバッグは、トートバッグやショルダーバッグ、キャリングバッグなど多様なニーズに応えてくれるラインナップ。鞄にデザインされた「045」は横浜の市外局番という横浜らしさもあり、ひと味違ったプレゼントにもぴったりだ。

MAP 別冊P.28-A1
🏠横浜市中区山下町1番地　シルクセンター内 英一番街　📞045-323-9655　🕙10:30〜18:30　休シルクセンター休館日　💳ADJMV　🚉みなとみらい線日本大通り駅から徒歩3分

---

**江ノ電ファン必見**

### ことのいち鎌倉
ことのいちかまくら

　鎌倉駅の構内にあるみやげ物ショップ。鎌倉銘菓の鳩サブレーや、子供から大人までファンが多い江ノ電グッズなどバラエティ豊かな鎌倉みやげが集合する。施設内にある各テナントではアツアツの鎌倉コロッケやミルクシェイクなどご当地ならではのグルメをテイクアウトすることも可能。鎌倉を1日満喫したあと、旅の締めくくりとして立ち寄りたいスポットだ。

MAP 別冊P.30-B3
🏠鎌倉市御成町1-15 江ノ電鎌倉駅構内　📞0467-22-2223　🕙10:00〜19:00（季節によって変動あり）　休無休　💳ADJMV　🚉江ノ電鎌倉駅構内

❶駅の改札内に位置　❷江ノ電グッズコーナーは特に人気　❸ミニ江ノ電のセット　❹曲に合わせて江ノ電が走るオルゴール　❺手回しで遊べるおもちゃ

---

❶「まるげ」のロゴが目印
❷棚にはサンダルがぎっしり！　❸オリジナルTシャツも好評　❹ストレスフリーで履けるサンダル　❺足袋職人の3代目から販売を開始

**海遊びの相棒と出合う**

### ビーチサンダルのげんべい商店 長柄店
びーちさんだるのげんべいしょうてんながえてん

　葉山の地で60年以上ビーチサンダルを取り扱う商店。鼻緒とソールに天然ゴムを使用したこだわりのビーチサンダルは一度履いたらやみつきになるほど快適な履き心地で、履けば履くほど足になじんでいく。鼻緒とソールの色は100パターン以上の組み合わせがあるため、選ぶ時間も楽しい。

MAP 別冊P.14-B3
🏠三浦郡葉山町長柄855　📞046-875-2117　🕙10:00〜18:00　休火　💳MV　🚉JR逗子駅から京急バス葉山行きで長柄交差点下車、徒歩10分

---

info 「ことのいち鎌倉」は江ノ電「鎌倉駅」の改札内にあるため、店を利用するには江ノ電の乗車券・入場券が必要。そのため散策したあとに帰り道で立ち寄るのがベストだ。

# 個性豊かな特選ショップ

**小田原グルメが集結!**

## ミナカ小田原
みなかおだわら

　小田原駅直結の複合商業施設。江戸情緒漂う「小田原新城下町」と地上14階・地下1階の「タワー棟」からなり、フード系を中心に40以上の店舗が集結する。地元の人気飲食店が揃うフードコートやホテル、足湯、おみやげショップなどバラエティに富んだ空間は老若男女が楽しめる。

**MAP** 別冊P.47-C1

🏠小田原市栄町1-1-15 ☎0465-22-1000 ⏰ショップ10:00〜20:00、レストラン11:00〜21:00、展望足湯庭園10:00〜20:00 休無休 CC店舗により異なる 交JR・小田急線小田原駅から徒歩1分

**店舗例** 菓処ことほぎの木、小田原みなと食堂、回転寿司 北條、小田原おでん本店、かるびラーメン 小田原、地魚や 与一、まぜそば凛々亭、せんば自由軒キッチン、スカイダイニングなど

❶2020年12月に誕生した新スポット ❷❸小田原市街を一望できる展望足湯庭園。夜には小田原の夜景も楽しめる ❹郷土の偉人、二宮金次郎にちなんだ広場 ❺カフェのようにおしゃれなフードコート

---

**柑橘のお菓子に囲まれる**

## ちぼりスイーツファクトリー
ちぼりすいーつふぁくとりー

　地元の柑橘を使った多種多様な焼菓子を展開するスイーツショップ。蛇口から注げる「湯河原みかん100%ジュース」、「季節の柑橘ジュース」も販売し、非日常体験ができる。

**MAP** 別冊P.47-C1

🏠小田原市栄町1-1-15 ミナカ小田原1F 城下町市場内 ☎0465-20-5255 ⏰10:00〜20:00 休施設に準ずる CCADJMV 交JR・小田急線小田原駅から徒歩1分

蛇口をひねるとジュースが出てくる夢のシチュエーションを体験!

---

**身体に優しい甘糀スイーツ**

## 和桜 "WAO"
わお

　日本古来の発酵食品「甘糀」を使ったスイーツ専門店。"飲む点滴"と呼ばれるほど栄養満点で優しい甘さの甘糀と、小田原産フルーツなどの厳選素材がマッチする。

**MAP** 別冊P.47-C1

🏠小田原市栄町1-1-15 ミナカ小田原1F 城下町市場内 ☎080-9550-1000 ⏰10:00〜20:00 休施設に準ずる CCADJMV 交JR・小田急線小田原駅から徒歩1分

甘糀の風味を生かしたスムージーやソフトクリームは自然な甘み

---

定番は自慢のいなり寿司とかんぴょう巻きが入った「助六いなり」

**老舗のいなり寿司を堪能**

## いなり寿司 相模屋
いなりずしさがみや

　創業150余年の油揚げ卸・いなり寿司専門店。江戸から続く伝統の油揚げをはじめ、いなり寿司、細巻きは差し入れや贈り物に最適。店内で餅をつく名物の「餅いなり」は不動の人気を誇る。

**MAP** 別冊P.47-C1

🏠小田原市栄町1-1-15 ミナカ小田原1F 小田原新城下町 ☎0465-20-4620 ⏰10:00〜18:00 休施設に準ずる CCADJMV 交JR・小田急線小田原駅から徒歩1分

---

**info** ミナカ小田原内にあるホテル「天成園 小田原駅 別館」では、宿泊またはデイユースの滞在で、箱根湯本の天然温泉が楽しめる大浴場と露天風呂が利用可能。注目しておきたい憩いのスポットだ。

# 地元の魅力がぎっしり！
## 地域密着型 アンテナショップ

神奈川にある各地域の"おいしいもの探し"ならアンテナショップがおすすめ。採れたての新鮮野菜からおいしいスイーツまで、地域の特色を生かした名品に出合えるはず。

バター生地でキャラメルとクルミを挟み焼き上げた鎌倉名物

ジャムやポン酢をはじめ藤野産ゆずを使った商品が多数

タコ・イカを練りこみ特製だれを付けた湘南の浜せんべい

幻の大豆「津久井在来大豆」を使った味噌や納豆は好評だ

和食膳や「和灯」では市場ならではの旬の魚や野菜を提供

毎朝届く地元農家の新鮮な季節野菜。珍しい野菜に出合えることも

川崎大師にちなんだ米菓。海苔は職人による手巻き

1階「さかな館」には取れたてマグロや地魚がずらりと並ぶ

秘かに人気のゲームコーナーにはユニークなゲームが充実

大行列の人気企画

不定期で開催される野菜のプレゼント企画は大好評

## A 神奈川の名産品探しならココ

かながわけんあんてなしょっぷ「かながわや」

### 神奈川県アンテナショップ「かながわ屋」

神奈川各地の名産品や銘菓、地元の取れたて野菜などを200種類以上揃える。

**MAP** 別冊P.22-B1

🏠 横浜市西区高島2-18-1 そごう横浜店地下2階食品売り場 **TEL** 045-620-8535 ⏰10:00～20:00（そごう横浜店に準ずる） 休無休 **CC** ADJMV ✕横浜駅東口から徒歩約3分

## B 相模原の魅力を発信

さがみはらあんてなしょっぷさがみっくす

### さがみはらアンテナショップ sagamix

相模原の地元生産者が作る野菜や肉、パンや地酒が勢揃い。ギフト選びにも。

**MAP** 別冊P.6-A2

🏠 相模原市南区相模大野3-2-1 ボーノ相模大野ショッピングセンター2F **TEL** 042-705-8455 ⏰10:00～21:00 休1/1 **CC** ADJMV ✕小田急線相模大野駅北口から徒歩3分

## C 葉山の観光拠点

はやまステーしょん

### ハヤマステーション

葉山の特産品が大集合。地元産の野菜からスイーツ、雑貨まで幅広く楽しめる。

**MAP** 別冊P.14-B3

🏠 三浦郡葉山町長柄1583-17 **TEL** 046-876-0880 ⏰9:00～19:00 休水曜 **CC** ADJMV ✕逗葉新道料金所から車で2分

## D 食の"進化系"市場

ぶらんちよこはまなんぶしじょう

### ブランチ横浜南部市場

買い物からグルメまで満喫できる複合施設。地元のレストランやスーパーが充実。

**MAP** 別冊P.15-C1

🏠 横浜市金沢区鳥浜町1-1 **TEL** 045-374-5392 ⏰10:00～22:00（店舗により異なる） 休1/1、2（一部店舗を除く） **CC** ADJMV ✕シーサイドライン南部市場駅から徒歩2分

## E マグロの魅力が凝縮！

うらりまるしぇ

### うらりマルシェ

三崎漁港にある、鮮度抜群の三浦野菜や三崎マグロを販売する産直センター。

**MAP** 別冊P.18-B3

🏠 三浦市三崎5-3-1 **TEL** 046-881-6721 ⏰さかな館9:00～17:00、日7:00～、やさい館10:00～17:00、土・日・祝9:00～ 休無休 **CC** ADJMV ✕京急三崎口駅からバス三崎港行きで終点下車、徒歩3分

### アンテナショップの魅力とは？

初めて訪れる町は知らないことだらけ。そんなときは、その土地にあるアンテナショップに足を運ぶだけで地元の魅力を一挙に知ることができる。代表的な名産品はもちろん、まだ知られていない隠れた名産品や、地元の人に愛される食材など、ちょっぴりコアな情報を入手できるのが楽しい。

**info** 「ブランチ横浜南部市場」には、ショップのほかにも芝生敷きのくつろぎスペース「海辺広場」や、料理教室やワークショップを開催するレンタルスペース「NANBU BASE」などが備わっているため多目的に利用できる。

381

食材の調理方法などは親切なスタッフが教えてくれる

## 旬な野菜&フルーツ 地元名物も盛りだくさん！ 直売所へ行ってみよう

地元の新鮮な食材を手に入れるなら直売所を制すべし。地元農家が大切に育てた農産物と触れ合えば、地域の新たな魅力が発掘できそうだ。

香辛子とトマトを合わせた「トマトみそ」は大人気商品

### 横浜の旬を味わう
「はまっ子」ちょくばいじょ たまぷらーざてん
## 「ハマッ子」直売所 たまプラーザ店

横浜の旬を感じるなら立ち寄りたいスポット。横浜産を中心に、新鮮な季節野菜やフルーツ、卵、肉、特産物や加工品がずらりと並ぶ。

**MAP** 別冊P.6-B2

🏠横浜市青葉区美しが丘2-15-1 ☎045-905-1353 🕒10:00〜18:00 🈺第3火、年末年始 💳ADJMV 🚃東急線たまプラーザ駅から徒歩2分

### 三浦半島の野菜が豊富
おおがたのうさんぶつちょくばいじょ
## 大型農産物直売所
「すかなごっそ」
## 「すかなごっそ」

約400名の農家が丹精込めて育てた旬の野菜は彩り豊か

横須賀・葉山・逗子の生産者が育てた朝取れ野菜を中心に葉山牛や卵、総菜を広く扱う。地元牧場「関口牧場」のソフトクリームも人気だ。

**MAP** 別冊P.18-B1

🏠横須賀市長井1-15-15 ☎046-856-8314 🕒9:30〜18:00(3〜10月)、9:30〜17:00(11〜2月)、さかな館・軽食コーナーは17時まで 🈺水(祝日の場合は営業) 💳ADJMV 🚃京急三崎口駅からバスで荒崎または横須賀市民病院行きで小根岸下車、徒歩1分

### さがみ長寿いもに注目
のうさんぶつちょくばいじょ べじたべーな
## 農産物直売所
ベジたべーな

「さがみ長寿いも」の愛称をもつ相模原特産の「やまといも」をはじめ、旬の野菜やイチゴの加工品など地元ならではの商品が並ぶ。

やまといもは11月上旬が旬。粘りが強く栄養価が高い

**MAP** 別冊P.6-A2

🏠相模原市中央区青葉3-1-1 ☎042-851-3583 🕒9:30〜17:00 🈺水、12/31〜1/6 💳ADJMV 🚃新保土ヶ谷ICから車で39分

### 川崎の農産物に囲まれる
せれさもすみやまえてん
## セレサモス宮前店

川崎市内の農産物をはじめ、肉やパン、総菜など豊富な食材がリーズナブルに購入できる。旬の野菜を使った試食会などの多彩なイベントも。

**MAP** 別冊P.7-C2

🏠川崎市宮前区宮崎2-1-4 ☎044-853-5011 🕒9:30〜15:00 🈺水、年末年始 💳ADJMV 🚃東急線宮崎台駅から徒歩5分

### ジェラートが人気
ゆめみいち
## 夢未市

地場農産物の風味を生かした「ゆめみちゃんアイス」

「厚木トマト」など厚木エリアの旬の野菜や豚肉をはじめ、手作りのお弁当や味噌、手芸品や花の苗などを幅広く購入できる。米の量り売りや精米のサービスも。

**MAP** 別冊P.5-D3

🏠厚木市温水255 ☎046-290-0141 🕒9:30〜17:00、ジェラートコーナー10:00〜16:00 🈺第3水(2、4〜7月、10、11月)、第2水(3、9月)、1/1〜4 💳ADJMV 🚃小田急線本厚木駅南口からバス東京農業大学行きで赤羽根中央下車、徒歩1分。

### 駅直結の好立地
のうさんぶつちょくばいじょ あさどれふぁ〜みはるねてん
## 農産物直売所
朝ドレファ〜ミ♪ハルネ店

小田原を中心とした地元農家の新鮮な野菜や梅干し、手作りの加工品をスーパー感覚で気軽に買い物できる。毎月多彩なイベントも開催。

銘柄茶「足柄茶」や梅干し、蜂蜜など地元名物の宝庫

**MAP** 別冊P.47-C1

🏠小田原市栄町1-1-7 小田原市地下街「HaRuNe小田原」 ☎0465-23-3100 🕒10:00〜20:00 🈺1/1 💳ADJMV 🚃小田原駅から徒歩1分

**info** 新鮮な野菜を求める地元客や観光客でにぎわう直売所は、夕方になるとほとんどの野菜が売り切れしまうケースも多い。地元の新鮮な野菜を確実に手に入れたいなら、入荷されたばかりの開店後すぐの時間が狙い目だ。

# 第七章 ナイトライフ

# 横浜の夜を愉しむキーワード

今なお歌い継がれる昭和43（1968）年にリリースの『ブルー・ライト・ヨコハマ（いしだあゆみ）』で「街の灯りがとてもきれいね」と歌われ、美しい夜景のイメージが定着している横浜。実は歌がヒットした頃は横浜の夜はまだ少し寂しく、しかし時代に敏感な尖った人たちが集まってくるような場所だったという。

時代は変わり、華やかな夜景スポットでは恋人たちが寄り添い、音楽に身をゆだねたり静かな空間でグラスを傾けたり、下町の歓楽街では知らない同士が気どりなく語り合う。横浜の夜はさまざまなシーンに溢れる。ディープだけれど誰でも受け入れてしまう懐の深さは昔から変わらない横浜の夜の魅力なのだ。

さて、今宵はどこで過ごそうか。横浜の夜を愉しむためのキーワードを探ってみよう。

ベイブリッジの夜景も横浜の名所

## 横浜の夜には、音楽が溢れている。

セッションを待つ間に一杯楽しむのもジャズの楽しみ（ドルフィー）

FRIDAYのライブの様子

## 音楽 Music

筆頭がジャズシーンだ（→P.386）。大正時代の1920年代にはアメリカ帰りの奇術師一座が、伊勢佐木町でジャズを日本で初めて演奏したという記録が残る。その後、チャブ屋という横浜独特の"夜の店"で踊るダンスガールたちによって町に浸透していった。しかし太平洋戦争中には敵性音楽として禁止され消えてしまう。

終戦後、連合軍に接収されてしまった横浜の町にはどこよりも早く音楽が戻った。市民は進駐軍向けのラジオ放送から流れる音楽に耳を傾けた。米兵相手のナイトクラブがいくつもでき、当時アメリカで盛んだったスウィング・ジャズをビッグバンドが演奏した。こうして横浜から多くのジャズメンたちが育っていったのだ。

横浜は日本で最初にライブハウス（→P.390）が生まれ、日本語ロックが誕生した町ともいわれる。1960年代、本牧のアメリカ軍基地から流出するレコード盤をカバーするミュージシャンたちが現れ、横浜の多くのライブハウスで歌われた。そこから現在にいたるまで、全国的に活躍する大勢の有名実力派アーティストが旅立ってきたのはよく知られるところ。

こうした歴史も頭の隅に置きつつ、そのDNAを引き継ぐミュージシャンたちの音に心躍らせるのは、横浜の夜ならではの楽しみになる。

## クラシカル Retro Atmosphere

ホテルニューグランドの夜はロマンティック

安政7（1860）年に山下町70番地にオープンをした日本初の洋式ホテル「ヨコハマ・ホテル」。ここに併設されたバーが日本のバーの始まりとされている。その伝統を受け継ぐ大人の雰囲気漂うクラシカルなバーはたくさんある（→P.388）。とくに中華街には横浜発祥のカクテルを楽しみながら静かにしっぽりと過ごせるバーが多い。

またサザンオールスターズの名曲《LOVE AFFAIR 〜秘密のデート》にも登場するホテルニューグランド（→P.406）のメインバー「シーガーディアンⅡ」は、昭和2（1927）年開業の本館内にあって英国調の重厚な雰囲気が素敵。みなとみらい21一帯にある高級ホテルのメインバーは、新しくてもクラシカルな内装であることが多く、大人な夜を過ごしたい人にぴったりだ。

クラシカルなバーにはベテランバーテンダーも多い

❶大さん橋から見たみなとみらい21の夜景
❷横浜マリンタワーからは山下公園と氷川丸を手前にみなとみらい21を望める

## 夜景
### City Lights

横浜の夜を愉しむキーワード

さまざまな角度、さまざまなシチュエーションで楽しめるのが横浜の夜景の特徴。

横浜ランドマークタワーのスカイガーデン（→P.133）や、横浜マリンタワーの展望フロア（→P.122）へ上ったり、あるいは大観覧車コスモクロック（→P.115）に乗ったりすれば高い場所から夜の横浜港の一大パノラマを楽しむことができる。それぞれの場所からは当然その姿は見えないので、ハシゴして違う位置からのパノラマを楽しむのもおすすめ。

入場料などを払わなくても夜景を楽しめるスポットも数多い。みなとみらい21の夜景全体を見るなら大さん橋（→P.119）の国際客船ターミナル。海を挟んで手前に赤レンガ倉庫、その背後にコスモクロックとランドマークタワーを一望。ターミナルの先端からは、反対側の山下公園や横浜マリンタワー、横浜ベイブリッジ、本牧埠頭方面まで、横浜港全体を独占できてしまう。そして長年親しまれてきている夜景の名所が港の見える丘公園（→P.123）。名曲『ブルー・ライト・ヨコハマ』はここからの景色をイメージしたと言われている。超穴場は横浜市役所の市民ラウンジ（↓DATA参照）。3階なので高層からではないが、みなとみらい21を広く見渡せる。無料で混雑も少なく、雨天でも気にせず夜景をゆっくり楽しめる。

さらに夜景を見ながら食事やお酒を楽しめるレストランやバーも数多い（→P.392）。いずれも旅の思い出に、あるいは大事な人との記念日をロマンティックに過ごす場所としてふさわしい。夜の横浜港を海から眺めながらディナーをいただくクルーズもおすすめだ（→P.394）。

★横浜市役所 市民ラウンジ
🏠横浜市中区本町6-50-10 　平日7:00～20:00、土日祝10:00～20:00 　休12月29日～1月3日 　料無料 　交みなとみらい線馬車道駅下車すぐ

## ふれあい
### Hanging Out

気取らず旨い食事も市民酒場の魅力（常盤木）

レトロな繁華街のイメージそのままの野毛の町

横浜には気取らない庶民的な夜の繁華街もある。その代表格が野毛（→P.395）だ。桜木町駅の西側に広がる地区で、すぐそばに近未来都市のようなみなとみらい21があるのが信じられないほど昭和レトロに溢れた町が広がっている。老舗の和食料理店もあれば、エスニック料理店、間口の小さな居酒屋やバーにスナック、立ち飲み屋、さらに近年はモダンな最新グルメの店なども増え、ありとあらゆるタイプの店がとくに住み分けされることなくぎっしり立ち並んでいる。まさに多様性ひしめく夜の町だ。

また、戦後早々の大衆酒場の乱立を整理することに端を発した、横浜独自の料飲店組合の形式である市民酒場（→P.397）も約20店舗が残る。手頃な値段で酒と肴を楽しめ、気どりもなく健全。なかには建物が文化財となっているような昔ながらの店もあり、人情溢れる昭和レトロを存分に味わえる。

近年は関内や伊勢佐木町、横浜駅北側などの繁華街（→P.396～397）に、新感覚のバー、パブ、ビストロも増えている。近未来都市の夜景を見ながら食事をしたら、昭和レトロな店で一杯、最後は感度の高いイマドキな店で締める、なんて楽しみ方ができてしまうのが横浜の夜なのだ。

❷

初心者にも優しい
# 横浜のジャズシーン

港町として栄え、海外文化が多く入ってきた横浜。1920年代からジャズが演奏され始め、戦後のラジオでさらに人気になった。アメリカ文化と関係が深く、日本ジャズ発祥の地のひとつとされる。

横濱エアジンの配信ライブは海外からの視聴もあるそうだ

❶ペインティングが施されたピアノ ❷入口の看板も歴史を感じさせてくれる ❸店主のうめもとさんが歓迎してくれる

## 横浜ジャズの中心地
よこはままえあじん
# 横濱エアジン

　昭和47（1972）年開業、横浜最古のジャズライブハウス。店主のうめもとさんは国内外のジャズイベント企画を多数行っており、横浜のジャズを盛り上げている中心的な存在。気さくな方で、ジャズにまつわるおもしろい話が聞ける。ライブはほぼ毎日行われており、海外のアーティストもツアーで訪れるという。歴史が詰まった内装の店内は、有名アーティストの作品も見つかる。新しい音楽を演奏するアーティストも多く、今を生きる最先端のジャズが聞ける場所だ。ライブチャージ2500円～＋ワンドリンク500円～。

**MAP** 別冊P.24-B2
🏠横浜市中区住吉町5-60 ☎045-641-9191
🕐18:30頃～（L.O.20:00～21:00）ライブによる
🈶不定休 💳不可
🚉関内駅9番出口から徒歩3分

## 超一流アーティストが間近で見られる
じゃずすぽっとどるふぃ
# ジャズスポットDOLPHY☆

　年末年始を除き、基本的に毎日ライブが行われており、横浜ジャズファンが日々集う場所。カウンター、床などが木材で統一されている店内は音の響きがすばらしく、アーティストからも演奏しやすいと評価。日本を代表するミュージシャンが出演する日も多く、超一流の演奏をほかの場所では見られないほど間近で聞くことができる。柱のない店内は音の通りがよく、どこで聞いてもバランスがよい。ジャズだけでなく、ソウルやファンクのライブもあり、新しい発見ができるライブハウス。ライブチャージ2500円～。

**MAP** 別冊P.24-A2
🏠横浜市中区宮川町2-17-4 第一西村ビル2F
☎045-261-4542
🕐18:30～、日・祝18:00～（L.O. 24:00頃　ライブによる）
🈶基本的に年中無休 💳ADJMV
🚉桜木町駅5番出口から徒歩6分

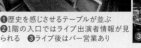

❶歴史を感じさせるテーブルが並ぶ ❷1階の入口ではライブ出演者情報が見られる ❸ライブ後はバー営業あり

**info** 横浜を代表する日本最古のジャズ喫茶「ちぐさ」は建替え中。ジャズミュージアムと生まれ変わり再開予定。最新情報は公式サイトで。

### 昭和53(1978)年創業、横浜初のジャズスクール

じゃむせかんど

# JAM THE SECOND

　横浜で長きにわたって音楽を街に広めてきたジャズスクールが運営するライブハウス。音響設備、照明設備が完備されたコンサートホールで聴くピアノの音色は圧巻。毎月様々なイベントやライブが行われ、スクール出身のプロ奏者から地元のアーティストのローカルなライブまで楽しめる。ライブチャージ2000円～。

**MAP** 別冊P.24-A1

住 横浜市中区花咲町2-68-4 2～4F

TEL 045-242-6324

営 10:00～23:00(L.O.22:00～23:00) ライブによる

休 不定休　CC ADJMV

交 桜木町駅南1番出口から徒歩2分

音楽学校の看板がある入口

❶ジャムセッションは誰でも参加可能 ❷ラウンジスペースもあり、広々

---

### 昭和31(1956)年の創業から続く老舗ジャズ喫茶

だうんびーと

# ダウンビート

　横浜中区、野毛にあるジャズ喫茶。ほの明るい照明と赤いレザー製のソファーから歴史と風格が漂う。一見近寄りがたいが会話が楽しみやすい気さくな雰囲気で、夜遅くでもおいしいコーヒーと大音量のジャズを聴くことができる。店内には代々引き継がれたレコードが数千枚あり、飽きることがない。ライブ開催もあり。ワンドリンク650～。チャージなし。

**MAP** 別冊P.24-A2

住 横浜市中区花咲町1-43 宮本ビル2F

TEL 045-241-6167　営 16:00～23:30　休 不定休　CC ADJMV　交 桜木町駅5番出口から徒歩2分

❶居心地のよいカウンターでは会話も楽しめる ❷アンプにかかったひと言ノートがおもしろい ❸天井には店名由来の雑誌ダウンビートが貼られている

---

## ♪日本のジャズのふるさと横浜

　年間を通して、頻繁にジャズのイベントが多い横浜。なかでも特に盛大なのが毎年10月に行われる横濱 JAZZ PROMENADE。30年続く歴史あるイベントで、アマチュアから世界トップクラスまで多数のアーティストが出演する。ホールやライブハウスだけでなく、町角での路上ライブなどもあり、横浜の町全体がジャズに染まる2日間だ。主催は横濱 JAZZ PROMENADE 実行委員会。

町なかで偶然演奏を聴ける、すてきな出合いがある

info 関内周辺は港町の繁華街だけあって、歴史的建造物も多い。夜は今では珍しい、ガス灯に照らされた町並みを散歩するのも楽しい。(→P.26)

# バー発祥の地、横浜の名店

今から160年余り昔にバーの文化をいち早く根付かせた横浜には、今でも当時の面影を残す趣ある店がたくさん。個性豊かなレシピで作られる絶品カクテルを楽しんで。

**長さ18mのロングカウンターが圧巻**

### けーぶるかー
## ケーブルカー

昭和58（1983）年にオープンした老舗バー。「1890年代のサンフランシスコの古いバー」がコンセプトで、初代オーナーが日本の大工をわざわざサンフランシスコまで連れていき、本物のケーブルカーを見せ、そのイメージに近づくよう内装を手がけさせたそう。オリジナルカクテルが豊富なので、スタッフにおすすめを聞いてみよう。

**MAP** 別冊P.28-A2

**住**横浜市中区山下町200 **TEL** 045-662-5303 **営**17:00～24:00（土16:00～）**休**日（月が祝日の場合は営業）**料**チャージなし **CC** ADJMV **交**みなとみらい線日本大通り駅から徒歩7分

①旧マリンタワーをイメージしたカクテル「ハマッ娘」1350円 ②クラシカルな内装がかっこいい ③ケーブルカーを模した外観が目印

---

**個性的なインテリアにも注目したい**

### ばーすりーまてぃーに
## バー スリーマティーニ

中華街と山下公園の間の裏路地にひっそりとたたずむ、港町横浜を感じさせるバー。オーセンティックバーでありながらアットホームな雰囲気で居心地抜群。クラシカルな味わいのマティーニをはじめ、好みに合わせて作ってくれるカクテルやシングルモルトなどのドリンクが豊富に揃うほか、手の込んだフードも充実している。

**MAP** 別冊P.28-B2

**住**横浜市中区山下町28 ライオンズプラザ山下公園 **TEL** 045-664-4833 **営**15:00～23:30（土・日14:00～）**休**月・火 **料**チャージ カウンターなし、テーブル300円 **CC** ADJMV **交**みなとみらい線元町・中華街駅から徒歩3分

①レコードから音楽が流れる隠れ家のような店内 ②ボックス席があるのでグループでも入店可能 ③マティーニ1300円 ④看板や外観にもセンスが光る

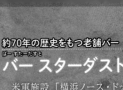

## 約70年の歴史をもつ老舗バー

# バー スターダスト
ばーすたーだすと

米軍施設「横浜ノース・ドック」がある瑞穂ふ頭の入口付近にあるバー。戦後の米国による接収下で営業していた雰囲気やスタイルをそのまま残しており、足を踏み入れるとタイムスリップしたかのような感覚を覚える。ジュークボックス（3曲100円）から流れるレコードの音をBGMに、"古きよき横浜"の世界に浸ろう。

**MAP** 別冊P.13-D2
🏠 横浜市神奈川区千若町2-1
📞 045-441-1017 🕐 17:00〜24:00
🈳 無休 🈯 チャージなし 💳 不可
🚉 京急線京急東神奈川駅から徒歩9分

① ドラマや映画、人気曲の舞台としても有名 ② 横浜らしい音楽が揃うジュークボックス ③ ネオン管の看板がひときわ目立つ

## 極上のオリジナルカクテルを召し上がれ

# バー ノーブル
ばーのーぶる

国際バーテンダー協会主催の「世界カクテルコンペティション」で総合優勝を果たした山田高史氏が営むオーセンティックバー。アールヌーヴォー調のシックな空間にクラシックのBGMが流れる品のよい空間は、じっくりお酒を味わいたい大人の社交場といった趣だ。スタンダートや季節の果実を使ったものなどさまざまなカクテルが楽しめる。

**MAP** 別冊P.24-A2
🏠 横浜市中区吉田町2-7
📞 045-243-1673 🕐 18:00〜25:00
🈳 日 🈯 チャージ800円 💳 ADJMV
🚉 関内駅から徒歩2分

① 一枚板の重厚なカウンター ② バーテンダーのお酒を作る所作も美しい ③ 世界大会で優勝したカクテル「グレートサンライズ」1500円 ④ 関内の裏路地にひっそりとたたずむ

## 横浜バー発祥物語

安政7（1860）年、現在は中華街となっている横浜市中区山下町に、日本初の洋式ホテル「ヨコハマ・ホテル」が建てられた。そのホテルに併設されたプールバーが、日本のバーの始まりだとされている。その後、世界中から船がやってくる港町横浜には最盛期には200余りのバーが軒を連ね、船員たちでおおいにぎわったのだそう。そんななか生まれた「バンブー」「ミリオンダラー」「チェリーブロッサム」といったカクテルは、いずれも横浜オリジナルだ。

今も中華街のバーにはそうした歴史と伝統が息づいており、ケーブルカーはその代表格。オーナーである米軍あがりの故ジミー・ストックウェル氏だ。ジミー氏は時間とお金をたっぷりかけ、本場さながらのオーセンティックバーとして、唯一無二の空間をつくり出した。その世界観は今もしっかりと受け継がれているので、趣ある店内で極上カクテルをいただきながら、当時の横浜に思いをはせてみてはいかがだろうか。

① ケーブルカーにはジミー氏の写真が掲げられている ② 「チェリーブロッサム」は鮮やかなピンクのクラシックカクテル

# 伝説を生んだ
# ライブハウス

ジャズやロック、ブルース、ファンク……。さまざまなジャンルの伝説ライブが行われてきた横浜のライブハウスは、音楽好きなら外せない！

有名アーティストがステージを盛り上げる

## FRIDAY
ふらいでー

　50年余りの歴史をもち横浜を代表する老舗のライブハウス。多くのミュージシャンたちに愛され、数々の伝説のライブが行われてきた。特に、ヒットする前から出演していたことからクレイジーケンバンドの聖地として知られている。ネオンサインの看板や洋楽や邦楽のレコードがところ狭しと飾られた店内は雰囲気たっぷり。ロックやポップス、ブルースなどさまざまなジャンルのライブがほぼ毎日開催されており、ハイレベルな生の音楽を間近で体感できるのが魅力だ。今でも現役で店に立ちステージの設営や音響を担う、80代の名物マスターとの音楽談義も楽しい。

**MAP** 別冊P.24-A2

**住** 横浜市中区長者町8-123 相模屋ビル3F **TEL** 045-252-8033 **営** 18:00～24:00 **休** ライブスケジュールによる **料** ライブチャージ3000円～（イベントにより異なる）、ワンフード＆ワンドリンク制 **CC** ADJMV **交** 京急線日ノ出町駅から徒歩7分

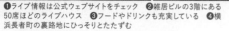

❶ライブ情報は公式ウェブサイトをチェック　❷雑居ビルの3階にある50席ほどのライブハウス　❸フードやドリンクも充実している　❹横浜長者町の裏路地にひっそりとたたずむ

## 横浜が生んだ伝説のミュージシャンたち

　国際的な貿易港であった横浜は古くからさまざまな外来文化の影響を受けており、戦後になると米軍関連施設からリアルなアメリカンカルチャーが輸入された。こうした背景のもと、この地では個性豊かなミュージシャンを数多く輩出している。そんな横浜音楽シーンを牽引するFRIDAYでは、横浜に縁の深いミュージシャンをはじめ多くのミュージシャンが演奏を行ってきた。クレイジーケンバンドのほか、名曲『港のヨーコ・ヨコハマ・ヨコスカ』で知られる宇崎竜童や、クリスタルキングのムッシュ吉崎、バブルガムブラザーズのBro. Korn、近田春夫、横浜銀蝿の翔、ラッツ&スターの山崎廣明など、日本を代表するそうそうたるミュージシャンたちが今もここでステージを繰り広げている。

FRIDAYはマスターの磯原順一氏が40歳のときに立ち上げたライブハウスだ

❶専属バンドがステージを盛り上げる ❷国内外のビッグアーティストが出演することも ❸人気のイベントは予約が確実だ

## 伝説を生んだライブハウス

### 最高のエンタメを間近で楽しもう
#### よこはまけんとす
## 横浜ケントス

迫力あるホーンセクションを従えた専属バンドによる熱いステージが毎夜繰り広げられるオールディーズライブハウス。70'S～80'Sのディスコクラシックスやロックをはじめ、R&B、ソウル、90年代以降のヒットソングなど、イベントによってさまざまな音楽が楽しめる。ミラーボールが回る広いフロアで踊って盛り上がるもよし、カウンターでグラス片手に静かに聴き入るもよし、思いおもいのスタイルで音楽に酔いしれよう。ドリンクはもちろん、軽食からピザやパスタ、肉料理、魚介料理などフードも本格的で種類豊富なのがうれしい。

**MAP** 別冊P.22-A1
🏠横浜市神奈川区鶴屋町2-15-3 クレインヨコハマ7F　**TEL** 045-324-5933　営18:00～（閉店はイベントにより異なる）　休日　料ライブチャージ男性3300円、女性2750円（イベントにより異なる）、サービス料10%　CC ADJMV　交JR横浜駅から徒歩3分

### カラオケ好きが集まる愉快な店
#### らいぶはうすれすとらんよこはませぶん
## ライブハウスレストラン ヨコハマセブン

❶歌って踊って楽しい夜を過ごそう ❷関内で40年あまり続く有名店だ

本格的な音響と華やかなステージでカラオケが楽しめる。明るいスタッフたちが盛り上げてくれるので誰でも気持ちよく歌えるのが魅力だ。平日なら翌1:00以降、週末は20:00頃から、夜が更けるほど盛り上がる。

**MAP** 別冊P.24-A2
🏠横浜市中区末広町2-3-14　**TEL** 045-261-5252　営19:00～翌3:00（金・土～翌4:00）　休日　料1時間6000円、2時間8000円　CC ADJMV　交JR関内駅から徒歩3分

### 音楽イベントを中心に開催
#### くろすすとりーと
## CROSS STREET

伊勢佐木町の路上ライブからメジャーに羽ばたいたフォークデュオ「ゆず」が命名した多目的スペース。「若いミュージシャンたちが、さまざまな文化、音楽、そして人と交差（クロス）する場所になってほしい」という思いが込められている。

**MAP** 別冊P.24-A3
🏠横浜市中区伊勢佐木町4-123　営休料イベントにより異なる　CC ADJMV　交京急線日ノ出町駅・黄金町駅、市営地下鉄伊勢佐木長者町駅・阪東橋駅から各徒歩7分

❶手頃な価格で貸し出している ❷音響機器やドラムセット、電子ピアノなどを完備

# 夜景が見える
# ダイニング＆バー

美しい夜景スポットが多いことで知られている横浜。港町ならではのロマンチックな絶景に酔いしれるバーをご紹介。

①

### 横浜の夜を五感で丸ごと楽しめる

すかいらうんじ しりうす
## スカイラウンジ シリウス

②

地上277m、横浜ランドマークタワー最上階に位置する天空のラウンジ。星空の"一番星"をイメージした店内からは、刻一刻と変化する横浜の様子を眺めながら洗練された食事やドリンクが楽しめる。ディナータイムは毎日4回ピアノの生演奏も入りムード満点。記念日や特別な日に利用するのもおすすめ。少しドレスアップしていくと気分も高まるはずだ。

**MAP** 別冊P.23-C3

🏠横浜市西区みなとみらい2-2-1-3 横浜ロイヤルパークホテル70階 ☎045-221-1155 🕐朝食7:00〜10:00 ランチ11:30〜13:30(土・日・祝〜14:00)、ディナー17:30〜コース20:30/料理・飲物21:30(土・日・祝はティータイム15:00〜16:30もあり)※すべてL.O.表記 🈂なし 💴チャージ17:30から1100円、19:00以降2200円 💳ADJMV 🚃みなとみらい線みなとみらい駅から徒歩3分

①港の夜景を眼下に望むことができる ②ラウンジ席やバーカウンターに加えコンパートメント席もある ③人気のローストビーフをぜひ

③

### 海外リゾートに来たかのよう

いんたーなしょなるきゅいじーぬさぶぜろ
## International cuisine subzero

②

①シックなインテリアと開放的な眺望がロマンチック ②数種類のコースが用意されている

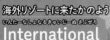

大さん橋客船ターミナルの先端にあるレストラン。季節の食材と香りやスパイスを使ったイタリアン×フレンチの個性あふれる料理は、味も見た目も洗練されている。ランチ、ディナーともにコースのみの提供。

**MAP** 別冊P.25-D1

🏠横浜市中区海岸通1-1 ☎045-662-1099 🕐ランチ11:30〜15:00、ディナー17:30〜22:00 🈂なし 💴サービス料10%(ディナーのみ) 💳ADJMV 🚃みなとみらい線日本大通り駅から徒歩10分

### ベイブリッジを望むスペシャルな空間

やまてろーずてらす
## 山手ローズテラス

港の見える丘公園に隣接するホテル、ポートヒル横浜内にある。ベイブリッジが一望できるビュースポットとして知られ、神奈川県産・横浜市内産の素材を使った地産地消の料理も評判だ。

**MAP** 別冊P.25-D3

🏠横浜市中区山手町115 ☎045-621-9684 🕐11:30〜21:00(土・日・祝のみモーニングあり8:30〜11:00) 🈂なし 💴チャージなし 💳ADJMV 🚃みなとみらい線元町・中華街駅から徒歩10分

①贅沢なコースからリーズナブルな料理まで多彩に揃う ②きらめく夜景に酔いしれよう

## 古きよき時代の横浜を思い出させる
しーがーでぃあんすりー
# シーガーディアンⅢ

ホテルニューグランドの人気バー「シーガーディアン」の雰囲気を、横浜駅近くで楽しめる。美しい夜景を眺めながらの優雅な時間には、横浜の夜景をイメージしたカクテル「ヨコハマ」2150円をぜひ。

`MAP` 別冊P.22-B1
🏠横浜市西区高島2-18-1 そごう横浜店10F
☎045-465-5995
🕐11:00～23:00 🈺そごう横浜店定休日と同じ 💰チャージなし 💳ADJMV 🚃JR横浜駅から徒歩3分

❶エキゾチックな雰囲気で写真映えもばっちり ❷トロピカルフルーツを使ったドリンクも登場する

❶横浜の夜にふさわしいカクテルを堪能しよう ❷落ち着いた空間にきらめく夜景が大切な人との時間を彩る

## みなとみらいの
## 夜景と海が一望できる
おーしゃんずばー
# オーシャンズバー

夏の期間限定でオープンするルーフトップバー。地上約40mの屋上テラスからは、みなとみらいの景色を270度パノラマビューで見渡せる。夏らしさ全開のフレッシュなシーズナルカクテル片手に、大人のショートトリップを楽しもう。

`MAP` 別冊P.23-D3
🏠横浜市中区新港2-3-2 グランドオリエンタルみなとみらい屋上 ☎045-227-1225 🈺夏期のみ営業（2024年の営業期間は未定）💰チャージ1000円 💳ADJMV 🚃みなとみらい線みなとみらい駅から徒歩8分

❶大きな窓からベイエリアやベイブリッジを望む ❷一流のバーテンダーが腕をふるう ❸コーヒーとカクテルが同時に楽しめるエスプレッソマティーニ

## 横浜駅からすぐのホテル最上階にある
すかいらうんじ「べいびゅー」
# スカイラウンジ「ベイ・ビュー」

美しい景色を楽しみながら、選りすぐりの銘酒やカクテルを味わえる。リッチな甘さとコクを引き出した「請福コーヒー」を使用した、エスプレッソと泡盛ベースのカクテル「エスプレッソマティーニ」2500円がおすすめ。

`MAP` 別冊P.22-A1
🏠横浜市西区北幸1-3-23 横浜ベイシェラトン ホテル＆タワーズ28F ☎045-411-1188 🈺14:30～16:30、17:00-23:00（日・祝～22:00）🈺なし 💰チャージ2000円（宿泊者1000円）💳ADJMV 🚃JR横浜駅から徒歩1分

`info` ホテルのバーやオーセンティックなバーなどは、ドレスコードを設けている店も少なくない。タンクトップや短パン、ビーチサンダルなどカジュアルな服装だと入店を断られる場合もあるので注意しよう。

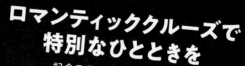

# ロマンティッククルーズで
# 特別なひとときを

記念日やデートに利用すれば
忘れられない思い出に！

ディナークルーズも
すてき♡

洋上から絶景を望む横浜いちばんの
特等席

まりーんるーじゅ
## マリーンルージュ

大桟橋や横浜ベイブリッジなどの
景色を楽しみながら横浜港を巡る、
優雅なクルージングが楽しめる。降り注ぐ太陽や潮風が気持ちいいランチクルーズや、気軽に利用できるアフタヌーンクルーズ、夕焼けに映えるサンセットクルーズ、きらめく夜景を望むディナークルーズなど、時間によって趣が異なるので、スケジュールや好みに合わせて選ぼう。

**MAP** 別冊P.25-C1

**住** 横浜市中区新港1-1 **電** 050-1790-7606 **営** 12:00～、14:30～、17:00～、19:30～ **休** 無休 **料** ランチ（90分）7400円～、アフタヌーン（60分）3500円～、トワイライト（90分）8800円、ディナー（120分）1万700円～（いずれも3日前までに要予約）。乗船のみ2400円～ **CC** ADJMV **交** みなとみらい線馬車道駅から徒歩7分

**START**

ランチクルーズに乗船！

赤レンガ倉庫前の乗り場を発着する

大きな窓で
開放感抜群

コース料理

本格フレンチは2コースある

横浜ベイブリッジ

みなとみらい

見どころ満載で90
分があっという間！ **GOAL**

❶真下から望む横浜ベイブリッジは迫力満点
❷海の上から見るみなとみらいは新鮮だ

**info** サザンオールスターズの『LOVE AFFAIR～秘密のデート』の歌詞にも登場するマリーンルージュ。船内では帰港時にこの曲を流してくれるので、歌の世界にたっぷり浸ろう。なお、クルーズは天候・メンテナンスなどにより運休の場合がある。

# 酒飲み必訪の人気エリア
## 野毛

桜木町駅の南側に広がる野毛は横浜でも屈指の繁華街。老舗から新店まで500近い飲食店が建ち並ぶので、はしご酒でお気に入りの店を見つけよう。

協力：公益社団法人横浜歴史資産調査会

### 野毛のランドマーク的存在
## 野毛都橋商店街
のげみやこばししょうてんがい

都橋から宮川橋までの大岡川沿いにある2階建ての建物は、河川の形状に沿って約90mの長さで緩やかなカーブを描いているのが印象的。小さな居酒屋やバー、スナックなど、個性豊かな60余りの店が軒を連ね、夜な夜な盛り上がりを見せている。

**MAP** 別冊P.24-A2
住 横浜市中区宮川町1-1
交 桜木町駅から徒歩5分

**MAP** 別冊P.24-A1
住 横浜市中区桜木町1-1 電 045-201-8365 営 物販10:00～19:30、飲食11:00～22:00（店舗により異なる） 休 料 CC 店舗により異なる 交 桜木町駅からすぐ

❶ここだけで十分はしご酒が楽しめる ❷駅直結というアクセスのよさも魅力

### おいしいホッピーを飲むならここ
## ホッピー仙人
ほっぴーせんにん

野毛都橋商店街の2階にあるホッピーの専門店。サーバーから注がれる生ホッピーのほか、店主考案のホッピーカクテルや泡のみを味わう「ホピコ」など、ホッピーを使ったオリジナルドリンクを提供している。

❶カウンター8席の店内はいつも満席 ❷生ホッピー700円は白と黒がある

**MAP** 別冊P.24-A2
住 横浜市中区宮川町1-1-214 都橋商店街2F
電 045-242-1731 営 19:00～22:00
休 日（不定休あり） 料 チャージなし CC 不可
交 桜木町駅から徒歩10分

### 昼飲み&せんべろ天国！
## ぴおシティ
ぴおしてぃ

桜木町駅前の「野毛ちかみち」直結の複合施設。地下2階には飲み屋がひしめき、平日も昼間からにぎわいを見せている。カジュアルな居酒屋や立ち飲みスタイルの店も多く、ひとりでも気軽に立ち寄れる雰囲気だ。

### 若者に人気の横丁もおすすめ

飲食店がとにかく多い野毛は、どこへ入っていいか迷ってしまうこともしばしば。そんな時は横丁をのぞいてみるといいだろう。エリア内には、活気あふれる「野毛一番街」や、レトロな雰囲気で居心地がいい「野毛たべもの横丁」など、いくつかの横丁が点在している。いずれもさまざまなジャンルの飲み屋が集結しているので、好みに合わせて気軽に飲食が楽しめるのが魅力だ。

❶寿司からビストロまで揃う「野毛たべもの横丁」 ❷元気な接客も楽しい「野毛一番街」

info 野毛界隈などにはLGBTQ＋の人々のための店も少なくない。なかには誰でも歓迎してくれる店や、紹介者がいればOKという店もあるが、扉に「会員制」とあった場合、興味半分での入店は遠慮したい。

# 関内&伊勢佐木町で
# ディープに夜遊び

開発が進む横浜の中で、古きよき横浜の趣を残す関内・伊勢佐木町エリア。知る人ぞ知るローカルスポットが多く、地元民との交流も楽しい。

❶小さな個人店が並ぶ人間味あふれる路地だ
❷周辺には野良猫の姿も見られる

### 個性的な個人店が軒を連ねる
### ノラねこ通り
のらねこどおり

　野毛と伊勢佐木町の間にある吉田町の裏通りは「ノラねこ通り」と呼ばれ、バーや居酒屋が密集している。このエリアには個人経営の店が多く、その個性的な経営者たちが、自立していてマイペースなノラねこに似ていることからこの名が付けられた。

**MAP** 別冊P.24-A2
住 横浜市中区吉田町　交 関内駅から徒歩5分

### 女性ひとりでも入りやすい雰囲気
### バー スカーフェイス
ばーすかーふぇいす

　ノラねこ通りのほぼ中央あたりの建物の2階にある隠れ家バー。少し入りづらいがマスターも常連客も親切で居心地がいい。水出しコーヒーで作ったカクテル「ブラックルシアン」1370円がおすすめ。

**MAP** 別冊P.24-A2
住 横浜市中区吉田町3-9　TEL 045-260-8477　営 19:00～翌3:00
休 日・第3月　料 チャージなし　CC 不可　交 関内駅から徒歩5分

❶マスターや常連客との会話も楽しい
❷照明を落とした店内にキャンドルが灯る

### 静かな空間で特別なカクテルを
### THE BAR CASABLANCA
ざ ばー かさぶらんか

　馬車道駅や関内駅からほど近い場所にあるバー。フルーツカクテルが充実しており、スイカのソルティドック1300円やイチジクとシャンパンのカクテル1900円など、季節に合わせてさまざまなドリンクが登場する。

**MAP** 別冊P.24-B2
住 横浜市中区相生町5-79-3 ベルビル馬車道B1　TEL 045-681-5723　営 16:00～翌1:00　休 無休　料 チャージ800円（お通し付き）　CC ADJMV　交 みなとみらい線馬車道駅から徒歩3分

❶大人の社交場といった雰囲気だ ❷パスタやリゾットなどのフードもある

### 名物のナポリタンも必食
### アポロ
あぽろ

　真っ赤な階段を上がった2階にあるクラシカルなバー。マスターの石原さんは横浜市内最高齢の現役バーテンダーともいわれるレジェンド。ドリンクのメニューはないのでおすすめを聞いてみよう。

❶ジュークボックスから音楽が流れる趣ある店内 ❷マスターから横浜の昔話を聞くのも楽しい

**MAP** 別冊P.24-A3
住 横浜市中区曙町4-45　TEL 045-261-2576　営 19:00～深夜（フードは～24:00）
休 火　料 チャージなし　CC 不可　交 横浜市営地下鉄阪東橋駅から徒歩4分

**info** 長者町にあるエイトセンタービル（横浜市中区長者町8-136-8）は、壁面に丸いサインボードが並ぶ独特でレトロな外観で有名。小さな飲食店が入っており、野毛都橋商店街とともに昭和39（1964）年の東京五輪時に露店を集めたという。

# ツウ好みの話題店満載！
# 市民酒場＆裏横

戦後すぐから横浜市民に愛される歴史ある「市民酒場」と、横浜駅東口で近年話題の「裏横（裏横浜）」。酒好きなら見逃せない新旧スポットをチェック！

❶名物の鱈豆腐や小肌は必食だ ❷2階もある広い店内は大人数でも入りやすい

## 「市民酒場」を代表する老舗店
### 常盤木
#### ときわぎ

特大のあなご天350円や、自家製チャーシューを使ったねぎチャーシュー500円など手の込んだ料理が良心的な値段で食べられる。10月下旬から提供されるふぐ豆腐2300円（1人前からオーダー可）もおすすめだ。

❶人気店なので事前予約が確実 ❷店主夫婦が笑顔で迎えてくれる

**MAP** 別冊P.22-B3
🏠横浜市西区戸部町5-179 ☎045-231-8745 🕐17:00～22:00 休土・日・祝 料お通しなし 💳不可 🚉横浜市営地下鉄高島町駅から徒歩7分

## 100年以上の歴史をもつ
### 大衆酒場 もりや
#### たいしゅうさかば もりや

食糧難が進行した昭和初期に、安定した外食と飲酒を維持するために横浜で結成された飲食店組合「市民酒場」の歴史を今に伝える数少ない店のひとつ。刺身から焼き物、揚げ物、中華までメニューは多彩で、オープン直後から地元の人でにぎわいを見せる。

**MAP** 別冊P.22-A2
🏠横浜市西区戸部本町38-9 ☎045-321-3823 🕐16:00～23:00、日・祝～22:30 休隔週日曜 料お通し275円 💳不可 🚉横浜市営地下鉄高島町駅から徒歩3分

❶地中海を思わせる白と青の外観が目印 ❷いちばん人気の「渡り蟹のトマトクリームパスタ」1800円

## 「裏横」発祥といわれる人気店
### ビストロ フレッシュ
#### びすとろ ふれっしゅ

素材を生かした本格的な料理を小さなポーションで提供しているので、いろいろな種類を食べたい人やおひとり様にもおすすめ。ワインやノンアルコールカクテルも豊富だ。

**MAP** 別冊P.22-A2
🏠横浜市西区高島2-10-22 ☎045-441-3544 🕐18:00～23:00 休不定休 料席料なし 💳ADJMV 🚉JR横浜駅から徒歩3分

## 漁師酒場のような活気ある雰囲気
### まるう商店
#### まるうしょうてん

三浦や横須賀の新鮮な地魚や野菜を低価格で提供する人気店。名物は、9種の刺身が豪快にのったどっさり盛2178円（3～4人前）や、秘伝のたれでじっくり煮込んだマグロのテール煮1480円など。

**MAP** 別冊P.22-A2
🏠横浜市西区高島2-5-14 ☎045-441-0804 🕐17:00～24:00 休火 料お通し400円 💳ADJMV 🚉JR横浜駅から徒歩5分

❶ドリンクは大ジョッキで提供される ❷人気店なので予約は必須

❶マスターとの音楽談義も楽しい ❷店名はザ・バンドの名盤のタイトル

## 裏横の路地にたたずむ隠れ家バー
### ラストワルツ
#### らすとわるつ

レトロな建物を生かしたセンスのよい店内には、'60～'70年代のアメリカンロックが流れており居心地は抜群。豊富なレコードのなかからリクエストも可能だ。カウンターのほかテーブル席もある。

**MAP** 別冊P.22-A2
🏠横浜市西区高島2-10-24 ☎045-441-5388 🕐18:00～翌1:00 休日・祝 料チャージなし 💳不可 🚉JR横浜駅から徒歩3分

# 横須賀で過ごす多国籍Night

米軍基地があることから、夜になるとまるで海外の繁華街のような独特な盛り上がりを見せる横須賀。年齢や性別、国籍を超えて旅行気分でレッツ乾杯!

映画のセットのような趣ある店内

ハニービーバーガーコンボ2530円

## 米兵にもローカルにも愛される味
### ハニービー
はにーびー

米海軍横須賀基地メインゲート正面に店を構える。創業は昭和43(1968)年で、日本に現存するハンバーガー屋で2番目に古い老舗アメリカンダイナーだ。当時の雰囲気を今に伝えるクラシカルなインテリアは一見の価値がある。名物のネイビーバーガーは、香ばしく焼き上げたパテのジューシーな味わいが引き立つ食べ応えのある逸品。各バーガーにポテトとドリンクがセットになったコンボは、プラス料金でハイボールやビールなどのアルコールにも変更できる。

**MAP** 別冊P.35-D3
住 横須賀市本町2-1 TEL 046-825-9096
営 11:30～深夜 休 なし 料 チャージなし
CC ADJMV 交 京急線汐入駅から徒歩5分

ネオン管が目を引くアメリカンな外観

## 個性豊かな味わいのビールがずらり
### 横須賀ビール
よこすかびーる

店内の醸造所で製造されたクラフトビールを提供するビアダイニング。地元の湧水や地場産の小麦、生姜、果実などを取り入れたオリジナルのクラフトビールが季節替わりで常時7～8種揃う。どれを飲もうか悩んだら、おすすめビール5種におつまみプレートが付いた「横須賀ビールビアフライトセット」2200円がおすすめ。「地魚フィッシュ&チップス」や「季節の横須賀サラダ」など、三浦半島の食材を使ったフードメニューも充実している。

❶いろんな味を楽しめる横須賀ビールビアフライトセット ❷ボトルビールはおみやげにも最適 ❸赤れんがの建物が目印だ

**MAP** 別冊P.35-D3
住 横須賀市大滝町1-23 TEL 046-874-8588 営 11:00～15:00、17:00～22:00、土・日10:00～22:00 休 水 料 チャージなし CC ADJMV 交 京急線横須賀中央駅から徒歩8分

❶戦後の闇市としてスタートした歴史ある通り
❷提灯が並ぶゲートに人々が吸い込まれていく

## 地元で愛される レトロな飲み屋街
### 若松マーケット
わかまつまーけっと

老舗のスナックやカラオケ、料理自慢の居酒屋など数十店舗が軒を連ねる。名物は、ブランデーをジンジャエールとソーダで割ったカクテル「横須賀ブラジャー」で、オリジナルのものを提供する店もある。

**MAP** 別冊P.35-D1
住 横須賀市若松町3
交 京急線横須賀中央駅から徒歩1分

## アットホームな接客に 癒やされる
### バー サタン
ばーさたん

1963年から若松マーケットで店を構えるバー。ニッカのV.S.Oとウィルキンソンのジンジャーエールを使う「横須賀ブラジャー」レギュラー800円は濃厚で甘美な味わい。店を切り盛りする母娘との会話も楽しい。

**MAP** 別冊P.35-D1
住 横須賀市若松町3-13
TEL 046-825-9068
営 夕方～21:30頃 休 日 料 お通し600円 CC 不可 交 京急線横須賀中央駅から徒歩3分

❶のれんを守る廣子さんと娘の恵美さん ❷初めてでも入りやすい

自家製のジンジャーエールを使った横須賀ブラジャー シルク900円（右）も人気

夜遊び

◆ 横須賀で過ごす多国籍Night

## 地元の食材を食べるならここ
### カギロイ
かぎろい

農家から直接仕入れた横須賀・三浦半島の食材を使用した地産地消のメニューが人気のビストロ。毎朝仕入れる横須賀野菜を使用した「横須賀野菜のオリーブオイル焼き」968円は、野菜本来のおいしさに唸る逸品だ。

**MAP** 別冊P.35-D1
住 横須賀市汐入町2-38 TEL 090-8004-7072
営 17:00～23:00、土は12:00～14:00も営業
休 日 料 お通し400円 CC 不可 交 京急線汐入駅から徒歩5分

❶横須賀野菜のオリーブオイル焼き」は全客が頼むという人気メニュー ❷おひとり様も入りやすい ❸汐入の商店街の中にある

## ドブ板通りの飲み歩き方

米海軍基地が近いだけに、夜になると国際色豊かな飲み屋街となる「ドブ板通り」（→P.204）。爆音で音楽が流れ英語が飛び交うバーはなかなか入りづらいが、日本人に対してもフレンドリーな店も多いので勇気を出して飛び込んでみよう。初めてならオープンな雰囲気の路面店がおすすめだ。米軍や日本の警察の見回りもあるので安全だが、身の回りの物には注意しよう。1杯当たりの相場は700円程度で、1オーダーごとに支払うキャッシュオンが基本。巨大なジョッキでお酒を提供する店もあり、サイズ感の違いを楽しめるのもドブ板飲みの楽しみのひとつだ。

❶米軍の船が寄港する日は特ににぎわう ❷海外を旅しているような気分が味わえる

## 湘南&鎌倉の夜を盛り上げる
# センス抜群の
# 個性派スポット

観光客でにぎわう昼間からぐっと落ち着きを見せる夜の湘南&鎌倉エリアも魅力的。インテリアや音楽のセンスがいい知る人ぞ知るお店をご紹介♪

❶水平線に夕陽が沈む夕暮れ時がおすすめ ❷ドリンクはもちろんフードも充実している ❸入口にはイベントのフライヤーがぎっしり ❹円柱の建物が目を引く江の島ビュータワーの4階にある

**MAP** 別冊P.34-B2
🏠藤沢市片瀬海岸1-12-17 江の島ビュータワー4F
☎0466-54-5625 🕐15:00～22:00 🈳月～水、イベント開催時 🈁チャージなし 🆑不可 🚃小田急線片瀬江ノ島駅から徒歩3分

180度オーシャンビューの絶景カフェバー
## OPPA-LA
（おっぱーら）

江の島や湘南の海岸、晴れた日には富士山を望むロケーションが魅力。インテリアや音楽のセンスもよく、居心地は抜群だ。ウッド調の重厚なテーブル席やソファ席、カウンター席もあるので、ひとり飲みからしっぽりデート、女子会などさまざまなシーンで利用できそう。イベントも頻繁に開催されており、知る人ぞ知る大物アーティストが登場することもあるので、ウェブサイトやSNSで情報をチェックしよう。

鎌倉の海を眺めながら名物料理に舌鼓
## 海沿いの キコリ食堂
（うみぞいの きこりしょくどう）

由比ヶ浜海水浴場にほど近い国道134号線沿いにある食堂。肉や魚介、鎌倉で採れた新鮮な野菜がたっぷり食べられる「炭火バーベキュー」4500円～や、鎌倉野菜かき揚げ、三崎マグロのレアカツ、湘南釜揚げシラスのミニ丼、「みやじ豚」のトンテキなどの自慢料理を一度に味わえる「全部のせ切り株定食」2200円などボリューム満点の料理が評判だ。飲み放題メニューも充実している。

吹き抜ける潮風が気持ちいいテラス席

**MAP** 別冊P.17-D3
🏠鎌倉市材木座6-4-7 ☎0467-81-4723
🕐11:00～22:00 🈳無休 🈁チャージなし
🆑ADJMV 🚃JR鎌倉駅東口から京急バス逗子・葉山駅行きで材木座下車、徒歩2分

駐車場もあるのでドライブがてら立ち寄るのもいい

「全部のせ切り株定食」は鎌倉の名物が勢揃い

さまざまなデザインの江ノ電が通り過ぎる

❶おつまみも豊富なのでちょい飲みにも最適
❷開放的でセンスのよい店内

## 電車好きにはたまらないロケーション

しょうなんふぉとかふぇ
# SHONANPHOTO CAFE

目の前を江ノ電が走る様子を眺めながら食事が楽しめるカフェ＆ワインバー。東欧をテーマとした珍しいスパイシーなハンバーガーをはじめ、肉料理やピザ、パスタなど、オリジナリティあふれる料理が評判だ。ソムリエ厳選のワインはコスパもよく種類豊富。店内の壁は若手のアーティストや写真家に無償で貸し出しているため、感性を刺激するアートに常に触れられるのも魅力だ。

**MAP** 別冊P.16-A3
🏠鎌倉市腰越2-13-2　☎050-5597-8425
🕐12:00～21:00　休不定休　料チャージなし
CC ADJMV　交江ノ電腰越駅からすぐ

月に2～3回音楽イベントも催される

## 夜な夜な盛り上がる大人の隠れ家

ゆにゔぁいぶ
# univibe

鎌倉駅西口の御成通り沿いにひっそりとたたずむ、地元民に愛されるカフェバー。細い階段を上がると店内は広々としており、バーカウンターのほかソファ席も多く、ひとりでもグループで来てもくつろげる雰囲気だ。アンティークの家具や照明がセンスよく配された空間は、まるでおしゃれな友達の家に遊びに来たかのよう。フレンドリーなマスターや感度の高い地元の人たちとの会話も楽しい。

ドリンク500円～のほか軽食もある

カラフルなステンドグラスのドアが目印

**MAP** 別冊P.30-B3
🏠鎌倉市御成町7-13-2F　☎0467-67-8458
🕐11:00～15:00、18:00～25:00　休無休　料
チャージなし　CC不可　交JR鎌倉駅から徒歩
3分

上質なオーディオシステムからセンスのよい音楽が流れる

# ちょっぴりDEEPな 川崎の夜

夜遊びに事欠かない川崎には、ディープな魅力を放つクセ強ナイトスポットがたくさん。一度足を踏み入れたら、抜け出せなくなるかも!?

高さ約17cm、重さ約1.1kgの爆盛り!

## ボリューム満点の名物料理は必食
### 太陸
たいりく

創業昭和36（1961）年以来、地元で愛される町中華。名物は、直径30cmの大皿に、2玉分の硬焼きそばと、野菜や肉など具だくさんの醤油あんがたっぷりのった「タワー硬焼きそば」（1180円）だ。肉汁あふれる焼き餃子とゆで餃子（各550円）も根強い人気。17:00～18:30は、ドリンクとおつまみがセットになった「おもてなしセット」（500円）もお得だ。

週末には行列ができることもある人気店

アットホームな雰囲気で居心地がいい

**MAP** 別冊P.38-B1
住 川崎市川崎区東田町1-12　TEL 044-222-7484　営 11:00～14:00、17:00～22:00　休 日・祝　料 席料なし　CC 不可　交 JR川崎駅から徒歩7分

野菜シャキシャキの酢鶏550円も人気

①看板とのれんに老舗の貫禄を感じる
②ひとり客も入りやすいアットホームな雰囲気

## 90年近く地元で愛される老舗酒場
### 丸大ホール 本店
まるだいほーる ほんてん

酒の肴から定食まで、早くて安くてボリューム満点のメニューが100品以上も揃い、店の壁面を埋め尽くすように張り出された品書きが圧巻。名物のもつ煮（350円）をはじめ、新鮮な刺身や揚げ物、中華など、その日の気分に合わせて食べたいものが食べられるのがうれしい。相席スタイルの店内は、午前中から地元客でにぎわい活気にあふれている。

**MAP** 別冊P.38-B1
住 川崎市川崎区駅前本町14-5　TEL 044-222-7024　営 10:00～21:00　休 土　料 チャージなし　CC 不可　交 JR川崎駅から徒歩3分

## ウルトラマンの世界で非日常を楽しめる
### 怪獣酒場 川崎
かいじゅうさかば かわさき

ウルトラ怪獣シリーズの怪獣が主役の居酒屋。料理やドリンクは怪獣をテーマにした一風変わったものが多く、女子会や合コンなどで使えば盛り上がること間違いなしだ。日曜は完全予約制で、間近で怪獣や宇宙人に会い記念撮影もできる「怪獣襲来!」などさまざまなイベントが開催されるので、ウェブサイトやSNSをチェックしてみよう。

**MAP** 別冊P.38-B1
住 川崎市川崎区駅前本町3-1 B1F　TEL 044-210-5565　営 月～土、祝16:00～23:00、日はイベントにより異なる　休 なし　料 チャージ400円（イベント時は1650円）　CC ADJMV　交 JR川崎駅から徒歩3分

「宇宙人エリア」などエリアごとにテーマのある店内
©円谷プロ

グドンの大好物にそっくりな味のエビフライ

同じ川崎市でも川崎区以外にはディープな飲食店のイメージがないが、高津区の溝の口駅西口商店街は別格。昭和がそのまま残っているかのようなレトロな雰囲気で、手頃な値段で酒が飲める気取らない店が集まる。

# 第八章 宿泊

大磯プリンスホテルは神奈川を代表するシーサイドホテル。
ロングビーチが有名

## 神奈川ならではの魅力
# 4つの
# 特色あるステイシーン

　神奈川では4つの特色あるステイシーンが体験
できる。おしゃれな港町である横浜、特にみなと
みらい地区に次々オープンする都市型ホテルとシティ
ィリゾート群がある。ここでは外国資本のラグジュ
アリーホテルがそれぞれのブランド色を打ち出した
サービスを競い合う。高品質の次世代型コスパホ
テルも急増中。横浜は明治の開港の地であること
から、神奈川には日本を代表するクラシックホテル
があることも特色だ。有数の温泉避暑地である箱
根と湯河原では、多くの宿が伝統を大切にしつつ、
海外の富裕層にも対応したモダンなサービスを提
供する隠れ家的なこだわり温泉宿に生まれ変わっ
ている。古都の町並みが残る鎌倉、そして太平洋
に面したビーチリゾートホテルが点在する湘南や三
浦半島には個性的なシーサイドホテルが多い。湘
南の海はもともと江ノ電沿線の地元のバケーション
スポットだったが、大磯や葉山などの閑静な単独ロ
ケーションに滞在型の海辺のホテルがある。旅先
をどこで過ごすかによって、そこだけにしかない極
上のステイを選べるのが神奈川の旅である。

## 絶景の露天風呂とモダン懐石
# 箱根の温泉宿のこだわり

　箱根の温泉宿は絶景の露天風呂が特徴。
近年は客室数を絞り込み、宿泊客が館内
ですれ違うこともないような隠れ家宿も多
い。滋味あふれるモダンな懐石料理やご当
地グルメが味わえるのもよさである。温泉
地として古くから欧米人や上流階級の客が
訪れていたことから西洋料理も提供され、
近隣の山海の
幸を使い、旅
人をもてなす
美食が育まれ
てきた。

❶界 箱根（→P.415）のご当地朝食　❷自然と
の一体感をさりげなく演出する和風客室

クラシックホテル
▶ P.406〜

横浜港＆
みなとみらい地区の
ホテル
▶ P.410〜

シーサイドホテル
▶ P.412〜

こだわりの温泉宿
▶ P.414〜

## 過去から未来へ
# 神奈川のホテルの歴史

　神奈川には富士屋ホテル（→P.408）とホテルニューグランド（→P.406）という由緒あるクラシックホテルがある。富士屋ホテルの開業は明治11（1878）年と早く、日本の夏の暑さに耐えられない西洋人たちの避暑地として注目された箱根に建造された。一方、ホテルニューグランドは、海外からの渡航客を迎える玄関口だった横浜港に面した迎賓館として昭和2（1927）年に開業。これらのクラシックホテルは、当時は最先端の宿泊施設で、近未来のホテルシーンを現出させていた。その精神は、みなとみらいのシティリゾートやポストモダンな箱根の温泉旅館、湘南のマリーナに登場したトレーラーホテルなどに継承されている。

❶1927年12月1日に開業した当日のホテルニューグランドの玄関前　❷近未来デザインのトレーラーホテル「スペースキーポイントリピエラシーボニアマリーナ」（→P.418）

info 富士屋ホテル（→P.408）は、多くの有名人が泊まったことでも知られる。喜劇王チャップリンは本館のヒストリックジュニアスイートに、また、ジョン・レノンは、花御殿のヘリテージルーム菊に宿泊した。

開港の地で歴史に触れるステイ

# クラシック ホテルに泊まろう

日本の近代期に海外からの宿泊客を迎える玄関口となってきた横浜。そこには横浜にしか存在しえないユニークな歴史をもつホテルがある。

❶本館の大階段はホテルニューグランドのシンボル的存在
❷横浜中華街にも近く、観光にぴったりのロケーション

## 山下公園の目の前という立地が物語る
ほてるにゅーぐらんど
## ホテルニューグランド

　戦前戦後を通じ、日本の近代期に西洋式ホテルのライフスタイルを具現化してきたクラシックホテル。その代表として知られるのが、ホテルニューグランドだ。日本の開港の地となった山下公園の目の前という立地が横浜の迎賓館としての歴史を物語っている。同ホテルの開業は昭和2（1927）年で、設計は銀座の和光などを手がけた建築家の渡辺仁によるもの。エレガントなヨーロピアンテイストのフォルムは目に映え、平成4（1992）年には横浜市認定歴史的建造物として登録された。歴代の宿泊客には、チャーリー・チャップリンやベーブ・ルース、マッカーサー元帥などの世界のVIPや要人がいる。このホテルの厨房からは多くの名調理人が輩出され、横浜から数々の洋食メニューを日本中に広めてきた。横浜ならではの固有の歴史を感じさせる唯一無二のホテルである。

### 震災後に計画された ホテル誕生秘話

　かつて日本と外国との往来の手段が船だった頃、横浜港は日本の玄関口だった。当然、明治・大正期の横浜港周辺には、多くのホテルが軒を連ねていた。ところが、大正2（1913）年9月1日の関東大震災は横浜を瓦礫の町に変えた。その後、横浜市は復興にあたって、外国客を受け入れるのにふさわしい新しいホテル建設計画を立ち上げ、昭和2（1927）年12月1日、ホテルニューグランドは開業に至る。新ホテルの名称は横浜市民から公募されたという。

開業当時のホテル全景。新しい横浜のシンボルとなった

**MAP** 別冊P.28-B2

🏠横浜市中区山下町10　📞045-681-1841　💳ADJMV
**IN** 14:00　**OUT** 11:00　**室**238　**交**みなとみらい線元町・中華街駅山下公園口1番出口から徒歩1分

info 日本国内のクラシックホテルとしては、ホテルニューグランドのほかに日光金谷ホテル、富士屋ホテル、万平ホテル、奈良ホテル、東京ステーションホテル、蒲郡クラシックホテル、雲仙観光ホテルが知られる。

当時マッカーサー元帥が使用したライティングデスクと椅子が残されている

**歴史を物語る315号室**
# マッカーサーズスイート

濃いサングラスにコーンパイプ姿でおなじみのダグラス・マッカーサー元帥は、戦後最初にホテルニューグランドに宿泊したVIP。連合軍最高司令官のマッカーサーは昭和20（1945）年8月30日、厚木飛行場に降り立ったあと、すぐにホテルニューグランドに向かったという。連合国軍最高司令部の最初の滞留地を横浜に決めたのは、戦火を逃れたホテルニューグランドが進駐軍の滞在地としてふさわしいとの思いから。マッカーサーが宿泊した横浜港に面した315号室はマッカーサーズスイートとして今も人気が高い。

❸本館大階段の先には開業時より変わらない優美なロビーが広がる ❹横浜港の眺めが楽しめるタワー館高層階のグランドクラブフロア「ベイビューハリウッドツイン」

**美食と景観を堪能するひとときを**
# パノラミックレストラン ル・ノルマンディ

タワー館5階にある本格フランス料理店。フランス人デザイナー、P・イヴ・ローションによる1930年代風インテリアは劇空間を演出し、窓の向こうには横浜らしい海と港町の風景が広がる。ここで味わえるのは初代総料理長のサリー・ワイルから継承するフランス料理を現代風にアレンジしたメニューの数々。国産牛フィレ肉と牛頬肉をそれぞれいちばんおいしい調理法で提供するスペシャリテ「食いしん坊の一皿」は一度に両方を味わえるおすすめの一品だ。豪華客船を思わせる個室もあり、特別な時間を過ごすことができる。

窓の外に広がる美しいパノラマとともに食事が楽しめるタワー館5階パノラミックレストラン「ル・ノルマンディ」

info 館内レストラン：本館1階に「イタリアンレストラン イル・ジャルディーノ」や「コーヒーハウス ザ・カフェ」「ロビーラウンジ ラ・テラス」、「バー シーガーディアンII」、本館5階に「京料理 熊魚菴 たん熊北店」がある。

# クラシックホテルに泊まろう

ゆったりとした
時の流れを感じながら、
非日常空間がここにある

唐破風屋根の玄関ポーチ、左右に八角平面の突出部を造り正面性を強調した本館の外観

## 日本にしかありえない造形美

### 富士屋ホテル
ふじやほてる

　箱根宮ノ下温泉にある富士屋ホテルは、もうひとつの神奈川のクラシックホテルだ。外国客を意識した洋風の意匠を基調にしつつ随所に和風の意匠を加味した本館が有名で、このような斬新な造形美は日本にしかありえない。その後、増築された3つの個性的な宿泊棟は、それぞれの時代の特徴を取り入れながら、数々の改築を経て壮大な建築群となり、平成9（1997）年には登録有形文化財に指定された。そして、2年以上に及ぶ大改修を経て、2020年、新生富士屋ホテルが誕生。フォレスト・ウイングのスパに新設されたリラクゼーション「禅」は寺院をイメージした和の空間で、癒やしのひとときを提供している。箱根外輪山の雄大な景色を望みながら、名湯につかり、心身ともにリラックスして過ごしたい。

**MAP** 別冊P.45-D3
🏠 足柄下郡箱根町宮ノ下359 ☎ 0460-82-2211
💳 ADJMV 🕒 15:00 🕚 11:00 🛏 120 🚃 箱根登山鉄道宮ノ下駅から徒歩7分

🛁🍴🛏🏯🚻🌿

### 思い出深い滞在のために
## 「ホテル・ミュージアム」

　開業は明治11（1878）年。創業者の山口仙之助は明治の幕開けにいち早く渡米。慶應義塾大学を卒業後、福沢諭吉のすすめで箱根の旅館を買い取り、外国客相手のインバウンドホテルに改造した。とりわけ本館の外観は外国人にとって異国趣味を堪能させた。同ホテルの歴史を知るには、2020年にリニューアルした「ホテル・ミュージアム」を訪ねるといい。ホテルの誕生から現在までの道のりを貴重な史料とともに紹介している。開業から145年という時間を振り返ることで、富士屋ホテルでの滞在がより思い出深いものとなるだろう。

外国人のみならず日本人の心も虜にする竣工当時の富士屋ホテル本館

info 山口仙之助（1851〜1915年）が箱根宮ノ下を選んだのは、富士山が近く、外国客の避暑地としてふさわしい冷涼な気候であることに加え、良質な温泉が出たため。パンや肉類を小田原から取り寄せるなど洋式サービスを提供した。

❶花御殿地下1階にある屋内プール「マーメイド」は日本初の天然温泉プール。往時をしのばせるノスタルジックな雰囲気が魅力 ❷本館ロビーのたたずまいはクラシック映画のワンシーンに紛れ込んだような気分にさせる ❸ヨーロピアンなしつらえがエレガントな「西洋館ヒストリックデラックスツイン」 ❹各国のVIPから愛された「花御殿ヘリテージルーム菊」。天井や欄間などに彫刻が施されている

富士屋ホテルを象徴する歴史あるレストラン

## メインダイニングルーム・ザ・フジヤ

昭和5 (1930) 年より90年以上にわたって親しまれてきた。朝食はフルサービスブレックファスト、ランチとディナータイムは創業当時のレシピを受け継ぐフレンチを提供。日本アルプスの高山植物636種が描かれた高さ6mの格天井、欄間や柱にひそむさまざまな彫刻が会食時の気分を高めてくれる。

歴史の記憶を刻む
## 4つの異なる宿泊棟

リニューアルによってノスタルジックな趣を残しながらも快適性を高めた個性派宿泊棟を紹介。

### 本館
明治24 (1891) 年建築

富士屋ホテルの顔で、和と洋が融合したしつらえが特徴（全12室）。明治から昭和にかけての増築や改造を経て新旧が混在している。クラシックホテルならではの非日常の空間。

### 西洋館
明治39 (1936) 年建築

明治の洋風建築の典型でヨーロピアン調の気品あるしつらえ（全21室）。天井や軒、階段の装飾、鎧戸付きの上げ下げ窓や豪華な唐破風の玄関が存在感を放っている。

### 花御殿
昭和11 (1936) 年建築

富士屋ホテル建築の集大成。華麗な和風の意匠や複雑な屋根、赤い高欄付きのバルコニーによる独特なデザイン。客室はそれぞれ花の名前で呼ばれ、内装に花のモチーフがちりばめられている。

### フォレスト・ウイング
昭和35 (1960) 年建築

富士屋ホテルの客室棟のうち、最も新しく、装飾の少ない外観や同型の客室が整然と並ぶ構成はそれまでの同ホテル建築とは異なり、外観も内装も現代的なものだ。

info 富士屋ホテルには源泉が4ヵ所あり、全客室(120室)のバスルームで宮ノ下温泉の源泉を楽しめる。各室ごとにそれぞれ異なるモダンなデザインのバスルームが特徴だ。

# 横浜港&みなとみらい地区のホテル

横浜港からみなとみらいにいたるエリアは、横浜市内観光の中心地。夜まで楽しめる施設やお店も多く、このエリアに滞在すればリゾート気分が味わえる。ビューやレストランが自慢のラグジュアリーホテルもひしめく注目エリアだ。

### 異文化の融合を体現したステイ
はいあっとりーじぇんしーよこはま
## ハイアット リージェンシー 横浜

❶山下公園や中華街といった観光スポットや神奈川県庁などのビジネスエリアも近い ❷ツインルーム ❸創作イタリアンのスペシャリティレストラン「ミラノ・グリル」

開港の地にちなんだEast meets Westというコンセプトを掲げ、日本の伝統美と西洋デザインを融合させたラグジュアリーホテル。黒を基調とした落ち着いた室内で目を引くヘッドボードの屛風は武家の風習にインスパイアされている。館内には、創作イタリアンと豪華客船をイメージしたブッフェダイニングのふたつのレストランがある。バーラウンジやホテルメイドのスイーツやパンを販売するペストリーショップ、豪華チャペルも。

**MAP** 別冊P.28-A1
🏠 横浜市中区山下町280-2
☎ 045-222-0100
💳 ADJMV 🕒15:00 🕙11:00 🛏315
🚃 みなとみらい線日本大通り駅から徒歩3分

❶港と町の両方を望む2シングル スイート パノラマビュー ❷ヨットの帆をイメージした外観

### 海際からの港町の眺望を楽しめる
よこはまぐらんどいんたーこんちねんたるほてる
## ヨコハマ グランド インターコンチネンタル ホテル

ベイブリッジや横浜港を望むハーバービュー、赤レンガ倉庫や大観覧車を一望するシティビューと客室の眺望が選べる。ビュッフェなどレストランも多彩。

**MAP** 別冊P.23-C3
🏠 横浜市西区みなとみらい1-1-1 ☎ 045-223-2300 💳 ADJMV 🕒15:00 🕙11:00 🛏594
🚃 みなとみらい線みなとみらい駅から徒歩5分

### 日本一高い場所にある非日常ルーム
よこはまろいやるぱーくほてる
## 横浜ロイヤルパークホテル

横浜ランドマークタワー52階から67階に位置する客室から望むのは、空と眼下の町の非日常の光景だ。高さ277mの最上階の70階にはスカイラウンジ、68階には和洋中のレストランがある。

**MAP** 別冊P.23-C3
🏠 横浜市西区みなとみらい2-2-1-3 ☎ 045-221-1111 💳 ADJMV 🕒15:00 🕙11:00 🛏603
🚃 みなとみらい線みなとみらい駅から徒歩3分

❶スカイリゾートフロア「アトリエ」コーナーダブル ベイブリッジビュー ❷横浜ランドマークタワー内に位置する

横浜港＆みなとみらい地区のホテル

**港に面した隠れ家リゾート**
ざ・かはら・ほてるあんどりぞーと よこはま

# ザ・カハラ・ホテル＆リゾート 横浜

2020年にオープンしたハワイ・オアフ島の名門ブランドは、ハワイに滞在するようなTimeless Luxury（時を忘れるくつろぎ）を提供。客室のデザインコンセプトは、光を広く取り込む「クリスタルモダン」。メインダイニングはイタリアンで、貝殻に包まれたテーブル席は開放的でありながらプライベート感も演出。日本料理や鉄板焼がある。水庭に面し、水との一体感を感じさせる温水プールや、豪華絢爛なバンケットルームも印象的だ。

**MAP** 別冊P.23-C2
住 横浜市西区みなとみらい1-1-3
TEL 045-522-0008
CC ADJMV IN 15:00 OUT 12:00
客室 146 交 みなとみらい線みなとみらい駅から徒歩4分

❶クリスタルモダンなスイートルーム ❷貝殻に包まれたテーブルが演出。イタリア料理「OZIO」 ❸ガラス張りのモダンな外観

---

❶レギュラーフロアは6〜22階 ❷リゾート気分満喫のダイニング「カフェトスカ」 ❸みなとみらい駅に直結

**バルコニーからの眺めが最高**
よこはまべいほてるとうきゅう

## 横浜ベイホテル東急

みなとみらいの中心に位置するホテルで、客室の多くがバルコニー付きであることが特長。大観覧車を間近に、港からの風を感じながら、みなとみらいの風景が 望でき、春には眼下に桜並木が望める部屋もある。

**MAP** 別冊P.23-C3
住 横浜市西区みなとみらい2-3-7 TEL 045-682-2222 CC ADJMV IN 15:00 OUT 11:00 客室 480
交 みなとみらい線みなとみらい駅から徒歩1分

---

**健康志向のラグジュアリー空間**
うえすてぃんほてるよこはま

## ウェスティンホテル横浜

世界最大のホテルチェーン、マリオット・インターナショナルが2022年6月に開業。穏やかな睡眠を約束してくれる「ヘブンリーベッド」を全客室に設置。5ヵ所の飲料施設やスパ、室内プール、フィットネスを楽しむウェルネスフロアも魅力。

**MAP** 別冊P.22-B3
住 横浜市西区みなとみらい4-2-8 TEL 045-577-0888 CC ADJMV IN 15:00 OUT 12:00 客室 373
交 みなとみらい線みなとみらい駅から徒歩6分

❶エグゼクティブスイート ❷シックなグリル料理「アイアン・ベイ」は23階 ❸客室は13〜22階にある

# シーサイドホテル

富士山の眺望が美しい三浦半島から湘南に至る相模湾沿いには、大小規模の異なるビーチリゾートが点在している。海まで歩いていけるのが、シーサイドホテルの最大の魅力。朝早起きして、波打ち際を散歩しよう。

### 新コンセプトのスパを体験したい
おおいそぷりんすほてる
## 大磯プリンスホテル

　2017年にリニューアルオープンした老舗リゾート。大人のための「日常から解放された、ゆらぎの旅」をコンセプトとした温泉・スパ施設「THERMAL SPA S.WAVE」が誕生。自然の恵みを五感で感じ、移り変わる風景に身をゆだね、癒やされていく。客室は湘南の海を満喫できるオーシャンビューと丹沢の山並みが見渡せるマウンテンビュー。ダイニングは和洋中が楽しめる。おなじみの全長500mの流れるプールや波のプールなど、夏休みの家族のお楽しみが待っている。

**MAP** 別冊P.9-D1
住 大磯町国府本郷546
TEL 0463-61-1111
CC ADJMV IN 15:00 OUT 11:00 室 305
交 JR大磯駅から車で約7分

①大磯ロングビーチ ②ダイニングはビュッフェ形式 ③江の島まで見渡せる ④オーシャンビューツイン

---

### 富士山を望み何もしない贅沢をかなえるリゾート
まりぶほてる
## マリブホテル

　湘南の海に囲まれプレジャーボート・ヨットが停泊するリビエラ逗子マリーナの一角にたたずむわずか11室、50平方メートル以上のオールスイートのスモールラグジュアリーホテル。マリブの風を感じる設えは客室ごとに異なる上質な空間で「何もしない贅沢な時間」を過ごせる。ディナーは「旬を味わう」がコンセプトのモダンイタリアン「リストランテAO」で。相模湾で水揚げされた魚介類や希少な葉山牛が味わえる。クルーズやインルームスパなどのアクティビティも充実。リビエラ逗子マリーナ内には2022年に近未来デザインのトレーラーホテル『スペースキーポイント』（→P.418）が三浦と同時オープン。

**MAP** 別冊P.17-D3
住 逗子市小坪5-23-16 リビエラ逗子マリーナ内 TEL 0467-23-0077
CC AJMV IN 15:00 OUT 11:00 室 11
交 JR逗子駅から車で9分

①江の島と富士山を望む ②「リストランテAO」はオーシャンビュー ③日本初上陸の「マリブファーム」 ④映画のロケ地としても有名

◆ シーサイドホテル

全室オーシャンビューのくつろぎ

かまくらぷりんすほてる
## 鎌倉プリンスホテル

すべての客室がオーシャンビューで、客室により、相模湾や江の島、晴れた日には富士山や伊豆大島を望める。鎌倉観光とビーチリゾートの両方が一度に体験できる魅力的な宿だ。地元の食材を使用したフランス料理「レストラン ル・トリアノン」と鉄板焼きの「御曹司きよやす邸」がある。

**MAP** 別冊P.16-B3
🏠 鎌倉市七里ガ浜東1-2-18
☎ 0467-32-1111
💳 ADJMV 🕒15:00 🕛12:00 🛏97
🚉 江ノ電七里ヶ浜駅から徒歩8分

❶渚100選に選ばれた絶景のロケーション ❷海が一望できる「レストラン ル・トリアノン」 ❸江の島が見えるツインルームA

---

海辺の癒やし系ホテル

ほてるあおかまくら
## HOTEL AO KAMAKURA

ルーフテラスから江の島が一望でき、湘南の海の青さに癒やされる海辺のホテル。客室は潮風が通り抜ける中庭から弧を描くように配された4タイプ。トーンの異なる日本の青の伝統色が各室の名称となっている。地元のそばの名店「鎌倉 松原庵」による地野菜や魚介を使った料理が評判。

**MAP** 別冊P.16-A3
🏠 鎌倉市腰越3-1-7
☎ 0467-55-5512
💳 AJMV 🕒15:00 🕛11:00 🛏16
🚉 江ノ電腰越駅から徒歩2分

❶夕景の海が映えるホテルの外観 ❷海が望めるスーペリアルーム
❸朝食が充実している1階のダイニング「鎌倉 松原庵 青」

---

海を泳いでいる気分になる

はやまうみのほてる
## 葉山うみのホテル

プライベート空間のホテル客室と、気軽なキャビンタイプを備える海と山に囲まれたオーシャンビューが魅力のホテル。海岸までは歩いてたったの30秒だ。レセプションを兼ねたカフェ&バーは吹き抜けで、開放感たっぷり。宿泊しなくても地産食材を使ったカレーやフォーはぜひ味わいたい。

**MAP** 別冊P.14-B3
🏠 葉山町堀内251-1 ☎ 046-854-7411
💳 ADJMV 🕒15:00 🕛11:00 🛏61
🚉 JR逗子駅から葉山行きバスで清浄寺下車、徒歩すぐ

❶SANDBARは宿泊客以外も利用できるカフェ&バー ❷海の見える温泉「HORIZON ONSEN」 ❸オーシャンスーペリアルーム

# こだわりの温泉宿

箱根の山々を見渡す絶景の露天風呂、滋味豊かな地元食材を使った懐石料理、歴史あふれる建築や客室の美しさと重厚さ、客室数を絞り込んだ隠れ家宿など、深い自然にたたずむ厳選されたこだわりの宿たち。

## 四季の表情を感じさせる竹林の温泉宿

しきのゆざしき むさしののべっかん
### 四季の湯座敷 武蔵野別館

箱根宮ノ下温泉の高台に建ち、竹林に囲まれた静寂の宿。箱根外輪山が一望でき、新緑の春、涼風の夏、紅葉の秋、雪渓の冬と四季折々の表情が体感できる各種露天風呂がある。総檜造りで吹き抜けの高い天井、開放感あふれる「端午の湯」や「雛の湯」、早雲山や蛇骨渓谷の眺めが絶景の「蛇骨の湯」や「梢の湯」。アロマテラピーを体験できる「Hortensia SPA」もある。隔月ごとに旬の素材を厳選して提供する懐石料理のうち、「活き鮑の踊り焼き」は評判。朝食では自家製豆腐を使った「湯の花豆腐」が名物となっている。

宮ノ下駅から送迎あり

**MAP** 別冊P.45-D3
🏠 箱根町宮ノ下425-1
☎ 0460-82-4341
💳 ADJMV 🛏 15:00 🕚 11:00 🛌 20
🚉 箱根登山鉄道小涌谷駅から徒歩12分

❶「端午の湯」 ❷正面玄関にある輪島塗の衝立『菖蒲』は丸山高志氏による作品 ❸湯に映り込む外界の自然

❶明治初期建造の旧館「萬翠楼」の外観 ❷明治棟「金泉楼」20号室 ❸大浴場の「一円の湯」

## 箱根屈指の歴史宿

ばんすいろうふくずみ
### 萬翠楼福住

創業は寛永2（1625）年。江戸時代から湯治客に親しまれた歴史ある宿。明治時代には伊藤博文、木戸孝允、福沢諭吉など、数多くの政治家や著名人が逗留したことでも知られている。明治初期建造の旧館「萬翠楼」と「金泉楼」は日本と西洋の意匠を融合した擬洋風建築で、国の登録有形文化財。なかでも明治初期に建てられた「萬翠楼 壱拾五（15）号室」は江戸から明治期の絵師による富士山や花などを描いた天井画が48枚あり、迫力がある。湯本でも希少な自噴式の源泉を単独管理し、透明度が高い湯は「真綿にくるまれるよう」と評されるほど浸かり心地がいい。大浴場の「一円の湯」の露天風呂を一新し、より開放的な雰囲気になった。

**MAP** 別冊P.43-C2
🏠 箱根町湯本643
☎ 0460-85-5531
💳 ADJMV 🛏 15:00 🕚 11:00 🛌 15
🚉 箱根登山鉄道箱根湯本駅から徒歩5分

箱根寄木細工をテーマにした客室も

## 界 箱根
かい はこね

　星野リゾートの温泉旅館ブランド「界」の箱根湯本温泉の宿。全客室から湯坂山と須雲川の清流が望める。館内は箱根寄木細工の器や掛け軸、家具を取り入れ、箱根に息づく文化を伝えている。

**MAP** 別冊P.42-B2
🏠 箱根町湯本茶屋230　📞 050-3134-8092
💳 ADJMV　**IN** 15:00　**OUT** 12:00　🛏 32
🚌 箱根登山鉄道箱根湯本駅から元箱根港行きバスで葛原下車、徒歩すぐ

❶開放的な半露天風呂　❷「箱根寄木の間」の客室　❸鮑と牛鍋を味わう極み会席　❹箱根旧街道沿いの歴史を感じさせる

---

高原のアトリエ温泉旅館

## 界 仙石原
かい せんごくはら

　標高700mの仙石原高原の雄大な自然に抱かれた「アトリエ温泉旅館」。館内には国内外のアーティスト12名がこの宿で描いた作品を展示。全室露天風呂付きの客室で、四季の移ろいを感じたい。

**MAP** 別冊P.44-B2
🏠 箱根町仙石原817-359
📞 050-3134-8092
💳 ADJMV　**IN** 15:00　**OUT** 12:00　🛏 16
🚌 箱根登山鉄道強羅駅から車で15分

❶白濁した湯を楽しむ大浴場　❷アート作品が展示されるアトリエの間
❸秋冬の特別会席「雲丹と牛のすき鍋」　❹薄暮にたたずむ宿の全景

---

8組限定の宮ノ下の隠れ宿

## 箱根 時の雫
はこね ときのしずく

　1日8組のための箱根宮ノ下の隠れ宿。すべての部屋にヒノキ造りの露天風呂を備え、滞在中はほかの客と接することはほぼない。四季の湯座敷 武蔵野別館（→P.414）と隣接し、同館の大浴場が利用可。

**MAP** 別冊P.45-D3
🏠 箱根町宮ノ下416
📞 0460-82-4343
💳 ADJMV　**IN** 15:00　**OUT** 12:00　🛏 8
🚌 箱根登山鉄道小涌谷駅から徒歩12分

❶露天風呂　❷和と洋のよさを融合させたプリュミエスイート　❸地元足柄牛のローストビーフ　❹案内看板は掲示していないので注意

# こだわりの温泉宿

❶半露天風呂 ❷スタンダードルーム（山側）❸レストラン「KOHAKU S」❹箱根の自然が楽しめる「森のテラス」

## 大人のための隠れ家宿
### 箱根久織亭
はこねくおりてい

　箱根・仙石原の静かな路地にたたずむ大人のカップル向けの客室数5室、定員13名の隠れ家的な温泉宿。大涌谷温泉からの引湯で血行によく湯冷めしにくい酸性泉で、皮膚の疾患にもよい。内部屋風呂付期の客室と大浴場を専用風呂として利用する客室がある。箱根西麓でとれた地野菜や旬の素材を生かしたフレンチシェフによるオリジナルコースが味わえる。天気がよい日はゆっくりと本を読んで過ごせる「森のテラス（Forest terrace）」は快適だ。

**MAP** 別冊P.44-A1
🏠箱根町仙石原830-6
☎0460-83-8542
💳ADJMV　IN15:00　OUT11:00　🛏5
🚃箱根登山鉄道強羅駅から車で15分

---

❶女性大浴場にある信楽焼の露天風呂 ❷飛騨の職人の手による特別仕様の客室 ❸館内は素足で過ごせる

## 扇を広げたような華やぎの宿
### 強羅花扇
ごうらはなおうぎ

　木々が香るロビーでは千本格子をモチーフとした和風のシャンデリアがお出迎え。箱根の山々の眺望を見渡せる露天風呂の赤みを帯びたお湯は珍しい重曹泉で、美肌泉質といわれる。

**MAP** 別冊P.45-C3
🏠箱根町強羅1300-681　☎0460-87-7715
💳ADJMV　IN15:00　OUT11:00　🛏20
🚃箱根登山ケーブルカー早雲山駅を下車後、直通エレベーターで3分

---

## 7つの湯巡りが楽しめる
### 湯河原温泉 ふきや旅館
ゆがわらおんせん ふきやりょかん

　湯河原の美しい山々を望む3つの貸切風呂と岩造りの露天風呂など7つの湯巡りが楽しめる宿。数寄屋造りの和のしつらいのなか、畳にベッドを配するなど、客室は個性豊かな7タイプに分かれる。

**MAP** 別冊P.48-A2
🏠湯河原町宮上398　☎0465-62-1000
💳ADJMV　IN15:00　OUT10:30　🛏20
🚃JR湯河原駅から車で8分

❶ヒノキを使った3階の貸切展望露天風呂 ❷檜風呂の内湯付き客室 ❸旬の山海の幸を取り合わせた八寸

◆こだわりの温泉宿

❶客室露天風呂から湯坂山が眺められる　❷貸切温泉風呂「川音（かわと）の湯」　❸静閑な奥湯本にある温泉宿

## リニューアルで非日常感を演出

### はつはな

　須雲川沿いの温泉宿で、2022年9月にリニューアル。全室拡張し、2つの大浴場やプライベート感のある4つの貸切風呂、相州牛など地元食材を取り入れたモダン懐石が人気。

**MAP** 別冊P.42-B3

住箱根町須雲川20-1　TEL0460-85-7321（10:00〜19:00）　CCADJMV　IN15:00　OUT11:00　室35

交箱根登山鉄道箱根湯本駅から元箱根港行きバスでホテルはつはな前下車（ホテル無料送迎車あり）

## 歴史建築をモダンに蘇らせた宿

### 箱根・翠松園
はこね・すいしょうえん

　大正時代に三井財閥の別荘として建てられた翠松園を料亭として蘇らせ、時代の香りを残しつつ、間取りやデザインがそれぞれ異なる現代的な客室を備えている。SPAやバーで大人の時間を過ごせる。

**MAP** 別冊P.45-D3

住箱根町小涌谷519-9　TEL0570-0117-22　CCADJMV　IN15:00　OUT11:00　室23　交箱根登山鉄道箱根湯本駅から箱根町港行きバスで小涌園下車、徒歩3分

❶全客室に源泉掛け流しの露天風呂が完備　❷ラグジュアリースイート　❸大正14（1925）年に建てられた

## 自然のゆらぎに癒やされる

### 箱根リトリート villa 1/f
はこねりとりーと　ゔぃらえふぶんのいち

　「villa 1/f」の由来の「1/f（ワンバイエフ）」はリラクゼーション効果に共通した波長の法則「ゆらぎ」のこと。暖炉の火や温泉の湯気、風、そよぐ木々、水音、鳥や虫の声など、目で耳で肌で自然の癒やしに浸ることができる。仙石原の森の地形を生かした全11室に暖炉と温泉が付く独立したプライベートヴィラは各室ごとに間取りや異なる癒やしのテーマがある。ダイニングは数寄屋造りの老舗旅館を改装した「料亭 俵石」やカフェがある。企業研修やワークショップ、ヨガのパーティに使えるカンファレンスルームもある。

**MAP** 別冊P.44-B1

住箱根町仙石原1286-116

TEL0460-83-9090

CCADJMV　IN15:00　OUT11:00　室11

交箱根登山鉄道箱根湯本駅から仙石原方面行きバスで俵石・ガラスの森下車、徒歩5分

❶ガラスの森美術館に近い　❷温泉の湯気や風、水音、鳥や虫の声など目と耳、肌で癒やされる　❸露天と半露天、室内温泉のタイプがある

# おしゃれプチリゾート

　神奈川県のプチリゾートの魅力は、温泉やビーチなど、舞台もそれぞれ、最先端のおしゃれ体験ができること。日本初上陸のトレーラーホテルや温泉ゲストハウスなど、スタイルもさまざまだ。

**トレーラーホテルで海のグランピング**

すぺーすきーぽいんと りびえらしーぼにあまりーな

## スペースキーポイント
## リビエラシーボニアマリーナ

　三浦半島最南端、富士山を望むヨットマンの聖地、リビエラシーボニアマリーナ内にある近未来デザインのトレーラーホテル。「自然と同期する」をコンセプトに、客室には一面ガラスを採用。プライベートテラスに設置されたバーデプールで寛ぎ、非日常空間を満喫できる。宿泊者限定の絶景テントサウナで身体を温めた後は、マリーナと富士山を眺めながらの外気浴で極上のととのい時間を過ごせる。隣接する小網代湾を周遊するシーカヤック&クルージングなどのアクティビティも豊富。逗子でも同施設を楽しめる。

**MAP** 別冊P.18-B2

🏠三浦市三崎町小網代1286 リビエラシーボニアマリーナ内　☎046-884-1006
💳AJMV　🅸🅽14:00　OUT10:00　🛏5
🚉京急線三崎口駅から車で10分

❶日本初上陸のトレーラーホテル　❷「自然と同期する」がコンセプト　❸眺望にこだわり一面ガラス窓を採用　❹夕食後はスウェーデントーチで火を囲みながら語らう　❺地野菜や鮮魚でBBQ　❻宿泊者限定のテントサウナ。ヨット越しの富士山を望む極上のととのい時間

宿泊

◆おしゃれプチリゾート

### 「暮らす」デザイナーズホテル
### HOTEL PLUMM横浜
ほてる ぷらむよこはま

　横浜らしいスタイリッシュな空間を追求したホテル。ミニマムでシンプルなスタンダードと北欧モダンアートをテーマとしたデザイナーズなど、タイプの異なる客室が魅惑的。ヨーロッパ家具で統一されたリュクスなインテリアが、デザイナーズホテルらしいパーティやウエディングを演出してくれる。

**MAP** 別冊P.13-C2
住 横浜市西区北幸2-9-1
TEL 045-314-3111
CC ADJMV　IN 14:00　OUT 11:00　料 154
交 横浜駅西口から徒歩5分

❶「眠りのコンシェルジュ」のシモンズ製ベッド使用　❷カフェ&バー「tobago café&bar」の朝食に注目　❸わくわくするエントランス

### 江の島が一望できる人気のリゾート
### BREATH HOTEL
ぶれす ほてる

　江の島を一望できるバブルバス&ミストサウナ付きオーシャンビューの客室と快適なアメニティ、極上エステなどが体験できる女性に人気のリゾートホテル。心と体に優しいオーガニックディナーとともに、客室で食事を楽しめるインルームダイニングメニューも充実している。江ノ電に乗って訪れよう。

**MAP** 別冊P.34-A1
住 藤沢市鵠沼海岸1-7-11
TEL 0466-47-7722
CC ADJMV　IN 15:00　OUT 12:00　料 21
交 江ノ電湘南海岸公園駅から徒歩15分

❶オーシャンプレミアムスイートルーム　❷大迫力の映像に包まれるプロジェクションマッピングルーム　❸ビーチから徒歩5分

### ふかふかの和布団でくつろぐ
### HAKONE TENT
はこね てんと

　古旅館を2014年6月に改装して生まれた温泉付きゲストハウス。内湯はふたつ、石風呂は予約制、ヒノキ風呂は空いていればいつでも利用可能だ。温泉に浸かったあとは併設のバーでお酒を楽しみ、和室のふかふか和布団で休むという趣向。キッチンとバルコニー付きの一棟貸切別館もある。

**MAP** 別冊P.45-D2
住 箱根町強羅1320-257
TEL 0460-83-8021
CC AJMV　IN 15:00　OUT 10:00　料 10
交 箱根登山鉄道強羅駅から徒歩3分

❶大涌谷から引かれる白濁の源泉掛け流し　❷2名用和室
❸HAKONE TENT BARはピザが評判

# コスパ抜群！ シティホテル

基本は宿泊特化型のリーズナブルな価格帯だが、デザインやサービスも高品質の次世代型ホテルが急増中。客室、ダイニング、景観など、観光だけでなく、こだわりのホテルステイも楽しめる。

❶客室は10階から ❷落ち着いた色使いの内装のスタンダードツイン ❸ビストロチャイナ「アンコール」

### コンセプトは時空のワープ
よこはまとうきゅうれいほてる
## 横浜東急REIホテル

2020年6月開業の東急のライフスタイルホテル。「REI」はリラックス、エンジョイ、インプレッシブから。こだわりのある客室と、中華と洋食をアレンジした新感覚メニューのレストランも人気。

**MAP** 別冊P.22-B2

🏠 横浜市西区みなとみらい4-3-6 ☎ 045-663-0109 💳 ADJMV 🕒 15:00 🕙 10:00 🛏 234

🚃 みなとみらい線新高島駅から徒歩2分

---

### 駅に近く眺めも楽しめるホテル
にゅーおーたにいんよこはまぷれみあむ
## ニューオータニイン横浜プレミアム

「横浜シティリゾート」がテーマの次世代型INNで全館完全禁煙。3階の「下町 DINING & CAFE THE sea」は横浜生まれの下町洋食メニューが味わえる洋食レストラン。

**MAP** 別冊P.24-A1

🏠 横浜市中区桜木町1-1-7
☎ 045-210-0707 💳 ADJMV 🕒 15:00 🕙 11:00
🛏 240 🚃 桜木町駅から徒歩1分

❶横浜港やみなとみらいが望める快適な客室 ❷客室は10〜19階、フロントは3階

---

### 歴史を感じさせる重厚なホテル
だいわろいねっとほてるよこはまこうえん
## ダイワロイネットホテル横浜公園

1938年建築の歴史的建造物ストロングビルを復元した重厚なスタイリッシュホテル。山下公園や中華街、元町へのアクセスも良好で、ビジネスにも観光にも便利。デスクワークに最適。

**MAP** 別冊P.25-C2

🏠 横浜市中区山下町204-1 ☎ 045-664-3745
💳 ADJMV 🕒 14:00 🕙 11:00 🛏 292
🚃 関内駅南口から徒歩7分

❶デスクワークに対応できる、明るい照明ワイドデスク ❷朝食は洋食メインのビュッフェ式 ❸向かいは横浜公園

❶レギュラータイプの客室は和室にローベッド ❷照度を抑えた明かりで、ガス灯がともった1872年当時の明るさを再現

### 旅館スタイルのホテル
ぷろすたいるりょかん よこはまばしゃみち
## プロスタイル旅館 横浜馬車道

現代の「まちなか旅館」で、モダンなデザインの客室は全室畳敷き。ダイニングでは熟成した牛タンの旨味を楽しめる。

**MAP** 別冊P.24-B2

🏠 横浜市中区常盤町5-64 ☎ 045-662-2222
💳 AJMV 🕒 15:00 🕙 11:00 🛏 94
🚃 関内駅から徒歩3分

❶港の風景を楽しめる部屋もある　❷港の景観とともに朝食を楽しめる　❸ホテル外観

## 横須賀の港が見渡せるホテル

めるきゅーるほてるよこすか

## メルキュールホテル横須賀

　丹下健三氏が設計した複合施設「ベイスクエアよこすか」に入るホテル。横須賀港の景観を希望する場合は「ベイビュー」を予約すること。

**MAP** 別冊P.35-C3

🏠 横須賀市本町3-27　📞 046-821-1111
💳 ADJMV　**IN** 14:00　**OUT** 11:00　🛏 160
🚶 JR横須賀駅から徒歩7分、京急線汐入駅から徒歩1分

## 観光に便利なホテル

ほてるめとろぽりたん かまくら

## ホテルメトロポリタン 鎌倉

　鎌倉駅から徒歩約2分、若宮大路に面したホテル。足元まである大きな窓からは鎌倉らしい景色を楽しめる部屋など、13種のタイプがある。市内各地の見どころへのアクセスにも便利。

**MAP** 別冊P.31-C3

🏠 鎌倉市小町1-8-1　📞 0467-60-1111
💳 ADJMV　**IN** 15:00　**OUT** 11:00　🛏 138
🚶 鎌倉駅東口から徒歩2分

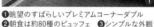

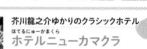

❶眺望のすばらしいプレミアムコーナーダブル
❷朝食は約80種のビュッフェ　❸シンプルな外観

❶本館の洋室ツインルーム　❷趣のある本館の外観　❸時代を感じさせるホテル内

## 芥川龍之介ゆかりのクラシックホテル

ほてるにゅーかまくら

## ホテルニューカマクラ

　芥川龍之介にゆかりのある大正中期創業のホテルで現在は鎌倉市の景観重要建築物に指定されている。素泊まりのホテルとなっており、建物は本館、新館、離れに分かれ、客室は洋室と和室がある。

**MAP** 別冊P.30-B3

🏠 鎌倉市御成町13-2　📞 0467-22-2230
💳 ADJMV　**IN** 15:00　**OUT** 10:00　🛏 21
🚶 鎌倉駅西口から徒歩1分

## 立地条件がすばらしい

あぱほてるあんどりぞーと〈よこはまべいたわー〉

## アパホテル&リゾート〈横浜ベイタワー〉

　赤レンガ倉庫やコスモワールド、横浜中華街などに近く、ロケーションは抜群。また、多様な部屋タイプがあり、一部の客室から赤レンガパークの景観を楽しめる。

**MAP** 別冊P.24-B1

🏠 横浜市中区海岸通5-25-3　📞 0570-055-111　💳 ADJMV　**IN** 15:00　**OUT** 10:00
🛏 2311　🚶 桜木町駅から徒歩9分

❶スタンダードツインルーム　❷朝食・ブランチ
❸ホテルは運河沿いに建つ

# 箱根&湯河原 特選温泉旅館

神奈川県屈指の人気と認知度を誇る、箱根と湯河原エリア。自然やアートなどのレジャーを楽しんだり、温泉宿でひたすらのんびりリフレッシュしたり、さまざまな過ごし方ができる。ここでは2大名湯の特選温泉宿をご紹介。

オールインクルーシブな滞在なら

## ⟪−sen−湯河原
せんゆがわら

宿泊代にフリードリンクや軽食などのサービスが含まれ、「好きな時に、好きなだけ」というコンセプトが叶う湯宿。各客室の窓辺に設置された湯舟で、自家源泉の湯を時間を気にせず楽しめる。客室ワインセラーから選んだ好みのワインとシェフ特製のアペリティフボックスをプライベート空間で楽しめるのは至福のひとときだ。2種の貸し切りサウナを利用したあとにはミストラウンジでもフリードリンクをいただける。

**MAP** 別冊P.48-A2
🏠足柄下郡湯河原町宮上517 📞050-1791-5368 **IN**14:30 **OUT**10:30 💴1泊2食3万1900円〜 💳ADJMV 🛏21 **P**あり
🚃JR湯河原駅から不動滝・奥湯河原行きバスで公園入口下車、徒歩5分

❶見晴らしのよい「眺めの部屋」❷庭に面した温泉のある「中庭の部屋」❸夕食のメインディッシュ

---

❶芦ノ湖の大パノラマが広がる展望室 ❷クラシカルなラウンジ ❸つつじの湯 ❹男爵別邸から受け継いだ美しい庭園

富士山を望む芦ノ湖畔に建つクラシカルホテル

## 山のホテル
やまのほてる

昭和23(1948)年、旧岩崎男爵別邸跡地に創業した箱根屈指のクラシカルホテル。客室は芦ノ湖に向けて配置。"美肌の湯"といわれる天然温泉を満喫できる。

**MAP** 別冊P.41-D2
🏠足柄下郡箱根町元箱根80 📞0460-83-6321 **IN**15:00 **OUT**12:00 💴1泊2食2万9150円〜 💳ADJMV 🛏89 **P**あり 🚃箱根登山バス元箱根港から送迎あり

---

モダンな隠れ家で箱根の自然やアートに触れる

## ホテルインディゴ箱根強羅
ほてるいんでぃごはこねごうら

全客室に天然温泉風呂と、水着で入る男女共用大浴場を完備。客室には箱根の郷土文化からインスパイアされたアートワークが各所にちりばめられている。

**MAP** 別冊P.45-D2
🏠足柄下郡箱根町木賀924-1 📞0460-83-8310 **IN**15:00 **OUT**11:00 💴4万2206円〜 💳ADJMV 🛏98 **P**あり 🚃箱根登山鉄道強羅駅から徒歩9分。小田原駅からシャトルバス運行もあり

❶箱根の自然とアートが融合した客室 ❷❸全室プライベート温泉付き ❹エントランスはフォトスポットにも

**info** 気軽に立ち寄れる日帰り温泉なら湯河原「こごめの湯」がおすすめだ。男女別の大浴場と露天風呂を完備。軽食喫茶室や大広間の無料休憩室があり、散策後の疲れた体を癒やしてくれる。料金もリーズナブルで1名1100円と町営ならでは。

❶雄大な自然を満喫できる展望露天風呂 ❷食材の持ち味を生かした会席料理を個室食事処で ❸モダンな和洋室

## 箱根外輪山を望む雄大な景観に包まれる

### 山翠楼 SANSUIROU
（さんすいろう）

奥湯河原の渓谷にたたずむ、数寄屋造りの粋を集めた昭和8（1933）年創業の料亭旅館。料理は地のもの、旬のものを用いた会席料理を提供する。山の息吹を感じる自慢の展望露天風呂のほか、茶庭を望む露天風呂付き客室も。

**MAP** 別冊P.48-A2

住 足柄下郡湯河原町宮上673　TEL 0570-02-6577
IN 15:00　OUT 11:00　料 3万800円〜　CC ADJMV　室 57
P あり　交 JR湯河原駅から奥湯河原行きバスで終点奥湯河原下車、徒歩1分

## 非日常を体感できる趣きの宿

### 結いの宿 彌榮館
（ゆいのやどやえいかん）

箱根湯本の渓流沿いに位置し、駅からのアクセスも抜群だ。板前が全て手作りする月替わりの夕食、朝食ともに部屋でゆっくりいただける。自家源泉100%の湯は貸切露天や貸切風呂、男女別大浴場のほか7つの露天風呂付客室を用意。

**MAP** 別冊P.43-D2

住 足柄下郡箱根町湯本484　TEL 0460-85-5536
IN 15:00　OUT 10:00　料 1万5180円〜　CC AJMV
室 20　P あり　交 小田急箱根湯本駅から徒歩5分

❶リニューアルした露天風呂付き客室「瑞雲」 ❷須雲川に面した新客室「嵐山」 ❸月替わりの夕食

## 箱根七湯に数えられた芦之湯温泉の源泉を保有

### 松坂屋本店
（まつざかやほんてん）

寛文2（1662）年創業の老舗旅館。芦之湯温泉の湯量豊富な源泉を所有しているため加水、加温、循環など一切しない100%源泉掛け流しの湯を贅沢に堪能できる。硫黄泉、硫酸塩泉、炭酸水素塩泉の三大美肌効果をすべて含んだ稀有な泉質としても人気だ。客室は4000坪の敷地に趣きのある20部屋と、皇室ゆかりの離れを含む2つの特別室があり、木戸孝允と西郷隆盛との会見、小説家・獅子文六の逗留などさまざまな記録が残る。料理は箱根宿としてにぎわっていた文明開化の頃をイメージした宿場会席。どこか懐かしさのある味わいだ。

**MAP** 別冊P.21-C2

住 足柄下郡箱根町芦之湯57　TEL 0460-83-6511　IN 15:00　OUT 11:00　料 1泊2食4万1562円〜　CC ADJMV　室 22　P あり　交 箱根登山電車箱根湯本駅から箱根町港行きバスで東芦の湯下車、徒歩3分

❶"美容液のような湯"といわれるほどミネラルを豊富に含み、深緑色から白濁する ❷離れの和室「仰光荘」の露天風呂 ❸客室「雲井」

# 温泉県・神奈川の知られざる名湯宿

神奈川県内の温泉施設数は全国6位※であり、全国区の箱根や湯河原以外にも多くの温泉がある。ここでは名湯宿を7つピックアップして紹介する。
※環境省温泉地保護利用推進室発表の平成28年度都道府県別温泉利用状況

自然に囲まれた鶴巻温泉の名湯宿
### 元湯陣屋
もとゆじんや

東京から約1時間とアクセスのよい温泉宿。古くは鎌倉時代の武将和田義盛の所領で、大正7（1918）年に三井財閥の別荘「平塚園」が始まり。自然豊かな1万坪の庭園の中にあり、温泉は内湯、露天風呂ともに楽しめる。また、将棋や囲碁のタイトル戦を数多く開催していた歴史をもつことでも有名。温泉は世界有数のカルシウム含有量が特徴で、美肌効果やリウマチ、神経痛、外傷などに効くことで有名。食事付きの日帰り温泉プランもある。

**MAP** 別冊P.9-D1
🏠秦野市鶴巻北2-8-24　📞0463-77-1300
**IN**15:30　**OUT**11:00　**CC**ADJMV　🛏18
🚃小田急線鶴巻温泉駅から徒歩4分

❶露天風呂「山藤」❷元湯陣屋の入口。送迎時には陣太鼓の音が鳴らされる ❸貴賓室「松風」。部屋の名は源氏物語の巻名にちなみ名付けられている

❶男湯、女湯ともに総ひのき造り ❷名物料理「猪鍋」は秘伝の味噌だれで煮込んだもの。イノシシ肉は低脂肪で高タンパク

厚木の奥座敷に位置する七沢温泉のひとつ
### 元湯玉川館
もとゆたまがわかん

地元の人々が利用していた湯治場を整備して明治35（1902）年に現在の名前で開業。山本周五郎をはじめ、文人の利用も多い。胃腸病、神経痛、関節痛、婦人病などに効能がある。

**MAP** 別冊P.5-D3
🏠厚木市七沢2776　📞046-248-0002　**IN**14:00　**OUT**10:00　**CC**ADJMV　🛏8　🚃小田急本厚木駅から神奈川中央交通バス広沢寺温泉行き七沢温泉下車、徒歩1分

※シャワー、バスタブは一部の部屋のみ

温泉と地元の四季の食材を使った料理を楽しむ
### 七扇
ななおうぎ

美肌効果で有名な七沢温泉の名湯宿。客室はデザイナーズルームから古民家風まで、和洋両方が用意されており、露天風呂付きの部屋もある。露天風呂は15:30〜22:00の間貸切利用できる。

**MAP** 別冊P.5-D3
🏠厚木市七沢1811　📞046-248-0101　**IN**15:00
**OUT**11:00　**CC**JMV　🛏8　🚃小田急本厚木駅から神奈川中央交通バス七沢行きで七沢病院入口下車、徒歩7分

❶露天風呂付きデザイン客室 ❷御影石の湯船を使った大浴場

❶御影石と檜造りの貸切風呂「山色の湯」
❷客室は純和風数寄屋造り

## 武田信玄の隠れ湯として有名

かくれゆのさと しんげんかん
### かくれ湯の里 信玄館

武田信玄が負傷した配下の傷をこの温泉で癒やしたといわれる中川温泉の名湯宿。豊かな自然に抱かれており、心身ともに癒やされる。美肌効果のある高アルカリ性の温泉は、大浴場と露天風呂、貸切風呂の3タイプで楽しむことができる。

**MAP** 別冊P.4-B3

🏠 足柄上郡山北町中川577-6　📞 0465-78-3811
**IN** 15:00　**OUT** 10:00　**CC** ADJMV　🛏22　🚃 JR谷峨駅から送迎車で15分（宿泊客のみ・要予約）

❶離れの純和風客室　❷露天男湯「不動の湯」

## 国定公園のなかにある

ぎょくすいろう
### 玉翠楼

昭和初期に開発された広沢寺温泉にある温泉宿。強アルカリ天然水の沸かし湯で、滑らかな肌触りで疲労回復や美容に効能がある。風呂は男女別の露天風呂と内風呂が用意されている。

**MAP** 別冊P.5-D3

🏠 厚木市七沢2607　📞 046-248-0011　**IN** 15:00
**OUT** 10:00　**CC** MV　🛏15　🚃 小田急線本厚木駅から七沢行きバスで広沢寺温泉入口下車、徒歩15分（バス停から送迎あり）

※シャワー、バスタブは離れのみ

## タヌキが出迎えてくれる温泉宿

あつぎいいやまおんせん もとゆりょかん
### あつぎ飯山温泉 元湯旅館

小鮎川の東岸に建つ明治8（1875）年創業の温泉旅館。美肌効果のある強アルカリ泉の温泉を渓流露天風呂、たぬき風呂などで楽しめる。客室は純和風、食事は丹沢と相模湾で採れた山海の幸を使った四季折々の会席料理。

**MAP** 別冊P.5-D3

🏠 厚木市飯山4916　📞 046-242-0008　**IN** 15:00
**OUT** 10:00　**CC** MV　🛏19　🚃 小田急線本厚木駅から宮ヶ瀬・上飯山・上煤ヶ谷行きバスで飯山温泉下車、徒歩3分

❶飯山にはタヌキに関する昔話があり、それにちなんだ大浴場「たぬき風呂」　❷四季折々の食材を使った料理（夏）

## 温泉は源泉100％のかけ流し

かぶとゆおんせん さんすいろう
### かぶと湯温泉 山水楼

かぶと湯は関東大震災で湧き出した温泉で宿は山水楼1軒のみ。循環器などは一切使用していない源泉100％の掛け流しが特徴となっている。

**MAP** 別冊P.5-D3

🏠 厚木市七沢2062　📞 046-248-0025　**IN** 15:00
**OUT** 10:00　**CC** ADJMV　🛏15　🚃 小田急線本厚木駅から七沢行きバスで終点下車、徒歩6分

❶源泉掛け流しの露天風呂（女性用）　❷かぶと湯 山水楼はこぢんまりとした温泉宿

# 県央と西湘のホテル

　県央は丹沢山麓と相模川が生み出した豊かな自然が広がると同時に交通の要衝でもある。西湘は小田原を中心とした相模湾に臨む風光明媚な場所。ともに観光やビジネスで訪れる人も多いエリアだ。

❶和洋室デラックス・ルーム　❷屋内外に10種類のプールがあるバーデゾーン　❸豊富なメニューを楽しめるビュッフェタイプの夕食　❹ホテルは緑豊かな環境にある

## 至高のリラクセーションを楽しむ
### ヒルトン小田原
### リゾート&スパ
ひるとんおだわらりぞーとあんどすぱ

　相模湾に臨む箱根山麓に位置する豊かな緑に囲まれたリゾートホテル。多様なプールがある「バーデゾーン」、テニスコートやゴルフ練習場、フィットネスセンター、ボウリングなどのレジャー・エンターテインメント施設を擁している。また、小田原温泉の源泉を汲み上げた天然温泉大浴場、スパやサウナ、岩盤浴などリラクセーション施設も充実しており、豊かな休暇を楽しめる。
　客室は洋室のみと和室と洋室を組み合わせたものがある。また、愛犬と宿泊しオーシャンビューを楽しめる「ドッグフレンドリールーム」も用意されている。食事は旬の味覚を取り入れたビュッフェスタイルのものからコースディナーまで楽しめる。

**MAP** 別冊P.9-C2
🏠 小田原市根府川583-1　📞 0465-29-1000
CC ADJMV　IN 15:00　OUT 12:00　客室数 163
🚗 JR根府川駅から無料シャトルバスで5分

## 高台に建つ隠れ家的なリゾートホテル
### 江之浦リトリート凛門
えのうらりとりーとりもん

　県西地域、相模湾を一望する高台で豊かな自然に囲まれたなか、ルフロ湯治、食事、睡眠の三本柱で心身を癒やすことをテーマとするリゾートホテル。ルフロとは天然温泉から抽出したミネラル成分を含んだミストと天然鉱石から放たれる遠赤外線やラジウムの力で体内の老廃物のデトックスを促す新しい湯治法。食事は地元の食材を使った日本料理をベースとした料理。また、客室には、心身ともにリフレッシュさせる、快眠のための最新技術を導入した寝具、輻射冷暖房システム「パネルシェード」などを導入している。

**MAP** 別冊P.48-B2
🏠 小田原市江之浦218-1　📞 0465-27-3711
CC ADJMV　IN 15:00　OUT 11:00　客室数 8
🚗 JR根府川駅から車で7分(無料送迎あり)

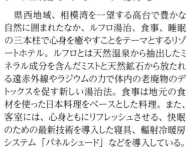

❶客室には睡眠に関する最新のスリープサイエンスに基づいたマットレスが採用されている　❷日本に古来より伝わる「薬石」と呼ばれる天然鉱石から放たれる遠赤外線やラジウムの力で体内の老廃物のデトックスを促す　❸凛門ファームで作った柑橘など地元の食材を使った朝食。季節によって変わる　❹相模湾を一望するテラス

### ゆったりした客室がうれしい
###### ほてるもりのしんゆりがおか
## ホテルモリノ新百合丘

　新百合ヶ丘駅南口に位置する複合ショッピングモールOPAの7～9階にあり、近くにはコンビニなどの商業施設やレストランも多いなど立地条件がよい。客室は十分な広さがありくつろげ、加湿器やコーヒーメーカーなども設置されている。朝食はビュッフェではなく定食様式（和洋あり）。ランチタイムはスイーツメニューも充実。

**MAP** 別冊P.6-B1
🏠 川崎市麻生区上麻生1-1-1　☎ 044-953-5111　💳 ADJMV　🛏 14:00　🛏 11:00　🛏 80
🚃 小田急線新百合ヶ丘駅南口から徒歩1分

❶新百合ヶ丘駅から見たホテル外観　❷70平方メートルの広さを誇るスイートルーム　❸7階の中庭テラスに面したレストラン

---

### 鉄道駅と直結するホテル
###### おだきゅうほてるせんちゅりーさがみおおの
## 小田急ホテルセンチュリー
## 相模大野

　レディース専用フロア、充実したアメニティなどの特徴をもつ。また、プレミアムダブルルームとプレミアムツインルームの浴室にはリラックス効果のある炭酸泉を設置している。リラクゼーションサロンなど施設も充実している。朝食は和洋ブッフェスタイル（7階）。

**MAP** 別冊P.6-A2
🏠 相模原市南区相模大野3-8-1　☎ 042-767-1111　💳 ADJMV　🛏 15:00　🛏 11:00　🛏 120
🚃 小田急線相模大野駅北口から徒歩1分

❶シングルルームもゆったりと過ごせる　❷子供のアメニティグッズも用意されている　❸ホテルは小田急線相模大野駅と直結している

---

### おしゃれな雰囲気をもつホテル
###### えいとほてるちがさき
## 8HOTEL CHIGASAKI

　海外のモーテルをイメージした外観が特徴的なホテル。フロアごとに壁面のアートを楽しめる。客室はシンプルなツインとシングル。プールやサウナ（水着着用）などの施設も完備しており、リラックスした時間を過ごせる。また、ビーチパラソルやピクニックヒット、水着などをレンタルしているので、手ぶらで宿泊してもビーチリゾートを楽しめる。

**MAP** 別冊P.10-A1
🏠 茅ヶ崎市幸町18-35　☎ 0467-55-5175
💳 ADJMV　🛏 15:00　🛏 11:00　🛏 33
🚃 JR線茅ヶ崎駅南口から徒歩4分

❶外壁のデザインも凝っている　❷ツインルーム　❸客室に囲まれたスペースにある屋外プール

# オーベルジュ

地方や郊外の宿泊施設を備えたレストラン、オーベルジュは、その土地ならではの食材を取り入れたフランス発祥の美食の宿。フレンチに限らず「和」の技法を取り入れるなど、シェフによって多彩なメニューを楽しめる。

❶客室からも海を見渡せる　❸屋外ジャグジー付き客室
❸オーシャンビューのレストランで相模湾の海の幸を

## 葉山の絶景とともにラグジュアリーな時間を
### 葉山ホテル音羽ノ森
はやまほてるおとわのもり

　2023年11月にリニューアルし全室が海を望むビューバス仕様のスイートに。屋外のプールやジャグジーが付いた贅を極めた客室が揃う。

**MAP** 別冊P.14-B3
🏠神奈川県横須賀市秋谷5596-1　📞046-857-0108　**IN**15:00　**OUT**11:00　**料**1泊2食2名11万9874円〜　**CC**ADJMV　**室**15　**P**あり　🚉JR逗子駅から車で15分

---

## 旅館とイタリアンの組み合わせ
### オーベルジュ湯楽
おーべるじゅゆらく

　神奈川産の有機野菜を使い、イタリアンと和食を融合させたメニューを提供するオーベルジュ。温泉はすべて源泉掛け流し。

**MAP** 別冊P.48-A2
🏠足柄下郡湯河原町宮上528番地　📞0465-62-4126　**IN**15:00　**OUT**11:00　**料**1泊2食2名4万8000円〜　**CC**ADJMV　**室**20　**P**あり　🚉JR湯河原駅から府道箱・奥湯河原行きバスで公園入口下車、徒歩7分

※トイレ、シャワー、バスタブは部屋によってはあり

❶月替わりの湯楽特選コース　❷露天、内風呂ともに湯河原温泉の源泉掛け流し　❸自然に包まれた客室

---

## フレンチと温泉リゾートで心身を癒やす
### 箱根フォンテーヌ・ブロー仙石亭
はこねふぉんてーぬ・ぶろーせんごくてい

　日本で磨かれてきた伝統のフランス料理とワインを味わえる宿。全室が客室風呂付きで大涌谷源泉の湯をプライベート空間で楽しめる。

**MAP** 別冊P.41-C1
🏠足柄下郡箱根町仙石原1245-703　📞0460-84-0501　**IN**15:00　**OUT**11:00　**料**1泊2食2名6万4100円〜　**CC**ADJMV　**室**12　**P**あり　🚉箱根登山鉄道箱根湯本駅から桃源台行きバスで箱根カントリー入口下車、徒歩9分(送迎あり)

❶箱根の山々と仙石原の景観を見渡すダイニング
❷掛け流し温泉付き客室　❸シェフのスペシャリテ

❶ランチ／PREMIUM COURSE　❷シンプルで機能的な客室　❸陽光が降り注ぐテラス席

## 大切な人と人生の節目を幸せに過ごす
### BIRD HOTEL -GARDEN HOUSE
ばーどほてるがーでんはうす

　豊かな自然に囲まれた鎌倉で地域食材にこだわった料理を提供するオーベルジュ。ペット対応可の客室やテラス付きの客室も。

**MAP** 別冊P.17-C3
🏠鎌倉市由比ガ浜4-8-1　📞0467-84-7311　**IN**15:00〜21:00(夕食付きの場合は18:30まで)　**OUT**10:00　**料**1泊2食1名2万2500円〜　**CC**ADJMV　**室**5　**P**なし　🚉江ノ電由比ヶ浜駅から徒歩5分

※シャワーは2室のみ

**info** 日本で最古のオーベルジュは「箱根オーベルジュ オー・ミラドー」。創業は昭和61(1986)年で、生産者の顔が見える厳選素材を使ったこだわりのフレンチは、今も多くの美食家を魅了している。

# ペンション&ヴィラ

ペンションは家族経営など比較的規模の小さい宿泊施設であり、家庭的なもてなしがセールスポイントだ。ヴィラは敷地内に複数の戸建てが並ぶ。物音や話し声を気にすることもなく、別荘のようなプライベート感がある。

❶車で5分の吉浜海岸にはサーファーが集う　❷近海で取れた魚介類をふんだんに使った夕食　❸和風と洋風2種の露天を用意

### 趣きの異なる2種の露天風呂で癒やされる

まんだりんはうす
## マンダリンハウス

　晴れた日には相模湾に浮かぶ島々を望める。夕食は真鶴港で水揚げされた新鮮な魚の舟盛りや、ハワイアンカルアポークを堪能できる。

**MAP** 別冊P.48-A2

🏠足柄下郡湯河原町鍛冶屋771　☎0465-62-6353
🕒15:00　🕙10:00　💰1泊2食8580円〜　💳JMV
🛏13　🅿あり　🚉JR湯河原駅から車で10分、無料送迎あり

---

### 手打ちそばとあたたかな家庭料理が魅力

あしのこぺんしょんもり
## 芦ノ湖ペンション 森

　芦ノ湖へ徒歩5分。客室はすべて洋室で風呂は露天風呂と内風呂の2種類を用意。2024年3月からは夕食で自家製粉手打ちそばを味わえる。

**MAP** 別冊P.41-C1

🏠足柄下郡箱根町元箱根159-222　☎0460-84-7667
🕒15:00　🕙10:00　💰1泊2食9350円〜　💳不可　🛏8
🅿あり　🚉箱根ロープウェイ桃源台駅から徒歩15分

❶さざんかに囲まれた露天岩風呂　❷ビーフシチューを中心とした夕食　❸主人がていねいに作る手打ちそば（数量限定）

---

❶邸宅のようなヴィラで別荘ライフを満喫できる　❷雲海　❸水面　❹暁　❺提携している海辺のリラクゼーションサロン「ステラマリス」。写真の店舗でもヴィラでもどちらでも施術を受けられる

### 美しい海岸を望む1日3組限定のヴィラ

ざきゃんばすはやまぱーく
## The Canvas Hayama Park

　西に相模湾を臨む閑静な場所に立つ。近くには葉山公園や世界のビーチ100に選出された一色海岸があるなど抜群のロケーションだ。ヴィラは3棟すべてが2階建てで、それぞれのテーマに沿った調度で統一。海の底をイメージしたMinamo（水面）。ペットと泊まれるAkatsuki（暁）、開放感のある吹き抜けが特徴的なUnkai（雲海）。旅のスタイルに合わせて選びたい。バケーションレンタルというスタイルで運営しているため夜間スタッフは不在となる。

**MAP** 別冊P.14-B3

🏠三浦郡葉山町下山口1969　☎非公開
🕒15:00　🕙11:00　💰5万円〜　💳ADJMV
🛏3　🅿あり　🚉JR逗子駅から京急バスで葉山下車、徒歩5分

info ヴィラと似たものにコテージ、ロッジ、バンガローがある。ハイクオリティな設備が整うヴィラ。リゾート地などに多く汎用性の高いコテージ。トイレやシャワーなどの設備が整うロッジ。それらを共同で使うのがバンガローだ。

429

# ゲストハウス

比較的リーズナブルな宿泊施設。共用リビングを有し宿泊客同士、スタッフ、地域の人々との距離も近い。プライベート性の高いホテルと異なり"旅をシェアする"感覚で過ごせる。

縁側や土間もあるレトロな雰囲気の宿

## 「ii yu da na〜（いい湯だな〜）」が合言葉

### 箱根つたや旅館
はこねつたやりょかん

江戸時代から続く老舗旅館を再生させた「箱根つたや旅館」はキャビンタイプの個室もある木の香りが心地いいゲストハウス。畳敷きのラウンジ、自炊を楽しめるキッチンなど、暮らすように滞在でき、底倉温泉の自家源泉も楽しめる。

500年以上湧き続ける名湯をひとり占め。露天風呂「太閤の湯」

最大10名の友だちと一緒に泊まれる箱根8床、畳8畳の「寄木の間」

**MAP** 別冊P.45-D3
住 足柄下郡箱根町底倉240-1
TEL 0460-83-9580（予約用）
IN 15:00 OUT 11:00 料 6000円〜（時期により異なる） CC ADJMV
客 個室6、籠床34、寄木の間1
P あり 交 小田原駅からバスで神social下車、すぐ

宿泊客が集うラウンジ内のキッチン

## 日本家屋のあたたかみがある
## アットホームなゲストハウス

### Guest House FUTARENO
げすとはうすふたれの

世界中を旅してきたオーナー夫妻が旅館として使用されていた築50年の日本家屋をリノベーションしてオープン。共用スペースの大きな本棚には旅の本が置かれ、ゆったりとくつろげる。

**MAP** 別冊P.24-A2
住 横浜市中区野毛町4-173-5
TEL 045-308-8577 IN 16:00
OUT 11:00 料 1名4000円〜 CC 不可
客 5 P なし 交 桜木町駅から徒歩7分

---

テラスで日本庭園と早雲山を眺めリラックス

## 自然あふれる庭園と
## 温泉が織りなす日本風情

### Guest House Asante Inn
げすとはうすあさんていん

造園家のオーナーが造った美しい日本庭園とともに、箱根十七湯のひとつである木賀温泉の天然温泉100%掛け流しを楽しめる。部屋は和洋客室のほか女性専用ドミトリーも完備。

**MAP** 別冊P.45-D2
住 足柄下郡箱根町宮城野167-10
TEL 0460-83-8822 IN 15:00 OUT 11:00 料 4916円〜 CC ADJMV 客 9
P あり 交 小田原駅、箱根登山鉄道箱根湯本駅からバスで宮城野橋下車、徒歩7分

※トイレは6室、シャワーは2室。残りは共用

フロントオフィスには宿泊者が残していった写真が貼られている

## まちづくり型の
## ツーリストホステル

### ヨコハマホステルヴィレッジ
よこはまほすてるう゛ぃれっじ

横浜で最もリーズナブルな宿泊施設で海外からも多くの旅人が訪れている。客室は3館に分かれており、フロントオフィスでチェックインしたあと、客室に案内してもらう。

**MAP** 別冊P.24-B3
住 横浜市中区松影町3-11-2
TEL 045-663-3696 IN 15:00
OUT 11:00 料 3400円〜 CC ADJMV 客 38 P なし 交 JR石川町駅から徒歩5分

アーティストとコラボしたリビング

## 地域の空き家を活用
## したゲストハウス

### Yokohama Guest house HACO.TATAMI.
よこはまげすとはうすはこたたみ

町内にある空き家をリノベーション。一軒丸ごと貸し切りとドミトリーがある。街のコミュニティカフェにフロント機能があり、アーティストとコラボした宿泊棟が点在。各駅駅から徒歩15分以内。

**MAP** 別冊P.25-C3
住 横浜市中区石川町2-64（フロント）
TEL 080-8147-9611 IN 16:00
OUT 10:00 料 4500円〜 CC V
客 18 P なし 交 JR石川町駅から徒歩2分（フロント）

※ドミトリーはトイレ・シャワー共用。ショップはフロントのみ

ゲストハウスの利用客で最も多いのは数週間から1ヵ月程滞在の外国人観光客。宿泊費を抑えるためにゲストハウスを選ぶという側面もあるが、宿泊者や地域の人との交流を求める人が多い。20代から30代の比較的若い層が多め。

# 宿坊

宿坊とは寺や神社の宿泊施設のこと。もともとは僧侶や参拝者のための宿泊施設だったが、現在では一般の観光客の受け入れも増え、宿泊施設としてのサービスも充実している。

❶仁王門　❷御真殿脇に奉納された大小の高下駄
❸毎月2回参禅道場において行われる日曜座禅会

### 開創600年の歴史をもつ関東の霊場
だいゆうざんさいじょうじ
## 大雄山最乗寺

応永元（1394）年に建立された寺。創建に関わった道了が寺を守るために天狗に化身したといわれる伝説が残る。縁結びのご利益があるとされる天狗の履き物の高下駄も奉納されている。

**MAP** 別冊P.48-A1
🏠 南足柄市大雄町1157　☎ 0465-74-3121　🕐 16:00
OUT 9:00　💰 1泊2食8000円（5名より受付）　CC 不可
🛏 1　🅿 あり　🚃 伊豆箱根鉄道大雄山駅からバスで道了尊下車、徒歩2分

### 先導師旅館として400年以上の歴史をもつ
とうがくぼう
## 東學坊

大山詣りの宿泊施設として長い歴史をもつ。古くから宿主は大山詣りの参拝者に宿の提供だけでなく、阿夫利神社までの道案内も行うことで先導師と呼ばれ代々受け継がれてきた。

**MAP** 別冊P.5-D3
🏠 伊勢原市大山437　☎ 0463-95-2038　🕐 16:00
OUT 10:00　💰 1泊2食1万5300円～　CC ADJMV　🛏 5
🅿 あり　🚃 小田急線伊勢原駅からバス大山ケーブル駅行きであたご滝下車、徒歩2分

❶大山ケーブル駅に続く坂道に立つ宿坊　❷重厚で凛とした趣きの客室。露天風呂も完備

### 日本遺産「大山詣り」の宿坊
しゅくぼうかげゆ
## 宿坊かげゆ

標高1252mの大山と755年創建の大山寺は多くの信者を集める聖地でありその参拝者のために建てられた宿坊。湧水を滅菌した風呂（内湯と露天）が登山で疲れた体を癒やしてくれる。

**MAP** 別冊P.5-D3
🏠 伊勢原市大山314　☎ 0463-95-2004　🕐 15:00
OUT 10:00　💰 1泊2食12000円～　CC ADJMV　🛏 4
🅿 あり　🚃 小田急線伊勢原駅からバスで大山駅下車、すぐ

❶豆腐創作料理やビーガン料理のほかジビエメニューも提供　❷元禄時代から続く講を今も支える伝統の宿

名物・大山とうふと厳選された旬の食材が食膳に並ぶ

川沿いにたたずむ趣きのある宿

### せせらぎが心地よい渓流に面した宿
おおだきそうたけだりょかん
## 大滝荘たけだ旅館

大山六滝のひとつ、大滝近くの一軒宿。参道沿いながらマイナスイオンたっぷりの環境だ。大山の名水で作る名物の豆腐会席料理のほか、併設されているカフェの花かご弁当も人気。

**MAP** 別冊P.5-D3
🏠 伊勢原市大山908　☎ 0463-95-2027　🕐 15:00
OUT 10:00　💰 1泊2食1万3200円～　CC 不可　🛏 11
🅿 あり　🚃 小田急線伊勢原駅からバス大山ケーブル行きで社務局入口下車、すぐ

**info** 鎌倉の材木座にある光明寺（→P.181）では子供たちのための「お寺体験」を実施。寺に1泊しながら自然や歴史、文化を友達や大学生ボランティアとともに楽しく学ぶことができる。

431

# あなたの**旅の体験談**をお送りください

「地球の歩き方」は、たくさんの旅行者からご協力をいただいて、
改訂版や新刊を制作しています。
**あなたの旅の体験や貴重な情報を、これから旅に出る人たちへ分けてあげてください。**
なお、お送りいただいたご投稿がガイドブックに掲載された場合は、
初回掲載本を1冊プレゼントします！

## ご投稿はインターネットから！

**URL www.arukikata.co.jp/guidebook/toukou.html**
**画像も送れるカンタン「投稿フォーム」**
※左記のQRコードをスマートフォンなどで読み取ってアクセス！

## または「地球の歩き方 投稿」で検索してもすぐに見つかります

地球の歩き方 投稿　　　　　　　　　　　検索

▶**投稿にあたってのお願い**

★ご投稿は、次のような《テーマ》に分けてお書きください。

《新発見》───ガイドブック未掲載のレストラン、ホテル、ショップなどの情報
《旅の提案》───未掲載の町や見どころ、新しいルートや楽しみ方などの情報
《アドバイス》──旅先で工夫したこと、注意したこと、トラブル体験など
《訂正・反論》──掲載されている記事・データの追加修正や更新、異論、反論など

※記入例「○○編20XX年度版△△ページ掲載の□□ホテルが移転していました……」

★**データはできるだけ正確に。**
ホテルやレストランなどの情報は、名称、住所、電話番号、アクセスなどを正確にお書きください。
ウェブサイトのURLや地図などは画像でご投稿いただくのもおすすめです。

★**ご自身の体験をお寄せください。**
雑誌やインターネット上の情報などの丸写しはせず、実際の体験に基づいた具体的な情報をお
待ちしています。

▶**ご確認ください**

※採用されたご投稿は、必ずしも該当タイトルに掲載されるわけではありません。関連他タイトルへの掲載もありえます。
※例えば「新しい市内交通バスが発売されている」など、すでに編集部で取材・調査を終えているものと同内容のご投稿をい
　ただいた場合は、ご投稿を採用したとはみなされず掲載本をプレゼントできないケースがあります。
※当社は個人情報を第三者へ提供いたしません。また、ご記入いただきましたご自身の情報については、ご投稿内容の確認
　や掲載本の送付などの用途以外には使用いたしません。
※ご投稿の採用の可否についてのお問い合わせはご遠慮ください。
※原稿は原文を尊重しますが、スペースなどの関係で編集部でリライトする場合があります。

# 旅のプランニング

## ◇ パッケージツアーVS個人旅行

事前にしっかりしたプランニングをして、神奈川を効率よく旅しよう。行きたい場所や体験したいアクティビティ、食べてみたい名物料理、参加したいイベントやお祭りなどをまずはっきりさせて、それからパッケージツアーに参加するのか、あるいは個人旅行にするのか、旅のスタイルを考えよう。

### ◉ パッケージツアーのヒント

神奈川を訪れるパッケージツアーは通年各種催行されている。個人では乗り物の席や宿が取りにくくなる年末年始やお盆などのピークシーズンや、横浜や箱根などの人気観光地、大きなイベントが行われる際などには、確実に乗り物の席や宿が取れるという意味でパッケージツアーは利用価値が高く、安心感もある。またパッケージツアーでは、乗り物の運賃や宿泊料金などに個人で手配するよりも割安な団体料金が適用されており、ゴールデンウイークなどの連休やお盆、年末年始といった行楽シーズンでも、個人旅行に比べてトータルでは安くなることが多い。さらに旅のさまざまな手配や手続きは、選択肢が多く決めるのに時間がかかり、慣れないとなかなか面倒。パッケージツアーならすべて旅行会社におまかせなので、時間の節約になり気分的にも楽。行程も無駄なく組まれており、効率がよい。公共の交通機関が少なくて個人旅行では行きにくいような場所や行事も、専用のバスなどで行くことができるのは大きなメリットだ。

そして宿の善し悪しはツアー全体の印象を大きく左右するので、旅行会社は宿の選定に細心の注意を払う。割安感のみを追求するようなツアーでなければ、利用する宿に大きなハズレはないと考えていい。特徴のある人気の宿滞在を売りにしているツアーもある。

パッケージツアーは旅の基本的な技術部分をすべてお任せにしているため、楽ができる代わりに旅の印象が薄れることがあるかもしれない。旅行会社が作成した行程どおりに、添乗員やガイドに引率されて行動するパッケージツアーは、訪れる見どころや観光地に自分には興味のない場所が含まれていることもある。またパッケージツアーは乗り物や宿、訪問先などの行程がすべて事前に決まっているため、参加者の行動には時間厳守が求められる。ある見どころが気に入ってもう少し長く滞在したい、宿の居心地がよくて延泊したい、などの希望は通らない。

### ◉ 予算に合わせたツアーを選ぶ

パッケージツアーでは、乗り物の座席クラスや宿のグレードを、予算に合わせて選べることが多い。旅行会社によっては、ラグジュアリーな高価格帯のツアーとエコノミーな格安ツアーで、ブランド名を変えていることも。最近では女性限定のツアーや、ひとり参加でも追加料金がそれほどかからないツアーもある。

### ◉ フリーツアーもおすすめ

航空券や新幹線などの乗り物と宿がセットになったフリーツアー（フリープラン）は、パッケージツアーと個人旅行の中間的な存在。出発地から目的地までの乗り物と宿を旅行会社が手配してくれるので、観光に集中できる。乗り物の時間や宿のグレードも各種選べる。

### ◉ こんな手配も

往復の交通と宿に横浜・八景島シーパラダイス、さがみ湖リゾートプレジャーフォレストなどテーマパークの入場券がセットになったツアーもある。ツアーに申し込めば乗り物、宿、入場券がまとめて手配できるのでとても楽。このような、特定の目的に沿ったパッケージツアーは利用価値が高い。

箱根や三浦半島をレンタカーで回る人も多いだろう。市街地のホテルの場合、駐車場は有料のことも多い。駅から離れた温泉地などのホテルや旅館は無料駐車場を用意しているところも。

## ◎ 個人旅行のヒント

旅のすべてを自分で手配する個人旅行は、お仕着せのパッケージツアーにはない魅力がある。パッケージツアーで旅を始めた人が旅の楽しさに目覚め、2度目からは個人旅行にするケースも。行き先、移動手段、宿泊先など、あらゆる情報を自分で取捨選択しながらオリジナルの旅をアレンジできるのが、個人旅行の醍醐味だ。箱根の美術館や博物館を巡る、丹沢の温泉でのんびり過ごす、歴史を感じさせる港町をじっくり歩く、スポーツチームのホームゲームを観戦するなど、アイデアは無限。

旅の途中で何かに迷ったら、スマホには頼らずに通りかかった地元の人に尋ねてみよう。食堂に入ったら、店の人に付近のおすすめスポットを聞いてみよう。神社仏閣の境内で地元のお年寄りに話しかけてみれば、地域の歴史などの話が聞けるかもしれない。地元の人と触れ合って、旅をより豊かにしてみよう。知らない土地を歩く際、人は五感をフルに活用し、集中力も高まっている。目や耳からの情報など周囲のあらゆる刺激を脳内で処理しながら活動し、結果として旅の記憶が濃く残るのだ。

自由度が高まるぶん、費用がパッケージツアーより多少割高になっても、自由を手に入れる手段だと割り切ることが必要。個人旅行でとにかく節約したいなら、乗り物と宿がセットになったフリーツアーがおすすめ。周遊券や各種割引チケットなど、節約する方法はいろいろあるので工夫しよう。個人旅行で最も心配なのは、トラブル発生時。しかしここは日本。言葉は通じるし、病院も薬局もたくさんあり救急車もすぐに来る。いざとなったら警察も頼りになる。ちょっとしたハプニングは旅のアクセントとして楽しむぐらいの度量をもって、大きな気持ちで旅を楽しみたい。

## ◎ 旅のプランニングの注意点

フリーツアーにしろ個人旅行にしろ、現地では自分ですべての行程を組み立てることになる。失敗しないため、より充実した旅にするためには下記の点に注意したい。

・予定を詰めすぎない

旅に必要なのは「ゆとり」。慣れない土地で行程を詰め込みすぎると、どこかで無理が発生し、ひとつ歯車が狂うとすべてが破綻してしまう。時間に余裕があれば、例えば予定の乗り物に乗り遅れても、まだ取り返しがつく。

・自分や同行者の体調に気を付ける

やっと取れた休みに出かけるからといって、体調がすぐれなかったり疲れがたまっていたりするような場合は、当初の旅程や計画にこだわる必要はない。宿でのんびりしたり、移動もタクシーを利用したりするなど、無理せず臨機応変に対応できるのも、個人旅行のよい部分のひとつ。

## ◎ 情報収集が成功のカギ

訪れてみたかった場所が臨時休業していないか、お目当てのイベントが予定通り開催されるのかなどの最新情報は、ウェブサイトなどで確認しておこう。天気も旅の印象を大きく左右するので、天気予報も要チェック。神奈川にゆかりのある小説や写真集、映画やドラマなどで予習しておけば、旅の印象もより深まるだろう。特に箱根に関する文学作品は多い。

箱根を舞台にしたおもな文学作品
『箱根強羅ホテル』井上ひさし
『鉄鼠の檻』京極夏彦
『せき越えぬ』西條奈加
『箱根山』獅子文六
『箱根の坂』司馬遼太郎
『温泉めぐり』田山花袋
『蒼い描点』松本清張

## ◎ 現地発着ツアー

各種体験やアクティビティなど、気軽に参加できる現地発着ツアーを旅に組み込むのもおもしろい。県や市町村の観光協会が運営するウェブサイトなどにいろいろ紹介されているので、探してみよう。

## ◎ 緊急用のメモを作ろう

個人旅行の場合はトラブル対処もすべて自力。何かあったとき慌てないように、出発前に簡単な備忘録を作っておくと安心。あらゆる情報はスマホで管理できるとはいえ、そのスマホを紛失するケースも考えられる。クレジットカードとキャッシュカードの紛失時連絡先、宿泊予定ホテルの電話番号、服用中の薬品があれば名称などは紙のメモにして、旅行用バッグ（持ち歩き用バッグではないほう）の目立たないところへ入れておこう。

神奈川県は、日本の中心で交通のハブでもある東京に隣接しており、国内各地からのアクセスは良好。飛行機、鉄道、高速バス、車など、予算と時間に合わせてさまざまな選択肢がある。飛行機の場合、東京の羽田空港（東京国際空港）や千葉の成田国際空港を利用することになる。交通機関を所要時間で比べるなら、実際に乗り物に乗っている時間ではなく、出発時間（家を出る時間）と到着時間（目的地に何時に着くか）で考えるのがポイント。

## ✦ 飛行機で神奈川へ

神奈川へ飛行機で行く場合、東京の羽田空港と千葉の成田国際空港のどちらかを利用することになる。どちらも国内各地から多数の便が発着し、空港から鉄道やバスを使った神奈川各地へのアクセスも良好だ。静岡県には富士山静岡空港があり箱根エリアに近いが、アクセスが不便。

### ◉ 航空会社のチョイスも豊富

▷日本航空と全日空：どちらも日本を代表する航空会社で、路線も便数も圧倒的に多い。大手ならではの安心感があり、マイルを貯めて次の旅につなげる楽しみもある。

▷スカイマーク：大手2社より運賃が安く、定時運航率の高さで定評がある。特に神戸便が充実している。

▷日本トランスオーシャン航空：日本航空の子会社で、那覇や沖縄の離島と羽田空港を結んでいる。

### ◉ 大手は早めの予約がお得

航空券の価格は予約のタイミングで大きく異なる。一般に、早めの予約ほど安くなる。予約開始は、大手では日本航空が330日前、全日空は355日前からで、割引率も最大80％近くになる。なかには売れ残りの予測値によって割引率を変更する航空券もあり、購入後にさらに安くなってしまうこともあり得るため、どの時期が最も安いとは言い切れない。季節、曜日のほか発着時間によっても料金は異なり、ビジネス需要の多い朝晩は高く、日中や深夜早朝の便は安い傾向がある。チケット購入後に特別セールなどが行われることもあり、早ければ安いと必ずしも言い切れないのが悩ましいところ。こればかりは運と割り切るしかない。キャンセル可能時期、マイル加算率などの細かな規定にも注意が必要。

### ◉ 飛行機の荷物について

機内持ち込み荷物と受託手荷物（預ける荷物）に重さやサ

### ◉ 主要航空会社問い合わせ先

**日本航空（JL）**
☎ 0570-025-071
🌐 www.jal.co.jp

**全日空（NH）**
☎ 0570-029-222
🌐 www.ana.co.jp

**スカイマーク（BC）**
☎ 0570-039-283
🌐 www.skymark.co.jp

**日本トランスオーシャン航空（NU）**
☎ 0570-025-071
🌐 jta-okinawa.com

### ◉ そのほかの割引運賃
65歳以上向けのシニア割引、12〜25歳の若者向け割引、4名以下のグループ向け割引などもある。

### ◉ 航空券の子供運賃
3〜11歳の小児料金は普通運賃の半額。ただし割引率の高い航空券の場合は、1〜2割程度しか安くならない。3歳未満の幼児は大人1名につき1名無料だが、座席を利用する場合は前記小児料金が必要。小型旅客機の場合、1機当たりの幼児搭乗数に制限があるので、早めの予約を。

飛行機の乗り方の手順 ①空港にある利用航空会社のチェックインカウンターで、eチケット控えなどのQRコードを見せるか、飛行機の予約番号を伝えるなどしてチェックインする。自動チェックイン機の場合は機械を自分で操作し、搭乗券と荷

イズの制限があるので注意したい。条件は航空会社によって異なる。全日空の場合、機内持ち込み荷物はひとり10kgまで、サイズは100席以上の場合3辺（縦、横、高さ）の合計が115cm以内かつ3辺それぞれの長さが55cm×40cm×25cm以内、手荷物1個と身の回り品1個の計2個まで。受託手荷物の重量はひとり20kgまで（プレミアムクラスは40kgまで）、3辺の合計が203cm以内、重さとサイズの条件を満たしていれば数の制限はない。

## ◎ LCC（格安航空会社）も選択肢に

　同一路線ならLCCは大手航空会社に比べて航空券がかなり安い。エア・ドゥ（北海道便）、ソラシドエア（九州便）、スターフライヤー（大阪、福岡など）、IBEXエアラインズ（仙台など）の4社は、全日空と業務提携している。そのため多くの便が全日空との共同運行（コードシェア）となっている。そのほか日本航空系列のジェットスター・ジャパンとスプリング・ジャパン、全日空系列のピーチが、国内各地と成田国際空港を結んでいる。選択肢は多いので、じっくり検討してみよう。成田国際空港を利用する場合、神奈川までのアクセスにかかる時間や費用も考慮しておきたい。成田便より少しぐらい運賃が高くても、羽田空港を利用している航空会社のほうがトータルでは安くつくことも考えられる。

　LCCは不定期にセールを行うことがあり、大手とは比較にならない激安運賃で利用できることもある。セール時期にフライトの予約ができるのであれば、間違いなくお得と言える。なおLCCでは、航空運賃のほかに下記の各種費用がかかるので注意。

▷受託手荷物：予約時に申し込めば1個1290〜1950円。空港で追加すると1個3050〜4500円と、航空券より高くなるので、計画的に利用したい。

▷一部の空港の施設使用料：福岡110円など。

▷予約手数料：ネット経由は無料。電話だと2000〜3000円。

▷支払手数料：クレジットカードを利用すると640円。

▷座席指定料：クラスによって480〜2000円。

　これらのほか機内での飲食（ジュース200円、カップ麺400円など）も有料。変更やキャンセルも、その都度手数料がかかる。

## ◎ 航空会社が催行するフリーツアー

　フリーツアーとは、旅行会社が催行する「フリープラン」「ダイナミックパッケージ」などと呼ばれるツアー。料金には往復の航空券と宿だけが含まれており、空港から宿までの移動は自費となる。宿はビジネスホテルを中心に好みのものを選ぶことができる。日本航空の『ジャルパック』、全日空の『ANA旅作』、スカイマークの『スカイパックツアーズ』などがこれにあたる。大手旅行会社も同様のパッケージを販売している。

## ◎ フェリーで神奈川へ船の旅

九州の新門司〜徳島〜東京を2泊3日で結ぶオーシャン東九フェリーや、新門司港と横須賀を約21時間で結ぶ東京九州フェリーで、愛車とともにのんびり神奈川を目指す旅もある。

**オーシャン東九フェリー**
TEL 093-481-7711（新門司）
TEL 088-636-0109（徳島）
TEL 03-3528-1011（東京）
URL www.otf.jp

**東京九州フェリー**
TEL 093-330-3000（新門司）
TEL 046-812-9110（横須賀）
URL tqf.co.jp

## ◎ LCCの問い合わせ先

**エア・ドゥ（HD）**
TEL 0120-057-333
URL www.airdo.jp

**スターフライヤー（7G）**
TEL 0570-07-3200
URL www.starflyer.jp

**IBEXエアラインズ（FW）**
TEL 0120-686-009
URL www.ibexair.co.jp

**スプリング・ジャパン（IJ）**
TEL 0570-666-118
URL jp.ch.com

**ソラシドエア（6J）**
TEL 0570-037-283
URL www.solaseedair.jp

**ジェットスター・ジャパン（GK）**
TEL 0570-550-538
URL www.jetstar.com

**ピーチ（MM）**
TEL 0570-001-292
URL www.flypeach.com

## ◎ 航空会社系フリーツアー

**JALパック**
TEL 050-3155-3330
URL www.jal.co.jp/domtour
例：札幌〜羽田往復＋横浜ロイヤルパークホテル1泊で5万8900円〜

**ANAトラベラーズ**
TEL 0570-022-860
URL www.ana.co.jp/ja/jp/domtour/
例：札幌〜羽田往復＋トーセイホテルココネ鎌倉泊で5万6300円〜

物のタグを発行する。大きな荷物はカウンターで預ける。②保安検査（セキュリティチェック）で、持ち込み手荷物の検査とボディチェックを受ける。　③搭乗ゲートへ向かい、時間になったら飛行機に乗り込む。

### ◉ JR問い合わせ先

**JR東日本**
☎ 050-2016-1600（カスタマーサービス）
URL www.jreast.co.jp

**えきねっと**
URL www.eki-net.com/personal/top/index

**JR東海**
☎ 050-3772-3910
URL jr-central.co.jp

**JR東海ツアーズ**
☎ 03-6860-1080
URL www.jrtours.co.jp

### ◉ JRの子供運賃

小学生半額。未就学児・乳児は大人1名につき2名まで無料

### ◉ スマートEXの早割商品

**EX早得**：3日前までの予約で運賃が20%程度割引。出発1ヵ月〜21日前までの予約で20〜30%程度安くなる。

**EX早得21ワイド**：21日前までの予約で、のぞみ普通車指定席を最もお得に利用可。予定が決まっている人におすすめ。

**EXグリーン早得ワイド**：乗車日の1ヵ月前から3日前までの予約で、のぞみかひかりのグリーン車をお得に利用できる。

**EXこだまグリーン早得**：乗車日の1ヵ月前から3日前までの予約で、こだまのグリーン車がお得に利用できる。

**EXのぞみファミリー早得**：3日前までの予約で、土日休日ののぞみ普通指定席とグリーン車が2名以上でお得に利用できる。

**EXこだまファミリー早得**：3日前までの予約で、こだま普通車指定席を2名以上で最もお得に利用できる。子供用設定あり。
URL https://smart-ex.jp/product/

## ◇ 新幹線で神奈川へ

　安全性の高さと全国に張り巡らされたネットワークで、世界に誇る新幹線。神奈川県内には新横浜と小田原の2駅がある。今では北海道からでも九州からでも、1〜3回の乗り換えで神奈川まで来ることができ、青森からは最短で3時間51分、博多から新横浜までは最短で4時間37分で到着。新幹線はJR5社によって運営されており、割引プランも各社で異なる。料金は日によって変動するので、乗りたい新幹線のウェブサイトで確認しよう。

### ◉ えきねっとトクだ値（JR東日本、JR北海道）

　JR東日本の指定券予約サイト「えきねっと」会員向けの、列車および区間と座席数限定のチケット。これを利用するとJR東日本とJR北海道の新幹線と在来線特急が5〜15%割引になる。発車1時間50分前まで購入可で、お盆や年末年始などの繁忙期も利用できる。乗車日の13日前までに購入すると25〜35%割引になる〈お先にトクだ値〉もある。予約する前にえきねっととの会員登録を済ませておこう。

### ◉ スマートEX（JR東海）

　東海道・山陽新幹線の会員向けインターネット予約サービス。年会費無料で、クレジットカードと交通系ICカードを登録するだけ。登録した交通系ICカードを改札にかざすと乗車できる。早めの予約でお得に乗車できる設定が各種ある。1ヵ月前から発車4分前まで予約可能、予約変更は何度でも無料。通年、終日全列車利用可。

### ◉ EX予約（JR東海）

　年会費1100円の会員登録で、1年中お得な会員価格で東海道・山陽・九州新幹線が利用できる会員制ネット予約サービス。窓口に並ぶ必要がなく、窓口で購入するよりも割安。特定都区市内制度は適用されないので、新幹線乗車駅から在来線利用の場合別途運賃が必要。利用区間によってはほかの割引プランのほうが安くなることも。

### ◉ ぷらっとこだま（JR東海ツアーズ）

　新幹線こだま号限定の普通車指定席+1ドリンク付きお得なチケット。乗車日の1ヵ月前（前月の同じ日）から購入でき、通常期の場合約20%割引になる。JR東海ツアーズのウェブサイト上で予約からクレジットカード決済まで完結し、チケットは乗車する新幹線駅で受け取る。1000円追加でグリーン車にアップグレード可。

### ◉ 新幹線回数券

　JR各社が扱っており、2枚、4枚、6枚つづりがある。誰で

### おもな区間の運賃（のぞみ普通車指定席、大人1名片道、通常期）

| 着駅 | 発駅 | 通常 | スマートEX | EX早特 | EX早特21ワイド | EX予約 |
|---|---|---|---|---|---|---|
| 新横浜 | 名古屋 | 1万440円 | 1万240円 | 設定なし | 9140円 | 9650円 |
| 新横浜 | 新大阪 | 1万4190円 | 1万3990円 | 設定なし | 1万2030円 | 1万3290円 |
| 新横浜 | 広島 | 1万9230円 | 1万8710円 | 1万6190円 | 1万5000円 | 1万7660円 |
| 新横浜 | 博多 | 2万3280円 | 2万2660円 | 1万7720円 | 1万7000円 | 2万1390円 |

info　いつ終わるともしれない改修工事が続いて「日本のサグラダファミリア」とも呼ばれた迷宮、横浜駅。6事業者が乗り入れる複雑な構造で、東口が5つある。

も使えるので、例えば4人家族で4枚回数券を使うことも可能。割引率は2〜10%程度。座席指定ができるものもある。有効期限は3ヵ月で、使い残しの回数券が金券ショップに出回ることもある。繁忙期は利用できない。

### ◎ JR日帰りツアー

往復の新幹線がセットになった、日帰り専用のツアーパッケージ。週末やピーク時間を避けたJR東海の「ずらし旅」シリーズなら、名古屋発新横浜往復1万5600〜1万8900円、新大阪発新横浜往復2万300〜2万1200円など、お得な料金で利用できる。

### ◎ 新幹線＋宿泊のセットプラン

往復の新幹線と宿泊がセットになったツアーパッケージ。JR各社や各旅行会社で販売されている。新幹線往復の通常料金と同程度の金額（2万円前後）でさらにホテルが付くことを考えると、かなりのお得感。足と宿の予約がまとめて完了するので楽。利用するホテルは、手頃なビジネスホテルが主。

## ◇ 高速バスで神奈川へ

神奈川への直行バスがある都道府県は、北は青森から西は広島と四国4県まで。大半の路線が横浜発着となる。新幹線と比べると所要時間は倍以上となるが、料金は半額以下。夜行バスを利用すれば宿泊費を浮かせることもできる。料金は時期や曜日で変動し、早期予約割引もある。最近の夜行バスは3列シートは当たり前で、各座席がカーテンで仕切れるようになっておりプライバシーも守られる。各席の電源やWi-Fi付きのバスもあり、快適に過ごせる。

### ◎ 主要バスターミナルと停留所

・横浜シティ・エア・ターミナル（YCAT）と横浜駅東口バスターミナル

横浜駅東口、そごう横浜店隣の横浜スカイビル1階にあり、成田国際空港と羽田空港行きのリムジンバスと、国内各地とを結ぶ長距離バスが発着する。

・川崎駅東口

JR川崎駅東口前のバス乗り場からは、羽田空港や千葉県の木更津方面行きバスが発着する。少し離れたラ・チッタデッラ横のバス乗り場にはWILLER EXPRESSやVIPライナーなどの長距離バスが発着する。バス乗り場は通り沿いで、待合室などはないので注意。

・路線の多い東京も視野に

出発地から横浜や川崎などへの直通バスがない場合、まず東京まで行き、あらためて神奈川へ移動する方法もある。東京駅前のバスターミナル東京八重洲や、新宿に隣接したバスタ新宿などは、横浜や川崎などよりも路線が多い。

### ◎ EX予約の往復割引乗車券

往復の行程を一括購入することでお得になる、往復割引商品。片道の営業キロが600kmを超える区間に設定されている。新幹線専用商品なので、在来線に乗り換える場合別途運賃が必要。

**EX予約**
🔗 jr-central.co.jp/ex/express/

### ◎ JR株主優待券を利用

株主優待券は、株主でなくてもネットオークションや金券ショップなどで購入可能。JR東日本の株主優待券は1枚につき運賃・料金が40%割引、JR東海の株主優待券は1枚につき運賃・料金が10%割引になる。割引額と販売価格をよく見比べ、お得になるようなら購入しよう。

### ◎ ダイナミックパッケージ

JTBダイナミックパッケージMy Styleは、新幹線・JRと宿泊プランを自由に組み合わせて作れるJTBが販売するオリジナルツアー。列車とホテルの組み合わせの自由度が高い。出発の前日まで予約できる。

🔗 www.jtb.co.jp/kokunai/dynamic/service/jr.asp

### ◎ 高速バス比較サイト

バスの便は多いので、各社の情報を一度に表示でき比較できるサイトが便利。車内の設備やサービスで絞り込みできるサイトや、座席を指定して予約できるサイトやアプリもある。

**バス比較なび**
🔗 www.bushikaku.net/

**高速バスドットコム**
🔗 www.kosokubus.com/

**バス市場**
🔗 www.bus-ichiba.jp

### ◎ 高級高速バス

国内各地に路線を持つWILLER EXPRESS社の「ラクシア」は、3列独立シート、全24席のゴージャスなバス。シート幅51.5cm、リクライニングは最大145度、カーテンで仕切ればもはや個室感覚。

🔗 travel.willer.co.jp/seat/luxia/

# 神奈川県へのアクセス早わかり

全国の主要都市から神奈川県へのおもな交通手段には飛行機や高速バスなどがある。そのほか、新幹線で東京駅や小田原駅、新横浜駅まで行き、そこから在来線で神奈川県内の各地に向かうこともできる。優先するのは時間か運賃か、旅のスタイルに合った計画をしよう。
※フライト時間は出発地から羽田への目安。帰路は大きく変わる場合もあります。

## 大阪から

| 関西国際空港 | ✈ ANA／JAL／SFJ 1時間〜 7400円〜 | 羽田空港 |

| 大阪国際空港（伊丹空港） | ✈ ANA／JAL 1時間5分 9950円〜 | 羽田空港 |

| 新大阪駅 | 🚄 JR東海道新幹線「のぞみ」 2時間9分〜 1万3540円 | 新横浜駅 |

## 福岡から

| 福岡空港 | ✈ ANA／JAL／SKY／SFJ 1時間30分〜 9480円〜 | 羽田空港 |

| 博多駅 | 🚄 JR東海道・山陽新幹線「のぞみ」 4時間38分〜 2万1890円 | 新横浜駅 |

| 博多バスターミナル | 🚌 西鉄バス 14時間39分〜 1万円〜 | バスタ新宿（新宿駅南口） |

## 広島から

| 大阪駅前 | 🚌 さくら高速バス 8時間45分〜 4100円〜 | 横浜 |

| 広島空港 | ✈ ANA／JAL 1時間15分 1万2690円〜 | 羽田空港 |

| 広島駅 | 🚄 JR東海道・山陽新幹線「のぞみ」 3時間30分〜 1万8050円 | 新横浜駅 |

| 広島駅南口 | 🚌 オリオンバス 11時間45分〜 1万500円〜 | 横浜 |

## 金沢から

| 小松空港 | ✈ ANA／JAL 1時間〜 1万490円〜 | 羽田空港 |

| 金沢駅 | 🚄 JR北陸新幹線「かがやき」 2時間26分〜 1万4180円 | 東京駅 |

| 金沢駅 | 🚌 さくら高速バス 9時間10分〜 4000円〜 | 横浜 |

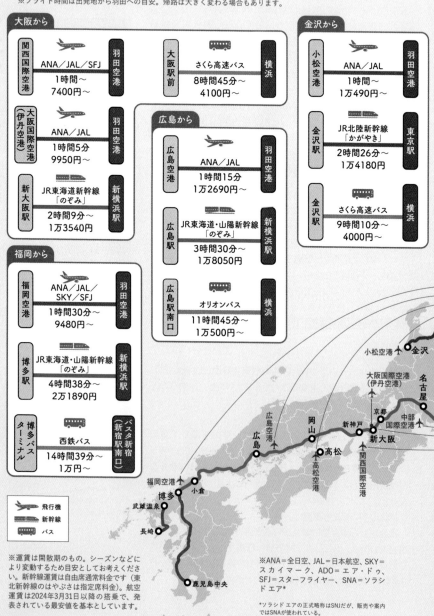

### 凡例
- ✈ 飛行機
- 🚄 新幹線
- 🚌 バス

地図上の地名：小松空港、金沢、大阪国際空港（伊丹空港）、名古屋、中部国際空港、京都、新神戸、新大阪、関西国際空港、広島空港、岡山、高松、広島、高松空港、福岡空港、博多、小倉、武雄温泉、長崎、鹿児島中央

※運賃は閑散期のもの。シーズンなどにより変動するため目安としてお考えください。新幹線運賃は自由席通常料金です（東北新幹線のはやぶさは指定席料金）。航空運賃は2024年3月31日以降の搭乗で、発表されている最安値を基本としています。

※ANA＝全日空、JAL＝日本航空、SKY＝スカイマーク、ADO＝エア・ドゥ、SFJ＝スターフライヤー、SNA＝ソラシドエア*

*ソラシドエアの正式略称はSNJだが、販売や案内ではSNAが使われている。

下図はすべての就航路線を示しているものではありません。

札幌
新千歳空港
新函館北斗
新青森
秋田　盛岡
新庄
山形　仙台
新潟　福島
長野　高崎
大宮
東京
新横浜　羽田空港

## 北海道から

| 新千歳空港 | ANA／JAL／SKY／ADO　1時間35分〜　1万4490円〜 | 羽田空港 |
| 新函館北斗駅 | JR北海道新幹線「はやぶさ」　3時間57分〜　2万3230円 | 東京駅 |

## 新潟から

| 新潟駅 | JR上越新幹線「とき」　1時間31分〜　1万230円 | 東京駅 |
| 新潟駅南口 | さくら高速バス　6時間〜　3300円〜 | 横浜 |

## 仙台から

| 仙台駅 | JR東北新幹線「はやぶさ」　1時間33分〜　1万1210円 | 東京駅 |
| 仙台駅前 | JRバス東北ほか　7時間〜　5500円〜 | 横浜 |

## 名古屋から

| 中部国際空港 | ANA／JAL　55分〜　8400円〜 | 羽田空港 |
| 名古屋駅 | JR東海バスほか　5時間10分〜　2400円〜 | 横浜 |
| 名古屋駅 | JR東海道新幹線「のぞみ」　1時間17分〜　9900円 | 新横浜駅 |

## 那覇から

| 那覇空港 | ANA／JAL／SKY／SNA　2時間10分〜　7210円〜 | 羽田空港 |

## 高松から

| 高松空港 | ANA／JAL　1時間10分　1万3350円〜 | 羽田空港 |
| 高松駅 | 琴平バス　9時間45分　7120円〜 | 横浜 |
| 高松駅 | 岡山駅　JR東海道・山陽新幹線「のぞみ」　2時間54分〜　1万6270円 | 新横浜駅 |

※高松〜岡山はJR快速で52分〜、1550円

那覇空港
沖縄

神奈川のおもな見どころは東の横浜周辺、県央エリア、西の箱根エリアに大きく分けられる。出発地と目的地によってアクセスの方法も異なってくるので注意したい。羽田空港から神奈川県内のおもな町には、直通バスの便がある。バスの所要時間は道路事情に左右される。鉄道の利用は乗り換えが数回必要になるが、時間が確実で運賃も直通バスより割安。

## ◇ 羽田空港から

### ◎ 横浜、新横浜、みなとみらいへ

鉄道やバス、タクシーが利用できる。なかでも便利なのはバス。横浜シティ・エア・ターミナルまで、道路の混雑状況にもよるが通常所要時間は約20～30分。鉄道の京浜急行利用の場合、だいたい10～20分間隔で運行されているエアポート急行に乗れば、乗り換えなしで横浜まで行け、所要約30分。みなとみらいのパシフィコ横浜までは、京浜急行バスで所要約50分、鉄道なら京浜急行で横浜まで行きみなとみらい線に乗り換えてみなとみらいまで所要約30分。新横浜までは東急と京浜急行バスの共同運行で所要約50分、鉄道なら京浜急行で東神奈川まで行きJR横浜線に乗り換えて所要約30分。

### ◎ 川崎、たまプラーザ、武蔵小杉へ

川崎へは京浜急行バスで所要約40分、鉄道なら京浜急行で所要約16分。たまプラーザへは東急か京浜急行バスで所要約1時間5分。武蔵小杉へは京浜急行バスで所要約1時間、鉄道利用の場合は京浜急行で品川へ行きJR横須賀線に乗り換えるか、川崎でJR南武線に乗り換える。

### ◎ 鎌倉、湘南（藤沢、大船）へ

鎌倉へは鉄道が便利。京浜急行で横浜まで行き、JR横須賀線に乗り換える。所要約1時間。京浜急行バスと江ノ電バス共同運行の鎌倉駅行き直通バスは便利だが、1日2本と数が少ない。藤沢や大船方面へは、京浜急行で横浜まで行きJR湘南新宿ラインに乗り換えて所要約45分。京浜急行バスと江ノ電バスの共同運行便が1時間に1本程度。

### ◎ 県央（相模大野、海老名、本厚木）へ

京浜急行バスと神奈川中央交通バスの共同運行で、相模大野へは所要約1時間、本厚木へは所要約1時間15分、海老名行きは運休中。このエリアへの鉄道利用は乗り換えが多く不便。京浜急行で横浜まで行き、海老名は相模鉄道に乗り換えて所要約1時間27分、本厚木は海老名でさらに小田急に

## ◎ 問い合わせ先
**羽田空港**
TEL 03-5757-8111
URL tokyo-haneda.com

## ◎ 羽田からの電車運賃
横浜駅（京急線）：400円
京急川崎駅：330円
鎌倉：760円
小田原：1390円
箱根湯本：1810円

## ◎ 羽田空港バスの運賃
横浜シティ・エア・ターミナル：650円
川崎：330円
相模大野：1600円
鎌倉：1350円
箱根桃源台：2600円

乗り継いで1時間30分。相模大野へのルートは各種あり、最安は京浜急行で横浜まで行き相模鉄道に乗り換え、大和で小田急江ノ島線に乗り換えて所要約1時間10分。

### ◎ 箱根(小田原、箱根)へ

箱根エリアへは京浜急行バスと小田急ハイウェイバス共同運行の便で所要約3時間。終点の箱根桃源台行きは1日4便で最終は15時発なので注意。鉄道なら京浜急行で品川まで行き、JRに乗り換える。新幹線で小田原まで行き箱根登山鉄道に乗り換えて箱根湯本まで所要約1時間35分。JR東海道線を利用しても所要約2時間程度。

### ◆ 羽田空港利用術

羽田空港には第1〜第3まで3つのターミナルがあり、第1と第2は隣接している。ほとんどの国内線は第1か第2ターミナルを利用する。利用する便がどのターミナルに到着するのか、利用前に確認しておこう。バス乗り場は各ターミナルの出口を出たところにあり便利。鉄道の駅は、各ターミナルの地下にある。

## ✧ 成田国際空港から

千葉県にある成田国際空港から神奈川を目指す場合、横浜シティ・エア・ターミナルと新横浜行き、本厚木、平塚、藤沢、辻堂、茅ヶ崎、センター北、たまプラーザ、新百合ヶ丘の各駅直行の便がある。鉄道を利用する場合は大船、戸塚、横浜、武蔵小杉はJRの成田エクスプレスが利用でき、大船へは所要約1時間50分、横浜へは所要約1時間35分。横浜、鎌倉、逗子方面へは逗子行きの総武線快速も便利。その他の地域へはJRで東京や新宿、京成線で日暮里や上野まで移動し、目的地へ向かう路線に乗り換えよう。

### ◆ 成田国際空港利用術

成田国際空港には第1〜第3までのターミナルがあるので、自分が利用する便がどのターミナルに発着するのか確認しておこう。どのターミナルもバス乗り場は1階到着ロビーを出たところにある。鉄道駅は第1と第2各ターミナルの地下にある。第3ターミナルに到着して鉄道を利用する場合は、約300mのアクセス通路を徒歩で第2ターミナルまで移動しよう。

## ✧ 神奈川のターミナルは東京各地

東日本方面から神奈川を訪れる場合や空路で羽田や成田の空港を利用する場合は、東京から西へと延びる鉄道網を利用すると便利。東京駅からはJRを利用すれば横浜から湘南エリアや三浦半島、箱根まで行ける。品川駅からはJRに加えて京浜急行で横浜や三浦半島へ、渋谷からは東急東横線で横浜方面と相互乗り入れしている相模鉄道で県央エリアへ、新宿からは小田急線で小田原や箱根方面へ直行できる。

◎ 問い合わせ先
成田国際空港
TEL 0476-34-8000
URL www.narita-airport.jp/jp/

◎ 成田国際空港バスの運賃
横浜シティ・エア・ターミナル：3700円
新横浜：3400円
川崎：3400円
相模大野：4670円(羽田で乗り継ぎ)

◎ 成田国際空港からの電車運賃
横浜：1620円〜
鎌倉：2040円〜
逗子：2040円〜
(切符の場合。経路や利用する列車によって異なる)

◎ 格安バスでいったん東京へ
成田国際空港から都内まで、格安のバスが運行されている。渋谷まで2500円、東京駅日本橋口まで1300円。渋谷行きは1日2本と数が少ないが、東京駅日本橋口行きは20〜30分に1本と頻発しており便利。

JO JR横須賀・総武快速線

JT JR東海道線

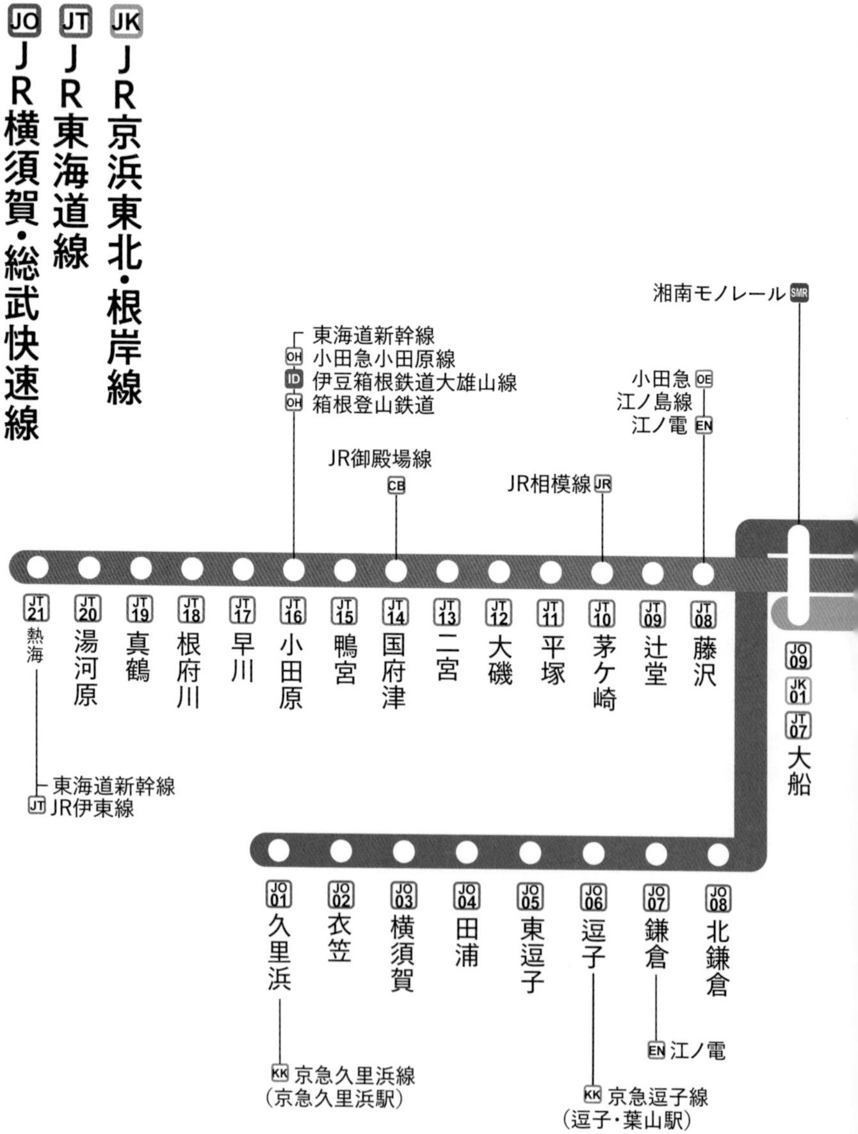

JK JR京浜東北・根岸線

湘南モノレール SMR

東海道新幹線
OH 小田急小田原線
ID 伊豆箱根鉄道大雄山線
OH 箱根登山鉄道

小田急 OE
江ノ島線
江ノ電 EN

JR御殿場線 CB

JR相模線 JR

JT21 熱海

JT20 湯河原

JT19 真鶴

JT18 根府川

JT17 早川

JT16 小田原

JT15 鴨宮

JT14 国府津

JT13 二宮

JT12 大磯

JT11 平塚

JT10 茅ケ崎

JT09 辻堂

JT08 藤沢

JO09
JK01
JT07 大船

東海道新幹線
JT JR伊東線

JO01 久里浜

JO02 衣笠

JO03 横須賀

JO04 田浦

JO05 東逗子

JO06 逗子

JO07 鎌倉

JO08 北鎌倉

EN 江ノ電

KK 京急久里浜線
（京急久里浜駅）

KK 京急逗子線
（逗子・葉山駅）

◆ 乗り換え路線図

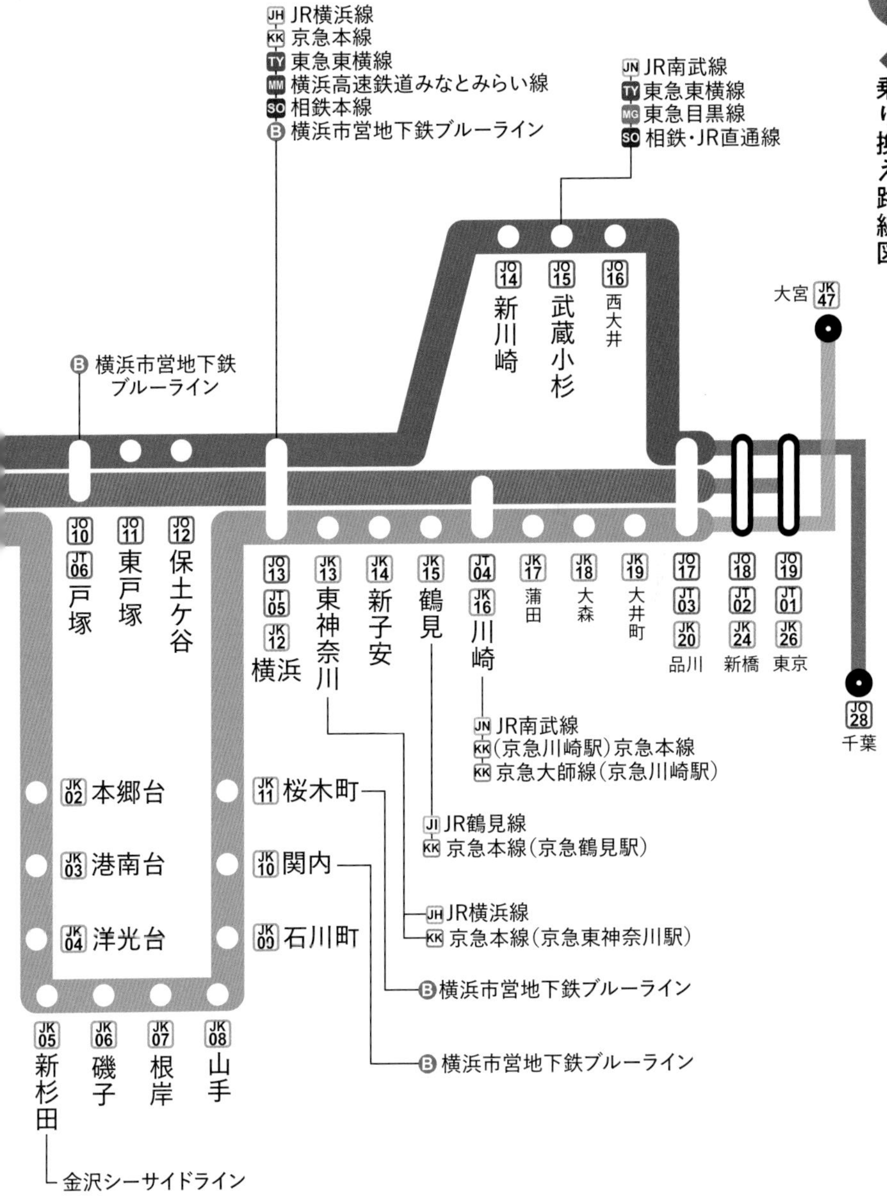

JH JR横浜線
KK 京急本線
TY 東急東横線
MM 横浜高速鉄道みなとみらい線
SO 相鉄本線
B 横浜市営地下鉄ブルーライン

JN JR南武線
TY 東急東横線
MG 東急目黒線
SO 相鉄・JR直通線

JO14 新川崎
JO15 武蔵小杉
JO16 西大井

大宮 JK47

B 横浜市営地下鉄
ブルーライン

JO10 JT06 戸塚
JO11 東戸塚
JO12 保土ケ谷

JO13 JT05 JK12 横浜
JK13 東神奈川
JK14 新子安
JK15 鶴見
JT04 JK16 川崎
JK17 蒲田
JK18 大森
JK19 大井町
JO17 JT03 JK20 品川
JO18 JT02 JK24 新橋
JO19 JT01 JK26 東京

JO28 千葉

JN JR南武線
KK (京急川崎駅)京急本線
KK 京急大師線(京急川崎駅)

JK02 本郷台
JK11 桜木町

JI JR鶴見線
KK 京急本線(京急鶴見駅)

JK03 港南台
JK10 関内

JH JR横浜線
KK 京急本線(京急東神奈川駅)

JK04 洋光台
JK09 石川町

B 横浜市営地下鉄ブルーライン

JK05 新杉田
JK06 磯子
JK07 根岸
JK08 山手

B 横浜市営地下鉄ブルーライン

金沢シーサイドライン

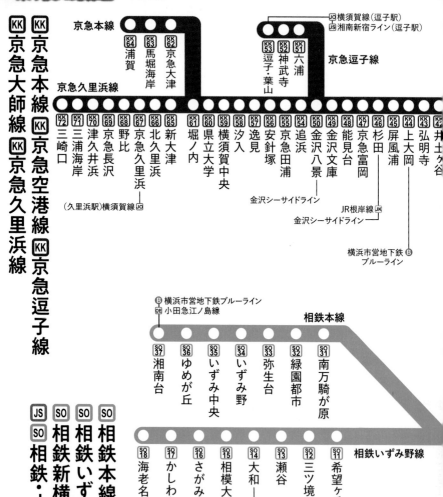

**京急大師線** KK **京急久里浜線** KK

KK **京急本線** KK **京急空港線** KK **京急逗子線**

**京急本線**

| KK 64 浦賀 | KK 63 馬堀海岸 | KK 62 京急大津 |

**京急久里浜線**

KK 72 三崎口 / KK 71 三浦海岸 / KK 70 津久井浜 / KK 69 京急長沢 / KK 68 野比 / KK 67 京急久里浜 / KK 66 北久里浜 / KK 65 新大津 / KK 61 堀ノ内 / KK 60 県立大学 / KK 59 横須賀中央 / KK 58 汐入 / KK 57 逸見 / KK 56 安針塚 / KK 55 京急田浦 / KK 54 追浜 / KK 50 金沢八景 / KK 49 金沢文庫 / KK 48 能見台 / KK 47 京急富岡 / KK 46 杉田 / KK 45 屏風浦 / KK 44 上大岡 / KK 43 弘明寺 / KK 42 井土ヶ谷

(久里浜駅)横須賀線 JO

KK 53 逗子・葉山 / KK 52 神武寺 / KK 51 六浦

**京急逗子線**

JO 横須賀線(逗子駅)
JS 湘南新宿ライン(逗子駅)

金沢シーサイドライン
金沢シーサイドライン
JR根岸線 JK
横浜市営地下鉄 B ブルーライン

---

JS SO SO SO
SO **相鉄本線**
**相鉄いずみ野線**
**相鉄新横浜線**
**相鉄・JR直通線（通称SJ線）**

B 横浜市営地下鉄ブルーライン
OE 小田急江ノ島線

**相鉄本線**

| SO 37 湘南台 | SO 36 ゆめが丘 | SO 35 いずみ中央 | SO 34 いずみ野 | SO 33 弥生台 | SO 32 緑園都市 | SO 31 南万騎が原 |

**相鉄いずみ野線**

SO 18 海老名 / SO 17 かしわ台 / SO 16 さがみ野 / SO 15 相模大塚 / SO 14 大和 / SO 13 瀬谷 / SO 12 三ツ境 / SO 11 希望ヶ丘

OH 小田急小田原線
JR JR相模線

OE 小田急江ノ島線

---

JR **JR相模線**

OH JR横浜線
KO 京王相模原線

| JR 橋本 | JR 南橋本 | JR 上溝 | JR 番田 | JR 原当麻 |

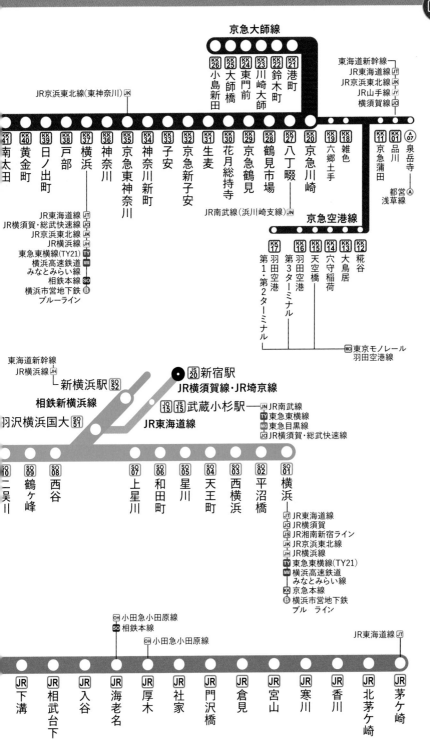

**京急大師線**

KK26 小島新田　KK25 大師橋　KK24 東門前　KK23 川崎大師　KK22 鈴木町　KK21 港町

東海道新幹線
JR東海道線 JT
JR京浜東北線 JK
JR山手線 JY
横須賀線 JO

JR京浜東北線(東神奈川) JK

KK41 南太田　KK40 黄金町　KK39 日ノ出町　KK38 戸部　KK37 横浜　KK36 神奈川　KK35 京急東神奈川　KK34 神奈川新町　KK33 子安　KK32 京急新子安　KK31 生麦　KK30 花月総持寺　KK29 京急鶴見　KK28 鶴見市場　KK27 八丁畷　KK20 京急川崎　KK19 六郷土手　KK18 雑色　KK11 京急蒲田　KK01 品川　07 泉岳寺

都営浅草線 A

JR東海道線 JT
JR横須賀・総武快速線 JO JK
JR京浜東北線 JK
JR横浜線 JH
東急東横線(TY21) TY
横浜高速鉄道
みなとみらい線 MM
相鉄本線 SO
横浜市営地下鉄 B
ブルーライン

JR南武線(浜川崎支線) JN

**京急空港線**

KK17 第1・第2ターミナル 羽田空港　KK16 第3ターミナル 羽田空港　KK15 天空橋　KK14 穴守稲荷　KK13 大鳥居　KK12 糀谷

MO 東京モノレール 羽田空港線

東海道新幹線
JR横浜線 JH
└ 新横浜駅 SO52

**相鉄新横浜線**

羽沢横浜国大 SO51

● KO20 新宿駅
JR横須賀線・JR埼京線

JO15 JK15 武蔵小杉駅 — JN JR南武線
TY 東急東横線
MG 東急目黒線
JO JR横須賀線・総武快速線

**JR東海道線**

SO10 二俣川　SO09 鶴ヶ峰　SO08 西谷　SO07 上星川　SO06 和田町　SO05 星川　SO04 天王町　SO03 西横浜　SO02 平沼橋　SO01 横浜

JT JR東海道線
JO JR横須賀
JS JR湘南新宿ライン
JK JR京浜東北線
JH JR横浜線
TY 東急東横線(TY21)
MM 横浜高速鉄道
みなとみらい線
KK 京急本線
B 横浜市営地下鉄
ブルーライン

OH 小田急小田原線
SO 相鉄本線

OH 小田急小田原線

JR東海道線 JT

JR 下溝　JR 相武台下　JR 入谷　JR 海老名　JR 厚木　JR 社家　JR 門沢橋　JR 倉見　JR 宮山　JR 寒川　JR 香川　JR 北茅ケ崎　JR 茅ケ崎

447

# OT 小田急多摩線
# OE 小田急江ノ島線
# OH 小田急小田原線

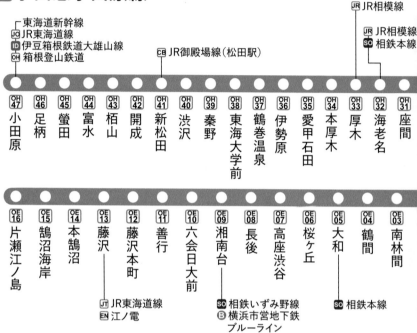

# JH JR横浜線

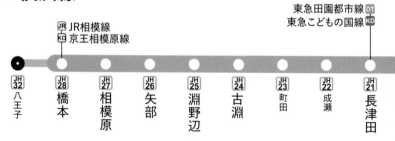

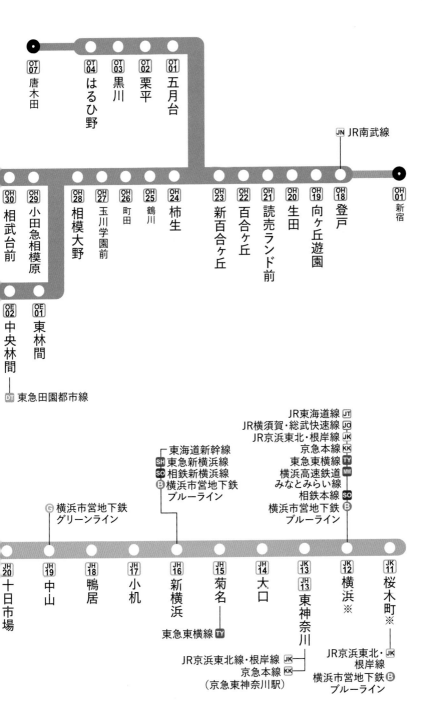

※一部の列車は東神奈川駅から横浜駅を経由して桜木町駅まで直通運転

# 乗り換え路線図

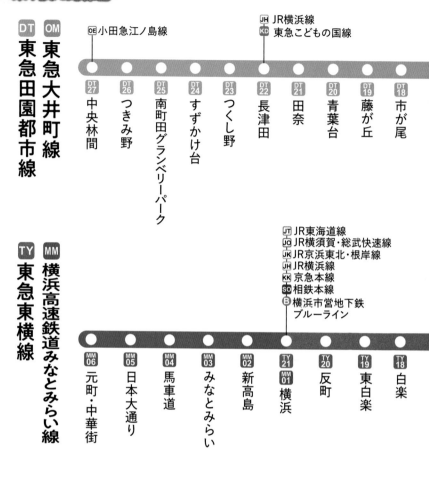

**DT** **OM**
東急田園都市線
東急大井町線

小田急江ノ島線 **OE**

JH JR横浜線
KD 東急こどもの国線

| DT 27 中央林間 | DT 26 つきみ野 | DT 25 南町田グランベリーパーク | DT 24 すずかけ台 | DT 23 つくし野 | DT 22 長津田 | DT 21 田奈 | DT 20 青葉台 | DT 19 藤が丘 | DT 18 市が尾 |

**TY** **MM**
東急東横線
横浜高速鉄道みなとみらい線

JT JR東海道線
JO JR横須賀・総武快速線
JK JR京浜東北・根岸線
JH JR横浜線
KK 京急本線
SO 相鉄本線
B 横浜市営地下鉄 ブルーライン

| MM 06 元町・中華街 | MM 05 日本大通り | MM 04 馬車道 | MM 03 みなとみらい | MM 02 新高島 | TY 21 MM 01 横浜 | TY 20 反町 | TY 19 東白楽 | TY 18 白楽 |

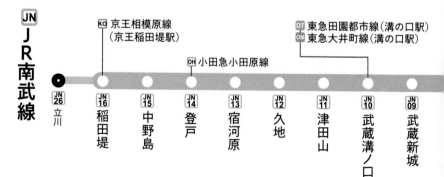

**JN**
JR南武線

KO 京王相模原線 （京王稲田堤駅）

OH 小田急小田原線

DT 東急田園都市線（溝の口駅）
OM 東急大井町線（溝の口駅）

| JN 26 立川 | JN 16 稲田堤 | JN 15 中野島 | JN 14 登戸 | JN 13 宿河原 | JN 12 久地 | JN 11 津田山 | JN 10 武蔵溝ノ口 | JN 09 武蔵新城 |

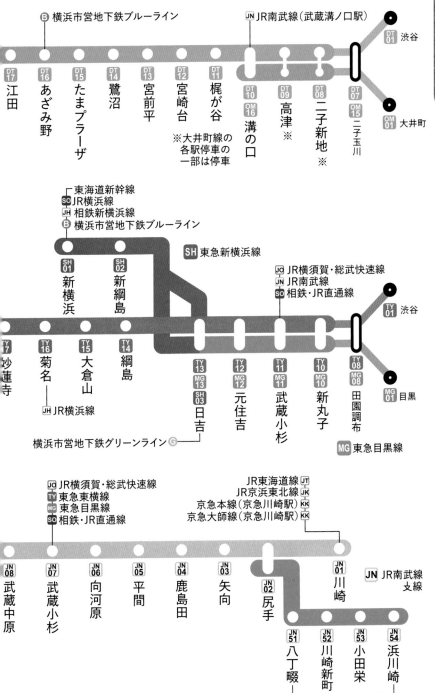

どれぐらいの予算があれば神奈川の旅を楽しむことができるのか。旅のスタイルによってどの程度の金額が必要になるかを、以下の情報を参考にシミュレートして、予算を算出してみよう。

## ◇ 宿泊にかかる費用

宿泊費は宿のグレードやロケーションだけでなく曜日、時期、イベントの開催などにより変動する。週末や連休、年末年始などのハイシーズンは高くなる。横浜は大都市だけに1泊3万円を超える高級ホテルから1万円以下で利用できるビジネスホテル、2000～3000円程度で寝床が確保できるゲストハウスやホステルまで、選択の幅は広く数も多い。

宿泊すること自体を目的に訪れたくなるような宿なら、1878年創業の箱根を代表するクラシックホテルでもある富士屋ホテルは、2人で1部屋6万6000円程度～。1927年に開業し、マッカーサー元帥も滞在した横浜のホテルニューグランドはネット予約で1泊1人2万5000円～と意外とリーズナブル。県内のおもな市町村にあるビジネスホテルは手頃な料金で滞在できる。

## ◇ 飲食にかかる費用

中華街の中国料理をはじめ世界各国の料理が楽しめる横浜や、新鮮な魚介類がおいしい相模湾沿いの町で、グルメを堪能しよう。箱根の老舗旅館は、料理自慢のところも多い。ファストフード店やコンビニも多く、節約も可能。

### ◉ 朝食

ホテルは朝食が料金に含まれていることが多い。別料金なら1500～3000円ほど。一方、マクドナルドをはじめとするファストフードやコンビニのおにぎりなどで済ませれば、1食500～1000円以内も可能。

### ◉ 昼食

中華街のレストランでランチなら、定食や一品物が1000円以下で楽しめる。町の洋食屋でも、ランチなら1000円程度。ちょっとお洒落なレストランなら2000～3000円程度。

### ◉ 夕食

サンマーメンからよこすか海軍カレー、江の島のしらす丼などよりどりみどり。イタリアンやフレンチなども、リーズナブルかつおいしい店が多い。気軽な店なら飲み物を付けて3000円程度～。

### ◉ 宿泊は直前割引も狙い目

ホテルの料金は、一般に早めに予約するほど割安。運がよければ、直前まで予約が入らないなどの理由で、大幅に安い料金が出ることもある。出発直前に決まった旅行でも、諦めずに検索サイトなどで探してみよう。

### ◉ おもな予約サイト

**JTB**
URL www.jtb.co.jp
**近畿日本ツーリスト**
URL www.knt.co.jp
**じゃらん**
URL www.jalan.net
**楽天トラベル**
URL travel.rakuten.co.jp
**トラベルコ**
URL www.tour.ne.jp
**Yahoo!トラベル**
URL travel.yahoo.co.jp
**一休.com**
URL www.ikyu.com
**ブッキングドットコム**
URL www.booking.com/index.ja.html
**エクスペディア**
URL www.expedia.co.jp

### ◉ レストラン予約サイトを活用

レストランによっては、予約サイトに特別メニューを用意していたり、お得なクーポンがゲットできることもある。まずは行ってみたいレストランが予約サイトにあるかどうかチェックしてみよう。
**食べログ**
URL tabelog.com
**ぐるなび**
URL www.gnavi.co.jp
**Ozmall**
URL www.ozmall.co.jp

## ♢ 観光にかかる費用

神奈川県内を移動するには鉄道やバスなど公共交通機関の利用が必要。テーマパークや遊園地、博物館や美術館の入館料もかかる。せっかくなので神奈川ならではのおみやげも購入したい。箱根地域の移動などは、場合によってはタクシーを利用することにもなる。

### ◉ エンターテインメント

神奈川県に本拠地をおくプロ野球チームがひとつ（横浜DeNAベイスターズ）、サッカーチームはJ1に4チーム（横浜F・マリノス、横浜FC、湘南ベルマーレ、川崎フロンターレ）ある。ホームのスタジアムでゲームを観戦してみよう。野球なら横浜スタジアムの外野席が2600円で観戦できる。サッカーは、横浜F・マリノスの日産スタジアムなら2900円から（変動の可能性あり）。横浜にはジャズをはじめとするライブハウスも多い。ライブチャージ3000円程度（飲み物代別）で、腕利きミュージシャンの演奏が楽しめる。

### ◉ 買い物

何も買わなければ費用はゼロ。しかし地元の名産品や限定商品など、思わず欲しくなる品々が、行く先々の店先に並んでいるはずだ。横浜中華街で売られているキッチュな中国雑貨や、湘南で新鮮な海産物を買ってしまっても、宅配便で送ってしまえば荷物も増えない。あとは予算と相談し、あまりケチらず、かといって使いすぎには注意して、買い物を楽しみたい。

### ◉ 交通費

横浜市内の公共交通が乗り放題になる市営バス1日乗車券は600円、市営地下鉄1日乗車券は740円、地下鉄・バス共通1日乗車券は830円。横浜市内をくまなく回りたい人は利用してみよう。神奈川県内を東西に横断する場合、横浜から小田原までJRで990円、海老名経由で相鉄線と小田急線を乗り継げば810円と少し安くなるが、所要時間は25分ほど長くなる。

## ♢ 結局かかる費用は……

箱根の高級旅館に滞在して温泉と美食三昧、あるいはみなとみらいの高級ホテルに宿泊して移動はタクシー、夜は高級料亭や中国料理、フレンチレストランなどで舌鼓を打つなら1泊で6万円以上は必要。シティホテルを利用して博物館やスタジアムなどを巡り、気軽な洋食を楽しむならば1泊で1万5000〜2万円程度。ビジネスホテルや旅館に宿泊し移動は公共交通か徒歩、食事はコンビニや食堂、観光施設には入らずに町歩きを楽しんで過ごすなら1泊で5000〜1万円程度で収まるはず。これとは別に買い物代やリフレッシュメント代、交通費を足せば、1日のおおよその予算が算出できる。

### ◉ お金をかけずに楽しむなら

無料で楽しめる場所もいろいろある。散歩好きなら横浜の中華街から伊勢佐木町、野毛のあたりを歩いてみよう。歴史好きなら鎌倉の古都散策もおすすめ。江ノ島の島内巡りも、けっこう歩きでがあっておもしろい。

### ◉ 時間がないときのおみやげ探し

観光や食事に時間を使いすぎておみやげ買ってない！ そんなときには横浜駅西口にある横浜高島屋7階の「ヨコハマ・グッズ 横浜001」や横浜駅東口、そごう横浜店地下2階の「かながわ屋」へ行ってみよう。神奈川県を代表するお菓子類など、手頃なおみやげになる品物が並んでいる。横浜駅から帰る人は、横浜駅中央通路にある崎陽軒の売店で名物のシウマイをどうぞ。

月餅や点心など中華菓子も人気のおみやげのひとつ

春の小田原城址公園は桜の見どころとしても人気

同じ鎌倉でも、アジサイ咲き乱れる梅雨時と酷暑の真夏、寒風吹きすさぶ真冬では、印象はまったく異なったものとなるだろう。どんな土地でも訪れる季節によって印象は異なるものとなる。横浜周辺と鎌倉や湘南など相模湾沿いの町、山がちな箱根など多彩な顔をもつ神奈川、季節ごとのそれぞれの楽しみを見つけたい。

**春** 春の訪れとともに、県内各地から桜の便りが聞こえてくる。神奈川には桜の名所が多い。鶴岡八幡宮、県立三ツ池公園、山下公園、箱根湯本などは、温泉行や町歩きのついでに花見も楽しめる。小田原城址公園は桜だけでなく早春の梅も名物。横浜の伊勢佐木町から徒歩すぐの大岡川沿いに続く大岡川プロムナードの桜も、満開の季節から花が川面に散る時期まで比較的長く楽しめる。山北鉄道公園はJR御殿場線沿いに桜並木があり、まるで列車が桜のトンネルを走り抜けるような景観となる。交通がやや不便となるが、西平畑公園は開花時期の長い河津桜ごしに箱根連山や富士山の眺望が楽しめる。異色なのは在日米陸軍キャンプ座間の桜まつり。日本のなかのアメリカで愛でる桜は、思い出に残る体験となるだろう。

**夏** 連日雨が降り続く憂鬱な梅雨の時期も、鎌倉ではアジサイの季節。古都を彩るしっとりとした色合いのアジサイは、長雨の鬱陶しさを忘れさせてくれるはず。梅雨が明けて夏本番が訪れると、逗子や葉山などの湘南エリアや三浦半島のビーチでは続々海開きが行われ、海水浴を楽しむ行楽客でにぎわう。そして大山をはじめとする丹沢の山々にも、多くの登山客が訪れる。夏の風物詩といえば花火。神奈川でも横浜や鎌倉、横須賀、相模湖などで、毎年7~8月に大きな花火大会がある。7月上旬に行われる平塚の湘南ひらつか七夕まつりは、日本一にぎやかな七夕まつりともいわれて全国的に有名。JR平塚駅北口の商店街を500本を超える七夕飾りが埋め尽くす様子は壮観。そのほか江の島や茅ヶ崎、三浦市、大磯町、真鶴町などの神社では夏の祭礼が行われ、お神輿が海へと入る勇壮な渡御も見られる。

⊙ **公式観光情報サイト**
神奈川県観光協会
観光かながわNOW
🔗 www.kanagawa-kankou.or.jp

⊙ **横浜における桜
（ソメイヨシノ）の開花日**
*満開になるのは約1週間後

| | |
|---|---|
| 平年 | 3/24 |
| 2023年 | 3/15 |
| 2022年 | 3/21 |
| 2021年 | 3/17 |
| 2020年 | 3/25 |

⊙ **関東甲信の梅雨入りと
梅雨明け**

| | | |
|---|---|---|
| 平年 | 6/6 | 7/19 |
| 2023年 | 6/8 | 7/22 |
| 2022年 | 6/6 | 7/23 |
| 2021年 | 6/14 | 7/16 |
| 2020年 | 6/11 | 8/1 |

平塚の七夕まつりは夏の人気イベント

秋　日本の秋といえば紅葉。神奈川にも県内各地に紅葉の名所があり、人々の目を楽しませてくれる。丹沢の大山寺と大山阿夫利神社は、山中ながらケーブルカーで楽にアプローチできるのも魅力。横浜にある三溪園は、京都や鎌倉から移築された重要文化財にも指定された建物が点在する広大な庭園。四季折々の美しさがあり、紅葉の時期も見もの。強羅にある箱根美術館は紅葉の名所としてだけでなく庭の苔の美しさも必見。美術館と紅葉のふたつを一度に楽しめてお得感も高まる。鎌倉では鶴岡八幡宮、長谷寺、円覚寺、明月院の紅葉が名高い。ちょっとした穴場としては生田緑地の紅葉がある。四季折々の植物が楽しめる散策コースが設けられており、秋の紅葉コースは複数種の紅葉する樹木が植えられて赤と黄のコントラストが美しい。箱根で温泉にのんびりつかりながら紅葉を愛でて過ごすのも優雅な体験だ。

秋は紅葉と苔の共演が見られる箱根美術館

冬　神奈川県の冬の風物詩は、各地で行われるクリスマスイベントやイルミネーション。明治末から大正初期にかけて建てられた横浜赤レンガ倉庫のクリスマスマーケットは、ドイツの町で行われるクリスマスマーケットをモデルにした本場さながらのマーケット。クイーンズスクエア横浜のイルミネーション、ランドマークタワー内にあるランドマークプラザのクリスマスイベントなどは、横浜ならではのエキゾチックなイベントだ。冬ならではの景色を楽しむなら、芦ノ湖がおすすめ。雪に覆われた純白の富士山を湖上から眺めれば、美しさに寒さも忘れてしまうはず。冷えてしまった体は、箱根の温泉で温めよう。そんな箱根では毎年11月3日に、江戸時代に箱根の関所を通った小田原藩の参勤交代の様子を再現した箱根大名行列が行われる。火縄銃の演武が大迫力。

みなとみらいや赤レンガ倉庫など、イルミネーションは見どころのひとつ

## ✧ 服装について

　神奈川の気候は平野部は比較的温暖で、丹沢や箱根などの山地はそれなりに厳しい。夏はTシャツにジーンズなどの軽装で、帽子や日傘など日差し対策をしておきたい。山地へ行く場合は、軽めの上着が1枚あると安心。大山登山などをするなら、町歩きのような軽装は禁物。しっかりとした準備が必要。秋冬は寒さ対策として、防寒性の高い上着を用意しよう。横浜市街や江の島、箱根の散策は、歩く距離が長くなりがちでアップダウンも多い。足元は履きなれた靴で。おしゃれなレストランや料亭などへ行くのなら、襟のあるシャツやジャケット、革靴は用意しておこう。

登山に人気の大山は都市部と違い、積雪が多い。防寒対策はしっかりと

# 旅に役立つ情報源

### ◎ 公式観光情報サイト
**神奈川県観光協会**
**観光かながわNOW**
URL www.kanagawa-kankou.or.jp

### ◎ 各地の観光案内所
**横浜駅観光案内所**
住 横浜市西区南幸1-1-1 JR横浜
タワー2階
TEL 045-620-9926
開 10:00〜17:00
休 無休

**桜木町駅観光案内所**
住 横浜市中区桜木町1-1
TEL 045-211-0111
開 10:00〜17:00
休 無休

**新横浜駅観光案内所**
住 神奈川県横浜市港北区新横浜
2-100-45 新横浜中央ビル2階
TEL 045-473-2895
開 10:00〜13:00、14:00〜17:00
休 なし

**横浜トラベルインフォスポット**
URL www.welcome.city.yoko
hama.jp/tic/infospot.php

**川崎市観光案内所**
住 神奈川県川崎市川崎区駅前本
町26-1 アトレ川崎3階
TEL 044-222-0100
開 9:00〜20:00(土・日は〜19:00)
休 無休

**ヨコスカドブイタステーション**
住 神奈川県横須賀市本町2-7
TEL 046-824-4917
開 11:00〜16:00(土・日・祝10:00
〜17:00)
休 水

**箱根町総合観光案内所**
住 神奈川県足柄下郡箱根町湯本
706-35
TEL 0460-85-5700
開 9:00〜17:45
休 なし

　神奈川への旅を計画する際に役立つのが、インターネット上の情報。ネット上の情報は玉石混交なので、有益な情報を注意深く見つけ出す確かな目をもとう。基本的な情報は、神奈川県観光協会の公式ウェブサイト「観光かながわNOW」、各市町村の役所や観光協会のウェブサイトで確認しよう。

## ◇ 観光案内所を利用する

　現地到着後に頼りになるのが観光案内所。神奈川県内各地には主要鉄道駅、繁華街や観光地などに60ヵ所以上の観光案内所がある。周辺の見どころや乗り物の乗り方、目的地までの行き方など、旅に関するあれこれをていねいに教えてくれる。

### ◎ 横浜市観光案内所

　横浜の観光案内所は、JR横浜タワー2階アトリウム、JR桜木町駅南改札正面、JR新横浜駅改札階の3ヵ所。それぞれ観光案内や宿泊施設の紹介などに対応するほか、地図やパンフレット類も各種揃っている。そのほか民間の観光案内所として横浜トラベルインフォスポットが、博物館や動物園などの見どころ、ショッピングセンター、主要駅などに設けられており、周辺の案内やイベント情報、観光資料配布などのサービスを行っている。

### ◎ 各市町村の観光案内所

　県内各地の主要市町村や観光地には、それぞれの観光案内所がある。例えば川崎市にはJR川崎駅北口直結の便利な場所に川崎市観光案内所があり、見どころなどへの行き方がタッチパネルディスプレイで確認できるだけでなく、名産品などおみやげの販売も行っている。横須賀市には横須賀中央駅前の横須賀市観光案内所のほかに、通称「どぶ板通り」にヨコスカドブイタステーションがあり、観光情報の提供、軍港めぐりなどの割引チケットや海軍カレーなど横須賀名物を販売している。箱根に関する情報なら、箱根湯本駅前にある箱根町総合観光案内所に豊富な資料が揃っている。

　どの観光案内所もたいていわかりやすく便利な場所にあるので、気軽に足を運んでみよう。

## ◇ ローカル情報を入手する

　家にいながら各種情報が手に入るインターネットのウェブサイトは、ぜひ活用したい。神奈川県内のほとんどの市町村は、

観光情報をウェブサイトで発信している。人気の見どころやイベントなど、最新の情報が手に入るのでチェックしてみよう。観光案内所や駅構内のラック、おみやげ店、飲食店などで手に入れることができるのが、各地で発行されているフリーペーパーやフリーマガジン。イベントやショップ情報など、旅行者にも役に立つ情報が多数掲載されている。地元のコアな情報が聞けるコミュニティラジオもおもしろい。アプリを使えば放送エリア外でも聴ける。

## ◎ インターネットを活用しよう

・横浜市観光情報サイト

観光スポット情報はもちろん各種イベント情報が旅行者の役に立つ。「今日のイベント」をチェックしてその日の予定を決めるもよし。人工知能コンシェルジュの「ハマコちゃん」とチャットでやり取りしながら観光情報を教えてもらえるのも楽しい。

・鎌倉市観光協会

神奈川随一の観光地だけにウェブサイトも充実。江ノ電沿線のフォトジェニックスポット紹介を参考に、映え画像を撮影しよう。ホテルからゲストハウスまで、宿泊施設も幅広く紹介。

・箱根町観光協会公式サイト　箱根全山

宿泊や日帰り温泉、食事や観光など、調べたい情報をジャンル、エリア、キーワードで検索できるのが便利。「リラクゼーション」の項目があるのはさすが箱根。箱根エリアで行われるイベントや、新商品や新メニューの発売情報など、地域の小ネタを網羅した「耳寄り情報」がおもしろい。

・みうら観光ガイド　三浦市観光協会

三浦半島の最南端にある三浦市の観光情報を紹介。洗練されたデザインと美しい画像で旅情をそそり、すぐにでも三浦へ行ってみたくなる。

・川崎市観光情報

「工場夜景」「産業観光」のトピックが「観光スポット」とは独立してあるのも工業の町川崎ならでは。マニアックな工場夜景のフォトギャラリーが興味深い。川崎名産品はショップのウェブサイトへのリンクがあり、「ネット販売あり」のピクトがあればすぐに購入できる。

## ◎ 神奈川のフリーペーパー

・Lien鎌倉

『上質で自由な時間を過ごす』をコンセプトに、湘南、鎌倉エリアのイベントや最新ショップ情報を紹介。御成通商店街の各店舗などで配布。

・湘南よみうり

地域のシルバー情報満載のフリーペーパー。地域在住やゆかりの著名人巻頭インタビューは読み応えあり。月刊で新しめのイベント情報も掲載される。横須賀版「横須賀よみうり」もある。湘南エリアの観光案内所や鉄道駅などで入手可能。

### ◎ コミュニティラジオが聴けるアプリ

**Listen Radio（リスラジ）**
コミュニティラジオのポータルサイトとアプリ。全国約100局の多彩な番組が楽しめる。
URL listenradio.jp/

### ◎ 各市町の観光情報ウェブサイト

**横浜市観光情報サイト**
URL www.welcome.city.yokohama.jp
**鎌倉市観光協会**
URL www.trip-kamakura.com
**箱根町観光協会公式サイト**
**箱根全山**
URL www.hakone.or.jp
**みうら観光ガイド**
**三浦市観光協会**
URL miura-info.ne.jp
**川崎市観光情報**
URL www.k-kankou.jp

### ◎ フリーペーパーのウェブサイト

**Lien鎌倉**
URL lien-web.net/
**湘南よみうり**
URL shonan-yomiuri.co.jp

## 旅に便利な無料アプリ
**乗り換えナビタイム**
URL www.navitime.co.jp/transfer/
**To Locca**
URL www.to-locca.com

## トイレを探せるアプリ
**トイレ情報共有マップくん**
URL share-map.net/toilet/
**Check a Toilet**
URL www.checkatoilet.com

## 充電スポット
**電源Wi-Fiマップ**
URL search-maps.com
**Share Lounge**
URL tsutaya.tsite.jp/store/lounge/
**ChargeSPOT**
URL chargespot.jp
料 30分未満165円、6時間未満330円、24時間未満480円、48時間未満660円など。120時間を超えた場合は利用料1650円、違約金1650円で合計3300円の支払いが必要。
設置場所：ローソン、ファミリーマート、ドコモやソフトバンクの携帯ショップ、カラオケ館、シダックス、TULLY'Sコーヒーなど。

# ◇ 無料アプリで情報収集

旅に便利な無料アプリがいろいろあるのでぜひ活用したい。出発前にインストールして、ある程度操作に慣れておこう。

## ◎ 乗り換えナビタイム

全国の鉄道、高速バス、飛行機、フェリーなど交通機関の乗り換え情報が検索できる。運賃、所要時間、列車の何両目に乗ると乗り換え口に近いかもわかる便利仕様。遅延情報や迂回ルートの表示（有料機能）も助かる。

## ◎ To Locca

アプリからロッカーが予約できるサービス。神奈川県内では横浜と鎌倉で利用できる。表示される地図から目的地をタップするとロッカーの所在地と空き状況が表示される。会員登録が必要。

## ◎ トイレ探しに役立つアプリ

「トイレ情報共有マップくん」は現在位置から最も近いトイレをGoogle Map上に表示し、ナビもしてくれる。洗浄機能、車椅子などの条件検索もできる。一般ユーザーが情報を更新できるため最新情報が反映される一方、正確さはユーザー個人の感覚やモラル次第という側面も。「Check a Toilet」は、ユニバーサルデザインの多機能トイレを地図から探せるアプリ。

# ◇ スマホの充電サービス

スマホを活用するとバッテリーの減りも早まる。残量を気にしながらの旅はストレスになるもの。万が一のバッテリー切れに備えて、モバイルバッテリーは用意しておこう。それでも電池が切れた場合は、以下の方法で充電スポットを探そう。

## ◎ 充電スポットをアプリで探す

「電源Wi-Fiマップ」はマップ上で電源やWi-Fiが利用できる飲食店情報が見られるアプリ。地図上で探せるだけでなく地名や最寄り駅名でも検索できる。店の詳細情報には営業時間やWi-Fiの種類（プロバイダ）も表示される。電源の有無、Wi-Fiの有無で条件検索もでき便利。

## ◎ 「Share Lounge」

カフェやコワーキングスペースとして利用できるラウンジ。1時間1000円程度の料金でフリードリンク（ソフトドリンク）とフリースナックを楽しみながら、充電とWi-Fiの利用が可能。

## ◎ モバイルバッテリーシェアサービス ChargeSPOT

設置店舗などでモバイルバッテリーを借り、移動しながらスマホを充電、移動先にある別の店舗で返却できるので、充電が終わるまで待つ必要がなく便利。USB Type-C、iOS、Micro USBのケーブル内蔵。事前にアプリをダウンロードし登録が必要。最寄りの設置場所、返却場所も検索でき、貸し出し可能台数も表示される。

## ❖ 荷物を預けて身軽に観光

　ホテルのチェックインまで、また朝ホテルをチェックアウトしてから飛行機や列車の利用時刻まで時間がある場合、荷物をどうするかは悩ましい問題。ホテルで預かってもらうかコインロッカーを利用するのが簡単。ホテルでは宿泊客なら到着からチェックインまで、チェックアウト後も通常当日なら無料で、荷物を預かってくれる。ただしホテルの場所が最寄りの駅やバス乗り場などから離れていると、荷物の引き取りにホテルへ戻るだけでも時間のロスになる。その点駅にあるコインロッカーは有料だが便利。大きな駅ならスーツケースが入るようなサイズのものもある。

### ◉ クロークサービス

　「エクボクローク」は、荷物を預けたい人と荷物を預けるスペースのある店舗をつなぐ予約サービス。スマホのアプリを使って、2ヵ月前〜当日まで予約が可能。アプリに登録したクレジットカードで支払いを済ませれば、預ける際にQRコードを見せるだけなので、混雑時も待ち時間はほとんどない。荷物の大きさや形に制限が少なく、ひとりで持てるサイズの荷物であれば預け入れ可。横浜駅周辺で6ヵ所、鎌倉駅周辺では3ヵ所、藤沢駅周辺や江ノ島駅周辺では2ヵ所と数が限られているので、利用の際は確認すること。基本的に当日のみのサービスだが、店舗により最長14日まで預かり可能。

## ❖ 手荷物配送を利用する

　大きなスーツケースやバッグを抱えて混雑した駅構内を歩いたり電車に乗ったりするのは大変だし、通勤通学客の迷惑になるのも不本意。身軽に旅するために、積極的に荷物の宅配サービスを利用したい。最も簡単なのは、到着当日にホテルで荷物を受け取れるように宅配便で発送すること。送り先により配達所要日数が異なるので、事前に宅配便会社に確認しよう。また、ANA便を利用して羽田空港へ11:00以前に到着する場合、羽田空港から希望の場所まで荷物を送ってもらえるスーパー宅空便が利用できる。出発空港で出発時刻の20分前までにチェックインカウンターで快速宅空便の手続きをすれば、羽田到着後に手荷物を引き取る必要はなく、荷物はホテルなど指定した場所で受け取れる。配送可能地域は神奈川県全域。ヤマト運輸の手荷物の当日お届けサービスは、パシフィコ横浜のパシフィコロジスティクスセンターか横浜駅東口受付カウンターで10:00までに手続きすると、当日21:00までに神奈川県内全域に、13:00までに手続きすると同じく当日21:00までに横浜市、横須賀市、鎌倉市、逗子市、三浦市、三浦郡葉山町に配達してくれる。

### ◉ コインロッカー利用の注意

横浜駅には10ヵ所以上コインロッカーがあるので、場所を忘れないよう注意。支払いに交通系ICカードが使えるタッチスクリーン式もある。スマホでQRコードを読み取れば空き状況がわかり便利。

コインロッカーの大きさ

| | 幅×奥行き×高さ(cm) | 料金 |
|---|---|---|
| S | 34×57×20〜40 | 300円〜 |
| M | 34×57×55 | |
| L | 34×57×84 | 500〜700円 |
| LL | 34×57×103 | 600〜700円 |

＊標準的なサイズ

**エクボクローク**
URL cloak.ecbo.io/ja
最大辺が45cm未満が1個1日400円、最大辺が45cm以上が1個1日700円。

### ◉ 当日配送利用の注意

飛行機の遅延などによって予定時刻に荷物が届かないこともある。最悪の場合翌日になってしまうこともあるので、1泊分の着替え、身だしなみセットなどは必ず持ち歩き用バッグに入れておこう。

**スーパー宅空便**
URL www.ana.co.jp/ja/jp/guide/boarding-procedures/baggage/domestic/delivery/
料 当日配送2000円、翌日配送(快速宅空便)1000円。

**ヤマト運輸手荷物の当日お届け**
URL www.kuronekoyamato.co.jp/ytc/customer/send/services/hands-freetravel/

日本を代表する大都市横浜を抱える神奈川県。人口が多ければ犯罪の発生数も増えるので、統計の数値だけから治安の善し悪しを判断するのは難しい。気を緩めすぎず、最低限の注意を怠らず、トラブルに巻き込まれないように気をつけたい。

## ◇ 神奈川の治安

横浜の中心や下町エリアにある大きな夜の繁華街を除けば、旅行者が訪れるようなエリアは概して治安はいい。ただし、祭りや季節のイベントなど、多くの人が集中する時期やエリアはトラブルも増える。また、大きな町には人目につかない路地や建物の影など死角が多いので、油断は禁物。

### ◎ ひったくり、置き引き

被害者の約7割は女性といわれており、抵抗して引きずられてけがをするケースも。バッグなどは車道側には持たず、万が一ひったくられたらけがをしないよう諦めて手を放そう。セルフ式の飲食店などで荷物を置いて場所取りをすると、置き引き被害に遭う可能性も。

### ◎ 歓楽街で

歓楽街での悪質な客引きによるぼったくりや、泥酔客のカードで架空決済する事案も発生している。節度ある行動を心がけたい。夜の繁華街では違法薬物の取引が行われるケースも。「いい店を教えてあげる」「肌がキレイになるハーブがある」などの甘い言葉にだまされないように。横浜の福富町や伊勢佐木町、曙町周辺は性風俗店が密集するエリア。昼間は一見普通に見えても夜は雰囲気が一変する。あまり気軽に足を踏み入れるのも考えもの。

### ◎ 交通事故

神奈川の県央部は道路がよく整備されており走りやすく、速度も速くなる。幹線道路はもちろん、対面通行の道路や住宅街でも思いのほか交通量は多い。箱根や丹沢の山中は道が狭く、歩道もないところが多いので、そのような道を歩く際には車に十分注意したい。逆に運転する場合は、交通法規の遵守を心がけること。

## ◇ おもなトラブル対策

### ◎ 体調不良やけが

急に具合が悪くなったり、けがをしたりした際は、落ち着いて周囲の人に相談を。診察や薬が必要になったら、神奈川医療情報提供サービスのウェブサイトで、近隣の医療機関を探そう。

---

### ◎ 緊急時の連絡先
**神奈川県警察**
☎ 045-211-1212（代表）
🔗 www.police.pref.kanagawa.jp
**安全ナビ**
神奈川県内の不審者情報、ひったくりや窃盗事件などの治安情報が地図上で確認できる。
🔗 www.gaccom.jp/safety/

### ◎ 医療機関・薬局を探す
**かながわ医療情報提供サービス**
🔗 http://www.iryo-kensaku.jp/kanagawa/
**深夜、24時間営業の薬局検索**
🔗 www.kusurinomadoguchi.com/kanagawa

### ◎ 航空券や乗車券の紛失、忘れ物時の連絡先
**JAL**
☎ 03-5460-0522
**ANA**
☎ 03-6428-3799
**JR東日本**
☎ 050-2016-1601
**京浜急行電鉄**
☎ 03-5789-8686
☎ 045-225-9696
**東急電鉄**
☎ 03-3477-0109
**小田急電鉄**
☎ 044-299-8200
**江ノ島電鉄**
☎ 0466-24-2713
**相模鉄道**
☎ 045-391-5207
**箱根登山鉄道**
☎ 0465-32-6823
**湘南モノレール**
☎ 0467-45-0135

**JR東日本　忘れ物チャット**
🔗 lost.jreast-chat.com
**神奈川県警察本部 落とし物・忘れ物検索システム**
🔗 www.police.pref.kanagawa.jp/tetsuzuki/otoshimono/mesa1913.html

### ◎ 航空券や乗車券をなくしたら

　紛失を防ぐ意味でも、チケット類はできるだけスマホのアプリを利用したデジタル形式を使いたい。航空券ならスマホだけでチェックインから搭乗まで可能だし、仮にスマホを紛失してもチェックイン時に身分証明書を提示すれば搭乗券を発行してもらえる。紙の航空券を紛失したら、紛失届を出して代替航空券を購入する必要がある。

### ◎ 忘れ物、落とし物をしたとき

　列車内や駅構内での落とし物は、当日中なら各駅または列車の終着駅に電話で問い合わせる。翌日以降は集約駅でシステムに登録されるので、電話などで問い合わせて検索してもらう。見つかった場合、受け取りには身分証明書が必要。取りに行けない場合は、着払いで送ってもらうことも可。持ち主不明のまま数日経過すると、警察へ引き渡される。

　タクシー車内に忘れ物をした場合は、タクシー事業者に問い合わせを。領収書には連絡先が記載されているので、支払いの際に必ずもらっておこう。

## ◇ 自然災害

　ゲリラ豪雨による洪水は各地で毎年のように発生している。そのため各自治体では、さまざまな注意喚起を行っている。台風の接近が予想される場合、公共交通機関の計画運休が実施されることもある。自治体や交通機関のウェブサイトなどに目を通しておこう。

　首都直下型地震が発生すれば、神奈川県も大きな被害が予想される。建物の中で大きな揺れを感じても、いきなり外へ飛び出すのは危険。ビルの窓ガラスや外壁、看板などが降ってくるかもしれない。鳥居、石垣、門、灯籠、塀などからも離れる。外出時にはバッグなどで頭部を保護するといい。ホテルの客室内なら、まずドアを開放し、揺れが収まるのを冷静に待とう。

### ◎ 旅先で災害に遭ったら

　神奈川県や横浜市などの自治体は、ウェブやアプリで台風、大雨、大雪、地震などの防災情報や注意喚起を発信している。

### ◎ 防災アプリ

　インターネット上で災害情報が確認できるウェブサイトとアプリがあるので活用したい。神奈川県災害情報ポータルは、神奈川県全域の災害情報を随時更新して掲載。横浜市防災情報ポータルは、横浜市の地震、洪水などの災害情報や、公共交通機関が止まった場合の帰宅支援情報などが確認できる。

### ◎ 災害用伝言ダイヤル

　災害時の通信量増加で電話がつながりにくくなった場合に提供される、声の伝言板。緊急時の安否確認に、固定電話や携帯電話などほとんどすべての一般用電話から利用できる。

---

### ◎ 災害時の情報提供

**神奈川県災害情報ポータル**
URL www.bousai.pref.kanagawa.jp
**横浜市防災情報ポータル**
URL bousai.city.yokohama.lg.jp

### ◎ 災害時の行動をサポートするアプリ

**横浜市避難ナビ**
URL www.city.yokohama.lg.jp/kurashi/bousai-kyukyu-bohan/bousai-saigai/wagaya/20220215102136089.html

### ◎ 災害用伝言ダイヤル

**[FREE] 171**
使い方 URL www.ntt-east.co.jp/saigai/voice171/
ウェブ版 URL www.ntt-east.co.jp/saigai/web171/

---

info　みなとみらい地区に多い高層ビルやホテルの上層階は、耐震構造のために揺れが増幅される。驚くほど大きな揺れが長時間続くことがあるので、窓から離れ、家具などに気をつけながら廊下へ出よう。

# 習慣とマナー

## ⬦ 皆のまねをすれば大丈夫

神奈川県とてほかの地域と同じ日本。文化や言葉が異なる外国ではないので、たいていの習慣やマナーはわかっているか、聞いたことがあるはず。神奈川県は就学や就職などで国内他地域や国外から来ている人も多い。それほど神経質にならず、日本の一般常識と思いやりの心をもって行動すれば大丈夫。

## ⬦ 電車でのマナー

### ◉ 乗車するとき

横浜周辺や東京方面とを行き来する鉄道は、通勤通学の時間帯に非常に混むので、子連れの場合などは注意。基本的に整列乗車が実施されており、ホームに表示されたライン上で待つ。大きめの駅では、次やその次の列車に乗るためのスペースが脇に設けられていることも。凹凸がある黄色い線は点字ブロックなので、上に立ち止まったり荷物を置いたりしないこと。列車が到着したらドアの両端に寄り、降車客が済んでから乗り込む。

### ◉ 車内で

混雑時にはリュックやポーチなどは体の前に抱えるか、足元、網棚など邪魔にならない場所へ。携帯電話はマナーモードに設定し、通話は控える。ドア付近に立っていて途中駅に停車した際は、乗降客の邪魔にならないよういったんホームへ降りよう。箱根方面の山間部も走るJR線などでは、冷暖房の効率を下げないためドア横に開閉用押しボタンがある。駅に停車してもドアが開かなかったら、ボタンを押すと開く。

## ⬦ バスでのマナー

### ◉ 乗車するとき

鉄道が走っていない箱根地域や丹沢方面、また横浜市内でも、路線バスを利用することが多い。運賃は地域により定額制か距離制のどちらか。

定額制のバスは、前方扉から乗車し、後方扉から下車。乗車時に運転席脇の料金箱に現金を投入するか、所定の読み取り機部分に交通系ICカードをタッチする。お札の場合は、運転手に両替してもらう。5000円札、1万円札は両替できない場合もあるので、小銭を用意しておくこと。

料金距離制のバスは、後方扉から乗車し前方扉から下車する。乗車時に交通系ICカードを読み取り機にタッチ。現金払

---

### ◉ エスカレーターの利用

急ぐ人のために一般に東京では右を空け、大阪では左を空けるのが暗黙のマナーとされているエスカレーター。横浜周辺など神奈川県でも、東京同様左側に立つのがマナーになっている。ただし日本エレベーター協会や鉄道事業者は、立ち止まっての利用を推奨している。キャリーバッグやスーツケースはしっかりと保持し、黄色い線の内側に立とう。

### ◉ 女性専用車両

神奈川県内の各鉄道事業者は、運行する列車に女性専用車両を設けている。おもに平日朝の上り列車に設定されている。女性と同行する小学生以下の男児や女性介護または女性による要介護の男性も利用可。

### ◉ 電車・バス車内での飲食

新幹線や長距離列車は別として、バスや地下鉄などの車内では、軽い水分補給以外の飲食はできないと考えよう。よほどの早朝でない限り、周囲の乗客に迷惑をかけずに飲食するのは難しい。

### ◉ 交通系ICカードが便利

神奈川県内のほとんどの鉄道事業者はSuica、PASMO、TOICA、manaca、ICOCA、Kitaca、PiTaPa、はやかけん、nimoca、SUGOCAなどの交通系ICカードが利用可。

---

info 横浜市営地下鉄に女性専用車両が設定されている平日の始発から9:00までは、都市周辺の路線を中心にラッシュとなる。駅構内も混雑するので、大きな荷物を持って移動する際は注意したい。

いの場合は整理券を取る。降車時は運転席脇の料金箱に交通系ICカードをタッチするか、運賃を整理券と一緒に投入する。現金の場合は、運転席上部などに表示された整理券番号ごとの運賃を参照すること。

### ◎ 車内で

座席が埋まっている場合は、できるだけ奥から詰めて立とう。急停止などに備えて、手すりなどにしっかりつかまること。座っていて降車する際は、転倒事故防止のためバスが完全に停止してから席を立つこと。

## ✧ タクシーでのマナー

### ◎ 乗車するとき

駅前や観光地などに設置されたタクシー乗り場で待つのが一般的。横浜や川崎などの大都市なら流しも走っているので、大きな道路の道端で手を上げて「空車」と表示されたタクシーを呼び止める、配車アプリで呼ぶ方法もある。乗車したら後部座席でもシートベルトを締め、運転手に行き先を告げる。支払いにクレジットカードや交通系ICカードなど現金以外を利用する場合、乗車時に利用可能かどうか確認すること。個人タクシーなどでまれに利用不可のタクシーもあるからだ。

### ◎ 観光タクシー

横浜や箱根、江の島、鎌倉周辺などの人気観光地では、タクシードライバーが観光案内をしてくれる観光タクシーも利用できる。家族や仲間など少人数で好きな場所を回ることができ、プライバシーも気にせず観光できる。ドライバーは現地の事情に詳しく、安心して旅が楽しめる。ルートや時間が決まっているプランと、行きたい場所を相談しながら回れるフリープランがある。

## ✧ レンタカーでのマナー

### ◎ 借りるとき返すとき

飛び込みでは借り出せる車がないこともあるので、必ず予約しよう。その際チャイルドシートやスタッドレスタイヤなどのリクエストも伝えておくこと。ショップに到着したら運転免許証とクレジットカードなどを提示、貸渡契約書を作成し、利用する車の傷や凹みなどの有無を確認すること。返却時は、通常は最寄りのガソリンスタンドでガソリンを満タンにすること。店に到着するとスタッフが傷の有無などを確認し、問題がなければ精算して終了。

### ◎ 運転するとき

日頃車に乗り慣れている人でも、慣れない車種で操作方法や車両感覚にとまどうこともある。長さや幅には注意したい。また各種操作は、出発前にしっかり確認しておこう。江の島や鎌倉市街、三浦半島、丹沢や箱根方面の山道は幅が狭い部分も多いので、特に注意して運転すること。

### ◎ タクシー配車アプリ

**GO**
クレジットカードを登録しておけば、降車時に車内のタブレットとアプリの連携で支払い可能。
URL go.mo-t.com

**S.RIDE**
提携タクシー会社が多く、配車依頼から配車完了までがスピーディ。おおよその配車時間もわかるので安心。
URL www.sride.jp/jp/

### ◎ タクシー運賃の目安

一般的な普通車の初乗り運賃は500円。時間と距離に応じて加算。
**神奈川県タクシー協会**
URL www.taxi-kanagawa.or.jp/customer/charge/

### ◎ チャイルドシート

6才未満の子供を乗車させる場合は、チャイルドシートの利用が義務づけられている。年齢や身長によって対応サイズも異なるので、レンタカー利用時は事前に適応チャイルドシートの予約も忘れずに。

### ◎ 事故に遭ったら

けが人がいれば何はともあれまず救護、その後警察とレンタカー会社へ連絡して指示に従うこと。相手方に何を言われても示談にはしないように。

鎌倉や江の島、箱根など外国人に人気の観光地では、海外各国から来た旅行者と触れ合う機会も多いはず。言葉や宗教もさまざま、習慣やマナーも異なる人々だ。基本的に彼らは日本の習慣に従っているが、受け入れられないこともある。例えば子供の頭をなでたり、赤ちゃんをかわいがると褒めたりすると「縁起が悪い」と感じる人もいる。子供や女性には、こちらから接触しないほうがいい。宗教上禁忌される食材や、アルコールが禁止という人もいる。むやみに食べ物や飲み物をすすめるのも慎みたい。

◎ ドローン撮影について

鉄道駅など重要施設とその周辺でのドローン飛行は禁止。人口集中地などで、原則として無許可でドローンを飛ばすことはできない。ドローンを使いたい場合は、飛ばせる場所があるかどうかを地元の市町村役場に確認すること。

◎ 路上禁煙地区

人の多い横浜市や川崎市の繁華街は、路上禁煙地区に指定されているエリアが多い。地区内の路上で喫煙した場合、過料2000円が科される。
URL www.city.yokohama.lg.jp/kurashi/sumai-kurashi/gomi-recycle/seiketsu/kitsuen/kinshitiku.html

◎ 温泉やスーパー銭湯でのマナー

神奈川県内にはスーパー銭湯がたくさんあり、また箱根には日帰り利用できる温泉も多く、旅の途中で利用することもあるだろう。たいていタオルや石鹸、ミニシャンプーが入った入浴セットが販売されているので、手ぶらで利用できる。どこの温泉やスーパー銭湯でもそうだが、湯船に入る前にはかけ湯をして体をさっと流すのがマナー。タオルは体を洗ったり拭いたりするときに使う物で、湯船には入れないように。髪が長い人は、湯船に浸からないように束ねておこう。そして湯上がりには、脱衣所の床を濡らさないよう、絞ったタオルで全身をひと拭きしてから出ること。なお、入れ墨が入っていたり、タトゥーシールなどを貼っている人は、入浴を断られる場合もある（施設により異なる）。

## ◇ 携帯電話のマナー

列車やバスなど公共交通機関の車内では携帯電話はマナーモードに設定し、通話は控えよう。優先席の近くでは、混雑時には電源を切ることも求められている。神社や寺院、美術館、博物館、映画館、劇場内などでも、マナーモードへの切り替えを忘れないように。歩きスマホはつい画面に集中して他人にぶつかったり交通事故のリスクが高まったりするので危険。人の迷惑にならない場所に立ち止まって利用しよう。

## ◇ 写真撮影は周囲に気を使って

スマホでもデジタルカメラでもあるいは動画でも、撮影の際は肖像権、著作権など他人の権利を侵害することのないよう気をつけたい。他人が写り込んでいる写真は、場合によっては肖像権侵害になることがある。特に、かわいいからといって幼児や子供を勝手に撮影するのはトラブルの元。撮影したければ必ず保護者の承諾を得よう。撮影写真や動画をSNSなどにアップするときは、肖像権侵害に十分注意し、必要に応じてボカシを入れたりスタンプをかぶせるのが賢明だ。美術館や博物館は館内撮影不可のところが多いので、入館時に確認を。駅のホーム、列車やバスの車内などではフラッシュ使用不可のことがあるので、撮影の際はオフにしておくこと。

## ◇ 喫煙には配慮を

神奈川県では受動喫煙防止対策として、不特定または多数の人が出入りすることができる空間を有する施設において受動喫煙を防止するルールを定めている。学校、医療施設、行政庁舎などは原則として敷地内禁煙、オフィスや店舗は原則として屋内禁煙。飲食店もほぼ禁煙。条例設定以前から営業している飲食店は規模により異なる。全館禁煙のホテルも多く、公共交通機関は車内だけでなく駅構内、バス停周辺も禁煙。電子タバコも同様の扱い。どうしても喫煙したい場合は、指定された喫煙場所を利用すること。屋外でも、周囲への配慮を忘れずに。もちろん携帯灰皿も必携。ヘビースモーカーはそれなりの覚悟をもって旅をしよう。

## ◇ 飲酒の注意

日本は公共の場所での飲酒に比較的寛容な国で、入手も容易。お花見や花火大会など公共の場所でも、飲酒している人が多い。しかし酩酊するほど飲酒するのはマナー違反なのでほどほどに。高速バスを利用する場合、車内での飲酒を禁止しているバス会社もあるので、予約時に確認しておこう。

知って楽しい 神奈川あるある

## 「ハーバー」のひとことで

続けて「ありあけのハーバー♪」と老若男女かかわらずつい歌ってしまう。古くからローカルテレビ局で流れ続けているお菓子（→P.359）のCMソングで、生粋の神奈川出身者か見分ける手段にもなる。

## 出身は横浜です

横浜市民は出身地を聞かれたら「神奈川」ではなく優越感を持って「横浜」と答えがち。ただし、北部の新興住宅地の住民がそう答えると、代々暮らす横浜市民は苦笑いをする。横浜周辺の市町村民による自称横浜出身者もかなり多い。似たことは「湘南」地区でも生じている。

## 意外に難易度が高い新横浜下車

西から新幹線ののぞみでやってくると、名古屋を出てから新横浜（→P.145）まで1時間15分前後停まらないため爆睡してしまう人が多い。静まる車内に「ただいま小田原駅を時刻どおりに通過いたしました。次の新横浜駅にはおよそ13分ほどで到着いたします」と流れるアラーム的アナウンスは有名。ここでちゃんと起きないと引き返しロスが痛い。

## 方言に気付いていない

神奈川の方言と言えば、語尾に付ける「だべ」や「じゃん」が有名。県民はそれ以外にはとりたてて訛っていないと信じているが、列に割り込むことを「横入り（よこはいり）」、片付けることを「かたす」、捨てることを「うっちゃる」と言うなど、実は全国的には通じない言葉をたくさん喋っている。

## 神奈川駅は存在する

県名を冠した「神奈川駅」は京浜急行（→P.97）にあり、横浜駅（→P.130）から東京方面へたったひと駅。しかしその存在は県民にすらあまり知られていない。都会なのに1日の平均乗降客数わずか5000人程度で、各駅停車のみが停まる駅舎を実際に見ると、そのミニマムさに衝撃を受ける。

## 餃子よりシウマイ

崎陽軒（→P.23）が有名過ぎて、シウマイ（崎陽軒ではシウマイ）ばかり食べていると思われがちなのを「んなわけない」と否定しがち。しかし、総務省の家計調査でシウマイの消費量日本一は横浜市で全国平均の2倍以上。言い逃れはできない。ちなみに2位は川崎市。

## 有隣堂は日本最強書店

町の1等地や駅ナカなどの目立つ場所に多くあるため、有隣堂を全国的な書店チェーンと思っている県民は多い。実際は神奈川をメインに東京と千葉に展開し、伊勢佐木町に本店と本社をおく神奈川県の企業。

## 県民推しの有名人がいない

横浜のゆず、湘南のサザンオールスターズ、横須賀の小泉一族のように出身有名人は数知れず、しかも大物が多いので他県のように突出して県を代表する人物が存在しない。

## 川崎マウント?

川崎市は東京都と横浜市に挟まれた東西約31km、南北約19kmの細長い形。だが市民の多くにはなぜか「南北に長い」イメージが定着。工場地帯や歓楽街のある南（西）に対し、タワマンが立ち並ぶ武蔵小杉など北（東）の住民は「南は別の町」と思いたがる。

## 神奈中は学校じゃない

「かなちゅう」は神奈川中学ではなく、バス会社の神奈川中央交通（→P.108）のこと。保有バス車両数が2100両を超える日本最大規模のバス事業者。走行する路線は県のほぼ全域をカバーしており県民に深く愛されている。

## 車のお守りは寒川神社

湘南近辺の車には寒川神社（→P.245）の交通安全のお札が貼ってあるのを高い確率で見る。ドライブスルー的に車に乗ったままでお祓いを受けられるお祓い所がある。ちなみに遠方や健康上の問題で参拝できない人にはオンライン祈祷も行っているすごい神社。

# INDEX

# *地球の歩き方* 関連書籍のご案内

## 一都三県の神社巡りに最適な「地球の歩き方」があります!

※表示価格は定価（税込）です。改訂時に価格が変更になる場合があります。

# 地球の歩き方 シリーズ一覧

2024年3月現在

*地球の歩き方ガイドブックは、改訂時に価格が変わることがあります。*表示価格は定価（税込）です。*最新情報は、ホームページをご覧ください。www.arukikata.co.jp/guidebook/

## 地球の歩き方 ガイドブック

### A ヨーロッパ

| | | |
|---|---|---|
| A01 | ヨーロッパ | ¥1870 |
| A02 | イギリス | ¥2530 |
| A03 | ロンドン | ¥1980 |
| A04 | 湖水地方＆スコットランド | ¥1870 |
| A05 | アイルランド | ¥1980 |
| A06 | フランス | ¥2420 |
| A07 | パリ＆近郊の町 | ¥1980 |
| A08 | 南仏プロヴァンス コート・ダジュール＆モナコ | ¥1760 |
| A09 | イタリア | ¥1870 |
| A10 | ローマ | ¥1760 |
| A11 | ミラノ ヴェネツィアと湖水地方 | ¥1870 |
| A12 | フィレンツェとトスカーナ | ¥1870 |
| A13 | 南イタリアとシチリア | ¥1870 |
| A14 | ドイツ | ¥1980 |
| A15 | 南ドイツ フランクフルト ミュンヘン ロマンチック街道 古城街道 | ¥2090 |
| A16 | ベルリンと北ドイツ ハンブルク ドレスデン ライプツィヒ | ¥1870 |
| A17 | ウィーンとオーストリア | ¥2090 |
| A18 | スイス | ¥2200 |
| A19 | オランダ ベルギー ルクセンブルク | ¥2420 |
| A20 | スペイン | ¥2420 |
| A21 | マドリードとアンダルシア | ¥1760 |
| A22 | バルセロナ＆近郊の町 イビサ島／マヨルカ島 | ¥1760 |
| A23 | ポルトガル | ¥2200 |
| A24 | ギリシアとエーゲ海の島々＆キプロス | ¥1870 |
| A25 | 中欧 | ¥1980 |
| A26 | チェコ ポーランド スロヴァキア | ¥1870 |
| A27 | ハンガリー | ¥1870 |
| A28 | ブルガリア ルーマニア | ¥1980 |
| A29 | 北欧 デンマーク ノルウェー スウェーデン フィンランド | ¥1870 |
| A30 | バルトの国々 エストニア ラトヴィア リトアニア | ¥1870 |
| A31 | ロシア ベラルーシ ウクライナ モルドヴァ コーカサスの国々 | ¥2090 |
| A32 | 極東ロシア シベリア サハリン | ¥1980 |
| A34 | クロアチア スロヴェニア | ¥2200 |

### B 南北アメリカ

| | | |
|---|---|---|
| B01 | アメリカ | ¥2090 |
| B02 | アメリカ西海岸 | ¥1870 |
| B03 | ロスアンゼルス | ¥2090 |
| B04 | サンフランシスコとシリコンバレー | ¥1870 |
| B05 | シアトル ポートランド | ¥2420 |
| B06 | ニューヨーク マンハッタン＆ブルックリン | ¥2200 |
| B07 | ボストン | ¥1980 |
| B08 | ワシントンDC | ¥2420 |
| B09 | ラスベガス セドナ＆グランドキャニオンと大西部 | ¥2090 |
| B10 | フロリダ | ¥2310 |
| B11 | シカゴ | ¥1870 |
| B12 | アメリカ南部 | ¥1980 |
| B13 | アメリカの国立公園 | ¥2640 |
| B14 | ダラス ヒューストン デンバー グランドサークル フェニックス サンタフェ | ¥1980 |
| B15 | アラスカ | ¥1980 |
| B16 | カナダ | ¥2420 |
| B17 | カナダ西部 カナディアン・ロッキーとバンクーバー | ¥2090 |
| B18 | カナダ東部 ナイアガラ・フォールズ メープル街道 プリンス・エドワード島 トロント オタワ モントリオール ケベック・シティ | ¥2090 |
| B19 | メキシコ | ¥1980 |
| B20 | 中米 | ¥2090 |
| B21 | ブラジル ベネズエラ | ¥2200 |
| B22 | アルゼンチン チリ パラグアイ ウルグアイ | ¥2200 |
| B23 | ペルー ボリビア エクアドル コロンビア | ¥2200 |
| B24 | キューバ バハマ ジャマイカ カリブの島々 | ¥2035 |
| B25 | アメリカ・ドライブ | ¥1980 |

### C 太平洋／インド洋島々

| | | |
|---|---|---|
| C01 | ハワイ オアフ島＆ホノルル | ¥2200 |
| C02 | ハワイ島 | ¥2200 |
| C03 | サイパン ロタ＆テニアン | ¥1540 |
| C04 | グアム | ¥1980 |
| C05 | タヒチ イースター島 | ¥1870 |
| C06 | フィジー | ¥1650 |
| C07 | ニューカレドニア | ¥1650 |
| C08 | モルディブ | ¥1870 |
| C10 | ニュージーランド | ¥2200 |
| C11 | オーストラリア | ¥2200 |
| C12 | ゴールドコースト＆ケアンズ | ¥2420 |
| C13 | シドニー＆メルボルン | ¥1760 |

### D アジア

| | | |
|---|---|---|
| D01 | 中国 | ¥2090 |
| D02 | 上海 杭州 蘇州 | ¥1870 |
| D03 | 北京 | ¥1760 |
| D04 | 大連 瀋陽 ハルビン 中国東北部の自然と文化 | ¥1980 |
| D05 | 広州 アモイ 桂林 珠江デルタと華南地方 | ¥1980 |
| D06 | 成都 重慶 九寨溝 麗江 四川 雲南 | ¥1980 |
| D07 | 西安 敦煌 ウルムチ シルクロードと中国西北部 | ¥2090 |
| D08 | チベット | ¥2090 |
| D09 | 香港 マカオ 深圳 | ¥2420 |
| D10 | 台湾 | ¥2090 |
| D11 | 台北 | ¥1980 |
| D13 | 台南 高雄 屏東＆南台湾の町 | ¥1980 |
| D14 | モンゴル | ¥2420 |
| D15 | 中央アジア サマルカンドとシルクロードの国々 | ¥2090 |
| D16 | 東南アジア | ¥1870 |
| D17 | タイ | ¥2200 |
| D18 | バンコク | ¥1980 |
| D19 | マレーシア ブルネイ | ¥2090 |
| D20 | シンガポール | ¥1980 |
| D21 | ベトナム | ¥2090 |
| D22 | アンコール・ワットとカンボジア | ¥2200 |
| D23 | ラオス | ¥2420 |
| D24 | ミャンマー（ビルマ） | ¥2090 |
| D25 | インドネシア | ¥1870 |
| D26 | バリ島 | ¥2200 |
| D27 | フィリピン マニラ セブ ボラカイ ボホール エルニド | ¥2200 |
| D28 | インド | ¥2640 |
| D29 | ネパールとヒマラヤトレッキング | ¥2200 |
| D30 | スリランカ | ¥1870 |
| D31 | ブータン | ¥1980 |
| D33 | マカオ | ¥1760 |
| D34 | 釜山 慶州 | ¥1540 |
| D35 | バングラデシュ | ¥2090 |
| D37 | 韓国 | ¥2090 |
| D38 | ソウル | ¥1870 |

### E 中近東 アフリカ

| | | |
|---|---|---|
| E01 | ドバイとアラビア半島の国々 | ¥2090 |
| E02 | エジプト | ¥1980 |
| E03 | イスタンブールとトルコの大地 | ¥2090 |
| E04 | ペトラ遺跡とヨルダン レバノン | ¥2090 |
| E05 | イスラエル | ¥2090 |
| E06 | イラン ペルシアの旅 | ¥2200 |
| E07 | モロッコ | ¥1980 |
| E08 | チュニジア | ¥2090 |
| E09 | 東アフリカ ウガンダ エチオピア ケニア タンザニア ルワンダ | ¥2090 |
| E10 | 南アフリカ | ¥2200 |
| E11 | リビア | ¥2200 |
| E12 | マダガスカル | ¥1980 |

### J 国内版

| | | |
|---|---|---|
| J00 | 日本 | ¥3300 |
| J01 | 東京 23区 | ¥2200 |
| J02 | 東京 多摩地域 | ¥2020 |
| J03 | 京都 | ¥2200 |
| J04 | 沖縄 | ¥2200 |
| J05 | 北海道 | ¥2200 |
| J06 | 神奈川 | ¥2420 |
| J07 | 埼玉 | ¥2200 |
| J08 | 千葉 | ¥2200 |
| J09 | 札幌・小樽 | ¥2200 |
| J10 | 愛知 | ¥2200 |
| J11 | 世田谷区 | ¥2200 |
| J12 | 四国 | ¥2420 |
| J13 | 北九州市 | ¥2200 |
| J14 | 東京の島々 | ¥2640 |

## 地球の歩き方 aruco

### ●海外

| | | |
|---|---|---|
| 1 | パリ | ¥1650 |
| 2 | ソウル | ¥1650 |
| 3 | 台北 | ¥1430 |
| 4 | トルコ | ¥1430 |
| 5 | インド | ¥1540 |
| 6 | ロンドン | ¥1650 |
| 7 | 香港 | ¥1320 |
| 9 | ニューヨーク | ¥1320 |
| 10 | ホーチミン ダナン ホイアン | ¥1650 |
| 11 | ホノルル | ¥1650 |
| 12 | バリ島 | ¥1320 |
| 13 | 上海 | ¥1320 |
| 14 | モロッコ | ¥1540 |
| 15 | チェコ | ¥1320 |
| 16 | ベルギー | ¥1430 |
| 17 | ウィーン ブダペスト | ¥1320 |
| 18 | イタリア | ¥1760 |
| 19 | スリランカ | ¥1540 |
| 20 | クロアチア スロヴェニア | ¥1430 |
| 21 | スペイン | ¥1320 |
| 22 | シンガポール | ¥1650 |
| 23 | バンコク | ¥1650 |
| 24 | グアム | ¥1320 |
| 25 | オーストラリア | ¥1760 |
| 26 | フィンランド エストニア | ¥1430 |
| 27 | アンコール・ワット | ¥1430 |
| 28 | ドイツ | ¥1430 |
| 29 | ハノイ | ¥1650 |
| 30 | 台湾 | ¥1650 |
| 31 | カナダ | ¥1320 |
| 33 | サイパン テニアン ロタ | ¥1320 |
| 34 | セブ ボホール エルニド | ¥1320 |
| 35 | ロスアンゼルス | ¥1320 |
| 36 | フランス | ¥1430 |
| 37 | ポルトガル | ¥1650 |
| 38 | ダナン ホイアン フエ | ¥1430 |

### ●国内

| | | |
|---|---|---|
| | 東京 | ¥1540 |
| | 東京で楽しむフランス | ¥1430 |
| | 東京で楽しむ韓国 | ¥1430 |
| | 東京で楽しむ台湾 | ¥1430 |
| | 東京の手みやげ | ¥1430 |
| | 東京おやつさんぽ | ¥1430 |
| | 東京のパン屋さん | ¥1430 |
| | 東京で楽しむ北欧 | ¥1430 |
| | 東京のカフェめぐり | ¥1480 |
| | 東京で楽しむハワイ | ¥1480 |
| | nyaruco 東京ねこさんぽ | ¥1480 |
| | 東京で楽しむイタリア＆スペイン | ¥1480 |
| | 東京で楽しむアジアの国々 | ¥1480 |
| | 東京ひとりさんぽ | ¥1480 |
| | 東京パワースポットさんぽ | ¥1599 |
| | 東京で楽しむ英国 | ¥1599 |

## 地球の歩き方 Plat

| | | |
|---|---|---|
| 1 | パリ | ¥1320 |
| 2 | ニューヨーク | ¥1320 |
| 3 | 台北 | ¥1100 |
| 4 | ロンドン | ¥1320 |
| 6 | ドイツ | ¥1320 |
| 7 | ホーチミン／ハノイ／ダナン／ホイアン | ¥1320 |
| 8 | スペイン | ¥1320 |
| 10 | シンガポール | ¥1100 |
| 11 | アイスランド | ¥1540 |
| 14 | マルタ | ¥1540 |
| 15 | フィンランド | ¥1320 |
| 16 | クアラルンプール マラッカ | ¥1650 |
| 17 | ウラジオストク／ハバロフスク | ¥1430 |
| 18 | サンクトペテルブルク／モスクワ | ¥1540 |
| 19 | エジプト | ¥1320 |
| 20 | 香港 | ¥1100 |
| 22 | ブルネイ | ¥1430 |
| 23 | ウズベキスタン サマルカンド ブハラ ヒヴァ タシケント | ¥1650 |
| 24 | ドバイ | ¥1320 |
| 25 | サンフランシスコ | ¥1320 |
| 26 | パース／西オーストラリア | ¥1320 |
| 27 | ジョージア | ¥1540 |
| 28 | 台南 | ¥1430 |

## 地球の歩き方 リゾートスタイル

| | | |
|---|---|---|
| R02 | ハワイ島 | ¥1650 |
| R03 | マウイ島 | ¥1650 |
| R04 | カウアイ島 | ¥1870 |
| R05 | こどもと行くハワイ | ¥1540 |
| R06 | ハワイ ドライブ・マップ | ¥1980 |
| R07 | ハワイ バスの旅 | ¥1320 |
| R08 | グアム | ¥1430 |
| R09 | こどもと行くグアム | ¥1650 |
| R10 | パラオ | ¥1650 |
| R12 | ブーケット サムイ島 ピピ島 | ¥1650 |
| R13 | ペナン ランカウイ クアラルンプール | ¥1650 |
| R14 | バリ島 | ¥1430 |
| R15 | セブ＆ボラカイ ボホール シキホール | ¥1650 |
| R16 | テーマパーク in オーランド | ¥1870 |
| R20 | ダナン ホイアン ホーチミン ハノイ | ¥1650 |

# あとがき

神奈川ははるか古代から現在にいたるまで、ときには日本の東と西が、またあるときには日本と海の向こうの国々とが出合う接点となってきました。各地を歩きながら感じたのは多様性を受け入れてきたその懐の深さです。歴史と風土がもたらした遺産や文化も、それゆえに実にバラエティ豊か。さらには未来へと向かう進化もとどまることなく、旅をするたびに必ず新しい発見があります。本書を介し、ひとりでも多くの方にそうした神奈川の魅力が伝わればと願ってやみません。

# STAFF

制作：福井由香里
構成：梅原トシカズ　有限会社アナパ・パシフィック
編集：梅原トシカズ　有限会社アナパ・パシフィック　有限会社オフィス・ポストイット　小山田浩明　岩間由起
進行管理：小山田浩明　梅原トシカズ
編集協力：末武千恵　永岡邦彦　小山まゆみ　合同会社ゼロ・ザ・フール　山本玲子
執筆：梅原トシカズ　有限会社アナパ・パシフィック　小山田浩明　有限会社オフィス・ポストイット　水野純
　　　土屋朋代　千葉深雪　稲垣恵美　鳥羽正子　土橋水菜子　山田志桜里　神山その香　伊豫田史絵　倉林元気
　　　吉田惇士　時田慎也　中村正人　碓井正人　飯田あゆみ　竹林仁　菅沼佐和子　稲垣宏樹
写真：関係市町村　関係各施設および各社　小山田浩明　永岡邦彦　梅原トシカズ　吉田惇士　倉林元気　土屋朋代
　　　中村正人　有限会社アナパ・パシフィック　PIXTA　iStock　今井歩
表紙：日出嶋昭男
デザイン：滝澤しのぶ　三橋加奈子　房野聡子　株式会社アトリエ・タビト
DTP：又吉昌弘（開成堂印刷株式会社）
地図：株式会社ジェオ
校正：東京出版サービスセンター　松崎恵子　徳光尚子　荒木真理子　藤本さおり

**本書についてのご意見・ご感想はこちらまで**
**読者投稿**　〒141-8425　東京都品川区西五反田2-11-8
　　　　　　株式会社地球の歩き方
　　　　　　地球の歩き方サービスデスク「神奈川編」投稿係
　　　　　　https://www.arukikata.co.jp/guidebook/toukou.html
**地球の歩き方ホームページ（海外・国内旅行の総合情報）**
　　　　　　https://www.arukikata.co.jp
**ガイドブック『地球の歩き方』公式サイト**
　　　　　　https://www.arukikata.co.jp/guidebook/

**あなたの声を
お聞かせください！**

**毎月3名様に
読者プレゼント！**

ウェブアンケートにお答えいただいた方の中から毎月抽選で3名様に地球の歩き方オリジナル御朱印帳または地球の歩き方オリジナルクオカード（500円）をプレゼントいたします。あなたの声が改訂版に掲載されるかも！？
（応募の締め切り：2026年3月31日）

https://arukikata.jp/sdwtpj

※個人情報の取り扱いについての注意事項はWEBページをご覧ください。

## 地球の歩き方 J06
# 神奈川
**2024-2025年版**
2024年 3月26日　初版第1刷発行

Published by Arukikata. Co., Ltd.
2-11-8 Nishigotanda, Shinagawa-ku, Tokyo, 141-8425, Japan

著作編集　地球の歩き方編集室
発 行 人　新井 邦弘
編 集 人　由良 暁世
発 行 所　株式会社地球の歩き方
　　　　　〒141-8425　東京都品川区西五反田2-11-8
発 売 元　株式会社Gakken
　　　　　〒141-8416　東京都品川区西五反田2-11-8
印刷製本　開成堂印刷株式会社

※本書は基本的に2022年7月～2023年12月の取材データに基づいて作られています。
　発行後に料金、営業時間、定休日などが変更になる場合がありますのでご了承ください。
　更新・訂正情報：https://www.arukikata.co.jp/travel-support/

●この本に関する各種お問い合わせ先
・本の内容については、下記サイトのお問い合わせフォームよりお願いします。
　URL ▶ https://www.arukikata.co.jp/guidebook/contact.html
・広告については、下記サイトのお問い合わせフォームよりお願いします。
　URL ▶ https://www.arukikata.co.jp/ad_contact/
・在庫については　Tel 03-6431-1250（販売部）
・不良品（乱丁、落丁）については　Tel 0570-000577
　学研業務センター　〒354-0045　埼玉県入間郡三芳町上富279-1
・上記以外のお問い合わせ　Tel 0570-056-710（学研グループ総合案内）

学研グループの書籍・雑誌についての新刊情報・詳細情報は、下記をご覧ください。
学研出版サイト　https://hon.gakken.jp/